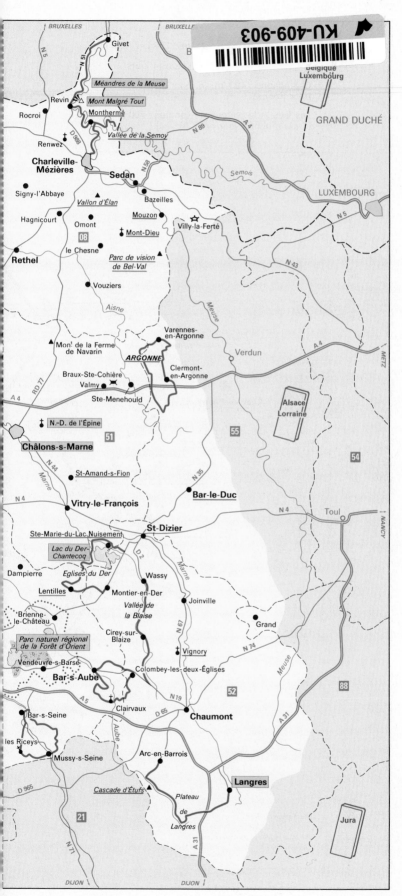

ITINÉRAIRES DE VISITE RÉGIONAUX

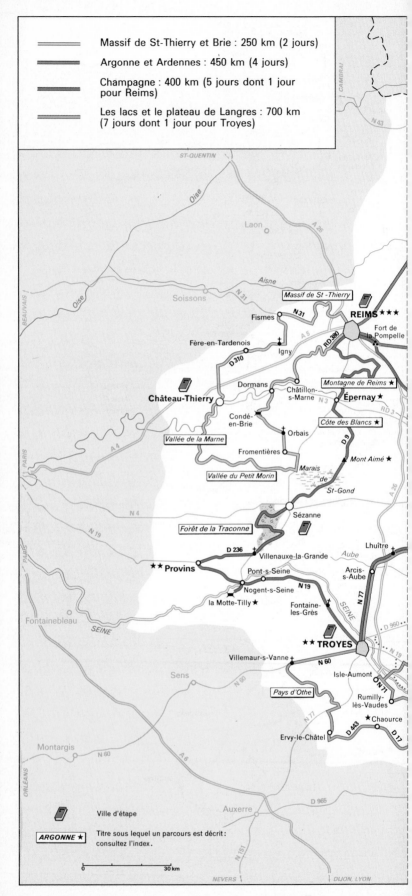

Massif de St-Thierry et Brie : 250 km (2 jours)

Argonne et Ardennes : 450 km (4 jours)

Champagne : 400 km (5 jours dont 1 jour pour Reims)

Les lacs et le plateau de Langres : 700 km (7 jours dont 1 jour pour Troyes)

Ville d'étape

ARGONNE ★ Titre sous lequel un parcours est décrit : consultez l'index.

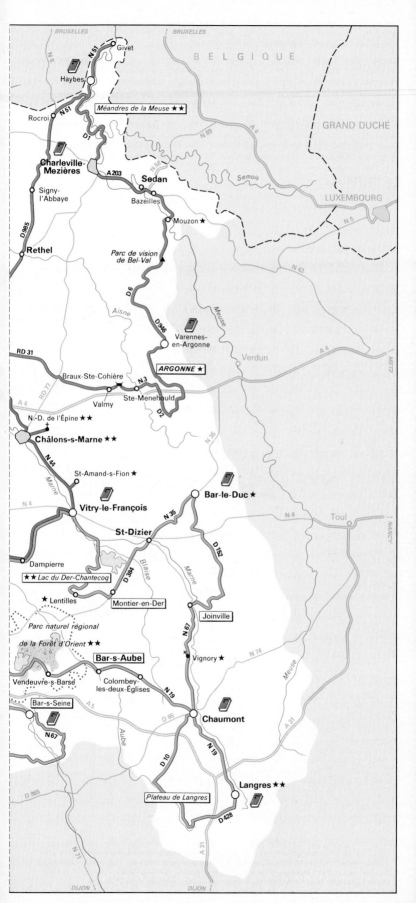

LIEUX DE SÉJOUR

Sur la carte ci-dessous ont été sélectionnées quelques localités particulièrement adaptées à la villégiature en raison de leur possibilité d'hébergement, de l'agrément de leur site et des loisirs qu'elles offrent.

Choisir son lieu de séjour : La carte ci-dessous signale des **lieux de séjour traditionnels** sélectionnés pour leurs possibilités d'accueil. Pour ces localités, il existe, outre les hôtels et campings sélectionnés dans les publications Michelin, diverses possibilités d'hébergement (meublés, gîtes ruraux...) ; les offices de tourisme et syndicats d'initiative en communiquent la liste. De même ces organismes renseignent sur les activités locales de plein air et sur les manifestations culturelles de la région (l'adresse et le numéro de téléphone des plus importants d'entre eux figurent dans la dernière partie de ce volume, au chapitre des Renseignements pratiques).

Cette carte fait également apparaître les « villes-étape ». Reims et Troyes, par leurs richesses artistiques, historiques, sont, à elles seules, des destinations de week-end.

LOISIRS

Pour les adresses et autres précisions, voir le chapitre des « Renseignements pratiques » en fin de guide.

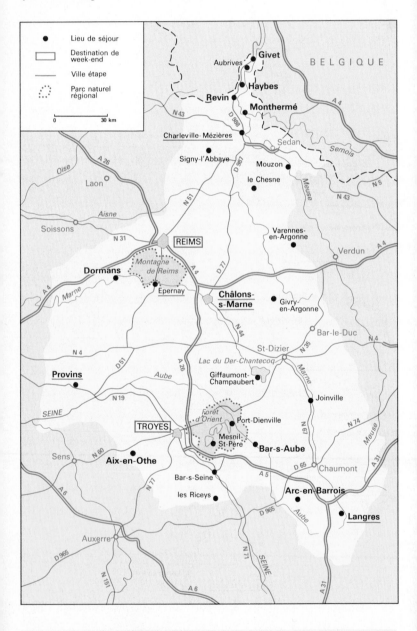

Proposés par le Conseil général des Ardennes, cinq itinéraires ardennais, d'une centaine de kilomètres environ, permettent de sillonner la région en abordant, à chaque fois, un thème différent. Ce sont : la route des légendes de la Meuse et de la Semoy, la route Verlaine, Rimbaud, la route des fortifications, la route du Porcien, la route des églises fortifiées de la Thiérache.

Introduction
au voyage

St-Lié près de Ville-Dommange.

PHYSIONOMIE DU PAYS

LA FORMATION DU SOL

Ère primaire – Début : il y a environ 600 millions d'années. A la fin de cette ère se produit un bouleversement formidable de l'écorce terrestre, le plissement hercynien, dont la forme en V apparaît en tireté sur la carte ci-dessous. Il fait surgir un certain nombre de hautes montagnes parmi lesquelles les Ardennes. Ce massif de roches schisteuses va être nivelé peu à peu par l'érosion.

Ère secondaire – Début : il y a environ 200 millions d'années. Au milieu de l'ère secondaire, le socle ancien s'effondre et la mer envahit tout le Bassin Parisien devenu un vaste golfe : les sédiments (dépôts) calcaires s'accumulent, formant notamment la grande auréole crétacée (de craie) dont la Picardie et la Champagne dessinent le rebord.

Ère tertiaire – Début : il y a environ 60 millions d'années. A l'époque tertiaire, par deux fois, mer et lacs occupent le Bassin Parisien, y déposant des sédiments calcaires et des sables. Sous l'effet du plissement alpin, la bordure orientale du bassin se soulève à la périphérie déterminant la célèbre « falaise de l'Ile-de-France », ligne de côtes incurvée de la Seine à l'Oise, dont l'abrupt, fortement marqué, est une des formes de relief les plus typiques de la région.

Zones plissées à l'ère tertiaire.

Régions immergées à l'ère secondaire.

Massifs primaires (plissement hercynien).

Ère quaternaire – Début : il y a environ 2 millions d'années. C'est l'ère actuelle au cours de laquelle s'est développée l'humanité. Les effets de l'érosion achèvent de donner à la région sa physionomie actuelle.

LES PAYSAGES

Les Ardennes

Les Ardennes françaises ne sont qu'une petite partie d'un massif schisteux primaire qui s'étend surtout en Belgique. Enrobé de terrains secondaires et nivelé par l'érosion, ce massif atteint 502 m d'altitude à la Croix de Scaille sur la frontière franco-belge. Les Ardennes se présentent comme un plateau entaillé par la Meuse et la Semoy, qui s'enfoncent en méandres au pied des pentes sombres couvertes de futaies de chênes, de forêts de feuillus et de conifères abritant sangliers et chevreuils.
La vallée de la Meuse est jalonnée par les centres industriels essentiellement tournés vers la métallurgie : à Sedan (chaudronnerie et grosse tuberie), à Givet (cuivre), à Rocroi et Charleville-Mézières (aciérie et industrie automobile : Citroën), à Revin (équipement ménager).
La centrale nucléaire de Chooz et la centrale électrique de Revin fournissent l'énergie nécessaire à ces industries.
Au Sud du massif ardennais s'ouvre la **dépression subardennaise** aux terres grasses portant des cultures de céréales et des légumineuses ainsi que de beaux troupeaux de vaches et de chevaux de trait.
Plus au Sud, bordé par l'Aisne, le **Rethelois** et le **Porcien** présentent une campagne bocagère, coupée de bois, de prés d'élevage et de vergers de pommiers.

La Champagne

La Champagne fait partie du Bassin Parisien, cette vaste cuvette dont les rebords extrêmes sont les massifs anciens des Ardennes, des Vosges, du Morvan, du Massif Central et de la Bretagne. Des auréoles de côtes de calcaire dur séparent le centre du bassin de ces massifs primaires. On peut comparer la configuration de cette région à une pile de plats emboîtés, l'ancienneté des plats diminuant avec leur taille.
La Champagne se compose donc d'une série d'auréoles concentriques et l'on trouve d'Ouest en Est : le plateau de Brie et du Tardenois, la Côte de l'Ile-de-France, la Champagne crayeuse, la Champagne humide et les rebords que sont l'Argonne, le Barrois, le Plateau de Langres et la Côte des Bars.
Des trois grandes villes champenoises, Châlons-sur-Marne est la seule située au cœur de la Champagne crayeuse, Troyes et Reims étant installées à ses lisières.
Reims vit du négoce (le plus prestigieux étant celui du champagne) et d'industries diverses (métallurgie, textile, papeterie, alimentation, verrerie). Son université, qui draine des étudiants de toute la région Champagne-Ardenne, lui confère un rôle culturel important. Troyes, grand centre de la bonneterie française, a une vocation nettement plus industrielle tandis que Châlons-sur-Marne, préfecture du département de la Marne et capitale de la région Champagne-Ardenne, assure avant tout une fonction administrative.

Le plateau de Brie et du Tardenois – Ce vaste plateau drainé par de rares rivières, la Marne, les deux Morins et la Seine, est constitué d'une couche de marnes imperméables, qui entretient l'humidité, recouverte d'un revêtement de calcaire siliceux et de meulières. D'importantes exploitations se consacrent à la culture du blé et de la betterave à sucre.

Carte géologique de la Champagne et des Ardennes

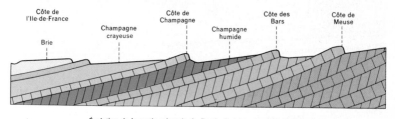

Coupe schématique du Bassin Parisien.

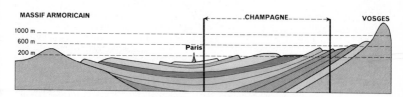

Évolution de la partie orientale du Bassin Parisien, depuis le tertiaire

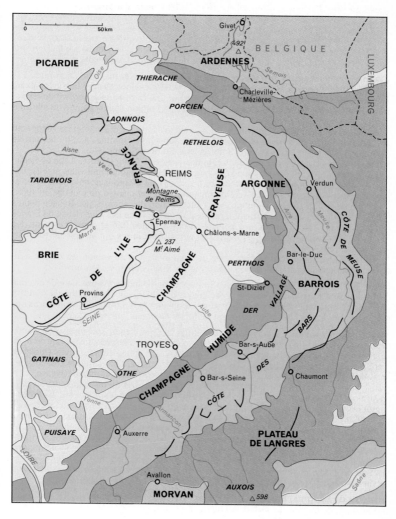

Ère tertiaire		Terrains sédimentaires (1ère et 2ème phase)
		Argile et craie d'époque crétacée
Ère secondaire		Calcaire et marne d'époque jurassique
		Grès (grains de sable fortement cimentés)
Ère primaire		Socle primitif (roches schisteuses et cristallines)

Paysage de la Champagne crayeuse.

Côte de l'Ile-de-France – Rebord du plateau de Brie et du Tardenois, elle forme à certains endroits une véritable falaise, d'où son appellation géologique de « Falaise de l'Ile-de-France ». Elle est percée par les vallées de l'Aisne, de la Vesle, de la Marne et des deux Morins et prolongée par des avancées : la Montagne de Reims et le Mont Aimé.
La côte est le royaume du vignoble du champagne qui s'est développé sur les versants de la Montagne de Reims, le long de la vallée de la Marne et sur la côte des Blancs.

Champagne crayeuse ou sèche – Cette région dénudée qui donna son nom à la Champagne (étymologiquement la champagne est une plaine calcaire) forme un arc de cercle d'une largeur de 80 km. On peut la situer sur une carte au relâchement du réseau routier et à l'espacement des villages. Autrefois, cette région était si pauvre qu'elle était qualifiée de « pouilleuse ».
L'eau s'engouffrant dans les fissures de la craie laisse la terre sèche et ne réapparaît qu'à la tête des vallons sous forme de sources appelées « Sommes », d'où le nom de nombreux villages : Somme-Vesle, Sommesous, Somme-Suippe, etc.
La région est traversée par quelques grandes rivières : Aisne, Marne, Aube et Seine, creusant de larges vallées à fond plat le long desquelles s'agglutinent villes et villages.
Après avoir été le domaine des immenses troupeaux de moutons dont la laine fournissait l'industrie rémoise au 17e s., la Champagne sèche fut plantée de pinèdes au 19e s., puis connut une véritable révolution avec l'introduction des engrais, généralisée depuis 1945. En quelques décennies, cette région est devenue l'une des plus riches de France grâce à la culture de la betterave à sucre et des céréales (blé et orge). Les silos, les sucreries, les bâtiments pour les industries agro-alimentaires ont achevé de transformer le paysage.
Vestiges d'une époque où la terre champenoise avait peu de valeur, les camps militaires occupent de vastes territoires (Mourmelon, Mailly, Suippes, Moronvilliers...).

Pays d'Othe – Il forme une entité à part au Sud de la Champagne crayeuse. Ce bloc de craie a été soulevé, atteignant à certains endroits plus de 300 m, puis fut protégé de l'érosion par un épais manteau d'argile. Les hauteurs couronnées de forêts s'élèvent au-dessus des vallons quadrillés par les champs qui ont remplacé en partie l'ancien bocage.

Champagne humide – Encerclant l'auréole de la Champagne crayeuse, cette bande étroite, aux sols sableux et argileux facilement déblayés par l'érosion, forme une sorte de dépression entre la Champagne sèche, le Pays d'Othe, le Barrois et l'Argonne. Quelques forêts y ont subsisté : celles du Der, d'Orient, de Chaource, tandis que la création des grands réservoirs de la Forêt d'Orient et du Der-Chantecoq a transformé le paysage.
Plusieurs petits pays s'y distinguent. Le **Der**, parsemé et strié de ruisseaux, est un pays d'embouche de bovins, d'élevage de vaches laitières et de chevaux de trait. Le **Perthois** autour de Vitry-le-François, au confluent de la Marne et de l'Ornain, n'est qu'un cône de déjection où se sont accumulés les débris des régions voisines. La betterave sucrière y est exploitée depuis longtemps et alimente d'importantes sucreries.
Le **Vallage**, dont les principales localités sont St-Dizier, Joinville et Wassy, voit son activité centrée sur les vallées de la Blaise et de la Marne riches en bois et jadis en minerai de fer. Il a conservé une industrie métallurgique de transformation.
Le Sud de la Champagne humide autour de Chaource est surtout tourné vers l'élevage et l'industrie laitière et produit des fromages de pays dont le fameux Chaource.

Plateau de Langres, Barrois et Argonne – Ces trois régions plus élevées ceinturent la Champagne humide. Le **plateau de Langres**, masse de calcaire très épaisse, s'élevant à plus de 500 m, est couvert d'importants massifs forestiers. De nombreux cours d'eau, dont la Seine, y prennent leur source.
Le **Barrois**, autre plateau calcaire et marneux, est sillonné par les vallées de la Saulx et de l'Ornain le long desquelles se sont installées les principales localités : Bar-le-Duc et Ligny-en-Barrois. Une petite métallurgie subsiste (fonderies). Le Barrois se prolonge au Sud-Ouest par la **Côte des Bars** (Bar-sur-Aube, Bar-sur-Seine), hauteurs dont les versants sont couverts par le vignoble champenois de l'Aube.
Au Nord, l'**Argonne**, constituée d'une roche particulière, la gaize, grès cimenté par de l'opale très dure, s'élève jusqu'à 360 m. Enchevêtrement de crêtes, de plateaux et de défilés, cette région est en grande partie le domaine de vastes forêts.

MAISONS RURALES TRADITIONNELLES

De la riche demeure du vigneron de Champagne à la modeste maison du bûcheron de l'Argonne, les villages et les types d'architecture diffèrent selon les matériaux utilisés, tributaires de la nature du sol et des richesses en bois, et selon les occupations des habitants : vignerons, éleveurs...

En Champagne, l'une des premières distinctions vient de la toiture. Curieusement dans l'Est (Argonne, Barrois, Champagne humide), on utilise la tuile creuse comme dans le Midi de la France. Ces tuiles s'emboîtant forment une lourde couverture nécessitant une solide charpente et une faible inclinaison des pentes des toits. Près de l'Ile-de-France c'est le domaine de la tuile plate à crochets et des toits pentus.

Maison du vigneron de Champagne – Perdus au milieu d'une mer de vignes, les gros villages se resserrent autour de rues étroites. Les habitations basses en pierre meulière, parfois en craie ou en brique, s'alignent régulièrement le long des rues, mais si une porte cochère s'entrouvre on aperçoit de vastes cours et une multitude de bâtiments au plan désordonné, abritant les pressoirs, et le matériel hétéroclite nécessaire à l'entretien des vignes, aux vendanges et à la fabrication du champagne.

Champagne sèche – Dans ce pays de craie, les habitations regroupées autour des sources forment de gros villages éloignés les uns des autres. On pénètre dans les fermes par une porte cochère, « porterue » ou « charretil », surmontée d'un petit bâtiment faisant souvent office de pigeonnier. Autour de la cour rectangulaire se répartissent le logis, côté rue, les granges, côté champ, et les autres bâtiments : bergerie, étable, de part et d'autre. Les maisons à haut toit sont construites en craie sur une assise de pierre, de brique ou de moellon. A l'Est et au Sud les pans de bois font leur apparition.

Maison rurale traditionnelle de Champagne humide.

Champagne humide – Des fermes et hameaux isolés dans le bocage occupent l'espace entre les villages. L'architecture à pans de bois se compose de colombages en sapin et en peuplier entre lesquels sont intercalés des hourdis à paillot (lattes de peuplier et torchis) ou des carreaux de terre. Les toits couverts de tuiles creuses présentent une faible pente et forment auvent. Les unités d'habitation sont petites et non jointives. Les **églises à pans de bois**, construites avec les mêmes matériaux que les maisons, sont surmontées de flèches couvertes d'ardoises ou d'écailles de bois.

Dans la région de Troyes, la brique remplace souvent le torchis entre les colombages.

Argonne – Les villages en longueur rappellent la proximité de la Lorraine. Les maisons, aux toits de tuiles presque plats faisant saillie, présentent un curieux mélange de matériaux. La façade est souvent en brique au rez-de-chaussée, alors que l'étage en torchis est protégé des intempéries par des lattes en chêne fendu posées horizontalement.

Le Sud de la Champagne – Autour de Bar-sur-Aube, de Bar-sur-Seine, sur le plateau de Langres, dans la vallée de la Blaise, les villages apparaissent tout blancs sous les hauts toits de tuiles. Dans ces régions, le moellon calcaire est le matériau de prédilection, les pierres de taille n'étant utilisées que pour les encadrements de portes ou de fenêtres.

Ardennes – Le schiste triomphe partout : ardoises mauves de Fumay, ardoises bleues de Rimogne, pierre bleue de Givet. Les maisons construites dans ces matériaux forment de sombres demeures. Pour résister aux hivers rudes, habitations et communs sont réunis sous le même toit, formant une bâtisse tout en longueur. Le toit, à l'origine couvert d'ardoises grossières et lourdes, les « faisaus », est presque plat et repose sur des murs de moellons de schiste fort épais.

Maison rurale traditionnelle des Ardennes.

Au-delà des frontières

La Semois prend sa source près d'Arlon, dans la province du Luxembourg belge. Elle pénètre bientôt en France, où on l'appelle Semoy, avant de se jeter dans la Meuse, née au plateau de Langres. Ce fleuve traverse la Belgique puis les Pays-Bas en arrosant plusieurs grandes cités dont Maastricht (nom signifiant « passage de la Meuse ») pour finir son parcours – près de 1 000 km – dans la mer du Nord.

QUELQUES FAITS HISTORIQUES

Romains et Barbares

Av, J.-C. Le territoire actuel de la Champagne est occupé par plusieurs peuples : les Lingons (Langres), les Tricasses (Troyes), les Rèmes (Reims), les Catalaunes (Châlons-sur-Marne).

58-51 **Conquête romaine.** La Champagne fait partie de la Belgique. Langres et surtout Reims, nœuds routiers sur les voies Nord-Sud et Est-Ouest, deviennent des villes importantes.

Après J.-C. Troubles à la mort de Néron, assemblée de Reims.
69-70

2e et 3e s. Des missionnaires évangélisent la région : saint Bénigne à Langres, saint Savinien à Troyes, saint Memmie à Châlons et saint Sixte à Reims.

5e s. Les Barbares envahissent la province et la ravagent. Les évêques sont les défenseurs des cités : saint Alpin à Châlons et saint Loup à Troyes.

451 Bataille des Champs Catalauniques : défaite d'Attila *(p. 50)*.

476 Chute de l'Empire romain d'Occident.

Mérovingiens et Carolingiens

498 Baptême de Clovis, roi des Francs, par saint Remi, évêque de Reims.

511 Mort de Clovis.

575-590 Loup, premier duc de Champagne.

816 Premier sacre d'un roi à Reims, celui de Louis le Pieux.

843 Le **traité de Verdun** partage l'Empire carolingien entre les trois fils de Louis le Pieux. La Champagne fait partie de la France occidentale, séparée de la Lotharingie par la vallée de la Meuse.

Moyen Age

983 Mort d'Herbert II de Vermandois.

987 Avènement d'Hugues Capet.

11e s. A la suite de mariages la Maison de Blois réunit sous son autorité le Tardenois, Château-Thierry, Provins, Reims, Châlons et Troyes.

1079 Naissance d'Abélard.

1098 Robert de Molesme fonde Cîteaux.

12e s. Fondation de l'abbaye de Clairvaux (1115) par saint Bernard.
Le comté de Champagne rayonne sur toute la Champagne méridionale.
Thibaud II (1125-1152) cherche à unifier ses domaines et développe les foires de Troyes, Provins, Lagny et Bar-sur-Aube.

1146 Saint Bernard prêche la deuxième croisade.

1153 Mort de saint Bernard.

1179-1223 Règne de Philippe Auguste.

1182 Charte communale de Beaumont-en-Argonne octroyée par l'archevêque de Reims Guillaume aux Blanches Mains.

1210 Début de la construction de la cathédrale de Reims.

1234 Le comte Thibaud IV de Champagne devient roi de Navarre.

1284 Le comté de Champagne est uni au domaine royal à la suite du mariage de la comtesse de Champagne et de Navarre, Jeanne, avec Philippe le Bel.

1337 Début de la guerre de Cent Ans. Après la mort de Philippe le Bel et de ses trois fils – les rois maudits – le problème de la succession se pose. Les barons français préfèrent le neveu de Philippe le Bel, Philippe VI de Valois à son petit-fils Édouard III d'Angleterre. Le siècle qui suit est jalonné de conflits entre les Français et les Anglais qui revendiquent la Couronne ainsi qu'entre les Armagnacs, partisans de la famille d'Orléans, et les Bourguignons, partisans des ducs de Bourgogne. En Champagne, cette période se traduit par la désertion des campagnes, l'arrêt de l'industrie textile et la décadence des foires.

1361 Rattachement définitif de la Champagne à la Couronne.

14e s. Déclin des foires de Champagne.

21 mai 1420 Isabeau de Bavière, épouse du roi dément Charles VI, signe le honteux **traité de Troyes** qui prive le dauphin de ses droits à la succession, et désigne son gendre Henri V roi d'Angleterre comme héritier du trône de France.

1429 Jeanne d'Arc conduit Charles VII à Reims où il est sacré.

De la Renaissance à la Révolution

16ᵉ s. Renouveau économique : le commerce reprend, de nombreux bâtiments se construisent. L'école troyenne est florissante.

1515-1559 Guerres contre la maison d'Autriche (1521 : siège de Mézières, 1543 : siège de Ste-Menehould, 1544 : siège de St-Dizier et destruction de Vitry par Charles Quint).

1542 Création de la Généralité de Châlons où un représentant du roi affirme l'autorité monarchique.

1562 Le massacre de Wassy *(p. 133)* est le premier signal des guerres de Religion en Champagne.

1619-1683 Vie de Colbert *(p. 20)*.

1642 La principauté de Sedan est cédée à Louis XIII et rattachée à la Champagne.

1643 Le jeune duc d'Enghien (Grand Condé) arrête les Espagnols à Rocroi.

1654 Sacre de Louis XIV.

1675 Mort de Turenne.

Fin du 17ᵉ s. Dom Pérignon, moine de l'abbaye d'Hautvillers, découvre le procédé de fabrication du vin mousseux.

1779-1784 Napoléon Bonaparte étudie à l'école militaire de Brienne-le-Château.

1791 Le roi Louis XVI et sa famille sont arrêtés à Varennes-en-Argonne *(p. 129)*.

De la Révolution à nos jours

1792 Dumouriez arrête l'invasion prussienne à Valmy.

1814 Campagne de France de Napoléon *(p. 22)*.

1856 Napoléon III crée le camp de Châlons.

1870 Guerre franco-allemande *(p. 23)* qui se termine par la défaite de Sedan *(p. 116)* et de Bazeilles *(p. 46)*.

1871 Le traité de Francfort met fin au conflit et rattache l'Alsace et une partie de la Lorraine à l'Empire allemand.

1914 Bataille de la Marne *(p. 24)*.

1918 Seconde bataille de la Marne et fin de la guerre *(p. 24)*.

1940 Percée de l'Ardenne *(p. 24)*.

1944 Libération de la Champagne.

7 mai 1945 Capitulation de l'Allemagne et signature de l'armistice à Reims.

1966 Mise en eau du réservoir Seine appelé lac d'Orient.

1970 Mise en service de la centrale nucléaire de Chooz dans les Ardennes.

Création du Parc naturel régional de la Forêt d'Orient.

Mort du général de Gaulle à Colombey-les-Deux-Églises, le 9 novembre.

1974 Mise en eau du réservoir Marne : lac de Der-Chantecoq.

1976 Création du Parc naturel régional de la Montagne de Reims.

1991 Mise en eau du réservoir Aube appelé lac du Temple.

Napoléon au collège de Brienne
(gravure de N. T. Charlet).

LES TEMPS OBSCURS

La Champagne préhistorique – Le peuplement de la Champagne et des Ardennes durant la préhistoire s'est fait en plusieurs étapes complexes. La pénétration humaine suivait le cours des rivières et se diffusait ensuite sur les plateaux. C'est à la fin du 10e millénaire que l'homme devint sédentaire : on passa ainsi de l'économie de subsistance des grands chasseurs à l'économie villageoise.

La période du Néolithique (4500 à 2000 av. J.-C.) est marquée par le développement de la civilisation campignienne. Les hommes défrichent la forêt, perfectionnent leur outillage en combinant le silex et le bois et adoptent la technique céramique. Ces premiers paysans, dont certains sont originaires du Danube, se multiplient à la période suivante, dite Chalcolithique ou âge du cuivre (2000 à 1800 av. J.-C.). La densité de population atteint alors environ 10 habitants au km². L'usage des tombes collectives se répand : les dolmens et les **hypogées** (grottes artificielles creusées dans la craie) révèlent de vastes chambres funéraires dans lesquelles a été découvert un précieux matériel archéologique (conservé dans les différents musées de la région).

L'âge du bronze (1800 à 750 av. J.-C.) mêle la tradition néolithique aux apports nouveaux. Au 13e s. av. J.-C., une série d'invasions se produit, qui introduit un rite funéraire inconnu jusque-là : l'incinération. Les cendres sont placées dans des urnes elles-mêmes regroupées dans de vastes nécropoles, les **« champs d'urnes »**. Toutefois, une grande variété de coutumes se côtoient : les sépultures à fosse et les tumulus à fossé circulaire subsistent à côté des urnes.

Le trait dominant de la civilisation du bronze reste néanmoins l'affirmation d'une riche aristocratie ayant le monopole de la métallurgie, pratiquant le commerce et la guerre, tandis que la masse paysanne conservait un mode de vie néolithique.

La Champagne gallo-romaine – Plusieurs peuples occupaient la Champagne celtique aux frontières de la Gaule et de la Belgique : entre les Lingons au Sud et les Rèmes au Nord s'intercalaient les Tricasses (groupe sans doute plus récent que les autres) et les Catalaunes. Ils voisinaient à l'Ouest avec les Suessions, à l'Est avec les Médiomatriques et les Leuques. Les **oppida** sur lesquels ils étaient installés étaient des sites naturels fortifiés qui ressemblaient plus à des places de refuge qu'à des villes ; pourtant ils jouaient un rôle de capitales, telles Durocortorum (Reims) pour les Rèmes et Andematunum (Langres) pour les Lingons.

Les Rèmes et les Lingons, qui étaient les plus puissants dans la région, se solidarisèrent avec Jules César et lui apportèrent leur soutien indéfectible durant la guerre des Gaules. Leurs riches territoires servirent de base aux légions romaines. Cet appui, sans lequel César n'aurait peut-être pas réussi dans son entreprise, leur valut le titre envié d'« alliés du peuple romain » et leur épargna la sujétion à partir de 51. Sous Auguste, ils furent intégrés à la province de Belgique et Durocortorum vit son rôle de capitale se renforcer au cours des deux premiers siècles. La Champagne se montrait très attachée à la paix romaine et à ses effets stabilisateurs.

Sous le Haut-Empire une civilisation brillante se développe. La plupart des villes actuelles (Reims, Châlons, Troyes, Langres) s'épanouissent à cette époque, même si, aujourd'hui, peu de traces subsistent. Dans les campagnes, un réseau de bourgades et de **villae** se met en place : la villa d'Andilly *(p. 78)*, au Nord-Est de Langres, constitue à cet égard un exemple intéressant. Les productions du sol sont variées : blé, orge, vin, produits de l'élevage, etc. L'utilisation du **vallus** (moissonneuse) montre que l'agriculture avait atteint un haut niveau technique. Les débouchés, facilités par de nombreuses voies de communication remarquablement entretenues, sont immédiats : les armées du **limes** germanique en absorbent l'essentiel. L'artisanat évolue très rapidement, de la céramique de l'Argonne et de La Villeneuve-au-Châtelot (Aube) à la verrerie dont la région se fait une spécialité, au point de prendre une dimension industrielle aux 3e et 4e s. avec pour centre Reims, la ville des oculistes. Le thermalisme connaît lui aussi un vif succès.

A partir du 3e s. la Champagne se trouve confrontée aux vagues incessantes, et souvent destructrices, des invasions germaniques. Dioclétien redécoupe les anciennes provinces : Reims et Châlons font partie de la Belgique Seconde tandis que Langres et Troyes sont rattachées à la Lyonnaise Première. Le rôle militaire de Reims se renforce au fur et à mesure de l'accroissement du danger aux frontières de l'Empire. Les batailles se succèdent dans la région : en 366, le maître de cavalerie Jovin écrase les Alamans près de Châlons. Après une courte période d'accalmie, l'incursion des Vandales en 407 est particulièrement dévastatrice. Pourtant la Gaule, livrée désormais à la merci des chefs barbares, trouve encore la force de repousser les Huns d'Attila en 451 aux Champs Catalauniques. Les invasions ont provoqué une mutation du paysage urbain : des enceintes fortifiées entourent les villes dont la superficie s'est considérablement réduite.

La christianisation est contemporaine de la montée des périls : l'évangélisation de la Champagne débute dans la seconde moitié du 3e s. L'évêque le plus célèbre de ces temps troublés, saint Remi, évêque de Reims, parvient à obtenir la conversion du roi des Francs, Clovis, rendant ainsi ce souverain acceptable par les populations gallo-romaines.

LE FOISONNEMENT MÉDIÉVAL

De Clovis à Charles le Chauve – En 486, Clovis s'est emparé de la dernière enclave romaine régionale, le royaume de Syagrius. Loin de s'installer en masse, les Francs sont au contraire peu nombreux : ils forment, comme l'ont montré les nombreuses découvertes archéologiques (tombes « princières »), des petits groupes chargés de contrôler les territoires conquis.

Après la mort de Clovis (511), la Champagne connaît une suite de partages incohérents, consécutifs à la constitution de plusieurs royaumes échus à ses descendants : Reims et Châlons appartiennent à l'Austrasie, Troyes et Langres à la Burgondie. Un premier duché de Champagne voit le jour en 575 et périclite ensuite pendant deux siècles.

Plus que jamais Reims affirme sa vocation de capitale religieuse. Le baptême de Clovis *(p. 101)*, à Noël 498, a conféré un immense prestige à l'évêque Remi (mort vers 530). Ses successeurs continuent à renforcer la fonction épiscopale en obtenant des diplômes d'immunité des derniers Mérovingiens. Charles Martel remet toutefois ce pouvoir en cause en sécularisant de nombreux biens d'Église. Mais, dès 774, le métropolitain de Reims reçoit le titre d'archevêque, confirmant son rayonnement sur les diocèses voisins. Parallèlement, un réseau paroissial se dessine sur lequel son autorité s'exerce pleinement.

En octobre 816, Louis Ier le Pieux, fils de Charlemagne, est sacré et couronné empereur à Reims par le pape Étienne IV *(voir p. 93)* ; c'est le point de départ d'une longue tradition de la monarchie française. La dislocation de l'Empire carolingien en 843 arrime la Champagne au royaume de Francie occidentale. Le règne de Charles le Chauve correspond alors à une période assez faste. Certes les villes sont beaucoup moins peuplées que sous l'Empire romain – Châlons a 2 000 habitants et Reims 6 000 – mais elles conservent des activités économiques et tiennent une grande place dans les échanges interrégionaux. La vie intellectuelle et artistique atteint son apogée à Reims sous les épiscopats d'Ebbon et d'Hincmar *(voir p. 25)*. La vie rurale, par contre, est moins bien connue en dépit des **polyptyques** (inventaires) laissés par quelques grandes abbayes. Les campagnes affrontent les premières l'insécurité née des raids normands à la fin du 9e s. S'ouvre alors une période incertaine dominée par des rivalités entre puissants et par l'émergence de la société féodale.

Saint Bernard.

Saint Bernard (1090-1153) – Bernard, jeune noble bourguignon entré dans les ordres à l'âge de 21 ans, lie son destin à la Champagne lorsqu'il fonde, en 1115, l'abbaye de **Clairvaux** dont il ne tarde pas à faire l'âme de la congrégation cistercienne *(p. 25 et 44)*. Dès les années 1120, les idées de l'abbé de Clairvaux se répandent dans la Chrétienté et triomphent dans le mouvement monachique tant elles impressionnent par leur mysticisme et leur aspiration à la pureté. Mais Bernard ne s'arrête pas là, car c'est toute la vie religieuse de son temps qu'il veut réformer. Aussi intervient-il dans tous les domaines : élections épiscopales, conciles, schisme pontifical, croisade, etc. Son autorité morale est telle qu'elle s'impose dans toutes les cours européennes et à Rome où il « fait » les papes : Innocent II (1130-1143) puis Eugène III, un ancien moine de Clairvaux élu en 1145. Mais Bernard ne demande rien pour lui-même, refusant, par exemple, l'archevêché de Reims. Son influence est au zénith lorsqu'il prêche la seconde croisade en 1146 à Vézelay. Le roi Louis VII et l'empereur Conrad III, subjugués par son éloquence, prennent le chemin de Jérusalem. Bernard sera atteint par leur échec (1148), tout comme par la montée des hérésies, qu'il combat sans succès. Il meurt en 1153 (canonisé en 1174). L'absolutisme de son comportement, inspiré par une foi exaltée (« La manière d'aimer Dieu, c'est de l'aimer sans bornes et sans mesure », disait-il), allié à un goût extrême de la simplicité et du dépouillement, en avait fait une des plus fortes personnalités du Moyen Age.

Héloïse et Abélard – Quel étonnant contraste entre saint Bernard et Pierre Abélard (1079-1142). Ce dernier, originaire de la région nantaise, se destine très tôt aux études et devient un maître réputé dans les premières années du 12e s. Son enseignement, qui touche à toutes les disciplines, attire de toute l'Europe des foules d'auditeurs passionnés.

Héloïse et Abélard.

En 1118, le brillant écolâtre noue une idylle avec la nièce d'un chanoine de Notre-Dame de Paris, la belle Héloïse (1101-1164). Cette histoire d'amour, une des plus célèbres du royaume, se termina en Champagne.

Abélard, qui ne peut résister au charme d'Héloïse, en a un enfant ; les amants se marient. Pour échapper à la colère de sa famille, la jeune mère se réfugie dans un couvent, mais c'est Abélard qui est victime de la vengeance des parents outragés : ceux-ci le châtient en lui tranchant « les parties du corps avec lesquelles il a commis ce dont ils se plaignent ». Il entre alors à l'abbaye royale de St-Denis où il séjourne quelque temps, abattu par une profonde détresse. Remis, il ne tarde pas à reprendre son enseignement dans le prieuré champenois de Maisoncelle où il rédige son traité sur la Trinité, qui lui vaut d'être condamné par le concile de Soissons en 1121. Après ses nombreux démêlés avec la hiérarchie, Abélard peut enfin se retirer dans un lieu désert, près de Nogent-sur-Seine : le **Paraclet** *(p. 90)*. Pendant ce temps, Héloïse, qui vivait dans l'ascétisme et la chasteté absolue, devient prieure d'Argenteuil, lieu qu'elle doit quitter en 1129. L'apprenant, Abélard, élu depuis peu abbé de St-Gildas-de-Rhuys en Bretagne, lui offre le Paraclet. Après dix ans de séparation, ils se revoient. Émue par le récit qu'Abélard avait fait de leur amour dans son « Histoire de mes malheurs », Héloïse sent renaître en elle la passion. Elle lui écrit à nouveau son amour brûlant : « Ces voluptés des amants que nous avons goûtées ensemble m'ont été si douces, que je ne peux pas leur en vouloir ni même en effacer sans peine le souvenir. » Mais cette flamme est sans issue. Abélard se consacre désormais entièrement à son enseignement (vivement combattu par Bernard de Clairvaux) toujours si recherché. Il meurt en avril 1142, dans une retraite que lui avait aménagée Pierre le Vénérable. Sa dépouille est transportée au Paraclet où Héloïse l'accueille avant de s'éteindre elle-même une vingtaine d'années plus tard. Ils dormirent là, côte à côte, jusqu'à la Révolution.

Les comtes de Champagne – L'histoire de la formation du comté de Champagne est très complexe. A la fin du 9ᵉ s., la région est dans la mouvance des derniers Carolingiens. Incapables de rétablir leur autorité, ceux-ci sont combattus, au début du 10ᵉ s., par la puissante famille de Vermandois dont le chef, **Herbert II** († 943), réussit à se tailler une principauté à partir de l'évêché de Reims.

Ses fils se partagent ensuite l'ensemble, en accord avec les faibles rois de France : Robert détient les comtés de Meaux et de Troyes ; Herbert le Vieux, outre le comté d'Omois (Château-Thierry), le Perthois et l'abbaye Saint-Médard de Soissons, reçoit la charge de comte du Palais de Lothaire III. Vers 980, un nouveau partage successoral intervient : Herbert le Jeune, fils de Robert, règne sur Épernay, Vertus, le Perthois et le comté de Châlons ; Eudes Iᵉʳ de Blois, fils de Thibaud le Tricheur et de Liégeard (fille d'Herbert II), domine Château-Thierry, Provins et l'abbaye de Reims plus les possessions paternelles de la Loire et de la Beauce. Ces deux grands féodaux tiennent alors pour les Carolingiens et intriguent contre Hugues Capet. Le premier meurt en 995 et laisse un fils, Étienne, le second décède un an plus tard : sa femme se remarie avec Robert Iᵉʳ le Pieux. C'est grâce à ce dernier que le jeune **Eudes II** peut recueillir l'héritage paternel, auquel vient s'ajouter, en 1022, le patrimoine de son cousin Étienne, mort sans descendance. La principauté, qui comprend toute la Champagne ou presque, se trouve donc reconstituée au profit d'Eudes II. Fort de sa position, celui-ci se met à rêver à l'Empire : il est tué lors d'une bataille près de Bar-le-Duc en 1037 alors qu'il s'apprêtait à marcher sur la Lotharingie.

A la suite de péripéties, son fils **Thibaud Iᵉʳ** pourtant affaibli par la politique d'Henri Iᵉʳ. parvient à contrôler la majeure partie de la Champagne (sauf Reims, Châlons et Langres où les évêques sont comtes). Thibaud Iᵉʳ est considéré comme le fondateur du comté.

Étienne-Henri (†1102), fils de Thibaud, ne profite pas longtemps du patrimoine familial, car il part pour la croisade et meurt en Palestine. En son absence, la comtesse Adèle administre sagement ses domaines au nom de leur fils et crée la chancellerie comtale.

Hugues (†1125), fils d'un second lit de Thibaud, est le premier à porter le titre de comte de Champagne. Il déshérite son fils Eudes et choisit pour successeur son neveu Thibaud II.

Thibaud II († 1152), fils d'Étienne-Henri et d'Adèle de Normandie, ne garde que le titre de comte de Blois. Le sang normand qui coule dans ses veines lui fait tourner ses regards vers le royaume d'Angleterre, dont il se pose en héritier depuis 1120. Cependant, son frère Étienne s'empare de la couronne à sa place en 1135. Après avoir guerroyé contre Louis VII en 1142, Thibaud II se consacre entièrement à la Champagne. Il développe les activités économiques en créant un monnayage de bon aloi et en captant habilement le courant commercial entre l'Italie et les Pays-Bas. Il parvient ainsi à attirer la draperie flamande sur la route Lagny, Provins, Sézanne, Troyes et Bar-sur-Aube, à l'Ouest de sa principauté. L'organisation des foires ne cessera de se perfectionner *(p. 19).*

Henri Iᵉʳ le Libéral († 1181), fils de Thibaud II, constitue le noyau du comté de Champagne en abandonnant à ses frères et à ses vassaux les possessions extérieures. Il porte le titre de comte de Troyes. Grâce aux registres féodaux, on sait que la principauté se composait de 26 châtellenies et qu'Henri pouvait lever plus de 2 000 chevaliers. Son règne est particulièrement actif : il affranchit plusieurs communautés rurales, il développe le commerce, il construit des églises (notamment à Provins), etc. De plus, il pratique une politique d'alliance avec la famille royale en épousant Marie de France, fille de Louis VII et d'Aliénor d'Aquitaine. C'est elle qui exerce la régence du comté en 1181. Henri a un frère célèbre, l'archevêque **Guillaume aux Blanches Mains** (†1202). Seigneur avisé, celui-ci octroie la fameuse charte communale de Beaumont-en-Argonne (1182), il embellit Reims et dirige le gouvernement du royaume pendant la croisade de son neveu Philippe Auguste.

Henri II († 1197), fils d'Henri Iᵉʳ ne reste pas longtemps en Champagne. En 1190, il part en terre sainte où il épouse la reine Isabelle de Jérusalem qui lui donne deux filles.

Thibaud III († 1201), second fils d'Henri Iᵉʳ, a un règne tout aussi éphémère. Blanche de Navarre sa femme se trouve bientôt veuve avec un enfant né posthume, Thibaud IV. Elle se place sous la protection de Philippe Auguste en échange de la concession de quelques châteaux. Mais, surtout, elle préserve l'héritage de son fils des revendications des filles d'Henri II, descendance de Philippine, épouse d'Érard de Brienne.

Thibaud IV († 1253) a passé sa jeunesse à la cour royale. Comte palatin de Champagne et de Brie, il organise et unifie les institutions comtales : monnaie unique (denier provinois), création d'une juridiction d'appel à Troyes (les Jours), etc. Son attitude à l'égard du pouvoir royal est équivoque. Il prend part à la croisade contre les Albigeois, mais il abandonne Louis VIII devant Avignon ; il sera même accusé d'avoir empoisonné le roi. A la mort de ce dernier (1226), il prend la tête de la rébellion féodale contre Blanche de Castille, pour se rallier peu après à elle... En 1234, il hérite du royaume de Navarre, tandis qu'il se sépare des comtés de Blois, de Chartres, de Sancerre et de Châteaudun, cédés à Louis IX. Cependant, la célébrité de Thibaud est due à ses talents de trouvère : il a composé ainsi une soixantaine de chansons amoureuses dont certaines adressées, dit-on, à la reine Blanche. La cour de Champagne est alors une des plus brillantes du royaume.

Thibaud V († 1270), fils de Thibaud IV, agrandit encore le domaine champenois en direction de la Lingonie, mais le rayonnement du pouvoir royal altère la personnalité du comté. Thibaud, qui est le gendre de Saint Louis, vit de plus en plus à la cour du roi. En 1270, il suit son beau-père à la croisade et meurt en revenant de Tunis.

Thibaud V.

Henri III († 1274) prend la succession de son frère Thibaud. Il ne dirige le comté que 4 ans. A sa mort, sa femme se remarie avec le duc de Lancastre et confie sa fille **Jeanne** à la garde du roi. Jeanne épouse Philippe le Bel en 1284 ; la Champagne restera dans le patrimoine de la famille royale...

Les comtes de Champagne étaient également appelés comtes de France, ils étaient les premiers feudataires du royaume aux 12e et 13e s. Ils devaient cette position plus à leur richesse qu'à leur puissance militaire. A cet égard, leur politique audacieuse de développement économique fut une réussite dont peu de régions offrent l'exemple.

Les foires – L'importance des foires champenoises a été maintes fois soulignée. Aucune autre foire en Europe occidentale ne parvint à brasser autant d'échanges. Alors que les grandes foires n'étaient habituellement que des rassemblements périodiques, celles de Champagne duraient toute l'année et fonctionnent selon des règles très rigoureuses. Les comtes de Champagne en furent les heureux promoteurs, car ils comprirent tout l'intérêt qu'il y avait à favoriser le commerce, source de revenus alléchants pour leur trésor. De même, ils encourageaient les défrichements et fondaient des bourgs nouveaux. Ils gagnèrent la confiance des marchands en assurant leur protection (le « conduit ») et en leur accordant de multiples facilités, juridiques notamment.

Les foires étaient au nombre de six : deux à Troyes, deux à Provins *(voir p. 96)*, une à Bar-sur-Aube et une à Lagny. Elles s'étalent selon un calendrier précis, durent chacune environ deux mois et fonctionnent selon des règles très rigoureuses. Les marchands de toutes nationalités s'y regroupent en cités ou ligues sous la responsabilité d'un consul ou d'un capitaine. Italiens, Flamands, Allemands, Espagnols, Languedociens et autres échangent des draps, des étoffes de laine, des soieries, des toiles, des cuirs et des fourrures, des épices orientales, de la cire, du vin, etc. Les Italiens, les plus dynamiques, introduisent les techniques commerciales les plus modernes : les changeurs lombards et toscans, par exemple, ont une solide réputation de financiers avisés. Du reste, les opérations financières l'emportent progressivement sur le commerce lui-même. Dans la seconde moitié du 13e s., les foires prennent l'aspect d'un grand marché des espèces et du change, en somme d'un centre des règlements internationaux.

Elles déclinent au début du 14e s. : la volonté royale – le comté de Champagne s'unit à la couronne en 1284 par le mariage de Jeanne de Navarre avec Philippe le Bel – de favoriser Paris, la guerre contre la Flandre, l'ouverture de la route atlantique leur portent un coup sévère. En 1350, les derniers financiers italiens partent et les villes de foires redeviennent de simples marchés régionaux. Outre ses foires, la Champagne brille aussi par son industrie textile. Reims fabrique une toile réputée, Châlons et Provins produisent des draps de qualité. Dans cette dernière ville on compte jusqu'à 3 200 métiers à tisser à la fin du 13e s. Troyes est plutôt spécialisée dans le travail du cuir.

L'essor économique touche aussi les campagnes où la poussée démographique conduit à l'élargissement des anciens terroirs, à la création de nouveaux villages et à l'exploitation de la forêt. La nouveauté essentielle reste cependant l'apparition d'une industrie du fer fondée sur l'emploi de la force hydraulique. La forêt d'Othe, la forêt du Der et la forêt de Chaume voient se multiplier les mines et les forges au cours des 13e et 14e s. Une vocation industrielle s'affirme...

TROUBLES ET GUERRES

Les ravages de la guerre de Cent Ans – La monarchie française tenait à la Champagne, elle se la vit contester par les héritiers de Jeanne de Navarre, fille de Louis X, et plus tard par le duc de Bourgogne.

Entre 1358 et 1366, les campagnes subirent d'incessants ravages dus à des bandes de pillards à la solde de Charles le Mauvais, prétendant au comté de Champagne, auxquelles répliquèrent d'autres bandes appelées par le dauphin-régent. Survint ensuite l'armée du roi d'Angleterre Édouard III, qui avait conçu le projet de se faire sacrer à Reims, mais la ville résista et il dut lever le camp le 11 janvier 1360. Les pillages continuèrent jusqu'en 1366, date de l'intervention de Du Guesclin.

La reprise de la guerre en 1369 entraîna deux raids anglais particulièrement dévastateurs pour le « plat pays » : celui de Jean de Lancastre en 1373, suivi de celui de Buckingham en 1380.

Après un répit de trente-cinq ans, les convoitises du duc Jean sans Peur rallumèrent la guerre. La Champagne passa alors sous influence bourguignonne, et c'est à Troyes, le 21 mai 1420, que fut signé le traité qui livrait la France aux Anglais *(voir p. 120)*. Henri V d'Angleterre entreprit la conquête de la France du Nord et s'empara, en 1421, de Château-Thierry et de Montaiguillon. La situation se renversa en 1429 quand Jeanne d'Arc parvint à faire sacrer le dauphin à Reims (le 17 juillet). De ce fait, Charles VII acquit une légitimité indiscutable et se rendit maître de la Champagne. La paix d'Arras en 1435 ne mit pas fin aux pillages qui durèrent jusqu'en 1445.

La guerre était accompagnée de son cortège habituel de fléaux : famines, pestes qui décimèrent la population. En Champagne, des villages furent complètement abandonnés par leurs habitants et les terres environnantes retournèrent à la friche. La désertion des campagnes avait entraîné un accroissement de la mendicité urbaine : vers 1480, on dénombrait 3 000 mendiants à Troyes et 2 000 à Châlons. Reims ne comptait plus que 10 000 habitants. Le malaise social était accru par le féodalité écrasante.

Après un siècle d'épreuves dramatiques, le règne de Louis XI coïncida avec le début de la reconstruction et, jusqu'au milieu du 16e s., la Champagne connut à nouveau une période assez faste.

Le retour des guerres (1562-1654) – Durant un siècle, des guerres chroniques et impitoyables ensanglantent une nouvelle fois la Champagne. Conflits religieux, politiques et internationaux se mêlent étroitement, apportant chacun leur lot de désolation. Le massacre de Wassy *(p. 133)*, en 1562, donne le signal des affrontements religieux. Jusqu'à la Saint-Barthélemy (1572), les protestants semblent dominer la situation. Ensuite, la Ligue dirigée par les Guise, très puissants dans la région, reprend le dessus : en 1578, Guise arrête les reîtres de l'électeur Jean-Casimir à Port-à-Binson, où il reçoit la fameuse blessure qui lui vaudra le surnom de « balafré ». Peu à peu, les villes hésitantes se rallient à sa cause ; seules Langres et Châlons restent fidèles au roi, représenté par le lieutenant-général Dinteville. La prise de Paris et la conversion d'Henri IV dénouent la situation, mais c'est à Chartres et non à Reims – qui se soumet la dernière – que le souverain est couronné le 27 février 1594.

Après un court répit, les hostilités reprennent en 1614 lorsque le duc de Bouillon, prince de Sedan, se rebelle contre le gouvernement de Marie de Médicis. La prise de Rethel par les troupes royales en 1617 ne suffit pas à étouffer les conspirations et il faut une nouvelle intervention royale, décisive celle-ci, en 1632 et 1634, pour soumettre la Lorraine et ses confins. La monarchie en avait profité pour annexer le Barrois.

La guerre contre l'Espagne déclenche une nouvelle série de malheurs à partir de 1636. Les chefs de guerre appuyés par Charles IV de Lorraine, les armées de Condé, les Impériaux de Gallas, eux-mêmes poursuivis par les Suédois de Bernard de Saxe-Weimar, mettent le pays à sac. Des villages entiers sont détruits.

Alors que la principauté de Sedan devient française (1642), la mort de Richelieu puis celle de Louis XIII incitent les Espagnols, qui viennent de subir de graves revers dans le Nord et en pays catalan, à reprendre l'offensive en Champagne. Mais, le 19 mai 1643, les troupes royales commandées par le jeune Condé leur infligent une sévère défaite à Rocroi (p. 113). La confusion continue cependant de régner, car la France vit une période de troubles graves. La Fronde divise les Grands, ce qui provoque d'incessants passages de troupes entraînant pillages et réquisitions. Les Espagnols menacent toujours le pays, en 1650 ils campent même à quelques lieues de Reims. Rethel est reprise par Mazarin, mais la pacification est loin de pouvoir s'accomplir car, dès 1652, le duc de Lorraine tente de recouvrer son duché. A cette date, la Champagne, exsangue, traverse les plus noirs moments de son histoire. Le voyage du sacre de Louis XIV, en mai-juin 1654, marque le début d'une amélioration qui ne sera vraiment effective qu'à la signature du traité des Pyrénées (1659) établissant la paix avec l'Espagne et rendant Rocroi à la France.

Ces guerres interminables avaient provoqué une notable diminution de la population ; elles avaient particulièrement touché les campagnes qui furent toujours les plus exposées.

DE COLBERT A DANTON

L'ascension d'un clan : les Colbert de Reims – Les Colbert sont issus d'une vieille famille d'entrepreneurs maçons et de marchands rémois. En 1556, un Colbert est échevin et député aux États du Vermandois. A la génération suivante, les Colbert s'intéressent aux offices, ces charges royales gratifiantes très recherchées par la bourgeoisie. Nicolas Colbert (1590-1661), le père du futur ministre, banquier-négociant associé à son frère, rajoute le titre de sieur de Vandières à son nom. Quittant Reims où ses affaires dépérissent, il s'installe à Paris en 1625 et pratique l'usure. En 1632, il achète un office de receveur général et payeur des anciennes rentes de la ville de Paris. Après une période de difficultés, la fortune lui sourit tandis qu'il noue de solides relations par l'intermédiaire de son cousin Saint-Pouange, beau-frère de Michel Le Tellier. Nicolas Colbert acquiert de nouveaux titres : maître d'hôtel du roi en 1641 et conseiller d'État en 1652. Il en profite pour établir ses enfants dont l'aîné, Jean-Baptiste (né à Reims en 1619), commis de Le Tellier depuis 1645, s'apprête à parcourir une grande carrière.

La réussite politique et sociale des Colbert dépasse désormais le cadre de la Champagne. Jean-Baptiste Colbert, nommé contrôleur général des Finances à la chute de Fouquet (1661), joue un rôle capital dans l'organisation administrative de la monarchie, mais plus encore dans l'orientation de la vie économique. Le colbertisme pose pour principe que la richesse d'un pays repose sur une balance commerciale excédentaire. Pour obtenir ce résultat, il faut exporter au maximum les produits nationaux et rendre l'accès difficile aux importations étrangères. Mais Colbert, qui est un esprit clair et méthodique,

Jean-Baptiste Colbert.

sait qu'il ne suffit pas de relever les tarifs douaniers. C'est pourquoi il entreprend de stimuler le travail productif en prenant une série de mesures auxquelles son nom restera attaché : réduction du nombre de jours chômés, création de grandes manufactures comme les Gobelins, réglementation et contrôle très strict de la qualité de la production, relèvement de la marine, etc. La Champagne profite de ses initiatives en faveur de l'industrialisation : une manufacture d'armes (royale en 1688) est créée à Charleville, le textile se redresse, même si cela ne dure pas très longtemps.

Autour de Colbert gravitent de nombreux parents introduits dans les affaires : son oncle Pussort, son frère Colbert de Croissy, son fils Seignelay et son neveu Torcy, diplomate de grande valeur. Le clan Colbert fut en rivalité permanente avec le clan de Michel Le Tellier et de son fils Louvois, dont la suprématie s'affirme à la mort de Jean-Baptiste Colbert en 1683.

Par l'intermédiaire de cette famille, parvenue aux plus hauts sommets de l'État, la Champagne avait montré une fois encore qu'elle se tenait au plus près de la monarchie française.

Jean-Baptiste de La Salle et l'école des pauvres – Dans la seconde moitié du 17e s., la Champagne apparaît comme une région pionnière en matière d'enseignement populaire. Des « petites écoles », destinées aux enfants des familles pauvres, s'ouvrent dès 1674 à Reims, sous l'impulsion du chanoine Roland, dont l'œuvre est poursuivie par Jean-Baptiste de La Salle. Né en 1651 à Reims, chanoine de la cathédrale en 1667, le jeune Jean-Baptiste appartenait à une riche famille aristocratique qui le destinait à une brillante carrière ecclésiastique. Toutefois, après avoir accompli de solides études au séminaire St-Sulpice de Paris et avoir reçu l'ordination sacerdotale en 1678, il décide de se consacrer entièrement à l'éducation des pauvres, ne ménageant pour cela ni sa peine ni sa fortune. Il commence par organiser la Communauté des Sœurs du Saint Enfant Jésus, qui essaime très vite dans les campagnes : les religieuses vont deux par deux, elles font non seulement l'école et le catéchisme, mais elles s'occupent aussi des adultes. Quelques années plus tard, Jean-Baptiste de La Salle fonde sa Communauté des Frères des écoles chrétiennes, appelée à prendre une immense extension. Pour préserver exclusivement la vocation enseignante de celle-ci, il précise qu'aucun frère ne pourra devenir prêtre et qu'aucun prêtre ne pourra entrer dans la congrégation. En 1695, il publie un ouvrage intitulé « La Conduite des écoles », dans lequel il expose ses conceptions pédagogiques : substitution de l'enseignement collectif à l'enseignement individuel et du français au latin. Ces dispositions contiennent en germe une révolution scolaire qui ne s'accomplira que très longtemps après la mort de son initiateur.

Jean-Baptiste de La Salle s'éteignit à Rouen en 1719, laissant derrière lui une œuvre considérable dont le laboratoire avait été la région rémoise.

Jean-Baptiste de La Salle.

La Champagne au 18e s. – La centralisation monarchique, en marche depuis le 16e s., a abouti à la création de la généralité de Châlons-sur-Marne *(p. 50)* qui est divisée en douze élections. Sous l'autorité des intendants, la province se met à vivre au rythme de l'histoire nationale, et les villes y perdent leur autonomie.

Le 18e s. est un siècle réparateur. La population champenoise se stabilise autour de 800 000 habitants. L'agriculture se relève, notamment par l'extension du vignoble, stimulée par la production des vins champagnisés qui s'exportent facilement. Après avoir tenté de freiner le mouvement des plantations nouvelles, les autorités s'efforcent d'encourager l'amélioration de la qualité des raisins. Quelques propriétaires éclairés essayent de leur côté de promouvoir l'élevage sur prairie artificielle. Ces progrès ne doivent cependant pas masquer la situation de la grande masse des paysans qui continue à subir les effets des crises cycliques, sources de pénuries.

L'industrie textile, après une période de marasme, reprend vigueur pendant la seconde moitié du siècle, mais elle évolue : à côté des villes (Reims, Troyes, Sedan) se développe une industrie rurale implantée dans les vallées. Le système de la fabrique, concentré entre les mains de quelques gros négociants, occupe des milliers d'ouvriers dans les campagnes. La métallurgie connaît un rapide essor. Elle se localise au Nord, près des Ardennes et au Sud-Est. La Manufacture royale d'armes de Charleville emploie 500 ouvriers en 1789. Un tel cas de concentration est rare, car la tendance est plutôt au morcellement et à la dispersion des entreprises. La coutellerie langroise essaime, par exemple, le long de la Marne, du Rognon et de la Meuse. Cela n'empêche pas la généralité de Châlons d'arriver au premier rang de la production métallurgique française, avec en 1771 : 70 hauts fourneaux, 73 forges, 40 000 tonnes de fonte et 30 000 tonnes de fer.

L'industrialisation élargit le fossé social entre riches et pauvres. A côté de l'opulence des nouvelles dynasties bourgeoises, des milliers d'ouvriers vivent dans une situation précaire, à la merci de la moindre crise, comme celle de 1788 qui, à Troyes, mit 6 000 d'entre eux au chômage. La Révolution reçut donc, à ses débuts, un accueil favorable. Deux épisodes capitaux, qui influencèrent son déroulement, se déroulèrent en Champagne : la fuite du roi, en juin 1791, et son arrestation à Varennes *(voir p. 129)*, la bataille de Valmy *(voir p. 128)* le 20 septembre 1792.

Sur le plan artistique, le 18e s. a laissé une empreinte architecturale tout entière tournée vers l'embellissement des villes, comme le rappelle la belle place Royale de Reims *(p. 110)*. Cependant, le goût de la rénovation entraîna de nombreuses destructions d'édifices anciens : c'est ainsi que la plupart des grands monastères de la région furent démantelés et que des chefs-d'oeuvre de l'art roman disparurent, parfois retrouvés récemment comme le cloître de Notre-Dame-en-Vaux à Châlons-sur-Marne *(p. 52)*.

Danton (1759-1794) – Georges-Jacques Danton naquit à Arcis-sur-Aube le 28 octobre 1759. Son père, qui était procureur, décéda trois ans après sa naissance. Élevé par sa mère et le second mari de celle-ci, il fit un séjour chez les oratoriens de Troyes (1773-1775), puis rentra à Arcis où il compléta son instruction en apprenant l'anglais et en lisant beaucoup. Il s'installa ensuite à Paris pour y étudier le droit. Il était avocat lorsque la Révolution éclata. Servi par une éloquence fougueuse, Danton se fait remarquer au club des Cordeliers. Dirigeant le gouvernement après la journée du 10 août 1792 – qui avait abouti à la chute du roi –, il donne une extraordinaire impulsion à la défense nationale. Les frontières sont menacées : les Prussiens, soutenus par les émigrés de l'« armée de Condé », occupent Verdun le 2 septembre puis franchissent les défilés de l'Argonne qui leur ouvrent la route de Paris. Danton lance alors sa célèbre formule : « Il nous faut de l'audace, encore de l'audace, toujours de l'audace, et la France est sauvée. » Elle l'est en effet, dans sa Champagne natale, à Valmy.

Le bouillant patriote participe ensuite à la création du Tribunal révolutionnaire et du Comité de salut public, dont il prend le contrôle d'avril à juillet 1793. Après avoir tenté de s'entendre avec les Girondins, Danton travaille à leur chute. Mais Robespierre guette son vieil adversaire qui fait désormais partie des Indulgents, c'est-à-dire de ceux qui veulent en finir avec la Terreur et signer la paix avec l'ennemi. Sur un rapport de Saint-Just, Danton et ses amis (Fabre d'Églantine, Camille Desmoulins et Hérault de Séchelles) sont arrêtés. Traduits devant le Tribunal révolutionnaire, ils se défendent si bien que la Convention vote un décret mettant hors des débats tout prévenu qui insulterait la justice. Après une parodie de procès, ils montent à l'échafaud le 6 avril 1794.

Violent en paroles, Danton était souvent prudent et modéré dans ses actes. D'une activité débordante, mais d'un caractère nonchalant, tantôt ardent patriote, tantôt intrigant suspect, aimant la vie et ses plaisirs, il reste une grande figure de la Révolution française.

Georges Danton.

LES GUERRES MODERNES

La campagne de France de Napoléon – Le jeune Bonaparte avait passé une partie de sa jeunesse en Champagne, à l'école de Brienne-le-Château *(voir p. 48)*. Il y revint trente ans plus tard pour lutter contre l'invasion des Alliés (Russes, Autrichiens et Prussiens), commandés par les généraux Blücher et Schwartzenberg.

Ulcéré par les reculades de ses maréchaux devant l'ennemi – qui avait franchi le Rhin le 1er janvier 1814 –, Napoléon décide de prendre la direction des opérations : le 24 janvier il part pour Châlons où il retrouve Marmont, Ney et Kellermann, le vainqueur de Valmy. Son armée est composée en grande partie de très jeunes conscrits, les « Marie-Louise ». Le 27, Napoléon, qui avait chaussé ses « bottes de 93 », entre à St-Dizier où il apprend que Blücher et Schwartzenberg cherchent à se rejoindre. Marchant sur le premier, il le surprend à Brienne (le 29) et le bat malgré une infériorité numérique flagrante. Le lendemain les Alliés lancent plus de 100 000 hommes contre Napoléon. Celui-ci parvient à se maintenir à La Rothière puis se replie sur Troyes. Pressé d'accepter les conditions des Alliés – le retour aux frontières de 1791 –, l'Empereur répond : « Laisser la France plus petite que je ne l'ai trouvée, jamais .» Blücher et Schwartzenberg commettent alors la faute de se séparer à nouveau. Le 10 février, Napoléon attaque à Champaubert, le 11 à Montmirail *(p. 88)*, le 12 à Château-Thierry *(p. 60)* et le 14 à Vauchamps, autant de victoires sur l'armée de Blücher, qui est presque détruite. Il tombe ensuite sur Schwartzenberg (batailles de Mormant et de Montereau) le long de la Seine, et le rejette vers Chaumont. Sûr de lui, il repousse les offres d'armistice et renonce à rappeler ses troupes d'Italie.

Victimes des ravages ennemis, les paysans massacrent les groupes isolés, les patrouilles et assaillent les convois. Les Alliés s'inquiètent d'un possible soulèvement général, mais le tsar Alexandre Ier. dans un grand conseil tenu à Bar-sur-Aube *(p. 44)*, maintient l'unité des Alliés. Le 1er mars, le traité de Chaumont consacre l'alliance européenne contre la France : l'Angleterre, l'Autriche, la Prusse et la Russie s'engagent à fournir chacune un contingent de 150 000 hommes jusqu'à la fin de la guerre.

Quittant Troyes où il stationne depuis le 24 février, Napoléon se lance à la poursuite de Blücher qui s'échappe sur la route de Paris, il parvient à le repousser sur Laon après l'avoir défait à Craonne. Le 13 mars, il marche sur Reims et détruit un corps russo-prussien. Il rentre à Reims qui lui réserve un accueil triomphal. Mais, devant les nouveaux projets de Schwartzenberg, qui reprend Troyes et s'approche de Provins, l'Empereur traverse la Marne (17-20 mars). Le 20, il livre la bataille décisive d'Arcis-sur-Aube *(p. 40)* avec 20 000 hommes contre 90 000 Autrichiens ; jugeant la partie trop inégale, il se replie et passe, le lendemain, l'Aube. Pour la première fois, Napoléon vient d'être battu.

Le 24 mars, à Sommepuis, les Alliés, encouragés par leur succès, décident la marche sur Paris où ils savent pouvoir compter sur d'efficaces complicités. Trompant Napoléon en dressant un rideau de cavalerie à St-Dizier, ils refoulent Mortier et Marmont à Fère-Champenoise (25 mars). Le 28, ils touchent au but. Napoléon ne se considère pas comme vaincu : le 29 il accourt avec son armée à Troyes, le 30 il est à Sens. Il demande alors à Marmont de tenir encore un jour pour lui laisser le temps de prendre l'ennemi en tenaille. Mais dans la nuit du 30, le duc de Raguse, en accord avec Talleyrand, signe la reddition. Napoléon a perdu la partie. Le 6 avril 1814, il abdique à Fontainebleau.

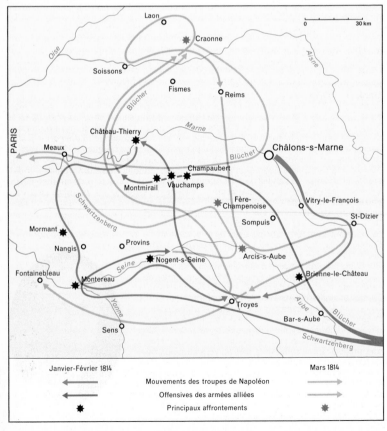

Janvier-Février 1814		Mars 1814
	Mouvements des troupes de Napoléon	
	Offensives des armées alliées	
	Principaux affrontements	

La Champagne, une fois de plus, a considérablement souffert de la guerre. Les armées ont épuisé le pays, et la campagne a coûté 34 millions de francs au département de la Marne. Les Alliés eurent l'occasion de revenir en 1815, au lendemain de Waterloo. Plus de 350 000 soldats passèrent à Troyes. En outre, la région fut occupée deux ans.

Un général napoléonien : Drouet d'Erlon – Né à Reims en 1765 dans une famille populaire, Jean-Baptiste Drouet est l'exemple type de ces soldats de l'an II, qui se hissèrent aux plus hauts sommets de la hiérarchie militaire sous l'Empire.

Drouet avait déjà accompli des années de service avant la Révolution, quand il décida de s'engager, en 1792, au bataillon des chasseurs de Reims. Aide de camp du général Lefebvre, il prend part aux sièges de Valenciennes et de Condé en 1794. Passé sous les ordres de Hoche à l'armée du Rhin, il devient général de brigade en 1799, il a 34 ans.

Drouet d'Erlon.

Drouet continue de se distinguer sous le Consulat et l'Empire, où il sillonne un peu tous les champs de bataille, notamment ceux de Hohenlinden, d'Iéna et de Friedland. En récompense de sa bravoure, Napoléon le fait comte d'Erlon en 1809. Combattant les Anglais en Espagne, puis dans la région de Toulouse, il n'est pas aux côtés de l'Empereur pendant la campagne de France. Il se rallie aux Bourbons, mais les abandonne dès que Napoléon rentre en France.

Proscrit par ordonnance royale du 25 juillet 1815, condamné à mort par contumace, Drouet d'Erlon s'établit à Bayreuth et y tient une brasserie ! Il ne rentre en France qu'en 1825. Après la révolution de Juillet, Louis-Philippe le nomme pair puis Gouverneur général de l'Algérie nouvellement conquise. Il obtient son bâton de maréchal en 1843, quelques mois avant sa mort. En 1849, la ville de Reims lui a élevé une statue.

La guerre de 1870 – Après les défaites subies en Alsace, une nouvelle armée se forme, sous les ordres de Mac-Mahon, au camp de Châlons-sur-Marne *(p. 50).* Le 17 août, Napoléon III – qui n'était pas un stratège – y tient un important conseil de guerre, à la suite de quoi l'armée s'ébranle en direction de Reims. Installé au château de Courcelles, l'empereur, démoralisé, incapable de prendre une décision rapide, écoute les avis divergents de son entourage : faut-il se replier sur Paris ou faut-il se porter au secours de Bazaine bloqué à Metz ? C'est finalement la seconde solution qui prévaut : le 23, Mac-

Mahon prend la route des Ardennes, espérant contourner les Prussiens. Le 24, il est sur la Suippe, le 25, il arrive sur l'Aisne qu'il borde de Rethel à Vouziers, tout cela en traînant. L'empereur suit cet amas de troupes désorientées par tant d'impéristies et mal nourries de surcroît.

Mac-Mahon a choisi de passer la Meuse à Remilly et à Mouzon, dans l'idée de se rabattre ensuite sur la route de Briey. Ayant percé ses desseins, Moltke décide de l'arrêter avant qu'il n'atteigne le fleuve. Il ordonne au prince de Saxe commandant la IVᵉ Armée de l'attaquer près de Beaumont-en-Argonne. Le 30, à midi, le général de Failly se laisse surprendre et doit repasser la Meuse après avoir subi de lourdes pertes. Mac-Mahon, croyant n'avoir à ses trousses que la petite armée du prince de Saxe, se résout à chercher un abri à quelques kilomètres en aval, à Sedan. Dans le même temps, la IIIᵉ Armée du Prince royal de Prusse l'enveloppe par le Sud-Ouest. Le sort de la guerre est joué.

Prenant le train à Carignan, Napoléon arrive à son tour à Sedan le 31. Prise dans une souricière, l'armée française, malgré quelques exploits comme celui de **Bazeilles** *(p. 46)*, doit capituler le 2 septembre *(voir p. 116)*. 83 000 hommes sont faits prisonniers, 3 000 ont été tués et 14 000 blessés. La France est ouverte à l'invasion. Il ne faut plus aux Prussiens que quelques marches pour atteindre Paris. Depuis le 26 août ils occupaient Châlons, mais ils n'entrent à Reims que le 4 septembre, jour de la chute de l'Empire.

La guerre continua sous le gouvernement de la Défense nationale. La place de Mézières parvint à tenir jusqu'au 1ᵉʳ janvier 1871 et Revin ne se rendit que le 5. Des groupes de francs-tireurs poursuivaient isolément la lutte, provoquant parfois d'horribles représailles de la part de l'ennemi contre les populations civiles (incendie du village ardennais de Chestres, exécution du curé de Cuchery dans la Marne). Les grands théâtres d'opérations ne se situaient pas en Champagne, mais sur la Loire où s'illustra le général Chanzy, en Normandie et en Picardie, en Bourgogne et en Franche-Comté.

La guerre se termina le 28 janvier 1871 par l'armistice et la capitulation de Paris. Le traité de Francfort (10 mai) se traduisit par la perte de l'Alsace et de la Lorraine moins Belfort, ce qui rapprochait la Champagne des frontières.

Un Ardennais illustre : le général Chanzy (1823-1883) – Né à Nouart dans les Ardennes, en 1823, Chanzy, tenté par la carrière militaire, entra à St-Cyr en 1841 et exerça par la suite de nombreux commandements en Algérie.

Général de brigade en 1868, divisionnaire le 20 octobre 1870, il prend la tête de la IIe Armée de la Loire rassemblée à la hâte par Gambetta, pour tenter de renverser la situation au profit de la France.

Le prestige du glorieux général est tel qu'il est élu député des Ardennes en 1871, sans avoir fait acte de candidature. Fidèle à son image, il vote contre la paix et se montre partisan de la lutte. En 1873, Mac-Mahon le nomme Gouverneur général de l'Algérie, où il déploie d'insoupçonnés talents d'administrateur. Sénateur républicain inamovible en 1875, il est aussi président du conseil général des Ardennes. En 1879, il devient ambassadeur de France à St-Pétersbourg. En 1881, il retourne à la vie militaire comme commandant le 6e corps à Châlons-sur-Marne et décède subitement le 5 janvier 1883.

La Grande Guerre (1914-1918)

La bataille de la Marne (1914) – Les Allemands envahissent la Belgique, gagnent la bataille des frontières et repoussent vers le Sud l'armée française de Lanrezac et l'armée britannique de French, les refoulant au-delà de la Marne. Von Kluck fonce alors en direction de la Seine et, n'obéissant pas aux ordres supérieurs, décide d'attaquer par l'Est plutôt que par l'Ouest. Voyant cela, le 4 septembre, les Français amorcent une manœuvre délicate, dirigée par Joffre que seconde Gallieni. Celui-ci suggère d'attaquer Von Kluck sur son flanc droit avec pour objectif le cours de l'Ourcq *(voir bataille de l'Ourcq dans le guide Vert Ile-de-France)*. Il rassemble alors l'armée Maunoury et les troupes de la garnison de Paris que renforcent 4 000 hommes qui vont être amenés sur le front par 600 taxis parisiens : c'est le fameux épisode des taxis de la Marne. En même temps Franchet d'Esperey contre-attaque à Montmirail et Foch se bat en lisière des marais de St-Gond contre l'armée de Von Bülow *(p. 114)*. Une brèche s'ouvre dans les armées allemandes, brèche dans laquelle s'enfonce l'armée anglaise. Les Allemands menacés d'être coupés battent en retraite jusqu'à la vallée de l'Aisne où ils se retranchent. Le front est alors fixé au centre.

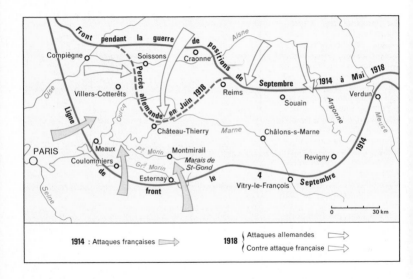

Guerre de positions (septembre 1914-mai 1918) – C'est la guerre des tranchées pendant laquelle se poursuit une lutte épuisante et sanglante. Chacun des hauts commandements cherche la percée décisive dont l'exploitation mettra hors de combat l'adversaire. C'est ainsi que de nombreuses offensives sont montées de part et d'autre. La plus importante en Champagne est l'offensive française (septembre 1915) dans la région de Souain (les Hurlus, Massiges et la ferme de Navarin).

Seconde bataille de la Marne (juillet-novembre 1918) – Les Allemands font une percée vers la Marne en juin 1918, mais grâce à une contre-attaque menée par Mangin, débouchant de la vallée de Villers-Cotterêts et menaçant le flanc du saillant allemand de Château-Thierry, Foch reprend l'initiative et remporte la seconde bataille de la Marne. Les Allemands, pressés de toutes parts, replient l'ensemble de leur dispositif sur la ligne Hindenburg, système de positions fortifiées se prolongeant de la Fère à St-Quentin. Le 26 septembre, enfin, Foch déclenche l'offensive générale qui aboutira à la défaite allemande et à l'armistice de Rethondes (11 novembre 1918).

Seconde Guerre mondiale (1939-1945)

La campagne de France (1940) – Après la drôle de guerre qui avait duré tout l'hiver, le 10 mai 1940 les Allemands envahissent la Belgique et la Hollande. La Wehrmacht fait alors porter son effort principal sur les Ardennes, région réputée impénétrable où l'effet de surprise jouera à plein. Les 40 divisions allemandes dont 7 « panzer » se trouvent devant 18 divisions françaises mal armées et composées essentiellement de réservistes. Les Allemands enfoncent sans peine le front français et franchissent la Meuse à Sedan le 14 mai au soir. L'armée Corap est volatilisée et l'armée Huntziger se replie sur la ligne Maginot.

Dans la brèche ainsi formée, les Allemands peuvent avancer sans obstacle et courent vers la mer qu'ils atteindront 8 jours plus tard.

LE MONACHISME CHAMPENOIS

Avec la Bourgogne, la Champagne fut un des hauts lieux du monachisme médiéval. Malheureusement, les grandes abbayes carolingiennes puis cisterciennes de la région ont toutes été détruites. Néanmoins, leur empreinte a fortement marqué l'histoire religieuse et artistique française, de nombreuses traces en subsistent encore.

Les premiers monastères – Les premières fondations monastiques remontent au 6ᵉ s. Elles émanaient soit d'initiatives de saints évangélisateurs (saint Thiou, saint Lyé, saint Loup), soit d'initiatives princières (Baudry, fils de Sigebert Iᵉʳ par exemple). Toutefois, l'élan principal vint de Luxeuil où saint Colomban, le missionnaire irlandais, avait fondé un monastère doté d'une règle qui fut très généralement adoptée dans la France du Nord. Les abbayes d'Isle-Aumont *(p. 75)*, d'Hautvillers *(p. 74)*, de Montier-en-Der *(p. 87)*, de Puellemontier *(p. 88)*, de Verzy, de St-Thierry *(p. 111)* et plusieurs abbayes rémoises fleurirent à l'époque mérovingienne. Au 9ᵉ siècle, Montiéramey et St-Urbain s'ajoutèrent à cette liste. Ces monastères et leurs ateliers de copistes, particulièrement celui d'Hautvillers, qui fut le fleuron de l'école de Reims, jouèrent un rôle essentiel dans le renouveau artistique et culturel des temps carolingiens.

Le rayonnement artistique de l'école de Reims – La renaissance carolingienne rencontra un large écho en Champagne, autour de Reims. Ebbon, frère de lait de Louis le Pieux, archevêque de 816 à 834, sut s'entourer d'artistes qui exécutèrent quelques-uns des plus beaux manuscrits de leur temps.
L'art de l'enluminure met en exergue un personnage, le copiste, au travail dans le silence et l'application de son atelier monastique, le **scriptorium.** Il assure la lente transmission de textes venus de l'Antiquité, mais il le fait avec soin et avec un goût du beau. La miniature est une lettre dont les contours sont soulignés ou décorés de minium, la matière première qui fournit le rouge. On enluminait donc les textes pour les éclairer et les rendre plus agréables à utiliser. Les livres étaient une denrée rare, ils ne circulaient qu'entre les mains de quelques clercs. Dans leur décoration apparaît la marque d'un atelier, plus ou moins habile, qui reflète les mentalités et les goûts de l'époque.
Le **psautier dit d'Utrecht** fut écrit et illustré entre 820 et 830 dans le scriptorium de l'abbaye d'**Hautvillers,** dont sortirent les plus remarquables productions de l'Empire. Il regroupe un ensemble d'illustrations, souvent qualifiées de « réalistes », en tout cas très vivantes et dynamiques comme la plume alerte qui les a dessinées. Les spécialistes ont noté l'extraordinaire mouvement des corps et la force d'expression transmise aux attitudes des personnages qui évoluent dans un univers biblique non dépourvu d'influences antiques.
Les Rémois sont également les auteurs d'un splendide recueil d'Évangiles au style hellénisant dérivant des modèles aixois. Conservés à la bibliothèque d'Épernay, d'où le nom d'**Évangéliaire d'Épernay,** ces manuscrits enluminés sont d'une même facture nerveuse et farouche que le psautier. Leur originalité a séduit les contemporains.
Les arts précieux ont également tenu une grande place dans la création artistique des ateliers champenois : les ivoires sculptés, les reliquaires émaillés et sertis de pierres précieuses, les plats de reliures et toutes sortes de bijoux qui en sont sortis prouvent une grande maîtrise des techniques de l'orfèvrerie.
Le rayonnement d'Hautvillers s'est poursuivi sous l'autorité de l'archevêque Hincmar, un proche de Charles le Chauve. Le souverain carolingien, soucieux de la majesté royale, fut lui aussi un promoteur des arts. Avec Corbie et St-Denis, Reims continua donc à produire de prestigieux manuscrits et de splendides pièces d'orfèvrerie comme le « talisman de Charlemagne », conservé au palais du Tau à Reims *(p. 105)*.
L'influence de l'école de Reims se fit encore sentir aux 10ᵉ et 11ᵉ s. jusqu'en Angleterre où étaient recopiées les miniatures du psautier d'Utrecht. Cependant, elle déclina au profit des foyers nouveaux de l'Empire ottonien (Trèves, Reichenau, Cologne, etc.) et de l'abbaye royale de St-Denis.

Clairvaux – Après une longue période de troubles et de laisser-aller, une ère religieuse nouvelle s'ouvre dans la seconde moitié du 11ᵉ s. La réforme grégorienne marque une volonté de retour aux sources, illustrée par la fondation de **Cîteaux** (Bourgogne) en 1098 par Robert de Molesme, un moine bénédictin de Montier-la-Celle près de Troyes. En réaction à l'opulence clunisienne, le mouvement cistercien met l'accent sur le dénuement et pose pour principe que les moines doivent se suffire à eux-mêmes. Les adeptes du nouvel ordre se mettent en quête de lieux isolés où, dans la solitude de la prière, ils peuvent atteindre leur idéal de renoncement. En 1115, Étienne Harding, abbé de Cîteaux, confie à Bernard de Fontaine le soin de fonder un établissement dans la vallée de l'Absinthe qui devient « Clairvaux » (la claire vallée) *(voir p. 45)*. Le jeune abbé accomplit là une œuvre gigantesque. Dénué de tout, il se heurte au début à de grandes difficultés : rigueur du climat, maladies, souffrances physiques, etc. Il impose à ses moines, comme à lui-même, les plus durs travaux, « mangeant légumes à l'eau et buvant de l'eau claire, couchant sur un bat-flanc ou sur un pauvre grabat, ne se chauffant pas l'hiver, portant jour et nuit les mêmes vêtements d'humble laine ». Le succès ne se fait pas attendre : l'attirance pour cette nouvelle forme de spiritualité et le renom de Bernard suscitent une multitude de vocations enthousiastes, si bien qu'en 1118 est fondée l'abbaye de Trois-Fontaines *(p. 114)*. En 1153, à la mort du champion de la Chrétienté *(voir p. 17)*, l'ordre compte 345 monastères dont 167 issus de Clairvaux et répandus dans tout l'Occident.

La vie monastique cistercienne – Saint Bernard a su définir d'une façon intransigeante et faire appliquer à la lettre la règle bénédictine promulguée avant lui. Il interdit de percevoir des dîmes, de recevoir ou d'acheter des terres, et il impose à ses moines de Clairvaux – et par extension à tous les moines de l'ordre cistercien – des conditions de vie rigoureuses. La nourriture est frugale. Le repos est de 7 heures : les moines couchent tout habillés dans un dortoir commun.
L'emploi du temps d'une journée est réglé avec une précision méthodique : levés entre 1 h et 2 h du matin, les moines chantent matines, puis laudes, célèbrent les messes privées, récitent les heures canoniales – prime, tierce, sexte, nones, vêpres, complies –,

assistent à la messe conventuelle. Les offices divins occupent ainsi 6 à 7 heures et le reste du temps est partagé entre le travail manuel, le travail intellectuel et les lectures pieuses. Chef de la communauté, l'abbé vit parmi ses moines dont il partage les repas, préside aux offices, au chapitre, aux réunions. Il est assisté d'un Prieur, qui le remplace en son absence.

La Règle attache une grande importance au travail de la terre, si bien que chaque abbaye ne tarde pas à devenir un centre agricole de premier plan, pionnier dans l'avance du front de colonisation. Les moines cultivent le sol de manière efficace. Le système d'exploitation repose en fait sur les **granges,** qui sont des fermes dépendant de l'abbaye : Clairvaux en possédait une douzaine pour une superficie de 1 200 hectares. Chaque grange comprend, outre les bâtiments d'exploitation, un dortoir, un réfectoire, un chauffoir et une chapelle. Aux activités agricoles s'ajoute bientôt l'exploitation de mines et de forges. Clairvaux eut ainsi une dizaine d'« usines » métallurgiques qui formèrent un bassin industriel au Nord-Ouest de Chaumont et firent de l'abbaye le premier producteur de fer en Champagne.

Trois catégories de personnes vivent à l'abbaye. Les **moines** en titre prient, les **convers** se chargent des travaux des champs, aidés par des **oblats** qui sont des laïcs autorisés à participer à la prière et qui travaillent à vie pour le monastère en échange du gîte et du couvert.

L'architecture de Clairvaux – En accord avec les principes de pureté et de dépouillement de l'Ordre, l'architecture cistercienne se caractérise par sa sobriété et son austérité. Saint Bernard s'efforce de lutter contre le luxe déployé par de nombreuses églises conventuelles. Il écrit à Guillaume, abbé de St-Thierry : « Pourquoi cette hauteur excessive des églises, cette longueur démesurée, cette largeur superflue, ces ornements somptueux, ces peintures curieuses qui attirent les yeux et troublent l'attention et le recueillement ?... nous les moines, qui avons quitté les rangs du peuple, qui avons renoncé aux richesses et à l'éclat du monde pour l'amour du Christ..., de qui prétendons-nous réveiller la dévotion par ces ornements ? »

S'il ne reste plus grand-chose aujourd'hui de l'abbaye de Clairvaux *(p. 45)*, on a pu malgré tout restituer le plan de l'église. Cette dernière fut construite de 1135 à 1145 puis agrandie de 1154 à 1174 ; elle fut rasée entre 1812 et 1819. En forme de croix latine, d'une centaine de mètres, sa nef à collatéraux se terminait primitivement par un petit chevet flanqué de 3 chapelles ouvrant sur un vaste transept. Ce chevet fut démoli et remplacé par un nouveau chevet à déambulatoire, donnant sur 9 chapelles juxtaposées qui ne faisaient pas saillie à l'extérieur. Ce plan servit de modèle à de nombreuses églises cisterciennes, notamment à Fontenay. L'église communiquait avec le cloître et les autres bâtiments dont ne subsistent que le cellier et le lavoir.

L'abbaye de Trois-Fontaines, première fille de Clairvaux, a laissé quelques vestiges supplémentaires. De même, plusieurs granges sont parvenues jusqu'à nous, dans un état, il est vrai, proche de la ruine.

Les enluminures de l'atelier de Clairvaux – Les manuscrits de Clairvaux témoignent du renouveau artistique de la Champagne du 12e s., rappelant ainsi les heures brillantes de l'école de Reims.

L'atelier abbatial de Clairvaux réalisa une abondante production (en partie conservée à la bibliothèque de la ville de Troyes, *p. 128*) tout imprégnée de l'esprit cistercien. Saint Bernard avait là aussi préconisé l'austérité : il se défiait en particulier des couleurs vives et des dessins trop imaginatifs. Aussi, les formes géométriques et les palmettes aux coloris ternes (tons de bleu ou de vert, rouges pâles, ocre, etc.) ont-elles tendance à dominer. Toutefois, comme le montre la Bible dite « de saint Bernard », une certaine richesse décorative n'est pas totalement exclue : l'utilisation de couleurs chatoyantes et la représentation de scènes pittoresques mettaient un peu de gaieté.

De ce style sobre et dépouillé émerge une émotion esthétique traduisant « le sens de la beauté, de la grandeur et de la noblesse dans l'austérité » (Marcel Aubert).

Les précieux livres de Clairvaux furent copiés par des moines venus de toute l'Europe. On estime qu'à la fin du 12e siècle l'abbaye possédait environ 340 volumes de grand format et qu'il avait fallu 300 moutons pour réaliser la seule Grande Bible !

Les autres mouvements monastiques – Bien qu'en position dominante, les cisterciens n'eurent pas le monopole de la vie monastique. Les fontevristes et les chartreux fondèrent aussi des établissements. Au Paraclet, l'école d'Abélard brillait de tous ses feux *(voir p. 17)*. Au début du 13e siècle, les ordres mendiants firent leur apparition dans les villes : les clarisses, les dominicains et les franciscains s'installèrent à Reims, à Châlons et à Troyes entre 1219 et 1260. Il s'agissait d'un monachisme bien différent de celui de Cîteaux. La pauvreté n'était pas factice pour le moine dominicain qui devait mendier son pain de porte en porte. Le cloître n'était plus son seul horizon, il devait en sortir pour répandre la foi dans le peuple. Autant qu'un homme de prière, le moine devient un homme d'action.

VIE LITTÉRAIRE

Moyen Age – Dès le 12ᵉ s. la Champagne compte des écrivains en langue française. **Chrestien de Troyes** (v. 1135-v. 1183), reçu à la Cour de Champagne par la comtesse Marie, fait l'éloge de l'amour courtois et écrit des romans de chevalerie inspirés de légendes bretonnes : « Lancelot ou le Chevalier à la Charrette », « Perceval ou le Conte du Graal ».

Avec les croisades apparaissent les chroniques, récits relatant ces épopées extraordinaires, décrivant les pays traversés, les peuples rencontrés... **Geoffroy de Villehardouin** (1150-1213), maréchal de Champagne, est le premier avec son « Histoire de la Conquête de Constantinople » évoquant la quatrième croisade.

Quelques décennies plus tard, **Jean, Sire de Joinville** (1224-1317), sénéchal de Champagne, accompagne Saint Louis en Égypte et en fait le récit dans son « Histoire de Saint Louis » (1309). Le comte de Champagne, **Thibaud IV** (1201-1253), qui devint roi de Navarre en 1234, écrivit plusieurs poèmes dont « Jeux parties » et « Chansons". Après avoir conduit une croisade jusqu'à Jérusalem, il mourut dans sa capitale, Pampelune.

Manuscrit du 14ᵉ s.
Joinville présente son histoire de Saint Louis à Louis X le Hutin.

A la même époque, **Rutebœuf,** également d'origine champenoise, fait la satire des ecclésiastiques, des étudiants, des marchands et écrit des poèmes dont « Que sont mes amis devenus... ».

Eustache Deschamps, Maître des Eaux et Forêts de Champagne et de Brie, né à Vertus (v. 1346-v. 1406), auteur de ballades et de rondeaux, fustige les femmes dans son « Miroir du mariage ».

Le 17ᵉ s. – Montmirail voit naître **Paul de Gondi** (1613-1679), cardinal de Retz, qui joua un rôle important pendant la Fronde, comme chef de l'opposition. Ce rival de La Rochefoucauld, s'exprimant aussi sous forme de maximes, brosse dans ses Mémoires un remarquable tableau de l'activité politique en France.

Jean de La Fontaine (1621-1695), né à Château-Thierry, évoque les paysages de Champagne dans ses fables et consacre un poème à sa capitale :

    « Il n'est cité que je préfère à Reims
    c'est l'ornement et l'honneur de la France,
    car sans compter l'ampoule et les bons vins,
    charmants objets y sont en abondance. »

Les charmants objets dont il est question est « telle de nos Rémoises, friande assez pour la bouche d'un roi ».

Le 18ᵉ s. – **Denis Diderot** (1713-1784) naît à Langres et restera très attaché à sa région. L'auteur de l'Encyclopédie (1751) fut probablement l'un des esprits les plus hardis du 18ᵉ s... avec **Voltaire** (1694-1778) qui, après la publication des Lettres philosophiques (1734), se réfugia au château de Cirey-sur-Blaise *(voir p. 47)* chez Mme du Châtelet.

Denis Diderot.

Ces philosophes, propagateurs d'idées, inspirèrent la Révolution dont l'un des principaux orateurs fut l'avocat champenois **Danton** (1759-1794) né à Arcis-sur-Aube *(voir p. 21)*.

Le 19ᵉ et le 20ᵉ s. – Le 19ᵉ s. a mis à l'honneur plusieurs Ardennais.

Michelet (1798-1874), le grand historien, bien que né à Paris, évoque souvent ses souches ardennaises. Il a fait de nombreux séjours à Renwez, près de Rocroi, qu'il décrit dans ses œuvres autobiographiques « Ma jeunesse » et « Mon journal ».

Né à Vouziers, **Taine** (1828-1893) explique l'histoire des hommes et des œuvres par l'influence du milieu naturel. Ainsi dans son « Essai sur les fables de La Fontaine », il analyse le caractère champenois de l'auteur.

Verlaine (1844-1896) vit le jour à Metz mais se rattache à l'Ardenne par les années qu'il passa à Rethel et surtout par son amitié avec Rimbaud. Son père était d'ailleurs ardennais :

    « Au pays de mon père, il est des bois sans nombre... »

Arthur Rimbaud (1854-1891), le poète maudit, l'homme aux semelles de vent, est enfant de Charleville *(voir p. 54)* où il fut enterré après de nombreuses errances.

André Dhôtel (1900-1991), le romancier d'Attigny, entraîne ses lecteurs vers le rêve, le mystère. Son livre « Le Pays où l'on n'arrive jamais » a pour cadre la vallée de la Meuse. Parmi les Champenois, **Paul Fort** (1872-1960), Rémois qui reçut le titre de Prince des Poètes, fut l'auteur des Ballades françaises...

Enfin, bien qu'homme du Nord, **Charles de Gaulle** a laissé l'empreinte de sa forte personnalité à Colombey-les-Deux-Églises où il se retira. *(voir p. 64)*.

Marcel Arland (1899-1986) décrit Langres dans Terre natale.

L'ART

ABC D'ARCHITECTURE

A l'intention des lecteurs peu familiarisés avec la terminologie employée en architecture, nous donnons ci-après quelques indications générales sur l'architecture religieuse et militaire, suivies d'une liste alphabétique des termes d'art employés pour la description des monuments dans ce guide.

Architecture religieuse

illustration I ▶

Plan-type d'une église : il est en forme de croix latine, les deux bras de la croix formant le transept.
① Porche – ② Narthex ③ Collatéraux ou bas-côtés (parfois doubles) – ④ Travée (division transversale de la nef comprise entre deux piliers) ⑤ Chapelle latérale (souvent postérieure à l'ensemble de l'édifice) – ⑥ Croisée du transept – ⑦ Croisillons ou bras du transept, saillants ou non,

comportant souvent un portail latéral – ⑧ Chœur, presque toujours « orienté » c'est-à-dire tourné vers l'Est ; très vaste et réservé aux moines dans les églises abbatiales – ⑨ Rond-point du chœur ⑩ Déambulatoire : prolongement des bas-côtés autour du chœur permettant de défiler devant les reliques dans les églises de pèlerinage – ⑪ Chapelles rayonnantes ou absidioles – ⑫ Chapelle absidale ou axiale. Dans les églises non dédiées à la Vierge, cette chapelle, dans l'axe du monument, lui est souvent consacrée ⑬ Chapelle orientée.

◀ illustration II

Coupe d'une église : ① Nef – ② Bas-côté – ③ Tribune – ④ Triforium – ⑤ Voûte en berceau – ⑥ Voûte en demi-berceau – ⑦ Voûte d'ogive – ⑧ Contrefort étayant la base du mur – ⑨ Arc-boutant – ⑩ Culée d'arc-boutant – ⑪ Pinacle équilibrant la culée – ⑫ Fenêtre haute.

romane   gothique

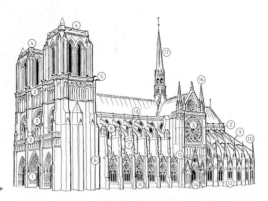

illustration III ▶

Cathédrale gothique : ① Portail – ② Galerie – ③ Grande rose – ④ Tour-clocher quelquefois terminée par une flèche – ⑤ Gargouille servant à l'écoulement des eaux de pluie – ⑥ Contrefort – ⑦ Culée d'arc-boutant ⑧ Volée d'arc-boutant – ⑨ Arc-boutant à double volée – ⑩ Pinacle – ⑪ Chapelle latérale – ⑫ Chapelle rayonnante – ⑬ Fenêtre haute – ⑭ Portail latéral – ⑮ Gâble – ⑯ Clocheton – ⑰ Flèche (ici, placée sur la croisée du transept).

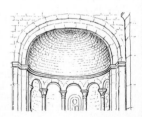

◀ illustration IV

Voûte d'arêtes :
① Grande arcade
② Arête – ③ Doubleau.

illustration V ▶

Voûte en cul de four : elle termine les absides des nefs voûtées en berceau.

illustration VI

Voûte à clef pendante :
① Ogive – ② Lierne
③ Tierceron – ④ Clef pendante
⑤ Cul-de-lampe.

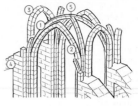

illustration VII

Voûte sur croisée d'ogives
① Arc diagonal – ② Doubleau
③ Formeret – ④ Arc-boutant
⑤ Clef de voûte.

▼ illustration VIII

Portail : ① Archivolte ; elle peut être en plein cintre, en arc brisé, en anse de panier, en accolade, quelquefois ornée d'un gâble –

② Voussures (en cordons, moulurées, sculptées ou ornées de statues) formant l'archivolte ③ Tympan – ④ Linteau – ⑤ Piédroit ou jambage – ⑥ Ébrasements, quelquefois ornés de statues – ⑦ Trumeau (auquel est généralement adossée une statue) – ⑧ Pentures.

illustration IX ▶

Arcs et piliers : ① Nervures ② Tailloir ou abaque – ③ Chapiteau – ④ Fût ou colonne – ⑤ Base – ⑥ Colonne engagée – ⑦ Dosseret – ⑧ Linteau – ⑨ Arc de décharge – ⑩ Frise.

Architecture militaire

illustration X

Enceinte fortifiée : ① Hourd (galerie en bois) – ② Mâchicoulis (créneaux en encorbellement) – ③ Bretèche ④ Donjon – ⑤ Chemin de ronde couvert – ⑥ Courtine – ⑦ Enceinte extérieure – ⑧ Poterne.

illustration XI

Tours et courtines : ① Hourd ② Créneau – ③ Merlon ④ Meurtrière ou archère ⑤ Courtine – ⑥ Pont dit « dormant » (fixe) par opposition au pont-levis (mobile).

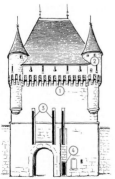

◀ illustration XII

Porte fortifiée : ① Mâchicoulis ② Échauguette (pour le guet) – ③ Logement des bras du pont-levis – ④ Poterne : petite porte dérobée, facile à défendre en cas de siège.

illustration XIII ▶

Fortifications classiques :
1 Entrée – 2 Pont-levis
3 Glacis – 4 Demi-lune
5 Fossé – 6 Bastion – 7 Tourelle de guet – 8 Ville – 9 Place d'Armes.

TERMES D'ART EMPLOYÉS DANS CE GUIDE

Absidiole : illustration I.
Anse de panier : arc aplati, très utilisé à la fin du Moyen Age et à la Renaissance.
Arcature : suite de petites arcades couvertes d'un arc.
Archivolte : illustration VIII.
Atlante : statue masculine servant de support.

Bas-côté : illustration I.
Bas-relief : sculpture en faible saillie sur un fond.
Berceau (voûte en) : illustration II.
Buffet d'orgue : illustration XVIII.

Caisson : compartiment creux ménagé comme motif de décoration (plafond ou voûte).
Cariatide : statue féminine servant de support.
Chapelle absidale ou axiale : dans l'axe de l'église ; illustration I.
Chapiteau : illustration IX.
Chemin de ronde : illustration X.
Chevet : illustration I.
Claveau : l'une des pierres formant un arc ou une voûte.
Clef de voûte : illustration VII.
Clôture : dans une église, enceinte fermant le chœur.
Collatéral : illustration I.
Colombage : charpente de mur apparente.
Contrefort : illustration II.
Corbeau : pierre ou pièce de bois partiellement engagée dans le mur et portant sur sa partie saillante une poutre ou une corniche.
Croisée d'ogives : illustration VII.
Crypte : église souterraine.
Cul-de-four : illustration V.

Déambulatoire : illustration I.
Donjon : illustration X.
Douve : fossé, généralement rempli d'eau, protégeant un château fort.

Encorbellement : construction en porte à faux.

Flamboyant : style décoratif de la fin de l'époque gothique (15e s.), ainsi nommé pour ses découpures en forme de flammèches aux remplages des baies.
Flèche : illustration III.
Fresque : peinture murale appliquée sur l'enduit frais.

Gâble : illustration III.
Gargouille : illustration III.
Géminé : groupé par deux (arcs géminés, colonnes géminées).
Gloire : auréole entourant un personnage : en amande, elle est appelée aussi mandorle (de l'italien « mandorla », amande).

Haut-relief : sculpture au relief très saillant, sans toutefois se détacher du fond (intermédiaire entre le bas-relief et la ronde-bosse).

Jouée : illustration XV.
Jubé : illustration XVI.

Lancette : arc en tiers-point surhaussé de forme allongée.
Linteau : illustration VIII.

Mâchicoulis : illustration X.
Meneau : croisillon de pierre divisant une baie.
Meurtrière : illustration XI.
Miséricorde : illustration XV.

Ogive : arc diagonal soutenant une voûte : illustrations VI et VII.

Pare-close : illustration XV.
Péristyle : colonnes disposées autour ou en façade d'un édifice.
Pietà : mot italien désignant le groupe de la Vierge tenant sur ses genoux le Christ mort ; on dit aussi Vierge de pitié.
Pignon : partie supérieure, en forme de triangle, du mur qui soutient les deux pentes du toit.
Pilastre : pilier plat engagé dans un mur.
Pinacle : illustrations II et III.
Plein cintre : en demi-circonférence, en demi-cercle.
En poivrière : à toiture cônique.
Porche : lieu couvert en avant de la porte d'entrée d'un édifice.
Poterne : illustrations X et XII.
Poutre de gloire : illustration XIV.

Remplage : réseau léger de pierre découpée garnissant tout ou partie d'une baie, une rose ou la partie haute d'une fenêtre.
Retable : illustration XVII.
Rose : illustration III.

Sépulcre : groupe sculpté ou peint représentant la mise au tombeau du Christ.
Stalle : illustration XV.

Tiers-point (arc en) : arc brisé dans lequel s'inscrit un triangle équilatéral.
Toit en bâtière : toit à deux versants et à pignons découverts.
Transept : *illustration I.*
Travée : *illustration I.*
Tribune : *illustration II.*
Triptyque : ouvrage de peinture ou de sculpture composé de trois panneaux articulés pouvant se refermer.
Trumeau : *illustration VIII.*

Verrière : baie garnie de vitraux ou grand vitrail.
Voussures : *illustration VIII.*
Voûte d'arêtes : *illustration IV.*

illustration XIV ▶

Poutre de gloire, ou tref : elle tend l'arc triomphal à l'entrée du chœur. Elle porte le Christ en croix, la Vierge, saint Jean et, parfois, d'autres personnages du calvaire.

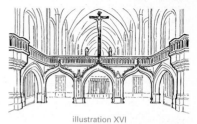

illustration XV

Stalles : ① Dossier haut – ② Pare-close – ③ Jouée – ④ Miséricorde.

illustration XVI

Jubé : remplaçant la poutre de gloire dans les églises importantes, il servait à la lecture de l'épître et de l'Évangile. La plupart ont disparu à partir du 17ᵉ s. : ils cachaient l'autel.

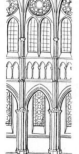

illustration XVII

Autel avec retable : ① Retable – ② Prédelle – ③ Couronne – ④ Table d'autel – ⑤ Devant d'autel.

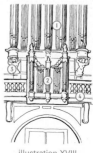

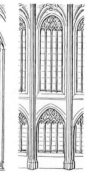

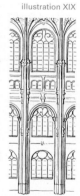

illustration XVIII

Orgues : ① Grand buffet – ② Petit buffet – ③ Cariatide – ④ Tribune.

Élévations romane et gothiques

illustration XIX

12ᵉ s.	13ᵉ s.	Fin 13ᵉ - 14ᵉ s.	15ᵉ s.	16ᵉ s.
Roman	Gothique à lancettes	Gothique rayonnant	Gothique flamboyant	Renaissance

L'ART EN CHAMPAGNE ET DANS LES ARDENNES

Pour la définition des termes d'art employés dans ce guide, voir p. 30.

Malgré une histoire tumultueuse, cause d'innombrables destructions, la région de la Champagne et des Ardennes a conservé un patrimoine artistique considérable. L'art gallo-romain et l'art mérovingien ont laissé une empreinte suffisante pour qu'on leur accorde une brève considération.

L'art roman, surtout dans sa phase débutante, nous livre de remarquables édifices, mais il n'eut pas le temps de se développer, car il fut très vite relayé par un art gothique dont les réalisations nombreuses sont parmi les plus belles de France, à commencer par la cathédrale de Reims.

Art gallo-romain

La Champagne n'est pas très riche en monuments gallo-romains, mais elle conserve néanmoins quelques vestiges intéressants. Du passé urbain antique ont subsisté : un arc de triomphe et un cryptoportique à **Reims**, une porte à **Langres**. De leur côté, les fouilles archéologiques ont mis au jour un amphithéâtre et une impressionnante mosaïque à **Grand** *(voir à ce nom)*, une villa avec toutes ses structures (notamment des thermes) à **Andilly-en-Bassigny** *(p. 78)*. Outre cela, les musées de Troyes, de Reims, de Nogent-sur-Seine et de Langres présentent des collections très complètes (céramique, verrerie, statuaire, objets usuels, etc.).

La cité gallo-romaine du Haut Empire est construite avec des matériaux durables : pierre de taille, mortier, brique et marbre. L'urbanisme fait apparaître toujours les mêmes éléments : un plan en damier, des habitations rectangulaires, un forum (parfois bordé d'un cryptoportique comme à Reims) et de nombreux monuments publics tels que des temples, des thermes, un théâtre, un amphithéâtre, etc. Très souvent viennent s'ajouter d'imposants monuments décoratifs comme les arcs de triomphe, situés à l'entrée des villes. La porte Mars à Reims *(p. 110)* est un bon exemple d'arc à trois baies, orné de scènes de la vie agricole célébrant la prospérité romaine.

En dehors des villes, foyers de civilisation, les campagnes se couvrent de domaines appelés « villae ». Centre d'une vaste exploitation agricole, la villa est aussi un lieu de résidence luxueusement aménagé. L'habitation du maître dispose évidemment du plus grand confort, elle est richement décorée : des peintures, des mosaïques, des revêtements de marbre et des statues égayent les différentes pièces. A proximité se trouvent les bâtiments des domestiques et des artisans, plus loin les bâtiments agricoles. La villa regroupe une population nombreuse aux activités variées. Elle commence à décliner au 3e s., l'insécurité l'obligeant à s'entourer d'une enceinte.

Les vagues d'invasion successives viennent à bout de la civilisation gallo-romaine au 5e s. Les villes s'enferment derrière leurs remparts, de nombreux monuments sont détruits ou tombent dans l'abandon. Durant le haut Moyen Age, on finit de démanteler ce qu'il en reste.

Art mérovingien

Souvent méconnu, l'art mérovingien est relativement bien représenté en Champagne et dans les Ardennes, non par des monuments mais par les éléments d'un abondant mobilier funéraire retrouvé dans une multitude de nécropoles locales : ainsi la tombe princière de Pouan, dont le contenu, conservé au musée archéologique de **Troyes** *(p. 127)*, nous laisse entrevoir les aspects artistiques de cette époque.

L'orfèvrerie arrive en tête de ces derniers. Elle consiste en des bijoux tels que les **fibules**, les boucles de ceinture, les plaques de garniture de bouclier, les poignées d'épée, etc. Son inspiration orientale transparaît nettement à travers les motifs décoratifs, notamment celui de l'animal fabuleux au regard tourné vers l'arrière. Par contre, la façon a été adaptée par les envahisseurs germaniques. La rareté des métaux précieux entraîna une préférence pour l'or et l'argent battus en feuilles minces ou étirés en fils, quand on ne se contenta pas de produits de substitution comme le laiton, les alliages blancs ou le bronze.

La taille biseautée, inspirée du travail du bois au couteau, l'estampage, les filigranes soudés, les pierres précieuses montées (les grenats en particulier), les émaux champlevés, le damasquinage étaient les procédés les plus courants.

L'armement montre également la grande maîtrise technique de la métallurgie mérovingienne. Des métaux variés, toujours d'excellente qualité, étaient juxtaposés par un travail de forge. Ils étaient ensuite soudés puis martelés. La structure feuilletée obtenue était à la fois résistante et élastique. Les armes les plus répandues étaient : l'épée longue à double tranchant – arme redoutable s'il en était –, la francisque (hache de jet dissymétrique) et le scramasax, sorte de sabre droit à un seul tranchant.

A côté du travail des métaux, spécialité germanique, la sculpture tenait une grande place. Les principales réalisations, outre la décoration des églises, portaient sur les sarcophages, dont les plus caractéristiques offrent un décor en faible relief de motifs géométriques. Ceux d'**Isle-Aumont** *(voir à ce nom)* montrent l'évolution, du 5e au 8e s., de cet art funéraire.

Art roman

Les témoignages de l'architecture carolingienne sont rarissimes : les nombreux sanctuaires construits au 9e s. ont tous disparu, sauf le chœur de l'abbaye d'Isle-Aumont *(voir à ce nom)*.

L'art de l'an mil – Une période de reconstruction succède aux invasions normandes et hongroises. A l'Est, l'Empire germanique des Ottons exerce une forte influence sur les conceptions artistiques de son temps.

Les églises des débuts du 11e s. ont souvent l'allure de grandes basiliques charpentées à éclairage abondant, munies de tours, de tribunes intérieures et parfois d'un déambulatoire. La décoration intérieure, très sobre, privilégie les formes géométriques.

Trois édifices champenois se rattachent à ce style : Montier-en-Der (reconstruite en 1940, *(p. 87)*, Vignory *(p. 130)* et St-Remi de Reims *(p. 106)*. St-Étienne de Vignory a conservé son aspect primitif qui en fait un des monuments les plus remarquables de la région. Sa grande nef charpentée à étage en claire-voie, son déambulatoire à chapelles rayonnantes et ses chapiteaux sculptés de motifs géométriques témoignent de l'originalité d'un art qui emprunte aussi bien à l'Empire qu'aux expériences romanes françaises. Il en est de même à St-Remi de Reims où, malgré l'hétérogénéité de l'édifice, née de remaniements successifs, on reconnaît un art roman désormais accompli faisant une large part au décor sculpté (chapiteaux en stuc à feuillages, figurés ou historiés).

Vignory – Nef de l'église St-Étienne.

Fin du 11ᵉ s. et 12ᵉ s. – La tradition de l'an mil se poursuit au cours du 11ᵉ s. en s'enrichissant. Toutefois, peu de nouveautés apparaissent et le passage au gothique, sous l'influence de l'Ile-de-France voisine, se fait presque sans transition. D'une manière générale, l'architecture romane en Champagne, qui n'est représentée que par quelques édifices mineurs autour de Reims et dans les Ardennes, se caractérise par la présence de collatéraux, la couverture en charpente (les voûtes en cul-de-four et en berceau n'étant utilisées que pour les sanctuaires ou les travées sous clocher), les chevets à fond plat et de larges ouvertures souvent superposées procurant une lumière abondante. Les clochers (pour la plupart des tours à toit en bâtière dans la Marne) s'élèvent sur la croisée, à l'entrée du chœur et parfois en tour-porche. Les porches en appentis sont courants dans cette région, d'où leur surnom de « porche champenois ». Influencée encore par l'art carolingien, la décoration est sobre : chapiteaux et corniches sont ornés de rangs de billettes, de motifs géométriques, de frises, de palmettes, etc.

Les découvertes du cloître de Notre-Dame-en-Vaux à Châlons-sur-Marne, du portail de St-Ayoul à Provins, de la salle capitulaire de l'abbaye St-Remi à Reims laissent penser que les monastères romans possédaient de beaucoup plus grandes richesses.

Art gothique (12ᵉ-16ᵉ s.)

Architecture gothique : généralités – La voûte sur croisée d'ogives et l'emploi de l'arc brisé sont les caractéristiques de l'art gothique. La voûte gothique a bouleversé la construction des églises. Désormais l'architecte, maître des poussées de l'édifice, les dirige sur les quatre piliers par les ogives, les formerets et les doubleaux, et les reçoit extérieurement sur les arcs-boutants qui retombent sur de hauts piliers dont la tête est souvent lestée d'un pinacle. Les murs sont amincis et font place sur de plus en plus grandes surfaces à des baies garnies de vitraux. Le triforium situé en dessous, à l'origine aveugle, est aussi percé de baies puis finalement disparaît au profit d'immenses fenêtres hautes.

Les colonnes qui, à l'intérieur, suffisent à soutenir l'église se transforment également. D'abord cylindriques et coiffées de chapiteaux, elles sont ensuite cantonnées de colonnes engagées, puis formées de faisceaux de colonnettes de même diamètre que les arcs reposant sur les chapiteaux. Finalement, les piliers sans chapiteau ne sont plus que le prolongement des arcs. C'est le cas du style flamboyant dont les arcs purement décoratifs, dits liernes et tiercerons, s'ajoutent aux ogives.

L'architecture gothique en Champagne – L'art gothique est né en Ile-de-France au 12ᵉ, et s'est développé aussitôt dans la Champagne voisine riche en hommes et en capitaux.

La naissance (12ᵉ s.) – Des réminiscences romanes subsistent dans le style gothique primitif, marqué par des monuments d'une grande sobriété de structure et de décor. C'est le temps des expériences avec l'édification de l'abbatiale de Mouzon, de Notre-Dame-en-Vaux à Châlons-sur-Marne, de St-Quiriace à Provins, de l'abbatiale d'Orbais où l'architecte Jean d'Orbais éleva un chœur remarquable qui lui servit de modèle pour la cathédrale de Reims. Les chœurs de Notre-Dame de Montier-en-Der et de St-Remi à Reims, qui datent des premiers temps du gothique, offrent une particularité : des colonnes placées dans le déambulatoire à l'entrée des chapelles rayonnantes, et recevant en même temps les ogives des chapelles et celles du déambulatoire, forment une colonnade élégante et légère.

L'apogée (13ᵉ-14ᵉ s.) – C'est l'âge d'or des grandes cathédrales, éclairées par de vastes baies ou des roses garnies de vitraux scintillants, et revêtues d'un manteau de sculptures délicatement ciselées.

A partir de l'édification de la cathédrale de Reims, les architectes cherchent à alléger les murs et à éclairer les intérieurs par d'immenses baies : St-Amand-sur-Fion, les cathédrales de Châlons et de Troyes et surtout St-Urbain montrent l'aboutissement de ces recherches.

Le déclin (15ᵉ-16ᵉ s.) – La décadence de l'architecture gothique s'amorce avec l'apparition du style flamboyant. La surabondance du décor sculpté tend alors à masquer les lignes essentielles des monuments. En Champagne la basilique Notre-Dame de l'Épine en est le meilleur exemple.

La sculpture – Servis par une pierre calcaire au grain très fin et facile à tailler, les sculpteurs champenois ont exercé leur habileté tant dans la sculpture d'ornement que dans la représentation des « images », figures en ronde-bosse.

Ateliers de Reims – Ils furent surtout productifs au 13ᵉ s. et leurs chefs-d'œuvre ornent les porches de la cathédrale de Reims *(détails p. 103)*.

L'école de Reims est illustrée par le fameux Ange au sourire dont le charme se retrouve dans l'Ange Jeuniette du Louvre.

14ᵉ-15ᵉ s. – Pendant ces deux siècles, marqués par la guerre de Cent Ans, se développe la mode des gisants et des sépulcres représentant en général un groupe entourant le Christ au corps raide et pitoyable.

Les vitraux – L'art du vitrail a pris toute son importance avec l'architecture gothique et l'élargissement des ouvertures, créant de véritables murs de lumière. Au-delà de leur aspect décoratif, les vitraux ont pour but d'instruire les fidèles et représentent un exposé imagé de l'Histoire sainte, du catéchisme et de la vie des saints.

En Champagne de nombreux témoins de cet art nous sont parvenus malgré les guerres, la destruction par la pollution et l'usage, au 18ᵉ s., de remplacer les vitraux par des verrières blanches laissant pénétrer plus de lumière pour faciliter la lecture des missels.

Cathédrale de Reims – L'Ange au sourire.

Le 13ᵉ s. – Les vitraux du chœur de la cathédrale de Troyes, ceux de Notre-Dame de Reims (abside, rose de la façade), quelques-uns à St-Étienne de Châlons-sur-Marne et enfin les immenses verrières de St-Urbain à Troyes nous montrent les caractéristiques du vitrail à cette époque. Très colorés, ils représentent de grands personnages isolés dans les fenêtres hautes (évêques suffragants à Reims), tandis que les verrières du bas, plus accessibles au regard, racontent la vie d'un saint ou un épisode de la Vie du Christ se déroulant dans des médaillons superposés. Le décor architectural, la vérité dans les attitudes animent ces compositions. Des anecdotes y racontent la vie quotidienne des artisans.

A la fin du siècle, les grisailles enjolivées de rosaces de couleurs vives sertissent les médaillons historiés (St-Urbain).

Art Renaissance (16ᵉ s.)

Architecture – Sous l'influence de l'Italie, l'architecture Renaissance suit une orientation nouvelle marquée par le retour aux formes antiques : colonnes et galeries superposées donnent de la grandeur aux monuments. Les façades sont sculptées de niches, de statues, de médaillons ; des pilastres encadrent les baies (château de Joinville et hôtels Renaissance à Troyes et à Reims).

En Champagne, l'architecture religieuse Renaissance ne trouve que peu de résonance, sauf dans la région de Troyes où de nombreuses églises furent alors agrandies et où l'on peut admirer des façades et porches décorés de cartouches, de corniches, de frontons, etc. (églises de St-André-les-Vergers, Pont-Ste-Marie, les Riceys, Auxon, Bérulle...). Le portail de St-Maurille de Vouziers *(voir illustration p. 132)* et l'extraordinaire façade de Rembercourt-aux-Pots sont les principaux témoignages architecturaux de cette époque qui fut surtout riche dans le domaine de la statuaire et du vitrail avec la remarquable production de l'**école troyenne.**

La sculpture – Elle connaît une période exceptionnelle à Troyes dans la première moitié du 16ᵉ s., alors que se fait le passage du gothique à la Renaissance. Les vêtements sont traités avec beaucoup de minutie, laissant apparaître les plissés, les broderies, les bijoux. Les expressions sont douces, tristes, réservées. Le grand maître de ce type de statue est l'auteur de la Sainte Marthe de l'église Ste-Madeleine à Troyes, de la Pietà de Bayel et de la remarquable Mise au tombeau de Chaource *(voir illustration p. 56)*. A la même époque Jean Gailde réalise l'extraordinaire jubé flamboyant de Ste-Madeleine *(voir illustration p. 125)*.

Les tendances italiennes commencent à faire leur apparition avec la Vierge au raisin de St-Urbain de Troyes *(voir illustration p. 124)*, où la grâce de l'attitude et la douceur de l'expression prennent le pas sur le réalisme gothique. A partir de 1540 le courant italien s'impose et le maniérisme influence la sculpture troyenne en altérant la qualité de sa facture originale.

Les églises sont alors envahies par la production de **Dominique Florentin.** Cet Italien, élève du Primatice, s'installa à Troyes à la suite de son mariage avec une Troyenne. Il fit à son tour quelques disciples, dont François Gentil.

Plus à l'Est **Ligier Richier** (1500-1566), établi à St-Mihiel, donne une impulsion nouvelle à la statuaire. Son œuvre, profondément originale, est un mélange d'art champenois et d'italianisme. Son « transi » ou « squelette » de René de Chalon, conservé à l'église St-Étienne de Bar-le-Duc, est particulièrement saisissant *(p. 42)*.

Les vitraux – Parallèlement à l'essor de la sculpture se développe une « industrie » de la peinture sur verre extrêmement prolifique grâce aux nombreuses commandes des donateurs. D'autre part, l'utilisation de cartons qui sont reproduits à plusieurs exemplaires explique en partie la richesse en vitraux des petites églises de l'Aube. Quelques noms de maîtres verriers nous sont parvenus : Jehan Soudain, Jean Verrat, Lievin Varin.

Dans le premier tiers du siècle, on assiste à une explosion des couleurs : rouge, bleu, jaune, violet, vert – particulièrement spectaculaire dans l'ensemble que forment les fenêtres hautes de la cathédrale de Troyes, dont les vitraux furent posés de 1498 à 1501 –, le dessin est très lisible et de nombreux raffinements techniques sont utilisés : la gravure sur verre, la décoration perlée, le brossage de la grisaille, le montage en chef-d'œuvre (incrustation de verre de couleur différente) utilisé pour les étoiles.

Les thèmes les plus représentés sont la Passion, la Vie de la Vierge, l'Arbre de Jessé, la Genèse, le Sacrifice d'Abraham. Divisés en panneaux, les vitraux se lisent de bas en haut. Le premier registre représente souvent les donateurs assistés de leurs saints patrons.

A partir de 1530, la polychromie est abandonnée et les maîtres verriers utilisent de plus en plus la grisaille sur verre blanc rehaussée de jaune d'argent et de sanguine.

L'influence italienne se traduit par une évolution dans le dessin. Le décor architectural est inspiré par l'école de Fontainebleau. Cependant, les peintres troyens conservent la représentation traditionnelle en registres.

Au 17e s., prolongeant la grande tradition du vitrail à Troyes, **Linard Gontier** revient à la polychromie avec une nouvelle technique d'émaux sur verrières à fond blanc qui donne des coloris éclatants. Il est le maître de la composition monumentale avec des œuvres comme le Pressoir mystique de la cathédrale de Troyes *(p. 124)*. Il fut aussi un exceptionnel miniaturiste et portraitiste grâce à son habileté à utiliser la sanguine et la grisaille.

Cathédrale de Troyes –
Détail du vitrail
de l'Arbre de Jessé (16e s.).

Art classique (17e-18e s.)

L'architecture classique dans les Ardennes a donné un chef-d'œuvre du style Henri IV-Louis XIII avec la place Ducale de Charleville qui présente de nombreuses analogies avec la place des Vosges à Paris.

Celle du 18e s. a fleuri non seulement à Reims où la place Royale constitue un exemple typique de ces grandes places à la française s'ordonnant à l'instar de la place Louis-XV (actuelle place de la Concorde) à Paris, autour de la statue du monarque, mais aussi à Châlons-sur-Marne où l'hôtel de ville et l'ancien hôtel de l'Intendance, abritant aujourd'hui la préfecture, témoignent du rayonnement de Paris au 18e s.

Architecture militaire

Zone frontière, la région des Ardennes a conservé quelques fortifications dont l'impressionnant château de Sedan, le plus grand d'Europe, qui fut construit du 15e s. au 18e s., quelques fortifications classiques érigées par Vauban et un ouvrage de la ligne Maginot, le Fort de la Ferté.

Vauban – **Sébastien Le Prestre de Vauban** (1633-1707) s'inspire de ses prédécesseurs dont **Jean Errard** (1554-1610), de Bar-le-Duc, qui avait publié en 1600 un traité de la fortification. Tirant la leçon des nombreuses guerres de siège de son siècle, Vauban est le promoteur des fortifications de campagne. Celles-ci doivent, selon lui, s'articuler autour d'une place forte principale et d'une organisation fortifiée distincte : le camp retranché. Son idée est d'étendre au maximum le périmètre de défense des places afin d'obliger l'ennemi à augmenter ses effectifs de siège au détriment de son armée d'observation, le rendant ainsi plus vulnérable aux attaques d'une armée de secours. Son système se caractérise par des bastions que complètent des demi-lunes, le tout étant environné de profonds fossés. L'un des plus beaux exemples de ses réalisations est la place forte de Rocroi *(schéma p. 29)*. Profitant des obstacles naturels, utilisant les matériaux du pays, il s'attache en outre à donner aux ouvrages qu'il conçoit une valeur esthétique, en les agrémentant d'entrées monumentales en pierre. Sur la frontière du Nord et des Ardennes, il avait mis en place le **« Pré carré »**. Il s'agissait de deux lignes de places fortes assez rapprochées les unes des autres pour pouvoir empêcher le passage de l'ennemi et pour se porter secours en cas d'attaque. La plupart de ces places fortes se trouvaient en Flandre et dans le Hainaut, cependant les Ardennes étaient défendues par le fort de Charlemont sur la première ligne et Rocroi, Mézières et Sedan sur la ligne arrière.

La ligne Maginot – Décidée par le ministre de la Guerre Paul Painlevé et son successeur **André Maginot** (1877-1932), cette ligne de fortifications défensives fit l'objet d'études à partir de 1925. Elle comprend un ensemble d'ouvrages en béton placés au sommet ou à flanc de coteaux, sur toute la frontière Nord-Est. Le fort de Villy-la-Ferté, décrit dans ce guide *(p. 131)*, est un exemple de ce type d'ouvrage. Malheureusement cette formidable « cuirasse du Nord-Est » fut privée de ses troupes d'intervalle au moment crucial, ce qui rendit vaine sa pathétique résistance de mai-juin 1940.

Les pages consacrées à l'art en Champagne offrent une vision générale des créations artistiques de la région, et permettent de replacer dans son contexte un monument ou une œuvre au moment de sa découverte.
Ce chapître peut en outre donner des idées d'itinéraires de visite.

LE CHAMPAGNE

Une longue et prestigieuse histoire – Les Gaulois cultivaient déjà la vigne sur les coteaux lorsque s'installèrent les Romains. Les premiers évêques de Reims encouragèrent eux aussi la viticulture alors que les monastères s'entouraient de vigne et que le vin de Champagne profitait de l'affluence amenée par les sacres royaux. De leur côté, les papes préconisaient le vin de Champagne, Urbain II d'abord, en bon Champenois qu'il était, puis, sous la Renaissance, Léon X qui possédait son vendangeoir personnel au terroir d'Ay.

« Vin de Dieu », le champagne est aussi « vin de Roi ». Dès le 16e s., il a les faveurs de deux souverains aussi opposés que François Ier et Henri VIII d'Angleterre, s'approvisionnant l'un et l'autre en Ay. Buvant sec, Henri IV, impatienté par l'ambassadeur d'Espagne qui lui débite tout au long les titres de son maître, rétorque : « Faites savoir à Sa Majesté le Roi d'Espagne, de Castille, d'Aragon... que Henri, sire d'Ay et de Gonesse, c'est-à-dire des meilleures vignes et des plus fertiles guérets, lui dit... etc. »

Le champagne est alors un vin tranquille bien que possédant une tendance à pétiller. C'est cette aptitude que dom Pérignon *(p. 74)* utilisera, en même temps qu'il étudiera les mariages des crus, pour obtenir le champagne tel qu'on le connaît aujourd'hui. Au siècle de la douceur de vivre, sa consommation

s'étend : on en use à la table royale, aux soupers du Régent, aux parties fines que Casanova ménage à ses amies, aussi bien que dans le boudoir de la Pompadour ou sous les tentes des maréchaux de Saxe et de Richelieu.

La Révolution passe, le champagne reste. Malgré son goût pour le chambertin, Napoléon fut un client fidèle des négociants champenois, et Talleyrand utilisa le « vin civilisateur » des coteaux pour obtenir de meilleures conditions de paix, lors du Congrès de Vienne. Cependant, dans la seconde moitié du 19e s., on aurait pu le qualifier de « vin des libertins » ; les hétaïres y trempèrent leur sculpturale nudité et le prince de Galles, futur Édouard VII, parlant de l'ordre du Bain, aurait dit : « Je lui préfère un bain de champagne. »

Le vignoble – Il couvre environ 30 000 ha situés en majeure partie dans le département de la Marne, mais aussi dans quelques cantons de l'Aube et de l'Aisne.

Les régions de production les plus estimées qui concourent à l'élaboration des meilleurs champagnes sont la Côte des Blancs, la Vallée de la Marne et la Montagne de Reims. La vigne s'épanouit à mi-pente des versants calcaires, sur une solide assise crayeuse recouverte d'un sol argilo-siliceux, de la Côte de l'Ile-de-France *(p. 12)* ; les seuls cépages autorisés sont le Pinot noir, le Pinot Meunier et le Chardonnay, plantés serré et taillés court. Dans certains crus, un hectare de vignes vaut plus de 2 millions de francs.

Une élaboration minutieuse – De nombreuses manipulations et opérations spécifiques sont nécessaires à la fabrication du champagne. Elles se déroulent en partie dans le vignoble puis dans les caves où doit être maintenue une température constante de 10° *(pour la visite des caves voir à Epernay et Reims)*. Les opérations de l'élaboration du champagne sont les suivantes :

Vendanges – En octobre, les vendangeurs détachent avec précaution les grappes qu'ils déposent dans des clayettes où les grains sont triés puis transportés jusqu'au vendangeoir.

Pressurage – Les grappes sont pressées sans avoir été foulées, ce qui permet d'obtenir un moût blanc même avec du raisin noir. Seul le jus obtenu par les premières pressées, 2 666 l pour 4 000 kg de raisins, est utilisé pour la confection des vins d'appellation champagne. Ce jus est réparti en dix pièces de « cuvée » de 205 litres chacune et trois pièces de « tailles » de moins bonne qualité.

Cuvage – Le jus mis en tonneaux ou en cuves subit la première fermentation vers Noël.

Cuvée et assemblage – Au printemps, les maîtres de chais élaborent la cuvée en assemblant les vins tranquilles d'appellation champagne de provenances et souvent d'âges différents. Chaque maison de champagne possède sa cuvée propre dont la qualité est constante. Les mélanges comprennent les crus de la Montagne de Reims (vins robustes et corsés), de la Vallée de la Marne (vins bouquetés et fruités), de la Côte des Blancs (vins frais et élégants) ou d'autres régions viticoles champenoises. Il y entre des raisins noirs et des raisins blancs dans des proportions qui peuvent varier (en général autour de 2/3 et 1/3). Le champagne « blanc de blancs » est réalisé uniquement à partir de raisins blancs. Les années exceptionnelles, le champagne est millésimé, gardant sa saveur originale.

Seconde fermentation et prise de mousse – La seconde fermentation est réalisée par adjonction dans le vin de sucre de canne et de levures sélectionnées. Le vin est tiré et mis dans des bouteilles très épaisses pour résister à la forte pression. Sous l'effet de la levure, petite poudre recueillie sur la peau du raisin, le sucre se transforme en alcool ou en gaz carbonique, qui, au moment du débouchage, produira la mousse. Les bouteilles sont disposées sur des lattes dans une cave (10 à 12°) pour une durée de 1 à 3 ans.

Remuage et dégorgement – Pendant ces années, un dépôt s'est formé qu'il faut éliminer en le dirigeant vers le goulot. Les bouteilles sont alors placées sur des pupitres perforés, la pointe inclinée vers le bas. Chaque jour un remueur pouvant manipuler jusqu'à 40 000 bouteilles par jour, leur imprime une rotation d'1/8 de tour et les redresse légèrement : c'est la mise sur pointe. Après 4 à 6 semaines de traitement, la bouteille est verticale et le dépôt complètement rassemblé sur le bouchon. Le col de la bouteille est alors trempé dans un bain glacial et le dépôt soudé au bouchon s'expulse. C'est le **dégorgement** effectué par des machines qui peuvent traiter 3 000 à 5 000 bouteilles à l'heure. La quantité de vin manquant est remplacée par du vin de même nature additionné ou non de sucre de canne suivant que l'on veut obtenir du champagne demi-sec, sec ou brut.

Finissage – Après bouchage à l'aide d'un bouchon de liège très épais, muselage, habillage, la bouteille est prête à être expédiée. Le vin ayant en moyenne 3 à 4 ans d'âge est « fait » et ne gagne guère à être longtemps conservé.

Commercialisation – Près de 120 maisons, souvent des entreprises familiales dont plusieurs remontent au 18e s., réalisent environ 70 % des expéditions, le reliquat étant assuré par les « récoltants-manipulants » faisant leur propre champagne, et quelques coopératives. Les établissements doivent avoir une assise financière solide, le champagne s'élaborant en moyenne sur 3 ans et nécessitant des stocks importants.
Les expéditions sont en progression constante. En 1991, elles ont dépassé le chiffre de 214 millions de bouteilles dont plus de 75 millions à l'exportation. La Champagne figure ainsi parmi les premières régions viticoles françaises exportatrices de grands vins. Les principaux clients étrangers sont la Grande-Bretagne, la Belgique, les Pays-Bas, les États-Unis, l'Allemagne, la Suisse, l'Italie, le Canada et l'Australie.

Dégustation – Qu'il soit présenté en bouteille de 75 cl ou en magnum (2 bouteilles), le champagne doit être servi frais, à une température de 6-8°, et versé précautionneusement dans des verres « flûtes » ou « tulipes » qui mettront en valeur son bouquet. Le champagne brut peut être servi tout au long d'un repas. Beaucoup d'amateurs, cependant, le préfèrent en apéritif ou entre les repas. Les champagnes secs ou demi-secs seront réservés pour le dessert.
Années récentes millésimées : 85, 86 et 88.

Vins tranquilles de Champagne – La Champagne produit aussi en quantités très limitées des vins non effervescents bénéficiant de l'appellation contrôlée « Coteaux champenois ». Ce sont des vins rouges (désignés par le nom de cru : Bouzy, Ay, Cumières, etc.), blancs ou rosés. Une appellation particulière est réservée au « Rosé des Riceys ».
Citons aussi le ratafia, apéritif qui se compose de jus de raisin et d'alcool en proportions déterminées, et le marc de champagne obtenu à partir des peaux de raisin.

Les bouteilles de Champagne

Magnum : 2 bouteilles	*Mathusalem : 8 bouteilles*
Jéroboam : 4 bouteilles	*Salmanazar : 12 bouteilles*
Réhoboam : 6 bouteilles	*Balthazar : 16 bouteilles*
Nabuchodonosor : 20 bouteilles	

GASTRONOMIE

Cuisine champenoise – Bien entendu, le champagne personnalise nombre de recettes locales, telles que le poulet sauté, les rognons, la truite farcie, le brochet, les écrevisses et les escargots. Mais d'autres préparations ne sont pas tributaires du champagne, tels la potée champenoise ou « joute » composée de jambon fumé, de lard, de saucisses entourant un gros chou, la choucroute de Brienne-le-Château, les andouillettes de Troyes et les fameux pieds de porc de Ste-Menehould.

Cuisine ardennaise – Le gibier et le poisson sont rois. Les chevreuils, sangliers et marcassins donnent naissance à de savoureux rôtis, d'exquises gigues (cuisses de chevreuil) et d'odorants pâtés ; les grives sont rôties dans une feuille de sauge ou préparées en terrine avec du genièvre. Le jambon cru des Ardennes séché avec des branches vertes de genêt ou de genévrier, le boudin blanc de Rethel et le boudin blanc à l'oignon de Haybes-sur-Meuse complètent le rayon charcuterie.
Le poisson comprend notamment les truites de la Semoy, les fritures de fretin de Meuse, le brochet de rivière et d'étang servi nature, en quenelles ou en matelote.

Fromages – Au Sud de Troyes, une région s'est spécialisée dans l'élaboration de fromages crémeux et peu fermentés dont le plus fameux est le **chaource** fabriqué depuis le 12e s. Parmi les autres fromages provenant de Champagne et des Ardennes, citons le carré de l'Est (Arrigny), le cendré d'Argonne, le Chaumont, le Rocroi, le trappiste d'Igny.

Friandises – Les biscuits de Reims à la belle couleur rose, les massepains, les croquignoles, les bouchons de champagne sont là pour accompagner le célèbre vin. A Bar-le-Duc, les confitures de groseilles sont épépinées à la plume d'oie, ce qui permet de conserver le fruit entier confit dans le sirop.

Troyes – La maison du Boulanger et la tourelle de l'Orfèvre.

Villes et curiosités

★ Mont AIMÉ

Carte Michelin n° 56 Sud du pli 16 ou 241 pli 25.

Butte témoin détachée de la falaise de l'Ile-de-France, le « mont » Aimé atteint la hauteur de 237 m.

Occupé dès l'époque préhistorique, il fut fortifié tour à tour par les Gaulois, les Romains et les comtes de Champagne qui y érigèrent un château féodal, dit de la Reine Blanche, dont les ruines s'éparpillent aujourd'hui dans la verdure.

C'est au pied du mont que se déroula, le 10 septembre 1815, la grande revue de l'armée russe pendant l'occupation de la région par les Alliés.

A l'un des angles de l'ancienne enceinte, un belvédère *(table d'orientation)* permet de jouir d'une **vue** étendue au Nord sur la Côte des Blancs, à l'Est sur la plaine.

ARCIS-SUR-AUBE
2 854 h. (les Arcisiens)

Carte Michelin n° 61 pli 7 ou 241 pli 33.

Gravement endommagée en 1814, puis, à nouveau, en 1940, Arcis a conservé son **église** (15e-16e s.) et le **château** (17e s.), aujourd'hui hôtel de ville, qui fut décrit par Balzac dans « Le Député d'Arcis ».

Son intérêt principal réside dans son histoire. Danton naquit en 1759 au n° 62 de l'actuelle rue de Paris *(voir p. 21)* et, durant les heures sombres de la Révolution, revint plusieurs fois se reposer dans la propriété qu'il avait acquise sur les bords de l'Aube. Mais Arcis est surtout célèbre pour la fameuse bataille qui s'y déroula pendant la campagne de France de Napoléon *(voir p. 22)* le 20 mars 1814.

Une défaite de Napoléon – Le général comte de Ségur a narré cette mémorable journée : « Il était dix heures » écrit-il dans ses Mémoires, « Ney, Oudinot et Sébastiani, avec toute l'infanterie et la cavalerie, s'ébranlèrent. En peu d'instants, le rideau ennemi, qui couvrait les pentes, fut déchiré ; mais, parvenus sur la crête, un spectacle imposant les consterna. C'était toute l'armée alliée, avec ses réserves et ses souverains, plus de 100 000 hommes. Ils appelèrent l'Empereur, poursuit Ségur. Derrière une nuée de troupes légères, protégés par une artillerie formidable, leurs yeux exercés lui montrèrent, autour d'eux et de toutes parts, l'horizon chargé d'ennemis. C'était, de l'Est à l'Ouest, sur un vaste demi-cercle une multitude de masses noires et mouvantes, d'où jaillissait, aux rayons du jour, le reflet des armes. D'instant en instant, ces têtes de colonnes profondes, marchant à grands espaces, et se rapprochant de plus en plus entre elles et de notre position, resserraient l'enceinte. Et néanmoins Napoléon, s'opiniâtrant encore, niait l'évidence. Il leur répondait : "Que c'était une vision ; que ce qu'ils apercevaient à droite ne pouvait être que la cavalerie de Grouchy. Ce mouvement, s'écria-t-il, serait trop leste ; c'était une manœuvre trop hardie pour des Autrichiens ! Je les connais ; ils ne se lèvent pas si vite, et si matin !". C'était pourtant bien l'aile gauche de Schwartzenberg » constate Ségur.

L'Empereur avait installé son quartier général au château, où il coucha à l'issue des combats. Le champ de bataille est situé sur la N 77 quand on vient de Troyes.

★ L'ARGONNE

Carte Michelin n° 56 plis 19, 20 ou 241 plis 18, 22, 23.

L'Argonne est une individualité géographique aux confins de la Champagne et de la Lorraine. Ses paysages vallonnés, ses forêts, ses sites pittoresques en font une région touristique agréable à parcourir. Ce massif, dont la plus grande largeur entre Clermont et Ste-Menehould ne dépasse pas 12 km, atteint 308 m d'altitude au Sud de Clermont. Dominant la plaine à l'Est, il représente un obstacle sérieux dont la possession a toujours excité la convoitise. Les vallonnements séparant les mamelons constituent les voies de passage qui ont servi de couloirs d'invasion : défilés des Islettes, de Lachalade, de Grandpré baptisés les « Thermopyles de France ».

A partir de la fin de l'époque gallo-romaine, l'Argonne fit partie des diocèses de Châlons, Reims et Verdun. Pendant le Moyen Âge, elle devint une « marche » entre le comté de Champagne (rattaché au royaume de France en 1285) et l'Empire germanique.

Elle fut plus tard partagée entre le roi de France et le duc de Lorraine, puis entre la Champagne, le Barrois et la Lorraine et enfin en 3 départements.

Souvent envahie du fait de sa position, l'Argonne fut le théâtre de nombreux combats. En 1792, les troupes prussiennes y furent retardées après la chute de Verdun, ce qui permit à Dumouriez de préparer ses forces à Valmy et d'arrêter l'ennemi à la sortie des défilés de l'Argonne. Durant la guerre de 1914-1918, le front s'installa pendant 4 ans sur la ligne Four-de-Paris, Haute-Chevauchée, Vauquois, Avocourt coupant l'Argonne en deux. Les combats acharnés autour des buttes témoins de Vauquois et Beaulieu causèrent de nombreuses pertes.

CIRCUIT AU DÉPART DE CLERMONT-EN-ARGONNE

77 km – environ 4 h – schéma p. 41

Clermont-en-Argonne – *Voir à ce nom.*

Quitter Clermont-en-Argonne par la D 998, en direction de Neuvilly-en-Argonne. A Neuvilly, prendre la D 946. Sur la droite, à Boureuilles, la D 212 conduit à Vauquois. A l'entrée de Vauquois, prendre à gauche le chemin goudronné d'accès à la butte. Laisser la voiture et gravir le sentier qui conduit au sommet de la butte.

Butte de Vauquois – Cette butte témoin fut disputée par les deux adversaires de 1914 à 1918. Un monument marque l'emplacement de l'ancien village, détruit durant la guerre. Un petit chemin, suivant la ligne de crêtes, et offrant des vues étendues sur la forêt de Hesse, la butte de Montfaucon et la vallée de l'Aire, domine plusieurs cratères de mine profonds de 30 m. Le terrain est complètement bouleversé aux alentours et l'on peut encore y voir les restes de barbelés et de chevaux de frise.

Rejoindre la D 38 qui mène à Varennes-en-Argonne.

Varennes-en-Argonne – *Voir à ce nom.*

Poursuivre par la D 38 en direction du Four-de-Paris.

Abris du Kronprinz – *Après 3,5 km, dans un virage, poursuivre tout droit dans un chemin forestier. S'arrêter au bout et prendre à pied le chemin le plus à droite et 30 m plus loin un sentier à gauche. Un abri apparaît dans la végétation.*
Ce blockhaus fut utilisé pendant la Première Guerre mondiale par le prince héritier d'Allemagne et son état-major *(accès interdit).*

Reprendre la D 38, puis tourner à gauche dans la route de la Haute-Chevauchée.

Haute-Chevauchée – C'est un des hauts lieux de la guerre 1914-1918 et de violents combats s'y déroulèrent. Aujourd'hui, agréable promenade dans la forêt, cette route mène au monument aux morts de l'Argonne et au cimetière militaire de la Forestière. Dans les sous-bois, de part et d'autre de la route, des tranchées et des boyaux sont encore visibles.

Revenir à la D 38, poursuivre jusqu'à Four-de-Paris puis prendre la D 2 vers Lachalade.

Lachalade – 57 h. Le village est dominé par l'imposante silhouette d'une ancienne abbaye cistercienne. L'église du 14ᵉ s. a été amputée de 3 travées d'où ses curieuses proportions. Les bâtiments monastiques (propriété privée), dont il subsiste deux ailes, furent reconstruits au 17ᵉ s.

Continuer vers les Islettes.

Les Islettes – 815 h. Ce fut un bourg très actif connu pour ses tuileries, verreries et surtout faïenceries.

La D 2 traverse ensuite Futeau et pénètre dans la forêt de Beaulieu.

Ermitage de St-Rouin – Saint Roding (ou Rouin) était un moine irlandais du 7ᵉ s. qui, retiré en Argonne, fonda un monastère auquel succéda l'abbaye de Beaulieu. Dans un beau site forestier a été aménagée une « cathédrale de verdure ». Un bâtiment solitaire, l'abri des pèlerins, accueille le visiteur, puis sous la voûte des arbres apparaît une chapelle moderne en béton conçue par le R.P. Rayssiguier, dominicain disciple de Le Corbusier. Les vitraux multicolores ont été créés par une jeune artiste japonaise.
L'ermitage de St-Rouin fait l'objet d'un pèlerinage vers la mi-septembre.

Poursuivre sur la D 2 puis tourner à gauche vers Beaulieu-en-Argonne.

Beaulieu-en-Argonne – 42 h. Ancien siège d'une importante abbaye bénédictine, ce village s'allonge sur une butte d'où s'offrent de belles vues sur le massif forestier. De l'ancienne abbaye subsistent quelques murs et surtout un énorme **pressoir**★ ⊘ du 13ᵉ s. tout en chêne (sauf la vis en charme) dans lequel les moines pouvaient presser 3 000 kg de raisin donnant 1 600 l de jus.

De Beaulieu-en-Argonne prendre la route forestière qui longe le bâtiment du pressoir (sur la gauche), poursuivre jusqu'au carrefour des 3 Pins ; continuer tout droit, puis prendre à droite la direction de Rarécourt.

Rarécourt – 201 h. Dans une **maison forte** ⊘ du 17ᵉ s. (sur la route à droite après le pont sur l'Aire) sont exposées plus de 600 pièces de faïences et terres cuites régionales des 18ᵉ et 19ᵉ s.

De Rarécourt, rejoindre Clermont-en-Argonne par la D 998.

Carte Michelin n° 🖫🖫 pli 6 ou 🖫🖫🖫 pli 13.

Situé sur la rive gauche de l'Aisne, ce village, ancien fief des comtes d'Avaux, fut doté par ceux-ci d'une très curieuse église baroque.

Église St-Didier – Élevée en 1683 sur les plans du père dominicain François Romain, cette église est unique en son genre. Construite entièrement en brique, elle a la forme d'une viole avec son vestibule menant à une rotonde couverte d'une coupole aplatie et cantonnée de chapelles demi-ovales. A l'extérieur une colonnade de brique raccorde le péristyle ovale à la rotonde.

Asfeld.

Pour tout ce qui fait l'objet d'un texte dans ce guide
(villes, sites, curiosités isolées, rubriques d'histoire ou de géographie, etc.),
reportez-vous à l'index.

★ BAR-LE-DUC

1 7545 h. (les Barisiens)

Carte Michelin n° 🖫🖫 pli 1 ou 🖫🖫🖫 pli 31.

Située en partie sur un promontoire, Bar-le-Duc se divise en ville haute où autrefois se dressait le château des ducs de Bar, et en ville basse comprenant, de part et d'autre de l'Ornain, les quartiers du Bourg, de la Neuville et du faubourg Couchot.

D'origine mérovingienne, Bar fut, dès 954, capitale d'un comté qui faillit prendre l'avantage sur le duché de Lorraine. En 1354, ses comtes qui avaient dû reconnaître la suzeraineté française prirent le titre de duc et firent de leur ville la capitale du « Barrois mouvant ». En 1484, le Barrois fut « absorbé » par la Lorraine et rattaché en même temps qu'elle à la France en 1766. Bar est la patrie du duc François de Guise, des maréchaux Oudinot et Exelmans et de Raymond Poincaré.

Pendant la guerre de 1914-1918, la ville joua un rôle important. De là partait la Voie Sacrée suivie par les convois montant à Verdun.

Aujourd'hui, préfecture du département de la Meuse, Bar-le-Duc a quelques fonctions administratives, et demeure le siège de la Banque Varin-Bernier. C'est aussi un centre commercial où se déroulent foires et marchés.

Les confitures de groseilles épépinées à la plume d'oie sont célèbres.

★ LA VILLE HAUTE *visite : 1/2 h*

Ce bel ensemble architectural des 16ᵉ, 17ᵉ et 18ᵉ s. était le quartier aristocratique de Bar. Derrière les façades des hôtels ornées de statues, de colonnes, de trophées, de gargouilles, les demeures se prolongent en un logis seigneurial, une cour et un autre bâtiment pour les serviteurs.

Place St-Pierre (AZ) – Cette place triangulaire dominée par l'élégante façade de l'église St-Étienne est bordée de maisons de différentes époques.

Sur la droite du parvis, quand on est face à l'église, trois demeures montrent l'évolution de l'architecture entre le 15ᵉ et le 17ᵉ s. Au n° **25**, la maison à colombage avec son étage en encorbellement est représentative de l'architecture médiévale. Au n° **21**, l'« hôtel de Florainville », aujourd'hui palais de justice, présente une façade Renaissance de style alsacien (les gracieux balcons en fer forgé ont été ajoutés au 18ᵉ s.). Enfin, au n° **29**, siège du tribunal d'instance, la façade du début du 17ᵉ s. est ornée d'un décor très classique : colonnes, fenêtres surmontées de frontons, de volutes.

Église St-Étienne (AZ) – C'est une ancienne collégiale de style gothique de la fin du 15ᵉ s. dont la façade est en partie Renaissance. A l'intérieur se trouvent plusieurs œuvres d'art, la plus fameuse étant le transi de Ligier Richier appelé « **le**

squelette »★★ (dans le croisillon droit) représentant René de Chalon, prince d'Orange, tué au siège de St-Dizier en 1544. Cette œuvre saisissante fut commandée par sa veuve Anne de Lorraine au sculpteur qui, selon la volonté du défunt, représenta son cadavre tel qu'il devait être trois années après sa mort. Extrêmement violente dans son réalisme macabre, l'œuvre de Richier doit sa puissance à l'opposition entre l'état misérable du cadavre décomposé et l'attitude presque triomphante que lui a donnée le sculpteur, la tête levée vers son cœur qu'il tend à bout de bras vers le ciel. Autre œuvre de Ligier Richier, le calvaire représentant le Christ et les deux larrons, se dresse derrière le maître-autel. Dans le transept gauche, la statue de N.-D.-du Guet est vénérée par les Barisiens. D'après la légende, au cours du siège de 1440, les ennemis approchant d'une porte où se trouvait une statue de la Vierge entendirent celle-ci crier « au guet, au guet, la ville est prise ». Un soldat furieux jeta une pierre sur la statue qui l'attrapa tandis que le soldat tombait raide mort. En face de N.-D.-du-Guet, un tableau montre une crucifixion où Jérusalem est remplacée par la ville haute de Bar au 16e s.

Bar-le-Duc –
Le « squelette » de Ligier Richier.

Place de la Halle (AZ) – A travers la porte cochère du **n° 3**, à la belle façade sculptée de style baroque, malheureusement endommagée, on aperçoit les vestiges des arcades des anciennes halles.

Prendre la rue Chavée et tourner à droite.

Belvédère des Grangettes (AZ E) – Il offre une vue agréable sur la ville basse, les coteaux et, à gauche, sur la **tour de l'Horloge**, vestige de l'ancien château ducal.

Revenir place de la Halle et prendre à gauche la rue des Ducs-de-Bar.

Rue des Ducs-de-Bar (AZ) – Ancienne « Grande rue » aristocratique de la ville haute, cette artère présente toujours un bel ensemble de façades.

Le **n° 41,** avec ses deux frises horizontales ornées d'attributs militaires, est un exemple intéressant de l'art classique barisien du milieu du 16e s. Le **n° 47**, où Bernanos écrivit « Sous le soleil de Satan », est l'une des rares maisons à avoir conservé ses gargouilles. Au **n° 53** la porte d'entrée est encadrée d'une arcade à décor sculpté. La façade du **n° 73** est décorée de ravissantes appliques représentant des instruments de musique...

Au **n° 75**, un ancien **pressoir** du 15e s. est installé dans le bâtiment au fond de la cour. La façade de l'hôtel de Salm barre le fond de la rue des Ducs-de-Bar.

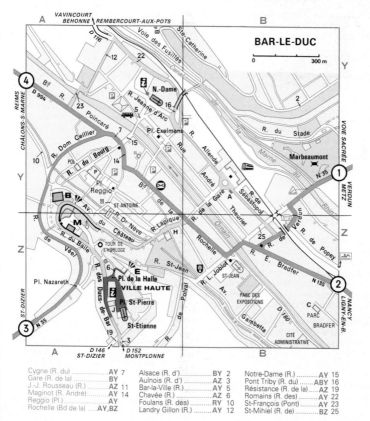

Ch. Ar. 3

AUTRES CURIOSITÉS

Musée Barrois (AZ M) ⊙ – Installé dans le château neuf édifié à partir de 1567 par les ducs Charles III, le musée présente une riche collection archéologique depuis l'âge du bronze jusqu'à la période mérovingienne : nombreuses pièces gallo-romaines dont la statue de la déesse mère de Naix-aux-Forges, l'antique Nasium, et la stèle de l'oculiste de Montiers-sur-Saulx, parures mérovingiennes provenant de la nécropole de Gondrecourt.

Dans la salle sous croisées d'ogives où était conservé le trésor des chartes sont regroupées les sculptures médiévales et Renaissance (Pierre de Milan, Gérard Richier).

Parmi les peintures des écoles française et flamande, remarquer *Diane et Callisto* de Heindrick de Clerck, la *Tentation de saint Antoine* de David II Teniers, *Scène de cabaret* de Jan Steen.

La collection d'arts et traditions populaires complète la présentation d'un pressoir situé au 75 rue des Ducs *(voir p. 43)*.

Devant le château, une vaste esplanade, dégagée à partir de 1794 lors de la destruction de la collégiale St-Maxe, offre de belles perspectives sur la ville basse, le collège Gilles-de-Trèves et les vestiges des fortifications du château (porte romane).

Collège Gilles-de-Trèves (AY B) – Il fut fondé en 1571 par Gilles de Trèves, doyen de la collégiale St-Maxe, qui voulait donner à Bar un collège d'enseignement supérieur pour éviter aux jeunes nobles de s'expatrier vers les universités où soufflait de plus en plus l'esprit de la Réforme. Il paya la construction de ses propres deniers.

La façade Renaissance a été refaite au 19ᵉ s. mais la cour intérieure est restée intacte. On y pénètre par un long porche à voûtes décorées où l'on peut lire la devise en latin formulant l'ambition du fondateur : « Que cette demeure reste debout jusqu'à ce que la fourmi ait bu les flots de la mer et que la tortue ait fait le tour du globe. »

La cour présente des galeries supportées par des piliers. Les balustrades sont ornées de sculptures au dessin complexe qui pourraient être d'origine flamande.

Rue du Bourg (AY) – Le bourg dans la ville basse était le quartier commerçant de Bar. Sa grande rue fut à partir du 16ᵉ s. l'une des plus élégantes de Bar-le-Duc, comme en témoignent aujourd'hui les riches façades que l'on peut encore y admirer. Le nᵒ 26 ou Maison des Deux Barbeaux (1618) est décorée de bustes de femmes et de « sirènes » sur les chambranles des fenêtres. Belle porte en bois sculptée. On remarquera aussi les nᵒˢ 42, 46, 49 et 51. Le nᵒ 49 a conservé ses gargouilles.

Au coin de la rue du Bourg et de la rue Maginot, un monument représentant un enfant et une bicyclette a été érigé à la mémoire des Barisiens Pierre et Ernest Michaux, inventeurs du vélocipède en mars 1861.

Église Notre-Dame (AY) ⊙ – C'est à l'origine une église romane qui fut restaurée au 17ᵉ s., à la suite d'un incendie ; son clocher est du 18ᵉ s.

Dans la nef, Christ en croix de Ligier Richier. Dans la chapelle du transept Sud, un bas-relief de la fin du 15ᵉ s. représente l'Immaculée Conception : au-dessous du Père éternel, la Vierge en prière est entourée des emblèmes-symboles de sa pureté.

Château de Marbeaumont (BY) – Ancienne propriété des banquiers Varin-Bernier, cet exubérant château du début du siècle servit de quartier général au général Pétain au cours de la Première Guerre mondiale.

ENVIRONS

Rembercourt-aux-Pots – *18 km. Carte Michelin n⁰ 🅱🅱 pli 20. Quitter Bar-le-Duc par la D 116, route de Vavincourt, au Nord.*

Ce village possède une belle église du 15ᵉ s., avec une magnifique **façade★**, mélange des styles flamboyant et Renaissance. Remarquer la richesse de ses éléments décoratifs où les niches en coquille se mêlent aux sujets païens de la frise Renaissance. Ses deux tours, inachevées, restent tronquées. L'intérieur constitue un ensemble homogène.

Nubécourt – *275 h. 11 km au départ de Rembercourt, au Nord.* **Raymond Poincaré** (1860-1934), président de la République de 1913 à 1920, repose dans le cimetière.

BAR-SUR-AUBE   6 705 h. (les Baralbins ou Barsuraubois)

Carte Michelin n° 🅱🅱 pli 19 ou 🄴🄴🅱 pli 38.

Bâtie sur la rive droite de l'Aube qui est dominée par des coteaux boisés, la ville est ceinturée de boulevards établis sur l'emplacement des remparts disparus. Elle a conservé de nombreuses maisons anciennes en pierre et à pans de bois.

Au Moyen Âge, Bar-sur-Aube était le cadre d'une foire de Champagne *(voir p. 19)*. En 1814, pendant la campagne de France, le roi de Prusse, l'empereur d'Autriche et le Tsar installèrent leur quartier général dans le château du Jard.

Elle est la patrie du philosophe Gaston Bachelard (1884-1962).

Église St-Pierre – Édifiée au 12ᵉ, elle présente, à l'Ouest et au Sud, une galerie couverte d'une charpente (sorte de halle, d'où son nom de « Halloy »). La nef et les bas-côtés furent voûtés d'ogives lors de reconstructions ultérieures. Les chapelles datent du 16ᵉ s. Le maître-autel provient de l'abbaye de Clairvaux, l'orgue de celle de Remiremont. Une cinquantaine de pierres tombales marquent l'emplacement des sépultures de seigneurs locaux et de riches commerçants. La statue de la Vierge au bouquet (fin du 15ᵉ s.) en pierre polychrome est représentative de l'école troyenne.

Église St-Maclou – 12ᵉ-15ᵉ s. Cette ancienne chapelle du château des comtes de Bar présente une façade classique du 18ᵉ s. Son clocher était le donjon du château.

ENVIRONS

Chapelle Ste-Germaine – *4 km. Sortir par la D 4, au Sud-Ouest de la ville : à 3 km, prendre à gauche, dans un virage, un chemin en forte montée où laisser sa voiture.* Ce chemin, que l'on prend à pied, aboutit à une chapelle de pèlerinage élevée en l'honneur de Germaine, vierge martyrisée à cet emplacement par les Vandales en 407. Après cette chapelle et en contournant la maison, on parvient à une table d'orientation d'où s'offrent des échappées sur Bar-sur-Aube, la vallée, Colombey-les-Deux-Églises et sa croix de Lorraine, les forêts des Dhuits et de Clairvaux.

Nigloland ⊙ – *9 km Sortir de Bar-sur-Aube au Nord par la N 19 jusqu'à Dolancourt.* Dans un cadre de verdure, ce parc de loisirs présente une douzaine d'attractions dont le « ciné-show » sur écran à 180° et un spectacle d'automates électroniques (niglo-show) dans le théâtre d'un village canadien.

CIRCUIT AU DÉPART DE BAR-SUR-AUBE

55 km – Environ 2 h

Quitter Bar-sur-Aube par la N 19 à l'Est puis la D 396 à droite à la sortie de la ville.

Bayel – 969 h. Créée en 1666, sa **cristallerie** ⊙ est célèbre pour sa prestigieuse production. Dans des fours chauffés à 1 450° C, un mélange de sable, de chaux, de soude et de plomb permet d'obtenir, au bout de douze heures de cuisson, une matière prête à travailler. Moulées ou soufflées, les pièces sont toutes faites à la main.
Bayel recèle dans sa modeste **église,** sur un autel du bas-côté droit, une émouvante **Pietà★** du 16e s. en pierre polychrome : la simplicité de l'attitude, le réalisme des traits et la perfection du modelé, l'harmonie des plis du vêtement dénotent l'intervention du Maître de Chaource *(voir p. 56)* ; sur un autel du bas-côté gauche, belle Vierge à l'enfant du 14e s.

Rejoindre la D 396 en direction de Clairvaux, au bout de 1,5 km tourner à droite vers Baroville, puis vers Arconville par la D 70.

La route traverse la forêt de Clairvaux et les vignobles du champagne de l'Aube. Entre Baroville et Arconville, la vue s'étend vers l'Est jusqu'au plateau de Langres.

Prendre la D 101 vers Clairvaux.

Clairvaux ⊙ – C'est ici, dans le Val d'Absinthe, que saint Bernard créa en 1115 une abbaye, fille de Cîteaux, appelée à devenir l'un des hauts lieux de la Chrétienté *(voir saint Bernard p. 17 et le monachisme à Clairvaux p. 25 et 26).* L'abbaye cistercienne construite entre 1135 et 1145 était connue comme un chef-d'œuvre de l'architecture monacale. Il n'en subsiste que le bâtiment des convers comprenant un admirable cellier et au-dessus le dortoir. Au 18e s. Clairvaux était une abbaye extrêmement riche. Les mœurs des moines avaient bien changé et les pères abbés firent alors reconstruire d'immenses bâtiments où vivaient, dans le luxe, une trentaine de moines (cour d'honneur et écuries, grand cloître, lavoir, salle à manger du père abbé, cuisines).
En 1808, sur décision de Napoléon Ier, Clairvaux devint prison et les bâtiments monastiques furent aménagés tant bien que mal pour la détention. Des prisonniers célèbres y séjournèrent dont Blanqui (1872) et Philippe d'Orléans (1890). En 1972 la prison fut transférée dans des bâtiments modernes construits à l'intérieur du mur d'enceinte.
La visite, passionnante, entraîne à travers ce riche passé.

Prendre la D 12 puis à gauche une route forestière.

Fontaine St-Bernard – Dans un site ravissant, que l'on a cru longtemps être l'emplacement d'origine de l'abbaye en 1115, a été aménagée une halte touristique.

Traverser la D 396 et rejoindre Colombey-les-Deux-Églises par Outre-Aube, Longchamp-sur-Aujon puis la D 15 et la D 23.

La forêt des Dhuits, où se promenait régulièrement le Général de Gaulle, possède de belles futaies de hêtres et de chênes. Il n'est pas rare de voir des cerfs et des sangliers.

Colombey-les-Deux-Églises – *Voir à ce nom.*

Quitter Colombey-les-Deux-Églises par la N 19 vers Bar-sur-Aube et, 2 km plus loin, prendre à droite la D 235.

Entre Rouvres-les-Vignes et Colombé-le-Sec, belles vues sur le vignoble champenois de l'Aube.

Colombé-le-Sec – 161 h. Ce village possède un curieux lavoir qui daterait du 12e s. L'église, très remaniée au 16e siècle, conserve de l'époque romane un linteau décoré d'une croix grecque entourée d'un agneau pascal et d'un loup.
Après Colombé-le-Sec, on passe devant la belle **ferme du Cellier** (16e s.) ⊙ construite au-dessus d'un cellier cistercien du 12e s. qui était une dépendance de l'abbaye de Clairvaux *(voir ci-dessus).*

Revenir à Bar-sur-Aube par la D 13.

Vous aimez les nuits tranquilles, les séjours reposants...
Chaque année,
*les **guides Michelin France** (hôtels et restaurants)*
Camping Caravaning France
vous proposent un choix d'hôtels
et de terrains agréables, tranquilles et bien situés.

BAR-SUR-SEINE

3 630 h. (les Barsequanais)

Carte Michelin n° 61 plis 17, 18 ou 241 plis 41, 42.

S'étendant sur la rive gauche de la Seine à un endroit où la vallée se rétrécit, Bar est adossée à une ligne de coteaux. Ville frontière entre la Champagne et la Bourgogne, elle connut une certaine prospérité aux 16e et 17e s., dont témoigne aujourd'hui l'ensemble de ses maisons anciennes.

Église St-Étienne – Élevée au 16e s., cette église présente un mélange gothique et Renaissance. L'**intérieur**★ est intéressant par ses vitraux et verrières en grisaille caractéristiques de l'école troyenne du 16e s. Dans le croisillon Sud, quatre bas-reliefs illustrant la vie de saint Étienne sont attribués à Dominique Florentin *(voir p. 34)*. Dans le croisillon Nord, les panneaux d'albâtre évoquant la vie de la Vierge et les statues de sainte Anne et saint Joseph sont l'œuvre de François Gentil.

Maison Renaissance – *Rue Thiers*. Cette maison en briques et à colombage présente de beaux pilastres en bois sculptés. Au coin une petite niche abrite saint Roch et son chien.

EXCURSIONS

Rumilly-lès-Vaudes – 475 h. *13 km au Nord-Ouest de Bar-sur-Seine par la N 71 puis la D 85 après Fouchères*. L'**église** est un bel édifice du 16e s. au grand portail richement sculpté ; à l'intérieur magnifique **retable**★ en pierre polychrome de 1533 et quelques vitraux de la fin du 16e s. dont certains du maître troyen Linard Gontier. Le château est une élégante construction du 16e s. cantonnée de tourelles.

Circuit de 56 km dans le Barsequanais – *Quitter Bar-sur-Seine par la D 4 et poursuivre par la D 167 qui passe par Merrey-sur-Arce puis par la D 67.* La route traverse le vignoble remembré et reconstitué il y a quelques années.

Essoyes – 685 h. Ce village fut souvent peint et évoqué par le peintre Auguste Renoir et ses fils Pierre et Jean qui reposent tous trois dans son cimetière.

Prendre la D 79 vers le Sud puis aussitôt à droite la D 117 à travers la forêt et enfin la D 17.

Mussy-sur-Seine – *Voir à ce nom.*

Poursuivre au Sud-Ouest par la D 17 (voir carte Michelin n° 65 pli 8).

Après avoir traversé la forêt, la route passe à côté de l'émetteur de télévision et arrive en vue des coteaux couverts de vignobles des Riceys. Au cours de la descente vers les Riceys on distingue bien les trois villages dominés chacun par son église Renaissance.

Les Riceys – *Voir à ce nom.*

Des Riceys, regagner Bar-sur-Seine par la D 452 et la N 71.

BAZEILLES

1 589 h.

Carte Michelin n° 53 Sud-Est du pli 19 ou 241 pli 10.

A Bazeilles s'est déroulé un épisode très émouvant de la bataille de Sedan. Le 31 août et le 1er septembre 1870, des éléments épars du 12e corps français, comprenant entre autres une unité d'infanterie de marine, résistèrent magnifiquement aux troupes du 1er corps bavarois. Ce n'est qu'après avoir épuisé toutes leurs munitions que les défenseurs de la dernière maison – blessés pour la plupart – acceptèrent de se rendre. Le lendemain, c'était la capitulation de Sedan *(p. 23 et 116)*.

Maison de la dernière cartouche ⊙ – Le musée contient de nombreux objets français et allemands, recueillis sur le champ de bataille, ainsi que des documents trouvés dans les décombres des maisons incendiées. Des photocopies des lettres envoyées par Gallieni à sa famille relatent les détails du combat.
Au 1er étage, la chambre où s'est déroulée la scène historique a conservé son ameublement et sa disposition. C'est ce cadre que le peintre A. de Neuville a choisi pour son tableau « Les dernières cartouches » exposé au rez-de-chaussée.
A proximité reposent dans un ossuaire environ 3 000 soldats français et allemands.

Château de Bazeilles ⊙ – Sa construction fut entreprise vers 1750 pour un riche drapier sedanais, Louis de Bauche, dont les ateliers comptaient plus de 500 ouvriers, chiffre considérable pour l'époque. La façade du château se dresse derrière une élégante grille en fer forgé, flanquée de lions en pierre. Il se compose d'un corps de bâtiment que prolongent deux pavillons en saillie. L'avant-corps central est couronné d'un fronton décoré des initiales du constructeur insérées dans un encadrement rocaille. Côté parc, la façade est plus classique. Remarquer les masques sculptés surmontant les fenêtres à petits carreaux. Leurs visages expressifs, souvent espiègles, évoquent bien l'esprit du 18e s.
Il est agréable de se promener dans le parc dessiné à la française où l'on découvre deux charmants pavillons, une curieuse orangerie de forme ovale abritant un restaurant et un colombier.

Bazeilles – Masque sculpté décorant le château.

★ Parc de vision de BEL-VAL

Carte Michelin n° 56 plis 9, 10 ou 241 pli 14.

Situé sur un ancien domaine de moines augustins, le **parc de vision** ⊙ occupe 350 ha de bois, de prairies et d'étangs au cœur de la forêt ardennaise de Belval. Tous les animaux sauvages qui y sont présentés ont la particularité de vivre ou d'avoir vécu il y a quelques centaines d'années dans ce milieu naturel : sangliers, daims, cerfs, chevreuils, mais aussi mouflons, élans, bisons, ours qui avaient disparu de ces contrées.

Un circuit automobile (près de 7 km), avec des haltes, points de départ de petits parcours pédestres protégés et l'accès à des miradors ou des « caches », permet d'observer tous ces animaux en semi-liberté dans de très vastes enclos.

Vallée de la BLAISE

Carte Michelin n° 61 Est du pli 19 ou 24 pli 38.

De Juzennecourt à Wassy, la vallée de la Blaise comblera les amoureux d'une nature simple. La rivière, riche en truites, y serpente sur des fonds tapissés de prairies et entre des pentes boisées qu'échancrent des vallons solitaires. Les villages à flanc de coteau comme Lamothe-en-Blaisy, ou au bord de la Blaise comme Daillancourt, séduisent par la gaieté de leurs belles maisons en pierre blanche.

Cirey-sur-Blaise – Cirey occupe un site plaisant au creux de la vallée. De 1733 à 1749, Voltaire fit de longs séjours à « Cirey la félicité » dans le **château** ⊙ de son amie la marquise du Châtelet qu'il avait baptisée la « divine Émilie ». Il y faisait des expériences de physique avec cette femme remarquable passionnée par les sciences et il composa plusieurs de ses œuvres dont les tragédies d'« Alzire » et de « Mahomet ». C'est à Cirey qu'il apprit sa cruelle disgrâce : Émilie le trompait avec le poète Saint-Lambert. Le château présente un pavillon Louis XIII, seule partie réalisée d'un ambitieux projet, et l'aile du 18ᵉ s. construite par Mme du Châtelet et Voltaire. On y pénètre par un étonnant **portail** de style rocaille, dessiné par Voltaire, orné d'emblèmes maçonniques. A l'intérieur on visite la bibliothèque, la chapelle, des pièces de réception décorées de tapisseries et, sous les combles, le petit théâtre de Voltaire d'une simplicité touchante.

Doulevant-le-Château – Entouré de belles forêts, le village de Doulevant fait aujourd'hui partie de la commune de Blaiserives connue pour ses ateliers de ferronnerie et de fonte. L'église des 13ᵉ-16ᵉ s. présente un beau portail Renaissance.

Dommartin-le-Franc – Le village possède encore des ateliers de fonderie. Ancien haut fourneau.

Wassy – Voir à ce nom.

★ Côte des BLANCS

Carte Michelin n° 56 pli 16 ou 241 plis 21, 25.

D'Épernay à Vertus, la Côte des Blancs, ou Côte Blanche, est ainsi nommée parce qu'elle est plantée de vignobles à raisin blanc (presque exclusivement le cépage chardonnay). Ses crus, d'une finesse élégante, sont utilisés dans l'élaboration des cuvées de prestige et dans la réalisation du « Blanc de Blancs ».

La plupart des grandes marques de champagne y possèdent des vignes et des vendangeoirs ; certains vignobles privilégiés sont même pourvus d'un système de chauffage destiné à les préserver des gelées.

Comme la Montagne de Reims, la Côte des Blancs est un glacis de la « falaise de l'Ile-de-France », chère aux géologues ; à l'exception d'une couronne boisée, ses versants, regardant plein Est, sont entièrement couverts de vignes.

A flanc de coteau s'égrènent les villages, aux rues tortueuses, le long desquelles s'ouvrent les hauts portails des maisons vigneronnes.

D'ÉPERNAY AU MONT AIMÉ *28 km – environ 1 h 1/2*

L'itinéraire décrit, en balcon ou à mi-côte, offre de jolies vues, proches ou lointaines, sur le vignoble, la Montagne de Reims et les immensités de la plaine de Châlons.

★ **Épernay** – Voir à ce nom.

Quitter Épernay par ③ et la route de Sézanne jusqu'à Pierry.

Pierry – 1 502 h. Dans la maison occupée aujourd'hui par la mairie vécut **Cazotte,** l'auteur du « Diable amoureux », guillotiné en 1792.

Dans Pierry, prendre à gauche la D 10.

Cette route procure des vues à gauche sur Épernay et la vallée de la Marne.

Cuis – 448 h. L'église romane est placée sur une terrasse, au-dessus du village. De la D 10, perspectives sur la Montagne de Reims.

★ **Cramant** – 956 h. Le bourg occupe un site agréable sur une avancée de la côte. Le célèbre cru, produit par le cépage « pinot blanc chardonnay », parfois dénommé, dans la région, « Blanc de Cramant », a acquis une renommée universelle.

Avize – 1 679 h. Cru célèbre et école de viticulture ; église des 12ᵉ s. et 15ᵉ s. ; au-dessus de la localité, à l'Ouest, promenade offrant une vue étendue.

Oger – 588 h. Titulaire d'un « premier cru de la Côte Blanche », Oger possède aussi une église des 12ᵉ-13ᵉ s. à haute tour carrée et chevet plat percé d'un triplet.

Le Mesnil-sur-Oger – 1 118 h. Ce village vigneron très étendu est bâti sur un plan irrégulier. Un paisible enclos ombragé entoure l'église romane à clocher sur la croisée du transept ; on y entre par un portail Renaissance à colonnes cannelées La maison Launois a créé un **musée du Champagne** ⊙ comprenant une collection de pressoirs des 17ᵉ, 18ᵉ et 19ᵉ s. et diverses machines utilisées dans la fabrication du champagne.

Par une petite route serpentant au flanc du coteau vineux gagner Vertus.

Vertus – *Voir à ce nom.*
Dans la descente vers Bergères-lès-Vertus, vues agréables sur les alentours.

Bergères-lès-Vertus – 536 h. Bergères-lès-Vertus (petite église romane de campagne) inspira ce malicieux quatrain :

| « Le pays des bergères | Le pays des vertus |
| Où elles ne sont guère, | Où elles n'en ont plus. » |

Au Sud de Bergères-lès-Vertus, prendre à droite la petite route vers le Mont Aimé.

★ **Mont Aimé** – *Voir à ce nom.*

Ancienne abbaye de BONNEFONTAINE

Carte Michelin n° 53 pli 17 ou 241 pli 9 (4 km au Sud-Ouest de Rumigny).

Bonnefontaine fut fondée en 1154 par des moines de Signy *(voir à ce nom).* Cette abbaye cistercienne est établie dans un site dégagé, à l'extrémité d'immenses prairies formant terrasse au-dessus de la dépression Charleville-Hirson.
Les ruines de l'église gothique se cachent sous les arbres, mais on distingue bien le majestueux bâtiment abbatial du 18ᵉ s., en briques roses et à toit d'ardoises.
Au Sud de Bonnefontaine, la route qui relie Mont St-Jean et la Férée suit la crête séparant la vallée de la Serre de celle de l'Aube : elle offre des vues étendues sur la dépression Charleville-Hirson d'un côté, sur le Porcien de l'autre côté.

BRAUX-STE-COHIÈRE   61 h.

Carte Michelin n° 56 pli 19 ou 241 pli 22 (5,5 km à l'Ouest de Ste-Menehould).

Château ⊙ – C'est une ancienne commanderie militaire de chevau-légers dont les bâtiments ont été édifiés aux 16ᵉ et 17ᵉ s. Vaste quadrilatère flanqué de tours aux quatre angles, il charme par la couleur de ses murs rayés de briques et de « gaize » blanche se reflétant dans les profondes douves en eau qui le cernent. Dumouriez et son état-major s'y installèrent pour y organiser la bataille de Valmy *(p. 128).*
Siège de l'**Association Culturelle Champagne-Argonne,** il sert de cadre à de nombreuses manifestations culturelles : expositions, festival de musique, présentation d'un spectacle audio-visuel en multivision sur la région. Chaque année est organisé le « Noël des Bergers de Champagne », veillée musicale avec cortège et messe de minuit.

BRAY-SUR-SEINE   2 238 h.

Carte Michelin n° 61 Sud-Ouest du pli 4 ou 237 pli 32.

Située sur la rive gauche de la Seine, Bray est la petite capitale de la **Bassée,** plaine alluviale facilement inondable, où se traîne la rivière, mais aussi coulée de verdure riche de prairies d'élevage, de peupleraies, de pépinières, etc.

Église ⊙ – De structure romane, elle présente intérieurement un cachet rustique : large vaisseau couvert d'une voûte en carène et, surtout, curieux déambulatoire plafonné. Le bas-côté gauche, couvert de voûtes d'ogives et traité à la manière de la Renaissance, contraste avec le bas-côté droit simplement voûté en carène.
Parmi plusieurs œuvres d'art, remarquer, dans la 4ᵉ chapelle du bas-côté gauche, une statue de saint Nicolas, patron des mariniers (le bâton de la corporation avec son petit bateau a été fixé dans une ancienne fenêtre haute de la grande nef, à gauche).

BRIENNE-LE-CHÂTEAU   3 752 h. (les Briennois)

Carte Michelin n° 61 plis 8, 18 ou 241 pli 38.

Située en plaine, légèrement en retrait de l'Aube, Brienne a été parfaitement reconstruite après les destructions de 1940. Sous l'Ancien Régime, elle appartint à quelques-unes des plus puissantes familles de France, les Brienne, les Luxembourg, les Loménie. Autour de Brienne s'est développée la culture du chou à choucroute (le quart de la production française). Brienne est aussi connu pour son camp militaire et son aérodrome.

Napoléon et Brienne – De 1779 à 1784, Napoléon fut « élève du roi » à l'École militaire de Brienne dont quelques bâtiments sont occupés aujourd'hui par le musée.
Le jeune Corse aux cheveux plats avait 9 ans lorsqu'il entra à l'École, tenue par des religieux minimes. Son père avait obtenu pour lui une bourse après avoir justifié de la noblesse et de l'indigence de la famille Buonaparte. Le nombre des élèves n'excédait guère la centaine, dont la moitié faisaient leurs études aux frais du roi.

Ils portaient un habit bleu avec parements, veste et culotte rouge (la statue de Bonaparte en costume d'élève se dresse devant l'hôtel de ville). La discipline n'était pas très stricte, mais ils ne devaient rien recevoir de l'extérieur, ni livres, ni vêtements, ni argent. S'ils avaient droit chacun à une chambre, les repas étaient pris en commun. Les visites étaient autorisées, c'est ainsi que Napoléon put revoir son père, accompagné de Lucien, le 21 juin 1784.

De petite taille, le teint pâle, parlant médiocrement le français, Napoléon se sentait peu à l'aise au milieu de ses camarades. Ceux-ci l'avaient surnommé « la Paille au Nez » en raison de son bizarre prénom qu'il prononçait Napoillonné, à l'italienne. Cependant son air sombre, son attitude fière, son caractère susceptible en imposaient déjà *(voir illustration p. 15)*.

Le futur empereur excellait dans les exercices militaires et en mathématiques et, malgré sa faiblesse en français et en latin, il fut mis sur la liste des élèves capables de passer à l'École militaire de Paris avec cette appréciation : « Monsieur de Buonaparte (Napoléon), né le 15 août 1769. Taille de 4 pieds, 10 pouces, 10 lignes. Bonne constitution ; excellente santé ; caractère soumis. Honnête et reconnaissant, sa conduite est très régulière. Il s'est toujours distingué par son application aux mathématiques ; il sait passablement l'histoire et la géographie ; il est faible dans les exercices d'agrément. Ce sera un excellent marin. » Le 22 octobre 1784, une lettre signée du roi le reconnaît cadet gentilhomme.

La campagne de France *(p. 22)* ramènera une dernière fois Napoléon à Brienne à la fin de janvier 1814. Avec une armée composée surtout de conscrits, sachant à peine tenir un fusil, l'Empereur y attaque Prussiens et Russes qu'il refoule sur Bar-sur-Aube.

Napoléon s'est toujours souvenu avec émotion de Brienne dont il dira à Sainte-Hélène : « Pour ma pensée, Brienne est ma patrie ; c'est là que j'ai ressenti mes premières impressions d'homme. » Il léguera à la ville de son adolescence une somme de 1 200 000 francs dont une partie servit à construire l'hôtel de ville. Inauguré en 1859, il porte au fronton une effigie de Napoléon dans un médaillon surmonté d'un aigle.

CURIOSITÉS visite : 1 h

★ **Château** – *On ne visite pas.* D'aspect imposant bien qu'un peu froid, le château couronne de sa masse blanche la colline qui domine Brienne. Il a été bâti de 1770 à 1778 et est maintenant occupé par le Centre psychothérapique départemental.

Passant devant l'hospice du 18e s., une allée monte à la grille d'honneur : **vue** sur le château, de sobre architecture Louis XVI.

Musée Napoléon ⊘ – Installé dans l'ancienne École militaire, ce musée présente quelques souvenirs de la vie de l'Empereur et évoque les divers épisodes de la campagne de France (1814) *(voir p. 22)*.

Église ⊘ – Elle présente une nef du 14e s. et un chœur à déambulatoire du 16e s. (voûtes à clés pendantes) qu'éclairent des vitraux Renaissance d'une iconographie originale : voir surtout à gauche l'Histoire de Noé et, à droite, la Légende des saints Crépin et Crépinien. Bénitier du 16e s. en forme de cloche, fonts baptismaux et grilles de chœur du 18e s.

Halles – 13e s. Belle charpente supportant un grand toit à pans, couvert de tuiles.

ENVIRONS

Brienne-la-Vieille – 447 h. *1 km au Sud de Brienne-le-Château par la D 443.*
C'était autrefois le premier port de flottage du bois à œuvrer pour l'approvisionnement de Paris. Les grumes provenant des forêts d'Orient, du Temple, de Clairvaux étaient acheminées sur des chariots. Là, réunies en radeaux ou brêles, elles étaient mises à flotter sur l'Aube puis la Seine et guidées par des mariniers jusqu'à Paris. L'ancien port se trouve sur la D 118 près d'un moulin.

Un **musée du charronnage** ⊘ (au centre du village) présente un ancien atelier de charron ayant conservé son installation et son outillage du début du siècle.

Rosnay-l'Hôpital – 216 h. *9 km au Nord par la D 396.*
Sur les bords paisibles de la Voire, une « motte », jadis fortifiée, porte l'**église Notre-Dame** ⊘, du 16e s. En longeant l'édifice par la gauche, on parvient à l'escalier qui descend dans une vaste **crypte**, du 12e s. mais refaite au 16e s. comme l'église haute. A l'intérieur de celle-ci, dans le bas-côté gauche, pierre tombale (16e s.) de Nicolas Lefèvre, lieutenant au bailliage, et de sa femme.

Pour organiser vous-même vos itinéraires :

Consultez tout d'abord la carte des itinéraires de visite. Elle indique es parcours décrits, les régions touristiques, les principales villes et curiosités.

Reportez-vous ensuite aux descriptions, dans la partie « Villes et Curiosités ». Au départ des principaux centres, des buts de promenades sont proposés sous le titre Environs.

*En outre, les **cartes Michelin** n⁰ˢ 53, 56, 57, 61, 62, 65, 66, 237 et 241 signalent les routes pittoresques, les sites et les monuments intéressants, les points de vue, les rivières, les forêts...*

Châlons, que sillonnent le Mau et le Nau, canaux formés par de petits bras de la Marne, est un nœud de communications et un marché agricole prolongé par des industries alimentaires : sucrerie, vins de Champagne. Au Nord-Est de la ville, une zone de 150 ha accueille matériel agricole, produits chimiques.

Centre administratif et militaire, la cité a gardé son aspect bourgeois avec des hôtels des 17ᵉ et 18ᵉ s., le charme de quelques maisons à pans de bois restaurées, de vieux ponts enjambant le Mau, **pont des Mariniers** (AY 26) à trois arches (1560), **pont des Viviers** (AY 50) (1612) et sur le Nau, **pont de l'Arche de Mauvillain** (BZ 2), du 16ᵉ s., à jolie voûte à coquille (sous le Bd. Vaubécourt). Les berges de la Marne bordées de beaux arbres agrémentent la partie Ouest de la ville.

Les champs Catalauniques : une victoire sur Attila – Dénommés ainsi parce qu'ils se situaient sur le territoire des Catalauni, la tribu gauloise qui donna son nom à Catalaunum (Châlons-sur-Marne) – active cité gallo-romaine évangélisée par saint Memmie au 4ᵉ s. – ,les champs Catalauniques restent une énigme quant à leur localisation exacte.

Plusieurs hypothèses ont été avancées dont la plus courante est celle du site de Moirey (qui viendrait de « campus Mauriacus ») dans la commune de Dierrey-St-Julien, à l'Ouest de Troyes. En fait, il semblerait que la bataille (ou les batailles) se soit déroulée en plusieurs endroits dans un vaste périmètre, entre Châlons et Troyes.

Au début de l'année 451, Attila, roi des Huns et chef d'un puissant empire qu'il s'était taillé en Europe centrale et orientale, franchit le Rhin et entre en Gaule. Après avoir brûlé Metz, le « fléau de Dieu » se dirige vers Reims, Troyes, Sens et Paris où se produit le « miracle de sainte Geneviève ». Assiégeant Orléans, l'armée des Huns décide de battre en retraite à l'approche de l'armée du général romain Aetius, une armée composée pour l'essentiel de contingents germaniques, dont des Francs.

Attila repart par le chemin qu'il a pris à l'aller, mais il est obligé de livrer bataille en juin 451. Le choc est terrible ; les plaines sont jonchées de cadavres, le roi wisigoth Théodoric est tué, mais Aetius est vainqueur. Pour des raisons inconnues, Attila préfère s'enfuir. La Gaule est délivrée de la menace barbare sans doute la plus effrayante qu'elle ait connue, d'où l'importance donnée à ces fameux champs Catalauniques.

A 15 km au Nord-Est de Châlons, sur le territoire de la Cheppe, se trouve un lieu-dit appelé le « camp d'Attila » qu'une tradition identifie comme le camp de base des Huns avant la bataille. C'est un vaste oppidum celtique couvrant 21 ha.

La « principale ville de Champagne » – Au Moyen Âge, la ville fut érigée en comté administré par ses évêques ; grands vassaux de la couronne, ils assistaient le roi dans les cérémonies du sacre *(p. 101)*.

La généralité de Châlons, instituée en 1542, était issue du démembrement de la grande généralité d'outre-Seine. Toutefois, la suprématie de Châlons en Champagne remonte aux guerres de Religion. Alors que les autres villes se rangeaient du côté de la Ligue, elle resta fidèle au roi *(voir p. 20)*. En récompense, Henri III la considéra comme « la principale ville de Champagne » en mars 1589, et elle devint le siège d'une chambre du parlement de Paris. A partir de 1637, l'intendant de Champagne réside à Châlons et l'Assemblée provinciale s'y réunit en 1787. Le découpage départemental en 1789 ne fit que confirmer Châlons dans ses fonctions de chef-lieu de la Marne.

Napoléon III au camp de Châlons – Un décret du 15 novembre 1856 était à l'origine de la création d'un superbe camp militaire d'entraînement de 10 000 hectares, le plus vaste de France, à proximité de Châlons, sur le territoire de la commune de Mourmelon. Avant qu'il ne soit achevé, Napoléon III avait l'habitude de séjourner à la préfecture où l'accueillait le préfet Chassaigne-Goyon. C'était toujours l'occasion de fêtes somptueuses, auxquelles se pressaient la haute société militaire et parfois des invités étrangers de marque comme la reine de Hollande.

Quand son pavillon fut aménagé, l'Empereur s'installa au camp, relié par une voie ferrée à la ville. Il venait observer les manœuvres grandeur réelle qui s'y déroulaient, il assistait aussi aux essais d'armes nouvelles comme le fusil Chassepot et on se rappelait à l'occasion que le Prince Louis-Napoléon avait été dans sa jeunesse l'auteur d'un manuel d'artillerie. Il en profitait surtout pour diriger l'éducation du petit Prince Impérial (1856-1879) qui semblait beaucoup s'amuser au milieu de la troupe, laquelle l'avait adopté affectueusement. La dernière fois que Napoléon vint au camp, ce fut le 17 août 1870, dans des conditions dramatiques *(voir p. 23)*.

★★ **CATHÉDRALE ST-ÉTIENNE** (AZ) *visite : 1/2 h*

Elle était complétée avant la Révolution par un cloître s'étendant à l'emplacement du square actuel. Les fastes de deux mariages princiers s'y déroulèrent au 17ᵉ s. : celui de Philippe d'Orléans, frère de Louis XIV, avec la princesse Palatine et celui du Grand Dauphin avec Marie-Christine de Bavière.

Extérieur – La face Nord est d'un gothique très pur : la nef est rythmée par de hauts contreforts supportant des arcs-boutants à double volée et par d'immenses verrières aux fines lancettes ; le bras du transept, percé d'une rose au dessin harmonieux, est flanqué d'une tour dont la base romane est une survivance de la cathédrale précédente, incendiée en 1230. A l'Ouest, portail, du 17ᵉ s. grand et massif.

Intérieur – Il atteint près de 100 m de longueur, offre un aspect imposant bien que le chœur manque un peu de profondeur. La nef haute de 27 m, inondée de lumière, donne une sensation d'élégante légèreté avec son triforium élancé que surmontent les vastes baies. Les deux travées les plus proches de la façade ont été élevées en même temps que celle-ci, en 1628, mais dans un style gothique strict.

La cathédrale conserve un intéressant ensemble de **vitraux**★ permettant de suivre l'évolution de l'art des maîtres verriers du 12ᵉ s. au 16ᵉ s. et quelques œuvres d'art réparties dans le transept et le chœur.

– *1ʳᵉ travée à gauche :* vitrail (13ᵉ s.) des mégissiers, corporation des pelletiers.

– *5ᵉ travée à gauche :* le vitrail du 19ᵉ s. réunit les saints Lumier, Memmie, Alpin et Rémi.

– *croisillon gauche :* du 13ᵉ s., les vitraux illustrent deux prophètes et les deux donateurs et plus loin saint Étienne et Pierre de Hans, ancien évêque de Châlons. Les douze apôtres décorent la galerie du triforium ; au-dessus, rosace évoquant l'enfance du Christ. Remarquer un bas-relief funéraire Renaissance, figurant un cadavre.

– *tour romane attenante au croisillon gauche :* la salle basse de la tour, aménagée, abrite le **Trésor** ⊙. Il comprend trois précieux vitraux du 12ᵉ s., restaurés, parmi lesquels une Crucifixion entourée de scènes bibliques et la découverte des reliques de saint Étienne, rehaussée par un bleu lumineux. Il renferme en outre une cuve baptismale du 12ᵉ s., sculptée d'une Résurrection des morts (au pied, dallage de la même époque) ; un fragment de la natte de jonc de saint Bernard ; la mitre et le brodequin épiscopal (12ᵉ s.) de saint Malachie, ami de saint Bernard.

– *dans le chœur :* majestueux maître-autel à baldaquin du 17ᵉ s., attribué à Jules Hardouin-Mansart ; autour du chœur, superbes dalles funéraires gothiques.

– *fenêtres hautes du chœur, au-dessus du maître-autel :* verrières du 13ᵉ s., représentant le Christ en gloire, la Crucifixion, la Vierge Mère, des saints, apôtres et prophètes.

– *chapelle du déambulatoire, à l'extrême droite :* peinture sur bois, primitif français du 15ᵉ s., montrant la consécration de la cathédrale par le pape Eugène III. Dans la chapelle suivante, on peut admirer un Christ aux liens du 16ᵉ s. et un Christ au tombeau, bas-relief du 17ᵉ s.

– *croisillon droit :* vitrail (1938) rouge et or, de l'histoire du diocèse de Châlons.

– *9ᵉ travée à droite :* Baptême du Christ, apôtres, prophètes et Christ en gloire (vitrail du 13ᵉ s.).

– *7ᵉ travée à droite :* Vie et Baptême du Christ (vitrail du début 16ᵉ s.).

– *6ᵉ travée à droite :* saints et saintes avec la Vierge et l'Enfant (vitrail du 15ᵉ s.).

– *5 travées suivantes :* vitraux (début 16ᵉ s.) illustrant successivement la Vie et le Martyre de saint Étienne, la Transfiguration, la Passion, la Vie de la Vierge et la Création, animée par un ange à la robe écarlate chassant Adam et Ève du Paradis

CHÂLONS-SUR-MARNE

★ NOTRE-DAME-EN-VAUX *visite : 1 h 1/2*

★ **Église Notre-Dame-en-Vaux** (AY F) ⊘ – Cette ancienne collégiale a été édifiée au début du 12e s. dans le style roman, mais les voûtes, le chœur et le chevet construits dans le style gothique primitif datent de la fin du 12e s. et du début du 13e s.

L'édifice a fière allure. L'austère façade romane à deux tours surmontées de flèches couvertes de plomb se mire dans les eaux du canal du Mau ; le chevet à déambulatoire et les chapelles rayonnantes sont mis en valeur par deux tours romanes *(se placer de l'autre côté de la place Mgr-Tissier pour admirer l'élévation de l'ensemble)*. Le porche Sud, du 15e s., précède un portail roman aux statues-colonnes mutilées à la Révolution mais dont les chapiteaux, épargnés, sont intéressants. Carillon de 56 cloches.

Au Nord de l'église, un jardin, non accessible, marque l'emplacement de l'ancien cloître.

Pénétrer dans l'église par la porte Sud (accueil Notre-Dame).

L'**intérieur**★★ impressionne par ses proportions harmonieuses et la sobriété de son ordonnance. Dans la nef, on remarque la différence de style entre les piliers à chapiteaux romans, soutenant de vastes tribunes, et les voûtes d'ogives gothiques. Le chœur est un exemple du style champenois *(voir p. 33)*.

Dans le transept Nord, fragments de la dalle funéraire de Jean Talon (1626-1694), intendant de la Nouvelle France.

La nef est éclairée par une harmonieuse série de **vitraux**★ champenois. Les plus beaux, du 16e s., ornent le bas-côté gauche. *Le remonter, en partant du portail Ouest :*

2e travée : datée de 1525, la légende de saint Jacques, du verrier picard Mathieu Bléville, raconte la bataille de 1212 qui opposa les Chrétiens aux Maures (par Châlons passait la route du pèlerinage à St-Jacques de Compostelle).

3e travée : Dormition et Couronnement de la Vierge, aux couleurs rouge et or symboles de la gloire. Inscription de 1526 sous l'image des donateurs et de leurs saints patrons.

4e et 5e travées : légendes de Ste-Anne et Marie ; Enfance du Christ.

6e travée : la Compassion de la Vierge, sur un fond bleu scintillant d'étoiles d'argent, est illustrée par une Descente de Croix, une Pietà et Marie-Madeleine (1526).

Descendre le collatéral droit : les deux vitraux, restaurés, de la légende de St-Jacques *(travées après le portail Sud),* acquis au 17e s. par les marguilliers de Notre-Dame, proviennent de la maladrerie St-Jacques. Au fond du collatéral, grand crucifix en bois du 15e s.

Au-dessus du portail occidental : rangée de trois fenêtres aux vitraux teintés de vert et rouge, surmontés d'une rosace éclairée de bleu, dont le dessin géométrique et l'harmonie rappellent l'art verrier du 13e s. Ils sont l'œuvre de Didron aîné, vers 1863.

★ **Musée du cloître de Notre-Dame-en-Vaux** (AY M¹) ⊘ – Il abrite de remarquables sculptures provenant d'un cloître roman, dont la découverte remonte à 1960. Des débris sculptés, trouvés à Châlons, suscitent les premières recherches effectuées à l'appui de documents d'archives : un plan, daté de 1752, montre effectivement le tracé d'un cloître, situé juste à côté de N.-D.-en-Vaux. Bâti au 12e s., il avait été démoli en 1759 par les chanoines eux-mêmes, pour construire leurs maisons canoniales. Les fouilles dans le sol et les maisons avoisinantes ont permis de recréer en partie ce merveilleux cloître.

Une grande salle, dont la paroi du fond contient les pans de l'ancien mur d'enceinte, offre la

Châlons-sur-Marne –
Statues-colonnes du cloître de N.-D.-en-Vaux.

reconstitution de quatre arcatures entourées de piliers et présente, parmi les pièces de valeur, des colonnes sculptées ou baguées et une série de 55 **statues-colonnes**★★ : les plus belles représentent des prophètes, de grandes figures bibliques ou des saints (Moïse, Daniel, Siméon et l'Enfant Jésus, saint Paul au visage d'une intense spiritualité), des personnages de l'Ancien Testament et du Moyen Âge (rois de Juda, chevaliers, portant l'équipement militaire du 12e s., cotte de mailles et haubert, Olibrius, le gouverneur d'Antioche, martyrisant sainte Marguerite). La transition du roman au gothique se dessine dans les traits expressifs et le modelé des personnages dont certains ne font plus tout à fait corps avec la colonne. Remarquer un groupe de chapiteaux historiés, relatant des épisodes de la Vie du Christ et de la légende des saints. Sur les quatre faces d'un même chapiteau se suivent : la présentation au temple, la fuite en Égypte, le baptême du Christ et la résurrection de Lazare. Sur un autre se déroule le festin des noces de Cana.

AUTRES CURIOSITÉS

Hôtel de ville (AY H) – Œuvre de Nicolas Durand, en 1771, il possède un vestibule dorique et une salle des mariages scandée de pilastres d'ordre colossal de style Louis XVI.

Bibliothèque (AY E) ⊘ – Elle occupe une belle demeure du 17ᵉ s., hôtel des Dubois de Crancé, gouverneurs de la ville. Surélevée d'un étage au 19ᵉ s., elle conserve des boiseries du 18ᵉ s., de précieuses reliures, des manuscrits à miniatures (Roman de la Rose) et le livre de prières de Marie-Antoinette portant ces mots écrits par la Reine le matin de son exécution : « Mon Dieu, ayez pitié de moi ! Mes yeux n'ont plus de larmes pour pleurer sur vous, mes pauvres enfants, adieu, adieu ! Marie-Antoinette. »
Le **passage Henri-Vendel** s'ouvre dans la cour de la bibliothèque par l'ancien portail de l'église St-Loup, et mène au musée ; sur son parcours, nombreuses taques de foyer.

Église St-Alpin (AY) ⊘ – Entourée de maisons au Nord et à l'Est, cette église construite du 12ᵉ au 16ᵉ s. présente un mélange de style gothique flamboyant et Renaissance. Les chapelles du bas-côté droit sont éclairées par des **verrières Renaissance,** magnifiques compositions en grisaille, formant perspectives : voir notamment saint Alpin, évêque de Châlons, devant Attila *(1ʳᵉ chapelle)*, l'empereur Auguste devant la Sibylle de Tibur *(3ᵉ chapelle)* et saint Jean-Baptiste *(6ᵉ chapelle)* et, dans le transept Sud, la Multiplication des pains et le Miracle de Cana. Les précieux vitraux (15ᵉ s.) du déambulatoire ont été restaurés.
St-Alpin possède des œuvres d'art de qualité : dans le bas-côté gauche, beau Christ de Pitié, école française du 16ᵉ s. Dans la nef, dalles funéraires gravées, dont une du 13ᵉ s. représente Jehan de Dommartin et sa femme et, à la tribune, buffet d'orgue de 1762.

Musée municipal (AY M²) ⊘ – Au rez-de-chaussée : reconstitution d'un intérieur champenois (milieu 19ᵉ s.), collection de divinités hindoues (16ᵉ-17ᵉ s.), gisant de Blanche de Navarre, comtesse de Champagne, par maître Fromond (1252), tête de Christ (15ᵉ s.) du jubé de Notre-Dame-en-Vaux, trois retables en bois polychrome dont celui de la Passion sculpté vers 1500 provenant du Mesnil-lès-Hurlus, tête de saint Jean-Baptiste en marbre blanc par Rodin.
Au premier étage, la salle d'archéologie présente les fouilles de la région, du paléolithique au 17ᵉ s., et notamment l'époque gauloise (tombes à char). Dans la galerie de peinture sont exposés des tableaux allant du 14ᵉ s. au 20ᵉ s. : *paysage d'hiver* par Josse de Momper (16ᵉ s.), *portrait de Cazotte* par Perronneau (18ᵉ s.), *autoportrait* de Nonotte (18ᵉ s.), *parc du château de St-Cloud* par Daubigny et des toiles du Châlonnais Antral (20ᵉ s.).
Une salle d'ornithologie contient près de 3 000 oiseaux presque tous vivant en Europe. Dans la dernière salle : mobilier (16ᵉ-20ᵉ s.), tapisseries (15ᵉ-17ᵉ s.).

Musée Garinet (BZ M³) ⊘ – Dans cet ancien hôtel du Vidame, en partie gothique, on trouve un intérieur bourgeois du 19ᵉ s. orné de peintures du 14ᵉ au 19ᵉ s. parmi lesquelles la *Flagellation* attribuée à Preti et dans le salon rouge une toile de Cabanel *(Ruth flânant dans les champs de Booz)*. Au 2ᵉ étage, est rassemblée une collection d'une centaine de maquettes représentant surtout des églises et des cathédrales de France.

Préfecture (BZ P) – C'est l'ancien hôtel des intendants de Champagne, bâti de 1759 à 1766 sous la direction des architectes J.-G. Legendre et Nicolas Durand. Réalisé sous le règne de Louis XV, cet édifice marque déjà le style Louis XVI par son architecture sobre et par son décor de guirlandes.
Rouillé d'Orfeuil, intendant de 1764 à 1790, y vécut fastueusement ; **Marie-Antoinette,** venue en France épouser le Dauphin, devait revenir en ces lieux, triste et humiliée, à la suite de l'échec de la « fuite de Varennes ».
Prendre la rue de Jessaint (BZ B) ; on découvre à droite une partie de l'ancien couvent de la congrégation Notre-Dame, dit **couvent Ste-Marie,** qui abritait la formation des religieuses enseignantes. C'est une construction du 17ᵉ s. dont la façade sur cour est rythmée de pilastres cannelés. La façade arrière sur le Mau présente un appareil décoratif fait de mœllons de craie et de briques rouges. Passer le Mau pour accéder au **Cours d'Ormesson** (AZ 32) tracé au 18ᵉ s. : perspectives sur le jardin de la Préfecture et le Mau.

Revenir sur ses pas pour prendre de l'autre côté de la rue Carnot la rue Vinetz.

L'ancien couvent de Vinetz, construit à la fin du 17ᵉ s., est devenu le siège de **l'hôtel du Département** (BZ D). La façade de la chapelle a été construite comme un arc de triomphe. Par un passage en pente, on accède à la **place du Forum de l'Europe.** Elle est entourée par des bâtiments anciens (galerie et façade à pans de bois du couvent) et modernes (Archives départementales), bel exemple d'intégration urbaine.

Porte Ste-Croix (BZ) – Rouillé d'Orfeuil fit édifier en 1770, par Nicolas Durand, cette porte triomphale, à l'occasion de l'entrée solennelle de Marie-Antoinette. Appelée alors « porte Dauphine », elle est restée inachevée, sans sculpture sur l'une des faces.
Au-delà de la porte Ste-Croix, face à l'**Hôtel de Région,** ancien séminaire, a été érigé un monument dédié à **Nicolas Appert** (1749-1841) à qui l'on doit le procédé de conservation des produits alimentaires. Œuvre du sculpteur Ipousteguy, cette colonne en bronze de 7,20 m de hauteur porte sur son fût l'effigie de l'inventeur et, à son sommet, une sculpture évoquant l'industrie agro-alimentaire.

Le Jard (AZ) – Ancienne prairie, possession de l'évêque, le Jard se prêtait aux rassemblements de foules. Saint Bernard, venu en février 1147, y a peut-être prêché, plus sûrement le pape Eugène III venu consacrer la cathédrale, en octobre de la même année.

Châlons-sur-Marne – Le Petit Jard.

Dessinée au 18ᵉ s., la promenade est traversée par l'avenue du Maréchal-Leclerc. On y distingue trois sections :

le Petit Jard, jardin paysager de style Napoléon III, avec une horloge florale, est aménagé à l'emplacement des anciens remparts. Il s'étend le long du Nau que coupe la « porte d'eau » du **château du Marché (K)**, ouvrage fortifié, dont il subsiste une tourelle du 16ᵉ s.

le Grand Jard, vaste esplanade plantée de marronniers, fermé au Nord par les bâtiments de l'école normale. De la passerelle qui le relie au Jardin anglais, par-dessus le canal latéral à la Marne, agréables **vues** sur la cathédrale et la préfecture.

le Jardin anglais, dessiné en 1817, bordé par la Marne.

Église St-Loup (BY) ⊘ – Façade néo-gothique de 1886. Le vaisseau du 15ᵉ s. abrite un triptyque de l'Adoration des Mages, attribué à Van Eyck *(2ᵉ travée à gauche)*, une statue de saint Christophe, bois polychromé du 16ᵉ s. *(3ᵉ travée à droite)*, une peinture de Vouet (17ᵉ s.), *la Mort de Marie-Madeleine (au-dessus de la porte de la sacristie).*

Église St-Jean – *Accès par la rue Jean-Jacques-Rousseau (*BYZ*).*
Par un parvis surélevé, on accède à la partie occidentale reconstruite au 14ᵉ s. La façade, épaulée de contreforts, présente un fronton pointu orné de pots à feu du 17ᵉ s. A la croisée du transept s'élève un clocher quadrangulaire assez massif. Au bas côté Sud a été accolée au 15ᵉ s. une petite chapelle dite des « Arbalétriers ». Sa nef romane, couverte d'un berceau lambrissé, s'ouvre sur un chœur surélevé, à chevet plat. Vitraux du 19ᵉ s.

Musée Schiller-Gœthe (BY M⁴) ⊘ – Ses collections proviennent pour l'essentiel d'un don fait à la France par la baronne de Gleichen-Russwurm, dernière descendante du poète allemand Schiller. Elles comprennent des porcelaines de Meissen et de Wedgwood, des vases, des pendules, du mobilier, des vêtements ayant appartenu à l'écrivain ainsi que la maquette du monument de Schiller à Stuttgart par Thorwaldsen. Quelques pièces concernent Gœthe, ami de Schiller. A l'entrée, statue en bronze d'Ernest Dagonnet : la *Marseillaise.*

*Dans le **guide Rouge Michelin France** de l'année,*
vous trouverez un choix d'hôtels agréables, tranquilles, bien situés, avec l'indication de leur équipement (piscines, tennis, plages aménagées, aires de repos...) ainsi que les périodes d'ouverture et de fermeture des établissements.

Vous y trouverez aussi un choix de maisons qui se signalent par la qualité de leur cuisine : repas soignés à prix modérés, étoiles de bonne table.

*Dans le **guide Michelin Camping Caravaning France** de l'année,*
vous trouverez les commodités et les distractions offertes par de nombreux terrains (magasins, bars, restaurants, laverie, salle de jeux, tennis, golf miniature, jeux pour enfants, piscines...)

★★ Routes du CHAMPAGNE

Carte Michelin n° 56 plis 14 à 17 ou 237 plis 21 à 23.

Le vignoble champenois, connu depuis les temps les plus reculés, produit un vin de réputation mondiale.

A partir du 10ᵉ s., le vin de Champagne acquiert une notoriété qui va s'accentuer avec les foires de Champagne durant les 12ᵉ et 13ᵉ s. A la Renaissance, celle-ci dépasse les frontières.

Et pourtant jusqu'au 17ᵉ s. ce n'était encore qu'un vin généralement rouge, tranquille, bien qu'ayant tendance à pétiller. On l'appelait « saute-bouchon » ou « vin du diable ». Selon la tradition, c'est à un moine bénédictin de l'abbaye d'Hautvillers, Dom Pérignon, qui étudia l'assemblage de différents crus, que l'on doit le champagne d'aujourd'hui. Il suscita rapidement une vogue peu commune. Les rois, les princes et toute l'aristocratie européenne en firent un vin de fête. En parlant de lui, la marquise de Pompadour disait : « C'est le seul vin qui laisse la femme belle après boire. »

Il a même inspiré de très beaux vers sur la beauté féminine comme dans les Yeux d'Elsa de Louis Aragon :

« Le sourire de Reims à ses lèvres parfaites
Est comme le soleil à la fin d'un beau soir
Pour la damnation des saints et des prophètes
Ses cheveux de Champagne ont l'odeur du pressoir. »

A partir du 18ᵉ s. naissent les grandes maisons à Reims et à Épernay : Ruinart en 1729, Fourneaux qui deviendra Taittinger en 1734, Moët en 1743, Clicquot en 1772, Mumm en 1827...

Malgré les guerres et les fléaux naturels, l'expansion du champagne n'a cessé de progresser.

La tradition – Il est représentatif de la gaîté française, comme le souligne Voltaire dans le Mondain :

« De ce vin frais l'écume pétillante
De nos Français est l'image brillante. »

Il peut être bu à toute heure et en toute occasion : en apéritif, tout au long du repas, au dessert, au cours d'une réception ou d'un banquet, pour conclure une affaire, pour fêter un événement sportif, pour célébrer un anniversaire, une fête, et même... sans raison particulière. L'expression « sabler le champagne » signifie boire du champagne lors d'une réjouissance.

D'une jolie couleur or pâle, il mousse et pétille aussitôt servi dans des flûtes ou des verres « tulipes » qui mettent en valeur son bouquet.

Son élaboration *(voir le chapitre sur le champagne dans l'introduction)* nécessite beaucoup de rigueur et de minutie.

La bouteille de forme champenoise est le garant de son authenticité ainsi que l'étiquette qui comporte : l'appellation champagne, le nom de la marque, la contenance de la bouteille, le numéro d'immatriculation du Comité interprofessionnel du vin de Champagne précédé d'initiales qui renseignent sur le producteur, la teneur en sucre (brut, extra-dry, sec, demi-sec, doux).

Il existe du champagne rosé, du « Blanc de blancs » fait uniquement avec des raisins blancs, du Blanc de noirs, moins connu, provenant exclusivement de raisins noirs, du Crémant (champagne dont la mousse est légère), des vins millésimés (mélange de crus différents mais de même année), et des cuvées dites de prestige que certaines maisons de champagne ont créées à l'occasion de circonstances particulières.

On compte différentes contenances de bouteilles champenoises :
bien connu des amateurs, le Magnum : 2 bouteilles
puis le Jéroboam : 4 bouteilles
le Réhoboam : 6 bouteilles
le Mathusalem : 8 bouteilles
le Salmanazar : 12 bouteilles
le Balthazar : 16 bouteilles
et le gigantesque Nabuchodonosor : 20 bouteilles.

Oger – Une enseigne.

A travers le vignoble – Son terroir est bien délimité : le vignoble s'étend principalement dans le département de la Marne, au Sud de Reims, ainsi que dans la partie méridionale de l'Aube et autour de Château-Thierry dans l'Aisne.

La visite du vignoble et de ses caves, souvent creusées dans la craie, donne l'occasion de découvrir les deux métropoles du champagne : Reims à la magnifique cathédrale et Épernay, ainsi que, dans la campagne champenoise, de charmants villages viticoles groupés autour de petites églises romanes.

La meilleure période pour parcourir la région se situe en général fin septembre-début octobre, au moment des vendanges.

Le dernier jour des vendanges est considéré comme un événement : c'est le Cochelet, célébré dignement.

Le 22 janvier, jour de la saint Vincent, patron des vignerons, des cortèges parcourent les différents bourgs viticoles. La fête se termine par un banquet traditionnel.

Nous proposons plusieurs itinéraires articulés principalement autour d'Épernay : la Montagne de Reims, la Côte des Blancs, différents circuits au départ d'Épernay et un autre au départ de Château-Thierry dans la vallée de la Marne. Il faut compter une bonne journée pour les parcourir.

Quitter Reims au sud par la N 51 pour gagner la **Montagne de Reims** *(voir à ce nom)*. En forme de fer à cheval, elle ourle de ses vignobles la forêt faisant partie du Parc Naturel Régional. Toujours par la N 51, rejoindre Épernay. D'Épernay à Bergères-lès-Vertus, **la Côte des Blancs** *(décrite p. 47)* qui doit son nom au cépage blanc, le Chardonnay, égrène ses villages à flanc de coteau : Cramant, Avize, Oger, Le Mesnil-sur-Oger. Revenir à **Épernay** où trois petits circuits *(voir p. 69 et 70))* font découvrir des villages dont certains crus sont parmi les plus réputés. De retour à Épernay, prendre la N 3 jusqu'à Château-Thierry en passant par Dormans. La **vallée de la Marne,** à partir de Château-Thierry, est décrite p. 80.

Des musées consacrés à la vigne et au vin permettent de retracer l'histoire et de découvrir les techniques de fabrication du champagne : le musée municipal et le musée de la Tradition champenoise (maison de Castellane) à Épernay, le musée du Champagne (maison Launois) au Mesnil-sur-Oger.

Il existe aussi sur place des circuits balisés : pour la Marne quatre circuits jalonnés de panneaux blancs portant l'inscription « route touristique du champagne » accompagnée du logo départemental et signalant les différents points d'accueil ; dans l'Aube les panneaux, bruns, portent la mention « circuit du champagne » ou simplement une grappe de raisin.

★ CHAOURCE
1 031 h.

Carte Michelin n° ▨▨ pli 17 ou ▨▨▨ pli 41.

Situé aux sources de l'Armance, Chaource a donné son nom à un fromage réputé *(voir p. 37)*.

Le village a conservé quelques maisons anciennes à pans de bois du 15ᵉ s. que l'on appelle « allours ».

Église St-Jean-Baptiste – Cette église (chœur du 13ᵉ s., nef du 16ᵉ s.) abrite un **sépulcre ★★** *(dans la chapelle semi-souterraine à gauche du chœur)*, chef-d'œuvre de la sculpture champenoise.

Cette mise au tombeau fut exécutée en 1515 par le « Maître aux figures tristes » appelé aussi « Maître de la Sainte Marthe » *(église Ste-Madeleine à Troyes)* ou « Maître de Chaource ».

Chaource — La Mise au tombeau.

Rarement tendresse et chagrin ont été traduits avec une telle émotion. Les visages poignants des Saintes Femmes et de la Vierge apparaissent sous les capulets au délicat plissé. Elles portent le costume des servantes du 16ᵉ s.

Une autre œuvre importante, une **crèche en bois doré** du 16ᵉ s. *(3ᵉ chapelle gauche)*, montre le talent varié des sculpteurs de l'école troyenne. Présentée dans une armoire du 16ᵉ s. à volets formant polyptyque, elle comprend vingt-deux statuettes représentant l'Adoration des Mages et des Bergers.

Parmi les nombreuses autres statues, remarquer une **Sainte Barbe** du 16ᵉ s. *(1ʳᵉ chapelle de gauche).*

Les plans de villes sont toujours orientés le Nord en haut.

CHARLEVILLE-MÉZIÈRES   57 008 h. (les Carolomacériens)

Carte Michelin n° 53 pli 18 ou 241 pli 10 – Schéma p. 82.

Charleville et Mézières, sur la Meuse, aujourd'hui réunies en une seule ville, ont cependant conservé leur caractère particulier.

Commerçante et bourgeoise, **Charleville** présente, en bordure des quais où flotte le souvenir de Rimbaud, la parfaite ordonnance de ses rues rectilignes sur la rive Nord de la Meuse que domine le mont Olympe.

Administrative et militaire, **Mézières** resserre ses maisons de schiste dans l'étranglement d'un méandre de la Meuse. Vigoureusement défendue, en 1521, par Bayard qui y soutint l'attaque des Impériaux et les contraignit à se retirer, la place fut, en 1590, pourvue d'une citadelle par le maréchal de St-Paul ; en 1815, elle arrêta 20 000 Prussiens durant un mois et demi.

En 1914-1918, Mézières fut le siège du G.Q.G. allemand, alors que le Kaiser Guillaume II résida à plusieurs reprises à Charleville.

Charleville-Mézières est le siège, tous les trois ans (le prochain en 1994), du **« Festival mondial des Théâtres de Marionnettes »** qui voit venir des spécialistes du monde entier. L'Institut international de la marionnette y organise des stages de technique sur la confection des marionnettes.

UN PEU D'HISTOIRE

Les origines – Sur le site actuel de Montcy-St-Pierre s'étendait la ville gallo-romaine de Castrice (nombreux vestiges au musée municipal de Charleville), détruite au 5ᵉ s. lors des invasions barbares.

Un peu plus tard, à l'emplacement de Charleville, exista une villa royale ; mais c'est au 9ᵉ s. que le bourg d'**Arches** apparut. Charles le Chauve y possédait un palais, où il reçut, en 859, son neveu Lothaire, roi de Lorraine. Tandis qu'Arches prenait de l'importance, Mézières, fondée aux alentours de l'an mille, n'était qu'un village. Au 13ᵉ s., les deux villes appartenaient au comte de Rethel et de Nevers. La paroisse d'Arches comprenait Montcy-Notre-Dame et Montcy-St-Pierre, deux faubourgs appelés à se développer ultérieurement.

CHARLEVILLE-MÉZIÈRES

Une grande famille – Issu de la célèbre lignée des Gonzague, ducs de Mantoue en Lombardie, Louis de Gonzague acquiert, par son mariage avec Henriette de Clèves, en 1565, le duché de Nevers et le comté de Rethel dont fait partie Charleville. Louis de Gonzague mort en 1595, le duché de Rethel passe à son fils **Charles de Gonzague** (1580-1637). Celui-ci améliore l'économie locale en obtenant de Henri IV et de Louis XIII divers privilèges dont celui de franche gabelle. En 1606, il décide de fonder une ville à l'emplacement du village d'Arches, siège d'une principauté, et donne son nom à la nouvelle cité.

Charleville, à laquelle Louis XIII accorde la franchise de commerce avec la France, se construit alors peu à peu sous la direction de l'architecte Clément Métezeau et, en 1627, lorsque Charles est appelé à régner sur Mantoue, tout est à peu près terminé.

Le conventionnel Dubois de Crancé (1747-1814) – Au n° 20 de la rue d'Aubilly, on peut encore admirer la maison natale de Louis Alexis Dubois de Crancé. Fils d'un commissaire provincial des guerres de la généralité de Châlons, qui avait pour mission de veiller au bon fonctionnement de la Manufacture royale d'armes, Dubois de Crancé fit ses études au collège de Charleville. Embrassant la carrière militaire en qualité de mousquetaire, il devient lieutenant des maréchaux de France.

En 1789, il est élu député par l'assemblée du Tiers du bailliage de Vitry, bien que gentilhomme puisque seigneur de Balham. Il se fait très vite remarquer à la Constituante. Dans sa composition du « Serment du Jeu de Paume », David l'a montré dressant sa haute taille sur une chaise et atteignant presque la tête de Bailly. Réélu dans toutes les assemblées révolutionnaires successives, il s'applique à promouvoir une nouvelle organisation militaire de la France, basée sur la conscription. Habile opportuniste, après avoir été un des fondateurs du Comité de salut public et avoir dirigé la répression contre la ville de Lyon révoltée, il abandonne Robespierre et contribue à sa chute. Le coup d'État du 18 Brumaire le trouve ministre de la Guerre du Directoire. Alors qu'il vient offrir ses services à Bonaparte, celui-ci lui répond : « Je croyais que vous me rapportiez votre portefeuille ! » Là se termine la carrière politique de Dubois de Crancé. Retiré à Balham, il ne s'occupa plus alors que d'éducation populaire et mourut à Rethel en 1814.

« L'homme aux semelles de vent » – Le poète **Arthur Rimbaud** (1854-1891) naît à Charleville, à l'actuel n° 12 de la rue Thiers, d'un père capitaine d'infanterie, souvent absent, et d'une mère autoritaire qui fera de son fils un révolté. Au collège local cependant, le jeune Arthur accomplit de brillantes études. De 1869 à 1875, il habite, avec les siens, au n° 7 quai du Moulinet, une maison qui porte aujourd'hui son nom ; il y composa « le Bateau ivre » face au port, non loin du Vieux Moulin *(voir p. 59)*. C'est l'époque des fugues à Charleroi, à Paris où il rencontre Verlaine qu'il accompagnera en Belgique et à Londres, à Roche enfin, près de Vouziers, où il écrit « Une saison en enfer » (1873).

Rompant alors avec la littérature, Rimbaud commence une vie d'errance qui le mène jusqu'en Orient, sur les bords de la mer Rouge et en Indonésie. Rapatrié, il meurt à l'hôpital de Marseille, âgé de 37 ans. Son corps repose au cimetière de Charleville.

CHARLEVILLE visite : 1 h

★★ **Place Ducale** (X) – Conçue par **Clément Métezeau** (1581-1652), architecte des Bâtiments du Duc, la place Ducale constitue un exemple type de l'architecture Henri IV-Louis XIII.

Elle présente de nombreuses analogies avec la place des Vosges à Paris, réalisée à la même époque et attribuée à Louis Métezeau, frère de Clément.

La place Ducale mesure 126 m sur 90 et son aspect reste spectaculaire malgré la construction, en 1843, de l'hôtel de ville à l'emplacement du palais ducal. Au centre se dresse la statue de Charles de Gonzague, fondateur de la ville en 1606. Une galerie d'arcades en anse de panier fait le tour de la place dont les pavillons, bâtis en briques roses et pierre ocre, sont coiffés de hauts combles d'ardoise mauve, composant un ensemble équilibré et haut en couleur.

Charleville.

Plusieurs pavillons ont été habilement restaurés, par la suppression de leurs persiennes et des coffrages de leurs boutiques ainsi que la réfection de leurs lucarnes désormais munies de petits carreaux. Aux quatre coins de la place s'élevaient des dômes, comme celui qui se trouve au n° 9. Les autres sont en cours de reconstruction.

Vieux Moulin (X M¹) – L'ancien moulin ducal ressemble beaucoup plus à une porte monumentale en pavillon qu'à un moulin. De fait, il a été conçu dans un souci de symétrie avec la Porte de France au Sud et pour fermer la perspective de l'axe principal de la cité.

Il présente une majestueuse façade Henri IV-Louis XIII rythmée de colonnes ioniques, à l'italienne.

Musée Rimbaud ⊘ – Aménagé à l'intérieur du Vieux Moulin, le musée évoque le poète à travers des photographies, des lettres, des objets personnels, divers documents dont le manuscrit autographe du fameux sonnet de « Voyelles », une esquisse du tableau de Fantin-Latour : *Un coin de table* (original au musée d'Orsay à Paris) où figure Rimbaud, des portraits par Fernand Léger, Picasso et Giacometti.

Charleville-Mézières –
Portrait de Rimbaud.

MÉZIÈRES *visite : 1/2 h*

Basilique N.-D.-d'Espérance (Z) ⊘ – Cette basilique, restaurée et remaniée au cours des siècles, apparaît de style gothique flamboyant, sauf le clocher-porche érigé au 17ᵉ s.

Charles IX y célébra ses noces avec Élisabeth d'Autriche, le 26 novembre 1570.

L'intérieur, dont la froideur est tempérée par les vitraux de Dürrbach, en impose par l'ampleur de son plan à nef centrale et doubles collatéraux, par ses voûtes constituées de liernes et de tiercerons s'ornant de clefs pendantes.

Sur un autel à gauche du chœur, Notre-Dame-d'Espérance, une Vierge Noire très vénérée, a donné son vocable à la basilique au 19ᵉ s.

Derrière l'abside, une rue monte à la place où se trouvait le château médiéval.

Remparts (Z) – De l'avenue de St-Julien, vue sur le front Ouest des remparts du 16ᵉ s.

Préfecture (Z P) – Elle est installée dans les bâtiments de l'Ancienne École royale du Génie (17ᵉ-18ᵉ s.) où Monge professa et où Carnot fut élève.

ENVIRONS

Mohon – *Par ⑤ du plan.* Cette agglomération industrielle (métallurgie) est la patrie de Monseigneur Loutil, alias **Pierre l'Ermite,** poète et écrivain (1863-1959).

L'église St-Lié, édifiée au 16ᵉ s. pour abriter les reliques de saint Lié, recevait de nombreux pèlerins. Sa façade, du début du 17ᵉ s., présente des effets décoratifs en trompe l'œil.

Warcq – 1 528 h. *3 km à l'Ouest par l'avenue de St-Julien et la D 16.*

L'**église** ⊘ fortifiée présente un clocher carré formant donjon, d'un abord austère. L'intérieur est de type « halle » ; statue de saint Hubert du 18ᵉ s. *(pilier à gauche de l'autel).*

Ancienne abbaye de Sept-Fontaines – *9 km au Sud-Ouest par la D 3, la D 139, Prix et la D 39.*

De la D 39, qui remonte le charmant vallon du Fagnon, on découvre une jolie perspective sur l'ancienne abbaye de Sept-Fontaines (17ᵉ s.), de l'ordre des prémontrés. Les bâtiments sont occupés par un établissement hôtelier.

CHÂTEAU-THIERRY 15 312 h. (les Castelthéodoriciens)

Carte Michelin n° 56 pli 14 ou 237 pli 21.

Champenoise par ses origines et, de plus en plus, par la progression du vignoble dans ce secteur de la vallée de la Marne, la ville natale de La Fontaine est bâtie sur les deux rives de la rivière et au flanc d'une butte isolée que couronne l'ancien château.

Thierry IV, l'avant-dernier roi mérovingien, enfermé dans le château fort construit pour lui par Charles Martel, son ambitieux maire du palais, y serait mort en 737.

La Fontaine à Château-Thierry – Le grand fabuliste est né le 8 juillet 1621. Ses premières études sont plutôt négligées. Aux classes, il préfère les promenades.

Sous l'influence de lectures pieuses, il se croit la vocation religieuse et entre à l'Oratoire. Ses maîtres et lui-même s'aperçoivent bientôt que l'état ecclésiastique n'est pas son fait. Il s'inscrit au barreau puis revient en 1644 dans sa ville qu'il ne quitte guère pendant treize ans. En 1647, son père l'a marié à Marie Héricart, la fille du lieutenant criminel de la Ferté-Milon. La Fontaine, rêveur et distrait, négligent, n'attache pas plus d'importance à son office qu'à ses obligations matrimoniales.

De 1652 à 1671, le fabuliste est pourvu de plusieurs offices de maître des Eaux et Forêts, légués par son père, avec beaucoup de dettes.

Un jour, un officier en garnison déclame devant La Fontaine une ode de Malherbe. C'est une révélation : Jean de La Fontaine sera poète. Aussi promptement qu'il était entré dans un séminaire, il se plonge dans la lecture de poètes et versifie lui-même. La traduction de l'« Eunuque » de Térence en 1654 marque sa véritable entrée dans les lettres. Trois ans plus tard, à 36 ans, il s'attache, comme poète, à la Cour du surintendant Fouquet et ne séjourne plus qu'épisodiquement dans sa ville. Moyennant l'exécution d'une pièce de vers par trimestre, il reçoit une pension régulière. Fouquet arrêté, le poète devient parisien et il le reste jusqu'à sa mort (1695), hébergé et choyé par la haute société : les d'Hervart, Mme de la Sablière, etc.

Les invasions – En février 1814, pendant la « campagne de France » *(p. 22)*, Napoléon bat l'armée russo-prussienne de Blücher sous les murs de la ville.

Portrait de Jean de La Fontaine.

Le nom de Château-Thierry évoque surtout l'anxiété vécue par les Français lors des deux batailles de la Marne, en particulier lors de la dernière offensive allemande.

LE TOUR DU CHÂTEAU *visite : 1 h 1/2*

Partir de la place de l'Hôtel-de-Ville. La rue du Château monte à la porte St-Pierre.

Porte St-Pierre – Dernière substistante des quatre portes de la ville. Voir de l'extérieur sa façade principale flanquée de deux tours rondes.

Château – On y pénètre par la porte St-Jean (**B**) dont l'appareil soigné, à bossages, indique une époque tardive (fin du 14ᵉ s.).

De cette ancienne ville militaire, rasée, il ne reste que la base des murs. Le château est devenu une promenade ménageant de belles **vues** sur la ville, la vallée de la Marne, le monument de la Cote 204. De la tour Bouillon (**D**) où a été placé un plan du château ancien, gravé sur pierre, descendre par un escalier au chemin de ronde intérieur.

Maison natale de La Fontaine (**M**) ☉ – Cet ancien hôtel du 16ᵉ s., remanié en partie, abrite le musée La Fontaine. Outre des actes portant la signature de La Fontaine, son acte de baptême et quelques portraits ou bustes, le musée présente,

dans ses petits salons meublés dans le goût du temps, de magnifiques éditions des Fables et des Contes, les volumes illustrés par Oudry (1755) et Gustave Doré (1868). Distrayant échantillonnage d'objets les plus divers décorés de scènes des Fables. Revenir par la Grande Rue animée et bordée de maisons anciennes.

Caves de champagne Pannier ☉ – *23, rue Roger-Catillon au Nord-Ouest de la ville.* Un montage audio-visuel et la visite des caves installées dans des carrières de pierre du 13ᵉ s. permettent de suivre l'élaboration du champagne.

EXCURSIONS

Condé-en-Brie – *16 km à l'Est par la N 3. Description p. 64.*

Cote 204 ; Bois Belleau – *16 km au Nord-Ouest, environ 2 h. Quitter Château-Thierry par la N 3 (Ouest du plan) ; au croisement marquant le sommet de la montée, tourner à gauche dans l'avenue menant à la Cote 204.*

Cote 204 – Très forte position allemande en juin 1918. Là 39ᵉ Division française et la 2ᵉ Division américaine mirent plus de cinq semaines à en déloger l'ennemi. Ils y réussirent le 9 juillet 1918.

Un monument américain s'élève en cet endroit *(schéma des opérations sur la face côté vallée).*

De là, belle **vue** sur Château-Thierry, son château, et la vallée de la Marne.

Revenir à la N 3 ; au carrefour, prendre tout droit la D 9 vers Belleau.

Bois Belleau – Le bois fut enlevé le 15 juin 1918 par la 4ᵉ brigade de « Marines ». Le grand **cimetière américain** rassemble près de 2 350 tombes. La chapelle commémorative en forme de tour romane découronnée abrite les inscriptions des noms des disparus. 500 m au-delà du cimetière américain, **cimetière allemand.**

Revenir au carrefour du cimetière américain ; tourner à droite dans la petite route signalée « Belleau Wood ».

On atteint, dans ce bois si disputé, le monument des « Marines », autour duquel des canons et obusiers ont été disposés en manière de mémorial.

Fère et les champs de bataille du Tardenois – *Circuit de 64 km, environ 2 h 1/2. Sortir de Château-Thierry par la route de Soissons (Nord du plan).*

A Rocourt-St-Martin, tourner à droite vers Fère-en-Tardenois.

La route, traversant à Coincy la vallée d'un ruisseau pittoresque dénommé l'Ordrimouille, ondule sur les plateaux labourés, mélancoliques, du Tardenois.

A Fère-en-Tardenois, prendre la D 2 en direction de Nesles.

Cimetière américain « Oise-Aisne » ⊘ – C'est le second en importance des cimetières américains de la Première Guerre mondiale en Europe (plus de 6 000 tombes). Il marque l'un des terrains d'opération les plus disputés, lors de la grande offensive franco-américaine de juillet 1918, destinée à réduire le saillant entre l'Aisne et la Marne.

La 42ᵉ Division Rainbow (Arc-en-Ciel), progressant de l'Ourcq vers la Vesle, y refoula au cours d'une semaine sanglante (28 juillet-3 août) des troupes d'élite allemandes, entre autres la 4ᵉ Division de la Garde prussienne.

La colonnade du mémorial est calée sur deux piles abritant une chapelle et un musée.

Château de Nesles ⊘ – Édifiée au 13ᵉ s., cette forteresse de plaine a conservé la base de ses courtines et de ses huit tours, et dans un angle, à l'extérieur de l'enceinte, un donjon cylindrique de 55 m de périmètre. Le corps du logis date du 15ᵉ s.

Revenir à Fère-en-Tardenois.

Fère-en-Tardenois – *Voir à ce nom.*

★ **Château de Fère** – *Page 72.*

Faire demi-tour. Au bourg de Fère prendre à droite la D 6 vers Soissons, puis, après le pont sur le chemin de fer, à gauche vers Beugneux. Au carrefour d'entrée de Beugneux, tourner à gauche vers Oulchy, puis, encore à gauche vers le « monument national de la Deuxième bataille de la Marne ».

Butte de Chalmont – Au flanc de cette butte, dominant toute la plaine du Tardenois, s'élève un monument en granit, en deux parties, dû au ciseau de Landowski, érigé en 1934 en commémoration de la seconde victoire de la Marne.

Au premier plan, en bordure de la route reliant Beugneux à Wallée, une statue de femme, haute de huit mètres, symbolise la France, tournée vers l'Est. En arrière, à environ 200 m, le groupe « **Les Fantômes** », que l'on atteint par paliers successifs, représente huit soldats de différentes armes, les yeux clos, sur deux rangées.

Ce monument, d'une grande sobriété d'attitude, impressionne par sa puissance et son **site★** solitaire.

Laisser, à droite, les routes conduisant à Oulchy-le-Château ; traverser l'Ourcq, puis la voie ferrée, en direction d'Armentières. Au sommet d'une courte montée apparaissent, en contrebas, les importantes ruines du château d'Armentières.

Château d'Armentières-sur-Ourcq – On peut se promener librement dans les ruines spectaculaires de cet ensemble fortifié du 13ᵉ s., complété par une tour-poterne du 14ᵉ s., et quelques éléments architecturaux de la Renaissance. Il fut particulièrement endommagé lors de la bataille de la Marne en 1918.

Traverser le village d'Armentières et rejoindre la D 1 vers Château-Thierry.

Église de Mézy – *10 km à l'Est. Quitter Château-Thierry par la D 3, puis à la sortie de Mont-St-Père, traverser la Marne.*

L'église gothique du 13ᵉ s., étayée d'arcs-boutants, surprend par son importance et l'homogénéité de son style. A l'intérieur, très pur de lignes, un triforium presque complet, rythmé à cinq arcatures, dissimule une galerie circulaire.

CHÂTILLON-SUR-MARNE   856 h. (les Châtillonnais)

Carte Michelin n° ▨▨ pli 15 ou ▨▨▨ pli 22.

Au débouché du vallon de Cuchery, Châtillon, à 148 m d'altitude, couronne une colline aux pentes couvertes de vignes, en vue de la Marne.

Au Moyen Âge, la petite cité fortifiée servait les intérêts de puissants seigneurs, tel **Gaucher de Châtillon** (1250-1328), connétable de France sous le règne de Philippe le Bel qu'il soutint dans la lutte menée contre les Templiers et la Papauté.

Statue d'Urbain II – *Laisser la voiture au parking ; prendre la rue de l'Église puis, à droite, la rue Berthe-Symonet.*

Cette statue colossale en granit évoque Eudes de Châtillon, né à Lagery *(p. 75),* pape de 1088 à 1099 sous le nom d'**Urbain II** et initiateur de la 1ʳᵉ Croisade. Elle a été érigée en 1887 sur la motte féodale qui portait le donjon du château. De ses abords *(table d'orientation),* **vue★** sur la vallée et les vignobles des coteaux.

EXCURSION

Vallée de la Marne et Tardenois – *Circuit de 36 km – environ 1 h.*

Prendre à l'Ouest la D 1 en direction de Vandières : vues sur la vallée et les collines qui la bordent au Sud.

Verneuil – 776 h. On y voit une église des 12e et 13e s., restaurée.

Prendre à droite vers Reims la RD 380.

Cette route, remontant le vallon de la Semoigne, pénètre dans le **Tardenois,** plateau ondulé qui vit la seconde bataille de la Marne *(p. 24).*

Anthenay – 52 h. Typique village tardenois avec son église des 12e-16e s., à toit en bâtière, sa fontaine et, tout en haut, son imposant château-ferme.

Poursuivre jusqu'à Ville-en-Tardenois où on prend à droite la D 224 qui débouche dans le charmant vallon de Cuchery : la D 24 ramène à Châtillon.

CHAUMONT
27 041 h. (les Chaumontais)

Carte Michelin n° 62 pli 11 ou 241 pli 43.

Chaumont-en-Bassigny occupe une situation pittoresque sur le rebord d'un plateau escarpé séparant la Suize de la Marne. Située à un carrefour de routes, elle fut dès l'époque médiévale un lieu d'échanges commerciaux.

La cité, dont le nom était à l'origine « Calvus Mons », fut la résidence des comtes de Champagne de 1228 à 1239, date du rattachement de ce fief à la couronne. Bien défendue par la nature du site, la ville a gardé une part de son caractère féodal : de l'ancien château fort subsiste le donjon où ont lieu des expositions temporaires et des manifestations culturelles.

Elle conserve des maisons anciennes à tourelle d'escalier en encorbellement et nombre d'hôtels aux portails sculptés, visibles autour de la basilique, aux limites des rues G.-Dutailly, du Palais et Bouchardon. Autour de la place de l'Hôtel-de-Ville s'étend un réseau de petites rues étroites et pittoresques.

A Chaumont sont nés quelques personnages célèbres, parmi lesquels le général Damrémont (1783-1837) et le sculpteur Edme Bouchardon (1698-1762), fils de Jean-Baptiste Bouchardon.

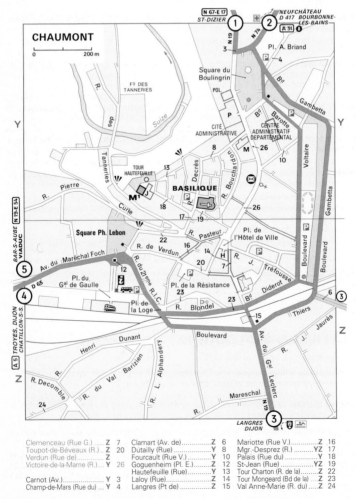

Clemenceau (Rue G.)	**Z** 7	Clamart (Av. de)	**Z** 6	Mariotte (Rue V.)	**Z** 16		
Toupot-de-Béveaux (R.)	**Z** 20	Dutailly (Rue)	**Y** 8	Mgr.-Desprez (R.)	**YZ** 17		
Verdun (Rue de)	**Z**	Fourcault (Rue V.)	**Y** 10	Palais (Rue du)	**Y** 18		
Victoire-de-la-Marne (R.)	**Y** 26	Goguenheim (Pl. E.)	**Z** 12	St-Jean (Rue)	**YZ** 19		
		Hautefeuille (Rue)	**Y** 13	Tour Charton (R. de la)	**Z** 22		
Carnot (Av.)	**Y** 3	Laloy (Rue)	**Z** 14	Tour Mongeard (Bd de la)	**Z** 23		
Champ-de-Mars (Rue du)	**Y** 4	Langres (Pt de)	**Z** 15	Val Anne-Marie (R. du)	**Z** 24		

CURIOSITÉS

★ **Basilique St-Jean-Baptiste** (Y) – C'est un édifice des 13ᵉ et 16ᵉ s. Au 15ᵉ s., l'église fut érigée en collégiale et resta siège d'un chapitre de chanoines jusqu'à la Révolution.
La façade Ouest, avec les deux tours qui la surmontent, date du 13ᵉ s. Sur le flanc Sud s'ouvre le **portail St-Jean ;** protégé par un porche de pierre, il témoigne, par sa décoration élégante, de la facture expressive propre à l'art gothique. Au trumeau, belle Vierge à l'Enfant. Remarquer les vantaux sculptés. Au tympan, un bas-relief entouré d'une archivolte ornée d'anges, représente la vie de saint Jean-Baptiste : visite de Zacharie au temple, naissance de saint Jean-Baptiste, son baptême et finalement sa décollation.
Le transept et le chevet, de style gothique finissant et Renaissance, sont du 16ᵉ s. A chaque façade du transept, la décoration des portes et des contreforts retient l'attention.
A l'intérieur, le chœur et le transept, décorés à l'époque Renaissance, sont les parties les plus intéressantes, avec une galerie à loggias et de belles clés pendantes aux voûtes. Dans le transept gauche, une jolie tourelle ajourée abrite un escalier d'angle. Remarquer le haut-relief, ou **Arbre de Jessé** (milieu du 16ᵉ s.), sculpté dans le mur de la chapelle absidale proche du croisillon.
Au bas de la nef à gauche, la chapelle du St-Sépulcre abrite une **Mise au tombeau**★ (1471), d'un puissant réalisme. Le groupe de onze personnages de grandeur nature, (en pierre polychrome), représente l'Onction (les deux porteurs du corps du Christ tiennent les pots d'aromates et les spatules). La puissance d'expression des visages, les attitudes des personnages, le sens des volumes sont remarquables.
On peut voir dans la basilique diverses œuvres peintes ou sculptées de l'atelier de J.-B. Bouchardon, dont un ancien maître-autel en bois sculpté et doré, une chaire et un banc d'œuvre du début du 18ᵉ s.

Musée (Y M¹) ⊙ – Installé dans les salles voûtées de l'ancien palais des comtes de Champagne, le musée possède une collection archéologique dont une cuirasse en bronze du 9ᵉ s. avant J.-C., un autel et une mosaïque gallo-romaine, des sarcophages mérovingiens ; des peintures du 17ᵉ au 19ᵉ s. (œuvres de Paul de Vos, Joseph Aved, Sébastien Stoskopff, Jean-Pierre Courtois, François Alexandre Pernot) ; des sculptures notamment de Dominique Fromentin (fragments du mausolée d'Antoinette de Bourbon et Claude de Lorraine) et des sculptures et dessins de Jean-Baptiste et Edme Bouchardon.
Dans une annexe du musée sont exposées des crèches du 17ᵉ au 20ᵉ s. dont une magnifique collection de crèches napolitaines du 18ᵉ s.

Square Philippe-Lebon (YZ) – Vue sur la tour Hautefeuille, les remparts et la basilique St-Jean-Baptiste.

★ **Viaduc** – A l'Ouest par l'Av. du Maréchal-Foch (Z).
Ce magnifique ouvrage d'art de 50 arches de trois étages, long de 600 m et dominant de 52 m la vallée de la Suize, est emprunté par la voie ferrée de Paris à Bâle.

ENVIRONS

Nogent-en-Bassigny – *22 km par ③. Quitter Chaumont par la N 19. Après Foulain, prendre à gauche la D 107.*
Dominant la vallée de la Traite, cette petite ville industrielle est célèbre pour sa coutellerie depuis le 18ᵉ s. Elle possède plusieurs musées : le musée de l'**Espace Pelletier** ⊙, centre de culture scientifique, technique et industrielle, le **musée du Patrimoine coutelier** ⊙ et une exposition permanente sur la production urbaine à la **Chambre syndicale des Industries des métaux** ⊙

Le CHESNE   974 h. (les Chesnois)

Carte Michelin n° 56 pli 9 ou 241 pli 14.

Commandant un des défilés de l'Argonne, dit jadis du Chesne Populeux, cette localité est située sur la ligne de partage des eaux entre les bassins de l'Aisne et de la Meuse. Le **canal des Ardennes,** creusé sous Louis-Philippe, relie la Meuse à l'Aisne et aux voies navigables du bassin de la Seine. Au Sud-Ouest du Chesne, sur 9 km, on compte 27 écluses – la plus intéressante à Montgon. Vers Sedan, le canal suit la fraîche vallée de la Bar.

Lac de Bairon – *2 km au Nord.*
Réservoir du canal des Ardennes, il s'étend sur 4 km dans un paysage de collines. Une chaussée le divise en Étang Vieux, jadis possédé par les moines du Mont Dieu *(voir à ce nom)*, et en Étang Neuf. De la D 991, belle vue sur le lac. Une partie du lac est constituée en réserve naturelle pour les oiseaux. Possibilité de pêche, de canoë-kayak, de promenade autour des deux étangs.

CLERMONT-EN-ARGONNE   1 794 h. (les Clermontois)

Carte Michelin n° 56 pli 20 ou 241 pli 22 – Schéma p. 41.

Sur le flanc d'une colline boisée dont le sommet (alt. 308 m) est le point culminant de l'Argonne, Clermont occupe un site pittoresque au-dessus de la vallée de l'Aire. Ancienne capitale du comté de Clermontois, la ville, dominée par un château fort, était entourée de remparts. Elle fit successivement partie de l'Empire, de l'évêché de Verdun, du comté de Bar, du duché de Lorraine, avant de passer à la France en 1632. Louis XIV l'attribua au Grand Condé. Le château avait été rasé pendant la Fronde.

Église St-Didier – 16ᵉ s. Elle possède deux portails Renaissance. Remarquer les voûtes du transept et du chœur, de style gothique flamboyant, et les vitraux modernes. De la terrasse, derrière l'église, vue étendue sur l'Argonne et la forêt de Hesse.

Chapelle Ste-Anne ⊙ – *Accès par le chemin en montée qui passe à droite de l'église.*
Ce petit édifice, élevé à l'emplacement de l'ancien château, renferme un Saint Sépulcre du 16ᵉ s., composé de six statues. Dans le groupe des trois Marie, toutes trois peintes, Marie-Madeleine, très belle, est attribuée à Ligier Richier ou à un sculpteur de son école.

Suivre une allée ombragée conduisant à l'extrémité du promontoire : vue étendue sur la forêt d'Argonne et le plateau sillonné par la vallée de l'Aire *(table d'orientation).*

COLOMBEY-LES-DEUX-ÉGLISES 660 h. (les Colombéiens)

Carte Michelin n° 🄌🄌 pli 19 ou 🄌🄌🄌 pli 38.

Sur les marches de la Champagne, aux confins de la Bourgogne et de la Lorraine, Colombey fut de tout temps étape sur la route de Paris à Bâle. Mais la notoriété du village est liée à Charles de Gaulle qui y possédait, depuis 1933, la propriété de la Boisserie où il se retira en quittant les affaires de l'État en 1946 et en 1969, et où il mourut le 9 novembre 1970. Il est inhumé dans le cimetière du village, près de l'église.
C'est à Colombey qu'il écrivit ses Mémoires dans lesquelles il évoque les paysages champenois qu'il aimait tant : « Cette partie de la Champagne est tout imprégnée de calmes, vastes, frustes et tristes horizons ; bois, prés, cultures et friches mélancoliques ; relief d'anciennes montagnes très usées et résignées : villages tranquilles et peu fortunés dont rien, depuis des millénaires, n'a changé l'âme, ni la place. Ainsi du mien. Situé haut sur le plateau, marqué d'une colline boisée, il passa des siècles au centre des terres que cultivent ses habitants... » (Charles de Gaulle, « Mémoires de guerre »).

Charles de Gaulle.

La Boisserie ⊙ – Pendant la guerre, la Boisserie fut gravement endommagée par l'occupant : une partie du toit brûla et un mur s'effondra. Ce n'est que le 30 mai 1946 que le Général et sa famille revinrent s'y installer, après avoir fait exécuter quelques travaux : l'ajout d'une tour d'angle et d'un porche au-dessus de la porte d'entrée.
Depuis, elle n'a pas changé : elle perpétue la présence de son hôte illustre qui s'y délassait des fatigues de sa charge et y mûrissait ses grandes décisions. « Le silence emplit ma maison. De la pièce d'angle, où je passe la plupart des heures du jour, je découvre les lointains dans la direction du couchant. Au long de quinze kilomètres, aucune construction n'apparaît. Par-dessus la plaine et les bois, ma vue suit les longues pentes descendant vers la vallée de l'Aube, puis les hauteurs du versant opposé. D'un point élevé du jardin, j'embrasse les fonds sauvages où la forêt enveloppe le site, comme la mer bat le promontoire. Je vois la nuit couvrir le paysage. Ensuite, regardant les étoiles, je me pénètre de l'insignifiance des choses » (Charles de Gaulle, « Mémoires de guerre »).
Le public est admis dans un salon du rez-de-chaussée orné de souvenirs, de livres, de portraits de famille et de photographies de personnages contemporains, dans la grande bibliothèque sur laquelle donne le bureau hexagonal, où le Général passait de nombreuses heures, et dans la salle à manger.

Mémorial – Inauguré le 18 juin 1972, il dresse sa haute croix de Lorraine sur la « Montagne », qui domine le village et la campagne alentour, à 397 m d'altitude.

CONDÉ-EN-BRIE 591 h.

Carte Michelin n° 🄌🄌 pli 15 ou 🄌🄌🄌 plis 21, 22.

Au confluent des vallées du Surmelin et de la Dhuys, Condé est un marché agricole avec une halle en charpente sur colonnes doriques. A la Révolution, la localité fut rebaptisée Vallon Libre.

Château ⊙ – De la grille d'entrée se découvre une belle perspective sur le château, réédifié au 16ᵉ s. par Louis de Bourbon-Vendôme (1493-1556), cardinal archevêque de Sens, auquel succéda son neveu, Louis de Bourbon, premier prince de Condé. Les bâtiments ont été remaniés au 18ᵉ s. Extérieurement, le château présente un corps central se prolongeant par deux ailes en retour.
Les appartements ont conservé leur décor et leur mobilier du 18ᵉ s. Le **Grand Salon★** est décoré de panneaux, représentant des natures mortes admirables, exécutés par Oudry et d'une fresque du 17ᵉ s. récemment découverte représentant un navire battant pavillon hollandais occupé par des marins turcs. La salle de musique est tendue de toiles en trompe l'œil, œuvre du célèbre architecte-décorateur Servandoni qui dessina aussi le grand escalier d'honneur. L'aile Ouest a été décorée par Watteau et ses élèves.

DAMPIERRE

Carte Michelin n° 61 pli 7 ou 241 pli 33.

Dès le Moyen Âge, les seigneurs de Dampierre furent de puissants vassaux des comtes de Champagne. Au 13ᵉ s. l'un d'eux, Guillaume II de Dampierre, hérite même du titre de comte de Flandre à la suite de son mariage avec Marguerite de Flandre. Baronnie jusqu'en 1645, Dampierre devint ensuite marquisat.

Château – De la forteresse moyenâgeuse au donjon puissant, il ne reste qu'un châtelet, porte d'entrée flanquée de quatre tourelles poivrières datant du 15ᵉ s. On le voit s'élever au-delà d'une superbe grille de fer forgé du 18ᵉ s. et l'on aperçoit, derrière, le château bâti au 17ᵉ s., d'une ordonnance parfaitement classique. Le tsar Alexandre Iᵉʳ y séjourna le 23 février 1814.

Église – Ce monument du 16ᵉ s. a conservé un élégant chœur du début du 13ᵉ s. L'intérieur abrite le beau tombeau de Pierre de Lannoy, baron de Dampierre, mort en 1523.

★★ Lac du DER-CHANTECOQ

Carte Michelin n° 61 pli 9 ou 241 pli 34.

Mis en eau en 1974, le lac artificiel du Der-Chantecoq est le plus vaste de France avec ses 4 800 ha (1,5 fois le lac d'Annecy). Créé pour régulariser le cours de la Marne, il comprend 77 km de berges dont 19 de digues, un canal d'amenée de 12 km qui permet de prélever les deux tiers du débit de la Marne en période de crue et un canal de restitution pour approvisionner la région parisienne en période d'étiage. Le lac se remplit lentement pendant l'hiver et se vide durant l'automne. Il est à son plus haut niveau en juin et au plus bas en novembre.

Cette dépression du Der a été choisie pour l'étanchéité de ses sols argileux (voir p. 87). Une partie de la forêt du Der (dont le nom en celte signifie chêne) a disparu sous les eaux du lac ainsi que les trois villages de Chantecoq. Champaubert-aux-Bois et Nuisement. Seules les églises de ces deux derniers villages ont été rescapées des eaux.

Aujourd'hui, on compte trois ports de plaisance à Giffaumont, Nemours et Nuisement, six plages surveillées, un port spécialisé pour le motonautisme et ski nautique à Chantecoq, des possibilités de pêche sur toute la partie Est du lac, des centres équestres, des sentiers pédestres et de vélo tout terrain. Les oiseaux migrateurs (grues cendrées, oies, canards, pygargues, hérons, cormorans) qui par milliers s'arrêtent en automne et en hiver font du lac la quatrième zone de stationnement en France.

LES BORDS DU LAC 44 km – environ 2 h

Partir de Giffaumont-Champaubert où se trouve la Maison du Lac (Office de Tourisme du lac du Der-Chantecoq).

Giffaumont-Champaubert – Un port de plaisance important y a été aménagé. Des **promenades sur le lac** ⊘ en vedettes y sont proposées pendant l'été.

En face, l'église de Champaubert se dresse seule sur son avancée de terre face à son village englouti. Dans la **grange aux abeilles** ⊘ une exposition et un montage audiovisuel font découvrir le travail de ces insectes et des apiculteurs.

En prenant la D 55 vers Frampas, on arrive au **château d'eau panoramique** ⊘ qui offre des vues d'ensemble sur le lac et la forêt.

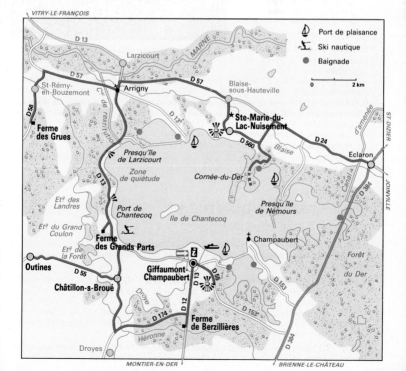

Revenir à Giffaumont-Champaubert et emprunter la D 13 puis la D 12 vers Montier-en-Der.

Ferme de Berzillières ⊘ – Entièrement rénovée, elle accueille un musée agricole de 400 machines et instruments aratoires.

Reprendre en sens inverse la D 12 et au bout de 500 m, tourner à gauche vers Troyes jusqu'à Châtillon-sur-Broué puis Outines.

Châtillon-sur-Broué et Outines – Ces deux villages sont très représentatifs de l'habitat du Der avec leurs maisons en torchis à pans de bois et leurs églises surmontées de clochers pointus couverts d'écailles de bois.

Revenir au lac par la D 55, puis tourner à gauche face à l'église de Châtillon.

La route longe la digue et passe près du port de Chantecoq.

Face au port, un chemin *(parc de stationnement à l'entrée)* mène à la ferme des Grands Parts.

Ferme des Grands Parts ⊘ – Construite à pans de bois, elle abrite la **Maison de l'Oiseau et du Poisson.** Les quatre saisons du lac et la vie subaquatique sont présentées sous forme de maquettes et de dioramas.

Deux routes sur digues ont été aménagées pour pouvoir observer le passage des grues cendrées, oiseaux très farouches.

A l'Ouest du lac, une zone de quiétude est réservée aux oiseaux.

*Poursuivre par la D 13. Le village d'**Arrigny** possède une belle église à pans de bois.*

A hauteur de la place du village, tourner à gauche dans la D 57 vers St-Rémy-en-Bouzemont. Puis à St-Rémy, prendre la D 58 en direction de Drosnay. La ferme aux Grues se trouve au hameau d'Isson.

Ferme aux Grues ⊘ – Des explications y sont données sur les travaux de recherche pour la conservation de cet oiseau migrateur et sur le phénomène des migrations. Un observatoire permet de découvrir les grues en train de s'alimenter sur les cultures et les prairies.

Revenir à Arrigny et prendre la D 57 vers Eclaron puis tourner à droite à Blaise-sous-Hauteville.

★ **Ste-Marie-du-Lac-Nuisement** – 213 h. Un petit **village-musée** ⊘ y a été consti-

Ste-Marie-du-Lac – Village-musée du lac de Der.

tué avec plusieurs bâtiments à pans de bois sauvés des eaux dont l'église de Nuisement-aux-Bois, la mairie-école, la maison d'un forgeron qui abrite une buvette, un pigeonnier et la grange des Machelignots où sont présentées des expositions sur les traditions du Der : costumes, maquettes de maisons à pans de bois, reconstitutions d'ateliers d'artisans. Un film évoquant les différentes étapes de l'aménagement du réservoir-Marne y est projeté.

Un **château d'eau panoramique** ⊘ offre des points de vue sur le lac.

La D 560 mène à la Cornée-du-Der, une presqu'île couverte de forêt qui avance loin dans le lac. Revenir à la D 24 et rejoindre Éclaron.

DONNEMARIE-DONTILLY
2 295 h.

Carte Michelin n° **61** pli 3 ou **237** pli 32.

Ce bourg très étendu se dissimule dans un repli du Montois, région de collines assez boisée marquant la retombée du plateau de la Brie, au Sud-Est, sur la vallée champenoise de la Seine.

Église N.-D.-de-la-Nativité – Construite au 13e s., elle apparaît, majestueuse, à flanc de pente, dressant son clocher à près de 60 m de hauteur. Intérieurement, le vaisseau gothique est ceinturé, sur les trois côtés de la nef, par un triforium. La lumière y pénètre surtout par les baies du chevet plat et par la grande rose ; quelques vitraux en médaillon de la couronne intermédiaire remontent aux 12e-13e s.

Cloître – Au Nord de l'église, deux élégantes galeries du 16e s. délimitaient un cimetière. Une chapelle termine la galerie Nord. Il s'agirait d'un ancien « charnier ».

DORMANS

Carte Michelin n° 56 pli 15 ou 237 pli 22.

Cette petite ville des bords de la Marne, qui appartenait au comté de Champagne, fut rattachée à la couronne de France par le mariage de l'héritière du comté avec Philippe le Bel. Lors des batailles entre les troupes de la Ligue et celles de Henri III, c'est à Dormans que le duc de Guise reçut la blessure qui le fit surnommer le Balafré.

Église – Une tour carrée à quatre pignons percés de trois baies accouplées s'élève sur la croisée du transept dont le bras Nord est flanqué d'une tourelle à clocheton octogonal. La partie la plus intéressante de l'église est le chœur à chevet plat du 13e s., éclairé par un grand fenestrage de style rayonnant.

Chapelle de la Reconnaissance ⊙ – Dans le parc du château occupé par un séminaire, elle a été élevée pour rappeler les deux victoires de la Marne.
Le sanctuaire compte deux étages.
De la première terrasse, sur laquelle est tracé un cadran solaire et qui offre en outre une table d'orientation, on accède à la crypte.
Par un escalier, on atteint une cour précédée d'une lanterne des morts. Elle est entourée, au fond et à gauche, d'une galerie que termine un ossuaire et, à droite, de la chapelle supérieure de même plan que la crypte mais plus haute et très claire.

DOUE

Carte Michelin n° 56 Sud du pli 13 ou 237 pli 20.

La butte de Doue (alt. 181 m) offre une vue lointaine sur le plateau de la Brie des Morins.

Église St-Martin ⊙ – L'église juxtapose un chœur et un transept gothiques, élevés et ajourés, à une nef trapue, de moindre intérêt. De l'intérieur, on admire la luminosité de ce chœur, caractéristique de l'architecture de la première époque gothique (« gothique lancéolé » – 13e s.).

★ Vallon d'ÉLAN

Carte Michelin n° 53 Sud des plis 18, 19 ou 241 pli 10.

Adjacent à la vallée de la Meuse, le vallon d'Élan prend, par endroits, des allures montagnardes, resserré entre des versants à pente accentuée, couverts de prés.

Abbaye d'Élan – Fondée en 1148, l'abbaye cistercienne d'Élan eut comme premier abbé **saint Roger.** Au Moyen Age, elle devint très riche, possédant, entre autres, un « moulin à écorces de chênes » pour la fabrique du tan pour les tanneries et, à Flize, une foulerie pour le drap. A la Révolution, on n'y dénombrait que quatre moines.
L'ancienne abbatiale à nef gothique et façade classique du 17e s. compose, avec le manoir abbatial cantonné de tourelles, un harmonieux tableau.

Chapelle St-Roger – Elle date du 17e s. et marque le lieu où saint Roger venait méditer. A ses pieds sourd une fontaine donnant naissance au ruisseau d'Élan qui alimentait jadis le vivier abbatial.

Forêt d'Élan – Très accidentée, d'une superficie de 872 ha, elle est couverte de belles futaies de chênes et de hêtres.

★ ÉPERNAY

Carte Michelin n° 56 pli 16 ou 241 pli 21 – Schéma p. 69.

Centre d'excursions dans la vallée de la Marne et les coteaux avoisinants, Épernay représente, avec Reims, le principal centre viticole champenois. La ville est largement pourvue d'espaces verts qui lui donnent un aspect aéré et avenant. De nombreux immeubles cossus, du 19e s., y pastichent les styles Renaissance ou classique, surtout dans le quartier de l'avenue de Champagne.
Un ensemble moderne a été édifié au Sud, près du mont Bernon. La zone industrielle s'étend au Nord et à l'Est.

★★ LES CAVES DE CHAMPAGNE (BYZ) *visite : 2 h*

Les principales maisons de champagne, dont certaines remontent au 18e s., s'alignent de part et d'autre de l'avenue de Champagne, au-dessus de la falaise de craie trouée de dizaines de kilomètres de galeries à température constante (9-12°).
Trois établissements organisent des visites permettant d'assister aux manipulations que subit le champagne pour arriver à sa perfection *(voir p. 36)*. Ce sont :

Moët et Chandon ⊙ – Première maison de champagne, la société Moët et Chandon est liée à l'histoire de l'abbaye d'Hautvillers *(p. 69)* dont elle est aujourd'hui propriétaire, et à dom Pérignon qu'elle a honoré en donnant son nom à sa cuvée spéciale.
Claude Moët, le fondateur, se lance dans la production du champagne en 1743. Son petit-fils, Jean Rémy, grand ami de Napoléon Ier, reçoit la visite de ce dernier à plusieurs reprises (l'établissement conserve un chapeau de l'Empereur). Le gendre de Jean Rémy, Pierre Gabriel Chandon, ajoute son nom à la raison sociale de la maison.

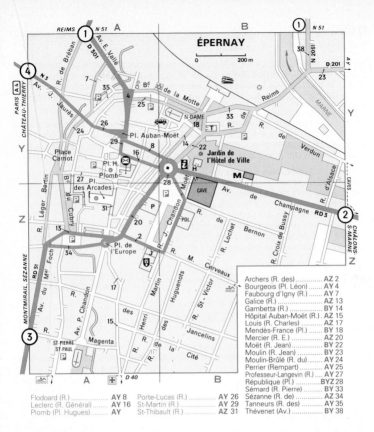

ÉPERNAY

En 1962, cette entreprise familiale se constitue en société anonyme. Depuis, le groupe Moët-Hennessy-Louis Vuitton contrôle les champagnes Moët et Chandon, Ruinart et Mercier, le cognac Hennessy, le porto Rozès, les parfums Christian Dior, la maroquinerie Louis Vuitton, les cosmétiques Roc, et possède d'importants vignobles en France (850 ha), mais aussi au Brésil, en Argentine, en Californie, en Australie et en Espagne. Les caves, d'une longueur de 28 km, couvrent une superficie de 18 ha et contiennent l'équivalent de 90 millions de bouteilles. Pendant la visite, très complète, on suit les différentes étapes de l'élaboration du champagne dont le remuage et le dégorgement.

Mercier ⊙ – En 1858, Eugène Mercier regroupe plusieurs maisons de champagne et crée la maison Mercier. Il fait alors creuser 18 km de galeries. En 1889, à l'occasion de l'Exposition Universelle, il demande au sculpteur châlonnais Navlet de décorer un foudre géant d'une capacité de 215 000 bouteilles, puis il le place sur un chariot tiré par 24 bœufs et 18 chevaux de renfort dans les côtes. Ce « convoi exceptionnel » couvre Épernay-Paris en 20 jours ; des ponts sont renforcés sur son passage et des murs abattus. De retour à Épernay, le foudre sera présenté dans les caves à l'issue de la visite. 100 ans plus tard, ce foudre de 34 tonnes est installé au centre de l'espace d'accueil.

Deuxième productrice de champagne après Moët et Chandon, la maison Mercier fait aujourd'hui partie du groupe Moët-Hennessy-Louis Vuitton.

Après une descente spectaculaire en ascenseur panoramique, la visite des caves s'effectue en petit train automatisé dans les galeries décorées de sculptures taillées dans la craie par Navlet.

Épernay – Foudre géant de Mercier.

De Castellane ☼ – A la visite des caves d'une longueur de 10 km s'ajoute celle de la tour et du musée.

Haute de 60 m, la **tour** est aménagée en lieu d'exposition présentant un historique de la famille de Castellane – dont le célèbre collectionneur Boni de Castellane qui fut marié à la milliardaire américaine Anna Gould – et un historique de la famille Mérand ; des collections d'affiches, de bouteilles.

Les 237 marches mènent au sommet d'où s'offre une vue étendue sur Épernay et son vignoble.

Le **musée** est consacré principalement à l'évolution de l'élaboration du champagne dans ses différentes étapes. Dans deux salles ont été reconstituées des scènes illustrant la tonnellerie, le travail de la vigne, la vendange, le pressurage.

En outre, différentes sections font découvrir les techniques de l'imprimerie, la faune régionale, les affiches ayant trait au champagne, l'artisanat (vannerie, verrerie...) et une riche collection d'étiquettes.

AUTRES CURIOSITÉS

Musée municipal (BY M) ☼ – *1ᵉʳ étage*. Ce musée est aménagé dans l'ancien château Perrier, pastiche d'un château Louis XIII construit au milieu du 19ᵉ s. par un négociant.

Vin de Champagne – Deux salles évoquent la vie et le travail du vigneron et du caviste. Collections de bouteilles et d'étiquettes.

Archéologie – A l'étage supérieur est présentée une importante **collection archéologique★** : matériel funéraire recueilli dans les cimetières de la région, reconstitution de tombes, remarquables poteries, verres, armes et bijoux.

Jardin de l'hôtel de ville (BY) – L'hôtel de ville est entouré d'un agréable jardin que dessinèrent, au 19ᵉ s., les frères Bühler, auteurs du parc de la Tête d'Or à Lyon.

Jardin des papillons ☼ – *A l'Est par ②, 63, bis avenue de Champagne.*
Dans une serre tropicale, parmi les plantes et les fleurs exotiques, volent en liberté des papillons provenant du monde entier.

EXCURSIONS

★ ① **Côte des Blancs** – *Description p. 47.*

② **Circuit de 25 km** – *Environ 1 h – schéma ci-dessous. Quitter Épernay par la rue de Reims en direction de Dizy.*

Entre Dizy et Champillon, la route gravit la côte au sein d'une mer de vignes. D'une terrasse aménagée au bord de la route, **vue★** sur le vignoble, la vallée de la Marne et Épernay.

★ **Hautvillers** – *Voir à ce nom.*

Damery – *Page 74.*

Regagner Épernay par la rive droite de la Marne (D 1).

★ ③ **Montagne d'Épernay** – *Circuit de 36 km – environ 1 h – schéma ci-dessous.*
Elle forme le rebord de la « falaise de l'Ile-de-France » *(p. 12).*

Quitter Épernay par ③, RD 51.

La route remonte le vallon du Cubry aux versants revêtus de vignes.

Pierry – *Page 47.*

A hauteur de Moussy se révèle à gauche une vue sur l'église de Chavot (13ᵉ s.) perchée sur un piton.

1 km après Vaudancourt, prendre à droite.

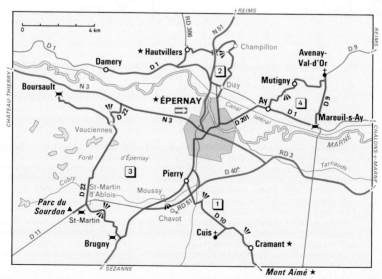

Château de Brugny – Il regarde le vallon de Cubry qui fuit, en contrebas, jusqu'à Épernay.

Les bâtiments, du 16e s., ont été remaniés au 18e s. Admirer la fière silhouette du donjon carré, en pierre, que cantonnent des échauguettes rondes, en briques.

A Brugny, suivre la route de St-Martin-d'Ablois.

Vues★ sur les pentes sinueuses du cirque du Sourdon ; à droite l'église de Chavot, au centre Moussy, à gauche la forêt d'Épernay.

Prendre à gauche la D 11, vers Mareuil-en-Brie.

Le **château de St-Martin,** entouré de cascatelles, a abrité le célèbre miniaturiste Isabey qui séjourna chez les Talhouet-Roy.

Parc du Sourdon ⓥ – Planté de beaux arbres, il est traversé par le torrent du Sourdon qui forme de petits bassins où s'ébattent les truites : sa source bouillonne sous un amas de rochers, dans un demi-jour verdâtre.

Redescendre jusqu'à la D 22, qu'on prend à gauche. La route traverse la forêt d'Épernay (domaine privé) puis Vauciennes. Là, prendre à gauche vers Boursault.

Château de Boursault – Élevé en 1848 par l'architecte Arveuf pour la célèbre Veuve Clic-quot, ce vaste château, inspiré du style Renaissance, fut le cadre de fastueuses réceptions organisées par Mme Clicquot, puis par sa petite-fille, la duchesse d'Uzès.

Revenir à Vauciennes et prendre la D 22 qui plonge vers la Marne puis la N 3.

De belles **vues★** s'offrent sur la vallée de la Marne, Damery et la Montagne de Reims.

④ **Circuit de 18 km** – *Environ 1/2 h – schéma p. 69. Quitter Épernay par la rue Jean-Moulin et la D 201.*

Ay – 4 329 h. Dans un site abrité au pied du coteau, la cité des Agéens est placée au cœur d'un vignoble célèbre, déjà connu à l'époque gallo-romaine et qui fut apprécié de nombreux souverains tels François Ier et son rival Henri VIII d'Angleterre, le pape Léon X, au temps de la Renaissance. Henri IV se disait « Sire d'Ay » et possédait en ville un pressoir à son usage. « Les vins d'Ay tiennent le premier rang en bonté et perfection... Ils sont clairets et fauvelets, subtils et délicats... et souhaités pour la bouche des rois, princes et grands seigneurs », dit un contemporain. Voltaire en chantait en ces termes sa faculté à donner de l'esprit :

« Du vin d'Ay, la mousse pétille
En chatouillant les fibres du cerveau
Y porte un feu qui s'exhale en bons mots. »

La maison Gosset, dont le fondateur est cité comme vigneron dans les registres d'Ay de 1584, s'enorgueillit d'être la plus ancienne de Champagne.

Mareuil-sur-Ay – 1 278 h. Le château a été élevé au 18e s. pour J.-B. de Dommangeville dont la fille fut aimée d'André Chénier. Le domaine fut acquis en 1830 par le duc de Montebello, fils du maréchal Lannes, qui y créa la marque de champagne portant son nom.

Avenay-Val-d'Or – 991 h. L'**église St-Trésain** ⓥ des 13e et 16e s., avec une belle façade flamboyante, abrite des orgues du 16e s. (bras droit du transept) et des tableaux provenant de l'abbaye de bénédictines, du Breuil, détruite à la Révolution.

Face à la gare d'Avenay, prendre la D 201 et, aussitôt passé la voie ferrée, la petite route qui, à travers vignes, grimpe à Mutigny.

Mutigny – 173 h. A proximité de la modeste église rurale, placée sur le rebord de la côte, **vue** sur Ay et la Côte des Blancs à droite, la plaine vers Châlons en face.

En descendant sur Ay, points de vue vers Épernay et la Côte des Blancs.

★★ Basilique Notre-Dame de l'ÉPINE

Carte Michelin n° 🔢 pli 18 ou 🔢 pli 26.

Cette basilique, aux dimensions de cathédrale, est le siège de grands pèlerinages, durant l'été, depuis la découverte, au Moyen Age, par des bergers, d'une statue de la Vierge dans un buisson d'épines enflammé. Des pèlerins illustres sont venus vénérer l'image miraculeuse, tels Charles VII, Louis XI et ce bon roi René d'Anjou, souverain du proche duché de Bar, que le prodige inspira sans doute lorsqu'il fit exécuter, au 15e s., par Nicolas Froment le triptyque du Buisson Ardent, aujourd'hui à la cathédrale d'Aix-en-Provence.

S'élevant sur une légère éminence, la basilique se distingue à des lieues alentour. Édifiée dès le début du 15e s. et progressivement agrandie et complétée, elle présente une façade de style gothique flamboyant, « brasier ardent et buisson de roses épanouies » (Paul Claudel) ; les chapelles rayonnantes sont du début du 16e s.

Extérieur – La façade, à la décoration luxuriante, est percée de trois portails surmontés de gâbles aigus dont le plus haut porte un crucifix. Elle est couronnée de flèches à jour : celle de droite, haute de 55 m, présente en son milieu une couronne mariale à fleurs de lis ; celle de gauche, arasée en 1798 pour permettre l'installation d'un télégraphe Chappe, a été rétablie en 1868. Se placer à peu de distance des portails pour découvrir une perspective ascendante sur l'étagement fantastique des pinacles, des clochetons et des gargouilles.

Longer ensuite l'église par la droite afin de détailler les curieuses et très réalistes **gargouilles★**, qui étonnèrent Hugo et Huysmans eux-mêmes : elles se développent, nombreuses, tout autour de la basilique et symbolisent les vices et les esprits mauvais, chassés du sanctuaire par la présence divine. Elles ont subi des restaurations au 19e s. au cours desquelles on élimina celles jugées trop « obscènes ».

Profondément ébrasé et encadré de tourelles polygonales, le portail du croisillon Sud est orné de draperies sculptées analogues à celles du portail principal de la cathédrale de Reims ; son linteau porte diverses scènes sculptées relatant la vie de saint Jean-Baptiste. De part et d'autre de ce portail sont fixés des anneaux utilisés autrefois pour attacher les chevaux ; une inscription gothique s'adresse aux voyageurs : « Bonnes gens qui ici passez, priez Dieu (pour les trépassés). »

Intérieur – D'un style très pur, il exprime sans exubérance l'élégante perfection de l'architecture gothique. Le chœur est clos par un élégant **jubé** de la fin du 15ᵉ s. dont l'arcade droite abrite la statue vénérée de Notre-Dame (14ᵉ s.) et par une clôture de pierre, gothique à droite, Renaissance à gauche. Sur le jubé une poutre de gloire monumentale (16ᵉ s.) porte le Christ en croix entre la Vierge et saint Jean.

Notre-Dame de l'Épine.

Dans le bras gauche du transept se trouve un puits qui aurait été utilisé lors de la construction de la basilique. En contournant le chœur par la gauche, on observe dans le déambulatoire un **tabernacle-reliquaire** de structure gothique, mais de décor Renaissance, complété par un minuscule oratoire où les fidèles pouvaient toucher les reliques, dont un fragment de la Vraie Croix. Plus loin, une chapelle abrite une belle Mise au tombeau, du 16ᵉ s., de l'école champenoise.

ERVY-LE-CHÂTEL

1 221 h.

Carte Michelin n° 📖 Sud du pli 16 ou 📖 pli 41.

Dominant l'Armance, cette ancienne place forte des comtes de Champagne a conservé quelques maisons anciennes. Une agréable promenade ombragée a été aménagée sur les anciens remparts, dont il subsiste la **porte St-Nicolas,** élément fortifié flanqué de deux tours rondes. Sur la place, curieuse halle circulaire à deux étages (19ᵉ s.).

Église – Datant des 15ᵉ et 16ᵉ s., elle est éclairée par de beaux vitraux Renaissance dont un décrivant les triomphes de Pétrarque, poème allégorique du poète italien du 14ᵉ s., sujet exceptionnel dans un vitrail d'église ; nombreuses statues de l'école champenoise et tableaux. Retable du maître-autel, en bois doré à la feuille, du 17ᵉ s.

ÉTOGES

282 h.

Carte Michelin n° 📖 Sud-Ouest du pli 16 ou 📖 pli 25.

Ancien relais sur la route royale de Paris à Châlons, Étoges est un centre viticole, situé à proximité de la Côte des Blancs.

Château – Harmonieux édifice du 17ᵉ s. Sur les douves en eau s'élance un élégant pont d'où la vue embrasse les bâtiments de briques roses à chaînages et parements de pierre blanche, les hauts toits à la française coiffés d'ardoises mauves. Construit par les barons d'Anglure, le château appartint, sous l'Empire, au comte de Guéhéneuc, sénateur, régent de la Banque de France et beau-père du maréchal Lannes. Il a été rénové et transformé en hôtel en 1991.

FÈRE-EN-TARDENOIS

3 168 h. (les Férois)

Carte Michelin n° 📖 Nord-Ouest du pli 15 ou 📖 pli 9.

Établie au bord de l'Ourcq naissante, Fère est un important nœud routier et fut très disputée en 1918 au cours de la seconde bataille de la Marne.

Église – Élevée au 16ᵉ s., elle a été très restaurée. Remarquer le beau portail du Nord en tiers-point.

Halles – Construites en 1540, elles abritaient autrefois le marché au blé. La belle charpente en châtaignier est soutenue par de gros piliers cylindriques en pierre.

ENVIRONS

★ **Château de Fère** – *3 km au Nord par la D 967. Laisser à droite la route privée de l'hôtellerie du Château et prendre le chemin suivant.* Un château fort, élevé au début du 13ᵉ s. sur une terre appartenant à une branche cadette de la famille royale, est à l'origine de ce château. Anne de Montmorency, qui en 1528 l'a reçu de François Iᵉʳ, le transforme en demeure de plaisance et fait jeter sur le fossé un pont monumental, ouvrage d'art d'époque Renaissance. Après la mort de Henri II, le château, confisqué par Louis XIII, passe au prince de Condé et finit, par le jeu des héritages et des mariages, par échouer dans les mains de Philippe Égalité qui le fait démolir en partie.

En dominant légèrement le fossé, face à la motte du château, confortée, avec grand soin, de pavés de grès, atteindre la sépulture préparée pour le possesseur actuel des ruines, puis

Château de Fère.

la pile Est du pont monumental. Monter l'escalier ménagé dans cette pile.

★★ **Pont monumental** – Édifié, selon la tradition, par Jean Bullant, sur les ordres du Grand Connétable, il repose sur cinq arches monumentales en plein cintre. Une double galerie, dont l'étage supérieur est en partie démoli, le surmonte.

Ruines – Une porte encadrée de deux petites tours à bec ouvre sur l'ancienne cour. Voir les sept tours rondes, soigneusement appareillées, dont les assises présentent un curieux dispositif en dents d'engrenage.

Fère et les champs de bataille du Tardenois – *Page 61.*

FISMES

5 295 h.

Carte Michelin n° 🖫🖫 pli 5 ou 🖩🖩🖫 pli 10.

Au confluent de la Vesle et de l'Ardre, Fismes a été reconstruite après la guerre 1914-1918. Les rois de France, allant à Reims pour y être sacrés, y faisaient étape.

Circuit de 23 km – *Environ 3/4 h. Quitter Fismes au Sud vers Épernay.*

Courville – Au Moyen Age, l'archevêque de Reims possédait un château à cet emplacement. Des fouilles ont permis de dégager les salles basses du donjon du 12ᵉ s. La présence archiépiscopale explique l'importance de l'**église** romane qui domine le village. D'après les chapiteaux archaïques, la nef aurait été élevée au 11ᵉ s. tandis que la croisée du transept qui supporte la haute tour à toit en bâtière, le chœur, la chapelle latérale sont du 12ᵉ s. La charpente primitive a été remplacée à la fin du 19ᵉ s. par une voûte en berceau.

On longe le cours de l'Ardre, apprécié des pêcheurs, parmi des paysages rustiques. De Crugny, on gagne Arcis-le-Ponsart.

Arcis-le-Ponsart – 231 h. Dans un joli site au-dessus d'un vallon, ce village possède une église du 12ᵉ s. et un château du 17ᵉ s.

Prendre la D 25 au Nord d'Arcis, et à Courville à gauche la route de Fismes.

FROMENTIÈRES

Carte Michelin n° 56 Sud du pli 15 ou 237 pli 22.

La modeste **église** de ce village renferme un monumental **retable**★★ flamand du début du 16ᵉ s., peint et sculpté, qu'un curé de Fromentières acheta à Châlons, en 1715, pour 12 pistoles, faible somme en regard de sa valeur actuelle. Ce chef-d'œuvre est signé d'une « main coupée », emblème légendaire d'Anvers.

Il est situé derrière le maître-autel. Ses qualités de composition et d'exécution surprendront le visiteur. Derrière des volets peints relatant des épisodes du Nouveau Testament apparaissent trois étages de scènes aux délicates figurines qui, à l'origine, étaient peintes de couleurs vives et se détachaient sur des fonds dorés.

Les personnages, d'une extrême finesse, évoquent la Vie et la Passion du Christ avec un sens du détail familier et une intensité d'expression exceptionnels.

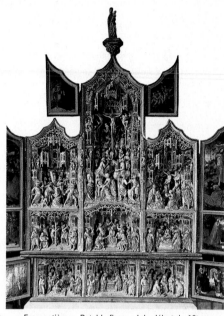

Fromentières – Retable flamand du début du 16ᵉ s.

GIVET

7 775 h. (les Givetois)

Carte Michelin n° 53 pli 9 ou 241 pli 2 – Schéma p. 83.

Ville frontière, dominée par le fort de Charlemont, Givet occupe l'extrémité de la langue de terre arrosée par la Meuse française et encastrée en Belgique. Sur la rive droite se trouve **Givet-Notre-Dame,** quartier des manufactures aujourd'hui disparues. Sur la rive gauche s'étend **Givet-St-Hilaire** dont les rues anciennes entourent une église bâtie par Vauban ; son clocher inspira Victor Hugo : « Le grave architecte a pris un bonnet carré de prêtre ou d'avocat, sur ce bonnet il a échafaudé un saladier renversé, sur le fond du saladier il a posé un sucrier, sur le sucrier une bouteille, sur la bouteille un soleil emmanché dans le goulot par le rayon vertical inférieur, et enfin sur le soleil un coq embroché. »

Le quartier St-Hilaire est aussi le centre commercial avec ses prolongements jusqu'à la place Méhul, la gare et la frontière belge à travers le quartier de Bon-Secours.

Givet possède des industries diverses : tuberie de cuivre, fonderie de bronze, textiles artificiels.

Son important port fluvial est accessible aux grands chalands belges qui assurent le transbordement des marchandises des péniches françaises, d'un gabarit différent.

Au Nord de la ville, en bordure de la Meuse et de la N 51, se dresse un silo à grain d'une capacité de 800 000 quintaux. Au Sud-Ouest, entre Givet et Foisches, se trouvent des carrières dont la pierre bleue fut employée à Versailles.

Givet est la patrie du musicien **Méhul** (1763-1817), auteur du célèbre Chant du départ.

Point de vue – Du pont sur la Meuse, on jouit d'une bonne vue sur la ville ancienne, la tour Victoire et le fort de Charlemont.

Tour Victoire ⊙ – Cet ancien donjon du château des comtes de La Marck (14ᵉ-15ᵉ s.) abrite en été, sous ses belles voûtes en ogive, des expositions retraçant le passé de la région.

Fort de Charlemont ⊙ – Cette petite cité fortifiée par Charles Quint, qui lui donna son nom, fut refaite par Vauban. Ce fort s'intégrait dans l'ensemble stratégique de la grande couronne d'Haurs, qui devait commander les deux parties de la ville de Givet afin de la protéger efficacement. L'idée de Vauban (voir p. 35) était d'établir, sur la couronne, deux fronts terminés par des bastions, renforcés en avant par des demi-lunes et prolongés par des ailes fortifiées, de manière à fermer le plateau dans sa totalité. Le projet ne put être mené à son terme. Depuis 1962, ce fort est réutilisé par l'armée qui en a fait un centre d'entraînement commando. Plusieurs constructions du camp retranché gardent encore un caractère imposant bien qu'elles soient en ruine. Les salles des gardes voûtées en plein cintre ouvrent sur des passages couverts. Une partie de ces salles et bastions de la pointe Est se visitent. De cet endroit s'offrent de belles **vues**★ sur Givet, la vallée de la Meuse, et les collines belges où l'on distingue le manoir d'Agimont, ancienne propriété du comte de Paris.

ENVIRONS

Grottes de Nichet ⊙ – 4 km à l'Est. Les grottes de Nichet, sonorisées, comptent une douzaine de salles riches en concrétions que l'on parcourt sur trois niveaux.

★ **Centrale nucléaire des Ardennes** – 6 km au Sud. Description p. 83.

GRAND
540 h. (les Grandérinois)

Carte Michelin n° 62 Sud-Est du pli 2 ou 241 pli 39.

Grand était à l'époque romaine une ville importante, ainsi que le révèlent les kilomètres d'égouts romains qui ont été découverts sous le village. Elle possédait un **amphithéâtre** ⊘, aujourd'hui très largement dégagé, pouvant contenir 20 000 spectateurs et qui présente encore deux belles arcades.

L'existence d'une basilique, de type oriental, fut découverte en 1883, en même temps que la belle mosaïque.

Mosaïque romaine ⊘ – Elle date du 1er s. et c'est la plus vaste qui ait été dégagée en France. Elle pavait probablement la basilique et montre un hémicycle en excellent état. Au centre, remarquer, dans le rectangle, un berger tenant une houlette et, aux angles, des animaux bondissant (chien, léopard, panthère, sanglier).

ENVIRONS

Prez-sous-Lafauche – 348 h. *14 km au Sud par la D 110.* Dans ce village haut-marnais est installé le **zoo de bois** ⊘ ou musée aux Branches. Celles-ci, trouvées dans la nature, judicieusement et artistement assemblées, composent des scènes comiques ou tragiques, des animaux familiers, etc.

HAGNICOURT
59 h.

Carte Michelin n° 56 Nord du pli 8 ou 241 pli 14.

Hagnicourt se cache au plus profond des **Crêtes**, région accidentée à vocation pastorale, qui sépare la vallée de la Meuse de celle de l'Aisne.

Il occupe un **site** bucolique au creux d'un vallon étroit, dont les pentes tapissées de prairies sont coiffées de bois.

Au milieu du vallon, l'église (15e s.) est posée sur une éminence boisée. Un parc touffu entoure le **château d'Harzillemont** (16e-18e s.).

★ HAUTVILLERS
864 h.

Carte Michelin n° 56 pli 16 ou 241 pli 21 (6 km au Nord d'Épernay) – Schéma p. 69.

Hautvillers est un bourg séduisant à la fois vigneron et résidentiel, accroché au versant Sud de la Montagne de Reims *(p. 84).* Le village a gardé ses demeures anciennes à portail en « anse de panier » qu'agrémentent des enseignes en fer forgé. Il s'enorgueillit de faire partie des « trois bons coteaux vineux d'Ay, Hautvillers et Avenay ».

D'après la tradition, c'est **dom Pérignon** (1638-1715), procureur et cellérier de l'abbaye bénédictine, qui, le premier, eut l'idée de faire mousser le vin de Champagne, en étudiant et en dirigeant le phénomène de double fermentation *(voir p. 36).*

Ce moine au teint fleuri était un grand connaisseur ; il étudia de près la vinification et fut le premier à procéder au « mariage » des crus entre eux pour former des « cuvées ».

« Bon vin le matin
Sortant de la tonne
Vaut bien le latin
Qu'on dit en Sorbonne. »

Ancienne abbatiale – Elle a été fondée en 660 par saint Nivard, neveu du « bon roi Dagobert ». Au 9e s., l'abbaye et son scriptorium furent un centre de rayonnement artistique des plus brillants de l'Occident : les plus beaux manuscrits carolingiens de l'**« école de Reims »** y furent réalisés *(voir p. 25).*

A l'extrémité du bourg, une allée conduit à l'abbatiale. Admirer le chœur des moines (17e-18e s.) orné de boiseries de chêne, de stalles exécutées à la fin du 18e s. à Signy-l'Abbaye et de grands tableaux religieux, parmi lesquels deux œuvres

Hautvillers — Une enseigne.

remarquables de l'école de Philippe de Champaigne : saint Benoît assistant sainte Scholastique et saint Nivard fondant l'abbaye d'Hautvillers ; un grand lustre formé de quatre roues de pressoir surmonte le maître-autel. Dalle funéraire de dom Pérignon « cellarius ».

Damery – 1 463 h. *5 km à l'Ouest.* Sur les bords de la Marne, au pied du coteau, Damery constitue un but de promenade. A ses quais abordait jadis le coche d'eau.

L'**église** (12e-13e s.) était celle d'un prieuré de l'abbaye bénédictine St-Médard de Soissons. Sa nef romane est éclairée par des baies en plein cintre tandis que le chœur gothique, très haut, est percé de grandes baies lancéolées. Remarquer les chapiteaux sculptés des piliers soutenant le clocher : intéressant bestiaire dans un décor de feuillages et de tiges entrelacées. Le buffet d'orgue et les grilles du chœur sont du 18e s.

Abbaye d'IGNY

Carte Michelin n° 56 Nord du pli 15 ou 237 pli 10.

Dans un vallon solitaire et boisé du Tardenois se cache l'**abbaye Notre-Dame d'Igny**, monastère cistercien, fondé en 1128 par saint Bernard. Déjà reconstruits au 18ᵉ s., les bâtiments ont été de nouveau refaits après la guerre 14-18, dans le style gothique.

Converti par l'abbé Mugnier, **J.-K. Huysmans** (1848-1907) fit retraite durant l'été 1892 à l'abbaye qu'il évoqua sous le nom de Notre-Dame-de-l'Atre dans « En Route ».

Lagery – 146 h. *5 km à l'Est par la D 27.* Halle du 18ᵉ s., complétée par un pittoresque lavoir. C'est à Lagery qu'est né le pape Urbain II *(voir p. 61)*.

ISLE-AUMONT   558 h.

Carte Michelin n° 61 pli 17 ou 241 pli 41.

La butte d'Isle-Aumont témoigne d'un passé particulièrement riche rappelant que la vallée de la Seine fut un axe de passage privilégié. Sur ce promontoire se sont succédé stations néolithiques et celtiques, sanctuaires païens et chrétiens, camp viking, nécropoles, monastères et châteaux. Des vestiges de toutes ces époques subsistent.

Église ⊙ – Des fouilles ont révélé une succession d'édifices. Du 5ᵉ au 9ᵉ s., il y eut un établissement monastique détruit par les Normands. La présence de superbes sarcophages mérovingiens (5ᵉ au 8ᵉ s.) indique que ce sanctuaire était très fréquenté. Au 10ᵉ s., l'église fut reconstruite : de cette phase datent l'abside de forme semi-circulaire, dégagée sous l'actuel chœur, ainsi que la table d'autel. En 1097, Robert de Molesme fonda un prieuré bénédictin, mais c'est au 12ᵉ s. que l'église actuelle apparaît. Édifice plus vaste que le précédent, elle comportait une nef avec deux collatéraux et se terminait par un chœur surélevé, l'ancien ayant été remblayé. Les collatéraux furent démolis au 15ᵉ s. et au 19ᵉ s. Aux 15ᵉ et 16ᵉ s. fut ajoutée une seconde nef.

La nef romane voûtée en berceau abrite les sarcophages, des chapiteaux, et une statue de sainte Marthe tenant la tarasque enchaînée. A droite, dans la nef gothique : beau Christ en bois du 13ᵉ s.

JOINVILLE   4 754 h. (les Joinvillois)

Carte Michelin n° 61 pli 10 ou 241 pli 35.

Bordée par la Marne (importants moulins), cette petite ville est dominée à l'Ouest par une colline où s'élevait autrefois un château féodal, berceau des ducs de Guise. Siège d'une baronnie dès le 11ᵉ s., elle eut pour seigneur, au 13ᵉ s., le célèbre chroniqueur Jean, sire de Joinville, fidèle compagnon de Saint Louis. C'est au château de Joinville que, au temps des guerres de Religion, en 1583, fut signé, par Philippe II d'Espagne et les chefs de la Ligue, un traité d'alliance connu sous le nom de Ligue du Bien Public.

Château du Grand Jardin ⊙ – C'est un intéressant édifice du 16ᵉ s. Il doit son nom au fait d'avoir été construit en plaine, au milieu d'un « grand jardin » planté d'essences exotiques.

L'ensemble, élevé par Claude de Lorraine, chef de la maison des Guise, et Antoinette de Bourbon, consiste en un élégant corps de logis surmonté d'une haute toiture. La façade principale donnant sur les jardins est richement décorée de sculptures, mais elle est gâtée par un perron du milieu du 19ᵉ s. La façade postérieure présente un avant-corps sans doute rapporté et une riche décoration sculptée qui serait due à Dominique Florentin et à Jean Picart, élèves du Primatice.

La chapelle possède un joli plafond à caissons du 16ᵉ s.

Église Notre-Dame – Du 13ᵉ s., elle a été incendiée et restaurée au 16ᵉ s. dans le style primitif. Elle a conservé sa nef ancienne – sauf les voûtes reconstruites au 16ᵉ s. et ses anciens collatéraux. Elle abrite un Saint Sépulcre du 16ᵉ s.

EXCURSIONS

Blécourt – 105 h. *9 km par la N 67 vers Chaumont et, à Rupt, la D 117 à droite.*
Ce village accueillant possède une belle **église** gothique d'inspiration clunisienne, construite aux 12ᵉ et 13ᵉ s. et admirable de proportions. A l'intérieur, Vierge à l'Enfant en bois sculpté (13ᵉ s., école champenoise), but d'un pèlerinage remontant à Dagobert. Des groupes fréquentent ce lieu de prière et de réflexion dont le sire de Joinville parlait déjà dans ses chroniques.

Lacets de Mélaire – *Circuit de 19 km. Suivre la D 960 ; 4 km après Thonnancelès-Joinville, prendre à droite la petite route en sous-bois.*
On découvre, à travers les lacets aux pentes abruptes de la « Petite Suisse », une belle vue sur la large vallée de Poissons.

Poissons – 732 h. Ce village a gardé de vieilles maisons, et des rives du Rongeant qui le traverse s'offrent de jolis points de vue. L'**église St-Aignan** ⊙ du 16ᵉ s. est précédée d'un porche monumental aux voussures finement sculptées formant avec le portail un bel ensemble Renaissance. A l'intérieur belle poutre de gloire.

Revenir à Joinville par la D 427 qui suit la vallée du Rongeant.

Carte Michelin n° 66 pli 3 ou 241 pli 47.

Dans un **site**★★ admirable au sommet d'un éperon du plateau de Langres, l'antique oppidum des Lingons fut une des trois capitales de la Bourgogne gauloise. Ville épiscopale, elle resta longtemps une des forteresses avancées du royaume. C'est l'une des portes de la Bourgogne, étape touristique sur l'un des axes Lorraine-Midi (N 74). Elle est située en outre à proximité des sources de la Marne et de la Seine, qui remontent vers le Bassin parisien et la Manche, et de quatre lacs – réservoirs destinés à alimenter le canal de la Marne à la Saône : lacs de Charmes, de la Liez, de la Mouche et de la Vingeanne *(pour les plans d'eau, voir le chapitre des Renseignements pratiques en fin de guide).*

UN PEU D'HISTOIRE

Existant déjà au temps de la Gaule indépendante sous le nom d'« Andematunum », Langres devint l'alliée de César. En 70 après J.-C., à la mort de Néron, un chef lingon, **Sabinus,** tenta de s'emparer du pouvoir suprême. Après son échec, il trouva refuge pendant neuf années dans une grotte proche de la source de la Marne *(voir p. 78).* Découvert, il fut mis à mort, à Rome, ainsi que sa femme Éponine qui avait lié son sort au sien.

Une légende hagiographique fait remonter la fondation du diocèse de Langres à saint Bénigne au 2e s. En fait, la christianisation du pays intervint au 3e s., et saint Didier semble avoir été l'organisateur du diocèse au 4e s. Le rôle des évêques se renforça durant l'époque mérovingienne, et au 9e s. ils dirigeaient le comté avec le droit de battre monnaie, un attribut de souveraineté que leur avait concédé Charles le Chauve. A partir du 12e s., l'évêché fut une des pairies ecclésiastiques du royaume ; au sacre des rois de France, l'évêque, duc et pair, portait le sceptre. Plusieurs évêques gravitèrent dans l'entourage des souverains : Guy Baudet, chancelier de France en 1334, Bernard IV de La Tour, conseiller de Charles VI, Guy IV Bernard, premier chancelier de l'Ordre de St-Michel en 1469.

Langres est la patrie du peintre Claude Billot (1673-1722), un des maîtres de Watteau, et du philosophe **Diderot** (1713-1784), auteur de Jacques le Fataliste, Le Neveu de Rameau, La Religieuse... Il a de plus fondé et animé l'œuvre essentielle du siècle : l'Encyclopédie.

Langres.

LA VILLE ANCIENNE *visite : 1 h 1/2*

Une visite rapide permet d'apprécier la ceinture de remparts restaurés au 19e s., la cathédrale St-Mammès et quelques belles maisons anciennes.
De la place des États-Unis, pénétrer dans la ville par la **porte des Moulins** (Z), qui a conservé son caractère d'architecture militaire de l'époque Louis XIII, et prendre à droite la rue Denfert-Rochereau qui mène au chemin de ronde du rempart.

Tour St-Ferjeux (Z) – Construite sur l'ordre de Louis XI, elle date de 1471. De sa plate-forme, on découvre un panorama étendu sur la campagne voisine et de belles perspectives sur les remparts. En hommage à Bachelard a été implantée sur la tour une sculpture en acier poli du Hollandais Eugène Van Lamsweerde « L'Air et les Songes », faisant référence à l'un des écrits du philosophe.
La rue Diderot passe devant les bâtiments du collège (18e s.) puis atteint la place Diderot dominée par une statue du sculpteur Bartholdi représentant le philosophe.

Par la rue du Général-Leclerc, on atteint la cathédrale.

★ **Cathédrale St-Mammès** (Y) – Longue de 94 m et haute de 23 m, la cathédrale fut édifiée dans la seconde moitié du 12e s., mais elle a subi depuis de nombreux remaniements. La façade primitive (12e-13e s.), détruite par de gros incendies, a été remplacée, au 18e s., par une façade de style classique, à trois étages, d'ordonnance régulière. En suivant le côté gauche, on peut voir une porte romane restaurée.

L'intérieur, aux proportions majestueuses, est de style roman-bourguignon et montre la transition avec le gothique par sa nef, voûtée d'ogives, comptant 6 travées. Le triforium rappelle la porte gallo-romaine des remparts par sa disposition et sa décoration.

La première chapelle du bas-côté gauche (2e travée), au remarquable plafond à caissons, abrite une Vierge à l'Enfant en albâtre, ayant à son côté l'évêque donateur, œuvre de 1341 due à Évrard d'Orléans. La 3e travée est ornée de bas-reliefs représentant la Passion, encastrés dans un fragment du jubé construit, vers 1550, par le cardinal de Givry ; deux autres fragments décorent le déambulatoire. Deux des tapisseries dont le prélat fit don à la cathédrale sont exposées dans le transept : elles figurent la légende de saint Mammès. Ce saint de Cappadoce vivant au 3e s. prêchait l'Évangile aux animaux sauvages. Quand les gardes romains envoyés par l'empereur Aurélien vinrent le chercher pour le martyriser, les bêtes féroces le protégèrent. Il fut finalement étripé et est souvent représenté se tenant les entrailles. La cathédrale de Langres reçut de Constantinople un lot de ses reliques, dont le chef du saint.

Le chœur et l'abside, élevés entre 1141 et 1153, sont les parties les plus remarquables de l'édifice, achevé dans la seconde partie du 12e s. et consacré, d'après la tradition, en 1196. Les chapiteaux du triforium de l'abside présentent un décor d'une grande richesse : animaux et personnages fantastiques, motifs floraux. Les chapelles rayonnantes ont été remaniées au 19e s. Dans le déambulatoire, un bas-relief du 16e s. représente la translation des reliques de saint Mammès, procession solennelle autour des murs de la ville.

Attenante à la salle capitulaire, la **salle du Trésor** ⊙ conserve un reliquaire provenant de Clairvaux contenant un fragment de la Vraie Croix, un buste-reliquaire en vermeil de saint Mammès, ainsi qu'une petite statue d'ivoire du 15e s. le représentant se tenant les entrailles, une plaque d'évangéliaire en émail champlevé sur cuivre doré du 13e s., une boîte aux Saintes Huiles en argent repoussé et ciselé de 1615, seul vestige de la chapelle épiscopale détruite à la Révolution.

Quant au cloître, du 13e s., il n'en reste que deux galeries récemment restaurées.

Par la rue Aubert et, à droite, la rue de la Crémaillère, on atteint le chemin de ronde et une table d'orientation.

Table d'orientation (Y B) – De cet endroit, la vue embrasse : en contrebas, le faubourg de Sous-Murs, entouré de sa propre enceinte fortifiée ; de chaque côté, l'enfilade sur les remparts et l'ancienne gare haute du train à crémaillère qui fonctionna de 1887 à 1971 ; au loin, le lac de la Liez et les Vosges.

Reprendre la rue de la Crémaillère en sens inverse, puis la rue de la Croisette, la rue Canon et la rue Pierre-Durand.

Passer devant l'**hôtel de ville**, édifice du 18e s., et quitter l'enceinte par la **porte de l'Hôtel-de-Ville** qui conserve les pilastres de l'antique pont-levis, le corps de garde (1620) et la Grand'Porte ornée de la statue de la Vierge. En voyant au passage la **porte Gallo-Romaine,** suivre la promenade de la Belle-Allée, dominée par la ligne des remparts, coupée de tours et de portes.

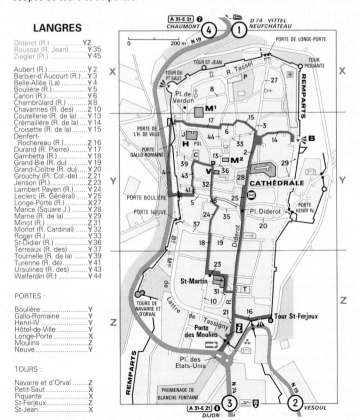

Passer au pied de la porte Boulière, puis prendre à gauche la rue de Turenne qui se poursuit par la rue des Ursulines. Tourner à droite dans la rue de Tournelle.

Maisons Renaissance (Y V) – L'une d'elles, rue de la Tournelle, fait face à la rue du Cardinal-Morlot ; la plus intéressante au n° 20 de cette rue présente une superbe façade extérieure et un puits.

Poursuivre par la rue Lambert-Payen et la rue Gambetta qui mènent à la charmante place Jenson.

Église St-Martin (Z) ⊘ – En partie du 13e s., remaniée au 18e s. à la suite d'un incendie, elle est surmontée d'un élégant campanile de cette époque. Elle abrite quelques œuvres d'art : un Christ en croix en bois sculpté (16e s.), au-dessus du maître-autel, un groupe en pierre du 16e s. représentant la Sainte Trinité *(croisillon droit)* et au-dessus de la porte de sacristie un haut-relief illustrant la charité de saint Martin.

Par la rue Minot, rejoindre la rue Diderot et la Porte des Moulins.

AUTRES CURIOSITÉS

Promenade des Remparts – Les remparts constituent une promenade circulaire, d'où l'on découvre un magnifique **panorama**, en particulier sur la vallée de la Marne. Suivre à pied le chemin de ronde. En partant de la place des États-Unis, on rencontre :
– porte des Moulins (1647), l'entrée la plus monumentale de la ville ;
– tour St-Ferjeux *(voir p. 76)* ;
– porte Henri-IV ou de Sous-Murs, ancien quartier des tanneurs ;
– tour Piquante, flanquée à un angle d'une petite échauguette ;
– porte de Longe-Porte qui fut ornée d'un arc de triomphe gallo-romain et a possédé un pont-levis dont il reste les piliers. Elle date de 1604 ;
– tour St-Jean : bâtie en 1538, elle flanque l'entrée de Longe-Porte ;
– tour du Petit-Saut, datant de François 1er. Par les meurtrières Sud de cette tour, on peut suivre des yeux toute une enfilade de hautes murailles et de remparts ;
– porte de l'Hôtel-de-Ville ;
– porte Gallo-Romaine, de l'époque de Marc Aurèle, enclavée dans la muraille ;
– porte Boulière, avec une tourelle du 15e s. ;
– porte Neuve, ou porte des Terreaux (du 19e s.) ;
– **tours de Navarre et d'Orval** ⊘ – La tour de Navarre, au toit pointu, est la plus puissante de toutes avec ses trois étages de tir. Bâtis en 1519, ses murs ont une épaisseur de 6 m. Elle est doublée de la tour d'Orval dont la rampe tournante, voûtée d'ogives, fut gravie à cheval par François 1er en 1521.

Musée du Breuil-de-St-Germain (XY M¹) ⊘ – Il est installé dans un hôtel particulier formé d'un corps de logis Renaissance (porte d'entrée et lucarnes ouvragées) et d'un gracieux pavillon de la fin du 18e s.
Les objets d'art – collections de reliures, de faïences dont celles d'Aprey, à 15 km de Langres, et de porcelaines de Giey-sur-Aujon – sont bien mis en valeur dans ce cadre d'époque.
Une salle est consacrée à Diderot, dont le père était coutelier, une seconde à Claude Gillot. Beau mobilier 18e s., en particulier commode J. Dubois ; tableaux de Jean Tassel, De Troy, Ranc...

Musée St-Didier (Y M²) ⊘ – Collection d'antiquités gallo-romaines, sculptures du Moyen Age et de la Renaissance.

EXCURSIONS

Source de la Marne – *Circuit de 15 km, plus 1/4 h à pied AR. Sortir de Langres par ③, N 74 puis prendre à gauche la D 122 en direction de Noidant-Chatenoy. A 2,5 km prendre à gauche la D 290 en direction de Balesmes-sur-Marne. A 1 km prendre à droite un chemin jusqu'au parking, puis à gauche un sentier descendant vers la source de la Marne, à 400 m.*

La Marne sourd d'une sorte de caveau fermé par une porte de fer. A proximité, on verra la grotte de Sabinus *(voir p. 76)* et quelques beaux rochers.

Le retour à Langres s'effectue par Balesmes-sur-Marne, puis par la D 193 (en direction de St-Vallier), que l'on quitte à 1 km pour prendre à gauche la D 17 qui traverse le canal de la Marne à la Saône et rejoint la N 19.

On peut voir le canal pénétrer dans un tunnel (d'une longueur de 5 km), dont l'étroitesse oblige à faire alterner le sens du passage des péniches.

Château du Pailly – *12 km au Sud-Est. Sortir de Langres par ③, N 74, puis prendre à gauche la D 122. A Noidant-Chatenoy prendre à gauche la D 141.*
Du château reconstruit vers 1560 pour le maréchal de Saulx-Tavannes ne subsistent actuellement que trois des quatre corps de logis.
Des tours rondes se dressent aux extrémités de la façade Nord. Le pavillon carré qui s'élève à l'angle Sud-Ouest est d'une élégante architecture. Les façades Renaissance sont décorées sur deux étages de colonnes cannelées. La cour d'honneur présente une belle ordonnance. Le donjon, reste d'une forteresse féodale, est une massive construction du 11e s.

Andilly-en-Bassigny – *22 km au Nord-Est. Sortir par ①, D 74, puis juste après le réservoir des Charmes, tourner à droite dans la D 35.*

Les fouilles gallo-romaines ⊘ – La villa d'Andilly constitue un remarquable exemple d'économie domaniale du 2e s. Elle juxtapose : l'habitation du maître, les thermes et le vivier, l'habitat des domestiques et les ateliers des artisans, soit la « pars urbana », séparée par des murs de la « pars agraria » qui est le quartier agricole.

Les **thermes,** bien dégagés, comprennent : une salle non chauffée ; un vestiaire ; les restes d'une baignoire individuelle ; une salle tiède où subsiste une partie de l'hypocauste ; une piscine chaude en hémicycle avec banquette et escaliers d'accès latéraux ; une étuve, bain de vapeur de forme octogonale ; une piscine froide rectangulaire avec banquette et escaliers d'accès. Ces thermes étaient somptueusement aménagés, comme le prouvent les placages de marbre à la base des murs, une magnifique sculpture (tête féminine couronnée de fleurs) et les fragments d'un plafond peint.

Dans le quartier artisanal, en contrebas, ont été identifiés les ateliers des artisans : tuiliers, tailleurs de pierre, potiers, peintres et maçons.

Cette villa était un actif centre de production ; elle survécut aux invasions, comme l'atteste la présence d'une nécropole mérovingienne et d'un énigmatique bûcher funéraire.

Le matériel des fouilles est exposé dans un petit **musée.**

Plateau de LANGRES

Carte Michelin n° 🄐🄐 plis 1, 2, 3 ou 🄐🄐🄐 plis 46, 47, 51.

Prolongeant la « montagne » bourguignonne au Nord-Est, ce plateau, aux paysages monotones de bois et de landes, contraste avec les fraîches vallées encaissées des affluents de la Seine et de la Saône qui le découpent. La marque du calcaire apparaît partout : grottes et dolines appelées ici « andouzoirs » et de nombreuses sources vauclusiennes liées à l'existence d'un sous-sol argileux. Le plateau de Langres correspond à la ligne de partage des eaux entre les bassins parisien, rhénan et rhodanien, et la Seine, l'Aube, la Marne, la Meuse y prennent leur source. Ce pays aux sols médiocres est couvert de vastes massifs forestiers : forêts d'Auberive, d'Arc-en-Barrois.

HAUTE VALLÉE DE L'AUBE

De Langres à Arc-en-Barrois *58 km – 2 h*

★★ **Langres** – *Voir à ce nom. Visite : 1 h 1/2.*

Sortir de Langres par ③ en suivant la N 74.

Sts-Geosmes – 872 h. **L'église** ⊘ du 13e s., dédiée à trois saints jumeaux martyrisés en ce lieu, est bâtie sur une crypte du 10e s. à trois nefs.

Prendre la D 428 vers Auberive.

Après le village de Pierrefontaines, la route passe à côté du Haut-du-Sec (516 m), point culminant du plateau de Langres, puis pénètre dans la forêt d'Auberive.

Quelques kilomètres plus loin, prendre à gauche la route forestière d'Acquenove. La source de l'Aube est signalée.

Source de l'Aube – Elle jaillit dans un cadre bucolique, aménagé pour les piqueniqueurs.

Gagner Auberive par la D 20 puis la D 428.

Auberive – 233 h. Dans un site boisé, au bord de l'Aube naissante, s'élève une ancienne abbaye cistercienne fondée en 1133, à l'instigation de saint Bernard. Les seuls vestiges romans sont le chœur de l'église abbatiale (1182), voûté en berceau brisé sur un plan rectangulaire, terminé par un chevet plat dans le style de Fontenay, et la porte de la salle du chapitre.

Sur la route de Châtillon, à travers l'élégante grille en fer forgé du 18e s., œuvre de Jean Lamour, auteur des grilles de la place Stanislas à Nancy, on aperçoit les bâtiments abbatiaux reconstruits au 18e s.

A la sortie d'Auberive, prendre à droite la D 20 qui longe l'Aube.

★ **Cascade d'Étufs** ⊘ – *Laisser la voiture sur le parking.* Peu après Rouvres-Arbot, une avenue partant à gauche de la D 20 conduit à une propriété, que l'on contourne par la droite pour atteindre la cascade pétrifiante. Dans un site ombragé d'arbres magnifiques, les eaux jaillissent à flanc de coteau et tombent en cascatelles, dans des vasques superposées formant un grand escalier de calcaire.

Poursuivre sur la D 20, puis, à Aubepierre-sur-Aube, prendre la D 159 vers Arc-en-Barrois.

Arc-en-Barrois – 889 h. Nichée au fond d'une vallée et entourée de massifs forestiers, cette petite ville est un agréable lieu de séjour.

L'**église St-Martin** fut désorientée au 19e s. sous prétexte d'urbanisme, et il faut la contourner pour découvrir l'ancien portail du 15e s. : sous un arc trilobé le tympan porte un Christ en croix entre l'Église et la Synagogue. La chapelle à droite de l'entrée abrite un sépulcre, grandeur nature, du 17e s.

Autres curiosités proches de la N 74

Isômes – 125 h. *2,5 km au Sud du Prauthoy, prendre à gauche la D 140.*

L'église romane du 12e s. est surmontée d'un joli clocher carré avec flèche octogonale en pierre. Remarquer la belle teinte de la pierre.

Prendre la D 171 vers le Nord.

Montsaugeon – 102 h. Le village, construit sur une butte, domine le plateau. Au sommet l'**église** ⊘ entourée du cimetière possède un chœur du 12e s. et des boiseries du 17e s.

★ LENTILLES

Carte Michelin n° 61 pli 8 ou 241 pli 34.

Lentilles est un village typique du Der *(voir p. 87)* par ses rues bien tracées et ses maisons basses à colombage.

Église – Belle construction de bois (16ᵉ s.) dont le colombage est raidi au rez-de-chaussée par des traverses et à l'étage par des « écharpes » (obliques) et des croix de St-André. Elle est dominée par une flèche octogonale recouverte de bardeaux, très élancée, et précédée d'un curieux porche en charpente que surmonte une statue de saint Jacques.

Église de Lentilles.

Église de LHUÎTRE

Carte Michelin n° 61 centre du pli 7 ou 241 pli 33.

Cet édifice d'imposantes dimensions (50 m de long) est né d'un pèlerinage à sainte Tanche, jeune vierge et martyre qui, après sa décapitation, porta sa tête dans ses mains jusqu'au lieu de sa sépulture.
La croisée du transept et la tour sont du 12ᵉ s., le chœur et le chevet à pans du 14ᵉ s. ; la nef, très élevée, marque l'apogée du style gothique flamboyant.
À l'intérieur, il faut voir d'intéressantes statues du 16ᵉ s., parmi lesquelles, au revers de la façade, celle de sainte Tanche. Dans le transept, un retable en pierre de la même époque représente le Portement de Croix, la Crucifixion et la Résurrection.
Des **vitraux** garnissent les cinq baies du chevet.
Admirer enfin la qualité des **chapiteaux** historiés (début 16ᵉ s.) du transept, caractérisés par de curieuses représentations de sibylles, guerriers, prophètes, chimères, animaux.

Vallée de la MARNE

Carte Michelin n° 56 plis 13, 14 ou 237 plis 20 à 22.

Après avoir traversé la Champagne, la Marne pénètre dans les plateaux de la Brie, y traçant une entaille atteignant 150 m de profondeur à Château-Thierry et y décrivant de nombreux méandres.

Les batailles de la Marne – Le nom de la rivière est attaché à deux des plus glorieuses batailles de la Première Guerre mondiale *(voir p. 24)*. En 1914 et en 1918, le sort de la France et des Alliés s'est joué sur ses rives.
Dans la première bataille, les combats décisifs se sont livrés dans le Multien ; dans la seconde, Château-Thierry a marqué l'extrême avance allemande et la victoire a été obtenue dans les secteurs de Villers-Cotterêts et de Reims.

Le vignoble – Le vignoble de l'Aisne, accompagnant le sillon de la Marne de Crouttes à Trélou (près de Dormans), appartient à la Champagne viticole délimitée (5,5 % de la superficie totale). Il progresse peu à peu sur le versant rive droite.

CIRCUIT AU DÉPART DE CHÂTEAU-THIERRY
47 km – environ 1 h 1/2

Château-Thierry – *Voir à ce nom. Visite : 1 h 1/2.*
Quitter Château-Thierry à l'Ouest du plan par l'av. J.-Lefebvre et prendre la D 969.

Essômes – 2 479 h. L'**église★** ⊙, ancienne abbatiale, fut bâtie pour les augustins au 13ᵉ s. L'**intérieur★** de l'édifice frappe par son ordonnance caractéristique du gothique « lancéolé ». Le triforium aux étroites arcatures géminées contribue pour beaucoup à l'élégance de l'ensemble.

D'Essômes, gagner Montcourt, puis tourner à gauche dans la D 1400.
La route traverse le vignoble. Après le hameau de Mont-de-Bonneil sur la route d'Azy, **panorama** sur la boucle de Chezy et les lointains assez boisés de la Brie.

A Azy reprendre la D 969. Après la longue agglomération de Saulchery et Charly, prendre la D 11 vers Villiers-Saint-Denis puis la D 842 vers Crouttes.
Cette route procure une vue étendue, au Sud, sur la boucle de la Marne.

Crouttes – 594 h. Ce village vigneron doit son nom aux caves forées dans le rocher (du latin *cryptae*). Sur la place de la mairie, laisser la voiture. Monter à pied à l'église au site escarpé pittoresque.

De Crouttes, revenir à Charly par la D 969 puis traverser la Marne. Sur l'autre rive suivre la D 86 vers Nogent-l'Artaud.
Entre Nogent-l'Artaud et Chezy, agréable parcours dégagé au-dessus de la Marne, face aux pentes du vignoble.

Revenir à Château-Thierry par la D 15 et la D 1.

★★ Méandres de la MEUSE

Carte Michelin n° 🔢 plis 8, 18 ou 🔢 plis 2, 6, 10.

De Charleville à Givet, la Meuse française revêt son caractère le plus pittoresque : elle coule au milieu des schistes dans un profond et sinueux défilé, parfois nu, parfois boisé de chênes et de conifères (où se pratique la chasse au gros gibier : sangliers et chevreuils), et toujours sauvage malgré une certaine animation due aux ardoisières et aux industries métallurgiques.

Les écrivains romantiques, Victor Hugo et George Sand en particulier, ont célébré ces paysages d'une « grandiose horreur » avec ses pentes sombres se cachant parfois derrière un rideau de brouillard et de pluie. En automne, une lumière tout en nuances filtre à travers les bois.

En mai 1940, lorsque déferla l'attaque allemande (p. 24), de nombreuses localités riveraines furent endommagées et les ponts furent détruits.

Au travers des Ardennes – Longue de 950 km, la Meuse prend sa source à seulement 409 m d'altitude, au pied du plateau de Langres ; elle se jette dans la mer du Nord où ses eaux se mêlent à celles du Rhin. En aval de Charleville, ce fleuve de maigre débit, malgré l'apport de la Chiers près de Sedan, semble vouloir emprunter le sillon naturel qui relie Charleville à Hirson et à la haute vallée de l'Oise ; mais, se ravisant, la Meuse poursuit son cours au travers des terrains primaires du massif ardennais, haut plateau de grès, de granits et de schistes, redressés et plissés, dont l'altitude varie entre 200 et 500 m.

Dans le secteur ardennais, le caractère sinueux de la vallée s'explique par un phénomène que les géographes nomment « surimposition ». Le fleuve coulait, à l'origine, sur un sol nivelé par l'érosion, ce qui a permis la formation de méandres qui ont conservé leur tracé lorsque les terrains durs du sous-sol ont subi un relèvement.

Doublé par la voie ferrée Charleville-Givet, le fleuve est relié à l'Aisne par le canal des Ardennes (p. 63). La navigation n'y est pas très active, car plusieurs seuils rocheux en interdisent l'accès aux péniches de plus de 300 t alors qu'en aval de Givet son cours a été aménagé pour livrer passage à des péniches atteignant 1 350 t.

Des croisières, des excursions en bateau sont organisées sur la Meuse au départ de Charleville, Monthermé et Revin (voir le chapitre des « Renseignements pratiques » en fin de guide).

DE CHARLEVILLE À REVIN

40 km – environ 4 h – schéma p. 82

Charleville – *Voir à ce nom.*

Quitter Charleville par ② et la D 1 qui rejoint rapidement la Meuse.

Vue sur Nouzonville.

Nouzonville – 6 970 h. Centre industriel (métallurgie et mécanique) sur la rive droite de la Meuse, au débouché du vallon de la Goutelle, le long duquel s'échelonnent quelques usines métallurgiques traditionnelles qu'on reverra souvent au cours de la descente : forges, fonderies, etc., héritières d'une longue tradition d'industrie de la clouterie qui avait été amenée au 15ᵉ s. par les Liégeois fuyant Charles le Téméraire.

Continuer la D 1 jusqu'à Braux où l'on franchit la Meuse pour la première fois.

Du pont, perspective à gauche sur les quatre pointes du Rocher des Quatre Fils Aymon.

Château-Regnault – Cette localité fut le siège d'une principauté dont Louis XIV fit raser le château. Elle s'incurve au pied du **Rocher des Quatre Fils Aymon★** dont la silhouette, formée de quatre pointes de quartzite, évoque le légendaire cheval Bayard

Paysage des méandres de la Meuse.

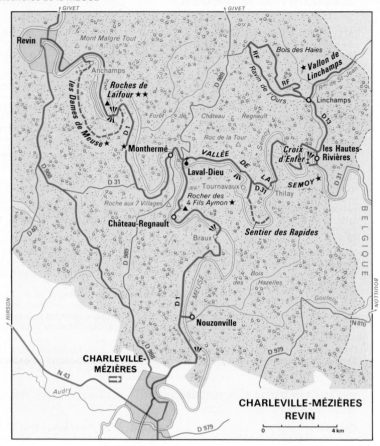

emporterant les quatre fils Aymon, poursuivis par les hommes de Charlemagne. On retrouve d'ailleurs les traces de cet illustre coursier au Rocher Bayard, près de Dinant en Belgique.

La D 1 passe ensuite sous la voie ferrée, avant de franchir la Semoy qui se jette dans la Meuse en face de Laval-Dieu.

Laval-Dieu – Faubourg industriel de Monthermé, Laval-Dieu doit sa naissance à une abbaye de prémontrés établie là au début du 12ᵉ s. L'église, ancienne abbatiale, se dissimule sous les arbres, dans un site paisible. C'est un édifice dont la grosse tour carrée du 12ᵉ s., en pierre de schiste apparente, contraste par sa rudesse avec l'élégance de la façade de la fin du 17ᵉ s. en briques à encadrements de pierre. Remarquer le chœur à chevet plat, orné de bandes lombardes, exemple unique dans la région.

★ **Vallée de la Semoy** – *Voir à ce nom.*

★ **Monthermé** – *Voir à ce nom.*

A Monthermé, la D 1 repasse sur la rive gauche, côtoyant la colline qui porte la Roche aux 7 Villages (p. 80) et traverse Deville avant d'atteindre Laifour (fonderies).

★★ **Roches de Laifour** – A 270 m au-dessus de la Meuse, les Roches de Laifour dessinent un promontoire aigu dont les pentes de schiste tombent à pic vers le fleuve ; le site est d'une grandeur sauvage.
Du pont, on jouit d'une **vue★★** impressionnante sur les Roches de Laifour et les Dames de Meuse ; remarquer, en aval, le canal latéral qui permet d'éviter un seuil rocheux.

★ **Les Dames de Meuse** – Cette ligne de crêtes aux pentes abruptes forme une masse noire, ravinée et déchiquetée, s'infléchissant en une courbe parallèle au fleuve, qui atteint 393 m d'altitude et domine le cours de la Meuse de près de 250 m.
Son nom lui viendrait de trois épouses infidèles, changées en pierre par la colère divine.

Un **chemin** se détache de la D 1 au Sud de Laifour, monte au Refuge des Dames de Meuse et atteint le rebord de la crête *(2 h à pied AR)* : la promenade procure une belle **vue★** sur la vallée et le village. De là, un sentier suit la ligne des crêtes et aboutit à Anchamps *(2 h 1/2 environ à pied).*

En auto, suivre la D 1 qui franchit la Meuse.

Cette route procure des vues imposantes sur les Dames.

DE REVIN A GIVET *44 km – environ 2 h*

Revin – *Voir à ce nom.*

Quitter Revin par la D 988.

La route court le long de la Meuse, se glissant dans une vallée très étroite.

Fumay – 5 363 h. Ancienne capitale de l'ardoise connue pour ses ardoises violettes alignées sur les bords de la Meuse, Fumay s'est spécialisée dans la fabrication de câbles téléphoniques et les fonderies de fonte.

La ville ancienne, aux rues étroites et tortueuses, occupe un site original, à cheval sur le pédoncule d'un méandre de la Meuse. Du pont, vue agréable sur l'étagement du vieux quartier.

La N 51 vers Givet, longeant la Meuse, mène en vue de la gare et du pont de Haybes.

Haybes – 2 071 h. (les Haybois). Du pont de Haybes, on découvre une jolie vue sur cette coquette station surnommée Haybes-la-Jolie.

De multiples promenades peuvent être effectuées au départ d'Haybes, notamment au **point de vue de la Platale :** vue sur Fumay *(2 km d'Haybes par la petite route touristique de Morhon : pique-nique aménagé)*, et à celui du **Roc de Fépin** *(8 km à l'Est par la D 7, route d'Hargnies ; accès signalé).*

La N 51 conduit à **Vireux-Molhain,** dans un bassin riant formé par la Meuse et le Viroin.

Sur le mont Vireux, des fouilles ont mis au jour un site gallo-romain et médiéval. On y voit des vestiges de l'enceinte médiévale et un four à pain du 14e s.

Ancienne collégiale de Molhain – Bâtie sur une crypte du 9e ou 10e s. et refaite au 18e s., elle revêt de l'intérêt, par son décor intérieur de stucs à l'italienne et par son mobilier. Remarquer le retable de l'Assomption du 17e s., au maître-autel ; une Mise au tombeau (début 16e s.), des statues du 14e au 16e s., des dalles funéraires du 13e au 18e s., parmi lesquelles celle d'Allard de Chimay qui sauva la vie de Philippe Auguste à Bouvines.

A 2 km de Vireux-Molhain, sur la N 51, apparaissent Hierges et son château.

Château de Hierges – Tout près de la frontière belge se détachent, sur un terre-plein rocheux, les ruines du château (du 11e et 16e s.), jadis siège d'une baronnie dépendant à la fois du prince-évêque de Liège et du duc de Bouillon. Il se présente comme une forteresse mais l'influence de la Renaissance apparaît dans la décoration des tours.

La N 51 atteint le méandre de Chooz dont la racine est coupée par un canal souterrain.

Centrale nucléaire des Ardennes ⊙ – Deux centrales nucléaires ont été construites sur le territoire de la commune de **Chooz.**

La première, dénommée « centrale nucléaire des Ardennes » ou Chooz (**A**), implantée sur la rive droite d'une boucle de la Meuse, a arrêté sa production d'électricité le 31 octobre 1991 après 24 ans de service.

Depuis 1982, une seconde centrale nucléaire Chooz (**B**), dotée de deux tranches de 1 400 MW, est en voie d'achèvement. Située sur la rive gauche de la Meuse, elle fournira 20 milliards de kWh par an. A l'entrée une salle rassemble maquette et documents expliquant la production de l'énergie nucléaire. Un belvédère aménagé permet d'avoir une vue d'ensemble sur le site.

Revenir à la N 51 qui, avant Givet, passe au pied de carrières de marbre noir.

Givet – *Voir à ce nom.*

Pour trouver la description d'une ville ou d'une curiosité isolée, consultez l'index.

★ MONTAGNE DE REIMS

Carte Michelin n° 🔢 plis 16, 17 ou 🔢 pli 21.

Couverte de vignes et couronnée de bois, la Montagne de Reims forme un massif pittoresque, riche en sites agréables.

La forêt de 20 000 ha fait partie du **Parc naturel régional de la Montagne de Reims** ⊙, créé en 1976, qui s'étend sur 50 000 ha entre Reims, Épernay et Châlons-sur-Marne. De nombreux aménagements y ont été réalisés : sentiers de promenade à partir de Villers-Allerand, Rilly-la-Montagne, Villers-Marmery, Trépail, Courtagnon et Damery, promenades le long du canal latéral à la Marne, aires de pique-nique, sites panoramiques à Ville-Dommange, Hautvillers, Dizy, Verzy, Châtillon-sur-Marne...

Forêt et vigne – Entre Vesle et Marne, la falaise de l'Ile-de-France (p. 12) dessine une avancée orientée en direction de la plaine champenoise qu'elle domine : c'est la Montagne de Reims comprenant la Grande Montagne à l'Est de la N 51 et, à l'Ouest de celle-ci, la Petite Montagne qui se prolonge par le Tardenois.

Le massif culmine à 287 m au Sud de Verzy mais, à l'exception du mont Sinaï (alt. 283 m) et du mont Joli (alt. 274 m), ne présente pas de sommets bien distincts. Il s'agit plutôt d'un plateau calcaire accidenté, couvert de sables ou de marnes, qui se creuse par endroits en étangs, en « fosses » et en gouffres donnant naissance à de petites rivières souterraines.

Dans la vaste forêt à prédominance de chênes, de hêtres et de châtaigniers, errent sangliers et chevreuils.

Sur les versants Nord, Est, Sud du massif, découpés par l'érosion, la roche disparaît sous son manteau de vignes, dont les crus figurent parmi les meilleurs de Champagne (p. 36).

CIRCUIT AU DÉPART DE LA N 51 A MONTCHENOT

79 km – environ 3 h

Prendre la D 26 vers Villers-Allerand.

La D 26 qui suit la côte Nord de la Montagne de Reims serpente à travers les vignes et les riches villages de Champagne.

Rilly-la-Montagne – 1 017 h. Bourg cossu, Rilly abrite un certain nombre de producteurs et négociants en Champagne. Dans l'église, des stalles sculptées du 16e s. représentent des sujets vignerons.

De Rilly s'effectuent des promenades sur les pentes du **mont Joli** sous lequel passe le tunnel, long de 3,5 km, qu'emprunte la voie ferrée Paris-Reims.

Verzenay – 1 175 h. Juste avant le village se découpe la silhouette d'un moulin à vent qu'on ne s'attend guère à rencontrer dans cette mer de vigne. De l'esplanade aménagée au bord de la D 26, **vue**★ sur une immense étendue de ceps et, au-delà, sur Reims et les monts de Champagne.

Verzy – 880 h. Très ancien bourg vigneron, il se développa sous la protection de l'abbaye bénédictine St-Basle, fondée au 7e s. par Saint Nivard, archevêque de Reims, et détruite en 1792.

★ **Faux de Verzy** – *Dans Verzy, prendre la D 34 en direction de Louvois. En arrivant sur le plateau, prendre à gauche la route des « Faux ». Du parking suivre le sentier sur 1 km environ.*

Les faux (du latin fagus, hêtre, qui a donné aussi « faou ») sont des hêtres tortillards, bas et tordus, au tronc noueux et difforme, dont les branchages forment de curieux dômes. Ce phénomène génétique pourrait avoir été favorisé par une disposition naturelle au marcottage. Le site est aménagé : promenades pour piétons, aire de jeux et de pique-nique.

Montagne de Reims — Les Faux de Verzy.

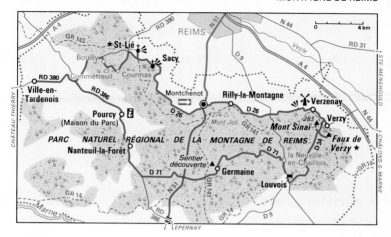

Observatoire du Mont Sinaï – *Parking de l'autre côté de la D 34. Prendre à pied la route forestière puis après 200 m tourner à droite dans un chemin très large. 1/2 h AR.*

Sur le bord de la crête, une casemate situe l'observatoire d'où le général Gouraud étudiait le secteur de la bataille de Champagne. Vue étendue en direction de Reims et des monts de Champagne.

Reprendre la D 34 vers Louvois.

Louvois – 362 h. Édifié par Mansart à l'intention du ministre de Louis XIV, le **château de Louvois** *(on ne visite pas)* appartint à Mesdames, filles de Louis XV. Cette somptueuse demeure entourée d'un parc conçu par Le Nôtre fut en grande partie démolie de 1805 à 1812. De la grille du Parc, on aperçoit le château actuel, reste d'un pavillon partiellement reconstruit au 19e s. Dans le bourg, l'église de campagne du 12e s. a été récemment restaurée.

Reprendre la D 9 au Nord jusqu'à la Neuville-en-Chaillois puis prendre à gauche la D 71 à travers la forêt.

Germaine – 305 h. Le Parc naturel régional a aménagé la **« maison du bûcheron »** ⊙ (station de l'Écomusée de la Montagne de Reims), petit musée évoquant l'exploitation de la forêt : martelage, débroussaillage, coupe de taillis, abattage, débardage, etc., et les différents métiers concernés : bûcheron, fendeur de lattes, scieur de long... Tous les objets présentés proviennent de la Montagne de Reims. Un sentier de découverte de la forêt se trouve à proximité.

La D 71 traverse la N 51 et se poursuit au-delà de St-Imoges ; tourner à droite dans la RD 386 vers Nanteuil-la-Forêt.

Nanteuil-la-Forêt – 142 h. Dans un site sauvage, au creux d'un vallon étroit que cerne la forêt, Nanteuil-la-Forêt eut jadis un prieuré de Templiers.

Pourcy – 128 h. La **Maison du Parc** ⊙ construite dans la vallée de l'Ardre abrite les bureaux administratifs du Parc régional, un centre d'information et de documentation et une salle d'exposition temporaire. Conçue par l'architecte Hervé Bagot, elle se compose de quatre bâtiments s'organisant autour d'une cour fermée rappelant les bâtiments agricoles en zone rurale.

Après Chaumuzy, tourner à gauche dans la RD 380.

Ville-en-Tardenois – 332 h. L'église du 12e s. est surmontée d'une belle tour à toit en bâtière.

Reprendre la RD 380 en sens inverse puis passer par Bouilly.

Après Bouilly, dans un virage, une grille en fer forgé s'ouvre sur le **domaine de Commetreuil** ⊙, propriété du Parc régional qui y a installé une station de monte des Haras nationaux. Possibilité de promenades à pied.

Poursuivre par Courmas puis tourner à gauche dans la D 6.

★ **Chapelle St-Lié** – Située sur une « motte » près de Ville-Dommange, elle se cache dans un bosquet qui fut sans doute un « bois sacré » gallo-romain ; en lisière se dresse une croix en fer forgé, portant les instruments de la Passion *(voir illustration p. 9)*. Dédiée à un ermite du 5e s., la chapelle des 12e, 13e et 16e s. est entourée de son cimetière.

Vue★ très étendue sur la côte, Reims dominée par sa cathédrale, et la plaine jusqu'au massif de St-Thierry.

Sacy – 363 h. L'église St-Remi possède un chevet de la fin du 11e s., et une tour carrée du 12e s. Du cimetière attenant, vue sur Reims.

La D 26 ramène à la N 51.

De nombreux terrains de camping offrent des commodités (magasins, bars, restaurants, laveries), et des distractions (salle de jeux, tennis, golf miniature, jeux pour enfants, piscine...)

*Consultez le **guide Michelin Camping Caravaning France** de l'année.*

★ Ancienne chartreuse du MONT DIEU

Carte Michelin n° 56 Nord du pli 9 ou 241 pli 14.

Accès signalé sur la D 977 qui traverse la forêt domaniale du Mont Dieu.

La chartreuse occupe un vallon austère formant clairière, au pied des crêtes de l'Argonne que couvre une futaie de hêtres.

Fondée en 1132, par Odon, abbé de St-Remi de Reims, après sa visite de la Grande Chartreuse dans le Dauphiné, cette chartreuse prospère occupait plus de 12 ha à l'abri d'une triple enceinte.

Elle souffrit des guerres de Religion au 16e s. du fait de sa proximité avec Sedan, fief protestant, devint prison sous la Révolution puis fut partiellement démolie. Il en subsiste des bâtiments du 17e s., d'une certaine sévérité tempérée par la couleur chaude de la brique rose et les encadrements de pierre des portes et des fenêtres.

L'ensemble, entouré de douves en eau, se détache sur le vert des prés, enserrés par la couronne sombre des bois. Son site isolé évoque la vie de silence des moines de l'ordre de saint Bruno.

★ MONTHERMÉ
2 866 h. (les Baraquins)

Carte Michelin n° 53 pli 18 ou 241 pli 6 – Schém p. 82.

Principal centre d'excursions dans les vallées de Meuse et de Semoy, Monthermé est située en aval du confluent de ces deux rivières. Très animée durant les beaux jours, l'agglomération s'étire sur près de 2 km, sur la rive droite de la Meuse (Ville Neuve) et sur la rive gauche (Vieille Ville). Du pont qui relie les deux quartiers, jolie vue sur le site de la ville.

Un évêque du 6e s., Ermel, a donné son nom à la ville, longtemps appelée Mont-Ermel.

Vieille ville – Une longue rue bordée de maisons anciennes mène à l'**église St-Léger** ⊙ (12e-15e s.) construite en belle pierre de Meuse et fortifiée. A l'intérieur : fresques du 16e s., cuve baptismale romane, chaire du 18e s.

★ **Roche à 7 Heures** – *2 km par la route de Hargnies, puis au sommet à gauche le chemin goudronné.* De cet éperon rocheux, **vue**★ plongeante sur Monthermé et le méandre de la Meuse, en amont Laval-Dieu et ses usines, puis Château-Regnault et le Rocher des Quatre Fils Aymon.

★★ **Longue Roche** – *Au-delà de la Roche à 7 Heures, le chemin goudronné continue, sur 400 m, jusqu'à un parking. Poursuite à pied (1/2 h AR) jusqu'au belvédère.*
La Longue Roche (alt. 375 m) détermine un éperon dominant la Meuse de 140 m. Un sentier des crêtes offre une vue plongeante sur la vallée en différents endroits. La **vue**★★ est plus sauvage et plus nette que celle de la Roche à 7 Heures.

Boucle de Monthermé.

★★ **Roc de la Tour** – *3,5 km à l'Est, plus 20 mn à pied AR. La route d'accès se détache de la D 31 à la sortie de Laval-Dieu, à gauche ; elle monte à travers bois le long du vallon formé par le torrent de la Lyre. Laisser la voiture et emprunter le sentier allant au Roc.*

D'aspect ruiniforme (quartzite), entouré de bouleaux, il occupe un site impressionnant, en balcon sur la Semoy : **vue**★★ immense sur les croupes boisées de l'Ardenne.

★★ **Roche aux 7 Villages** – *3 km au Sud. Prendre la route de Charleville (D 989) : dans la montée, la vue s'étend peu à peu sur la vallée.*

Un escalier conduit au sommet de ce piton émergeant de la forêt, d'où se révèle une **vue**★★ remarquable sur les sinuosités de la Meuse que jalonnent sept villages de Braux à Deville ; on reconnaît, à côté de Château-Regnault, la silhouette déchiquetée du Rocher des Quatre Fils Aymon.

★ **Roche de Roma** – Alt. 333 m. *Au-delà de la Roche aux 7 Villages, au terme de la côte, un chemin conduit au belvédère de la Roche de Roma.* **Vue**★ sur le méandre de la Meuse, entre Monthermé et Deville.

MONTIER-EN-DER
2 023 h. (les Dervois)

Carte Michelin n° 🖪🖪 pli 9 ou 🖪🖪🖪 pli 34.

Détruit par l'artillerie en juin 1940, Montier-en-Der a été reconstruit sur un plan aéré avec d'agréables jardins publics, tel le jardin Napoléon.
Montier est né d'un monastère établi par les bénédictins sur les rives de la Voire. C'est la capitale d'un « pays » de la Champagne humide, le **Der**, plaine de sables et d'argiles, jadis couverte de bois de chênes (der en langue celtique signifie chêne) que défrichèrent, au Moyen Age, les moines venus s'installer dans la région ; la forêt du Der au Nord-Est en est le vestige principal.
Aujourd'hui partagé en prairies où paissent chevaux et bovins, en bois et en étangs (brochets estimés), le Der garde une grande originalité, surtout dans ses villages, entourés de vergers (mirabelliers), aux maisons basses à torchis et pans de bois dominées par l'église à clocher pointu souvent couvert d'écailles de bois.

Église Notre-Dame – C'est l'ancienne abbatiale St-Pierre-St-Paul. En 672, un groupe de moines s'installaient sur les rives de la Voire. Dirigés par saint Berchaire, fondateur d'Hautvillers *(p. 74)* et ancien moine de Luxeuil, ils fondèrent un monastère qui adopta la règle de Colomban (moine irlandais, fondateur de l'abbaye de Luxeuil). Ils défrichèrent la forêt et drainèrent les marécages, mais l'un d'eux assassina Berchaire en 685. De l'église du 7ᵉ s., il ne reste rien, pas plus que de celle du 9ᵉ s. Par contre, la nef de l'édifice élevé par l'abbé Adson subsiste. Adson venait lui aussi de Luxeuil et il avait été écolâtre à St-Epvre. Fin lettré, ami de Gerbert, il fut à l'origine du rayonnement de l'abbaye. Il mourut cependant avant la consécration de l'église en 998. Cette dernière fut remaniée aux 11ᵉ et 13ᵉ s. (destruction de l'abside préromane, remplacée par un chœur plus vaste). Les bâtiments abbatiaux, détruits par un incendie en 1735 et reconstruits en 1775, furent transformés en haras en 1811 puis finalement rasés en 1850. L'église a brûlé en juin 1940 à la suite d'un bombardement allemand, mais elle a été remarquablement restaurée : la nef et le clocher ont été restitués dans leur état primitif.
La **nef** se présente sous l'aspect d'un vaisseau sobre et sévère de 36,50 m de longueur. Huit grandes arcades en plein cintre reposent sur des piles rectangulaires assez basses ; au-dessus des baies géminées sont divisées par des colonnettes cylindriques ou polygonales, au-dessus encore des fenêtres hautes percent un grand mur nu. La voûte de bois reproduit celle qui existait au 16ᵉ s.
Le **chœur**★ (12ᵉ-13ᵉ s.) relève du plus beau style gothique primaire champenois. L'élément le plus impressionnant en est, à l'intérieur, le rond-point à quatre étages :
– grandes arcades reposant sur des colonnes jumelées que décorent de curieux masques grotesques,
– tribune à arcatures géminées que surmonte un oculus,
– triforium à triples arcatures trilobées,
– fenêtres hautes délimitées par des colonnettes.
Le déambulatoire est séparé des chapelles rayonnantes par une file de colonnes détachées, selon la formule champenoise ; la chapelle absidale, très profonde, présente une harmonieuse voûte gothique à nervures rayonnantes.

Haras ⊘ – Situé à l'emplacement de l'ancienne abbaye, à gauche de l'église Notre-Dame, il abrite une quarantaine d'étalons et quinze chevaux pour la remonte des sociétés hippiques.

LES ÉGLISES DU DER

De Montier-en-Der à Châtillon-sur-Broué
37 km – environ 2 h

Quitter Montier-en-Der par la route de Brienne.

Ceffonds – 608 h. Le père de Jeanne d'Arc serait né dans ce village. L'**église St-Remi,** reconstruite au début du 16ᵉ s., autour de son clocher roman, s'élève dans le cimetière désaffecté qui a gardé sa croix de pierre, du 16ᵉ s. Accès par un portail Renaissance plaqué sur la façade en 1562 ; au revers de cette façade, une peinture murale, du 16ᵉ s., représente saint Christophe ; dans la 1ʳᵉ chapelle à droite, curieux fonts baptismaux, en pierre ; dans la chapelle du Sépulcre, à gauche, Mise au tombeau du 16ᵉ s. comprenant un ensemble de dix statues de pierre polychrome.
Le transept et le chœur sont ornés d'intéressants **vitraux**★ du 16ᵉ s., œuvres des ateliers troyens *(voir p. 35)* :

dans le chœur, de gauche à droite, la Légende de saint Remi, la Passion et la Résurrection du Christ, la Création ;
– dans le transept, à gauche du chœur, la Légende des saints Crépin et Crépinien, patrons des tanneurs et des cordonniers qui ont offert la verrière ;
– dans le transept, à droite du chœur, un Arbre de Jessé.
En sortant de l'église, voir une vieille maison à pans de bois.

Revenir vers Montier-en-Der et prendre à gauche la D 173.

Puellemontier – 185 h. Ses maisons à pans de bois se dispersent dans les prairies. Un clocher effilé signale l'**église,** qui présente une nef du 12ᵉ s. et un chœur du 16ᵉ s. : à l'intérieur, dans le bras droit du transept, deux statues (16ᵉ s.) représentant sainte Cyre et sainte Flora encadrent un Arbre de Jessé (vitrail de 1531). Ce vitrail fait partie d'un bel ensemble provenant des ateliers troyens du 16ᵉ s. *(voir p. 35).*

Continuer la D 173 puis la D 62.

On côtoie le calme **étang de la Horre** (250 ha), tapi dans les hautes herbes.

★ **Lentilles** – *Voir à ce nom.*

Prendre à droite vers Chavanges.

Chavanges – 728 h. L'église des 15ᵉ-16ᵉ s., avec un portail remontant au 12ᵉ s., conserve un intéressant ensemble de vitraux du 16ᵉ s. et des statues du 14ᵉ au 16ᵉ s. En face de l'église s'élèvent deux belles maisons à pans de bois du 18ᵉ s. agrémentées d'une tourelle carrée.

La D 56, à l'Est, mène à Bailly-le-Franc.

Bailly-le-Franc – 32 h. Très peu restaurée au cours des siècles, c'est la plus simple et la plus authentique des églises de Der.
Cet itinéraire se poursuit par la D 56 et la D 655 qui traverse **Outines** *(p. 66)* puis la D 55 jusqu'à **Châtillon-sur-Broué** *(p. 66).*

MONTMIRAIL

3 812 h. (les Montmiraillais)

Carte Michelin n° 🄼🄼 pli 15 ou 🄼🄼🄼 plis 21, 22.

Petite ville ancienne, jadis fortifiée, Montmirail étage ses maisons basses et crépies sur le versant d'un promontoire dominant la rustique vallée du Petit Morin.
Le **château** (17ᵉ s.) est bâti dans le style Louis XIII.

« De viris illustribus » – Paul de Gondi, futur **cardinal de Retz,** naît en 1613 au château. **Vincent de Paul,** précepteur dans la famille de Gondi, y résida souvent. En 1685, le ministre de Louis XIV, le sévère **Louvois,** acheta le domaine, le remania, fit redessiner les jardins à la française et accueillit le Roi-Soleil. Son arrière-petite-fille épousa le duc François de La Rochefoucauld dont les descendants possèdent encore le château. 1814, enfin : c'est la Campagne de France *(voir p. 22).* A 4 km au Nord-Ouest de Montmirail, sur la RD 33, une colonne surmontée d'un aigle doré (1867) évoque le souvenir d'une des dernières batailles remportées par **Napoléon,** le 11 février, sur les troupes russes et prussiennes.
Un siècle plus tard, le 5 septembre 1914, l'armée allemande de von Bülow installe son quartier général à Montmirail. Elle y est attaquée par les armées de Foch et Franchet d'Esperey. Une stèle rappelle que des St-Cyriens ont été tués en casoar et gants blancs. Comme ils en avaient fait le serment, la ligne de la Marne était maintenue.

MONTMORT-LUCY

583 h.

Carte Michelin n° 🄼🄼 plis 15, 16 ou 🄼🄼🄼 pli 25.

Occupant un site plaisant au-dessus du Surmelin, Montmort-Lucy est un point de départ pour d'agréables promenades dans la vallée et dans les forêts voisines.

Château ⊙ – Placé sur une éminence et commandant le passage du Surmelin, ce château, dont certaines parties remontent au 12ᵉ s., fut reconstruit à la fin du 16ᵉ s. Il appartient au début du 18ᵉ s. à Pierre Rémond de Montmort (1678-1719), mathématicien estimé qui publia un « Essai d'analyse sur les jeux du hasard ». En 1914, c'est sur sa pelouse que le général von Bülow annonça la retraite de la Marne.
Présentant un bel appareil de briques à parements de pierre blanche, il garde un aspect féodal avec ses douves de 14 m de haut. Lors de la visite, on découvre le four à pain bien conservé, un beau portail Renaissance (1577), la salle des gardes et la cuisine. On redescend vers la partie basse du château par une rampe à chevaux rappelant celle du château d'Amboise.

Église – Encore entourée d'un cimetière, elle suscite l'intérêt par son porche, sa nef romane, son premier transept du 13ᵉ s., son second transept et son chœur du début du 16ᵉ s. (vitraux de la même époque). Dans la nef, chaire du 18ᵉ s.

ENVIRONS

Forêt de la Charmoye – *Circuit de 12 km – environ 1/2 h.*

Prendre à l'Est la D 38.

La route suit la verte et solitaire vallée du Surmelin, côtoyant le château de la Charmoye, ancienne abbaye, puis pénètre en forêt de la Charmoye.

Prendre la 1ʳᵉ route à droite, vers Étoges, qui traverse de profonds sous-bois puis, de nouveau à droite, la D 18 vers Montmort.

Le château apparaît alors, rose sous ses toits bleus.

★ Château de la MOTTE-TILLY

Carte Michelin n° 61 pli 4 ou 237 pli 33 (6 km au Sud-Ouest de Nogent-sur-Seine).

Le **château de la Motte-Tilly** ⊙ a été ouvert au public, grâce au legs de la marquise de Maillé (1895-1972), archéologue et historien d'art. Il rassemble un mobilier de famille restauré, enrichi et réagencé avec une prédilection éclairée pour le 18ᵉ s.

Le château, d'architecture simple mais noble, fut élevé à partir de 1754 sur la terrasse naturelle dominant la Seine par les frères Terray, nom connu dans l'histoire pour la carrière du plus célèbre d'entre eux, l'abbé Terray (1715-1778), contrôleur des Finances sous Louis XV. Les toits d'une hauteur considérable pour l'époque, les arcades reliant le bâtiment aux pavillons annexes caractérisent la façade Sud, du côté de la route. Les salons du rez-de-chaussée joignent à l'éclat de leurs ensembles mobiliers et décoratifs une luminosité émanant des boiseries peintes et de la lumière tamisée. Une ambiance raffinée règne dans le salon d'automne, peint d'un décor de faux marbre, dans le Grand Salon, ouvrant sur la perspective principale (prolongée, au-delà de la Seine invisible, par une allée forestière), dans la bibliothèque.

La Motte-Tilly.

Au 1ᵉʳ étage, deux pièces rappellent le souvenir de la donatrice : sa chambre à coucher tendue de vert ; la chambre Empire du comte de Rohan-Chabot, son père. Après la visite, gagner la façade Nord du château, dont l'avant-corps bâti en pierre est un luxe dans cette région pauvre en matériaux de construction durables.

Parc – La perspective principale, au Nord du château, est marquée par le bassin du « Miroir ». Derrière le grand canal perpendiculaire à ce plan d'eau une charmille coupe la vue, masquant intentionnellement une route et la Seine.

★ MOUZON

2 637 h. (les Mouzonnais)

Carte Michelin n° 56 pli 10 ou 241 plis 10, 14.

Cette petite ville, arrosée par la Meuse, fut à l'origine un marché gaulois (Mosomagos) puis un poste romain. Clovis en fit don à saint Remi. Les archevêques de Reims y séjournèrent fréquemment.

Réunie à la France par Charles V en 1379, Mouzon fut souvent assiégée : par les Impériaux en 1521 (entrée de Charles Quint), par les Espagnols en 1650 – on peut voir encore quelques vieilles maisons espagnoles – et par Condé en 1658. Des fortifications démolies en 1671, subsiste encore la **porte de Bourgogne**, du 15ᵉ s.

Mouzon est le siège d'une usine Sommer, la dernière en France à produire du feutre industriel.

CURIOSITÉS

★ **Église Notre-Dame** – La construction de cette ancienne abbatiale, commencée à la fin du 12ᵉ s., fut achevée en 1231, sauf la tour Nord terminée au 15ᵉ s. et la tour Sud, au 16ᵉ s. Le portail central de la façade est richement sculpté : au trumeau, Vierge à l'Enfant ; au tympan, de gauche à droite et de bas en haut : mort de la Vierge, martyre de sainte Suzanne et de saint Victor de Mouzon, Visitation, Couronnement de la Vierge, Annonciation.

L'intérieur est imposant : 65 m de longueur, 21 m de hauteur sous voûte. La nef et le chœur reposent sur de gros piliers ronds, comme à Laon, dont Mouzon reproduit le plan primitif, et à N.-D. de Paris. Un étage de galeries fait le tour de la nef et du chœur ; au-dessus court un triforium aveugle. De chaque côté du chœur et des bras du transept, jolie perspective sur les galeries qui surmontent le déambulatoire et les chapelles rayonnantes. Le mobilier du 18ᵉ s. est intéressant, tout particulièrement l'orgue et le buffet d'orgue en bois sculpté (1725), seul vestige de l'œuvre du facteur Christophe Moucherel dans le Nord de la France.

Musée du Feutre ⊙ – Installé dans une ancienne ferme de l'abbaye, ce musée est consacré à l'histoire et à l'élaboration du feutre depuis son utilisation la plus artisanale (tapis et manteaux des éleveurs nomades afghans ou turcs) à son usage le plus industriel (revêtement de sol, filtre d'aspirateur) en passant par des productions plus connues comme les chapeaux, les chaussons ou des articles de décoration. La reconstitution au quart d'une chaîne de fabrication permet de voir comment s'élabore industriellement le feutre. Un atelier d'art contemporain présente des réalisations artistiques en feutre, et des animations offrent aux enfants et aux adultes la possibilité de s'essayer au « feutrage ».

MUSSY-SUR-SEINE

Carte Michelin n° 61 Sud du pli 18 ou 241 pli 46.

Appelé autrefois « Mussy-l'Évêque », c'était le lieu de villégiature des évêques de Langres qui y possédaient leur château d'été (occupé aujourd'hui par la mairie). Mussy a conservé quelques maisons anciennes des 15e et 16e s.

Église St-Pierre-ès-Liens ⊙ – Édifiée à la fin du 13e s., elle frappe par ses vastes dimensions. Son abside présente de grandes analogies avec St-Urbain de Troyes *(p. 124).* Elle abrite de nombreuses statues. Remarquer :
– le Saint Jean-Baptiste, haut de 2 m, dans la chapelle des fonts baptismaux ;
– le tombeau du 14e s. avec les gisants des fondateurs de l'église et une statue de la Sainte Trinité du 15e s. dans le croisillon Nord ;
– une statue de l'archange saint Michel terrassant le dragon et pesant les âmes (15e s.) contre le mur de la chapelle fermée du bas-côté gauche.

Musée de la Résistance ⊙ – Dans une pièce sont réunis quelques souvenirs évoquant le maquis de Grancey en 1944.

Monument de la ferme NAVARIN

Carte Michelin n° 56 Nord du pli 18 ou 241 Nord du pli 22.

Au point culminant (alt. 92 m) du plateau qui fut le théâtre principal de la bataille de Champagne, ce monument commémore les combats d'octobre 1914 et de septembre 1915.
L'œuvre montre trois soldats. L'un évoque le **général Gouraud,** commandant de la 4e Armée, un autre le lieutenant **Quentin Roosevelt,** fils du président Theodore Roosevelt, tué en 1918 dans le Tardenois. Le général Gouraud est inhumé dans la crypte.

NOGENT-SUR-SEINE

Carte Michelin n° 61 plis 4, 5 ou 237 pli 33.

Dominée par les silhouettes des moulins, des silos et les deux tours de réfrigération de la centrale nucléaire, Nogent occupe les deux rives de la Seine et une île reliée au gros de l'agglomération par un moulin construit sur le bras de la rivière. Le quai de la rive droite offre, à hauteur de la **maison dite de Henri IV,** une agréable vue du fleuve et de la ville.

CURIOSITÉS

Église St-Laurent ⊙ – Élevée au 16e s., elle associe les styles gothique flamboyant et Renaissance. A gauche du portail principal s'élève une majestueuse tour dont l'ornementation est Renaissance. Elle est surmontée d'une lanterne qui affecte la forme d'une cage d'écureuil sur laquelle est posée la statue de saint Laurent portant le gril, instrument de son martyre.
Les collatéraux Renaissance sont percés de larges baies. Les contreforts portent des chapiteaux ouvragés et d'originales gargouilles. Au portail Sud : beau fronton.
A l'intérieur les chapelles au décor Renaissance abritent quelques œuvres d'art : tableau représentant le martyre de saint Laurent attribué à Eustache Lesueur *(5e chapelle du bas-côté droit),* grand retable sculpté dans l'ensemble du mur avec les emblèmes de la Vierge Marie *(5e chapelle du bas-côté gauche).*

Musée Paul-Dubois – Alfred-Boucher ⊙ – La collection archéologique provient des fouilles effectuées dans le Nogentais : poteries gallo-romaines trouvées à Villeneuve-au-Chatelot, monnaies... Au 1er étage, peintures et plâtres d'artistes régionaux dont les deux sculpteurs qui ont donné leurs noms au musée.

ENVIRONS

Centrale nucléaire de Nogent-sur-Seine ⊙ – *4 km au Nord-Est.* Située sur la rive droite de la Seine, en amont de Nogent, elle comprend deux unités de production REP (réacteur à eau pressurisée) de 1 300 MW. Un centre d'information permet au visiteur de se familiariser avec le fonctionnement d'une centrale nucléaire (maquette).

★ **Château de la Motte-Tilly** – *6 km au Sud-Ouest par la D 951. Voir à ce nom.*

Ancienne abbaye du Paraclet ⊙ – *6 km au Sud-Est par la N 19 et la D 442.*
Abélard s'installa dans ce lieu désert avec un seul clerc. Il commença par construire un modeste oratoire de roseaux et de chaume. Mais il ne resta pas longtemps dans l'isolement, car il fut rejoint par une foule de disciples, qui se mirent à camper autour de l'oratoire. Ce dernier ne tarda pas à être édifié en pierre : « Il fut appelé Paraclet, en mémoire de ce que j'y étais venu en fugitif et qu'au milieu de mon désespoir, j'y avais trouvé quelque repos dans les consolations de la grâce divine », écrit Abélard. **Héloïse** en devint abbesse en 1129 *(voir p. 17).* De l'abbaye, il ne reste qu'un cellier sous les bâtiments d'une ferme briarde. Derrière la chapelle, un obélisque marque l'emplacement de la crypte où se trouvaient les cercueils d'Héloïse et d'Abélard. Transportés au 15e s. dans la grande église du Paraclet, leurs restes furent enlevés sous la Révolution. Ils reposent actuellement au cimetière du Père-Lachaise à Paris.

OMONT
52 h.

Carte Michelin n° 🖾 Nord-Est du pli 8 ou 🖾 pli 14.

Village presque abandonné, Omont reste cependant un chef-lieu de canton en témoignage du rôle qu'il joua sous l'Ancien Régime comme forteresse et comme prévôté, justifiant le dicton : « Vin de Mouzon, pain de Sapogne, justice d'Omont. » Il couronne une crête à 230 m d'altitude, isolé dans la vaste forêt de Mazarin, celle-là même qui fut dilapidée au 18ᵉ s. par la duchesse de Mazarin, joueuse effrénée.
Au point le plus élevé se trouve l'église du 17ᵉ s. ; on reconnaît l'emplacement du château qui, tenu par les Ligueurs, fut assiégé en 1591 par Henri IV. Vues étendues.

ORBAIS-L'ABBAYE
602 h.

Carte Michelin n° 🖾 pli 15 ou 🖾 pli 22 (9,5 km au Nord-Ouest de Montmort).

Orbais doit sa renommée à une importante abbaye bénédictine fondée au 7ᵉ s. C'est à la fois un but de promenade et un point de départ pour des excursions dans la vallée du Surmelin et la forêt de Vassy.

★ **Église** ⊘ – Elle est constituée par le chœur et le transept de l'abbatiale ainsi que par deux des travées primitives de la nef (l'une servant de porche, l'autre à l'intérieur). Les autres travées et la façade à deux tours furent détruites en 1803. La construction (fin des 12ᵉ s., 13ᵉ s.) fut dirigée selon toute vraisemblance par Jean d'Orbais, l'un des maîtres d'œuvre de la cathédrale de Reims *(voir p. 102).*
En faisant le tour extérieur du monument, admirer l'élévation, d'une sobre harmonie ; remarquer la disposition originale des arcs-boutants du transept et de l'abside se rejoignant sur la même culée de contrefort ; la flèche légère, qui surmonte la croisée du transept, date du 14ᵉ s.
A l'intérieur, la pureté de l'architecture séduit le visiteur. Le **chœur**★, à déambulatoire et chapelles rayonnantes, est considéré comme le prototype de celui de la cathédrale de Reims ; le rond-point est remarquable par l'équilibre de ses lignes : des arcades aiguës supportent un triforium élancé et des fenêtres hautes que surmontent des « oculi ».
L'entrée du transept qui sert de nef est garnie de stalles réalisées au début du 16ᵉ s. : les parcloses portent des effigies d'apôtres, à l'exception des deux premières ornées de sculptures représentant à droite l'Arbre de Jessé, à gauche la Vierge. Détailler miséricordes et jouées aux amusantes figures de fantaisie. Dans la chapelle absidale, un vitrail du 13ᵉ s. subsiste, présentant des scènes de l'Ancien Testament. Les fenêtres hautes conservent quelques fragments de vitraux en grisaille.
Il subsiste une grande partie des bâtiments conventuels. On peut y voir une très belle salle du 18ᵉ s. à double travée couverte de croisées d'ogives. Elle est utilisée comme chapelle d'hiver.

★★ Parc naturel régional de la forêt d'ORIENT

Carte Michelin n° 🖾 plis 17, 18 ou 🖾 plis 37, 38.

Créé en 1970 autour du lac artificiel d'Orient, le Parc couvre une superficie de 70 000 ha englobant 50 communes dont Brienne-le-Château *(voir à ce nom)* et Vendeuvre-sur-Barse *(voir à ce nom).* Situé à la limite entre la Champagne crayeuse et la Champagne humide, ses paysages présentent une grande variété. Les objectifs du Parc comprennent la préservation de l'équilibre naturel (faune et végétation), la sauvegarde du patrimoine culturel et architectural et le développement d'équipements touristiques *(voir le schéma).*

La forêt d'Orient – Reliquat de l'immense forêt du Der qui couvrait la région du Pays d'Othe aux coteaux de St-Dizier, la forêt d'Orient occupe 10 000 ha de terrains humides parsemés d'étangs chargés d'histoire. En effet, ses anciens propriétaires, les Chevaliers d'Orient, Hospitaliers et Templiers, lui donnèrent son nom. Après les destructions consécutives à la dernière guerre mondiale, certains espaces furent enrésinés par l'introduction d'essences forestières comme le pin sylvestre, l'épicéa, le sapin pectiné ou de Vancouver... Cependant, le chêne pédonculé domine cette chênaie-charmaie traitée en futaie régulière et taillis sous-futaie *(voir le sentier éducatif en forêt).*
Deux sentiers de grande randonnée et des chemins de petite randonnée la sillonnent, en faisant le lieu privilégié de promenades à pied ou à bicyclette : 140 km de circuits sont balisés et répertoriés dans un topo-guide.

Les lacs de la forêt d'Orient – Trois lacs, servant de réservoirs pour régulariser les cours de la Seine et de l'Aube, agrémentent le parc naturel régional.
Mis en eau en 1966, le **lac d'Orient** forme un superbe plan d'eau de 2 500 ha offrant de nombreuses possibilités de loisirs. On compte deux ports de plaisance ainsi que trois plages de sable à Géraudot, Lusigny-sur-Barse et Mesnil-St-Père. Le lac permet de pratiquer nombre de sports tels que la voile, la plongée ou la pêche, autorisée sur l'ensemble du lac à l'exception de l'anse Nord-Est, occupée par une réserve ornithologique. Une route touristique en fait le tour et offre de beaux points de vue, notamment entre Mesnil-St-Père et la maison du Parc.
Le lac du Temple, mis en eau en 1991 et d'une superficie de 2 300 ha, est le rendez-vous des pêcheurs.
Le lac Amance, plus petit, 500 ha, est réservé aux activités motonautiques.
Ces deux derniers lacs, reliés entre eux par un canal de jonction de 1 600 m, sont constitués par les cuvettes naturelles de l'Amance, de l'Auzon et du Temple, tous trois affluents de l'Aube.

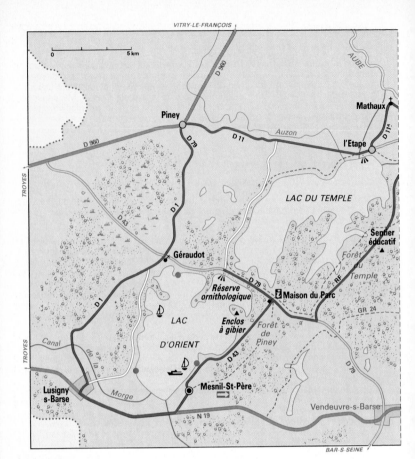

VISITE

Circuit de 64 km – environ une demi-journée. Partir de Mesnil-St-Père.

Mesnil-St-Père – Base nautique la plus importante du lac d'Orient, elle comprend une plage et des écoles de voile.
Des **excursions sur le lac** ⊙ sont proposées à bord de la vedette panoramique « Winger ».

Emprunter la D 43 en direction de la Maison du Parc.

Enclos à gibier ⊙ – Situé sur une presqu'île de 89 ha sur la rive Est du lac, cet enclos permet de découvrir la faune locale.
Deux observatoires placés à l'orée de la forêt donnent vue sur les sangliers, cerfs et chevreuils qui évoluent ici en semi-liberté. Les premiers sont omnivores et se nourrissent principalement de glands, tubercules, rongeurs et insectes. Ils restent actifs le jour et la nuit, ce qui rend leur approche aisée. Les cerfs et chevreuils ont au contraire un régime herbivore (herbe, mûres, chardons, champignons...) et des mœurs nocturnes. C'est au prix d'une longue et silencieuse attente que l'on peut, parfois, en apercevoir quelques-uns.

Poursuivre sur ce chemin jusqu'à la Maison du Parc.

La Maison du Parc ⊙ – Beau bâtiment en briques à pans de bois, cette maison champenoise ancienne a été déplacée pour être remontée dans la forêt de Piney. Elle abrite un centre d'information sur les aménagements du parc ainsi qu'une galerie d'expositions.

Prendre la D 79 en direction de Géraudot.

La réserve ornithologique – Aménagée dans la partie Nord-Est du lac, cette zone réservée au gibier d'eau est protégée. L'**observatoire des oiseaux du lac** permet de suivre les évolutions des poules d'eau, canards, mouettes rieuses, grues cendrées, hérons cendrés, oies sauvages s'arrêtant annuellement sur le lac.

Reprendre, en sens inverse, la D 79 pendant 4 km puis tourner à gauche dans la route forestière du Temple.

Le sentier éducatif en forêt – Aménagé dans la forêt du Temple par l'Office national des forêts en collaboration avec le Parc naturel régional de la forêt d'Orient, ce sentier permet de découvrir la diversité des essences, à l'aide de panneaux désignant les différents arbres ainsi que leurs utilisations et leurs modes d'exploitation.

Poursuivre cette route forestière jusqu'à Radonvilliers puis tourner à droite sur la D 11 en direction de Dienville.

A l'entrée de la ville, la toute récente station nautique et de loisirs **Port Dienville** accueille, sur le lac Amance, tous les amoureux de motonautisme. Entouré d'un port aménagé de 380 anneaux, d'une zone de baignade et de canotage, le complexe résidentiel surprend par sa forme moderne, imitant celle d'un paquebot.

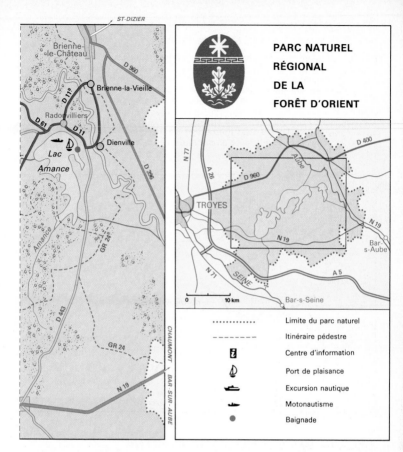

PARC NATUREL

RÉGIONAL

DE LA

FORÊT D'ORIENT

············	Limite du parc naturel
– – – – –	Itinéraire pédestre
🛈	Centre d'information
⚓	Port de plaisance
⛴	Excursion nautique
🚤	Motonautisme
●	Baignade

Dienville – Cette petite ville au bord de l'Aube s'illustre par une **halle** en pierre imposante et une **église** inhabituelle. Celle-ci se caractérise par une abside à cinq pans et une grosse tour carrée surmontée d'un dôme ; à l'intérieur, malheureusement en bien mauvais état, il faut remarquer la grille du chœur en fer forgé (1768), œuvre de Matthieu Lesueur, serrurier de l'abbaye de Clairvaux.

Poursuivre vers le Nord en direction de Brienne-la-Vieille.

Brienne-la-Vieille – *Voir à Brienne-le-Château.*

Revenir à Radonvilliers par la D 11ᴮ puis tourner à droite sur la D 61 vers Mathaux.

Mathaux – Ce petit village présente une très jolie église à pans de bois au clocher carré recouvert d'écailles de bois.

Prendre la D 11ᴬ vers l'Étape puis obliquer vers la droite en direction de Piney (D 11).

L'Étape – Peu après cette ville se situe le canal de restitution des eaux du lac du Temple. L'aménagement des digues permet de larges **vues** sur le lac.

Poursuivre jusqu'à Piney.

Piney – Le monument le plus remarquable est la belle halle en bois du 17ᵉ s.

Sortir de Piney par la D 79 puis emprunter la D 1 vers Géraudot.

Géraudot – Son église précédée d'un porche en bois possède une nef du 12ᵉ s et un chœur du 16ᵉ s. Au maître-autel, un beau **retable** Renaissance en pierre polychrome représente la Crucifixion et la Résurrection. Remarquez les vitraux du 16ᵉ s.

Poursuivre sur la D 1 jusqu'à Lusigny-sur-Barse.

Lusigny-sur-Barse – *Tourner à gauche après l'église.* C'est à la sortie de ce village que se situe la sculpture de Klaus Rinke érigée en 1986. D'un diamètre de 25 m, cette arche d'acier galvanisé et chêne enjambe le canal de la Barse et laisse pendre une aiguille en acier inoxydable au-dessus d'un trou d'eau.
C'est par cette œuvre que Klaus Rinke, professeur de sculpture constructive à la Kunstakademie de Düsseldorf, a voulu célébrer le thème de l'eau évoqué par Bachelard dans son livre « L'Eau et les rêves : essai sur l'imagination de la matière ».

Revenir sur ses pas et rejoindre Mesnil-St-Père par la N 19.

Afin de donner à nos lecteurs l'information la plus récente possible, les conditions de visite des curiosités décrites dans ce guide ont été groupées en fin de volume.

Dans la partie descriptive du guide, le signe ⊙ placé à la suite du nom des curiosités soumises à des conditions de visite les signale au visiteur.

Pays d'OTHE

Carte Michelin n° 61 plis 15, 16 ou 237 plis 46, 47.

Région vallonnée et verdoyante dont les hauteurs sont couvertes par la forêt, le pays d'Othe, entre l'Yonne et la Seine, présente un curieux contraste avec la plaine de la Champagne crayeuse qu'il domine. Son habitat dispersé, ses champs de pommiers l'avaient fait surnommer « la petite Normandie », mais depuis quelques années les grandes étendues de cultures céréalières occupent les fonds des vallons.

Ce pays, dans l'aire d'influence de Troyes, vécut longtemps de la draperie et de la bonneterie. Aujourd'hui il s'est tourné vers l'agriculture, sous forme de grandes exploitations, et le tourisme, avec un nombre élevé de résidences secondaires.

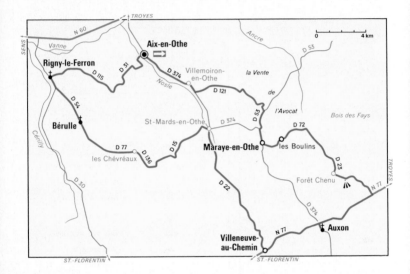

CIRCUIT AU DÉPART D'AIX-EN-OTHE

60 km – environ 3 h

Aix-en-Othe – 2 257 h. « Capitale » du pays d'Othe, ce bourg gravite autour de son **église** ⊙ décorée de peintures en trompe-l'œil et de tapisseries des 16e s. et 17e s.

Prendre la D 374 vers Villemoiron-en-Othe puis, après le village, tourner à gauche dans la D 121 et poursuivre par la D 53.

La route traverse une forêt au nom curieux : « La Vente de l'Avocat », puis descend dans un vallon tapissé d'un damier de champs.

Maraye-en-Othe – 428 h. Ce village tout en longueur est cerné de forêts. Un pavillon de chasse du 17e s., restauré, a hébergé d'illustres personnages parmi lesquels le chancelier Michel Le Tellier, la duchesse d'Alincourt...

Prendre à gauche la D 72.

Au lieu-dit « Les Boulins », un petit plan d'eau a été aménagé devant un ancien lavoir.

Tourner à droite dans la D 23.

Après Forêt Chenu, de belles **perspectives**⋆ s'offrent en premier plan sur les grands damiers des cultures céréalières et au-delà sur les massifs forestiers du Chaourçois.

Tourner à droite dans la N 77.

Auxon – 905 h. Située à la lisière orientale de la forêt d'Othe, Auxon possède une église du 16e s., à trois nefs, remarquable par son portail latéral de style Renaissance italienne finement sculpté. A l'intérieur, statues des 14e et 16e s. (entre autres un charmant saint Hubert près de son cheval) et verrières des 15e et 16e s.

Villeneuve-au-Chemin – 167 h. Au-dessus du village s'élève une statue de la Vierge, haute de 7 m, surmontant la chapelle St-Joseph.

Quitter la N 77 et prendre la D 22 à droite jusqu'à St-Mards-en-Othe. Tourner à gauche dans la D 15 puis la D 136 jusqu'au lieu-dit « Les Chévréaux », et là prendre la D 77 et la D 54 jusqu'à Bérulle.

Bérulle – 220 h. Ce fut le fief de la célèbre famille de Bérulle. Le cardinal Pierre de Bérulle (1575-1629) eut une influence politique considérable, en particulier dans son opposition aux protestants. Il contribua au mouvement de réforme catholique qui eut lieu au 17e s. afin de restaurer la rigueur de la religion, et fut le fondateur en France de la congrégation de l'Oratoire en 1609.

Le village possède une **église** ⊙ du 16e s., de style Renaissance, avec des fonts baptismaux de la même époque. Le chœur est orné de beaux vitraux du 16e s.

Rigny-le-Ferron – 296 h. Son **église** ⊙ possède un riche ensemble de verrières du 16e s. ainsi qu'un très beau groupe de la Vierge de Pitié en pierre polychrome.

Rejoindre Aix-en-Othe par la D 115 et la D 31.

Vallée du PETIT MORIN

Carte Michelin n° 56 plis 14, 15 ou 237 plis 21, 22.

La vallée du Petit Morin, affluent de la Marne issu des marais de St-Gond *(voir à ce nom)*, offre un cadre de prairies vallonnées parfois marécageuses, de peupliers et de bosquets. Les maisons aux murs crépis et parements de briques et aux toits bruns de tuiles plates forment de minuscules villages autour des églises.

DE VERDELOT A BAYE *38 km – environ 2 h*

Verdelot – 613 h. Importante **église** ⊙ dressant à flanc de pente son chœur très élevé, postérieur à la guerre de Cent Ans (15e-16e s.), ce dont témoignent les voûtes complexes et les collatéraux presque aussi hauts que les voûtes du chœur. De part et d'autre du chœur, voir les statuettes (15e s.) de saint Crépin et saint Crépinien, patrons des cordonniers, auxquels le sanctuaire est dédié. Dans un retable du 19e s. apparaît une Vierge assise, en noyer, N.-D.-de-Pitié de Verdelot. La facture sévère de cette œuvre l'apparenterait aux Vierges auvergnates et languedociennes des 12e ou 13e s.

Prendre à l'Ouest la D 31 qui longe le Petit Morin puis la D 241.

La vallée s'élargit et Montmirail apparaît sur son promontoire.

Montmirail – *Voir à ce nom.*

De Montmirail, descendre dans la vallée et prendre la D 43.

Cette route traverse de charmants villages aux noms bucoliques : Bergères-sous-Montmirail, Boissy-le-Repos...

Abbaye du Reclus ⊙ – Un saint ermite, Hugues-le-Reclus, venu se retirer dans ce vallon vers 1123 lui donna son nom. Plus tard, en 1142, saint Bernard y fonda une abbaye cistercienne qui connut de nombreuses transformations au cours des siècles. En partie démolie pendant les guerres de Religion, elle fut reconstruite par les abbés commendataires. Sous le bâtiment des moines actuel ont été découverts des éléments importants de l'abbaye du 12e s. : galerie Est du cloître, salle capitulaire, sacristie.

Après Talus-St-Prix, prendre à gauche la route en direction de Baye.

Baye – 444 h. A l'orée d'un vallon affluent du Petit Morin se découvre Baye, où naquit, la même année que Paul de Gondi, la célèbre courtisane Marion de Lorme (1611-1650) qui inspira un drame à Victor Hugo.
Dans l'église du 13e s. fut inhumé saint Alpin, évêque de Châlons, natif de Baye. Le château du 17e s. a conservé une chapelle du 13e s. attribuée à Jean d'Orbais.

Fort de la POMPELLE

Carte Michelin n° 56 plis 16, 17 ou 241 pli 21 (9 km au Sud-Est de Reims).

La masse informe et blanchâtre du fort couronne une butte s'élevant à 120 m d'altitude. Construit en 1880, cet ouvrage qui couvre les approches de Reims fut constamment l'objectif des Allemands qui l'occupèrent du 4 au 23 septembre 1914 puis, chassés, l'attaquèrent à de multiples reprises, au cours de la bataille de Champagne. La résistance de la Pompelle permit les deux victoires de la Marne.
Du parking inférieur, un chemin traversant un terrain bouleversé conduit au fort resté à peu près tel qu'à la fin de la guerre 1914-1918 ; on peut faire le tour du fort et pénétrer dans les galeries. Sur l'esplanade devant le fort sont exposés des canons.

Musée ⊙ – Il abrite des souvenirs de la Première Guerre mondiale ; décorations, tableaux, uniformes, armes et une rare collection de **casques allemands**★ : casques à pointe à boule (artilleur), coiffures coloniales des troupes d'Empire, colbacks fourrés des hussards ; certains arborent le lion des Reiters (cavaliers) saxons ou l'aigle des cuirassiers de la garde impériale.

PONT-SUR-SEINE

867 h.

Carte Michelin n° 61 pli 5 ou 237 pli 34.

Capitale d'un petit « pays », le Morvois, Pont est agréablement situé entre la Seine et le canal latéral de la Haute-Seine. Jadis siège d'une importante seigneurie que détinrent les Bouthillier, protégés de Richelieu, et défendue par une enceinte, la ville a conservé un cachet ancien avec ses rues sinueuses et ses hôtels à haut portail.

Église St-Martin – Construite aux 12e et 16e s., elle a été entièrement peinte intérieurement, sous les Bouthillier, de scènes et de motifs ornementaux assez curieux. A droite du chœur, la **chapelle du Rosaire** constitue un rare ensemble décoratif, typique du style Louis XIII. Les lambris sont peints de scènes évoquant la vie des Pères du désert. Le tableau d'autel a pour sujet la Vierge remettant le Rosaire à saint Dominique.

Les pages consacrées à l'art en Champagne offrent une vision générale des créations artistiques de la région, et permettent de replacer dans son contexte un monument ou une oeuvre au moment de sa découverte.

Ce chapitre peut en outre donner des idées d'itinéraires de visite.

Un conseil : parcourez-le avant de partir !

Carte Michelin n° 61 pli 4 ou 237 pli 33.

Que l'on aborde Provins par le plateau briard ou la vallée de la Voulzie, la cité féodale retient l'attention par la silhouette de sa tour de César et le dôme de l'église St-
Quiriace. Au pied du promontoire rassemblant les ruines mélancoliques célébrées
par Balzac et esquissées par le peintre anglais Turner, la ville basse, vivante, commerçante s'étend le long de la Voulzie et du Durteint.
Depuis le début des temps historiques, les argiles du bassin de Provins, exploitées
aujourd'hui en carrières à ciel ouvert (les « glaisières »), ont offert aux potiers, bri-
quetiers et tuiliers une gamme complète de matières premières.

Vue de Provins par Jean Houel (musée des Beaux-Arts de Rouen).

UN PEU D'HISTOIRE

La ville basse d'origine monastique se développa dans un bas-fond, à partir du
11ᵉ s., autour d'un prieuré bénédictin fondé à l'endroit où les reliques de saint Ayoul
(Aygulphe ou Aygulf), abbé de Lérins, avaient été miraculeusement retrouvées.
Avec Henri le Libéral (1152-1181) se confirma la vocation commerciale de Provins,
l'une des deux capitales du comté de Champagne.

Les foires de Provins – Avec celles de Troyes, les deux foires de Provins étaient
semble-t-il les plus importantes des foires de Champagne. La première se tenait
en mai-juin et la seconde en septembre-octobre. Chacune se divisait en trois
temps : d'abord la « montre », les marchands exposent leurs marchandises, ils
comparent les prix et la qualité ; ensuite la vente proprement dite, les marchandises s'échangent, passent d'une main à l'autre ; enfin les paiements, acheteurs et
vendeurs font leurs comptes, ils recourent aux changeurs, aux notaires et aux
gardes de foires.
La valeur des marchandises présentées étant considérable, les risques de vol,
d'abus de confiance et de fraude s'en trouvaient accrus. Pour remédier à cela,
les comtes de Champagne avaient créé une institution très efficace : les **gardes
de foires,** secondés par des lieutenants et des sergents. D'un simple rôle de police
au départ, ils exercèrent au 13ᵉ s. un véritable pouvoir de justice régi par la
coutume.
Pendant la foire, la ville ressemblait à une gigantesque halle dans laquelle se pres-
sait une foule bigarrée d'hommes du Nord et de Méditerranéens, regroupés par
villes ou par groupes nationaux. Les marchands des villes drapantes avaient
acheté des bâtiments qui leur servaient d'entrepôt et de logement. Les transac-
tions s'effectuaient en livres provinoises, d'où l'importance grandissante des ban-
quiers-changeurs italiens pratiquant des conversions complexes. A la fin du 13ᵉ s.,
ils devinrent les véritables maîtres des foires, lesquelles, sous leur impulsion, se
mirent à ressembler de plus en plus à des places de change où la circulation des
créances prenait le pas sur celle des marchandises. La première foire annuelle, la
plus importante, s'installait près du château sur la colline, la seconde près de St-
Ayoul.

La ville médiévale – Deux bourgs distincts se développèrent : le « châtel » ou ville
haute et le « val » ou ville basse. Plus tard, ils furent compris dans une même
enceinte. Au 13ᵉ s. la ville dépasse les 10 000 habitants, chiffre considérable pour
l'époque. Autour des marchands gravitent les tisserands, foulons, teinturiers, toi-
liers, tondeurs, sans oublier les agents de change, gardes chargés de la police et
autres représentants de la justice du comte. De nombreux juifs, toute une population de taverniers, aubergistes et autres commerçants traditionnels viennent ajouter
à l'animation de la ville.
Les comtes de Champagne faisaient de longs séjours à Provins où ils entretenaient
une cour brillante. Thibaud IV le Chansonnier (1201-1253) encourage les lettres et
les arts. Il est l'auteur de chansons qui comptent parmi les textes les plus beaux du
13ᵉ s.

Au 14ᵉ s. les activités de Provins déclinent. Ses foires disparaissent au profit de
Paris et Lyon. La ville subit les dommages de la guerre de Cent Ans et
connaît un effacement durable.

Les roses – Edmond de Lancastre (1245-
1296), frère du roi d'Angleterre, ayant
épousé Blanche d'Artois, la veuve de
Henri le Gros, comte de Champagne,
devient pendant quelques années suze-
rain de Provins. Il introduit dans ses
armes une fleur alors très rare : la rose
rouge. La tradition veut que ce soit Thibaud IV qui ait rapporté de la septième
croisade et fait prospérer à Provins des
plants en provenance de Syrie.
Cent cinquante ans plus tard, la guerre
des Deux-Roses, pour la conquête du
trône d'Angleterre, oppose la rose rouge
de la maison de Lancastre à la rose
blanche des York.
Au Moyen Age, les pétales produits en
grande quantité étaient largement utilisés en pharmacopée.
De nos jours, les roses sont remises à
l'honneur.

Rosier de Provins ordinaire
par Pierre-Joseph Redouté.

C'est au cours du mois de juin qu'il faut venir à Provins pour admirer ses massifs de
roses. On visite les **Pépinières et roseraies** J. Vizier (BY) ⊘ rue des Prés.

★★LA VILLE HAUTE *visite : 1 h 1/2*

Accès – *En voiture, prendre la voie, s'embranchant sur l'avenue du Général-de-
Gaulle, qui était jusqu'au 18ᵉ s. la route normale d'accès à la ville.*
Un sombre chevalier, effigie en bois sculpté (1972) du comte Thibaud le Chanson-
nier en croisade portant la rose pourpre de Provins, accueille le visiteur.

*Laisser la voiture sur le parc de stationnement. Faire environ 150 m dans l'allée
des remparts dominant le fossé pour avoir une vue jusqu'à la tour d'angle.*

*Les personnes intéressées pourront la parcourir jusqu'à la porte de Jouy et des-
cendre la rue de Jouy.*

★★ **Remparts** – L'enceinte de la ville haute est la plus ancienne de Provins.
Construite aux 12ᵉ s. et 13ᵉ s. sur une ligne de défense préexistante puis remaniée à
maintes reprises, elle constitue un bel exemple d'architecture militaire médiévale.
La partie la plus intéressante s'étend entre la porte St-Jean et la porte de Jouy. La
muraille, dominant les fossés à sec, est renforcée par des tours arborant des formes
diverses : carrées, rectangulaires, semi-cylindriques ou en éperon.

L'importante tour d'angle, dite « tour aux Engins », qui relie les deux courtines, tire son nom d'une grange à proximité, où étaient emmagasinées les machines de guerre. Ses murs atteignent près de 3 m d'épaisseur. De la tour aux Engins à la porte St-Jean, les courtines sont percées d'archères et les glacis naissent à mi-hauteur des murs. De la tour aux Engins à la porte de Jouy se succèdent cinq ouvrages de défense ; entre les premier et deuxième, la brèche dite « aux Anglais » de 1432.

De la porte de Jouy du 12e s. ne subsistent plus que les jambages et la base des tours en éperon qui s'appuient sur le fossé ; sur la droite, une partie du rempart reconstitué avec son couronnement de créneaux et de merlons.

Porte St-Jean – Édifiée au 13e s., cette porte trapue est flanquée de deux tours en éperon partiellement masquées par des contreforts qui furent ajoutés au 14e s. pour étayer un pont-levis. Les pierres sont taillées en bossage – c'est-à-dire en saillie – pour offrir plus de résistance aux chocs. Le système défensif comportait, en outre, une herse en bois ferré qui coulissait dans de profondes rainures encore bien visibles dans l'ouvrage, ainsi qu'une lourde porte en bois à deux vantaux s'ouvrant sur la ville et renforcée par un fléau

De part et d'autre de la porte, les corps de garde étaient reliés, au rez-de-chaussée, par un passage souterrain, à l'étage, par une galerie. Jusqu'en 1723, une tour de guet surmontait l'ensemble.

Suivre la rue St-Jean.

★ **Grange aux Dîmes** (DY) ⊙ – Cette rude construction du 13e s., d'aspect militaire, a appartenu aux chanoines de St-Quiriace, qui lors des foires de Champagne la louaient aux marchands.

Lorsque les foires tombèrent en décadence, elle servit d'entrepôt aux dîmes prélevées sur les récoltes des paysans, d'où son nom.

Au rez-de-chaussée s'étend une majestueuse halle, dont les voûtes sur croisées d'ogives reposent sur deux rangées de piliers ronds surmontés de chapiteaux à feuillages. Deux autres caveaux gothiques occupent les sous-sols et servaient d'entrepôts.

A gauche la rue de Jouy est bordée de pittoresques maisons basses à longs toits de tuile où à étage en avancée. Le **caveau St-Esprit** *(ouvert lors de manifestations)* appartenait à un ancien hôpital ravagé par un incendie au 17e s.

★ **Place du Châtel** (DY) – Cette vaste place rectangulaire est bordée d'anciennes demeures au charme désuet.

En en faisant le tour dans le sens des aiguilles d'une montre, on découvre : à l'angle Sud-Ouest, la maison des Quatre Pignons du 15e s. à pans de bois ; à l'angle Nord-Ouest, la maison des Petits-Plaids du 13e s., qui conserve en contrebas une belle salle voûtée d'ogives ; au Nord, l'hôtel de la Coquille, dont le portail d'entrée en plein cintre se signale par une coquille de St-Jacques ornant la clef ; à l'angle Nord-Est, les vestiges de l'église St-Thibault du 12e s. ; en contrebas, dans la rue qui porte son nom, la maison (EY **Q**) où, selon la légende, serait né en 1017 saint Thibault , fils d'un comte de Champagne.

Au centre, la croix des Changes, édicule gothique sur lequel étaient affichés les édits des comtes ; à côté, un vieux puits à cage de fer forgé.

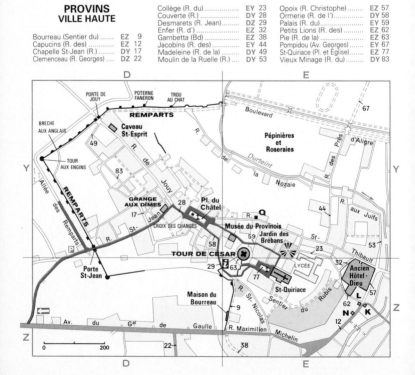

Musée du Provinois (EY) ⊘ – Il est aménagé dans l'une des plus anciennes maisons provinoises, la « maison romane », dont la façade en courbe est percée de trois baies en plein cintre. Celle de la partie basse est encadrée de moulures en pointes de diamant ; celles de l'étage, jumelées, sont séparées par une colonnette. Une porte basse conduit à la cave, où autour d'un pilier du 11e s. sont disposés des sarcophages mérovingiens et des chapiteaux.

Au rez-de-chaussée sont rassemblées d'intéressantes **collections★ de sculptures et de céramiques.** Précieux témoignages de l'art médiéval et Renaissance provinois, les statues en pierre ou en bois polychrome proviennent pour la plupart d'églises disparues. L'important fonds de céramiques favorisé par la présence de glaisières dans le bassin provinois témoigne d'une production remarquable par sa variété et sa continuité dans le temps : poteries néolithiques, tuiles gallo-romaines, fragments de bols et de coupes à décor sigillé (orné de sceaux et de poinçons), vases funéraires, carreaux de pavement à décor incrusté (12e-13e s.), pichets glaçurés ou à flammures rouges, épis de faîtage. Des bijoux de l'âge du fer et du bronze, des boucles de ceinturons mérovingiens en fer damasquiné et des sarcophages mérovingiens à décor typiquement local en arêtes de poisson complètent cet ensemble.

L'aspect ethnographique est évoqué à l'entrée et à l'étage par une série de bâtons de confrérie, dont celui de St-Lyé, patron des tisserands, et une étonnante collection de clefs médiévales.

Jardin des Brébans (EY) – De la butte aménagée en jardin public, vue impressionnante sur la masse, toute proche, de l'église St-Quiriace. Les bâtiments du lycée Thibaud de Champagne, sur l'éperon de la ville haute, sont construits sur l'emplacement de l'ancien palais des comtes de Champagne qui datait du 12e s. et abritait dès 1556 l'un des plus anciens collèges français.

Église St-Quiriace (EZ) – La collégiale St-Quiriace remonte au 11e s. La construction de l'église actuelle commença dans les années 1160, à l'initiative d'Henri le Libéral. En 1176, un chapitre de 44 chanoines desservait cette collégiale palatine, située près du château comtal. Ces chanoines avaient certes une fonction religieuse, mais ils représentaient aussi un foyer de culture et constituaient un vivier dans lequel le comte puisait son personnel.

L'édifice fut terminé par le dôme au 17e s., la nef restant réduite à deux travées. Le clocher, isolé, s'écroula en 1689. Sur la place, plantée de tilleuls, la croix marque son emplacement.

Le **chœur★** et le déambulatoire carré furent les premiers construits (2e moitié du 12e s.). Observer les indices du début du gothique : arcatures en plein cintre du triforium aveugle, griffes à la base des colonnes. La travée droite du chœur reçut en 1238 seulement sa voûte « octopartite » (assemblage de quatre arcs d'ogive), curieuse disposition architecturale propre à cette région. Pour en assurer la stabilité, on éleva alors les arcs-boutants extérieurs. Le dessin plus varié des baies du triforium dans le transept Nord et dans la nef correspond à des campagnes de construction ultérieures, échelonnées jusqu'au 16e s. Le dôme repose sur des pendentifs ornés de stucs représentant les évangélistes.

Provins – Tour de César.

★★**Tour de César** (EY) ⊘ – Ce superbe donjon du 12e s., flanqué de quatre tourelles et haut de 44 m, est l'emblème de la ville. Il était rattaché autrefois au reste de l'enceinte de la ville haute. Le toit pyramidal a été construit au 16e s.

> *Pénétrer sous la voûte et prendre l'escalier à droite jusqu'à l'accueil, puis contourner la tour par la gauche.*

La « chemise » qui enserre la base du donjon fut ajoutée par les Anglais pendant la guerre de Cent Ans pour y installer de l'artillerie, d'où son surnom de « Pâté aux Anglais ».

Au 1er étage, la salle des Gardes, de plan octogonal et haute de 11 m, comporte une voûte formée de quatre arcades ogivales se terminant en coupole et percée d'un orifice par lequel on ravitaillait les soldats occupant l'étage supérieur et on recueillait les informations des guetteurs. Tout autour, les couloirs d'échauguettes, aujourd'hui disparues, mènent à des réduits ayant servi de cachots. Au pied de l'escalier conduisant à la galerie supérieure se trouve la chambre du Gouverneur.

De la galerie autrefois couverte, qui ceinture le donjon à hauteur des tourelles, la **vue★** s'étend sur la cité et la campagne briarde ; à l'Ouest, la ville haute enserrée derrière la ligne des remparts, au Nord, l'ancien **couvent des Cordelières,** fondé au 13e s. par le comte Thibaud IV de Champagne, qui abrite aujourd'hui le Centre André François-Poncet, annexe de la Bibliothèque Nationale.

Par des escaliers très étroits, on atteint l'étage supérieur. Sous la belle charpente du 16e s. sont installées les cloches de St-Quiriace recueillies là depuis que l'église a perdu son clocher. Au rez-de-chaussée, la salle basse est voûtée en calotte.

AUTRES CURIOSITÉS

Église St-Ayoul (CZ) – En 1048, Thibaud Ier installa des moines de Montier-la-Celle à St-Ayoul. Ceux-ci édifièrent une église, achevée en 1084, dont il reste le transept. En 1157, un incendie ravagea le prieuré. Dans les dix années qui suivirent, la reconstruction fut menée à bien. Les trois portails de la façade forment avancée devant le pignon de la construction, percé de trois fenêtres en tiers-point du 13e s. Les hautes statues romanes décapitées décorent le portail central évoquent celles du portail de St-Loup-de-Naud *(voir à ce nom)*.

Pour remplacer les parties disparues du portail central, on a confié au sculpteur Georges Jeanclos le soin de réaliser des figures sculptées. Ainsi différentes statues en bronze patiné viennent s'inscrire avec naturel parmi les reliefs médiévaux : au tympan, le Christ en majesté dans une mandorle accompagné de deux évangélistes ; au linteau, trois scènes évoquant la vie de la Vierge, l'Annonciation, la Visitation et la Dormition, et au trumeau une illustration de l'Ancien Testament avec le sacrifice d'Abraham et un prophète.

Le vaisseau est ennobli de boiseries dues à Pierre Blasset (1610-1663) : maître-autel et son retable, lambris enrichis de caissons sculptés en bas-relief aux collatéraux Nord et Sud. Ne pas manquer de lire l'épitaphe de l'artiste à gauche de la porte de la sacristie.

Dans le bas-côté gauche, un **groupe de statues**★★ en marbre rehaussé d'or du 16e s. retient l'attention : une Vierge à la grâce un peu précieuse et deux anges musiciens aux vêtements magnifiquement drapés.

Tour Notre-Dame-du-Val (CYZ E) – De l'ancienne collégiale fondée au 13e s. par la comtesse Marie de Champagne et rebâtie aux 15e et 16e s. ne subsiste plus que ce clocher imbriqué dans les vestiges de l'ancienne porte Bailly.

Coiffée d'un toit en comble surmonté d'un lanterneau, la tour abrite les cloches de St-Ayoul dont la tour romane de la croisée du transept a perdu sa flèche.

Église Ste-Croix (BYZ) ⊘ – Succédant à l'ancienne chapelle St-Laurent-des-Ponts, elle aurait reçu son vocable actuel après le transfert par Thibaud IV d'un fragment de la Vraie Croix lors de la septième croisade. A la suite d'un incendie suivi de grandes inondations survenus au 16e s., le bas-côté Nord fut doublé dans le style flamboyant du début du 16e s. ; à l'intérieur, il est séparé du premier collatéral par de belles colonnes en hélice. Au-dessus de la croisée du transept s'élève le clocher roman surmonté d'une flèche moderne. Remarquer au chevet la corniche à modillons apparentée au style bourguignon.

La façade à trois pignons attire l'attention par la riche décoration flamboyante et Renaissance que présente le portail latéral gauche. Cantonné par deux pilastres surmontés de pinacles à crochets, il s'ouvre au-dessous d'un cintre surbaissé, lequel est surmonté d'une archivolte festonnée de petits arcs trilobés. Le gâble à fleuron est flanqué de statues. Ici et là apparaissent des feuillages, des grappes de raisin et des figurines grotesques.

Ancien Hôtel-Dieu (EZ) – Fondé au 11e s. par le comte Thibaud Ier, puis très remanié par la suite, l'ancien palais des comtesses de Blois et de Champagne conserve son portail du 13e s. en arc brisé, une porte romane à voussure en plein cintre reposant sur deux colonnettes et un vestibule du 12e s. voûté d'arêtes. Celui-ci abrite un curieux retable Renaissance de pierre sculptée montrant une Vierge à l'Enfant invoquée par une donatrice agenouillée.

Souterrains à graffiti (EZ) ⊘ – *Entrée rue St-Thibault, à gauche du portail de l'ancien Hôtel-Dieu.* Provins possède un réseau de souterrains d'une densité exceptionnelle. Ceux ouverts à la visite correspondent à une couche de tuf, affleurant à la base de l'éperon qui porte la ville haute. L'accès se fait par une salle basse voûtée d'arêtes de l'ancien Hôtel-Dieu. Ordonnancés de façon presque géométrique, ils comportent des cellules latérales et leurs parois sont couvertes de nombreux graffiti de toutes les époques. La destination de ces réseaux de galeries, non reliés aux caveaux aménagés sous les maisons de la ville haute, reste une énigme.

Vieux hôtels – Ils datent du 13e s. Au n° 1 de la rue des Capucins s'élève l'**hostellerie de la Croix d'Or** (EZ K) dont l'étage est percé de doubles fenêtres ogivales. En face, l'ancien **hôtel des Lions** (EZ L) présente une façade à pans de bois sculptés. Un peu plus loin, l'**hôtel de Vauluisant** (EZ N), ancien refuge des religieux de Cîteaux, s'orne à l'étage de quatre belles fenêtres ogivales flanquées de colonnettes et surmontées d'arcs trilobés soutenant des ouvertures tréflées.

Maison du Bourreau (EZ) – A cheval sur la courtine, qui, partant de la tour du Luxembourg, rejoignait les fortifications de la ville basse, cette maison abritait les bourreaux du bailliage criminel de Provins. Son dernier occupant fut Charles-Henri Sanson, qui, avec son frère, bourreau de Paris, exécuta Louis XVI. Le pignon Sud est percé d'un oculus polylobé.

ENVIRONS

Voulton – 300 h. *7 km au Nord par* ① *du plan.* Après un parcours jalonné de noms d'origine monastique – les Filles-Dieu, St-Martin-aux-Champs –, on atteint cette importante **église** gothique au fort clocher coiffé en bâtière.

Dans la nef, les grosses piles à colonnes engagées alternent avec les colonnes rondes qui reçoivent la retombée des arcades. Remarquer la structure de la voûte « octopartite » couvrant la travée précédant le chœur.

Beton-Bazoches – *18 km au Nord par la D 55.* Ce village possède un gigantesque **pressoir à cidre** ⊘ construit en 1850. Il se compose d'une meule de grès de 2 m de diamètre qui était actionnée par un cheval et de deux pressoirs en chêne et en orme dont le système de pressage était entraîné par une grande roue à écureuil.

Carte Michelin n° 🟦🟦 plis 6, 16 ou 🟦🟦🟦 pli 17.

Ville d'art, cité des sacres, siège d'une université, Reims est connue pour son admirable cathédrale et sa basilique St-Remi. C'est aussi, avec Épernay, la métropole du champagne dont la plupart des caves *(voir p. 109)* s'ouvrent aux visiteurs.

Délimitée par une ceinture de boulevards tracés au 18ᵉ s., la ville, détruite à 80 % en 1914, se prolonge maintenant par de vastes faubourgs aux grands ensembles, certains à la limite du vignoble.

Son centre animé est la rue de Vesle et surtout la longue **place Drouet-d'Erlon** (AY 38) où se sont installés cafés, restaurants, hôtels, cinémas.

Il faut compter au moins une journée pour voir les principaux centres d'intérêt de Reims.

UN PEU D'HISTOIRE ET DE GÉOGRAPHIE

Reims antique – L'origine de Reims est très ancienne. Capitale de la tribu des Rèmes, Durocortorum est un oppidum de plaine entouré d'une double enceinte et limité par la Vesle. Après la conquête romaine, elle devient capitale de la province de Belgique ; un gouverneur y réside. La ville se développe considérablement à partir de la fin du 1ᵉʳ s. Elle s'organise autour d'un « cardo » (axe Nord-Sud) et d'un « decumanus » (axe Est-Ouest) : le forum possède un cryptoportique *(voir p. 110)* ; quatre arcs monumentaux ou portes, un amphithéâtre, un temple de Jupiter et sans doute beaucoup d'autres édifices complètent cette configuration. Ne subsistent aujourd'hui que la **porte de Mars** et le **cryptoportique**. La cité a une double fonction : administrative, et économique avec sa foule d'artisans et de marchands. Dès le 3ᵉ s., comme partout en Gaule, les invasions provoquent un rétrécissement de l'espace urbain : la cité des Rèmes s'enferme dans une étroite enceinte d'une trentaine d'hectares. Placée au carrefour de routes stratégiques, sa fonction militaire ne cesse de prendre de l'ampleur. Plusieurs empereurs y séjournent (Julien en 356, Valentinien en 366-367) pour tenter d'endiguer les vagues d'envahisseurs.

En 407, tout le Nord-Est de la Gaule est dévasté, Reims n'est pas épargnée : **saint Nicaise** est massacré devant sa cathédrale, il devient le premier martyr de la cité. Depuis la fin du 3ᵉ s., le christianisme a supplanté les anciens cultes. Les premiers édifices chrétiens apparaissent au 4ᵉ s. : une cathédrale, une église, la basilique sépulcrale de Jovin sont les premiers édifices connus, il n'en reste aucun vestige.

Le baptême de Clovis – Le jour de Noël 498, **Remi** (440-533), évêque depuis l'âge de 22 ans, baptise Clovis, scellant ainsi l'union des Francs et du christianisme. Grégoire de Tours a narré l'événement dans son « Histoire des Francs ». La ville pavoise, une procession se déroule de l'ancien palais impérial jusqu'au baptistère situé près de la cathédrale. Lorsqu'il y fut entré pour le baptême, le saint de Dieu l'interpella d'une voix éloquente en ces termes : « Courbe doucement la tête, fier Sicambre ; adore ce que tu as brûlé, brûle ce que tu as adoré. » D'après la légende, une colombe, symbole de l'Esprit-Saint, aurait apporté la Sainte Ampoule contenant le Chrême (huile sainte destinée à la consécration du roi) à Remi incapable de se mouvoir au milieu d'une foule immense. Tel est le récit que la tradition a conservé et qui place les premiers jours de la monarchie française sous le signe de la volonté divine. En souvenir de cette onction, et plus tard du sacre de Louis le Pieux, les rois de France vinrent régulièrement se faire sacrer à Reims, à partir du 11ᵉ s.

Le rayonnement de la Reims médiévale – Sous l'épiscopat de Remi, la vocation religieuse de Reims avait pris une importance décisive. Au 6ᵉ s., la ville comptait 17 églises (5 intra-muros et 12 dans les faubourgs). En 744, l'évêque de Reims, qui a plusieurs suffragants, est élevé au rang d'archevêque. L'événement le plus marquant fut cependant le sacre impérial de Louis le Pieux en octobre 816 dans la vieille cathédrale. Le pape Étienne IV « consacra Louis et l'oignit comme empereur et posa sur sa tête une couronne d'or d'une grande beauté, ornée de gemmes magnifiques, qu'il avait apportée ». A cette époque, au 9ᵉ s., sous les épiscopats d'**Ebbon** et d'**Hincmar**, le rayonnement artistique de l'**école de Reims** atteint son apogée *(voir p. 25)* tandis qu'une nouvelle cathédrale s'élève (achevée en 862).

Le paysage urbain reste encore très marqué par l'empreinte romaine. Le voyageur arrivant de Laon « pénètre dans la ville par la porte de Mars, transformée en forteresse au 8ᵉ s., et parcourt des rues droites, dont les dalles disjointes subsistent... Ressortant par la porte Basée, il gagne le quartier des basiliques et des cimetières » (Michel Bur). Au 10ᵉ s., Reims conserve sa primauté religieuse et politique. L'abbaye St-Remi reçoit les rois et leur palais itinérant. Les archevêques sont de puissants personnages qui jouent le rôle d'arbitres entre les princes. L'un d'eux, **Gerbert**, devient pape en 999. Les 11ᵉ, 12ᵉ et 13ᵉ s. voient la ville se développer et s'embellir des prestigieux édifices qui sont parvenus jusqu'à nous : l'abbatiale St-Remi et la cathédrale Notre-Dame. La croissance urbaine est favorisée par **Guillaume aux Blanches Mains** (archevêque de 1176 à 1202), qui réalise des lotissements et se montre libéral en accordant une charte. De son côté, l'abbaye St-Remi donne naissance à un faubourg. De 1160 à 1210, la superficie bâtie a presque doublé et la ville atteint les limites extrêmes de son extension médiévale.

Ajoutons que Reims a définitivement confirmé sa vocation de ville du sacre. Celui de Charles VII le 17 juillet 1429 fut le plus émouvant. Jeanne d'Arc assista à la cérémonie, son étendard à la main : « Il a été à la peine, il était juste qu'il fût à l'honneur. »

Le cérémonial du sacre – Il fut réglé dès le 12ᵉ s. et observé pour les 25 sacres, de Louis VIII à Charles X (1223 à 1825). Le jour du couronnement, toujours un dimanche matin, deux évêques allaient en procession chercher le roi au palais archiépiscopal qu'une galerie de bois ornée de tapisseries reliait à la cathédrale. Le cortège arrivé à la porte du roi, un chantre frappait et le dialogue suivant se poursuivait, par trois fois :

« Le grand chambellan : que demandez-vous ? – Un des évêques : le roi.

Le grand chambellan : le roi dort – L'évêque disait enfin : nous demandons Louis que Dieu nous a donné pour roi. » La porte s'ouvrait aussitôt et la compagnie était conduite au lit de parade du roi que les évêques menaient à la cathédrale.

Le roi prenait place dans le chœur, en présence du grand aumônier, des cardinaux, des six pairs ecclésiastiques, les archevêques-ducs de Reims et de Laon, les évêques-comtes de Langres, Beauvais, Châlons et Noyon, les dix pairs laïques et les trois maréchaux de France désignés pour tenir la couronne, le sceptre et la main de justice. Le roi s'agenouillait au pied de l'autel, puis s'asseyait sous le dais. A ce moment, la Sainte Ampoule, apportée de St-Remi, était placée sur l'autel près de la couronne de Charlemagne et de son épée Joyeuse, du sceptre, de la main de justice, des éperons, du livre des Cérémonies, d'une camisole de satin rouge garni d'or, d'une tunique et enfin du manteau royal de velours violet à fleurs de lys.

Ayant prêté serment, le roi montait à l'autel où les dignitaires le ceignaient de son épée et lui fixaient ses éperons. Avec une aiguille d'or, l'archevêque prenait dans la Sainte Ampoule une goutte du Saint Chrême qu'il mélangeait avec les huiles consacrées sur la patène de saint Remi ; il procédait ensuite à l'onction sur la tête, le ventre, les épaules, le dos, les jointures des bras. Le roi revêtait alors le manteau, recevait l'anneau, le sceptre et la main. Puis, avec l'assistance des pairs, l'archevêque le couronnait, le menait au trône, sous le jubé, l'embrassait et criait : « Vivat Rex æternum.» Après acclamations des assistants, lâcher de colombes et salve de mousqueterie, le « Te Deum » était entonné.

Enfin le roi regagnait l'archevêché. La cérémonie se concluait par un banquet.

Le lendemain, il se rendait à l'abbaye de Corbeny vénérer les reliques de saint Marcoul qui donnaient le pouvoir de guérir les écrouelles.

Activités économiques – L'industrie de la laine, fournie par les moutons champenois, fit de Reims une « ville drapante » dès le 12ᵉ s. **Colbert** (1619-1663) était issu d'une famille de drapiers *(voir p. 20)*. De nos jours, cette activité n'est plus représentée que par quelques établissements de confection et de bonneterie. Reims n'est plus la ville du textile, ni uniquement celle du champagne, même si le vin pétillant et ses industries annexes (verreries, cartonneries, imprimeries...) occupent encore une place importante.

Des activités nouvelles, très diversifiées, se sont développées : chimie, pharmacie, électroménager, électronique, métallurgie, agroalimentaire (production et conditionnement), assurances.

L'industrie d'art est représentée par les ateliers de vitraux qui ont accueilli Villon, Chagall, Braque, Da Silva.

★★★ CATHÉDRALE NOTRE-DAME (BY)
visite : environ 1 h

C'est une des grandes cathédrales du monde chrétien par son unité de style, sa statuaire et les souvenirs qu'elle évoque – liés à l'histoire des rois de France.

Édification – Une première cathédrale avait été élevée en 401 par saint Nicaise. Elle fut remplacée au 9ᵉ s. par un édifice plus vaste, détruit lors d'un incendie en 1210.

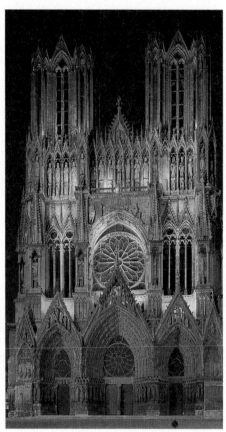

Reims – La cathédrale.

L'archevêque Aubry de Humbert décida alors d'entreprendre la construction d'une cathédrale gothique à l'image de celles qui étaient déjà en chantier (Paris 1163, Soissons 1180 et Chartres 1194). L'élaboration des plans fut confiée au maître Jean d'Orbais et en 1211 la première pierre était posée. Cinq architectes se succédèrent qui suivirent assez fidèlement les plans d'origine, ce qui donne son extraordinaire unité à Notre-Dame de Reims. Leurs noms sont connus grâce au labyrinthe, dallage en méandres du pavement que les fidèles suivaient à genoux et où les maîtres d'œuvre inscrivaient leur nom. Celui-ci fut malheureusement détruit au 18ᵉ s. Jean d'Orbais travailla à la construction du chœur jusqu'en 1228 puis Jean le Loup éleva la nef et la façade, où son successeur Gaucher de Reims plaça les statues et réalisa le revers des portails. Bernard de Soissons dessina la grande rose, les gâbles et acheva de voûter la nef. En 1285 l'intérieur de la cathédrale était achevé. Les tours s'élevèrent au cours du 15ᵉ s. La construction de quatre autres tours et sept clochers allait être entreprise lorsqu'en 1481 un incendie ravageant les combles arrêta ce projet.

Au 18ᵉ s. la cathédrale souffrit de quelques modifications (suppression du jubé, de certains vitraux, du labyrinthe) mais passa la Révolution sans grands dommages.

Au 19ᵉ s. fut menée une longue campagne de consolidation et de restauration. Elle s'achevait à peine, lorsque la guerre de 1914-1918 frappa la cathédrale de plein fouet. Le 19 septembre 1914, un bombardement mit le feu à la charpente et à l'énorme brasier fit fondre les cloches, les plombs des verrières et éclater la pierre. Des obus l'atteignirent tout au long des affrontements, cependant les murs tinrent bon et, à la fin de la guerre, une nouvelle restauration, financée en grande partie par la donation Rockefeller, fut entreprise.

L'architecte Henri Deneux conçut alors une charpente en béton ininflammable. En 1937 la cathédrale fut enfin reconsacrée.

EXTÉRIEUR

L'extérieur de la cathédrale est habité par un peuple de statues nichant dans le moindre recoin. Plus de 2 300 ont été dénombrées, mais certaines trop abîmées par la guerre et les intempéries ont dû être déposées et sont exposées au Palais du Tau. La plupart furent remplacées par des copies taillées par Georges Saupique et Louis Leygue.

Façade – C'est l'une des plus belles qui soient en France. Elle doit être vue si possible en fin d'après-midi, caressée par le soleil. Elle présente un système d'élévation semblable à celui de Notre-Dame de Paris, mais ses lignes sont magnifiées par le mouvement vertical que créent les tympans, les gâbles et les pinacles aigus, les colonnettes élancées et les gigantesques effigies de la galerie des rois.

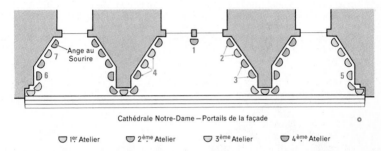

Cathédrale Notre-Dame — Portails de la façade

▽ 1ᵉʳ Atelier   ▽ 2ᵉᵐᵉ Atelier   ▽ 3ᵉᵐᵉ Atelier   ▽ 4ᵉᵐᵉ Atelier

Les **trois portails** correspondent aux trois nefs. Ils sont surmontés d'un gâble important servant de support au groupe de sculptures qui habituellement se trouve sur le tympan, ici ajouré.

Bien que toutes exécutées au 13ᵉ s., les statues qui ornent les portails proviennent de quatre ateliers successifs. Le premier *(en jaune sur le schéma)* a produit des personnages au corps hiératique rappelant les statues de Chartres. Le second *(en mauve)* manifeste une influence très certaine de l'art antique dans le plissé des vêtements et l'expression des visages. Le troisième *(en rouge)*, plus sobre, évoque la statuaire d'Amiens. Le quatrième *(en vert)*, héritier de toutes les recherches précédentes, crée un style champenois original auquel on doit entre autres le fameux Ange au sourire. Les productions de cet atelier charment par la liberté des attitudes, la souplesse des draperies et la vivacité des visages malicieux et souriants.

Au portail central, consacré à Marie, la Vierge au trumeau sourit (1) ; dans les ébrasements de droite : groupes de la Visitation (2) et de l'Annonciation (3) ; dans ceux de gauche : la Présentation de Jésus au temple (4) avec la Vierge près du vieillard Siméon, saint Joseph au visage malicieux, portant des colombes ; dans le gâble : couronnement de la Vierge par le Christ (l'original se trouve au Palais du Tau).

Au portail de droite, les précurseurs du Christ, Siméon, Abraham, Isaïe, Moïse (ébrasements de droite) (5), présentent des corps trapus aux physionomies figées. Sur le gâble dédié au Jugement dernier, le Christ est entouré d'anges portant les instruments de la Passion, tandis que dans les voussures saint Jean écrit ses visions de l'Apocalypse qui se poursuivent sur le contrefort.

Au portail gauche sont représentés les saints de l'église de Reims dont sainte Hélène (6) et saint Nicaise (7), le calotte crânienne tranchée, et, se tenant à gauche, l'**Ange au sourire** *(voir illustration p. 34)*. Le gâble porte le groupe de la Passion.

Au-dessus de la rosace et de la scène décrivant le combat de David et Goliath, la galerie des rois compte 56 statues mesurant chacune 4,50 m de haut et pesant 6 à 7 tonnes ; au centre : le baptême de Clovis.

Longer la cathédrale par la gauche.

Les contreforts – L'aspect latéral de la nef avec ses contreforts et arcs-boutants a conservé son aspect d'origine, aucune chapelle n'ayant été construite ultérieurement. Les contreforts sont surmontés de niches abritant chacune un grand ange aux ailes déployées, ce qui a valu à Notre-Dame de Reims le surnom de « Cathédrale des Anges ».

Façade du transept Nord – Elle est dotée de trois portails dont la statuaire est plus ancienne que celle de la façade occidentale. Celui de droite provient de l'ancienne cathédrale romane ; le tympan orné d'une Vierge en majesté sous une arcade en plein cintre est encadré de beaux entrelacs de feuillages. Le portail du milieu figure, au trumeau, saint Calixte pape. Celui de gauche montre dans les ébrasements six belles statues d'apôtres encadrant le « Beau Dieu » malheureusement décapité. Le tympan présente des scènes du Jugement dernier aux détails pittoresques. Parmi les damnés du premier registre, on reconnaît un roi, un évêque, un moine, un juge. Au-dessus les morts se contorsionnent pour sortir de leurs tombes.

Chevet – Du cours Anatole-France s'offre une belle vue sur le chevet de la cathédrale. La multiplicité des chapelles rayonnantes aux toits surmontés de galeries à arcatures et les deux séries d'arcs-boutants superposées créent une combinaison harmonieuse de volumes.

INTÉRIEUR ⊙

L'intérieur frappe par son unité, sa sobriété, sa clarté, ses remarquables dimensions avec une longueur totale de 138 m et une hauteur sous voûte de 38 m. L'impression de hauteur, d'élancement est accentuée par les dimensions de la nef, étroite par rapport à sa longueur, par le tracé des doubleaux formant des arcs très aigus.

La **nef** s'élève sur trois étages : au-dessus des arcades étayées de piliers cylindriques, un triforium aveugle (qui correspond à l'appui des toitures des bas-côtés) court sous les hautes baies divisées en lancettes par un meneau. Les chapiteaux englobant dans leur pourtour les quatre demi-colonnes engagées dans le pilier sont ornés d'une décoration florale plus ou moins élaborée selon l'étape de la construction. Les plus anciens (en partant du chœur) dessinent des feuilles d'acanthe traitées en crochet, des monstres et même deux vignerons portant un panier de raisin (6ᵉ pilier de la nef à droite). Les plus récents illustrent avec fidélité et délicatesse la flore locale.

Le **chœur** ne compte que deux travées mais la partie réservée au culte déborde très largement sur la nef (de 3 travées) : le déroulement des sacres et l'importance du chapitre exigeaient un vaste espace. Autrefois un jubé le clôturait qui servait d'élévation pour le trône royal. Les piliers du chœur diminuent de section et se resserrent à chaque travée, accentuant l'effet d'élévation. Les chapelles rayonnantes qui s'ouvrent sur le déambulatoire sont reliées entre elles par un passage, à la base des ouvertures, très typique de l'architecture champenoise.

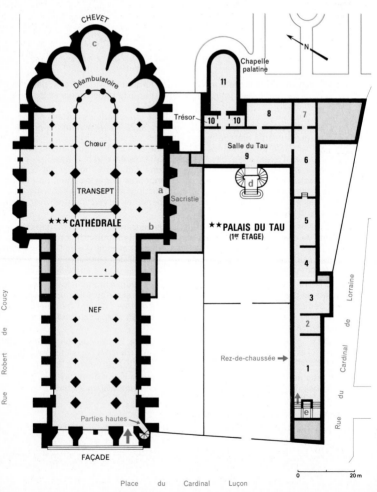

Le **revers de la façade,** œuvre de Gaucher de Reims, est unique dans l'histoire de l'architecture gothique. La grande rose (12 m de diamètre) surmonte le triforium qui découpe ses arcatures sur des verrières de même forme. Au-dessous, dans le revers du portail dont le tympan est ajouré, s'inscrit une rose plus petite.

De part et d'autre, le mur est creusé de niches dans lesquelles ont été sculptées des statues. Les différents registres sont séparés par une luxuriante décoration florale, évoquant celle des chapiteaux de la nef. Le revers du portail central est le mieux conservé. A gauche se déroule la Vie de la Vierge : 2ᵉ registre : l'ange Gabriel annonce à Anne et Joachim la naissance de Marie, 3ᵉ registre : les deux époux se rencontrent à la Porte Dorée ; 4ᵉ registre : Isaïe présente la crèche ; 5ᵉ et 6ᵉ registres : le massacre des Innocents ; dernier registre : la Fuite en Égypte. A droite est représentée la Vie de saint Jean-Baptiste. En bas, la Communion du Chevalier, en habits du 13ᵉ s., figure Melchisédech offrant le pain et le vin à Abraham.

★★Les vitraux – Les vitraux du 13ᵉ s. ont malheureusement beaucoup souffert : certains furent remplacés par du verre blanc au 18ᵉ s., d'autres furent détruits pendant la guerre de 1914-1918. Il subsiste ceux de l'abside représentant au centre Henri de Braine le donateur (parte inférieure de la lancette de droite) et de part et d'autre les évêques suffragants dépendant de l'archevêque de Reims avec leur église : Soissons, Beauvais, Noyon, Laon, Tournai, Châlons, Senlis, Amiens et Thérouanne.

La grande rosace de la façade, chef-d'œuvre du 13ᵉ s., est dédiée à la Vierge : au centre la Dormition et dans les corolles qui l'entourent les apôtres, puis des anges musiciens. Il faut l'admirer en fin d'après-midi quand les rayons du soleil la traversent.

On ne peut parler des vitraux de Reims sans évoquer la famille des maîtres verriers Simon qui y travaille depuis plusieurs générations. Leur relevé des vitraux du 13ᵉ s., avant la Grande Guerre, a permis à Jacques Simon de restaurer certaines parties de ceux qui avaient été endommagés ou de refaire dans le même esprit ceux qui avaient disparu comme la petite rose de la façade et certains vitraux du transept, entre autres les vitraux des Vignerons (a) *(voir illustration p. 134).* Sa fille Brigitte Simon-Marcq a exécuté une série de verrières abstraites dont celle intitulée les eaux du Jourdain à droite des fonts baptismaux (b) (transept Sud).

Cathédrale de Reims.
Vitrail de Chagall.

Depuis 1974, la chapelle absidale (c) est ornée de vitraux de Chagall qui frappent par leur admirable bleue et par leur luminosité. Dessinés par l'artiste, ils furent réalisés par les ateliers Simon. Au vitrail central, le sacrifice d'Abraham (à gauche) fait pendant au sacrifice de la croix (à droite). La fenêtre de gauche représente l'arbre de Jessé et celle de droite évoque les grands moments de la cathédrale de Reims : baptême de Clovis, sacre de Saint Louis.

★★ PALAIS DU TAU (BY S) ⏱ *visite : 1 h*

Il abrite le trésor de la cathédrale et une partie de la statuaire originale.

Le palais épiscopal existe à cet emplacement depuis 1138 et reçut ce curieux nom de Tau en raison de son plan en forme de T, évoquant les premières crosses épiscopales. Plus tard son nom passa à la grande salle édifiée à la fin du 15ᵉ s. Le bâtiment actuel fut construit en 1690 par Robert de Cotte et Mansart, et conserve une chapelle du 13ᵉ s. et la salle du Tau. Il fut très abîmé par l'incendie du 19 septembre 1914 *(voir p. 103)* et sa restauration prit de nombreuses années.

Visite – Sur le perron on peut voir l'ange-girouette du 15ᵉ s. (d) déposé en 1860.

Dans la salle 1, on admire en haut de l'escalier le Couronnement de la Vierge (e) provenant du gâble du portail central, trois rois du bras Nord du transept, les moquettes d'Abbeville tissées pour le sacre de Charles X en 1825 et la statue de pèlerin d'Emmaüs qui se trouvait à droite de la grande rose à 27 m du sol.

Dans les salles 3 et 4, remarquer en particulier deux séries de tapisseries du 17ᵉ s. : l'Enfance du Christ, six pièces tissées à Reims, et le Cantique des Cantiques, quatre œuvres précieuses brodées à l'aiguille. Dans la salle 3 également la Madeleine et saint Pierre provenant de la façade occidentale.

La salle des petites sculptures (5) abrite de précieuses têtes finement bouclées provenant de différents points de la cathédrale.

Dans la salle du Goliah (6) sont exposées les statues monumentales de saint Paul, de Goliath, géant de 5,40 m en cotte de mailles, de la Synagogue aux yeux bandés et de l'Église, très endommagée par un obus.

La salle Charles X (8) évoque le sacre de 1825. Le manteau royal et les vêtements portés par les hérauts d'armes y sont exposés ainsi qu'un tableau de *Charles X en habit royal* par Gérard.

La **Salle du Tau** (9) servait de cadre au festin qui suivait le sacre. Toute tendue d'étoffes fleurdelisées, en partie dissimulées par deux immenses tapisseries d'Arras du 15ᵉ s. qui célèbrent l'histoire de Clovis, elle est couverte d'une belle voûte en carène.

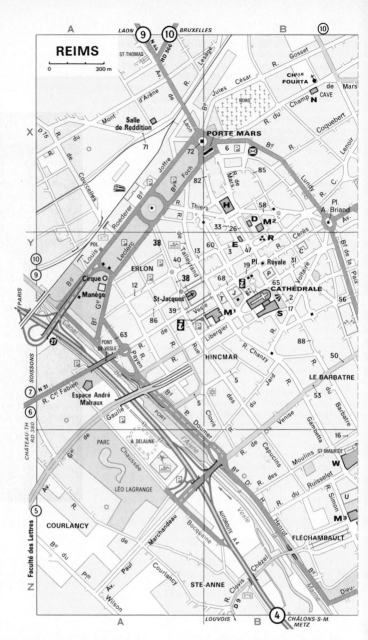

A l'entrée de la salle, une exposition de photos d'archives montre les ravages causés par la guerre. Des gravures évoquent les sacres du roi.

Le **trésor** (**10**) est disposé dans deux chambres : celle de gauche, tendue de velours bleu, renferme des présents royaux très rares préservés à la Révolution : le talisman de Charlemagne du 9ᵉ s. avec un fragment de la Vraie Croix, le calice du sacre, coupe du 12ᵉ s., le reliquaire de la Sainte Épine, taillé dans un cristal du 11ᵉ s., le reliquaire de la Résurrection du 15ᵉ s., le reliquaire de sainte Ursule, délicat vaisseau de cornaline décoré de statuettes émaillées en 1505.

La chambre de droite abrite les ornements du sacre de Charles X sur fond cramoisi : le reliquaire de la Sainte Ampoule ; un grand vase d'offrande et deux pains d'or et d'argent, le collier de l'ordre du Saint-Esprit porté par Louis-Philippe.

La **chapelle** (**11**), au portail surmonté d'une Adoration des Mages, fut élevée de 1215 à 1235. Elle a reçu comme garniture d'autel la croix et les six chandeliers de vermeil réalisés pour le mariage de Napoléon avec Marie-Louise.

★★ BASILIQUE ET MUSÉE ST-REMI *visite : 1 h 1/2*

★★ **Basilique St-Remi** (CZ) ⊘ – En 533, saint Remi fut inhumé dans une petite chapelle dédiée à saint Christophe. Mais, peu de temps après, une basilique était édifiée. Dans la seconde moitié du 8ᵉ s., une communauté bénédictine s'installa à la demande de l'archevêque Tilpin : l'abbaye St-Remi était née. En 852, une église nouvelle fut consacrée tandis que les reliques du saint étaient transférées dans une nouvelle châsse. La construction de la basilique actuelle débuta vers 1007, mais le projet trop grandiose de l'abbé Airard fut abandonné par son successeur l'abbé Thierry (1035-1044). Celui-ci entreprit la démolition de l'église carolingienne, fit élever les murs et construire le chœur au-dessus de la tombe de saint Remi.

C'est sous l'abbé Hérimar que les travaux se terminèrent par le transept et la couverture charpentée. Les 1er et 2 octobre 1049, l'église fut consacrée solennellement par le pape Léon IX.

Une nouvelle campagne intervint sous la direction de l'abbé Pierre de Celles, de 1162 à 1181, avant qu'il ne devienne évêque de Chartres. Le porche du siècle précédent fut abattu et remplacé par une façade et une double travée gothiques ; puis ce fut au tour du chœur, auquel on substitua un nouveau chœur gothique à déambulatoire. Enfin, la nef fut couverte par une voûte d'ogives. St-Remi avait donc acquis son aspect actuel. Quelques transformations modifièrent des points de détail aux 16e et 17e s.

Remaniée, transformée en magasin de fourrages sous la Révolution, la basilique fut restaurée au 19e s. et après la guerre de 1914-1918 qui l'endommagea gravement. L'abbaye domine aujourd'hui un quartier moderne.

De nombreux archevêques de Reims et les premiers rois de France y furent inhumés ; la Sainte Ampoule y était conservée.

Extérieur – La façade est dominée par deux tours carrées hautes de 56 m : celle de droite remonte au 11e s., celle de gauche a été reconstruite au 19e s. de même que le pignon qui les sépare ; les parties basses sont du 12e s.

Encadrant le portail central, les colonnes gallo-romaines supportent les statues de saint Remi et de saint Pierre.

Le transept date du 11e s., mais la façade de son croisillon droit a été refaite de 1490 à 1515 sur l'initiative de Robert de Lenoncourt qui fut abbé de St-Remi avant d'être titulaire de l'archevêché : une statue de saint Michel surmonte le pignon.

Épaulé par des contreforts d'aspect archaïque, le chœur représente le style gothique primitif du 12e s. : admirer l'étagement des chapelles rayonnantes, du déambulatoire et des fenêtres hautes groupées par trois.

★★★ **Intérieur** – Les dimensions de la basilique, longue de 122 m pour une largeur de 26 m seulement, font que le visiteur ressent une impression d'infini, renforcée par la pénombre régnant dans la nef. D'une architecture sobre (11ᵉ s.), la nef comporte onze travées à arcades plein cintre que supportent des colonnes à chapiteaux sculptés d'animaux ou de feuillages. Deux travées gothiques ont remplacé l'ancien porche roman et font le lien avec la façade. Au-dessus règnent d'immenses tribunes ; les voûtes d'ogives ont été lancées à la fin du 12ᵉ s. Remarquer la « couronne de lumière » percée de 96 jours symbolisant les 96 années de la vie de saint Remi, copie de celle détruite à la Révolution. Entouré d'une clôture du 17ᵉ s., d'esprit encore Renaissance, le chœur gothique à quatre étages, d'une structure harmonieuse et légère, est éclairé par des baies qui gardent leurs vitraux du 12ᵉ s., représentant la Crucifixion, des apôtres, des prophètes et les archevêques de Reims.

Derrière l'autel, le **tombeau de saint Remi** a été réédifié en 1847 : cependant les statues des niches proviennent du tombeau antérieur et sont du 17ᵉ s. ; elles figurent saint Remi, Clovis et les douze pairs qui participaient au sacre.

Au pourtour du chœur d'élégantes colonnades séparent le déambulatoire des chapelles rayonnantes : à l'entrée de chacune d'elles se dressent deux colonnes isolées qui reçoivent les retombées supplémentaires des voûtes des chapelles et du déambulatoire. Cette disposition qui donne l'impression d'un espace circulaire a fait école en Champagne. Les chapelles présentent des chapiteaux ayant partiellement conservé leur polychromie d'origine et des statues des 13ᵉ et 18ᵉ s.

Dans la 1ʳᵉ travée du bas-côté gauche, 45 dalles à incrustations de plomb dessinant des scènes bibliques (13ᵉ s.) proviennent de l'ancienne abbaye St-Nicaise.

Dans le transept Sud remarquer une Mise au tombeau (1530), provenant de l'ancienne commanderie du Temple, et le retable des Trois Baptêmes (1610) représentant le Christ entouré de Constantin et de Clovis.

★★ **Musée St-Remi** (BZ M³) ⊘ – Il est installé dans l'ancienne abbaye St-Remi, très bel ensemble de bâtiments des 17ᵉ et 18ᵉ s. conservant quelques parties de l'abbaye datant du Moyen Age comme le Parloir du 13ᵉ s. et la salle capitulaire. Utilisés comme hôpital, ayant subi d'importants dommages pendant la Première Guerre mondiale, ces bâtiments ont fait l'objet d'une remarquable restauration.

Complément du musée des Beaux-Arts *(p. 109)*, celui-ci présente les collections d'art rémois des origines à la fin du Moyen Age. Deux exceptions cependant : la section d'histoire militaire et les tapisseries de St-Remi.

Visite – On pénètre dans une cour d'honneur donnant accès à un bâtiment à la majestueuse façade Louis XVI.

Le cloître, élevé en 1709, sur les plans de Jean Bonhomme, est adossé à la basilique dont les arcs-boutants sont recouverts par une des galeries.

La salle capitulaire est ornée d'une magnifique série de petits chapiteaux romans.

Les anciens réfectoires et cuisine du 17ᵉ s. abritent les collections archéologiques gallo-romaines faisant revivre la ville antique de Reims, Durocortorum. On y remarquera quelques belles mosaïques dont le gladiateur Thrace, un grand plan-relief au 1/200 000 et le **tombeau de Jovin★**, magnifique sarcophage romain des 3ᵉ et 4ᵉ s.

Un superbe escalier d'honneur datant de 1778 mène à la galerie où est présentée la série des **dix tapisseries de St-Remi★★**, commandées par l'archevêque Robert de

Musée St-Remi – Tenture de la vie de saint Remi, France 1531.

Lenoncourt pour la cathédrale St-Remi et exécutées de 1523 à 1531. Chaque tapisserie se décompose en plusieurs tableaux évoquant divers épisodes de la vie du saint patron et la suite des miracles qui la jalonnent.

Les salles voisines sont consacrées à l'histoire de l'abbaye : exceptionnelle tête en pierre polychrome du roi Lothaire (vers 1140), candélabre de bronze du 12ᵉ s ; émaux limousins, argenterie.

Un circuit d'archéologie régionale se développe autour du cloître : de la période mérovingienne, mobilier provenant des nécropoles du Royaume (bijoux, poteries, verreries, armes). Dans la galerie des arcs-boutants sont exposés les objets issus du trésor de l'abbaye, tel le bâton de saint Gibrien. Dans la galerie suivante, on peut suivre l'évolution de la sculpture médiévale du 11ᵉ au 16ᵉ s.

La salle gothique présente les vestiges de monuments civils, militaires et religieux rémois disparus, la pièce maîtresse étant la reconstruction du 1ᵉʳ étage de la façade de la « maison des Musiciens » (13ᵉ s.) ornée de cinq statues.

Dans une grande salle, de nombreux uniformes, équipements, armes blanches et à feu, documents, rappellent les faits marquants de l'histoire militaire de la cité. Remarquer plus particulièrement les vitrines consacrées aux régiments de Champagne, à la bataille de Valmy ou à celle de Reims, aux casques de la Maison militaire du roi en 1814, à la parade militaire de saint Remi lors du sacre de Charles X, et un tableau d'Édouard Detaille, « La Charge du 9ᵉ cuirassiers à Morsbronn ».

★★ CAVES DE CHAMPAGNE

Les grands établissements se groupent dans le quartier du Champ de Mars (BX) et sur les pentes crayeuses de la butte St-Nicaise (CZ), trouée de galeries dites « crayères », souvent gallo-romaines, dont l'intérêt documentaire se double d'un attrait historique. La profondeur et l'étendue des galeries se prêtent aux vastes installations des caves de champagne où s'élabore le précieux vin des fêtes *(voir p. 36)*.

Pommery (CZ F) ⊘ – En 1836 Narcisse Gréno fonde une maison de champagne et s'associe avec Louis Alexandre Pommery. A la mort de ce dernier, sa veuve prend la direction et s'avère douée des remarquables qualités de chef d'entreprise. Elle lance les champagnes « bruts », fait construire en 1878 les bâtiments actuels dans le style élisabéthain, fait relier 120 anciennes crayères gallo-romaines par 18 km de galeries qu'elle baptise des noms de ville du monde entier où se sont traités d'importants marchés, acquiert de nombreux vignobles, ce qui permet aujourd'hui à la maison Pommery de posséder l'un des plus beaux domaines de la Champagne viticole (300 ha). La visite permet de découvrir les différentes étapes de l'élaboration du champagne à travers les crayères ornées de sculptures réalisées au 19ᵉ s. et de voir un foudre de 75 000 litres, œuvre du sculpteur Gallé, qui fut exécuté pour l'Exposition de St Louis du Missouri en 1904.

Taittinger (CZ K) ⊘ – Des négociants en vin rémois, les Fourneaux, se lancent dès 1734 dans la commercialisation des vins mousseux obtenus selon les méthodes de dom Pérignon et celles du cellérier du château de la Marquetterie, le frère Jean Oudart. En 1932 Pierre Taittinger arrive à la tête de la maison qui prend son nom. Propriétaire de 250 ha de vignobles, de 6 vendangeoirs sur la Montagne de Reims, du château de la Marquetterie à Pierry, de l'hôtel des Comtes de Champagne à Reims *(p. 110)*, la maison Taittinger possède en outre de superbes caves.

Leur visite permet de découvrir 15 millions de bouteilles dont le contenu vieillit tranquillement dans la fraîcheur des crayères gallo-romaines creusées en pyramide et dans les cryptes de l'ancienne abbaye St-Nicaise (13ᵉ s.) détruite à la Révolution.

Veuve Clicquot-Ponsardin (CZ Z) ⊘ – La maison fut fondée en 1772 par Philippe Clicquot, mais c'est son fils qui la développa et surtout la veuve de ce dernier, née Ponsardin, qui créa la société sous son nom actuel. « La Grande Dame du Champagne » – son surnom a été donné à la cuvée spéciale – eut de remarquables initiatives dont celle du remuage dès 1816 *(voir p. 36)*. Aujourd'hui, avec 265 ha de vignobles, cette maison, qui exporte les 3/4 de sa production, est l'une des plus connues à l'étranger. Ses caves sont aménagées dans des crayères gallo-romaines.

Ruinart (CZ L) ⊘ – Créée en 1729 par le neveu du moine dom Thierry Ruinart, grand ami de dom Pérignon, cette maison prit un grand essor pendant la Restauration. Très affectée par les guerres mondiales, elle prit un nouvel élan à partir de 1949. Aujourd'hui, dans le cadre du groupe Moët-Hennessy, le champagne Ruinart représente le haut de gamme. Ses caves occupent trois niveaux d'un ensemble exceptionnel de crayères gallo-romaines.

Piper-Heidsieck (CZ V) ⊘ – La maison fut fondée en 1785 par Florens-Louis Heidsieck. Les différentes opérations de l'élaboration du champagne sont expliquées par un audio-visuel puis la visite des caves se fait en nacelle.

Mumm (BX N) ⊘ – Créée en 1827, cette maison connut de grandes heures au 19ᵉ s. en Europe et en Amérique. Aujourd'hui elle possède 420 ha de vignes. Ses 25 km de caves se visitent.

AUTRES CURIOSITÉS

★ **Musée des Beaux-Arts** (BY M¹) ⊘ – Il est installé dans un palais abbatial du 18ᵉ s. et présente des collections d'art de la Renaissance à l'époque contemporaine.

Rez-de-chaussée – On y trouve :
– 13 portraits (16ᵉ s.) de princes allemands, dessins rehaussés de gouache et d'huile, d'un extraordinaire réalisme, par Cranach l'Ancien et Cranach le Jeune ;
– 26 paysages de Corot ;
– des céramiques présentent la production des plus importantes fabriques françaises et étrangères.

Premier étage – Dans la première salle figurent quelques œuvres capitales :
– de curieuses toiles peintes en grisaille, rehaussée de couleurs, dont l'exécution s'échelonne sur les 15ᵉ et 16ᵉ s. et qui comprennent quatre séries de scènes fourmillant de détails pittoresques : les Mystères de l'Ancien Testament, de la Passion, de la Résurrection et de la Vengeance de Notre-Seigneur. Elles servaient de décor pour les mystères ou sur le passage du roi de St-Remi à la cathédrale lors du sacre. Les salles suivantes, présentées chronologiquement, sont consacrées principalement à la peinture française, du 17ᵉ s. à nos jours ; on peut citer les œuvres de :
– Philippe de Champaigne *(les Enfants Habert de Montmort)* ; les frères Le Nain *(Vénus dans la forge de Vulcain* et *le Repas de Paysans),* Vouet et Poussin ; Boucher *(l'Odalisque),* David *(la Mort de Marat),* les paysagistes de l'École de Barbizon (Daubigny, Théodore Rousseau, Harpignies, Millet) ;
– les préimpressionnistes Lépine, Boudin et Jongkind, les impressionnistes Pissarro, Monet, Sisley et Renoir ; la peinture moderne avec Dufy, Matisse et Sima.

★ **Place Royale** (BY) – Établie sur les plans de Legendre, en 1760, elle montre les traits distinctifs de l'architecture Louis XVI : arcades, toits à balustres dont les lignes horizontales contrastent avec la silhouette jaillissante de la cathédrale, à l'arrière-plan. L'ancien hôtel des Fermes, sur le côté Sud, est occupé par la sous-préfecture. Au centre, la statue de Louis XV par Pigalle, détruite à la Révolution, fut remplacée, sous la Restauration, par une autre due à Cartellier. Le piédestal sur lequel fut fracassée, en 1793, la Sainte Ampoule a conservé les allégories réalisées par Pigalle, où il s'est représenté lui-même en citoyen.

★ **Porte Mars** (BX) – Arc de triomphe, d'ordre corinthien, érigé en l'honneur d'Auguste, mais postérieur au 3ᵉ s. Au Moyen Age, il servit de porte aux remparts supprimés au 18ᵉ s. Haute de 13,50 m, la porte Mars est percée de trois arches décorées intérieurement de bas-reliefs sculptés, où l'on reconnaît difficilement Jupiter et Léda, Romulus et Remus. Sous l'arche centrale, traces d'ornières de chars.
Vers la gare et la Vesle s'étendent de vastes cours ombreux, pratiqués à l'emplacement des fossés et des glacis de l'ancienne enceinte ; à leur extrémité a été placée une remarquable **grille** de fer forgé, érigée en 1774 à l'occasion du sacre de Louis XVI.
Non loin de là, sur le boulevard du Général-Leclerc, s'élèvent deux bâtiments du 19ᵉ s. Entièrement restaurés, le **Cirque** (1 100 places) et le **Manège** (600 places) accueillent diverses manifestations.

Cryptoportique gallo-romain (BY R) ⊘ – *Place du Forum.* Situé sur l'emplacement du forum du Reims antique, ce grand monument gallo-romain, semi-souterrain, date du 2ᵉ s. ap. J.-C. *(voir p. 101).*

★ **Musée-hôtel Le Vergeur** (BX M²) ⊘ – Sur la place du Forum, l'hôtel Le Vergeur (13ᵉ, 15ᵉ et 16ᵉ s.) présente une façade à soubassements de pierre, à bâti de pans de bois et pignons débordants. Une aile en retour, donnant sur le jardin, a été ajoutée à la Renaissance : intéressante frise sculptée de scènes guerrières.
La grande salle gothique du 13ᵉ s. et son étage supérieur abritent des peintures, gravures et plans concernant l'histoire de Reims et les fastes des sacres.
Les appartements sont ornés de boiseries, de meubles anciens ; leur décor raffiné évoque la vie quotidienne du baron rémois Hugues Krafft, mécène qui vécut là jusqu'à sa mort en 1935 et fit don de cet hôtel et de ses biens aux Amis du Vieux Reims.
Dans un salon est exposée une collection exceptionnelle de **gravures de Dürer** parmi lesquelles les séries de l'Apocalypse et de la Grande Passion. Dans les salles voisines, petits maîtres flamands et hollandais.
En tournant à droite dans la rue du Tambour, on voit au n° 22 l'**« hôtel des Comtes de Champagne »** (BX D), demeure gothique qui appartient à la maison Taittinger.

★ **Hôtel de La Salle** (BY E) – Édifice Renaissance, bâti de 1545 à 1556, où naquit **saint Jean-Baptiste de La Salle** (1651-1719), fondateur des Frères des Écoles chrétiennes *(voir p. 20).* Harmonieusement équilibrée, la façade sur rue est scandée de pilastres, doriques au rez-de-chaussée, ioniques à l'étage. Elle est flanquée d'un pavillon d'entrée à porte cochère qu'encadrent des figures représentant Adam et Ève. Une frise sculptée, très décorative, traverse toute la façade : triglyphes, médaillons, bustes y alternent.
Dans un angle de la cour intérieure fait saillie une jolie tourelle d'escalier à jour.

★ **Chapelle Foujita** (BX) ⊘ – Conçue et décorée par **Léonard Foujita** (1886-1968), cette chapelle, due au mécénat de la maison Mumm et inaugurée en 1966, commémore l'illumination mystique ressentie en la basilique St-Remi par ce peintre japonais de l'École de Paris, baptisé dans la cathédrale.
L'intérieur est orné de vitraux et de fresques stylisées, aux lignes souples et aux courbes douces, représentant des scènes de l'Ancien et du Nouveau Testament. Au fond, la Vierge protège des groupes de femmes et d'enfants ; au revers de la façade, dans la Crucifixion, le peintre a mis en face à face la Vierge jeune mère et la Vierge de Douleurs tout en noir (Foujita s'est représenté dans la foule, à droite).

★ **Centre historique de l'automobile française** (CY M) ⊘ – Créé par un célèbre styliste en automobile, ce centre présente une centaine de voitures anciennes, de prototypes, en parfait état (chaque véhicule passe par l'atelier de réparation avant d'être exposé). On peut y voir de superbes modèles : les premières voitures comme les De Dion Bouton, une collection d'Hispano-Suiza (1929-35), la très curieuse Scarab ayant servi au général de Gaulle en 1943, des voitures de course de toutes époques...

Ancien collège des jésuites (BZ W) ⊘ – En 1606, le roi Henri IV avait donné aux jésuites l'autorisation de fonder un collège à Reims. Ils firent alors édifier la chapelle qui donne sur la place Museux et les bâtiments qui entourent la cour.

La visite permet de découvrir le réfectoire orné de boiseries du 17ᵉ s. et de peintures de Jean Helart retraçant les vies de saint Ignace de Loyola et de saint François-Xavier.

Un escalier d'honneur d'inspiration Renaissance mène à la **bibliothèque**★, remarquable par ses boiseries baroques de style Louis XIV au riche décor sculpté ; guirlandes, volutes, angelots soutenant le plafond à caissons.

Le planétarium et l'horloge astronomique ⊘ – Ils se trouvent au sein de l'ancien collège des jésuites. Le planétarium peut restituer la voûte céleste à n'importe quelle date et sous n'importe quelle latitude. Les séances proposées vont de la simple découverte du ciel étoilé jusqu'à l'explication détaillée des lois qui régissent notre univers. L'horloge astronomique est l'œuvre du Rémois Jean Legros qui travailla de 1930 à 1952 à la mise au point de ce « rêve mécanique ».

Salle de Reddition (AX) ⊘ – *12, rue Franklin-Roosevelt.* Le général Eisenhower avait choisi ce collège technique et moderne comme G.Q.G. à la fin de la Seconde Guerre mondiale. La capitulation allemande y fut signée, le 7 mai 1945, dans la Salle de la Signature qui a conservé son aspect d'alors avec ses cartes.

Église St-Jacques (AY) ⊘ – Une nef à triforium, d'un style gothique pur (13ᵉ-14ᵉ s.), précède un chœur gothique flamboyant (début 16ᵉ s.) qu'encadrent deux chapelles Renaissance (milieu 16ᵉ s.) à colonnes corinthiennes. Les vitraux non figuratifs, créés dans les ateliers Simon, ont été conçus par Vieira da Silva pour les chapelles latérales et Sima, pour le chœur.

Espace André-Malraux (AY). – Achevé en 1970, il constitue un bon exemple d'architecture contemporaine adaptée à des besoins variés avec plusieurs niveaux utilisés comme salles de spectacles. Il abrite la Comédie de Reims, centre dramatique national.

Parc Pommery (CZ) ⊘ – Couvrant 22 ha, le parc comporte des jeux d'enfants, des terrains de sport. Le lieutenant de vaisseau **Hébert** (1875-1957) y expérimenta sa méthode d'éducation physique de plein air, dite « naturelle ».

Hôtel de ville (BX H). – Incendié en 1917, on a pu sauver sa majestueuse façade du début du 17ᵉ s. Beau fronton, sculpté d'un bas-relief équestre représentant Louis XIII.

Faculté des lettres (AZ) – *Accès par les avenues du Général-de-Gaulle et du Général-Eisenhower.* Au Sud-Ouest de Reims s'élèvent de grandes coques abritant les amphithéâtres, œuvres de l'architecte Dubard de Gaillarbois.

EXCURSIONS

Fort de la Pompelle – *9 km au Sud-Est ; quitter Reims par ③ et la N 44. Voir à ce nom.*

Massif de St-Thierry – *Circuit de 50 km – environ 1 h 1/2. Quitter Reims par ⑨ et la route de Laon (N 44) ; après la Neuvillette, prendre la 1ʳᵉ route à gauche (D 26).*
La D 26 gravit les pentes du massif de St-Thierry, avancée de la falaise de l'Ile-de-France *(p. 12)*, analogue à la Montagne de Reims, mais avec moins de vignes, plus de bois. Cette région est riche en modestes églises romanes précédées d'un porche.

St-Thierry – 550 h. Ce village, sur les premières hauteurs dominant la plaine de Reims, possède une **église** du 12ᵉ s. à porche. L'édifice s'ouvre par une élégante galerie couverte d'un toit et adossée à la façade. Des colonnettes ornées de chapiteaux à feuillages portent de chaque côté quatre arcades romanes. Derrière le porche, une tour à trois étages s'élève, elle est percée de plusieurs baies. L'intérieur frappe par sa sobriété : une nef charpentée, deux bas-côtés, un chœur voûté en plein cintre terminé par une abside et deux absidioles en cul-de-four. Monseigneur de Talleyrand, archevêque de Reims et oncle du célèbre ministre, fit construire sous Louis XVI un château à l'emplacement d'une abbaye fondée au 6ᵉ s. par saint Thierry, disciple de saint Remi.
De l'ancien monastère subsistent les cinq piliers romans de la salle capitulaire du 12ᵉ s. Cette salle est devenue l'oratoire du monastère actuel.

Chenay – 276 h. Vues en direction de la Montagne de Reims.
A Trigny, prendre à droite la D 530 qui conduit à Hermonville.
On traverse une région sablonneuse, productrice d'asperges et de fraises.

Hermonville – 1 125 h. Un imposant porche à arcatures occupe toute la largeur de la façade de l'**église** ⊘ (fin 12ᵉ s.) dans laquelle on entre par un beau portail à imposte de bois et niche abritant une Vierge du 18ᵉ s. L'intérieur est d'un style gothique primitif très homogène que fait ressortir davantage encore un autel à baldaquin du 18ᵉ s.
Poursuivre par la D 30 qui franchit le faîte du massif. A Bouvancourt, tourner à gauche dans la D 375.
Peu avant d'arriver à Pévy, charmante vue plongeante sur le village niché au creux de son vallon et, au-delà, sur la vallée de la Vesle.

Pévy – 210 h. Ce village possède une intéressante **église** ⊘. La nef romane contraste avec le haut chœur gothique que coiffe un clocher en bâtière ; à l'intérieur, fonts baptismaux romans et retable en pierre (16ᵉ s.) relatif à saint Jean-Baptiste.
Descendre par la D 75 jusqu'au niveau de la Vesle qu'il faut franchir à Jonchery ;

Reims et Epernay sont les deux métropoles du champagne ; la plupart des caves y sont ouvertes aux visiteurs.

RENWEZ

Carte Michelin n° 53 pli 18 ou 241 pli 6.

Renwez (prononcer Renvé), gros bourg ardennais où l'historien **Michelet** séjourna maintes fois, possède une imposante **église** (début 16e s.), de style gothique flamboyant, intéressante par ses baies à remplages dessinant des « soufflets et mouchettes » (quatre-feuilles très étirés et découpure en forme d'ellipse). Remarquer la rose du portail Sud, les curieux arcs-boutants intérieurs et les voûtes compartimentées.

Château de Montcornet-en-Ardenne ⊘ – *2 km au Sud-Est*. Ce château construit au 11e s., remanié au 15e s., est tombé en ruine à la fin du 18e s. Un pont à parapet et un châtelet, tous deux munis de larges meurtrières à canons, donnent accès à l'intérieur de l'enceinte.

RETHEL

Carte Michelin n° 56 pli 7 ou 241 pli 13.

Étagée dans un site plaisant, sur les bords de l'Aisne, que double le canal des Ardennes, Rethel offre un visage neuf. En effet, la ville a été détruite à 85 % en maijuin 1940, lorsque la 14e D.I. et la 2e D.I. défendirent les passages de l'Aisne.
Rethel a donné naissance à **Louis Hachette** (1800-1864), fondateur de la maison d'édition qui porte son nom. De 1877 à 1879, Verlaine y enseigna la littérature.

Église St-Nicolas ⊘ – Savamment restaurée après la dernière guerre, l'église St-Nicolas occupe une position dominante sur une colline qui fait face à celle qui portait le château. C'est un édifice gothique original qui comprend, en fait, deux sanctuaires juxtaposés auxquels s'ajoute, hors œuvre, une tour imposante.
L'église de gauche, des 12e-13e s., a été revoûtée au début du 16e s. ; elle était affectée aux moines d'un prieuré bénédictin dépendant de l'abbaye St-Remi de Reims.
L'église de droite (15e-16e s.) servait à la paroisse. Elle offre un vaste collatéral qu'éclairent de grandes baies flamboyantes et un riche portail terminé en 1511, où s'exprime toute l'exubérance du gothique flamboyant à son apogée : remarquer, au trumeau, la statue de saint Nicolas et, au pignon, une Assomption qui semble inspirée du célèbre Couronnement de la Vierge de la cathédrale de Reims.
La tour, élevée au début du 17e s., présente la superposition des ordres classiques.

Musée du Rethelois et du Porcien ⊘ – Il est consacré à l'archéologie, au folklore, aux anciennes colonies, à des estampes régionales et à l'art religieux.

REVIN

Carte Michelin n° 53 pli 18 ou 241 pli 6 – Schémas p. 76 et 77.

Couvrant deux méandres presque fermés de la Meuse, creusés dans le massif ardennais, Revin frappe d'abord par ce site exceptionnel. Le méandre Nord porte la ville ancienne entourant son église du 18e s., tandis que le méandre Sud a vu croître le quartier industriel aux usines spécialisées dans la fabrication d'appareils ménagers et d'articles sanitaires.

Parc Maurice-Rocheteau – Un bâtiment situé au cœur du parc abrite une **galerie d'art contemporain** ⊘ qui accueille notamment la collection Georges Cesari (1923-1982).

EXCURSIONS

Circuit de 18 km – *Environ 2 h 1/2 dont 1 h 1/4 à pied*. Aux lisières de Revin se détache de la D 1 la route des Hauts-Buttés, en lacet, qui s'élève de 300 m. En bordure de la route apparaît le Monument des Manises.
Monument des Manises – Il commémore le sacrifice des combattants du maquis des Manises. Intéressante vue plongeante sur le site de Revin.

Revin – Le site avec les deux méandres.

★ **Point de vue de la Faligeotte** – De la plate-forme d'observation, **vue** sur le site de Revin et les méandres de la Meuse de part et d'autre de la cité.

La route atteint le rebord du plateau.

★★ **Mont Malgré Tout** – *A 400 m du panneau « Point de vue à 100 m » s'amorce un chemin. Garer la voiture. 1 h à pied AR.* Le chemin en forte montée mène à un poste de relais TV. De là, on gagne à travers le taillis de bouleaux et de chênes un second belvédère plus élevé (400 m d'altitude). **Vue** sur Revin, les méandres de la Meuse jusqu'aux Dames de Meuse, la vallée de Misère qui monte en direction de Rocroi. Ce mont Malgré Tout a donné son nom à un roman de George Sand, paru en 1869.

Poursuivre la route des Hauts-Buttés sur 6 km jusqu'au panneau « Calvaire des Manises » où on laisse la voiture.

Calvaire des Manises – *1/4 h à pied.* Un sentier conduit à la clairière où furent massacrés 106 maquisards : calvaire, monuments et fosses communes.

Revenir à Revin par la même route.

Vallée de Misère – *Prendre la route de Rocroi (D 1).* En amont des anciennes forges de St-Nicolas commence la Vallée de Misère que la route remonte au long de pentes sinueuses et boisées. C'était jadis un coin sauvage et privé de ressources, occupé aujourd'hui en partie par le lac inférieur du barrage de la centrale hydro-électrique de Revin.

Les RICEYS   1 420 h.

Carte Michelin n° **61** Sud des plis 17, 18 ou **241** plis 45, 46.

Cette petite ville pittoresque, qui produit des vins rosés réputés, se compose de trois agglomérations, jadis fortifiées, possédant chacune une église Renaissance.
A **Ricey-Bas**, l'église St-Pierre, bel édifice du 16ᵉ s., a une riche façade à triple portail. A l'intérieur, dans les chapelles de la Passion des bas-côtés Nord et Sud, on peut voir deux retables en bois sculpté, restaurés en 1868.
A **Ricey-Haut,** l'église St-Vincent présente la particularité d'être composée de deux églises combinées, une seconde nef ayant été aménagée en allongeant le transept. Remarquer la vieille halle à la charpente imposante.
L'église de **Ricey-Haute-Rive,** *(fermée pour travaux)*, renferme une belle chaire sculptée du 18ᵉ s.

ROCROI   2 566 h. (les Rocroiens)

Carte Michelin n° **53** pli 18 ou **241** pli 6.

Remontant au 16ᵉ s. mais refaite par Vauban, la place forte de Rocroi *(illustration XIII p. 29)*, tapie sur le plateau ardennais, s'ordonne autour d'une immense place d'Armes. Baptisée Roc Libre sous la Révolution, Rocroi résista un mois aux Alliés en 1815.

« La valeur n'attend pas le nombre des années » – La bataille de Rocroi fut livrée le 19 mai 1643, quelques jours après la mort de Louis XIII. Elle mit aux prises les Espagnols de dom Francisco Mellos et les troupes royales commandées par le jeune duc d'Enghien (21 ans), futur prince de Condé, que l'Histoire immortalisa sous le nom de **Grand Condé.** Venu de Péronne, le duc d'Enghien rencontra l'armée espagnole à environ 2 km au Sud-Ouest de Rocroi, en bordure d'une zone marécageuse, les « rièzes », et, le 19 au petit jour, il attaqua le centre du dispositif adverse et le rejeta. Malheureusement, à l'aile gauche française, la situation était critique, les maréchaux de L'Hôpital et La Ferté Sennecterre étant encerclés par l'ennemi. C'est alors que, par une manœuvre hardie, le duc d'Enghien porta à leur aide la réserve de son aile droite qu'il lança sur les piques de l'infanterie espagnole, mettant celle-ci, réputée invincible, en déroute. Voyant la bataille perdue, le comte de Fontaine (ou Fuentes), impotent et porté en chaise, fit former le carré aux troupes qui lui restaient. Trois fois les Français chargèrent, trois fois ils reculèrent. Ayant pénétré enfin dans le carré, ils firent grand carnage. Mellos et Fontaine périrent.

CURIOSITÉS

Les remparts – Ils constituent une enceinte bastionnée caractéristique de l'architecture militaire du temps de Vauban *(détails p. 35)*. En partant de la porte de France, au Sud-Ouest, suivre le « sentier touristique » qui parcourt le front Est, permettant de se rendre compte de la complexité des défenses.

Musée ⊙ – Installé dans l'ancien corps de garde, ce musée présente une maquette lumineuse montrant le déroulement de la bataille de Rocroi ainsi que quelques documents se rapportant à l'histoire de la place forte.

ENVIRONS

Bois des Potées – *Suivre la D 877 et, au lieu-dit la Patte d'Oie, prendre à gauche la route de Censes-Gallois. Au-delà, continuer à pied jusqu'au principal carrefour de la forêt.* A 100 m du carrefour s'élève, entouré de sapins, un **chêne** vénérable.

Lac des Vieilles Forges – *12 km au Sud-Est par la D 22 et la D 31 jusqu'au vallon de la Faux où l'on prend à droite la route de Vieille-Forge.*
Le lac de barrage s'inscrit dans un cadre tranquille de collines boisées (chênes, sapins, bouleaux). *Base de voile, barques pour la promenade et la pêche, baignade, aires de pique-nique, camping.*

★ ST-AMAND-SUR-FION

Carte Michelin n° 61 Nord du pli 8 ou 241 pli 30.

Ce village conserve nombre de fermes à pans de bois que domine l'élégante silhouette de son église.

★ **Église** – Au 12e s., le comte de Champagne avait fait don du village de St-Amand aux chanoines de la cathédrale de Châlons. Ceux-ci édifièrent alors une église romane dont il subsiste le beau portail central, quelques parties de la nef. Au 13e s. le chœur et la nef furent reconstruits dans le pur style ogival champenois.

L'**intérieur** frappe par son élancement, sa grâce accentuée par les tons doux de la pierre rose. L'abside à pans est ajourée de trois rangées de fenêtres dont l'intermédiaire est un triforium qui se prolonge autour des croisillons. Le transept, du 13e s. mais remanié au 15e s., montre les caractéristiques du style flamboyant.

Le beau porche à arcades date du 15e s. ainsi qu'une partie des chapiteaux au décor plein de fantaisie : petits animaux, grappes de raisin.

Devant l'abside se détache une poutre de gloire du 17e s.

ST-DIZIER

Carte Michelin n° 61 pli 9 ou 241 pli 30.

Cette ville industrielle, important centre métallurgique avec ses fonderies, ses forges et ses aciéries, était au 16e s. une place forte redoutable. En 1544, elle tint tête, avec ses 2 500 hommes, à Charles Quint, pourtant accompagné d'une armée de 100 000 soldats. François Ier avisé de cette résistance aurait dit : « Allez, braves gars. » La contraction en « bragards » aurait déterminé le nom des habitants. Ces derniers guidaient, dès le 16e s., le flottage des bois ou trains de brelles sur la Marne, navigable depuis St-Dizier.

La ville fut, le 26 mars 1814, témoin de la dernière victoire en France de Napoléon Ier, avant son départ pour l'île d'Elbe *(voir p. 22)*.

ENVIRONS

Abbaye de Trois-Fontaines – *11 km au Nord. Sortir de St-Dizier par la D 157 et la D 16.* Au cœur de la forêt, l'ancienne abbaye de cisterciens, fille de Clairvaux, fondée en 1118, fut reconstruite au milieu du 18e s. et en grande partie détruite pendant la Révolution. Les portes monumentales du 18e s., les ruines de l'église du 12e s., les anciens bâtiments de l'abbaye, dans le parc, retiennent l'attention.

Marais de ST-GOND

Carte Michelin n° 61 plis 5, 6 ou 241 pli 29.

Couvrant plus de 3 000 ha, ces marais, longs d'une quinzaine de kilomètres, larges de quatre, sont situés au pied de la falaise de l'Ile-de-France *(p. 12)* qui forme le rebord du plateau briard. Ils doivent leur nom à un cénobite retiré là au 7e s. Leurs eaux alimentent avec parcimonie le cours supérieur du Petit Morin *(p. 95)*.

En septembre 1914, lors de la bataille de la Marne, les marais de St-Gond et les hauteurs avoisinantes furent le théâtre de combats acharnés entre la 2e armée allemande de von Bülow, attaquant en direction du Sud, et la 9e armée française sous les ordres du **général Foch.** L'« enlisement » de la Garde prussienne dans les marais a été raconté par ce dernier : « Le 6, elle avait traversé le marais et s'était emparée de Bannes, qui est à l'une de leurs extrémité. Mais quand elle en voulut déboucher et pousser sur Fère, elle fut prise par l'artillerie du colonel Besse... Quatre fois la garde – poursuit Foch –, avec un courage, un entêtement auxquels il faut rendre hommage, essaya de déboucher de Bannes : quatre fois ses colonnes oscillèrent, tourbillonnèrent. La Garde, ou du moins la fraction de ce corps qui s'était glissée dans Bannes, eut vraiment là son tombeau. » Foch réussit à contenir l'ennemi, notamment à Mondement, puis, à partir du 10, à le refouler en direction de la Marne.

Circuit de 36 km – *Au départ de Mondement (Nord-Est de Sézanne). Environ 1 h 1/2.* Ce circuit permet de découvrir les étendues désertes et silencieuses des marécages. Une partie de ceux-ci, cependant, a été assainie et transformée en prairies ou en culture (maïs). Les pentes Sud des buttes calcaires qui les bordent sont plantées en vignes produisant un « blanc nature » apprécié.

Mondement – 59 h. Clé du dispositif militaire français couvrant les approches de la Seine, la butte de Mondement (alt. 223 m), dominant les marais, fut disputée avec acharnement du 7 au 9 septembre 1914. Dans le parc du château se livrèrent des combats d'une extrême violence entre la division marocaine du général Humbert et les troupes allemandes qui furent obligées de se retirer, laissant 3 000 cadavres sur place. Le **monument commémoratif,** évoquant la « Borne » dressée devant l'invasion, est construit en ciment rouge et atteint 32 m de haut. Une victoire ailée le surmonte. La **vue** s'étend sur les marais de St-Gond jusqu'au mont Aimé et aux coteaux champenois.

Allemant – 148 h. La petitesse de ce village, accroché au bord de la colline, étonne en regard de l'importance de son église gothique flamboyante à haute tour de croisée et double transept.

Du cimetière attenant, **vue** sur la falaise de l'Ile-de-France à gauche, les marais de St-Gond, la plaine de Fère-Champenoise à droite.

Coizard – Carte Michelin n° 56 pli 16 – 102 h. Charmante église romane rustique.

Villevenard – Carte Michelin n° 56 pli 15 – 203 h. Village vigneron. L'**église** du 12e s. attire les regards par ses proportions harmonieuses, sa nef romane à petites baies plein cintre, sa belle tour octogonale sur la croisée du transept ; l'ensemble a été restauré avec goût.

★ **ST-LOUP-DE-NAUD**   806 h.

Carte Michelin n° 61 pli 4 ou 237 pli 32 (9 km au Sud-Ouest de Provins).

Ce village, autrefois fortifié, se présente sur un éperon. Il faut en apprécier la silhouette en arrivant du Sud-Ouest par la D 106.

★ **Église** – Commencée au début du 11e s., elle faisait partie d'un prieuré bénédictin. Le
porche et les deux travées de la nef
qui s'y rattachent furent bâtis au 12e s.

Le **portail**★★, sous le porche, admira-
blement conservé, présente par sa
disposition une grande analogie
avec le Portail royal de Chartres :
Christ en majesté entouré des symboles des Évangélistes au tympan,
apôtres abrités sous les arcatures au
linteau, statues-colonnes dans les
ébrasements, personnages dans les
voussures. Les sculptures de St-
Loup marquent le début d'une transition qui aboutira au réalisme
gothique.

A l'intérieur, les progrès de l'architecture aux 11e et 12e s. sont très nets.
On passe du roman primitif du
chœur au début de la technique
gothique à l'entrée de la nef. Celle-ci
comprend tout d'abord deux travées
du 12e s. sur lesquelles ouvre la tribune du porche. Ces travées, qui se
divisent chacune en deux arcades
jumelles, sont voûtées sur croisée
d'ogives. Les deux travées suivantes,
plus anciennes, sont voûtées l'une
en berceau et l'autre d'arêtes. Le
carré du transept est couvert par une
coupole, les bras du transept non
saillant, du début du 12e s., par un
berceau. Le chœur, datant de la fin
du 11e s., offre un berceau et son
abside est voûtée en cul-de-four.

St-Loup-de-Naud –
Statues-colonnes du portail de l'église.

STE-MENEHOULD   5 178 h. (les Ménehildiens)

Carte Michelin n° 56 pli 19 ou 241 pli 22.

Située dans la vallée de l'Aisne, à la lisière Ouest des grandes forêts d'Argonne, Ste-
Menehould, qui a vu naître **dom Pérignon** *(p. 74)*, occupe une position clé au début du
défilé des Islettes. Dominée par une butte appelée « le château », la ville est traversée par la N 3. Sa spécialité est le pied de cochon.

La fuite de Louis XVI – **J.-B. Drouet,** enfant du pays, joua un rôle essentiel dans
l'arrestation de Louis XVI. A la suite des difficultés causées par la question religieuse, le roi se résolut à quitter secrètement Paris avec sa famille pour rejoindre à
Metz le marquis de Bouillé. De là, à la tête des troupes que Bouillé avait concen-
trées, et appuyé au besoin par une armée autrichienne, il serait revenu sur Paris
pour y rétablir son autorité. Dans la nuit du 20 au 21 juin 1791, le roi, accompagné
de la reine, de ses deux enfants et de sa sœur, Madame Élisabeth, quitta les Tuileries. La fuite avait été soigneusement préparée, mais à Ste-Menehould, au moment
où la berline relayait, Drouet, fils du maître de poste, reconnut le roi qu'il n'avait vu,
dit-on, que d'après un écu de six livres. « Je laissai partir la voiture, déclara-t-il plus
tard, mais voyant aussitôt les dragons prêts à monter à cheval pour l'accompagner,
je courus au corps de garde, je fis battre la générale ; la Garde nationale s'opposa au
départ des dragons, et me croyant suffisamment convaincu, je me mis avec
M. Guillaume à la poursuite du roi. » Ardent patriote, il soupçonna une fuite vers la
frontière. Devançant la lourde voiture en empruntant un chemin de traverse, il
galopa jusqu'à Varennes où il jeta l'alarme.

La gendarmerie s'élève à l'emplacement de la maison de poste où Louis XVI fut
reconnu.

CURIOSITÉS *visite : 1 h*

Place du Général-Leclerc – Coupée par la route nationale, cette place où se
dresse l'**hôtel de ville** (1730) offre un bel ensemble architectural, en briques roses à
chaînes de pierre et toitures d'ardoises bleutées, dû à Philippe de la Force qui
reconstruisit la cité après l'incendie de 1719.

« Le château » – *Accès en voiture par une rampe ou à pied par un chemin et des
escaliers.* C'est le quartier de la ville haute, à l'aspect de village champenois avec de
vieilles maisons basses à pans de bois, fleuries de géraniums.

Au terme de la montée s'offre une belle **vue**★ sur la ville basse avec ses toits couverts de tuiles romaines et l'église St-Charles (19e s.).

L'**église Notre-Dame** ⊙ ou église du château est entourée de son cimetière. Édifiée aux
13e et 15e s., elle porte sur les murs, refaits au 18e s., des alignements de brique et de
« gaize », pierre blanche du pays.

Château de Braux-Ste-Cohière – *5,5 km à l'Ouest. Description p. 48.*

SEDAN

Carte Michelin n° 53 pli 19 ou 241 pli 10.

Très endommagée en 1940, la ville étendue le long de la Meuse, au pied de son château fort et de ses demeures des 17e et 18e s., a été reconstruite. Aménagé au Sud de la ville, un plan d'eau de 13 ha se prête à la baignade et à la voile. A l'industrie du drap sont venues s'ajouter les industries métallurgiques, chimiques et alimentaires.

UN PEU D'HISTOIRE

Heurs et malheurs – La légende veut que Sedanus, fils du roi gaulois Bazon, vint s'établir à cet endroit et lui donna son nom ; en fait le nom Sedan n'apparaît qu'en 997 et en 1023, sur un « diplôme » confirmant les possessions de l'abbaye de Mouzon.
Jusqu'au 15e s., la ville appartint aux moines de Mouzon puis aux évêques de Liège. Elle passa ensuite aux mains des La Marck (1424) puis des La Tour d'Auvergne (1594), d'où allait sortir le grand Turenne, *(voir ci-dessous),* et fut rattachée à la France en 1642. En 1685, la révocation de l'édit de Nantes porta un coup sensible à la draperie de Sedan, développée par les protestants, et supprima la florissante Académie de la religion réformée.

Turenne – Henri de La Tour d'Auvergne, vicomte de Turenne, petit-fils par sa mère de Guillaume le Taciturne, naquit à Sedan le 11 septembre 1611. D'une faible constitution, on raconte que son père ne voulait pas en faire un militaire et que, pour prouver sa robustesse, le jeune Turenne, âgé de 10 ans, passa une nuit d'hiver entière sur les remparts de Sedan et qu'on le retrouva endormi sur un affût de canon au petit matin. Élevé dans le protestantisme, Turenne entra au service de la France en 1630. La guerre de Trente Ans, à laquelle il participe, révèle sa haute valeur militaire, notamment dans le Piémont où il combat les Espagnols et s'empare de Turin (1640). Fait maréchal de France en 1643, il commande l'armée d'Allemagne et remporte la bataille de **Nördlingen** (1645).
La carrière de Turenne semble s'orienter différemment lorsque, prenant le parti de la Fronde, il se retrouve aux côtés des Espagnols à Rethel en 1650. Mais il se réconcilie avec la Cour et se retourne finalement contre les frondeurs : il bat Condé à Bléneau et à Paris en 1652, ce qui ouvre les portes de Paris au jeune roi Louis XIV. Il continue la guerre contre les Espagnols et Condé, et gagne les batailles décisives d'Arras (1654) puis des Dunes (1658) qui obligent l'ennemi à signer le traité des Pyrénées.
Nommé maréchal-général en 1660, Turenne participe à toutes les guerres de Louis XIV. On le rencontre sur tous les champs de bataille, de la Flandre (1667) à l'Allemagne (1675). Après avoir reconquis l'Alsace, il trouve la mort à la bataille de **Sasbach** le 27 juillet 1675. Converti par Bossuet, il avait abjuré la foi protestante en 1668. Il fut enseveli à St-Denis, mais Bonaparte fit transférer ses restes aux Invalides en 1800.

La capitulation du 2 septembre 1870 – A peu près au centre d'une poche fermée par deux rangées de hauteurs, Sedan, dépourvue d'artillerie et d'approvisionnements, ressemble néanmoins à une place de guerre lorsque l'armée de Mac-Mahon vient s'y enfermer le 30 août 1870.
La bataille commence le 1er septembre au matin à Bazeilles *(p. 46),* mais l'essentiel se joue au Nord-Est dans le secteur du **plateau d'Illy.** Mac-Mahon blessé est remplacé par Wimpffen, mais c'est Ducrot qui dirige en fait les combats. Malgré plusieurs charges éblouissantes des généraux Margueritte et Galliffet, les troupes françaises doivent refluer vers le glacis de Sedan, après avoir essuyé de lourdes pertes infligées par la puissante artillerie prussienne. Le roi Guillaume, depuis son observatoire du **bois de La Marfée,** ne peut retenir son admiration devant tant d'héroïsme : « Ah ! les braves gens ! » s'exclame-t-il en se tournant vers Moltke et Bismarck.

Sedan – La ville et le château.

SEDAN

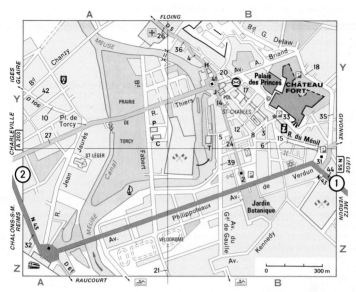

Napoléon III, qui a cherché vainement la mort, ordonne de hisser le drapeau blanc pour éviter une inutile boucherie : 690 canons prussiens cernent Sedan au soir de la bataille. L'Empereur désire rencontrer Guillaume, mais c'est Bismarck qu'il trouve, le 2 au matin, sur la route de Donchéry. Le Chancelier désire négocier avec le vaincu, malheureusement celui-ci n'en a pas le pouvoir. On le conduit alors au château de Bellevue, près de Frénois, où Guillaume lui rend visite. Les conditions de la capitulation n'en sont en rien atténuées : 83 000 prisonniers seront internés en Allemagne et un matériel immense sera livré. Le lendemain 3 septembre, Napoléon, escorté par un peloton de hussards de la Mort, part pour Cassel. Tout au long de la route, jusqu'à la frontière belge, le malheureux vaincu se fait injurier par les soldats de son armée.

A la nouvelle du désastre de Sedan, Paris accomplit une nouvelle révolution : le 4 septembre, la foule envahit le Corps législatif et la République est proclamée.

C'est encore à Sedan (qui fut occupée durant la Première Guerre mondiale), que la IIIe République jouera son destin en mai 1940, à l'issue d'une bataille qui aboutit à la percée allemande en direction de la mer *(p. 24)*.

★ CHÂTEAU FORT (BY) ⊘

Avec ses 35 000 m² sur 7 niveaux, le château fort de Sedan est le plus étendu d'Europe. Cet ensemble imposant est bâti sur un éperon rocheux encadré par deux ruisseaux. Son édification se fit par étapes. En 1424, Évrard de La Marck fait commencer les travaux en réutilisant une partie d'un ensemble monastique comprenant une église du 11e s., agrandie au 13e s. en prieuré. De cette époque datent le plan triangulaire, les tours jumelles et les remparts. Ceux-ci, hauts de 30 m, entourés de fossés, ont été complétés au 16e s. par des bastions transformant le château en place forte.

Les princes de Sedan avaient leurs appartements dans cette enceinte. Le logis seigneurial fut détruit en partie au 18e s. par la création d'une rampe d'accès aux terrasses : la **Galerie Sud.** On peut cependant présumer que la chambre où est né Turenne, en 1611, est la salle à la colonne qui faisait partie des appartements de la princesse.

Au début du 17e s., Henri de La Tour d'Auvergne fait édifier une nouvelle résidence : le château bas ou **Palais des Princes** (BY) en dehors de l'enceinte.

Le château fort fut ensuite domaine militaire pendant plus de trois siècles de 1642 à 1962, date à laquelle la ville de Sedan en devint propriétaire et entreprit de le restaurer.

Au cours de la visite des tours et des remparts, des **panoramas** s'offrent sur la ville et ses toits d'ardoise, sur l'église St-Charles (16e s.) qui fut un temple calviniste jusqu'à la révocation de l'édit de Nantes.

Musée ⊘ – Installé dans l'aile Sud du château, il occupe trois niveaux. Il rassemble des collections archéologiques (produits des fouilles effectuées dans les sous-sols du château : poteries médiévales, céramiques), des pièces d'ethnographie régionale et de nombreux documents sur l'histoire de Sedan. Une section est consacrée aux guerres de 1870 et de 1914-1918. Dans la **grosse tour,** on admirera la charpente rayonnante, remarquable ouvrage du 15e s.

On peut faire le tour de la place forte en voiture ou se promener à pied le long du boulevard du Grand Jardin (bancs) jusqu'à la résidence des Ardennes qui domine la ville. De l'esplanade où a été reconstruit le tombeau du maréchal Fabert (1599-1662), la **vue★** est remarquable sur la vallée de la Meuse.

AUTRES CURIOSITÉS

Rue du Ménil (BY) – Dans cette rue préservée des destructions, on trouve plusieurs maisons du 17ᵉ et du 18ᵉ s., permettant d'évoquer le Vieux Sedan. Au n° 1, la maison des Gros Chiens, ancienne manufacture royale de draps (1688), présente une cour intérieure décorée de têtes sculptées au-dessus des fenêtres.

Jardin botanique (BZ) – Petit mais agréable avec une belle roseraie.
En prenant l'avenue du Maréchal-Leclerc jusqu'à la place Calonne, on a, sur le pont enjambant un bras de la Meuse, une **vue** sur les berges verdoyantes et les deux arches de l'ancien moulin.

ENVIRONS

Aérodrome de Sedan-Douzy : Musée des débuts de l'aviation ⊘ –10 km par ①. Il est consacré au pionnier de l'aviation Roger Sommer (1877-1965), pilote et constructeur. Autour d'une réplique du biplan 1910, sont exposés des documents de ce début du siècle parmi lesquels une collection de cartes postales évoquant des pilotes célèbres : Blériot, Farman. L'aviation moderne est illustrée par une centaine de maquettes d'appareils.

★ Vallée de la SEMOY

Carte Michelin n° 53 plis 18, 19 ou 241 pli 6 – Schéma p. 82.

De la frontière belge à la Meuse, la Semoy (Semois en Belgique) dévide ses méandres tapissés de prairies, entre de rudes pentes schisteuses, revêtues de bois de chênes, de sapins, de bouleaux que hantent chevreuils et sangliers. La vallée, asile de verdure et de calme, plaît aux amateurs de solitude.
Les artisans cloutiers ou boulonniers et les chiens actionnant leurs soufflets ont disparu, si bien qu'on ne rencontre plus que quelques pêcheurs de truites.

DE MONTHERMÉ A LINCHAMPS *19 km – environ 1 h 1/2*

★ **Monthermé** – *Voir à ce nom.*

Sortir de Monthermé par la D 31.

La route passe au pied du Roc de la Tour puis gravit la falaise d'où l'on découvre depuis la Roche aux Corpias une **vue★** plongeante sur Tournavaux, niché dans un élargissement de la vallée.

De la D 31 prendre une route à droite (D 31ᴰ) vers Tournavaux puis poursuivre tout droit jusqu'au camping d'Haulmé.

Sentier des Rapides – *1 h à pied AR.* Il s'amorce au fond du parking et longe la rivière tumultueuse qui coule dans des sites sauvages.

Revenir à la D 31.

La route coupe la racine du promontoire que contourne le sentier des Rapides. Dans la descente, vues sur Thilay où l'on franchit la Semoy. Après Naux, où la Semoy décrit un méandre prononcé, l'itinéraire traverse de nouveau la rivière.

Les Hautes-Rivières – 2 077 h. Ce bourg, le plus important du cours français de la Semoy, s'allonge sur 2 km jusqu'à Sorendal.

En prenant la D 13 au Sud vers Nouzonville, on monte sur 1,5 km jusqu'à l'embranchement du chemin qui conduit à la Croix d'Enfer.

Croix d'Enfer – *1/2 h à pied AR.* **Vue★** sur la vallée, le bourg des Hautes-Rivières et, en face, le vallon de Linchamps.

★ **Vallon de Linchamps** – *Au Nord de Hautes-Rivières par la D 13.* Beau site sauvage.
Du village de **Linchamps** rustique et isolé, peuvent s'effectuer des promenades dans le **Ravin de l'Ours** et le **Bois des Haies,** massif accidenté dont l'altitude dépasse les 500 m.

SÉZANNE
5 833 h. (les Sézannais)

Carte Michelin n° 61 pli 5 ou 237 plis 22, 34.

Petite ville paisible, au charme provincial, Sézanne est sise au flanc d'une colline truffée de souterrains et de caves. Une ceinture de mails, tracés à l'emplacement des fossés des remparts, délimite son noyau ancien aux rues tortueuses.
Siège de foires fréquentes, dès le Moyen Age, Sézanne est un marché agricole (silos à céréales) et un centre industriel : usines de lunetterie, de produits pharmaceutiques, de détergents et de produits réfractaires. Par ailleurs, la viticulture a été remise à l'honneur sur les coteaux avoisinants qui produisent un agréable vin blanc nature.
De la route d'Épernay par la RD 51 au Nord, pittoresque **point de vue** sur la ville.

Église St-Denis – De style gothique flamboyant, avec une tour Renaissance, elle s'élève au centre de la ville, en lisière de la place de la République. Au pied de l'imposante tour carrée, haute de 42 m, sont collées de minuscules habitations. Remarquer aussi l'horloge qu'encadrent deux frises sculptées.

Par un escalier à double volée montant à un petit portail aux vantaux de bois sculptés Renaissance, on pénètre dans l'église. L'intérieur, de style gothique flamboyant, est d'une rare unité. On y admire les voûtes compartimentées, en étoile. Dans une chapelle du bas-côté gauche : Ecce Homo (16e s.) ; dans une autre du bas-côté droit : statuette de saint Vincent qui surmontait, jadis, un bâton de confrérie.

En quittant l'église, jeter un coup d'œil sur le **« puits Doré »**, à couronnement de fer forgé, qui se trouve devant la façade.

Mail des Cordeliers – Allée de marronniers longeant les anciens remparts et le château dont subsistent deux tours rondes arasées.

Vue sur le coteau planté de vergers et de vignes.

EXCURSIONS

Forêt de Traconne – *Circuit de 54 km – environ 2 h.*
Couvrant près de 3 000 ha, cette forêt, remarquable par la profondeur de ses sous-bois, est principalement exploitée en taillis de charmes, sous futaie de chênes.

Quitter Sézanne à l'Ouest par la D 239.

A Launat, tourner à gauche vers le Meix-St-Époing et 500 m plus loin à droite vers Bricot-la-Ville.

Bricot-la-Ville – Ce ravissant et minuscule village perdu dans une clairière de la forêt, avec sa petite église, son manoir, son étang tapissé de nénuphars, fut, du 12e au 16e s., le site d'une abbaye de moniales bénédictines.

Poursuivre jusqu'à Châtillon-sur-Morin (église fortifiée).

La route suit la vallée du Grand Morin : clairières et bosquets se succèdent, harmonieusement disposés comme dans un jardin anglais.

A Châtillon-sur-Morin, prendre à gauche la D 86 qui rejoint la D 48. Aux Essarts-le-Vicomte prendre à gauche la D 49.

L'Étoile – En bordure de ce vaste rond-point herbeux où est érigée une colonne surmontée d'une croix en fer forgé (18e s.), on aperçoit un hêtre tortillard provenant du bois des Faux de Verzy *(p. 84).*

Prendre la D 49 vers Barbonne-Fayel puis tourner à droite.

Fontaine-Denis-Nuisy – 245 h. Dans le transept gauche de l'**église** une fresque du Jugement dernier du 13e s. représente les damnés rôtissant dans un vaste chaudron.

Prendre la D 350 vers St-Quentin-le-Verger.

Juste après le hameau de Nuisy sur la droite s'élève un dolmen.

A St-Quentin-le-Verger prendre à gauche la D 351 puis à droite la route de Ville-neuve-St-Vistre. La D 373 ramène à Sézanne.

Corroy – 148 h. *18 km à l'Est par la N 4 puis de Connantre la D 305.*
Ce village possède une **église** remarquable par son porche champenois du 13e s. plaqué sur la façade. Ce porche s'ouvrant par une arcature de baies géminées est couvert d'une savante charpente carénée du 15e s. A l'intérieur de l'église, la longue nef charpentée du 12e s. donne sur le chœur, l'abside et deux chapelles construits à la fin du 16e s.

SIGNY-L'ABBAYE
1 404 h. (les Signaciens)

Cartes Michelin n° 53 plis 17, 18 et n° 56 pli 7 ou 241 plis 9, 10.

Dans un site accidenté, au fond du vallon de la Vaux, Signy est née d'une célèbre et riche abbaye cistercienne, fondée en 1134 par saint Bernard et détruite en 1793. Au cœur du bourg, le gouffre de Gibergeon alimente la Vaux.

FORÊT DE SIGNY *Circuit de 32 km – environ 2 h 1/2*

Couvrant 3 533 ha, la forêt domaniale de Signy comprend deux massifs séparés par le vallon de la Vaux : la Petite Forêt (chênes et hêtres) au Sud-Est et la Grande Forêt, plus humide (chênes, frênes et érables), au Nord-Ouest. La forêt va être aménagée en futaie régulière en vue de la production de bois d'œuvre de qualité.

Quitter Signy au Nord-Ouest par la route de Liart (D 27) le long du vallon de la Vaux. A 5 km de Signy, prendre à gauche la route forestière de la Grande Terre.

Cette route côtoie (100 m à droite) la **Fontaine Rouge**, source ferrugineuse d'où part un sentier pédestre de 4 km. Traversant de hautes futaies de chênes, la route de la Grande Terre parvient à hauteur du sentier (parking aménagé) bordé de résineux qui descend vers le site du **Gros Frêne**. Il ne reste de cet arbre majestueux tombé en 1989 que la souche et une rondelle exposée à proximité *(environ 3/4 h AR).* Du parking, départ de deux sentiers pédestres balisés de 5 à 6 km de longueur.

Poursuivre jusqu'au **vallon de la Vaux** qu'on retrouve et y emprunter, à droite, la D 2 jusqu'à Lalobbe puis tourner à gauche dans la D 102 et gagner, en aval, **Wasigny** dont le château (16e-17e s.) occupe un site plaisant auprès de la rivière.

Tourner à gauche dans la D 11. Elle rejoint la D 985 qui ramène à Signy-L'Abbaye.

La route traverse alors une futaie de hêtres dans la Petite Forêt. Dans la descente, après les Maisons Forestières, jolies **vues** sur Signy et ses abords.

Les **guides Verts Michelin** *sont périodiquement révisés.*
L'édition la plus récente assure la réussite de vos vacances.

Carte Michelin n° 旬 plis 16, 17 ou 旬 pli 37.

Ancienne capitale de la Champagne, dont les célèbres foires entretenaient déjà la prospérité, Troyes est une cité d'art, très riche en églises, en musées, vieux hôtels et maisons anciennes.

Aujourd'hui, la ville dépasse la ceinture de boulevards délimitant le centre, dont la forme évoque un « bouchon de champagne », et s'entoure de faubourgs et de zones industrielles. Première ville française pour la bonneterie depuis le 16ᵉ s., Troyes a vu s'implanter d'autres industries : constructions mécaniques, pneumatiques, imprimerie et désormais l'emballage-conditionnement.

UN PEU D'HISTOIRE

Saint Loup et Attila – Bâtie à l'emplacement d'une forteresse gauloise, la cité des Tricasses – qui est à l'origine du nom de Troyes – est évangélisée au 3ᵉ s. Le plus illustre de ses évêques, saint Loup, occupe le siège épiscopal durant 53 ans.

En 451, Attila et ses Huns envahissent la Gaule, pillant et détruisant tout sur leur passage. Reims est incendiée, l'ennemi est devant Troyes. Saint Loup se rend au camp d'Attila et s'offre en otage pour le salut de sa ville. Son caractère sacré, le rayonnement de ses vertus impressionnent le chef des Huns qui accepte de se détourner de Troyes.

Les comtes de Champagne – Sous la dépendance des évêques jusqu'au 10ᵉ s., la cité passe ensuite aux mains des comtes de Champagne *(voir p. 18)*. Certains de ces comtes embellissent et enrichissent leur capitale. L'un d'eux, Henri Iᵉʳ, fonde à lui seul 13 églises, 13 hôpitaux – dont l'hôtel-Dieu de Troyes –, agrandit la ville et mérite le beau surnom de « libéral ».

Son petit-fils, Thibaud IV, poète et chevalier, partage la renommée du poète local Chrestien de Troyes, auteur de maintes chansons de geste. C'est Thibaud IV qui crée les foires de Troyes, sortes d'expositions universelles jouissant de la franchise, qui deviennent bientôt célèbres.

Lorsque la dernière héritière des comtes de Champagne, Jeanne, épouse le roi de France, Philippe le Bel, en 1284, elle apporte la province en dot à la Couronne.

Le honteux traité de Troyes – Dans la lutte qui oppose les Armagnacs aux Bourguignons, **Isabeau de Bavière**, épouse du roi dément Charles VI, fait le jeu des Bourguignons et des Anglais. Abandonnant Paris, favorable aux Armagnacs, la reine fait à Troyes le piètre honneur de la choisir pour capitale.

Le 21 mai 1420, Isabeau signe avec les Anglais le traité de Troyes qui déshérite le dauphin et livre la France aux envahisseurs. Le pacte est scellé par le mariage de Henri V, roi d'Angleterre, avec Catherine de France, célébré en l'église St-Jean. Le prince anglais est proclamé régent du royaume en attendant de devenir roi, à la mort de Charles VI. Anglais et Bourguignons s'installent alors à Troyes en maîtres. La ville est délivrée par Jeanne d'Arc en 1429.

Les andouillettes de Troyes – Au temps des guerres de la Ligue, à la fin du 16ᵉ s., Troyes, alors aux mains des Ligueurs, avait pour gouverneur un enfant de 11 ans, Claude de Guise. Une armée royaliste ayant mis le siège devant la ville, le gouverneur, affolé, se réfugia dans la tour de la cathédrale tandis que les assaillants se répandaient dans les faubourgs. Or, c'est dans le quartier St-Denis que l'on fabriquait les andouillettes.

Parvenus en ce lieu, les soldats du roi ne résistèrent pas à la tentation et... laissèrent aux assiégés le temps d'organiser la riposte. Surpris en pleine euphorie, les amateurs d'andouillettes furent massacrés par centaines et la ville resta aux mains des Ligueurs.

Un important foyer artistique – A Troyes, les ateliers sont nombreux dès le 13ᵉ s., mais c'est à partir de la Renaissance que le mouvement artistique devient intense. Les artistes troyens se caractérisent alors par un style très original. Au moment où la vague de l'italianisme déferle sur la France, ils continuent à travailler dans le cadre de la grande tradition médiévale. Leur école d'architecture rayonne sur toute la Champagne et ses influences se manifestent en Bourgogne. Une pléiade de sculpteurs – parmi lesquels Jean Gailde et Jacques Julyot – exécutent quantité d'œuvres charmantes. Une autre manifestation de vitalité est fournie par les ateliers de peintres verriers ; du 14ᵉ au 17ᵉ s., ceux-ci ont produit des vitraux que l'on peut admirer dans les églises de la ville (voir les détails dans l'introduction à l'art). Parmi les maîtres verriers de cette époque, citons Jehan Soudain et **Linard Gontier**. Cette tradition artistique se maintient au 17ᵉ s. avec le peintre **Mignard** et le sculpteur **Girardon**, nés à Troyes.

La capitale de la bonneterie – « Pays des bonnets de coton », ainsi désigne-t-on Troyes jusqu'à ce que le bonnet de coton soit relégué au magasin des accessoires de vaudeville. En 1505, entrent en scène les premiers bonnetiers troyens. Leurs statuts datent de 1554 ; il s'agissait de fabricants de bonnets et de bas tricotés à la main.

En 1745, les administrateurs des hôpitaux de Troyes font venir à l'hôpital de la Trinité (hôtel de Mauroy) des métiers à fabriquer les bas afin de procurer du travail aux enfants pauvres qu'ils hébergent. Cette initiative est couronnée de succès. La manufacture de la Trinité ayant été imitée, la communauté des Bonnetiers compte 40 membres en 1774. A la Révolution, Troyes centralise la vente de l'industrie bonnetière de la région et son importance s'accroît au cours du 19ᵉ s. grâce aux constructeurs de métiers à bonneterie locaux qui mettent les bonnetiers de Troyes et de la région dans une situation privilégiée.

A l'heure actuelle, la bonneterie groupée en 250 entreprises reste l'industrie dominante de Troyes et du département où elle occupe environ 15 000 personnes.

★★LE VIEUX TROYES *environ 2 h*

Au Moyen Age, Troyes comptait deux quartiers distincts : la Cité (dans la tête du bouchon), centre aristocratique et ecclésiastique autour de la cathédrale ; et le Bourg (dans le corps du bouchon), bourgeois et commerçants, où se tenaient les foires de Champagne.

En 1524, un incendie ravagea la ville. Ses habitants, connaissant alors un plein essor économique, en profitèrent pour construire des demeures plus luxueuses que l'on découvre aujourd'hui en parcourant le Vieux Troyes.

Architecture troyenne – Les maisons, à colombage, se composent d'une charpente en poutres de chêne entre lesquelles est intercalé le torchis, mélange de terre et de paille.

Les étages en encorbellement, reposant souvent sur des consoles sculptées, sont surmontées de pignons pointus à auvent et de toits en tuiles plates. Dans les demeures plus riches apparaît l'appareil champenois, damier de briques et de mœllons de craie.

Les hôtels particuliers les plus élégants sont construits en pierre, matériau qui était fort onéreux étant donné l'éloignement des carrières de pierre dure.

L'itinéraire décrit ci-dessous se déroule dans l'ancien Bourg qui a fait l'objet d'une mise en valeur remarquable. Débarrassées de leur enduit, les maisons à pans de bois forment des ensembles homogènes le long de rues entières. Devenues pour la plupart piétonnes, les rues ont retrouvé leur pavement ancien. Les commerces, les cafés sont venus s'y installer, redonnant au quartier sa fonction d'origine. Les jours de grande animation, on peut imaginer aisément l'atmosphère qui devait y régner quand marchands, changeurs, baladins accouraient de tout l'Occident pour participer aux célèbres foires.

Place Alexandre-Israël (CZ). – Elle est dominée par la façade Louis XIII de l'hôtel de ville.

Prendre la rue Champeaux.

Rue Champeaux (CZ 12) – Particulièrement large pour une rue du 16ᵉ s., elle était la principale artère du quartier.

A l'angle de la rue Paillot-de-Montabert s'élève la **maison du Boulanger** (CZ N) qui abrite le centre culturel Thibaud de Champagne, en face, la **Tourelle de l'Orfèvre** (CZ V). Celle-ci doit son nom à la profession de son premier propriétaire. Recouverte en partie d'un damier d'ardoise, elle est soutenue par des cariatides et un atlante aux pieds de chèvre.

En se dirigeant vers l'église St-Jean *(p. 125)* et en se retournant s'offre un point de vue sur cet ensemble typiquement troyen du 16ᵉ s. *(voir illustration p. 39).*

Longer l'église St-Jean puis prendre la rue Mignard qui ramène rue Champeaux.

En face se trouve l'hôtel Juvénal-des-Ursins datant de 1526 *(en restauration).*

Il tire son nom d'une famille champenoise dont Jean Iᵉʳ, magistrat né à Troyes, prévôt des marchands de Paris, contribua à faire donner la régence du royaume à Isabeau de Bavière en 1408. La façade, au fond de la cour, en pierre blanche, présente une belle porte d'entrée avec un fronton triangulaire et au-dessus un oratoire Renaissance.

Ruelle des Chats (CZ) – Vision médiévale que celle de ces maisons aux pignons si rapprochés de part et d'autre de la ruelle, qu'un chat peut aisément sauter d'un toit à l'autre. Les bornes à l'entrée de la ruelle empêchaient les roues des chariots de heurter les murs. La nuit, comme la plupart des autres rues, une herse la fermait. La ruelle s'élargit, devient rue des Chats.

Sur la gauche un passage donne accès à la **cour du Mortier d'or,** très belle reconstitution à partir d'éléments anciens : remarquer (du côté de la rue des Chats) une ravissante Annonciation sculptée dans le linteau de bois, et en face, près de la rue des Quinze-Vingts, corbeau sculpté d'une tête d'un guerrier casqué.

Reprendre la rue des Chats et poursuivre par la rue de la Madeleine qui mène à l'église du même nom (p. 125).

On passe devant la porte flamboyante de l'ancien charnier (1525) décorée de la Salamandre, emblème de François Iᵉʳ, et de son monogramme « F ».

Revenir sur ses pas jusqu'à la rue Charbonnet.

Hôtel de Marisy (CZ) – Édifié en 1531, ce bel hôtel de pierre est orné d'une ravissante tourelle d'angle, de style Renaissance, décorée de figures et de blasons.

Tourner à gauche dans la rue des Quinze-Vingts, et ensuite à droite vers la place Audiffred.

Sur cette place, l'ancien hôtel particulier de Nicolas Camusat, maire de Troyes en 1759, construit au 18ᵉ s., abrite la Chambre de commerce et d'industrie.

Poursuivre jusqu'à la place Jean-Jaurès.

Au coin de la place Jean-Jaurès et de la rue Turenne, une maison ancienne a été élevée sur un rez-de-chaussée moderne (remarquer la porte d'entrée au premier étage).

Longer la place Jean-Jaurès, ancienne place du Marché au blé, puis de la Bonneterie, jusqu'à la rue de Vauluisant.

Rue de Vauluisant (CZ 74) – La maison formant l'angle avec la place Jean-Jaurès montre un bel exemple de l'appareil champenois en brique et craie. L'encorbellement repose sur des consoles sculptées représentant des visages ; au coin une jolie Vierge de l'Apocalypse sur son croissant de lune.

La rue de Vauluisant croise la rue Dominique, rappelant la présence dans ce quartier du sculpteur Dominique Florentin dont plusieurs œuvres sont visibles dans l'église St-Pantaléon *(p. 125),* puis longe l'hôtel de Vauluisant *(p. 127)* et aboutit rue Turenne.

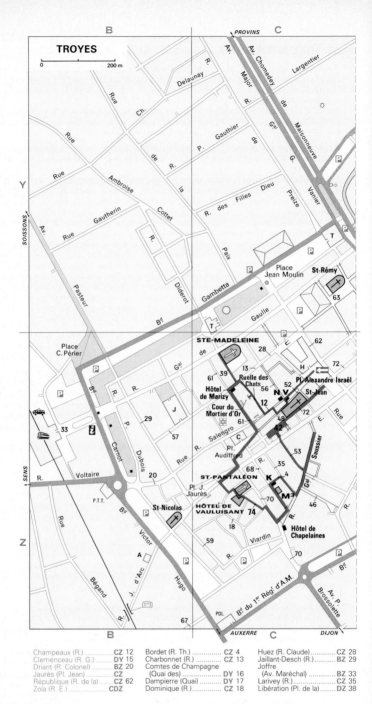

TROYES

0   200 m

Hôtel de Chapelaines (CZ) – *55 rue Turenne*. Il fut construit entre 1524 et 1536 par un riche teinturier, dont les descendants anoblis devinrent barons et marquis de Chapelaines. Belle façade Renaissance.

Prendre la rue Général-Saussier puis tourner à gauche dans la rue de la Trinité.

★ **Hôtel de Mauroy** (CZ M³) – C'est un intéressant exemple de l'architecture troyenne du 16ᵉ s. Sa façade sur la rue est appareillée en damier champenois tandis que dans la cour *(accessible lors de la visite du musée)* s'intercalent colombages, briques, damier d'ardoise, bandeaux, autour d'une tourelle polygonale. Cet hôtel construit en 1550 par de riches marchands devint, grâce à la générosité de Jean de Mauroy, l'hôpital de la Trinité. On y accueillait les enfants pauvres pour leur apprendre un métier. En 1745 des machines pour la fabrication de bas y furent introduites. Ce fut le début de la bonneterie mécanique à Troyes. En 1966 la ville de Troyes remit cet hôtel entre les mains des Compagnons du Devoir qui le restaurèrent et y installèrent un musée *(p. 127)*.

Juste à côté, à l'angle des rues de la Trinité et Thérèse-Bordet se trouve la maison des Allemands.

Maison des Allemands (CZ K) – Construite au 16ᵉ s. mais décorée au 18ᵉ s., cette maison à pans de bois accueillait les marchands venant d'Allemagne au moment des foires. Elle est devenue la bibliothèque des Compagnons du Devoir et du Tour de France.

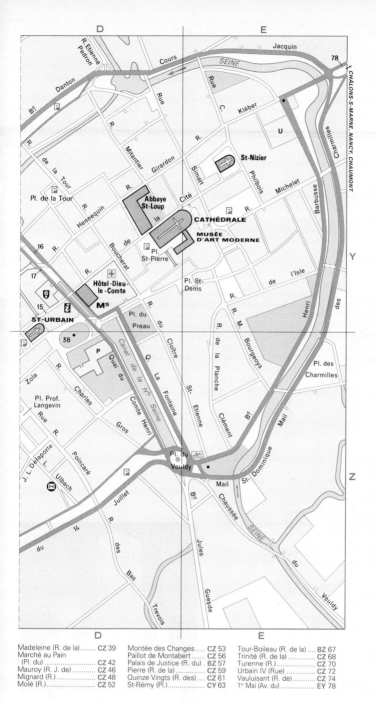

Tourner à droite dans la rue Thérèse-Bordet. Par la rue Larivey, rejoindre la rue Général-Saussier.

Rue Général-Saussier (CZ) – Ancienne rue du Temple – une commanderie de templiers y était située – elle présente un bel alignement de maisons anciennes : Dans un angle, au n° 26, l'hôtel des Angoiselles est agrémenté d'une tour à clocheton ; un passage mène à la pittoresque cour intérieure à pans de bois et galerie ; au n° 11 : hôtel de pierre du 18e s. où Napoléon résida pendant la campagne de France ; au n° 3 : belle maison de pierre et brique au toit couvert de tuiles vernissées en écaille ; elle fut construite sous Louis XIII, qui appartenait au Commandeur de l'ordre de Malte.

Revenir sur ses pas et prendre à droite la rue de la Montée-des-Changes longeant l'hôtel des Angoiselles.
Traverser la rue Émile-Zola, la rue de la Montée-aux-Changes devient un passage avant d'atteindre la place du Marché au Pain.

Place du Marché au Pain (CZ 42) – Autrefois place aux Changes, elle voyait les changeurs installer leurs tables au cours des foires.
De cette place, vue sur la tour d'horloge de l'église St-Jean qui a des allures de minaret.

La rue Urbain-IV ramène place Alexandre-Israël.

LES ÉGLISES

★★Cathédrale St-Pierre-et-St-Paul (DEY) – Construite du 13e au 17e s., c'est un édifice remarquable par ses dimensions, la richesse de sa décoration et la beauté de sa nef.

La façade (début 16e s.), très ouvragée, est due en partie à Martin Chambiges, constructeur du transept de la cathédrale de Beauvais, qui travailla aussi à la cathédrale de Sens. Cette façade est ornée d'une belle rose flamboyante. Les trois portails sont surmontés de gâbles ouvragés. Sculptures et statues ont été détruites à la Révolution. Des deux tours prévues, seule celle de gauche *(en restauration)*, haute de 66 m, a été terminée au 17e s. A sa base une plaque rappelle le passage de Jeanne d'Arc à Troyes, le 10 juillet 1429.

Contourner la cathédrale par la gauche pour admirer le portail du transept Nord (13e s.) dont la statuaire (disparue à la Révolution) lui avait valu le nom de Beau Portail ; la partie supérieure est remarquable : une immense rose, qui inscrit dans un carré ses 12 rayons en ogives, est accompagnée de quatre rosaces.

Intérieur – Une impression de puissance et en même temps de légèreté se dégage de cet immense vaisseau. L'élégance de l'architecture, l'harmonie des proportions et l'éclat des vitraux soulignent l'admirable perspective de la nef et du chœur.

Les **verrières★★** permettent de comparer la technique du vitrail à des époques différentes.

Du 13e s., datent les vitraux du chœur et du déambulatoire. D'un dessin primitif, qui se soucie peu de la perspective, ils charment par la chaleur et l'intensité de leur coloris : ils représentent surtout de grands personnages isolés – papes et empereurs – et des scènes de la Vie de la Vierge. Du début du 16e s., les verrières de la nef sont d'une autre facture : la pureté des tons où dominent les rouges et la souplesse de la composition forment de véritables tableaux peints sur verre. On remarque, au Nord, l'Histoire de la Vraie Croix, la Légende de saint Sébastien, l'Histoire de Job et celle de Tobie ; au Sud, l'Histoire de Daniel, celle de Joseph, la Parabole de l'Enfant prodigue et un magnifique Arbre de Jessé *(voir illustration p. 35)*.

La rose de la façade, œuvre de Martin Chambiges, a été terminée en 1546 et décorée d'une verrière exécutée par Jehan Soudain : les Patriarches entourent Dieu le Père. Elle est partiellement masquée par le buffet d'orgue du 18e s., provenant de l'abbaye de Clairvaux. La 4e chapelle du bas-côté gauche est éclairée par le célèbre **« Pressoir mystique »**, exécuté en 1625 par Linard Gontier. On voit le Christ étendu sous les montants du pressoir, le sang qui s'échappe de la plaie de son côté remplissant un calice. De sa poitrine s'élance un cep de vigne dont les rameaux supportent les douze apôtres.

★Trésor ⊘ – Dans une salle voûtée du 13e s. sont exposés un coffret d'ivoire teinté de pourpre (11e s.), quatre émaux cloisonnés (11e s.), de forme semi-circulaire représentant les symboles des quatre évangélistes, un psautier dit du comte Henri, manuscrit aux lettres d'or du 9e s., deux couvertures de missel ornées de pierres précieuses, la châsse de saint Bernard (12e s), des émaux mosans de la fin du 12e s., une chape rouge brodée de médaillons (14e s.).

★Basilique St-Urbain (DY) – Elle illustre parfaitement l'art gothique champenois du 13e s. Elle fut construite de 1262 à 1286, par ordre du pape Urbain IV, originaire de Troyes, sur l'emplacement de l'échoppe de savetier de son père. On rapporte à ce sujet que les religieuses de Notre-Dame-aux-Nonnains, à qui appartenait le terrain où l'on commençait à édifier l'église, décidèrent, s'estimant lésées, d'employer la manière forte pour reprendre leur bien : l'abbesse en tête, elles pénétrèrent sur les chantiers et les saccagèrent après avoir mis en fuite les ouvriers. L'année suivante, elles récidivèrent et l'abbesse porta le scandale à son comble en souffletant l'archevêque de Tyr, légat pontifical en France qui venait bénir le cimetière de saint Urbain.

St-Urbain-de-Troyes – La Vierge au raisin.

Extérieur – La façade Ouest date du 19e s. ; sous le porche, portail du 13e s., dont le tympan représente le Jugement dernier. Longer l'édifice jusqu'au chevet pour admirer la légèreté des arcs-boutants, l'élégance des fenêtres, la grâce des pinacles, des gargouilles et des autres éléments décoratifs. Les portails latéraux s'abritent sous des proches du 14e s.

Intérieur ⊘ – Tout l'intérêt se concentre sur le chœur, construit d'un seul jet. Exemple rare au début du gothique, les verrières occupent une surface considérable, réduisant les murs à une simple ossature de pierre. Les **verrières** du 13e s. occupent les médaillons des fenêtres basses du sanctuaire, les fenêtres hautes du sanctuaire et du chœur *(déposées)* et les médaillons de la chapelle St-Joseph, à gauche du chœur (Annonciation, Visitation, Saints Innocents).

Troyes – Jubé de l'église Ste-Madeleine.

Dans la chapelle à droite du chœur, sur l'autel, la souriante **« Vierge au raisin »** est un bel exemple de la sculpture troyenne du 16ᵉ s. ; à gauche, remarquer le groupe avec saint Roch, en costumes de l'époque Louis XII.
Dans le chœur à gauche, remarquer un bas-relief polychrome, qui recouvre les restes d'Urbain IV (1185-1264).

★ **Église Ste-Madeleine** (CZ) ⊘ – C'est la plus ancienne église de Troyes. L'église primitive de la fin du 12ᵉ s. a été très remaniée au 16ᵉ s. Elle reçut une nouvelle abside de 1498 à 1501, ainsi que la tour Renaissance de la façade Ouest.
La nef gothique reconstruite dans la seconde moitié du 19ᵉ s. a un triforium aveugle surmonté de fenêtres géminées, mais toute l'attention est attirée par le remarquable jubé de pierre.

★★ **Jubé** – De style flamboyant il fut exécuté de 1508 à 1517 par Jean Gailde, sculpteur et architecte troyen. Composé de trois arcs d'ogives festonnés, il est enrichi d'une merveilleuse floraison de feuillages et de figurines sculptées portant les costumes Renaissance. Une balustrade fleurdelisée le surmonte ; côté chœur, un escalier, dont la rampe repose sur une corniche ornée de figures grotesques et de choux frisés, atteint la galerie. Sur la face collatérale Nord du jubé, un groupe de bois peint et doré, délicatement sculpté, est une œuvre flamande du 16ᵉ s.

★ **Les verrières** – Le chevet est orné de grandes verrières Renaissance au coloris éclatant : de gauche à droite la vie de saint Louis (1507), la Création du Monde (1500) – dont les premières scènes en bas à gauche montrant la séparation des eaux, la lumière... sont des réalisations presque abstraites –, la légende de saint Éloi (1506), l'Arbre de Jessé (1510), la Passion (1494) – en bas sont représentés les donateurs et leur saint Patron –, la vie de sainte Madeleine (1506) et le triomphe de la Croix.
Dans le bas-côté droit contre un pilier de la nef, belle **Sainte Marthe**★. Très représentative de l'école troyenne du 16ᵉ s., cette œuvre du Maître de Chaource *(voir p. 56)* frappe par son visage grave et très émouvant. Patronne des servantes (dont elle porte ici le costume du 16ᵉ s.), sainte Marthe est représentée terrassant la tarasque en l'aspergeant d'eau bénite avec un goupillon.
En face, dans le bas-côté gauche, statue en bois de saint Robert (début 15ᵉ s.) portant dans chaque main les abbayes de Molesmes et de Cîteaux, fondées par lui.
Devant le vitrail de la Passion s'élève une très belle statue de saint Sébastien (16ᵉ s.).

★ **Église St-Pantaléon** (CZ) ⊘ – Cette église du 16ᵉ s., voûtée de bois au 17ᵉ s., éclairée de hautes verrières Renaissance la plupart en grisaille, présente un surprenant balcon sinueux. Elle abrite une importante collection de statues placées principalement sur les piliers de la nef ; ces statues proviennent d'églises détruites à la Révolution. Au premier pilier, à droite, la statue de **saint Jacques** par Dominique Florentin est un autoportrait de l'artiste. Face à la chaire la belle **Vierge de douleur** est d'esprit gothique, tandis qu'aux piliers du chœur, la **Charité et la Foi**, œuvres de Dominique Florentin, sont teintées d'italianisme. On remarque dans la deuxième chapelle Sud le groupe polychrome en bois de l'**Arrestation de saint Crépin et saint Crépinien** et, dans le bras droit du transept, une tribune avec deux prêtres juifs.

Église St-Jean (CZ) ⊘ – Dans cette église dont la tourelle d'horloge est du 14ᵉ s., fut célébré, en 1420, le mariage de Catherine de France, fille de Charles VI et d'Isabeau de Bavière, avec Henri V d'Angleterre. La nef, assez basse, est de style gothique ; le chœur, réédifié au début du 16ᵉ s., est beaucoup plus élevé. Au-dessus de l'autel, deux tableaux de Mignard : Dieu le Père et le Baptême du Christ. Le tabernacle de marbre et bronze a été exécuté sur les dessins de Girardon (1692). Dans le bas-côté Sud du chœur (2ᵉ chapelle), groupe de la Visitation de la Vierge à Élisabeth, en pierre.

Église St-Nicolas (BZ) ⊙ – Reconstruite après l'incendie de 1524, elle présente un portail Sud flanqué de pilastres et orné de statues de François Gentil. A l'intérieur, tribune très ouvragée, occupée par la chapelle du Calvaire, avec loggia et balustrade. Prendre l'escalier dans le bas-côté pour admirer la voûte à clés pendantes. Parmi les statues groupées dans cette chapelle, notons le Christ tombant sous sa croix, le Christ à la colonne et la sainte Agnès souriant à un agneau. Sous la tribune, bas-reliefs du 16e s., et, au pilier central, saint Bonaventure.

Église St-Rémy (CY) ⊙ – Élevée aux 14e et 16e s., restaurée, elle se signale par son fin clocher d'ardoises hélicoïdal, cantonné de clochetons aigus.
L'intérieur est orné de nombreux panneaux *(en restauration)*, peints sur bois en grisaille, du 16e s. Médaillons en bas-relief (La Mort en prière, Jésus et la Vierge) et crucifix en bronze de Girardon, paroissien de St-Remy.

Église St-Nizier (EY) ⊙ – Cette église du 16e s. se remarque de loin par sa toiture recouverte de tuiles vernissées multicolores. Elle possède à l'intérieur une belle mise au tombeau et une pietà du 16e s.

LES MUSÉES

★★Musée d'Art moderne (DEY) ⊙ – En 1976, Pierre et Denise Levy, industriels troyens, firent don à l'État de l'importante collection d'œuvres d'art qu'ils avaient rassemblée depuis 1939. La ville de Troyes décida alors d'aménager les bâtiments de l'ancien palais épiscopal pour présenter cette collection.

Le bâtiment – Encadrant une cour donnant sur un côté de la cathédrale, l'évêché comprend une partie Renaissance, où l'on retrouve le damier champenois en brique et pierre, et une aile, ajoutée au 17e s., dont le fronton est orné des armes de l'évêque, qui la fit construire.
Depuis 1905, ce bâtiment avait perdu sa fonction d'origine pour abriter des bureaux administratifs. Sa restauration a remis en valeur les vastes pièces aux plafonds à poutres ou à caissons, les cheminées monumentales et le très bel escalier Renaissance sculpté. Les aménagements modernes : éclairages indirects, grandes baies vitrées se marient fort bien avec le style dépouillé de l'architecture.

« Port de Collioure, le cheval blanc », par André Derain.

La collection – Elle comprend 388 peintures (toutes de la fin du 19e s. et du début du 20e s.), 1 277 dessins, 104 sculptures, des verreries et des pièces d'art africain et océanien. Elle est particulièrement riche en **œuvres des peintres fauves★★**. Le surnom de fauve avait été donné, au salon de 1905, à quelques peintres qui « faisaient rugir la couleur ». Les formes étranges et l'absence de perspective leur avaient aussi valu le surnom d'invertébrés. Les toiles de Derain, grand ami de M. Levy, explosent de couleurs dans les représentations de Londres (*Hyde Park, Big Ben*) et de Collioure, ainsi que celles de Vlaminck (*Paysage à Chatou*), de Braque (*Paysage à l'Estaque*), et de Van Dongen qui utilise le même procédé « fauve » de la couleur pure étendue en larges aplats dans ses portraits mondains.
De la période antérieure aux fauves, on remarquera dans les premières salles, deux petits Courbet, un beau double portrait de Degas, une saisissante esquisse de Seurat (*Les pêcheurs à la ligne*) qui servit pour son tableau (*La Grande jatte*), un attachant Vallotton (*Femme cousant dans un intérieur*) et les insolites représentations d'usines de Vuillard.
Les œuvres plus récentes comptent des tableaux de Robert Delaunay, avant sa période abstraite, des œuvres de Roger de La Fresnaye, de Modigliani, de Soutine, de Buffet, de Nicolas de Staël, de Balthus et de nombreuses toiles de **Derain** postérieures à sa période fauve.
Pierre Levy a aussi rassemblé un important fonds d'un autre Troyen, Maurice Marinot, peintre qui devint verrier et dont on admirera les curieuses créations de style Arts Déco.

Les dessins, en nombre important, son présentés par roulement dans une vaste salle d'exposition aménagée dans les combles sous une superbe charpente.

Enfin la collection d'**art africain**, présentée comme dans un écrin, comprend des statues, des figures de reliquaire, des cimiers, sorte de coiffes Bambaras représentant des antilopes stylisées qui inspirèrent de nombreux peintres du début du siècle.

★★ **Maison de l'Outil et de la Pensée ouvrière** (CZ M³) ⊘ – Elle occupe l'hôtel de Mauroy *(voir p. 122)* restauré par les Compagnons du Devoir qui y ont installé un musée original regroupant une remarquable collection de l'outil « dit de façonnage à main ».

Un itinéraire de visite *(notice d'explication détaillée fournie)* permet d'admirer une multitude d'outils du 18e s. disposés harmonieusement dans de grandes vitrines. Témoignage d'une époque où l'habileté manuelle était à l'honneur, ces outils sont groupés par catégories (nombreux marteaux pour le travail du cuir, de l'acier..., étaux, haches, varlopes, compas, magnifiques bigornes, truelles) ou par métiers (charron, vannier, menuisier, maréchal-ferrant, couvreur), un grand nombre de métiers du bois, du fer, de la pierre étant ainsi évoqués. Certains sont sculptés ou gravés par l'artisan ou le forgeron taillandier.

A gauche, en entrant dans la cour, sont exposés dans une grande salle des chefs-d'œuvre de compagnons : église, escalier, porte... Le mot compagnon signifie étymologiquement celui avec qui on partage son pain (*cum panis*).

Attenant au musée existe une **bibliothèque** de littérature ouvrière comprenant de nombreux ouvrages techniques, encyclopédiques et historiques.

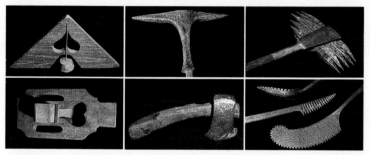

Maison de l'Outil et de la Pensée ouvrière – Niveau à plomb, enclume, peigne tailleur de grès, rabot à galère, necteuse Fertier, rifloirs.

★ **Hôtel de Vauluisant** (CZ) ⊘ – Construit au 16e s. sur l'emplacement d'un édifice appartenant aux abbés de Vauluisant, cet hôtel présente une belle façade Renaissance à tourelles, dont les toits sont surmontés d'épis représentant le soleil et la lune, et des bâtiments du 17e s. Il a conservé sa grande salle d'apparat avec son plafond à la française et sa magnifique cheminée de pierre. Il abrite deux musées.

★ **Musée historique de Troyes et de Champagne** – Une première section présente un panorama de l'art en Champagne méridionale, de l'époque romane à la fin du 16e s., par la fameuse école troyenne : sculptures (*Christ en croix* attribué au Maître de Chaource, *Vierge à l'Enfant* en pierre polychrome de Villenauxe, *Mise au tombeau* de Montier-la-Celle), peintures (*Le Songe de saint Joseph, L'Assomption de la Vierge*), quelques objets d'art.

Les sculptures médiévales, présentées dans les caves voûtées, montrent l'activité qui régna sur les chantiers de la Champagne méridionale du 13e au 15e s. : chapiteaux, gargouilles, clefs de voûte, statues.

Une seconde section « Troyes à travers les âges » retrace l'évolution de la ville à l'aide de documents graphiques (dessins, peintures, gravures, photographies) ou d'objets divers (éléments d'architecture...).

Musée de la Bonneterie – Il est consacré à l'activité essentielle de la ville, capitale française de la bonneterie. Plusieurs salles illustrent les procédés de fabrication et l'histoire de la bonneterie, puis est exposée une belle collection de bas à décor brodé, perlé ou incrusté au tricotage. Un ensemble de machines et de métiers dont les plus anciens datent du 18e s. (métiers rectilignes, circulaires, exceptionnelle tricoteuse dite « Jacquard à ficelles »), et la reconstitution d'un atelier artisanal de bonnetier au 19e s. montre l'évolution des techniques.

Abbaye St-Loup (DY) ⊘ – Les bâtiments de l'ancienne abbaye St-Loup des 17e et 18e s., agrandie aux 19e et 20e s. abritent aujourd'hui deux musées et la bibliothèque.

Musée d'Histoire naturelle – Occupant une partie du rez-de-chaussée, il présente une belle collection de mammifères et d'oiseaux du monde entier. Dans le cloître sont rassemblés une collection de squelettes (ostéologie) ainsi que des minéraux et météorites.

★ **Musée des Beaux-Arts et d'Archéologie** – Situées dans les vastes caves de l'ancienne abbaye, les collections d'**archéologie régionale★** vont de la Préhistoire aux Mérovingiens. Parmi les pièces maîtresses citons : l'Apollon de Vaupoisson, bronze gallo-romain de 1,10 m de haut, et « le trésor de Pouan » ensemble exceptionnel d'armes et d'objets de parure en orfèvrerie cloisonnée et en or massif, provenant d'une tombe princière de la période mérovingienne (5e s.). La galerie des **sculptures médiévales** montre l'activité qui régna sur les chantiers de la champagne méridionale du 13e au 15e s. : chapiteaux, gargouilles, très beau Christ en croix du 13e s.

A l'entresol, cabinet de dessins et miniatures du 16e au 18e s. présentés par roulement.

Au 1er étage, les galeries de **peintures** exposent des œuvres de toutes les écoles du 15e s. au 19e s. Le 17e s. est particulièrement bien représenté avec des œuvres de Rubens, Van Dyck, Philippe de Champaigne, Jacques de Létrin, Le Brun, Mignard... ainsi que le 18e s. avec deux petits tableaux de Watteau (*L'Enchanteur et L'Aventurier*), des toiles de Natoire, de Boucher, de Fragonard, de Lépicié, de Greuze (portrait d'enfant au chat), de David, et de Mme Vigée-Lebrun.(*La Comtesse de Bossancourt*). Dans ces galeries sont également présentés des sculptures (œuvres de Girardon), des émaux du 16e s. et des meubles.

Bibliothèque – Fondée en 1651, elle possède plus de 340 000 volumes. L'histoire du livre est représentée depuis le 17e s. avec plus de 8 000 manuscrits et 700 incunables. Sa **grande salle**, visible à travers une paroi vitrée au 1er étage du musée, était avant la Révolution le dortoir des chanoines.

Hôtel-Dieu-le-Comte (DY) ⊘ – Cet édifice du 18e s. en cours de restauration doit abriter une antenne de l'université de Reims. La belle grille monumentale donnant rue de la Cité a été exécutée en 1760 par Pierre Delphin. La **pharmacie**★ (**M**⁵) possède une riche collection de bocaux en faïence du 18e s., 320 boîtes de bois peint décorées de motifs (souvent végétaux) représentant les différentes variétés médicinales, des mortiers de bronze des 16e et 17e s. L'ancien laboratoire est aménagé en musée : bustes-reliquaires du 16e s., pichets en étain... Chapelle du 18e s.

EXCURSIONS

★★**Parc naturel régional de la forêt d'Orient** – *21 km à l'Est. Quitter Troyes par l'avenue du 1er-Mai puis laisser la N 19 pour prendre, à gauche, la route de Mesnil-St-Père. Description p. 91.*

St-André-les-Vergers – 11 329 h. *4 km au Sud. Quitter Troyes par le boulevard Victor-Hugo, le boulevard de Belgique et la N 77, tourner à droite dans la rue de la Croix-Blanche.* L'**église** ⊘ du 16e s., restaurée, s'ouvre à l'Ouest par le « Portail des Maraîchers », décoré de guirlandes de fruits et de légumes.
A l'intérieur : très belles statues en bois polychromes du 16e s. de la Vierge et de saint Jean. Un retable Renaissance de l'école florentine décrit la vie de sainte Anne d'après la Légende dorée.

St-Parres-aux-Tertres – 2 410 h. *5 km à l'Est par l'avenue du 1er Mai et la N 19.* Construite à l'emplacement où aurait été enseveli saint Parres, martyr troyen du 3e s., l'**église** ⊘ date du 16e s. et le portail méridional a conservé son ornementation Renaissance. A l'intérieur de beaux vitraux du 16e s. qui avaient été déposés en 1939 ont retrouvé leur place. De nombreuses œuvres d'art sont à remarquer : statue de saint Parres tenant sa tête, dans la chapelle Nord, une ravissante Vierge à l'Enfant dans la chapelle Sud. Sept sarcophages gallo-romains découverts à proximité de l'église y sont aussi exposés.

Bouilly – 1 000 h. *13 km au Sud par le boulevard Victor-Hugo, le boulevard de Belgique et la N 77.*
Ce village est situé au pied du versant Est de la forêt d'Othe. L'**église St-Laurent** ⊘ du 16e s. restaurée au 18e s. offre, au-dessus du maître-autel, un remarquable retable Renaissance en pierre, représentant des scènes de la Passion ; sous ce retable, un bas-relief d'une grande finesse a pour thème la Légende de saint Laurent ; statues du 16e s. parmi lesquelles un curieux Saint Sébastien décoré d'un collier en coquilles St-Jacques, et une belle Sainte Marguerite.

Circuit de 46 km – *Quitter Troyes au Nord-Ouest par l'avenue du 1er-Mai.*

Pont-Ste-Marie – 4 856 h. Au bord de la Bâtarde, l'**église** ⊘, construite au 16e s., présente une belle façade ornée de trois portails monumentaux, celui du centre est de style flamboyant (niches, archivolte à crochets) tandis que les deux autres sont de pur style Renaissance (guirlandes, rinceaux). A l'intérieur, nombreuses œuvres d'art et une très belle verrière de Linard Gontier *(voir p. 35).*

Suivre à gauche la D 78.

Ste-Maur – 1 218 h. **Église** ⊘ du 15e s. au chœur Renaissance. Elle renferme le tombeau de sainte Maure (sarcophage du 9e s.).

A Rilly-Ste-Syre, prendre à gauche vers Fontaine-lès-Grès.

Fontaine-lès-Grès – 915 h. L'**église Ste-Agnès**★ fut construite en 1956 par l'architecte Michel Marot. De plan triangulaire, elle est surmontée d'un clocher élancé dont les arêtes prolongent celles du toit. A l'intérieur, des lambris de bois aux teintes chaudes recouvrent une ossature métallique. Chaque angle est coupé par un autel, disposition qui tempère la sécheresse du triangle. Sur le maître-autel, la lumière tombe d'une baie dissimulée dans le clocher, éclairant un Christ en bois, du 13e s., de l'école espagnole.

Prendre la N 19 en direction de Troyes.

VALMY   290 h.

Carte Michelin n° 56 pli 19 ou 241 pli 22.

Près de ce petit village, voisin de la forêt d'Argonne, eut lieu le 20 septembre 1792, entre Français et Prussiens, un engagement qui se termina par une victoire française.

Un succès décisif – Ayant réussi à franchir à Grandpré les défilés de l'Argonne et à déborder l'armée de Dumouriez, les Prussiens, attaquant en direction de l'Est, avaient derrière eux le pays qu'ils avaient pour mission d'envahir, tandis que Dumouriez faisait face à la France qu'il était chargé de défendre.

Après une violente canonnade, les Prussiens tentèrent de gravir le plateau de Valmy. Mais les Français, jeunes volontaires dont l'ardent patriotisme suppléait à l'inexpérience du combat, firent bonne contenance, encouragés par Kellermann. Aux cris de « Vive la Nation », ils tinrent en échec les Prussiens et, le soir, Brunswick donnait l'ordre de retraite. En fait, la bataille de Valmy ne fut qu'un modeste engagement : sur une masse de 90 000 hommes, il y eut 184 Prussiens et 300 Français blessés ou tués. Mais ses conséquences psychologiques furent énormes ; elle contribua à affermir la Révolution. En effet, deux jours après la République était proclamée.

Moulin de Valmy – Il a été reconstitué en 1947 exactement à l'image de celui auprès duquel se trouvait Kellermann au moment de l'attaque des colonnes prussiennes. Autour quatre tables d'orientation indiquent la position des armées en présence le 20 septembre 1792. Du moulin, **vue** étendue sur la Champagne et la forêt d'Argonne.

VARENNES-EN-ARGONNE 679 h. (les Varennois)

Carte Michelin n° 56 plis 10, 20 ou 241 pli 18 – Schéma p. 41.

Cette petite ville, bâtie sur les bords de l'Aire, est surtout célèbre dans l'histoire par la fuite et l'arrestation de Louis XVI. Ayant reconnu le roi à Ste-Menehould le 21 juin 1791 *(p. 115)*, **Drouet,** traversant à cheval la forêt d'Argonne par des raccourcis, arriva à 11 heures du soir à Varennes où il donna l'alerte. « Il faisait très noir, raconta-t-il, les voitures étaient le long des maisons. Pour ne pas être reconnus ni soupçonnés, nous jetâmes nos baudriers et nous ne gardâmes que nos sabres. » Aidé de son compagnon Guillaume, commis du district, de quatre gardes nationaux et de deux étrangers, Drouet arrêta la berline royale et son escorte près du beffroi actuel dit Tour de l'Horloge. Ayant montré leurs passeports mais n'ayant pu répondre sans se troubler aux questions qui leur étaient posées, le roi et sa famille furent conduits, près de là, dans la maison de l'épicier Sauce, procureur de la commune (un monument s'élève actuellement à l'emplacement de cette maison). Louis XVI ne chercha plus à nier qui il était et embrassa Sauce en lui disant : « Oui, je suis votre roi. » Tous ses espoirs de se voir délivrer par les troupes de Bouillé allaient s'envoler devant l'attitude énergique des habitants de Varennes et des gardes nationaux accourus des environs au son du tocsin. Le lendemain, 22 juin, arrivait le décret de l'Assemblée ordonnant l'arrestation du roi. Le retour à Paris s'acheva le 25 juin.

Un **circuit** jalonné de 7 panneaux commémore le passage et l'arrestation de Louis XVI et sa famille dans la nuit du 21 au 22 juin 1791.

Musée d'Argonne ⊙ – Le musée, installé dans un bâtiment moderne, comprend, sur deux niveaux, une exposition Louis XVI présentant des documents relatifs au roi et à son arrestation, une galerie consacrée aux arts et traditions de l'argonne (faïences de l'Est), une grande salle groupant des souvenirs de la Guerre de 1914-1918 (combats souterrains de l'Argonne et intervention américaine).

Mémorial de Pennsylvanie – Grandiose monument aux morts américains commémorant les combats de 1918.

Jolie vue sur l'Aire et sa campagne, au Nord.

EXCURSION

★ **Circuit de l'Argonne** – *Page 40.*

VENDEUVRE-SUR-BARSE 2 792 h.

Carte Michelin n° 61 pli 18 ou 241 pli 38.

A mi-chemin entre Troyes et Bar-sur-Aube, Vendeuvre est situé dans le Parc naturel régional de la Forêt d'Orient.

Église – Cet édifice du 16e s. présente au-dessus du portail Nord une intéressante sculpture Renaissance et à l'extérieur à droite une Pietà du 16e s.

Château – Construit aux 16e et 17e s. au-dessus des vestiges d'un château antérieur, ce vaste édifice dominant un agréable parc ouvert au public sert de cadre chaque été à un grand spectacle son et lumière « vindovera ».

VERTUS 2 499 h.

Carte Michelin n° 56 pli 16 ou 241 pli 25.

Au pied de la fameuse « Côte des Blancs » *(p. 47)*, Vertus est vouée à la vigne (450 ha de vignobles). C'était une possession des comtes de Champagne qui résidaient dans un château dont il ne subsiste que la porte Baudet. La cité fut, dès le Moyen Age, un centre commercial actif, doté de nombreuses fontaines d'eau vive et d'une enceinte dont les actuels boulevards circulaires indiquent le tracé. Elle offre l'image d'une tranquille petite ville aux rues irrégulières entrecoupées de charmantes placettes.

Vertus a donné naissance au poète **Eustache Deschamps** qui servit les rois Charles V et Charles VI, tout en exerçant la charge de Maître des Eaux et Forêts de Champagne.

Église St-Martin – St-Martin de Vertus a été construite à la fin du 11ᵉ s. et au début du 12ᵉ s. Elle était alors le siège d'une communauté de chanoines réguliers. Ravagée par un incendie en 1167, endommagée pendant la guerre de Cent Ans, elle a subi de nombreuses transformations au cours des siècles, pour être finalement restaurée à la suite de l'incendie de juin 1940.

A l'intérieur, le transept et le chœur à chevet plat comportent des voûtes d'ogives datant du 15ᵉ s. Sur un autel du croisillon droit, Pietà (16ᵉ s.) finement sculptée ; dans la chapelle des fonts, statue de saint Jean-Baptiste (16ᵉ s.), en pierre. Du croisillon gauche, un escalier mène aux trois cryptes du 11ᵉ s. formant un ensemble curieux ; remarquer dans la crypte centrale de beaux chapiteaux ornés de grandes feuilles larges.

★ VIGNORY
335 h.

Carte Michelin n° 61 pli 20 ou 241 pli 39.

Dominé par les ruines de son château, Vignory se niche au creux d'un vallon.

★ **Église St-Étienne** – Bâtie de 1032 à 1057 en même temps que le prieuré dont elle dépendait, c'est un exemple précieux de l'architecture romane du milieu du 11ᵉ s.

La tour du clocher, de plan rectangulaire, montre, sur chacune des faces des deux étages supérieurs, deux couples de baies géminées et, au-dessous, un étage de baies murées assez profondes. Elle est coiffée d'un cône de pierre que recouvre un toit octogonal.

★ **Intérieur** ⊙ – Bien que remaniée, l'église a conservé son aspect primitif avec sa nef de 9 travées séparée des collatéraux par un mur qui s'élève sur trois étages : grandes arcades, claire-voie et fenêtres hautes (voir illustration p. 33). A l'étage inférieur les grandes arcades reposent sur des piles rectangulaires ; au-dessus, chaque baie géminée est séparée par une colonne à fût trapu dont le chapiteau montre des influences celtes et orientales : triangles, chevrons, billettes, feuillages et animaux stylisés. Le chœur, réuni à la nef par un arc triomphal très élevé, se divise en deux parties : un avant-chœur à deux étages et une abside en cul-de-four séparée du déambulatoire par sept colonnes, alternativement rondes et trapézoïdales, dont deux présentent des chapiteaux ouvragés (lions ailés).

Cinq chapelles ont été ajoutées du 14ᵉ au 16ᵉ s. dans le bas-côté Sud.

L'église est riche en **sculptures** des 14ᵉ, 15ᵉ et 16ᵉ s. provenant d'ateliers provinciaux. Dans la chapelle axiale une grande statue de la Vierge portant l'Enfant Jésus un oiseau à la main (14ᵉ s.) a un caractère monumental. L'ensemble le plus remarquable se trouve dans la première chapelle du bas-côté, il comprend un devant d'autel représentant le Couronnement de la Vierge entre saint Pierre et saint Paul et un retable sur lequel se déroulent les scènes de la Passion encadrées par les deux donateurs présentés par saint Jean-Baptiste et sainte Catherine. De ce même atelier de sculpture champenois (fin du 14ᵉ s., 15ᵉ s.) provient la série des petites scènes de la Nativité (quatrième chapelle).

VILLEMAUR-SUR-VANNE
381 h.

Carte Michelin n° 61 pli 15 ou 237 pli 46 – 27 km à l'Ouest de Troyes.

Cet humble village fut, au 17ᵉ s., érigé en duché-pairie pour le chancelier Séguier.

Église ⊙ – 12ᵉ et 16ᵉ s. Elle est caractérisée par un clocher en charpente recouvert de bardeaux.

A l'intérieur, très beau **jubé**★ en bois (1521), sculpté par deux frères, maîtres menuisiers à Troyes : les panneaux évoquent la Vie de la Vierge et la Passion. Le lutrin (16ᵉ s.) et les boiseries du chœur (17ᵉ s.) proviennent de St-Loup de Troyes.

Villemaur-sur-Vanne –
Détail du jubé.

VILLENAUXE-LA-GRANDE
2 135 h.

Carte Michelin n° 61 pli 5 ou 237 pli 33 (15 km au Nord de Nogent).

Villenauxe-la-Grande est située sur la « falaise » de l'Ile-de-France à la limite de la Brie champenoise. La petite ville se blottit dans les vallonnements d'une terre bien cultivée, où apparaissent de place en place de blanches taches crayeuses.

Église – Les carrières de grès de Villenauxe ont fourni le matériau de cette église, ce qui explique sa fruste décoration extérieure. Sa tour du 16ᵉ s. s'élève sur les premières travées du bas-côté Nord. Le portail flamboyant, très dégradé, porte les effigies de saint Pierre et de saint Paul.

Intérieurement, on est frappé par l'ordonnance du chœur gothique et du déambulatoire du 13ᵉ s. La voûte lambrissée du chœur est soutenue par de hautes arcades en tiers-point qui retombent sur des piliers ronds.

Le **déambulatoire**★ recouvert de nervures en amandes est éclairé par des doubles fenêtres surmontées d'oculi à cinq lobes.
Pour avoir la meilleure perspective du vaisseau, se placer dans le déambulatoire à hauteur de l'autel. La nef Renaissance, aux arcades plus spacieuses et moins décorées que celles du chœur, est couverte de voûtes d'ogives ramifiées plus élevées.
Bas-côtés de la même époque. Le bas-côté Sud possède de belles clés pendantes.

ENVIRONS

Nesle-la-Reposte – 102 h. *6 km au Nord. Quitter Villenauxe par la route d'Esternay (D 52) et, avant la voie ferrée, prendre à gauche la D 197 qui remonte un frais vallon.* Charmant village campagnard, Nesle-la-Reposte est né d'une abbaye bénédictine des 12e-13e s., dont subsistent quelques vestiges.
Au déclin du plateau, l'**église** ⊙ paroissiale abrite un tombeau d'abbé (début 13e s.) provenant du cloître de l'abbaye.

Fort de VILLY-LA-FERTÉ

Carte Michelin n° 56 pli 10 ou 241 pli 15 (10 km au Sud-Est de Carignan).

Ce petit ouvrage de la ligne Maginot *(voir p. 35)* connut un destin tragique le 19 mai 1940 : point extrême et isolé du dispositif Ouest de la Ligne, il succomba après 3 terribles jours de lutte. Sa garnison de 104 hommes fut anéantie par asphyxie, l'ennemi ayant réussi à s'approcher des embrasures de tir pour introduire des explosifs.
La **visite** ⊙ intérieure du fort montre les ravages causés par les explosions. On y reconnaît cependant les salles des machines, le central téléphonique, l'infirmerie, les pièces où vivaient les hommes, réparties sur plusieurs niveaux, le plus profond se trouvant à 35 m sous terre. L'humidité qui y règne laisse imaginer les dures conditions de vie.
A l'extérieur, l'état des blocs bétonnés aux cloches d'acier rouillées encore flanqués de barbelés témoignent des épreuves subies ainsi que, à 200 m au Nord, vers Villy, un monument commémoratif en leur mémoire.
Du point le plus élevé du fort, **vue** étendue à l'Est sur la plaine où coule la Chiers et à l'Ouest sur les hauteurs boisées de la Meuse.

VITRY-LE-FRANÇOIS

17 032 h. (les Vitryats)

Carte Michelin n° 61 pli 8 ou 241 pli 30.

Nœud de communications et place stratégique, Vitry-le-François est la capitale du **Perthois,** plaine fertile s'étendant entre la Marne et la forêt de Trois-Fontaines.
En effet, Vitry occupe une situation géographique exceptionnelle sur la rive droite de la Marne, au pied de la falaise crayeuse de Champagne, en amont du confluent de la Saulx et à la jonction des canaux de la Marne au Rhin et de la Marne à la Saône.

Une vocation militaire – L'origine de Vitry-le-François est relativement récente puisque c'est **François Ier** qui la fit construire pour remplacer la cité primitive, Vitry-en-Perthois, rasée en 1544 par les troupes de Charles Quint. A la nouvelle ville forte le roi chevalier donna son nom et ses armes « d'azur à la salamandre d'or... chargé de trois fleurs de lis d'or... ». Un ingénieur bolonais, Jérôme Marini, en conçut le plan géométrique en damier, avec une grande place d'armes pourvue d'un pilori, des fortifications bastionnées et, à l'Est, une citadelle détruite au 17e s.

VITRY-LE-FRANCOIS

Armes (Pl. d')	ABY
Briand (R. Aristide)	AZ
Gde-Rue-de-Vaux	BY
Leclerc (Pl. Maréchal)	BY 23
Pont (R. du)	AY
Arquebuse (Rue de l')	BZ 2
Bac (Rue du)	BY 3
Beaux Anges (R. des)	BZ 4
Bourgeois (Fg Léon)	BZ 8
Chêne-Vert (R. du)	BY 9
Dominé (Bd du Colonel)	AZ 10
Dominé-de-Verzé (R.)	BZ 13
Guesde (R. Jules)	AZ 14
Hauts-Pas (R. des)	AZ 16
Hôtel-de-Ville (R. de l')	BZ 19
Jaurès (R. Jean)	BZ 20
Joffre (Pl. Maréchal)	BZ 21
Minimes (R. des)	AY 24
Moll (Av. du Colonel)	AZ 25
Paris (Av. de)	AY 26
Petit-Denier (R. du)	AY 28
Petite-Rue-de-Vaux	BY 29
Petite-Sainte (R. de la)	BZ 30
République (Av. de la)	BZ 33
Roger-Collard (Pl.)	BZ 34
St Éloi (Rue de)	BY 35
St Michel (Rue)	ABY 37
Sœurs (R. des)	AY 38
Tour (R. de la)	AY 39
Vieux Port (Rue du)	BZ 41
Vitry-le-Brûlé (Fg de)	BY 42

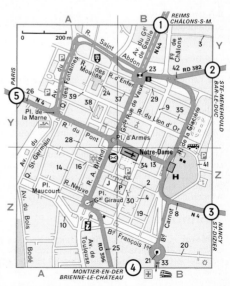

131

En fait, le rôle stratégique de Vitry ne se révéla guère avant 1814 : **Napoléon,** qui mena un raid hardi sur les arrières ennemis, manqua de peu d'y capturer l'empereur Alexandre de Russie, le roi de Prusse et le généralissime autrichien Schwartzenberg.

En 1940, un bombardement aérien, le 16 mai, et surtout le 13 juin des tirs d'artillerie incendièrent l'agglomération et la démolirent à 90 %. Elle est aujourd'hui reconstruite sur son plan primitif.

CURIOSITÉS

Église Notre-Dame (BZ) ⊙ – Dominant la place d'Armes, cette église des 17e et 18e s. constitue un intéressant exemple de style classique par les lignes équilibrées et les proportions rigoureuses de sa façade : typiques tours jumelles cantonnées de volutes et surmontées de pots à feu.

A l'intérieur, on apprécie la majesté de la nef et du transept que prolonge une abside datant seulement de la fin du 19e s. Le mobilier comprend, entre autres, un autel surmonté d'un baldaquin, un buffet d'orgue provenant de l'abbaye de Trois-Fontaines *(p. 106)* et des boiseries (chaire, banc d'œuvre) du 18e s. Remarquer une Crucifixion peinte par Jean Restout en 1737 *(dernière chapelle du bas-côté gauche).*

Hôtel de Ville (BZ H) – Il occupe les bâtiments du 17e s. d'un couvent de récollets.

Porte du Pont (BY B) – Ce bel arc de triomphe (1748) portant des trophées avait été élevé en l'honneur de Louis XIV. Il fut démonté en 1938 et il fallut attendre 1984 pour le voir s'élever de nouveau à l'entrée Nord de la ville.

ENVIRONS

★ **St-Amand-sur-Fion** – *10 km au Nord par ①, la route de Châlons (N 44) et la D 260. Voir à ce nom.*

Vitry-en-Perthois – *866 h. 4 km par la RD 382.*
Ce village reconstruit à l'emplacement de l'ancienne ville médiévale, incendiée en 1544, reçut à la suite de ce tragique événement le nom de Vitry-le-Brûlé.
Du pont sur la Saulx, agréable vue sur la rivière et un moulin.

Ponthion – *117 h. 10 km au Nord-Est par la RD 382 puis la RD 395.*
Situé entre le canal de la Marne au Rhin et la Saulx, Ponthion possède une église des 11e et 15e s. précédée d'un joli porche en appentis du 12e s. C'est là qu'eut lieu en 754 l'entrevue entre le pape Étienne II et Pépin le Bref. L'une des conséquences fut la naissance des États pontificaux.

VOUZIERS

4 807 h. (les Vouzinois)

Carte Michelin n° 🖿🖿 pli 8 ou 🖿🖿🖿 pli 18.

Simple village au Moyen Age, cette petite ville baignée par l'Aisne devint au 16e s. un centre commercial important, grâce à la création d'une foire par François Ier. en 1516. Au cours des deux dernières guerres, la ville subit d'importants dommages.
C'est la patrie de Taine (1828-1893), philosophe et historien, et du poète Paul Drouot (1886-tué en 1915).

Au cimetière repose l'aviateur Roland Garros qui traversa la Méditerranée en 1913.

Église St-Maurille – Elle s'ouvre par un triple **portail**★ Renaissance, extrêmement curieux. Réalisés au milieu du 16e s., ces portails très richement décorés devaient être l'amorce d'une église nouvelle dont la construction

Vouziers – Portails Renaissance.

fut interrompue par les guerres de Religion. Pendant plus de deux siècles, le portail resta isolé en avant de l'église. En 1769, on le réunit à l'édifice par la construction de deux travées intermédiaires auxquelles on ajouta, sur la façade, un campanile d'un style regrettable.

Les statues des quatre Évangélistes occupent des niches séparant les trois porches. Le tympan du porche de gauche montre un squelette, celui du porche de droite le Christ ressuscité. A la première voussure du porche du portail central, dont le tympan évoque l'Annonciation, de curieux pendentifs figurent le Bon Pasteur et six apôtres.
A l'intérieur, remarquer une jolie Vierge Renaissance.

ENVIRONS

St-Morel – *235 h. 8 km au Sud. Quitter Vouziers par la D 982 ; à 7 km prendre à droite la D 21.* L'église du 15e s. possède trois nefs d'égale hauteur.
C'est sur le territoire de St-Morel que fut abattu, en octobre 1918, le grand aviateur Roland Garros.

Carte Michelin n° **61** pli 9 ou **241** pli 34.

Wassy appartient au Vallage, « pays » de la Champagne humide, entre Blaise et Marne. C'est une petite ville, tranquille et retirée, dont l'activité industrielle se compose surtout de fonderies installées à Brousseval et Wassy, sur les bords de la Blaise : avant la Première Guerre mondiale, la **vallée de la Blaise** *(voir à ce nom)* était un des principaux centres de l'industrie du fer en France, grâce au bois des forêts du Val ou du Der pour le combustible et l'eau de la Blaise pour la trempe.

Revenant de Joinville où il était allé visiter sa mère, **François de Guise** (1519-1563) entra en son fief de Wassy, partiellement gagné à la Réforme, un dimanche (1er mars 1562) à l'heure du prêche. Là, ses gens se prirent de querelle avec des protestants qui assistaient à leur assemblée dans une vaste grange, et bientôt on en vint aux mains. Les arquebusiers du duc pénétrèrent dans la grange et massacrèrent les « parpaillots » qui leur tombaient sous la main.

Ce « massacre de Wassy », que François de Guise devait désavouer, bien qu'il y eût assisté, causa une profonde émotion dans toute la France protestante et fut à l'origine des guerres de Religion qui déchirèrent le royaume jusqu'en 1598, année de l'édit de Nantes.

CURIOSITÉS

Place Notre-Dame – Elle constitue le centre de Wassy.

Église Notre-Dame – C'est dans l'ensemble un édifice de la seconde moitié du 12e s. qui offre des éléments romans et gothiques : à l'extérieur, tour romane et portail gothique, à l'intérieur, chapiteaux romans, offrant une gamme particulièrement riche de motifs décoratifs, et voûtes gothiques.

Hôtel de Ville ⊘ – Daté de 1775, il abrite, dans la salle du conseil municipal, une intéressante horloge astronomique du début du 19e s. réalisée par l'artisan serrurier François Pernot.

De la place Notre-Dame, on accède à la rue du Temple.

Le Temple ⊘ – Construit sur l'emplacement de la Grange du Massacre des protestants, il abrite le musée protestant : exposition sur l'histoire de l'Église reformée de Wassy aux 15e et 17e s. avec montage audiovisuel et sur la révocation de l'édit de Nantes.

En face habita **Paul Claudel** de 1879 à 1881 ; fils d'un conservateur des Hypothèques, Paul Claudel fut élève du collège de Wassy durant un an.

Lac-réservoir des Leschères – *1 km au Sud ; signalé « La Digue » au départ de Wassy.*

Dans un cadre verdoyant, cette retenue alimente le canal de la Blaise. *Baignade, pêche.*

Renseignements pratiques

AVANT LE DÉPART

Quelques adresses utiles

Comité régional du tourisme de Champagne-Ardenne : 5, rue de Jéricho, 51037 Châlons-sur-Marne Cedex, ☎ 26 70 31 31.
Comité départemental de tourisme des Ardennes : 24, place Ducale, 08000 Charleville-Mézières, ☎ 24 56 06 08.
Comité départemental du tourisme de l'Aube : Hôtel du Département, BP 394, 10026 Troyes Cedex, ☎ 25 42 50 91.
Comité départemental du tourisme de la Marne : 2 bis, boulevard Vaubécourt, 51000 Châlons-sur-Marne, ☎ 26 68 37 52.
Comité départemental du tourisme et du thermalisme de Haute-Marne : centre administratif départemental, BP 509, 52011 Chaumont Cedex, ☎ 25 32 87 70.

Hébergement

Le guide Rouge Michelin des hôtels et restaurants et le guide Camping Caravaning France présentent chaque année un choix d'hôtels, de restaurants, de terrains de camping classés suivant la nature et le confort de leurs aménagements.
Pour les randonneurs (pédestres, équestres, cyclistes) : consulter le guide « Gîtes Refuges France et frontières » par Annick et Serge Mouraret (éditions La Cadole).
Hébergement rural. : se renseigner à la Maison des Gîtes de France, 35, rue Godot-de-Mauroy, 75009 Paris, ☎ 47 42 25 43, qui donne les adresses des relais départementaux. Sur minitel 3615, code gîtes de France.

Services Loisirs Accueil

Pour les renseignements concernant les différentes formes d'hébergement et les loisirs, il est possible de s'adresser aux services de réservation Loisirs Accueil qui éditent des brochures détaillées sur les activités sportives et la découverte de la région :
– Ardennes : 18, avenue G.-Corneau, 08000 Charleville-Mézières, ☎ 24 56 00 63.
– Haute-Marne : centre administratif départemental, BP 509, 52011 Chaumont Cedex, ☎ 25 32 87 70.

Stations vertes

La Fédération française de Stations vertes de vacances et des villages de neige édite annuellement un guide de localités rurales : Hôtel du Département de la Côte-d'Or, BP 1601, 21035 Dijon Cedex.

LOISIRS

Activités nautiques

La région de Champagne-Ardenne est très riche en lacs et plans d'eau, pour la plupart des créations récentes dont la vocation première est celle de réservoir. Tous ces lacs et plans d'eau ainsi que les rivières permettent la pratique de sports nautiques : natation, voile, ski nautique...

Principaux plans d'eau

	Page du guide	Ville proche	Superficie en ha	Voile et planche à v.	Baignade	Moto-nautisme
Amance	91	Troyes	500	non	oui	oui
Bairon	63	Le Chesne	150	non	non	non
Charmes	76	Langres	197	oui	oui	non
Der-Chantecoq	65	Vitry-le-François	4 800	oui	oui	oui
Liez	76	Langres	270	oui	oui	oui
Mouche	76	Langres	94	oui	oui	non
Orient	91	Troyes	2 300	oui	oui	non
Temple	91	Troyes	2 300	non	non	non
Vieilles-Forges	113	Revin	160	oui	oui	non
Vingeanne	76	Langres	197	oui	oui	non

Tourisme fluvial

600 km de voies navigables s'offrent à ceux qui aiment découvrir une région au fil de l'eau. Le long de ces voies, pour la plupart des canaux (canal de l'Est, canal des Ardennes, canal de l'Aisne à la Marne, canal latéral de la Marne), sont installés des haltes, des relais nautiques et des ports de plaisance. Des locations de bateaux habitables sont possibles.
D'autre part, dans la partie encaissée de la Meuse, entre Charleville et Givet, sont proposées des excursions à bord de vedettes panoramiques avec passage des écluses et de superbes points de vue sur les paysages.
Pour les renseignements concernant la navigation :
– Arrondissement Champagne, 76, rue de Talleyrand, 51084 Reims Cedex, ☎ 26 40 36 42.
– Arrondissement de Verdun, 8, rue d'Isly, 55100 Verdun, ☎ 29 86 50 33.
– Arrondissement Seine-amont, 22, quai d'Austerlitz, 75013 Paris, ☎ 45 84 44 80.
– Direction départementale de la Haute-Marne-Équipement, 82, rue du Commandant-Hugonchy, 52011 Chaumont Cedex, ☎ 25 30 79 40.

Pour les renseignements concernant la location :
– Comité régional de tourisme Champagne-Ardenne, 5, rue de Jéricho, 51037 Châlons-sur-Marne Cedex, ☎ 26 64 35 92.
– Ardennes Nautisme, 16, rue du Château, BP 78 08 202, Sedan, ☎ 24 27 05 15, base de départ : Reims (Port de Plaisance, Bd Paul-Doumer) et Pont-à-Bar (écluse de Pont-à-Bar à Dom-le-Mesnil)
– M. Heitz, ☎ 26 47 03 58 à Reims.

Croisières : sur la Meuse au départ de Charleville, Monthermé et Revin : Loisirs Accueil en Ardennes, Résidence Arduinna, 18, avenue Georges-Corneau, 08000 Charleville-Mézières, ☎ 24 56 00 63 ;
– sur la Marne à bord du « Coche d'eau », chemin du Petit-Parc, 51300 Vitry-le-François, ☎ 26 74 05 85, et à bord du « Champagne Vallée », Croisi-Champagne, BP 22, 51480 Cumières, ☎ 26 54 49 51 ;
– sur la Seine à bord de la « Belle Gabrielle » à Nogent-sur-Seine, Association Loisirs nautiques et équestres, 8, rue de la Ruelle-de-Mars, 77480 Montigny-le-Guesdier, ☎ 60 67 23 52.

Promenades : sur le Tau à Châlon-sur-Marne en barque. S'adresser à l'office de tourisme, ☎ 26 65 17 89 ;
– sur le lac du Der-Chantecoq *(voir p. 00)* ;
– sur le lac d'Orient *(voir p. 00)*.

Canoë-kayak : la plupart des rivières de Champagne et des Ardennes se prêtent au canoë-kayak. Les plus sportives sont la Blaise, la Saulx, le Rognon et l'Aire, mais on peut aussi pratiquer ce sport sur la Meuse (à Sedan), l'Aube, la Marne.
Pour avoir les adresses des comités départementaux, s'adresser à la Fédération française de canoë-kayak, BP 58, 94340 Joinville-le-Pont, ☎ 48 89 39 89.

Pêche

Des milliers de kilomètres de rivières et de plans d'eau sont classés. Leurs eaux sont particulièrement riches en salmonidés. Quel que soit l'endroit choisi, il convient d'observer la réglementation en vigueur et d'être affilié à une association de pêche et de pisciculture agréée. Se renseigner auprès du Conseil Supérieur de la Pêche, 134, avenue Malakoff, 75016 Paris, ☎ 45 01 20 20. La carte-dépliant commentée « Pêche en France » est disponible auprès du Centre du Paraclet, BP 5, 80440 Boves, ☎ 22 09 37 47.
En Haute-Marne, le Guide du pêcheur répertorie les coins selon les espèces avec cartes et détails. S'adresser au Comité départemental du tourisme de Haute-Marne.

Randonnés pédestres

Plusieurs centaines de kilomètres de sentiers de grande randonnée, jalonnés de traits blancs et rouges horizontaux, permettent de parcourir la Champagne et les Ardennes. Les principaux sentiers sont :
– le **GR 2** (148 km) qui traverse le Pays d'Othe, aux pittoresques paysages vallonnés, puis longe la Seine ;
– le **GR 24** (141 km) formant une boucle au départ de Bar-sur-Seine, en passant par le Parc naturel régional de la Forêt d'Orient, le Barsuraubois et le Barséquanais à travers forêts, vignobles et cultures. Plusieurs variantes : le GR 24 A (50 km), le GR 24 B (57 km), le GR 24 C (24 km) et le GR 24 D, permettent d'approfondir la connaissance de cette région ;
– le **GR 12,** tronçon du GR 3 européen (Atlantique-Bohême), qui coupe à travers le département des Ardennes et se poursuit vers l'Ardenne belge ;
– le **GR 14** qui suit la Montagne de Reims parmi les vignobles et la forêt, puis continue dans la Champagne crayeuse jusqu'à Bar-le-Duc avant de bifurquer vers les Ardennes en passant par la Chartreuse du Mont-Dieu. Sa variante le GR 141 propose un circuit autour de la Montagne de Reims.
Des topoguides donnent le tracé détaillé de tous ces sentiers et procurent d'indispensables conseils aux randonneurs. Ils sont édités par la Fédération française de la randonnée pédestre, point d'information et de vente : 64, rue de Gergovie, 75014 Paris, ☎ 45 45 31 02.
L'office de tourisme de Langres édite un topoguide pour des circuits autour de Langres et dans le Sud de la Haute-Marne.

Randonnées équestres

Le tourisme équestre connaît un grand essor en Champagne-Ardenne. De nombreux centres y sont installés et proposent des séjours et des randonnées d'un ou plusieurs jours sur les kilomètres de pistes aménagées à travers les forêts, le long des lacs, sur les hauteurs des Ardennes, dans les grandes étendues de la Champagne crayeuse.
La Délégation Nationale du Tourisme Équestre (A.N.T.E.-Ile-St-Germain, 170, quai de Stalingrad, 92130 Issy-les-Moulineaux, ☎ 45 54 29 54) édite annuellement une brochure donnant les adresses des centres équestres sélectionnés. Renseignements disponibles également auprès de l'Association de Champagne-Ardenne pour le tourisme équestre (A.C.A.T.E.), 51170 Arcis-le-Ponsart, ☎ 26 48 86 39.

Cyclotourisme

Renseignements auprès de la Fédération française de cyclotourisme, 8, rue Jean-Marie-Jego, 75013 Paris, ☎ 45 80 30 21. Des topoguides, dépliants ou circuits sont disponibles sur la Montagne de Reims, l'Argonne, le lac du Der-Chantecoq, le pays de Langres. La liste des loueurs de cycles est fournie par les syndicats d'initiative et les offices de tourisme.
La gare SNCF de Château-Thierry propose différents types de bicyclettes pour une durée variable.

Train touristique

Le chemin de fer touristique du Sud des Ardennes longe en partie la vallée de l'Aisne d'Attigny à Challerange en passant par Vouziers (30,8 km) et d'Attigny à Amagne-Lucquy (9,5 km). Informations : Chemin de Fer Touristique du Sud des Ardennes (C.F.T.S.A.), cour de la gare, 08130 Attigny, ☎ 24 42 26 14.

Routes touristiques

Différentes routes touristiques facilitent la découverte de la Champagne et des Ardennes : routes du champagne *(voir p. 55)*, route des églises à pans de bois et des vitraux du 16ᵉ s. (se renseigner à l'office de tourisme du lac du Der-Chantecop), et dans les Ardennes six itinéraires balisés autour d'un thème (information vitrine du Conseil Général, 24, place Ducale, 08000 Charleville-Mézières, ☎ 24 56 06 08).
Il existe aussi des **routes historiques,** itinéraires axés sur le patrimoine architectural : la route du vitrail en Haute-Marne et la route Thibaud-de-Champagne (s'adresser à la Caisse Nationale des Monuments Historiques et des Sites, 62, rue St-Antoine, 75004 Paris, ☎ 44 61 20 00).

Parcs naturels

Ce sont des zones habitées choisies pour être l'objet d'aménagements et le terrain d'activités propres à développer l'économie et à protéger le patrimoine naturel et culturel.
– **Parc régional de la Montagne de Reims,** Maison du Parc, 51160 Pourcy, ☎ 26 59 44 44.
– **Parc régional de la Forêt d'Orient,** Maison du Parc, 10220 Piney, ☎ 25 41 35 57.

Visite des maisons de champagne et des vignobles

S'adresser au Comité départemental de tourisme de la Marne, 2 bis, bd Vaubécourt, 51000 Châlons-sur-Marne. Voir aussi les adresses citées à Reims et à Épernay dans le chapitre des Conditions de visite.
Informations sur les maisons de champagne par minitel 3616 UMCH.

Artisanat

Des stages de poterie, de tissage, de peinture... sont organisés dans toute la région, mais l'aspect le plus original est celui des spectacles de marionnettes. En effet Charleville-Mézières est le siège, tous les trois ans, du « Festival mondial des Théâtres de Marionnettes » qui voit venir des spécialistes du monde entier. L'Institut international de la Marionnette y organise des stages de technique sur la confection des marionnettes.

Tourisme et handicapés

Un certain nombre de curiosités décrites dans ce guide sont accessibles aux personnes handicapées. Pour les connaître, consulter l'ouvrage « Tourisme quand même ! Promenades en France pour les voyageurs handicapés », édité par le Comité National Français de Liaison pour la Réadaptation des Handicapés (38, bd Raspail, 75007 Paris, ☎ 45 48 90 13) ou le guide Rousseau Handicaps (SCOP : 4, rue Gustave-Rouanet, 75018 Paris, ☎ 42 52 97 00). Ces recueils fournissent, par ailleurs, pour près de 90 villes en France de très nombreux renseignements d'ordre pratique, facilitant le séjour aux personnes à mobilité réduite, déficients visuels et malentendants.
Les **guides Michelin France** et **Camping Caravaning France** indiquent respectivement les chambres accessibles aux handicapés et les installations sanitaires aménagées.

QUELQUES LIVRES

Champagne-Ardenne *(coll. « Beautés de la France », Larousse)*

Le Guide des Ardennes, de Yanny HUREAUX ; **le Guide de l'Argonne ; le Guide de la Champagne** par Gilles ROSSIGNOL *(La Manufacture)*

Champagne-Ardenne, par M. CRUBELLIER, P. DEMOUY, R. et R. TEBIB, H. BOURCELOT, C. DUMENIL, R. CHOISELLE *(Éd. Christine Bonneton)*

La Champagne, les Ardennes, par P. DEMOUY et J.F. WIEDEMANN *(Colmar, S.A.E.P.)*

Champagne romane *(Zodiaque, exclusivité Desclée de Brouwer)*

Histoire de la Champagne *(Toulouse, Privat)*

Champagne-Ardenne *(coll. « La France et ses trésors », Larousse)*

Gastronomie champenoise et ardennaise, par A. et P. DEMOUY *(Colmar, S.A.E.P.)*

300 recettes du pays d'Ardenne, par Lise BÉSÈME-PIA *(Éd. Dominique Gueniot)*

LITTÉRATURE

Le pays où l'on n'arrive jamais, par A. DHÔTEL *(Paris, P. HORAY)*

Le balcon en forêt, par J. GRACQ *(Paris, José Corti)*

Terre natale, par M. ARLAND *(Gallimard)*

Malgrétout de George SAND *(Grenoble, Éditions de l'Aurore)*

Les Ardennes de Rimbaud, par Yanny HUREAUX *(coll. « Terres secrètes » Didier Yatier)*

Terres de mémoire : les Ardennes, par A. DHÔTEL et Patrick REUMAUX *(Éditions universitaires)*.

PRINCIPALES MANIFESTATIONS

Samedi ou dimanche suivant le 22 janvier
Dans chaque village viticole Fête de la Saint-Vincent, patron des vignerons

Mi-mars
Châlons-sur-Marne............ Carnaval

Jeudi précédant Pâques
Les Riceys........................... Foire du Grand Jeudi
Troyes................................... Foire au Jambon

Avril
Rethel .... Foire au boudin blanc
Mouzon .... Son et Lumière « La Passion de Jésus de Nazareth »

1ᵉʳ mai
Chaource .... Fête du muguet
Revin................................... Fête du pain

Mai
Épernay .... VITeff (Salon des techniques champenoises et effer-
vescentes)

La veille de l'Ascension jusqu'au dimanche suivant
St-André-les-Vergers ....Fête locale

Mai ou juin
Givet.................................... Fête de l'eau vive

Juin
Provins................................ Fêtes médiévales
Troyes................................... Foire de Champagne

Début juin
Chaumont .... Rencontres internationales d'arts graphiques-Festival
de l'Affiche

Juin à septembre
Charleville-Mézières........... Les saisons de la marionnette
Châlons-sur-Marne............. Furies (théâtre de rue, de cirque et salle),
☎ 26 65 73 55

2ᵉ dimanche de juin
Reims................................... Fête de Jeanne d'Arc et sacres du folklore

4ᵉ dimanche de juin
Givet.................................... Fête des roses

Mi-juin à mi-septembre
Notre-Dame de l'Épine....... « Basilique de lumière »
Pèlerinages tout l'été

Dimanche le plus proche du 24 juin
Château-Thierry.................. Fête de La Fontaine

Fin juin
Vendeuvre-sur-Barse .... Vindovera (spectacle son et lumière)
St-Amand-sur-Fion .... Spectacle son et lumière

Fin juin-juillet-août
Braux-Ste-Cohière.............. Festival d'été

De fin juin à début septembre
Reims................................... Les flâneries musicales d'été
Les bâtisseurs de cathédrales

En juillet et août
Troyes................................... Spectacle « Bâtisseurs de cathédrales »

Juillet
Langres............................... Les rendez-vous de juillet (théâtre) avec la compagnie
Humbert
Brienne-le-Château............. Rassemblement aérien

Fin juillet
Bogny-sur-Meuse .... La légende des 4 Fils Aymon (spectacle son et lumière)

Juillet-août
Clairvaux .... Spectacle « Bernard de Clairvaux »
Vendresse .... Spectacle son et lumière au château de la Cassine
Joinville .... L'été du Grand Jardin (concerts)

1ᵉʳ dimanche de juillet
Fumay.................................. Fête des quais et foire au boudin blanc

Août
Langres............................... Spectacle historique

Septembre
Renwez .... Foire au jambon d'Ardenne
Troyes .... 48 heures d'automobiles anciennes
Mouzon .... Festival d'automne

Septembre ou octobre
Verzy................................. Marché au miel

Début septembre
Bar-sur-Aube .... Foire aux vins de Champagne

1er dimanche après le 8 septembre
Bar-sur-Seine .... Pèlerinage à Notre-Dame-du-Chêne

2e dimanche de septembre
Pays d'Othe...................... Journée du cidre

3e week-end de septembre
Brienne-le-Château........... Fête de la choucroute de Champagne

Octobre
Chaource .... Foire aux fromages
                                  Foire gastronomique

11 novembre
Givet .... Foire aux oignons

24 décembre
Braux-Ste-Cohière .... Noël des bergers

CONDITIONS DE VISITE

Les renseignements énoncés ci-dessous s'appliquent à des touristes voyageant isolément et ne bénéficiant pas de réduction.

Ces données ne peuvent être fournies qu'à titre indicatif en raison de l'évolution du coût de la vie et de modifications fréquentes dans les horaires d'ouverture de nombreuses curiosités.

Les édifices religieux ne se visitent pas pendant les offices. Certaines églises et la plupart des chapelles sont souvent fermées. Les conditions de visite en sont précisées si l'intérieur présente un intérêt particulier ; dans le cas où la visite ne peut se faire qu'accompagnée par la personne qui détient la clé, une rétribution ou une offrande est à prévoir.

Dans certaines villes, des visites guidées de la localité dans son ensemble ou limitées aux quartiers historiques sont régulièrement organisées en saison touristique. Cette possibilité est mentionnée en tête des conditions de visite, pour chaque ville concernée.

A

AIX-EN-OTHE

Église – S'adresser au presbytère.

ANDILLY-EN-BASSIGNY

Fouilles gallo-romaines – Visite de 14 h à 18 h tous les jours du 30 juin au 10 septembre ; tous les dimanches de Pâques au 6 septembre. 10 F. ☎ 25 84 02 19.

AVENAY-VAL-D'OR

Église – Ouverte pendant les offices. – S'adresser au presbytère, 2, rue Charles-de-Gaulle. ☎ 26 52 30 14.

B

BAR-LE-DUC
🖸 5, rue Jeanne d'Arc – 55805. ☎ 29 79 11 13.

Musée barrois – Visite de 14 h (15 h les samedis et dimanches) à 18 h. Fermé le mardi et les 1ᵉʳ janvier, 1ᵉʳ mai, 14 juillet, 15 août, 1ᵉʳ novembre et 25 décembre. 5 F, gratuit le mercredi. ☎ 29 76 14 67.

Église Notre-Dame – Fermée le dimanche après-midi.

BAR-SUR-AUBE
🖸 33, rue d'Aube – 10200. ☎ 25 27 08 71.

Ferme du cellier – Visite organisée par l'Association Renaissance de l'Abbaye de Clairvaux les 1ᵉʳ et 3ᵉ samedis du mois de mai à octobre de 14 h à 18 h. 10 F.

BAYEL

Cristallerie – Visite accompagnée (1 h 30) du lundi au samedi à 9 h 30. Fermé les dimanches et certains jours fériés, ainsi qu'en été et parfois entre Noël et jour de l'an. 15 F. ☎ 25 92 05 02. Se renseigner au préalable.

BAZEILLES

Maison de la dernière cartouche – Visite accompagnée (1/2 h) du 1ᵉʳ avril au 30 septembre de 8 h à 12 h et de 13 h 30 à 18 h ; le reste de l'année de 9 h à 12 h et de 14 h à 17 h. Fermé le vendredi. 10 F. ☎ 24 27 15 86.

Château – Visite uniquement des extérieurs de 10 h à 12 h et de 14 h à 18 h. 10 F. ☎ 24 27 09 68.

BEAULIEU-EN-ARGONNE

Pressoir dans l'ancienne abbaye – Visite de mars à novembre de 9 h à 18 h.

BEL-VAL

Parc de vision – Visite du 1ᵉʳ avril au 15 octobre de 10 h à 19 h (18 h du 1ᵉʳ avril au 31 mai, 16 h du 1ᵉʳ septembre au 15 octobre). 25 F. ☎ 24 30 01 86. Nombreux aménagements dont un restaurant ; visites spéciales pour l'audition du brame et pour les photographes.

BÉRULLE

Église – S'adresser à M. Verhoye, cultivateur, Grande-Rue.

BETON-BAZOCHES

Pressoir à cidre – Visite accompagnée (1/2 h) de 8 h à 20 h. ☎ 64 01 06 96.

BOUILLY

Église – S'adresser au presbytère.

BRAUX-STE-COHIÈRE

Château – Visite de la dernière semaine de juin au 1ᵉʳ septembre de 10 h à 12 h et de 14 h à 18 h (20 h le dimanche). Fermé le mardi. 30 F, tarif variable selon les manifestations. ☎ 26 60 83 51.

BRAY-SUR-SEINE

Église – Ouverte les lundis et jeudis de 10 h 30 à 11 h 30, le samedi de 10 h 30 à 12 h et de 16 h à 18 h, le dimanche de 10 h à 12 h. S'adresser au syndicat d'initiative. ☎ 60 67 11 54.

BRIENNE-LE-CHÂTEAU
🛈 22, rue du 8-Mai-45 – 10500. ☎ 25 92 90 88.

Musée Napoléon. – Visite du 1ᵉʳ mars au 30 novembre de 9 h à 12 h et de 14 h à 17 h 30. Fermé le mardi. 12 F. ☎ 25 92 82 41.

Église – En cas de fermeture, s'adresser au presbytère, 94, rue de l'École-Militaire.

BRIENNE-LA-VIEILLE

Musée du Charronnage – Visite du 1ᵉʳ mai au 30 septembre de 14 h à 18 h. Fermé les lundis et mardis. 10 F. ☎ 25 92 84 17.

C

CHÂLONS-SUR-MARNE
🛈 3, quai des Arts – 51000. ☎ 26 65 17 89.

Trésor de la cathédrale – Visite accompagnée (1/2 h) le samedi en juillet et août. 19 F. Le reste de l'année s'adresser à l'office de tourisme.

Église Notre-Dame-en-Vaux – Fermée le dimanche en dehors des offices.

Musée du cloître de Notre-Dame-en-Vaux – Visite de 10 h à 12 h et de 14 h à 18 h (17 h du 1ᵉʳ octobre au 31 mars). Fermé les mardis et 1ᵉʳ janvier, 1ᵉʳ mai, 1ᵉʳ et 11 novembre et 25 décembre. 20 F. ☎ 26 64 03 87.

Église St-Alpin – Visite accompagnée en juillet et août en s'adressant à l'office de tourisme.

Bibliothèque – Visite accompagnée de 9 h à 12 h et de 13 h 30 à 18 h sur rendez-vous uniquement, auprès de Mme Husson, ☎ 26 68 54 44, poste 1422. Fermé les dimanches, lundis et jours fériés.

Musée municipal – Visite en semaine de 14 h à 18 h ; le dimanche de 14 h 30 à 18 h 30. Fermé les mardis et jours fériés. ☎ 26 58 54 44.

Musée Garinet – Visite accompagnée (3/4 h) de 14 h à 18 h. Fermé les mardis et jours fériés. ☎ 26 68 54 44.

Église St-Loup – Visite en juillet et août le mardi après-midi.

Musée Schiller-Goethe – Visite le samedi de 14 h à 18 h et le dimanche de 14 h 30 à 18 h 30. ☎ 26 68 54 44, poste 1320.

CHARLEVILLE-MÉZIÈRES
🛈 4, place Ducale – 08109. ☎ 24 33 00 17.

Musée Rimbaud – Visite de 10 h à 12 h et de 14 h à 18 h. Fermé le lundi et les 1ᵉʳ janvier, 1ᵉʳ mai et 25 décembre. 10 F. ☎ 24 33 31 64.

Basilique N.-D. d'Espérance – Possibilité de visite guidée en juillet et août les mardis et jeudis de 14 h 30 à 17 h.

CHÂTEAU-THIERRY
🛈 12, place de l'Hôtel-de-Ville – 02400. ☎ 23 83 10 14.

Maison natale de La Fontaine – Visite du 1ᵉʳ avril au 30 septembre en semaine de 10 h à 12 h et de 14 h à 18 h (18 h 30 en juillet, août et septembre), les dimanches et jours fériés de 10 h à 12 h et de 14 h à 17 h ; le reste de l'année, en semaine de 14 h à 17 h, les dimanches et jours fériés de 10 h à 12 h et de 14 h à 17 h. Fermée le mardi. 11 F, gratuit le mercredi. ☎ 23 69 05 60.

Caves de champagne Pannier – Visite accompagnée (1 h) en juillet et août tous les jours à 15 h, 16 h et 17 h ; du 1ᵉʳ mars au 30 juin et du 1ᵉʳ septembre au 31 décembre en semaine sur rendez-vous, les dimanches et jours fériés à 15 h, 16 h et 17 h. Fermé à Pâques et Noël. 15 F. ☎ 23 69 13 10.

CHAUMONT
🛈 place Général-de-Gaulle – 52000. ☎ 25 03 80 80.

Musée municipal – Visite de 14 h à 18 h. Fermé le mardi et le 1ᵉʳ mai. 5 F. ☎ 25 30 60 51.

CHAVANGES

Église – En travaux actuellement.

CHOOZ

Centrale nucléaire – Exposition dans le bâtiment d'accueil à l'entrée du site de 10 h à 17 h. Visite accompagnée (2 h 30) à 9 h et 14 h du lundi (sauf le lundi matin) au samedi. Pièce d'identité obligatoire. Pour les étrangers envoyer un courrier avec photocopie du passeport.

CIREY-SUR-BLAISE

Château – Visite accompagnée (3/4 h) du 15 juin au 15 septembre de 14 h 30 à 18 h 30 ; en août également de 10 h à 12 h. Fermé le mardi. 20 F. ☎ 25 54 43 04.

CLAIRVAUX

Abbaye – Visite accompagnée (1 h 30) le 1er samedi du mois de mai à octobre à 13 h 45 et à 15 h 30 ainsi que le 3e dimanche de septembre. 30 F. Pas d'appareil photographique. Pièce d'identité.

CLERMONT-EN-ARGONNE

Chapelle Ste-Anne – S'adresser à la gardienne, maison attenante à la chapelle.

COLOMBE-LE-SEC

Ferme du cellier – Visite accompagnée de mai à début octobre le 1er samedi du mois de 14 h à 18 h.

COLOMBEY-LES-DEUX-ÉGLISES

La Boisserie – Visite accompagnée (1/4 h) de 10 h à 12 h et de 14 h à 17 h. Fermée le mardi, 1er janvier et 25 décembre et quelques jours hors saison. 16 F. ☎ 25 01 52 52.

CONDÉ-EN-BRIE

Château – Visite accompagnée à 19 h 30, 15 h 30 et 16 h 30 tous les jours en juin, juillet et août, les dimanches et jours fériés en mai et septembre ainsi qu'à Pâques et le lundi de Pâques.

D

Lac du DER-CHANTECOQ

Pour tout renseignement, s'adresser à la **Maison du Lac** à Giffaumont-Champaubert ; adresse : 51290 St-Rémy-en-Bouzemont. ☎ 26 72 62 80.

Promenades sur le lac – A partir de Giffaumont-Champaubert. Du 1er avril au 15 septembre de 14 h à 19 h. 25,50 F. ☎ 26 72 62 80.

La Grange aux abeilles – A Giffaumont. Visite de 14 h à 19 h tous les jours en juillet et août ; les samedis, dimanches et jours fériés du 1er mars au 30 juin et du 1er septembre au 30 novembre. ☎ 26 72 62 80.

Château d'eau panoramique sur la D 55 – Visite d'avril à septembre les dimanches et jours fériés de 14 h 30 à 18 h. 2 F.

Ferme de Berzillières : musée agricole – Visite de 14 h à 19 h tous les jours en juillet et août ; les samedis, dimanches et jours fériés en mai, juin et septembre. 10 F. ☎ 25 04 22 52.

Ferme des Grands Parts – Pour toute information, s'adresser à la Maison du Lac, ☎ 26 72 62 80.

Ferme aux Grues – Visite le dimanche après-midi à 14 h et 15 h 30. Prendre rendez-vous une semaine à l'avance. ☎ 26 72 54 10.

Village-musée de Ste-Marie-du-Lac-Nuisement – Visite de 14 h à 19 h tous les jours en juillet et août ; les samedis, dimanches et jours fériés en avril, mai, juin et septembre. 10 F. ☎ 26 72 63 25.

Château d'eau panoramique de Ste-Marie-du-Lac-Nuisement – Visite d'avril à octobre de 10 h à 12 h et de 14 h à 19 h. 2 F. ☎ 26 72 37 19.

DORMANS

Chapelle de la Reconnaissance – Ouverte du 1er mai au 11 novembre le samedi de 14 h à 18 h, le dimanche de 10 h à 12 h et de 14 h à 18 h ; en juillet et août tous les jours de 14 h à 18 h, plus le dimanche de 10 h à 12 h.

DOUÉ

Église – Ouverte les dimanches et jours fériés des Rameaux à la Toussaint l'après-midi. En dehors de cette période, s'adresser à M. Laverdet, 24, rue Renoux-Prieux.

E

ÉPERNAY

🛈 7, av. Champagne – 51202. ☎ 26 55 33 00.

Moët et Chandon – Visite accompagnée (3/4 h) du 1er avril au 31 octobre de 9 h 30 à 11 h 45 (11 h à 15 h les samedis et dimanches) et de 14 h à 16 h 45 (15 h 45 le dimanche) ; le reste de l'année du lundi au vendredi de 9 h 30 à 11 h 45 et de 14 h à 16 h 45. Fermé les 1er janvier, 1er et 11 novembre et 25 décembre. ☎ 26 54 71 11.

Mercier – Visite accompagnée (3/4 h) de 9 h 30 à 11 h 30 et de 14 h à 16 h 30 (17 h 30 les dimanches et jours fériés). Fermé les mardis et mercredis en janvier, février et décembre. ☎ 26 54 75 26. Audiovisuel.

De Castellane – Visite accompagnée (1 h) du 17 avril au 1er novembre de 10 h à 12 h et de 14 h à 18 h. 15 F. ☎ 26 55 15 33.

Musée municipal – Visite du 1er mars au 1er novembre de 10 h à 12 h et de 14 h à 18 h. Fermé le mardi et les jours fériés. 8 F. ☎ 26 51 90 31.

Jardin des Papillons.– Visite du 1er mai au 27 septembre de 10 h à 12 h et de 14 h à 18 h (sans interruption en juin, juillet et août). 22 F. ☎ 26 55 15 33.

Environs

Parc du Sourdon – Ouvert de Pâques à fin octobre toute la journée.

ESSÔMES

Église – S'adresser à la mairie d'Essômes ou au presbytère de Château-Thierry, 1, rue de la Madeleine. ☎ 23 83 25 77.

CASCADE D'ETUFS

Visite à pied de 10 h à 19 h.

G

GÉRAUDOT

Église – Si l'église est fermée, s'adresser à Mme Carré, 1, rue du Général-Bertrand. ☎ 25 41 24 21.

GERMAINE

Maison du bûcheron – Visite de Pâques à début novembre les samedis, dimanches et jours fériés de 14 h 30 à 18 h 30. 10 F. ☎ 26 59 44 44. Salle de projection, centre d'accueil, de vente de documentation.

GIVET

🛈 Hôtel de Ville – 08600. ☎ 24 42 06 84.

Tour Victoire – Visite en juillet et août de 10 h à 12 h et de 14 h à 18 h ; de mi-juin au 30 juin et du 1er septembre à mi-septembre de 14 h à 18 h. Fermé le lundi matin et le dimanche matin. 8 F. ☎ 24 42 03 54.

Fort de Charlemont – Visite en juillet et août de 10 h à 12 h et de 14 h à 18 h. 15 F. ☎ 24 42 03 54.

GRAND

Amphithéâtre – Visite de 9 h à 12 h et de 14 h à 19 h (17 h du 16 septembre au 31 mars). Fermé les 1er janvier et 25 décembre. 8 F ; billet combiné avec la mosaïque 10 F. ☎ 29 06 77 37.

Mosaïque romaine – Visite de 9 h à 12 h et de 14 h à 19 h (17 h du 16 septembre au 31 mars). Fermé les 1er janvier et 25 décembre. 6 F, billet combiné avec l'amphi-théâtre 10 F. ☎ 29 06 77 37.

H – I – J

HERMONVILLE

Église – Ouverte le dimanche de 11 h 30 à 12 h. Sinon s'adresser au presbytère, 6, rue Nicolas-Picotin. ☎ 26 61 51 36 ou à la mairie.

ISLE-AUMONT

Église et site – Possibilité de visite guidée. Voir les modalités à la porte de l'église.

JOINVILLE

Château du Grand-Jardin – On ne visite pas. En cours de restauration.

L

LANGRES ⓘ place Bel-Air – 52200. ☎ 25 87 67 67.

Visite guidée de la ville – S'adresser à l'office de tourisme.

Trésor de la cathédrale St-Mammès – Visite accompagnée (1/2 h) sur rendez-vous avec M. Roland Jourdain, cité Navarre.

Église St-Martin – Pour visiter, s'adresser à M. Jourdain, rue du Champ-de-Navarre ou au presbytère, 1 bis, rue Aubert.

Tours de Navarre et d'Orval – Visite tous les jours de 15 h à 18 h. 10 F.

Musée du Breuil-de-St-Germain – Visite de 10 h à 12 h et de 14 h à 18 h (17 h en hiver). Fermé le mardi et les 1er janvier, 1er mai, 1er novembre et 25 décembre. 3 F. ☎ 25 87 08 05.

Musée St-Didier – Fermé pour travaux d'agrandissement. Réouverture prévue en 1994 sous le nom de musée d'Art et d'Histoire.

M

Le MESNIL-SUR-OGER

Musée du Champagne – Visite uniquement sur rendez-vous quelques jours à l'avance. ☎ 26 57 50 15. 25 F.

MONTAGNE DE REIMS

Pour tout renseignement sur le Parc naturel régional de la Montagne de Reims, s'adresser à la Maison du Parc, 51160 Pourcy. ☎ 26 59 44 44. Pour les curiosités du Parc, voir à Germaine, Pourcy et Ville-en-Tardenois.

Domaine de Commetreuil : Station de monte des Haras nationaux – Visite sur rendez-vous de mi-mars à mi-juillet. ☎ 26 49 26 00.

MONTCORNET-EN-ARDENNE

Château – En cours de restauration. Visite de 14 h à 18 h les samedis, dimanches et jours fériés de Pâques au 30 juin, en septembre et octobre, tous les jours sauf le lundi en juillet et août. 10 F. ☎ 24 54 93 48.

MONTHERMÉ ⓘ 6, rue E.-Dolet – 08800. ☎ 24 53 06 50.

Église St-Léger – Visite en juillet et août en semaine ; le reste de l'année, s'adresser à M. Lardenois. ☎ 24 53 08 74.

MONTIER-EN-DER

Haras national – Visite accompagnée (1 h) en été de 15 h à 18 h, en hiver de 14 h à 17 h. ☎ 25 04 22 17. Présentations d'attelages en septembre, octobre et novembre tous les jeudis à 15 h.

MONTMORT-LUCY

Château – Visite accompagnée (1 h 1/4) du 15 juillet au 2e dimanche de septembre en semaine à 14 h 30 et 16 h 30 ; les dimanches et jours fériés (dont le dimanche et le lundi de Pentecôte) à 14 h 30, 15 h 30, 17 h et 17 h 30. Fermé le lundi. 22 F. ☎ 26 59 10 04. De mi-juillet à mi-septembre à 14 h 30 et 16 h 30 ; les dimanches et jours fériés à 14 h 30, 15 h 30, 17 h et 17 h 30. Fermé le lundi. Entrée : 20 F. ☎ 26 59 10 04.

MONTSAUGEON

Église – Ouverte les samedis et dimanches.

La MOTTE-TILLY

Château – Visite accompagnée (1 h) du 1er avril au 30 septembre tous les jours de 10 h à 11 h 30 et de 14 h à 18 h 15 ; en octobre et novembre en semaine sur rendez-vous, les dimanches et jours fériés de 14 h à 17 h ; en mars sur rendez-vous uniquement. 26 F. ☎ 25 39 99 67. Parc : 13 F.

MOUZON

Musée du Feutre – Visite en avril, mai et octobre les samedis, dimanches et jours fériés de 14 h à 16 h ; en juin et septembre tous les jours de 14 h à 18 h ; en juillet et août tous les jours de 10 h à 12 h et de 14 h à 18 h. 15 F. ☎ 24 26 10 63.

MUSSY-SUR-SEINE

Église St-Pierre-ès-Liens – Pour visiter, s'adresser à la mairie, ☎ 25 38 40 10, ou à Mme Mauris, 2, rue des Ursulines.

Musée de la Résistance – Visite du lundi au vendredi de 9 h à 12 h et de 15 h 30 à 18 h. Fermé les samedis, dimanches et jours fériés. 3 F. ☎ 24 38 40 10.

N

NESLE-LA-REPOSTE

Église – S'adresser à M. Milcent. ☎ 26 80 41 27.

Château de NESLES

Visite de 10 h à 12 h et de 14 h à 18 h. 15 F. ☎ 23 82 24 53.

Grottes de NICHET

Visite accompagnée (1 h) en juin, juillet et août de 10 h à 12 h et de 14 h à 18 h ; en avril, mai et septembre de 14 h à 18 h. 30 F. ☎ 24 42 00 14.

NIGLOLAND

Visite de Pâques à fin juin et en septembre de 10 h à 18 h (19 h les dimanches et jours fériés) ; en juillet et août en semaine de 10 h à 19 h, les dimanches et jours fériés de 9 h 30 à 20 h. 59 F. ☎ 25 27 94 52.

NOGENT-EN-BASSIGNY

Espace Pelletier – Visite de 10 h à 12 h et de 14 h à 18 h. Fermé les lundis, mardis, en janvier et février. 10 F. ☎ 25 31 89 21.

Musée du Patrimoine coutelier – Visite de 14 h à 18 h, tous les jours du 15 avril au 15 octobre, les samedis, dimanches et jours fériés le reste de l'année. 10 F. ☎ 25 31 70 63.

Chambre syndicale des Industries des métaux – Visite de 8 h 30 à 12 h et de 14 h à 18 h. Fermé le lundi, le samedi après-midi, les dimanches et jours fériés. ☎ 25 31 85 20.

NOGENT-SUR-SEINE

Église St-Laurent – Fermée les dimanches après-midi.

Musée Dubois-Boucher – Visite du 16 juin au 15 septembre tous les jours sauf le mardi de 14 h à 18 h ; du 1er avril au 15 juin les samedis et dimanches de 14 h à 18 h ; du 16 septembre au 30 novembre les samedis et dimanches de 14 h à 19 h. Fermé les 1er et 8 mai, Pâques et 14 juillet. 7 F, 11 F en cas d'exposition temporaire. ☎ 25 39 71 79.

Centrale nucléaire – Visite accompagnée (2 h) du lundi au vendredi de 8 h 30 à 12 h 30 et de 13 h 30 à 17 h 30. Pièce d'identité exigée pour les personnes majeures. Prendre rendez-vous au préalable. ☎ 25 39 32 60.
Le centre d'information est ouvert du lundi au vendredi de 8 h 30 à 12 h 30 et de 13 h 30 à 17 h 30, les samedis et dimanches de 14 h à 18 h. Fermé les 1er janvier, 1er mars et 25 décembre.

O

Cimetière américain « OISE-AISNE »

Ouvert du 16 avril au 30 septembre en semaine de 9 h à 18 h, les dimanches et jours fériés de 10 h à 12 h et de 15 h à 18 h ; le reste de l'année, de 9 h (10 h les dimanches et jours fériés) à 17 h. ☎ 23 82 21 81.

ORBAIS-L'ABBAYE

Église – S'adresser à M. Georges Morand, 1, rue Thiers. ☎ 26 59 20 04.

Parc naturel régional de la forêt d'ORIENT

Promenade sur le lac – Départ du port de Mesnil-St-Père de mi-mars à mi-septembre l'après-midi. Durée : 3/4 h. 23 F. Pour information ☎ 25 41 21 64.

Enclos à gibier – Visite du 1er avril au 30 septembre les week-ends et jours fériés de 16 h à la tombée de la nuit ; le reste de l'année le 1er et le 3e dimanche du mois de 15 h à la tombée de la nuit. 15 F. ☎ 25 41 35 57.

Maison du Parc – Renseignements sur le Parc naturel régional, expositions, projection d'un diaporama, location de bicyclettes. Ouverte en semaine de 9 h à 12 h et de 14 h à 18 h, les dimanches et jours fériés de 9 h 30 à 12 h 30 et de 14 h 30 à 18 h 30

*Le **guide Vert Michelin France***
Destiné à faciliter la pratique du grand tourisme en France, vous propose des programmes de traversée tout prêts, en cinq jours, offrant un grand choix de combinaisons et de variantes possibles, auxquels il est facile d'apporter une adaptation personnelle.

P

Le PARACLET

Ancienne abbaye – Prendre rendez-vous avec le baron Walckenaer, Le Paraclet, Ferreux-Quincey, BP 15, 10400 Nogent-sur-Seine. ☎ 25 39 80 22 ou 25 39 74 60.

PÉVY

Église – Pour visiter, s'adresser à Mme Letanneaux, face à l'église.

POISSONS

Église – Pour visiter, s'adresser à Mme Donot, place de l'Église, ou à M. J.-P. Saget, rue des Moines.

Fort de la POMPELLE

Musée – Visite du 1er mars au 30 novembre tous les jours de 8 h à 19 h ; le reste e l'année de 10 h à 17 h (18 h les dimanches et jours fériés). Fermé le lundi. 25 F. ☎ 26 49 11 85.
La visite comprend un spectacle audiovisuel (25 mn) sur l'histoire du fort.

PONT-STE-MARIE

Église – S'adresser à la mairie.

POURCY

Maison du parc – Visite de Pâques à début décembre de 9 h à 17 h en semaine, de 14 h 30 à 18 h 30 les samedis, dimanches et jours fériés. ☎ 26 59 44 44.

PREZ-SOUS-LAFAUCHE

Zoo de bois – Visite du 1er juin au 15 septembre de 14 h 30 à 19 h. Fermé le lundi. 10 F. ☎ 25 31 57 76.

PROVINS   🛈 tour de César – 77160. ☎ 64 00 16 65.

Pépinières de rosiers – Visite libre le matin et l'après-midi.

Grange aux Dîmes – Visite des Rameaux au 11 novembre les samedis, dimanches et jours fériés de 14 h à 18 h.

Musée du Provinois – Visite des Rameaux au 11 novembre les samedis, dimanches et jours fériés de 14 h à 17 h 30 ; en juillet et août tous les jours de 14 h à 17 h 30. Fermé le dernier dimanche d'août. 8 F.

Tour de César – Visite du 1er avril au 31 octobre de 10 h à 17 h 30 (18 h 30 les dimanches et jours fériés) ; le reste de l'année de 10 h à 17 h. 12 F. ☎ 64 00 05 31.

Église Ste-Croix – Fermée pour restauration.

Souterrains à graffiti – Visite accompagnée (3/4 h) en juillet et août en semaine de 14 h à 17 h 30, les samedis, dimanches et jours fériés de 11 h à 18 h ; en mai, juin et septembre en semaine à 15 h et 16 h, les samedis, dimanches et jours fériés de 11 h à 18 h ; des Rameaux au 11 novembre les samedis, dimanches et jours fériés de 11 h à 18 h. 15 F.

R

RARECOURT

Maison forte – Visite accompagnée (1 h 30) en juillet et août de 10 h 30 à 12 h et de 14 h à 18 h 30. 25 F adultes, 10 F enfants. ☎ 82 46 15 54.

Abbaye du RECLUS

Visite accompagnée (1/2 h) en juillet et août à 15 h 30 et 16 h 30. Fermée le mardi. 12 F.

REIMS   🛈 1, rue Jadart – 51100. ☎ 26 47 25 69.

Visite guidée de la ville – S'adresser à l'office de tourisme.
Des visites de la ville ont également lieu en train touristique, en calèche ou en minibus :
en **train** : de 14 h à 19 h, en mai et juin les week-end et jours fériés, en juillet et août tous les jours. Durée : 1/2 h. 20 F. Départ sur le parvis de la cathédrale. Train touristique rémois. ☎ 26 82 13 98.
en **calèche** : en juillet et août tous les jours sauf le mardi et jours de mauvais temps. Départ à 14 h du parvis de la cathédrale. Durée : 1/2 h. 35 F. 3 trajets différents sont proposés. Attelages de France ☎ 26 02 95 23.
en **minibus** : en juillet et août ; « Reims à travers les âges », départ à 17 h, durée : 1 h 30, 55 F ; « au cœur du vignoble champenois », départ à 14 h 15, durée : 2 h 30, 75 F. S'adresser au bureau d'accueil de l'office de tourisme près de la cathédrale.

Cathédrale Notre-Dame – Des visites-conférences par les guides des Monuments historiques ont lieu du 10 avril au 30 septembre tous les jours sauf le dimanche matin, à 10 h 15, 11 h 30, 14 h 15 et 15 h 30. Durée : 1 h. 20 F. De juillet à mi-septembre le matin (sauf le dimanche) et l'après-midi, on peut aussi visiter les parties hautes. 15 F.

Tours de la cathédrale – Visite du 15 juin au 15 septembre de 10 h à 12 h et de 14 h à 18 h. Pas de visite le dimanche matin. 20 F.

Palais du Tau – Visite du 16 mars au 30 juin et du 1er septembre au 14 novembre de 9 h 30 à 12 h 30 et de 14 h à 18 h ; en juillet et août de 9 h 30 à 18 h 30 ; du 15 novembre au 15 mars de 10 h à 12 h et de 14 h à 17 h (18 h les samedis et dimanches). Fermé les 1er janvier, 1er mai, 1er et 11 novembre et 25 décembre. 26 F.

Basilique St-Rémi – Évocation « musique et lumière » du dernier samedi de juin au 1er samedi d'octobre, tous les samedis à 21 h 30.

Musée St-Remi – Visite de 14 h à 18 h 30. (19 h les samedis, dimanches et jours fériés). Fermé les 1er janvier, 1er mai, 14 juillet, 1er et 11 novembre et 25 décembre. 10 F. ☎ 26 85 23 36.

Caves de champagne

Pommery – Visite accompagnée (1 h) en janvier, février, mars, novembre et décembre du lundi au vendredi de 14 h à 17 h ; en avril, mai, juin, septembre et octobre en semaine de 14 h à 17 h, les samedis, dimanches et jours fériés de 9 h à 11 h 20 et de 14 h à 17 h ; en juillet et août tous les jours de 9 h à 17 h. Fermé de fin décembre à début janvier. Pour toute information ☎ 26 61 62 55.

Taittinger – Visite accompagnée (1 h) du 1er mars au 30 novembre en semaine de 9 h 30 à 12 h et de 14 h à 16 h ; les dimanches et jours fériés de 9 h à 11 h et de 14 h à 17 h ; le reste de l'année les week-ends seulement. 15 F. ☎ 26 85 45 35 poste 153.

Veuve Clicquot – Visite accompagnée (1 h 30) du 1er avril au 31 octobre sur rendez-vous au moins 1 semaine à l'avance. ☎ 26 40 25 42.

Ruinart – Visite sur rendez-vous uniquement du lundi au vendredi, ☎ 26 85 40 29. Service relations publiques, 4 rue des Crayères, 51053 Reims.

Piper-Heidsieck – Visite en nacelle (20 mn) de 9 h à 17 h. 20 F, plus 25 F pour la dégustation. ☎ 26 84 43 00 et 26 84 43 44 (week-end).

Mumm – Visite accompagnée (1 h) du 1er mars au 31 octobre tous les jours de 9 h à 11 h et de 14 h à 17 h ; hors saison fermé les week-ends et jours fériés. ☎ 26 49 59 70.

Musée des Beaux-Arts – Visite de 10 h à 12 h et de 14 h à 18 h. Fermé le mardi et les 1er janvier, 1er mai, 14 juillet, 1er et 11 novembre et 25 décembre. 10 F. ☎ 26 47 28 44.

Cryptoportique gallo-romain – Visite du 15 juin au 15 septembre de 14 h à 18 h. Fermé le lundi et le 14 juillet. ☎ 26 85 23 36.

Musée-hôtel Le Vergeur – Visite accompagnée (1 h) de 14 h à 18 h. Fermé le lundi et les 1er janvier, 1er mai, 14 juillet, 11 novembre, 25 décembre. 15 F. ☎ 26 47 20 75.

Chapelle Foujita – Ouverte de 14 h à 18 h. Fermée le mercredi et lors des périodes de grand froid. 10 F, gratuit le samedi. ☎ 26 47 28 44.

Centre historique de l'automobile française – Visite du 1er avril au 30 septembre de 10 h à 12 h et de 14 h à 18 h. Fermé le mardi. 30 F.

Ancien collège des jésuites – Visite accompagnée (3/4 h) à 10 h, 11 h, 14 h 15, 15 h 30 et 16 h 45. Fermé le matin des mardis, samedis et dimanches et jours fériés. 10 F. ☎ 26 85 51 50.

Planétarium et horloge astronomique – Séances (50 mn) toute l'année les samedis à 15 h 30 et 16 h 45 et les dimanches à 14 h 15, 15 h 30 et 16 h 45 ; pendant les vacances scolaires séance en semaine à 15 h 15 et 16 h 30 ; en juillet et août séances tous les jours à 14 h 15, 15 h 30 et 16 h 45. Programmes différents selon l'heure de la séance. Renseignements ☎ 26 85 51 50. 10 F.

Salle de Reddition – Visite du 1er avril au 30 septembre de 10 h à 12 h et de 14 h à 18 h ; le reste de l'année de 14 h à 18 h. Fermée le mardi et les 1er janvier, 1er mai, 14 juillet, 1er et 11 novembre et 25 décembre. 10 F.

Église St-Jacques – Fermée le lundi.

Parc Pommery – Ouvert de mai à septembre de 8 h à 21 h ; le reste de l'année de 8 h à la tombée de la nuit. 8 F.

RETHEL

Église St-Nicolas – Pour visiter, s'adresser au presbytère 13, rue Carnot. ☎ 24 38 41 50.

Musée du Rethelois et du Porcien – Fermé pour cause de transfert. Réouverture prévue en 1993.

REVIN

Galerie d'art contemporain – Visite les mercredis, samedis et dimanches de 14 h à 18 h. Fermé les jours fériés. 4 F. ☎ 24 56 20 53.

RIGNY-LE-FERRON

Église – S'adresser au presbytère ou à la mairie, ou à M. Régis.

ROCROI   🛈 place André-Hardy – 08230. ☎ 24 54 24 46.

Musée – Visite de Pâques au 30 septembre de 9 h à 12 h et de 14 h à 19 h ; le reste de l'année de 10 h à 12 h et de 13 h 30 à 17 h 30. Fermé les 1er janvier et 25 décembre. 12 F. ☎ 24 54 24 46.

ROSNAY-L'HÔPITAL

Église Notre-Dame – Pour visiter, s'adresser à M. Raoul Brack près de l'église, ☎ 25 92 41 89.

RUMILLY-LES-VAUDES

Église – Ouverte toute la journée les dimanches et pendant les vacances d'été.

S

ST-ANDRÉ-LES-VERGERS

Église – Ouverte en juillet et août sauf le dimanche.

ST-PARRES-AUX-TERTRES

Église – Ouverte les dimanches matin. Sinon s'adresser à M. le curé, 5, rue Denizot. ☎ 25 81 18 95.

STS-GEOSMES

Église – S'adresser à la mairie. ☎ 25 87 03 37.

STE-MAURE

Église – S'adresser au presbytère. ☎ 25 81 51 48.

STE-MENEHOULD   🛈 place Leclerc – 51800. ☎ 26 60 85 83

Église Notre-Dame ou du Château – Fermée pour travaux.

SEDAN   🛈 41, place Crussy – 08200. ☎ 24 27 73 73.

Château fort – Visite accompagnée (3/4 h) du 15 mars au 15 septembre de 10 h à 18 h ; le reste de l'année de 13 h 30 à 17 h 30. Fermé les 1er janvier et 25 décembre. 25 F. ☎ 24 27 73 75. Visites nocturnes aux flambeaux de juin à mi-août les vendredis, samedis et dimanches à la tombée de la nuit. 10 F.

Musée – Visite du 15 mars au 15 septembre de 10 h à 18 h, (du 16 septembre au 14 mars), le reste de l'année de 13 h 30 à 17 h 30. Fermé les 1er janvier et 25 décembre. 20 F. ☎ 24 27 73 75.

Musée des débuts de l'aviation – *A l'aérodrome Sedan-Donzy*. Visite en juin, juillet et août tous les jours sauf le lundi de 10 h à 12 h et de 14 h à 18 h ; en mai et septembre tous les jours sauf le lundi de 14 h à 18 h ; en avril et octobre les week-end et jours fériés de 14 h à 18 h. 12 F. ☎ 24 26 38 70.

Parc du SOURDON

Visite du 1er avril au 31 octobre de 9 h à 19 h. 10 F. ☎ 26 59 95 00.

T

TROYES   🛈 16, bd Carnot – 10014. ☎ 25 73 00 36.

Visite guidée de la ville – S'adresser à l'office du tourisme.

Un train touristique parcourt le vieux Troyes du 1er juillet au 15 septembre tous les jours sauf le lundi. Se renseigner à l'office de tourisme.

Trésor de la cathédrale St-Pierre-et-St-Paul – Visite du 15 avril au 1er novembre de 14 h à 18 h. Fermé le lundi. 8 F. ☎ 25 80 58 46.

Basilique St-Urbain – Ouverte toute la journée de fin juin à mi-septembre ; le reste de l'année, s'adresser à la maison paroissiale, 5, rue Charbonnet ou au syndicat d'initiative.

Église Ste-Madeleine – Ouverte le matin et l'après-midi de Pâques à fin septembre. Pour information, s'adresser au syndicat d'initiative. ☎ 25 73 00 36.

Église St-Pantaléon – Ouverte en juillet et août ; le reste de l'année, s'adresser au syndicat d'initiative.

Église St-Jean – Mêmes conditions de visite que pour la basilique St-Urbain.

Église St-Nicolas – Ouverte tous les après-midi.

Église St-Rémy – Ouverte du 1er juillet au 15 septembre de 8 h 30 à 12 h.

Église St-Nizier – Ouverte en juillet et août.

Les musées

Un billet combiné (20 F) délivré par l'abbaye St-Loup, l'hôtel-Dieu ou l'hôtel de Vauluisant donne droit à la visite de ces musées ainsi qu'à celle du Musée d'Art moderne.

Musée d'Art moderne – Visite de 11 h à 18 h. Fermé les mardis, 1er janvier, lundi de Pâques, 1er et 8 mai, Ascension, lundi de Pentecôte, 14 juillet, 15 août, 1er et 11 novembre, 25 décembre. 15 F (billet combiné). ☎ 25 80 57 30.

Hôtel de Vauluisant – Visite de 10 h à 12 h et de 14 h à 18 h. Fermé le mardi et les jours fériés. 15 F (billet combiné). ☎ 25 42 33 33 poste 3592. Gratuit le mercredi.

Maison de l'Outil et de la Pensée ouvrière – Visite de 9 h à 12 h et de 14 h à 18 h. 20 F. ☎ 25 73 28 26.

Abbaye St-Loup : musée des Beaux, Arts d'Archéologie, d'Histoire naturelle – Visite de 10 h à 12 h et de 14 h à 18 h. Fermé les mardis et jours fériés. 15 F (billet combiné). ☎ 25 42 33 33 poste 3592, gratuit le mercredi.

Pharmacie-musée de l'hôtel-Dieu – Visite de 10 h à 12 h et de 14 h à 18 h. Fermé les mardis et jours fériés. 10 F (billet combiné). ☎ 25 42 33 33.

V

VARENNES-EN-ARGONNE

Musée d'Argon – Visite en juillet, août tous les jours de 10 h à 12 h et de 15 h à 18 h ; de Pâques à fin juin en semaine de 15 h à 18 h, les dimanches et jours fériés de 10 h à 12 h et de 15 h à 18 h ; en septembre tous les jours de 15 h à 18 h ; en octobre les dimanches et jours fériés de 15 h à 18 h. 13 F. ☎ 29 80 71 14.

VERDELOT

Église – S'adresser au presbytère ou au café de la Poste.

VIGNORY

Église St-Étienne – Possibilité de visite accompagnée en s'adressant à M. Clerc, ☎ 25 02 40 48.

VILLEMAUR-SUR-VANNE

Église – Ouverte tous les jours en été ; les samedis et dimanches seulement en hiver. S'adresser à Mme Leloup. ☎ 25 40 56 81. Possibilité de visite guidée sur demande à l'Association de sauvegarde du Patrimoine, mairie de Villemaur, ☎ 25 40 55 03 ,les mardis et vendredis de 15 h à 18 h.

Fort de VILLY-LA-FERTÉ

Visite accompagnée (1 h 30) de 14 h à 16 h 30 les dimanches et jours fériés des Rameaux à la Toussaint, tous les jours en juillet et août. 12 F. ☎ 24 22 61 49.

VITRY-LE-FRANÇOIS   place Giraud – 51300. ☎ 26 74 45 30.

Église Notre-Dame – Fermée l'après-midi des dimanches et jours fériés.

W

WARCQ

Église – S'adresser à la mairie du mardi au samedi. ☎ 24 56 01 62.

WASSY   🛈 tour du Dôme – 52130. ☎ 25 55 72 25.

Hôtel-de -ville – Visite de 8 h à 12 h et de 13 h à 17 h. Fermé le samedi après-midi, les dimanches et jours fériés. ☎ 25 55 72 25.

Le Temple – Visite du 15 juin au 15 septembre de 15 h à 19 h. Montage audiovisuel (1/2 h). ☎ 25 55 72 25.

INDEX

Arcis-sur-Aube Aube.............. Villes, curiosités et régions touristiques

La Fontaine........................ Noms historiques ou célèbres et termes faisant
l'objet d'une explication.

Les curiosités isolées (châteaux, abbayes, monts, lacs...) sont répertoriées à leur
nom propre.

MANUFACTURE FRANÇAISE DES PNEUMATIQUES MICHELIN

Société en commandite par actions au capital de 2 000 000 000 de francs

Place des Carmes-Déchaux - 63 Clermont-Ferrand (France)

R.C.S. Clermont-Fd B 855 200 507

© Michelin et Cie, Propriétaires-Éditeurs 1993

Dépôt légal juin 1993 - ISBN 2-06-700316-X - ISSN 0293-9436

Printed in the EC 03-94-30/5

Photocomposition : EURONUMÉRIQUE, Sèvres

Impression et brochage : AUBIN Imprimeurs, Ligugé

Contents

Normandy is covered by two Michelin Green Guides:
Normandy Cotentin and Normandy Seine Valley.

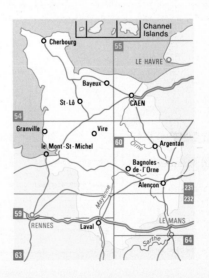

*The **Michelin maps**
you will need
with this guide
are:*

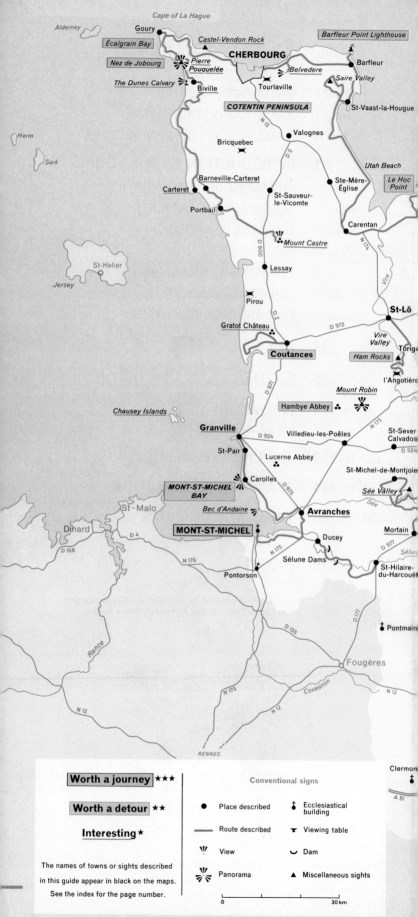

Cape of La Hague

Alderney

Goury

Écalgrain Bay

▲ Castel-Vendon Rock

Barfleur Point Lighthouse

CHERBOURG

Nez de Jobourg

Pierre
Pouquelée

Belvedere

Barfleur

The Dunes Calvary

Biville

Tourlaville

Saire Valley

▲

Herm

COTENTIN PENINSULA

St-Vaast-la-Hougue

Valognes

N 13

Bricquebec

D 2

Sark

Barneville-Carteret

St-Sauveur-
le-Vicomte

Ste-Mère-
Église

Utah Beach

*Le Hoc
Point*

Carteret

Portbail

D 900

Carentan

N 174

Vire

Mount Castre

Jersey

St-Helier

Lessay

Pirou

D 2

St-Lô

Gratot Château

D 972

*Vire
Valley*

Torig

Coutances

Ham Rocks

▲

D 971

l'Angotière

Mount Robin

Chausey Islands

Hambye Abbey

N 175

Granville

Villedieu-les-Poêles

St-Sever
Calvados

D 524

St-Pair

D 924

Lucerne Abbey

St-Michel-de-Montjoie

St-Malo

Carolles

D 973

Sée Valley

▲

**MONT-ST-MICHEL
BAY**

Bec d'Andaine

Avranches

Sée

Dinard

MONT-ST-MICHEL

Mortain

D 4

D 168

Ducey

D 977

Sélune

Rance

N 175

Sélune Dams

St-Hilaire-
du-Harcouët

N 176

Pontorson

D 177

Pontmain

D 155

N 12

Fougères

Couesnon

N 175

N 12

N 12

RENNES

Clermon

4

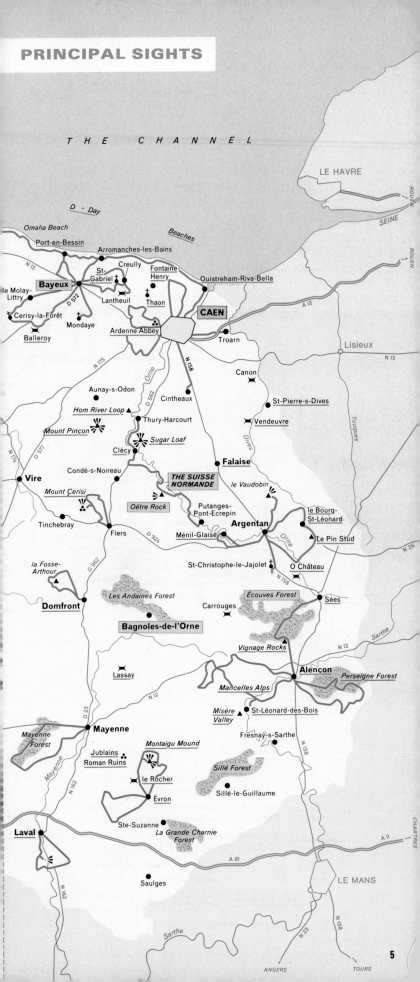

PRINCIPAL SIGHTS

T H E   C H A N N E L

LE HAVRE

SEINE

ROUEN

D - Day

Omaha Beach

Beaches

Port-en-Bessin

Arromanches-les-Bains

N 13

Creully

St-Gabriel

Fontaine-Henry

Ouistreham-Riva-Bella

Bayeux

le Molay-Littry

D 572

Lantheuil

Thaon

CAEN

A 13

Cerisy-la-Forêt

Mondaye

Ardenne Abbey

Troarn

Lisieux

Balleroy

N 13

N 175

Canon

N 158

Aunay-s-Odon

Cintheaux

St-Pierre-s-Dives

Hom River Loop

Thury-Harcourt

Vendeuvre

Mount Pinçon

D 562

Sugar Loaf

Dives

Touques

Clécy

Falaise

Condé-s-Noireau

THE SUISSE NORMANDE

le Vaudobin

Vire

Mount Cerisi

Oëtre Rock

le Bourg-St-Léonard

N 174

D 577

Putanges-Pont-Ecrepin

Argentan

Le Pin Stud

Tinchebray

Flers

D 924

Ménil-Glaise

Orne

N 26

la Fosse-Arthour

D 962

St-Christophe-le-Jajolet

O Château

N 158

Les Andaines Forest

Écouves Forest

Sées

Domfront

Carrouges

Bagnoles-de-l'Orne

Sarthe

Vignage Rocks

Lassay

Alençon

Perseigne Forest

N 12

Mancelles Alps

D 23

Misère Valley

St-Léonard-des-Bois

Mayenne Forest

Mayenne

Freshay-s-Sarthe

N 158

Montaigu Mound

Jublains Roman Ruins

Sillé Forest

N 162

le Rocher

Évron

Sillé-le-Guillaume

Mayenne

Ste-Suzanne

La Grande Charnie Forest

CHARTRES

Laval

A 81

A 11

N 162

LE MANS

Saulges

Sarthe

N 23

N 158

ANGERS

TOURS

5

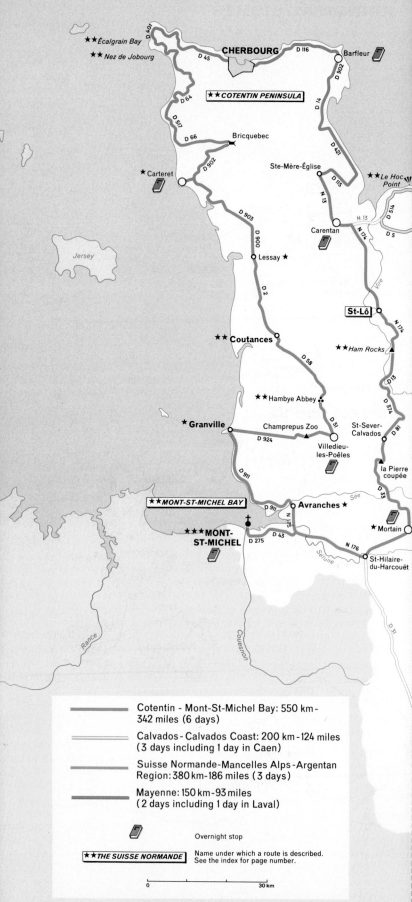

★★Écalgrain Bay
★★ Nez de Jobourg

CHERBOURG

Barfleur

D 401
D 45
D 116
D 302

★★ *COTENTIN PENINSULA*

D 64

D 517

D 66

D 14

Bricquebec

Ste-Mère-Église

D 421

D 902

★Carteret

★★ *Le Hoc Point*

D 115

N 13

D 514

Jersey

D 903

N 13

Carentan

N 174

D 5

D 900

Lessay ★

Vire

D 2

St-Lô

N 174

★★ Coutances

D 58

★★ *Ham Rocks*

D 13

★★ Hambye Abbey

D 374

D 81

★ Granville

Champrepus Zoo

St-Sever-Calvados

D 51

D 924

Villedieu-les-Poêles

la Pierre coupée

D 911

D 35

Sée

★★ *MONT-ST-MICHEL BAY*

D 911

Avranches ★

N 175

★ Mortain

★★★ **MONT-ST-MICHEL**

D 275

D 43

N 176

St-Hilaire-du-Harcouët

Sélune

Rance

Couesnon

D 51

──────── Cotentin - Mont-St-Michel Bay: 550 km - 342 miles (6 days)

──────── Calvados - Calvados Coast: 200 km - 124 miles (3 days including 1 day in Caen)

──────── Suisse Normande-Mancelles Alps - Argentan Region: 380 km - 186 miles (3 days)

──────── Mayenne: 150 km - 93 miles (2 days including 1 day in Laval)

Overnight stop

★★ *THE SUISSE NORMANDE* Name under which a route is described. See the index for page number.

0   30 km

6

THE CHANNEL

SEINE

★ D-Day Beaches

D 514
Arromanches-les-Bains

★★ Bayeux
Creully
Fontaine-
Henry ★
D 12
D 6
★ Thaon
D 514
Ouistreham-Riva-Bella ★
D 22

D 34
D 75
D 178
D 13 ε
Balleroy ★

CAEN ★★★

Orne

D 562

Thury-Harcourt
D 6

★★ THE SUISSE NORMANDE
D 562
D 23
Dives

D 17
★★ Oëtre Rock
D 239

Flers
D 909
Argentan
D 113
D 16
le Bourg-St-Léonard ★

D 18
D 924
D 26

D 907
★ O Château
N 158

D 21
D 908
★★ Bagnoles-
de-l'Orne
Sées ★
D 908

★ Domfront
D 916
★★ Écouves Forest
D 26

N 176

D 144
Alençon ★

★ Mancelles Alps
N 138

Mayenne
★ St-Léonard-
des-Bois
D 15

N 12
D 310
Fresnay-s-Sarthe

Mayenne
Forest
D 35
D 310

Mayenne
D 20
Sarthe

D 31
★ Évron
D 32

D 30
la Chapelle-Rainsouin
D 7

★ Laval
N 157
D 20
D 9
Ste-Suzanne

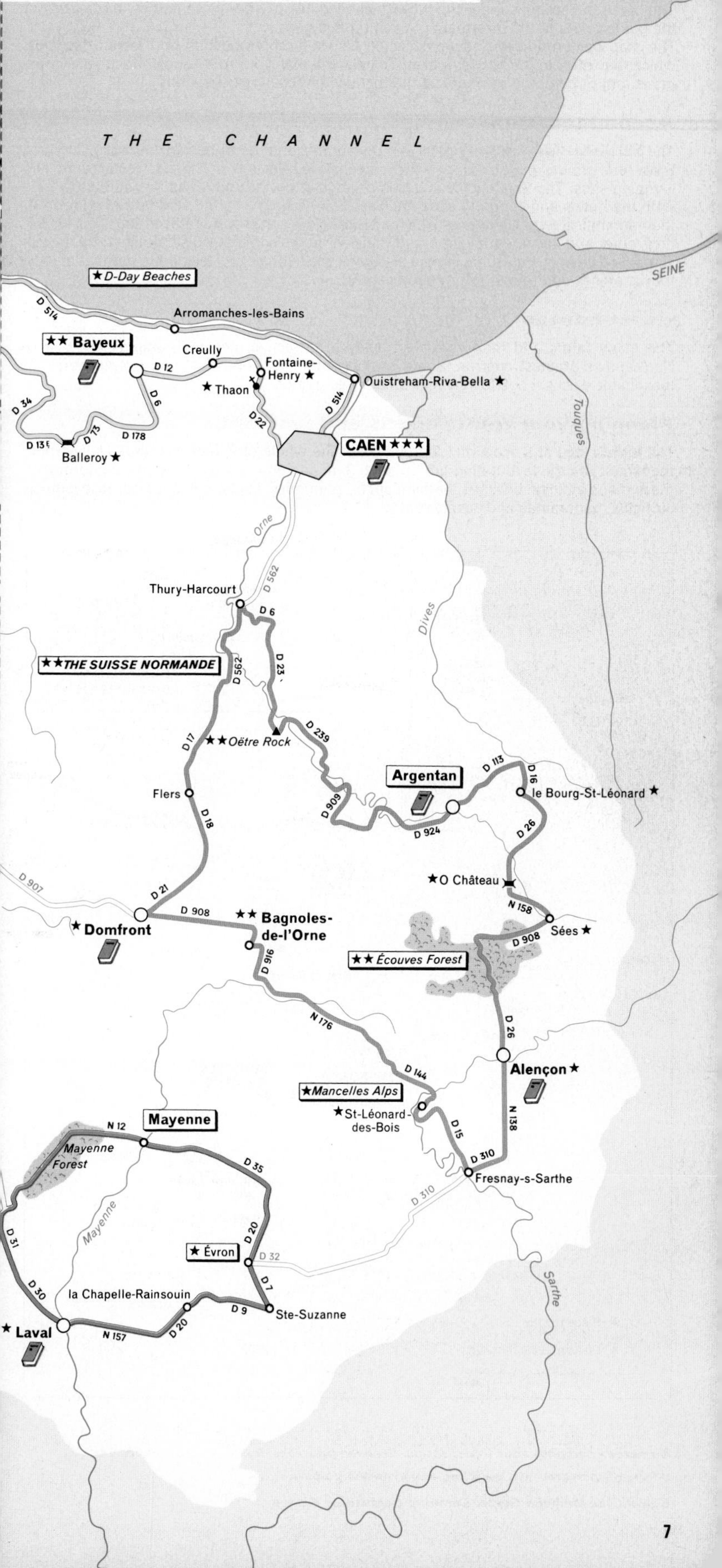

PLACES TO STAY

The mention Facilities under the individual headings or after place names in the body of the guide refers to the information given on this page.

The map below indicates towns selected for the accommodation and leisure facilities, which they offer to the holidaymaker. To help you plan your route and choose your hotel, restaurant or camping site consult the following Michelin publications.

Accommodation

The **Michelin Red Guide France** of hotels and restaurants and the **Michelin Guide Camping Caravaning France** are annual publications, which present a selection of hotels, restaurants and camping sites. The final choice is based on regular on the spot enquiries and visits.

Both the hotels and camping sites are classified according to the standard of comfort of their amenities. Establishments which are notable for their fortunate setting, their decor, their quiet and secluded location and their warm welcome are distinguished by special symbols. The Michelin Guide France also gives the address and telephone number of local tourist offices and tourist information centres.

Guest-houses

The many farms and manors tucked away in attractive, peaceful settings are one of Normandy's greatest charms. Some of them offer bed, breakfast and evening meal at reasonable prices. Look for the sign *Chambres d'hôte.*

Planning your route, sports and recreation

The **Michelin maps** at a scale of 1:200 000 cover the whole of France. For those concerning the region see the layout diagram on page 3. In addition to a wealth of road information these maps indicate beaches, bathing spots, swimming pools, golf courses, racecourses, air fields, panoramas and scenic routes.

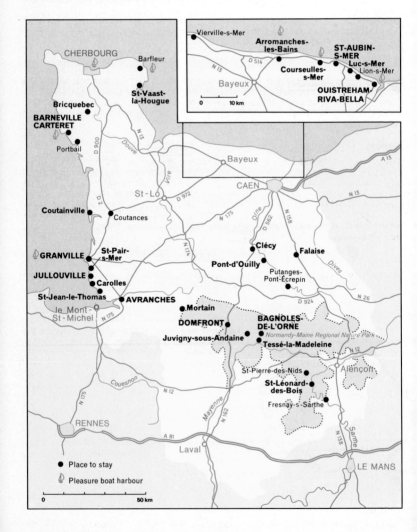

Numerous camping sites have: shops, licensed premises, laundries, games rooms, mini-golf, playgrounds, paddling and swimming pools.

Consult the **Michelin Guide, Camping Caravaning France.**

OUTDOOR ACTIVITIES

For addresses and other details see the chapter Practical Information at the end of the guide.

On the coast

To enjoy their stay to the full visitors should take an interest in the marine life of the region. The first thing to become acquainted with is the rhythm of the tides, a rhythm almost as important as the rising and setting of the sun. The flow or high tide occurs twice every 24 hours. The sea remains at the high water mark for a few hours then subsides with the ebb tide until reaching the low water mark. The cycle then begins over again.

High tide attracts bathers who do not have far to go to reach the water's edge. Beach and water sports enthusiasts display all their energy while others find it is the best time for a drive along the coast or a visit to a port or harbour.

Fishermen and many others wait impatiently for low tide to search for crabs, shrimps, mussels and cockles which lurk among seaweed-covered rocks and in the wet sand.

In stormy weather the attraction of the sea is incomparable. To see and hear the savage sea, its waves thundering against the rocks and sea-walls sending clouds of spray high into the air, is a truly wonderful spectacle. Onlookers approach at their own risk!

Sailing and windsurfing

Sailing clubs abound where lessons are organised at all levels. Yearly regattas take place in the larger resorts.

Landsailing

This sport is performed on a curious three-wheeled cart equipped with a sail, a cross between a go-cart and a yacht which can reach speeds of up to 100km - 63 miles per hour. The great stretches of sandy beach on the Calvados and Cotentin coasts are ideal for this exhilarating sport.

A variant is windskating which is done on skateboards but usually on some good concrete or tarmac surface or even grass, to give a smoother and faster ride. The usual protective gear for skate boarding is strongly advisable.

Boating

The Channel coasts are the right places for yachting and outboard motor boat sports. The main pleasure boat harbours are indicated on the map of places to stay *(opposite)*.

They have been selected for the large number of places offered and services included: fuelling facilities, drinking water and electricity on the quayside, toilets and showers, crane or elevator handling facilities, repairs and surveillance of craft.

Fishing

From Mont-St-Michel Bay to the Orne, the stretches of coastline seem to offer unlimited possibilities for the amateur fisherman whether onshore, offshore or underwater. His line may have one or two hooks, as beyond this limit a declaration must be made with the authorities (Inscription Maritime). Special permission is required for the use of a net.

Angling is possible from rocks or the quayside, using a fishing line and sinker. Shrimping is possible at low tide with a long-handled shrimping net. Armed with spade or rake the holidaymaker can search for clams and cockles hidden in the sand. Mussels, small crabs and winkles are to be found among the rocks.

Underwater diving

The Cotentin coast between Barfleur and Avranches provides the right conditions for this sport. In many ways it recalls the rocky coasts of Brittany.

Inland

The Normandy countryside is an ideal place to stay for nature lovers who appreciate the peace and quiet of rural life. Naturalists will find an abundance of flora and fauna, and for the solitary walker there are forests of superb beech trees to be discovered, with here and there a country manor house or well-kept farm.

Take the back roads and quiet country lanes to discover all the charms of rural Normandy.

Fresh water fishing

Normandy offers a wealth of rivers, streams, lakes and ponds for anglers in search of trout, pike etc.

Whatever the place or type of fishing chosen, it is important:
– to observe the local and national fishing regulations;
– to become a member of an officially recognized fishing association or club in the *département* of your choice;
– to pay the required tax for the chosen type of fishing;
– to obtain the prior permission of the landowner when fishing waters on private land.

Outings on horseback

Horse riding clubs throughout Normandy propose outings in woodlands or along the shore. Many riding centres organise trekking holidays or simply outings, while there is a wealth of gymkhanas and other riding events organised locally for horse enthusiasts. Horse breeding is traditional and both the breeding and many tourist riding activities contribute to the economic resources of the region.

Horse-drawn caravans

Another way of discovering the Orne and Calvados *départements* is by horse-drawn caravans *(roulotte)* or carriages. Apply to the various tourist information centres for the addresses of riding centres or other addresses offering such facilities.

Rambling

Many long-distance footpaths *(Sentiers de Grande Randonnée)* enable ramblers to discover the area covered by this guide. The paths are way marked by red and white marks. There are three different categories of footpaths *(see the Practical Information)*.
The **GR 22** (Paris-Mont-St-Michel) crosses the southern part of the region and the Normandy-Maine Regional Nature Park.
The **GR 22A** and **22B** enable you to discover the Orne, Calvados and Manche *départements*.
The **GR 36** leaves St-Philibert-sur-Orne to the south of Caen and goes southwards to the Mayenne *département*.
The **GR 221** crosses the Suisse Normande, starting from Pont-d'Ouilly.
The **GR 223** follows the north coast and the Cotentin Peninsula's west coast.
Topo guides give detailed itineraries and useful advice to ramblers.

Cycling

The area is well suited to cycling. The more hilly regions of the Suisse Normande and the Cotentin with their steeper gradients may cause some difficulty. Numerous towns and villages offer bicycles for hire.

Canoe and kayak

The rivers, lakes and other stretches of water in Normandy Cotentin are ideal for these water sports. The rapid flowing rivers in the Suisse Normande are particularly popular.

Climbing

The steep rocky slopes of the Mancelles Alps and the Suisse Normande are ideal for climbers. The vertical walls of the Rochers du Parc near Clécy is the place to see climbers scaling these daunting rock faces.

Normandy-Maine Regional Nature Park

Regional and national parks differ in their conception and purpose. The former are inhabited areas selected for development with a threefold aim: the protection of the natural and cultural heritage (museums, restoration), economic growth (co-operatives and promotion of local crafts), and education (initiating people to the secrets of nature). They are run by an official body consisting of local councillors, landowners and representatives of various local associations. Their projects, but also their limits are defined by a charter drawn up with the agreement of the local population.

The **Normandy-Maine Regional Nature Park,** created in 1975, covers 230 000 ha - 578 240 acres and includes 151 communes in the Orne, Manche, Mayenne and Sarthe *départements*. It is essentially *bocage* farming country interspersed with woodland and copses.
Rural life is protected and encouraged by developing activities which are directly related to crafts, agriculture, tourism and sport. The Perry Trail allows the visitor to discover the different activities and processes associated with cider making as well as cultural and folklore events (rural life, music and by-gone crafts).
The park's Visitor Centre (Maison du Parc) in Carrouges *(qv)* offers a wide variety of useful information on the park and the region.

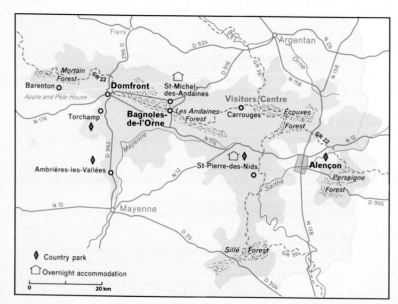

Introduction
to the tour

Both the Norman coast with its long stretches of sandy beaches, its rocky caves and bays, and great sand dunes and the interior with its lush pastures grazed by the Norman cattle, its trim stud farms, wooded hills, green valleys and its "mountains" all have a certain charm for the visitor. In addition to its scenic beauty, Normandy has a rich heritage of religious and secular buildings to delight the visitor.

Times and charges for admission to sights described in the guide are listed at the end of the guide.

The sights are listed alphabetically in this section either under the place – town, village or area – in which they are situated or under their proper name.

Every sight for which there are times and charges is indicated by the symbol ⊙ in the margin in the main part of the guide.

APPEARANCE OF THE COUNTRY

Normandy is not a homogeneous geographical unit. This former province of France stretches over two large areas with different geological structures, which become progressively younger from west to east. The sandstones, granites and primary schists of the Armorican Massif in the west give way to the Secondary and Tertiary Era strata of clays, limestones and chalks which belong to the geological formation of the Paris Basin. Normandy can therefore be conveniently divided into two quite distinct regions, Upper and Lower Normandy. The latter, which resembles its neighbour Brittany, consists of an eroded foundation of ancient rocks and is covered in this Green Guide which is entitled Normandy Cotentin. The second area, or Upper Normandy, lies to the northwest of the Paris Basin and is described in the companion Green Guide Normandy Seine Valley.

FORMATION OF THE LAND

Primary era. – Beginning about 600 million years ago. It was towards the end of this era that an upheaval of the earth's crust took place: this upheaval or folding movement, known as the "Hercynian fold", the V-shaped appearance of which is shown by dotted lines on the map, resulted in the emerg-

ence of a number of high mountain ranges such as the Armorican Massif. These mountains comprised impermeable crystalline rocks such as granites, gneiss and mica-schists and volcanic rocks such as porphyry, and form two east-west ranges separated by a central furrow.

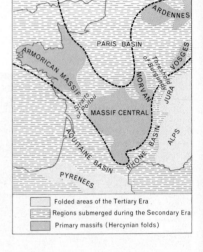

Folded areas of the Tertiary Era

Regions submerged during the Secondary Era

Primary massifs (Hercynian folds)

Secondary era. – It began about 200 million years ago. Since the beginning of this age, the Hercynian relief was levelled by erosion forming the Armorican peneplain. Erosion, or the constant destruction of the subrocks by alternating rain, sun, frost and the action of running water, wore away rocks as hard as granite or sandstone.

Tertiary era. – The era began some 60 million years ago. The Armorican Massif was raised slightly. On two occasions the Paris Basin was flooded with seas and lakes depositing sand and sediments.

Quaternary era. – It began some 2 million years ago. This is the present age during which the evolution of man has taken place.

The Pleistocene was the period of the great glaciations when vast continental ice sheets moved across the landmass of Europe. These great ice sheets altered the landscapes essentially through glacial erosion (peneplain surfaces and U-shaped valleys) but also through the changing sea levels. During glacial periods the sea level was lowered and new coastal zones appeared, while in interglacial periods sea levels rose due to the melting ice caps. The latter also caused marine incursions like the one that separated the Channel Islands (qv) from the continent.

Armorican Normandy. – The Cotentin Peninsula and the Normandy *bocage* or woodlands today form the eastern end of the ancient Hercynian Chain of the eroded Primary Era Armorican Massif. Parallel strata of soft shale and hard sandstone, interspersed with great granite rocks make up the geological structure. Apart from enclosed valleys, the most obvious features of the confused topography are the long crests of uniform height such as those linking Mortain and the Écouves Forest. These crests are broken by transversal gaps which provide ideal sites for towns like Mortain, Domfront and Bagnoles. The highest points of the crests are the tallest mountains in western France – Mount Avaloirs and the Écouves Forest Beacon each: 417m - 1 368ft high.

NORMANDY'S LOCAL REGIONS

Upper and Lower Normandy are major divisions within which lie Normandy's local regions. These can be grouped roughly by their vegetation into two totally different types, the **open countryside** and the woodland or **bocage region** both of which have their counterparts in England. The area described in this guide lies mainly within Lower Normandy although the southern part includes parts of Mayenne and Sarthe.

Open countryside and woodland. – Two types of landscape are to be found in the province, existing without reference to the geological subsoil. In the strictest sense the countryside is open with dry and windswept plains where cereals predominate and the population is concentrated in large villages of houses of solid stone. Gradually local character is being lost as progress takes place in agriculture.

Woodlands are typical of the farmlands of the Armorican Massif; they outrun the original land mass considerably to the east, reaching the Maine, the Perche and the Auge regions (see the Michelin Green Guide Normandy Seine Valley). A network of hedges, each topping an earth bank, encloses fields and meadows, so that from a distance the countryside appears almost wooded. The people in the innumerable hamlets scattered along the low lying roads continue their traditional self sufficient lives and raise cattle – a relatively new occupation in the region, but one which suits the Bocain temperament.

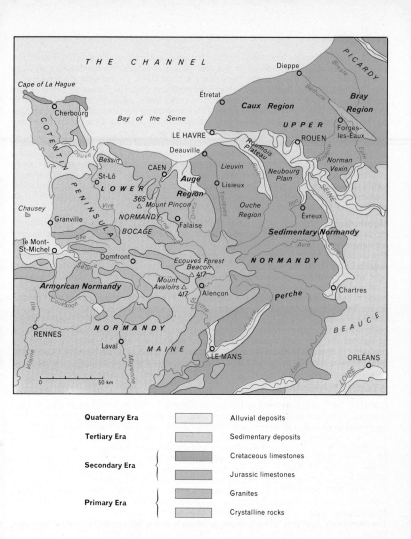

Quaternary Era		Alluvial deposits
Tertiary Era		Sedimentary deposits
Secondary Era {		Cretaceous limestones
		Jurassic limestones
Primary Era {		Granites
		Crystalline rocks

The open countryside regions

The Caen-Falaise Countryside. – This area of windswept fields is typical of the open countryside regions. Its fertility would seem to encourage large scale arable farming but aridity precludes pasturage and the landscape remains bare, treeless and monotonous. Scattered among these cultivated flat lands are stone quarries – the stone has been used for hundreds of years, and is still, for building both in France and overseas. Iron, also found in the area, has fostered local large-scale industrial development.

The Argentan-Sées-Alençon Region. – These minute chalk regions lying north of the Sarthe Valley and the Mancelles Alps are gradually losing their exclusively cereal producing character: horses and cattle may now be seen grazing in the open orchards.

The open woodland regions

The Normandy Bocage. – A perfect example of *bocage* or open woodland country may be seen south of the Bessin where, in a landscape of meadows surrounded by tall hedges with the occasional apple tree and small scattered villages, local farmers raise dairy cattle and Breton ponies. Dense woods cover the south.
The people complement their slender resources by cottage and light industries.

The Bessin. – The relatively narrow strip of land known as the Bessin lies to the northwest of the Normandy *bocage* on the edge of the Armorican Massif.
Normandy cows graze the lush pastures which flourish on the clay soil and produce the milk, cream and butter which have made the name of Isigny famous not only in France but also abroad – note how many cheeses imported into England carry the name.
Bayeux is the capital of this open woodland region.

The Cotentin. – The Cotentin, thought by John Ruskin in 1848 to resemble Worcester-shire except that it was more beautiful, has retained many of the qualities he appreciated, being so remote. The Cotentin, lying between the Vire estuary and Mont-St-Michel Bay, is part of the Armorican Massif. The area is crossed by a transversal belt of Jurassic, Cretaceous and Tertiary sediments, which form a depression. To the north the higher areas are dominated by the resistant rocky crests and is quite different from the southern area of marshes and moors.
The peninsula, which is divided from the Normandy *bocage* by a sedimentary depression which is flooded at certain times of the year, consists of three distinct areas within its own region – the Cotentin Pass, the Saire Valley and La Hague headland *(qv)*.

THE COAST

The coast of Normandy from the river Orne to Couesnon is as varied as its hinterland. The Calvados Coast *(qv)* is made up of the low Bessin cliffs and the sand dunes and salt marshes which intersperse them, particularly around Caen. To the west are the sand or sand and shingle beaches of the bracing Côte de Nacre *(qv)*. The Cotentin Peninsula *(qv)* reminds one of Cornwall and Brittany with its rocky inlets, although there are also long stretches of sand dunes and beaches along the coast where the continental rock base does not reach the shore. Mont-St-Michel Bay is known for its vasts sands and mud flats from which the sea seems to withdraw completely at times.

The present coastline was drawn after the great upheavals of the Quaternary Era when the sea finally divided the Channel Islands from the Continent. No sooner had the continental shoreline been established than the sea began slowly but endlessly to wear away protruding sectors and to fill more sheltered spots with debris – the sea brought shingle to the Caux beaches; it brings the mud that silts up the Seine Estuary; it has killed more than one port (in Gallo-Roman times Lillebonne was a seaport), and it has raised the level of several of the Calvados beaches.

Lighthouses. – The lighthouses along the Normandy coast make good vantage points for those who do not mind spiral staircases. Both night and day they are precious landmarks for navigators in the Channel.

The machinery inside is interesting and can sometimes be visited. The Norman engineer **Augustin Fresnel** (1788-1827) invented a new system for increasing the intensity and range of light when in 1823 he replaced the conventional parabolic reflector by compound lenses – an arrangement known as the Fresnel lens. The result was the outstanding progress made in lighthouse range. Today the nature of light sources has changed and their candle-power has been considerably increased but Fresnel's system is still applied.

In the more dangerous coastal areas and inlets several lighthouses can be seen at night, each having its particular characteristics: fixed, revolving or intermittent beam. In addition to lighthouses there are buoys and beacons in channels and on rocks to enable the navigator to determine his position. On the coast other landmarks such as church steeples, mills, crosses sometimes painted black and white, play the same part.

STOCK RAISING

Cattle. – With 6 million head of cattle, the Normandy breed predominates among the thirty or so to be found in France as a whole. The stock is all purpose and fertile, and produces more than a quarter of the country's meat, milk and other dairy products.

The Cattle Breeders' Association with its *Normandy Herd Book* is engaged in improving the breed in cooperation with the Testing and Insemination Society.

Productivity is also being studied scientifically by the Milk Control Board which checks the weight and fat content of milk produced by each cow against its food ration. This procedure has been applied particularly in the Orne *département* since 1965 where a good cow gives 20 to 30 litres – 4 1/2 to 6 1/2 gallons a day of milk rich in the cream which gives Normandy butter its flavour. Production is entirely absorbed by the local milk and butter cooperatives, cheese makers, dried and condensed milk factories.

The Normandy breed is known by its three colour markings – white, cream and dark brown. The head is white with brown patches round the eyes – the lack of these "spectacles" bars a beast from entry in the *Herd Book*. Veal calves are sold for slaughter at 6 to 7 weeks when they weigh 130kg - 2 1/2cwt. The fattening of bullocks and barren heifers is an industry in itself – pasturelands such as those of the Cotentin Peninsula allow a good fattening rate and the meat has a splendid flavour!

Horses. – The centre of Normandy horse breeding is Ste-Mère-Église, although the Cotentin has remained the principal birthplace. Thoroughbreds, crossbreeds, Bretons and Percherons are magnificently represented in the national studs at St-Lô and Le Pin and in local private stud farms.

The **thoroughbred**, descended from Asian stallions and English mares, has been bred in Normandy since the early 18C as a racehorse. This racehorse is a remarkable animal as renowned for its elegance as for its speed.

A yearling sale attended by local and foreign buyers is held each year in Deauville in August and the sale of brood-mares and young foals at the end of November.

The **trotter** is now also a pure breed with its own stud book. The **crossbreed,** from a Norman mare and an English thorough-bred or Norfolk crossbreed sire, is used for the increasingly popular pastime of hacking, the occasional star emerging as a racehorse.

There is also another breed: the **cob**, a short-legged and sturdy horse capable of pulling a ton at lively speed.

Arab thoroughbreds

The **Percheron,** dappled grey or black with powerful fore and hind quarters, is a dray horse of great pulling power, good natured and known for its immense strength. Some say the breed goes back to the Crusades; what is certain is that it now contains Arab stock. All Percherons today are descended from the "great ancestor", the early 19C stallion Jean Le Blanc. Since his day the Percheron Horse Society has kept a stud book jealously marking out the areas where future generations may be bred in the Perche, Mayenne and the Auge.

TRADITIONAL RURAL ARCHITECTURE

The appearance of the villages and the vernacular style is conditioned by the local materials used and the trades of the various villagers.

Local building materials

Caen stone. – This famous building material is quarried from the local Jurassic deposits. It can be either friable or durable and varies in colour through grey and off-white to its more characteristic light creamy colour. The ashlar blocks are divided into two groups, one with the grain running vertically for façades, corner stones and gables and the second with a horizontal grain for courses and cornices.

Cob and pisé. – The simplest of building materials, this is generally used for service or outbuildings. Cob is a mixture of clay bound with gravel and chopped barley or rye straw and sometimes includes animal hair. Pisé is composed of pure clay mixed with water and chopped straw.

Half-timber. – Half-timber construction is commonly used for barns and sheds in the Avranchin, Mortain and Domfront regions. The basic box frame is essentially composed of horizontal and vertical beams, but there are very often different local methods of construction. Footings or a base of some solid material is laid to prevent damp from rising. A wooden sill or horizontal beam is laid along this base, and it ensures the correct spacing of the upright posts or studs. It is divided into as many sections as there are intervals between the vertical posts. The upper horizontal beam, sometimes known as a summer or bressummer, consists of a single beam. Along the gable ends it is known as a tie-beam. Bricks are often igeniously used to make attactive patterns between the timbers.

Roofing materials. – Thatching, which is so vulnerable to fire, is becoming increasingly rare, as are shingles of sweet chestnut. The schist slabs of the Cotentin are a typical part of the landscape. The slate which has been used since the 18C for houses and outbuildings alike has a silver tinge. A watertight roof depends on the correct hanging of the slates.

Vernacular architecture

Cotentin. – The houses are often grouped closely together in protection against the wind and sea spray and the use of local materials gives the vernacular architecture a grim appearance, which anticipates parts of Brittany. The various buildings are usually grouped around a courtyard. The stables and barn form two of the sides. In the northwest (La Hague) the sturdy houses of sandstone, schist or granite huddle closely together very often in the shelter of a valley or dip in the land. The schist slates stand up well to the wind.

Cotentin houses

Caen plain. – In this open landscape of large fields, the typical courtyard farms are surrounded by high walls. A gateway gives access to the courtyard with the one or two storeyed farmhouse at the far end. The larger farms often have three or four ranges of outbuildings. The smaller crofts usually consist of two buildings, one long house for the living quarters and cowshed or barn and another for the stable or byre.

Bessin. – The farm buildings stand round a large courtyard which has two entrances, side by side, one for wheeled vehicles and a second for people. The house stands at the far end with the service and outbuildings to the right and left. There is usually a well in the middle. The house has a pristine appearance being built of limestone or Jurassic marls. The windows are tall and wide while the roofing is either red tiles or blue coloured slates.

Argentan countryside. – The houses with small flat tiles have symmetrical façades. The buildings are usually a harmonious mixture of schist, brick (chimneys and window surrounds) and limestone (the walls). Some are surrounded by walls or a screen of vegetation. Large barns are adjoined by sheds and lean-to buildings.

Sées countryside. – Brick and small laminated schist tiles predominate here. Sometimes the buildings fit snugly one against the other, creating a jumble of roofs of varying pitch.

Alençon countryside. – The farms are built around an open courtyard. The infinitely varied architecture reflects the wide range of rocks: granite, schist, flint, clay and kaolin.

Falaise countryside. – The most common house type is akin to those found in the Caen region. The walled courtyard predominates. The brick chimney replaces the rubblework one and tiles are used for roofs in the area bordering the Auge region.

Suisse Normande. – The houses in this region are built of schist known as Pont-de-la-Mousse slate quarried near Thury-Harcourt and the settlements often have the rugged appearance of mountain villages. In the Orne Valley the houses huddle closely together on the floor while those on the slopes are scattered, even isolated.

Vire bocage. – The farm courtyard in this area is often planted with apple and pear trees. On either side of the farmhouse are the barns, cattle sheds and outbuilding for the cider press. Brown or red schist is the main building stone.

HISTORICAL TABLE AND NOTES

BC	Gaul is inhabited by the Celtic peoples

Roman period

58-51 BC	Roman conquest.
56 BC	Sabinius crushes the Unelli in the Mount Castre area.
1C	Growth of main settlements (Coutances, etc).
2C	Nordic (Saxon and Germanic) invasions of the Bessin region. Conversion to Christianity.
284	Nordic invasion.
364	Nordic invasion.

Frankish domination

	Clovis's son, Clothaire, inherits Neustria or the Western Kingdom.
709	Aubert, Bishop of Avranches, consecrates Mount Tombe to the cult of St Michael *(p 98)*.

Viking invasions

	The Vikings or Northmen who sailed from Scandinavia were of Danish or Norwegian origin. Aboard their long ships *(drakkars)* carrying from 40 to 70 men they travelled beyond the seas in search of fortune. They harassed Western Europe, parts of Africa and even headed into the Mediterranean.
800	Vikings invade the Channel coast.
836	Christians persecuted in the Cotentin region.
858	Bayeux is devastated by the Vikings.
875	Further persecution in the West.
911	Treaty of St-Clair-sur-Epte: Rollo becomes the first Duke of Normandy.

The independent dukedom

	Under William Longsword the dukedom takes on its final form with the unification of the Avranchin and the Cotentin.
10-11C	Consolidation of ducal powers. Restoration of the abbeys. Creation of new monasteries.
1027	Birth of William, future conqueror of England, at Falaise *(qv)*.
1066	The invasion of England. The Duke of Normandy, now also King of England, becomes a threatening vassal to the King of France.
1087	Death of William the Conqueror in Rouen.
1087-1135	William's heirs are divided. Henry I Beauclerk restores ducal authority and becomes King of England (1100-35) after his brother William Rufus.
1120	The wreck of the *White Ship* off Barfleur Point *(qv)* with the loss of Henry I's heir, William Atheling and 300 members of the Anglo-Norman nobility.
1152	Henry II Plantagenet, Count of Anjou, marries Eleanor of Aquitaine, who brought as dowry all southwest France.
1154-1189	Henry II King of England.
1202	John Lackland loses his Norman possessions.
1204	Normandy is reunited to the French Crown.

GENEALOGY OF THE DUKES OF NORMANDY

HOUSE OF NORMANDY
HOUSE OF ANJOU (PLANTAGENETS)

ROLLO (911-933)

WILLIAM LONGSWORD (933-942)

RICHARD I THE FEARLESS (942-996)

RICHARD II THE GOOD (996-1026)

RICHARD III (1026-1028) — ROBERT THE MAGNIFICENT (1028-1035)

WILLIAM THE CONQUEROR (c 1028-1087)
King of England (1066-1087)
Duke of Normandy (1035-1087)
m Matilda of Flanders

ROBERT CURTHOSE (1054-1134)
Duke of Normandy (1087-1106)

WILLIAM RUFUS (c1056-1100)
King of England (1087-1100)

HENRY I BEAUCLERK (1069-1135)
King of England (1100-1135)
Duke of Normandy (1106-1135)

Empress Matilda
m GEOFFREY PLANTAGENET (1113-1151)
Duke of Normandy (1135-1150)

HENRY II (1133-1189)
King of England (1154-1189)
Duke of Normandy (1150-1189)
m Eleanor of Aquitaine

RICHARD LIONHEART (1157-1199)
King of England (1189-1199)

JOHN LACKLAND (1167-1216)
King of England (1199-1216)

The French dukedom

1315	The Norman Charter, the symbol of provincial status, is granted.
1346	Edward III of England invades Normandy.
1364-1384	The Battle of Cocherel marks the start of Du Guesclin's campaigns.
1417	Henry V of England invades Normandy.
1424	Louis d'Estouteville, defender of the Mont-St-Michel, fights off English attacks for ten years.
1437	Founding of Caen University.
1450	Normandy is recovered by the French crown after the victory at Formigny and the recapture of Cherbourg.
1469	The ducal seal is broken as Charles of France, last Duke of Normandy, is dispossessed of his dukedom.

The province of Normandy

1514	The Rouen Exchequer becomes the Parliament of Normandy.
1542	Creation of the Caen circumscription for treasury purposes.
1625	Alençon also becomes another treasury circumscription.
1639-1640	The introduction of the *Gabelle* – salt tax – provokes the revolt of the Barefoot Peasants *(p 41)*.
1692	Naval battle of La Hougue *(qv)*

Contemporary Normandy

1789	The Caen Revolt.
1793	The Girondins' attempted uprising. Siege of Granville.
1795-1800	Insurrection of the Norman royalists, the Chouans.
June 1940	Piercing of the Bresle Front. The cities and towns of Upper Normandy are ravaged by fire.
June 1944	Allied landing on the Calvados coast. Battle of Normandy *(p 18 and 75)*.
1967	La Hague Atomic Centre goes into operation.
1971	The *Redoutable,* the first French nuclear submarine, is launched at Cherbourg.
1975	Creation of the Normandy-Maine Regional Nature Park.
1977	Completion of the Normandy motorway (A 13).
1984	Flamanville Nuclear Power Station brought into operation.
1987	Commemoration of the 9th centenary of William the Conqueror's death.

THE NORMANS AND HISTORY (9-17C)

See also the Michelin Green Guide Normandy Seine Valley.

Several different kinds of expedition emphasise the "Norman epic": the first of these were warlike reconnaissances led by the Vikings along all the sea routes of the North Atlantic and the Mediterranean. Whenever these Northmen settled down, new States were created such as Normandy. But the map below gives special place to the achievements by Normans of Normandy: the founding of kingdoms in the 11 and 12C, then, after the Hundred Years War, discoveries (or rediscoveries) of lands accompanied by efforts at colonisation which were more or less successful.

The Norman Kingdoms

① **1066** – Conquest of England by William of Normandy.

② **1042-1194** – The descendants of Tancrède de Hauteville found the Norman Kingdom of Sicily.

③ **1099** – During the First Crusade, Bohémond, son of Robert Guiscard, sets up a principality near Antioch. His descendants stay there until 1287.

④ **1364** – Men of Dieppe land on the coasts of Guinea (Sierra Leone of today) and found Little Dieppe (Petit Dieppe).

Norman Discoveries

⑤ **1402** – Jean de Béthencourt, of the Caux Region, goes in search of adventure and becomes King of the Canary Islands but soon cedes the islands to the King of Castile.

⑥ **1503** – Paulmier de Gonneville, gentleman of Honfleur, reaches Brazil in the *Espoir*.

⑦ **1506** – Jean Denis, sailor from Honfleur, explores the mouth of the St Lawrence, preparing the way for Jacques Cartier.

⑧ **1524** – Leaving Dieppe, in the caravel *La Dauphine*, the French Florentine Verrazano, Navigator to François I, reconnoitres New France and discovers the site of New York, which he names Land of Angoulême.

⑨ **1555** – Admiral de Villegaignon sets up a colony of Huguenots from Le Havre on an island in the bay of Rio de Janeiro but they are driven away by the Portuguese.

⑩ **1563** – Led by René de la Laudonnière, colonies of Protestants from Le Havre and Dieppe settle in Florida and found Fort Caroline but are massacred by the Spaniards.

⑪ **1608** – Samuel Champlain, Dieppe shipbuilder, leaves Honfleur to found Quebec.

⑫ **1635** – Pierre Belain of Esnambuc takes possession of Martinique in the name of the King of France. the colonisation of Guadeloupe follows soon after.

⑬ **1682** – Cavelier de la Salle, of Rouen, after reconnoitring the site of Chicago, sails down the Mississippi and takes possession of Louisiana.

Map legend:
- Viking and Norman Kingdoms.
- Areas colonised by the Vikings before they conquered Normandy, or by non-Normans after this conquest.
- ①,②.... Settlements made by true Normans (or discovered by men sailing from Norman ports)

THE BATTLE OF NORMANDY

A landing on the continent of Europe was envisaged in England from the autumn of 1941, but it was only with the entry of the United States that offensive action on such a scale could be seriously considered. The COSSAC plan, approved at the Churchill-Roosevelt meetings in Washington and Quebec in May and August 1943, foresaw the landing of invasion troops along the Calvados coast, defended by the German 7th Army. This sector was preferred to the Pas de Calais because it meant that the defenders had to make use of much more vulnerable lines of communication. Lower Normandy would be isolated if the bridges over the Seine and Loire were destroyed. It was known that the enemy was hypnotised by the defence of the Pas de Calais (15th German Army).

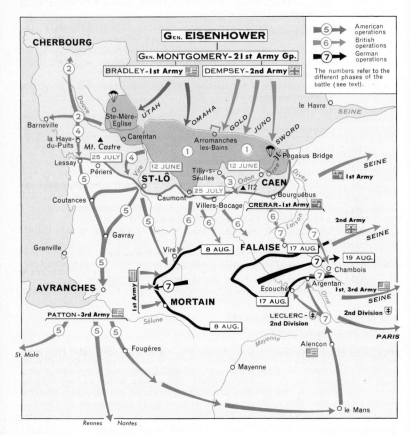

Preparation. – The building of artificial ports – a lesson learnt as a result of the costly Dieppe Commando raid of 1942 *(see the Michelin Green Guide Normandy Seine Valley)* – and the construction of landing craft was carried out with other training in the winter of 1943-44. On 24 December 1943 General Eisenhower was named Chief of the Allied Expeditionary Force and General Montgomery made responsible for tactical coordination of all land forces (21st Army Group) for Operation Overlord.

Aerial bombardment to paralyse the French railway system began on 6 March 1944 and added to the destruction caused by the French resistants. During the spring of 1944 Marshal Rommel had the beaches and their approaches covered with obstacles. It became urgent to find a means of destroying these obstacles by using tanks as bulldozers or sending frogmen to dispose of them.

① – **The First Week of the Landing.** – Originally D-Day had been planned for the 5 June but it was delayed twenty-four hours due to bad weather.

At dawn on D-Day, 6 June 1944, British and Commonwealth ground forces established beachheads at **Sword, Juno** and **Gold** and rapidly linked up with the airborne troops dropped to their east *(p 75)*. The Americans, landing on **Omaha** and **Utah** beaches, only joined up with their airborne flank after the capture of Carentan on 12 June *(pp 105 and 122)*.

Layout of the Bridgehead. – Advances were substantial but of unequal depth: the Americans threatened Caumont on 13 June; the British and Canadians were stopped by very fierce fighting 6km - 4 miles north of Caen in the Tilly-sur-Seulles sector on 7 June and only got through on the 20th – the village changed hands some twenty times. The Caen sector, as Montgomery had foreseen, became the principal hinge of the whole front.

② – **The Cutting of the Cotentin Peninsula and the Capture of Cherbourg.** – The Americans launched their attack across the Cotentin Peninsula on 13 June and cut it, with the capture of Barneville, on the 18th. Turning north they assaulted Cherbourg, which fell on the 26th *(p 65)* – a victory in the battle to ensure supply lines.

③ – **The Battle of the Odon and Capture of Caen.** – On 26 June a hard battle, which was to last a month, began for a crossing over the Odon upstream from Caen and the taking of Hill 112. Montgomery decided to outflank Caen to the southwest. Caen itself, on the left bank, attacked in force from the west and northeast, fell on 9 July *(p 53)*.

Breakthrough Preparation. – "Keep the greatest possible number of the enemy divisions on our eastern flank, between Caen and Villers-Bocage, and pivot the western flank of the Army Group towards the southeast in a vast sweeping movement in order to threaten the line of retreat of the German divisions". – ran a Montgomery directive of early July.

④ – **The Battle for St-Lô.** – On 3 July the American 8th Corps launched its offensive, in the face of fierce German resistance, towards the road centre of St-Lô and assuring more favourable positions for the large-scale operations to come. Fighting was fierce for La Haye-du-Puits and Mount Castre and in this area they had to adapt to hedgerow warfare. St-Lô fell on the 19 July and the Americans entrenched their position behind the Lessay-Périers-St-Lô stretch of road. Progress at this time was slow in the Caen sector. A breakthrough was attempted towards the southwest of the town but was halted in the Bourguébus sector on the 19 July. For one seemingly endless, week from the 19 to the 25 July, bad weather suspended operations on all fronts.

⑤ – **The Breakthrough (Operation Cobra).** – At midday on 25 July, following intense aerial bombardment *(p 112)*, the 7th Corps attacked west of St-Lô, the 8th between Périers and Lessay. By the 28th, Allied armour was driving down the main roads, carrying out vast encircling movements. Coutances fell on 28 July, Granville and Avranches on the 31st. On 1 August, General Patton, taking command of the 3rd Army, hurled it into the lightning war. The 8th Corps burst west into Brittany (Rennes fell 4 August and Nantes 12 August), while the 15th Corps and the French 2nd Armoured Division under General Leclerc moved east towards Laval and Le Mans (9 August).

⑥ – **The Thrust south of Caen.** – Backing up these operations, Montgomery, with the 1st Canadian Army (General Crerar) was brought up to the Caen-Falaise road at the eastern end of the front and the British divisions, pushing southeast from Caumont and Villers-Bocage (5 August), overwhelmed the last defences on the west bank of the Orne.

⑦ – **Battle of the Falaise-Mortain Pocket.** – When the German 7th Army was faced with the American 15th Corps to their rear and the British to the north, Hitler himself organised a counter offensive to cut off the 3rd Army from its supply bases by taking control of the Avranches bottle-neck. The German 7th Army began its westerly counter attack on 6-7 August in the Mortain region. The Allied air forces smashed the move at daybreak. After a week of bitter fighting the Germans retreated east (12 August).

During this time the French 2nd Division moved northwards from Le Mans, took Alençon on 12 August and on the 13th cut the Paris-Granville road at Écouché.

The Canadians, halted between the 9 and 14 August at the river Laison, entered Falaise on the 17th thus forming the northern arm of the pinchers action, which when they met with the Americans at Chambois (19 August) was to corner the German 7th Army and force its surrender *(p 39)*. By the night of 21 August the Battle of Normandy was over – it had cost the Germans 640 000 men, killed, wounded or taken prisoner.

The battle is recalled in detail in the War and Liberation Museum in Cherbourg *(qv)*.

RECONSTRUCTION

The Scale of Devastation. – Normandy, like Britain and unlike many other French and European territories, is not on any European invasion route and so had remained unscathed since the Wars of Religion; towns had scarcely altered since the 16C. The German invasion of 1940 and the air raids and army operations of 1944 caused widespread devastation and nearly all the great towns suffered – Rouen, Le Havre, Caen, Lisieux.

Of the 3 400 Norman communes, new plans were elaborated for 586 of them to meet the requirements and constraints of modern life: growth of car ownership and increasing presence of the car in towns and improved standards of public housing.

Town Planning and Reconstruction. – Modern town planning has altered what were narrow winding main streets into wide straight highways suitable for cars and other traffic. Public gardens, parks and car parks have been provided. Houses, flats and offices have been built and towns and villages have once more acquired an individual character; limestone is seen again in buildings on the Norman sedimentary plain and plateaux, sandstone, granite and brick in the woodland regions, combining with modern materials. Many historic monuments were damaged but most have been restored and are enhanced by improved settings.

WAR GRAVES – listed alphabetically

Commonwealth war graves also lie in many other burial grounds throughout the area but have been omitted from the list below. There are only two American military cemeteries in Normandy because most of those who died were repatriated.

Banneville-la-Campagne War Cemetery, *9.5km - 6 miles east of Caen (N 175)* – **Bayeux** War Cemetery, *on southwestern outskirts (D 5)* – **Bény-sur-Mer** Canadian War Cemetery, Reviers, *14.5km - 9 miles northwest of Caen (D 35)* – **Bretteville-sur-Laize** Canadian War Cemetery, *13km - 8 miles south southeast of Caen (N 158)* – **Brouay** War Cemetery, *14.5km - 9 miles west northwest of Caen (D 217)* – **Cambes-en-Plaine** War Cemetery, *6.5km - 4 miles north of Caen (D 79)* – **Fontenay-le-Pesnel** War Cemetery, Tessel, *14.5km - 9 miles west of Caen (D 173)* – **Hermanville** War Cemetery, *13km - 8 miles north of Caen (D 60)* – **Hottot-les-Bagues** War Cemetery, Tilly-sur-Seulles, *19.5km - 12 miles west of Caen (D 9)* – **La Delivrance** War Cemetery, Douvres, *13km - 8 miles north of Caen (D 7)* – **Ranville** War Cemetery, *9.5km - 6 miles northeast of Caen (D 223)* – **Ryes** War Cemetery, Bazenville, *2.5km - 1 1/2 miles southeast of Ryes (D 87)* – **St-Charles de Percy** War Cemetery, *10km - 6 miles northwest of Vire (D 577)* – **St-James** War Cemetery, *19km - 12 miles south of Avranches (N 175 and D 998)* – **St-Laurent-sur-Mer** American Cemetery, *16km - 10 miles northwest of Bayeux (N 13)* – **St-Manvieu** War Cemetery, Cheux, *12km - 7 1/2 miles west of Caen (D 9)* – **St-Valéry-en-Caux** Franco-British Cemetery, *in southeastern outskirts of the town* – **Secqueville-en-Bessin** War Cemetery, *12km - 7 1/2 miles northwest of Caen (D 126)* – **Tilly-sur-Seulles** War Cemetery, *19.5km -12 miles west of Caen (D 13).*

ABC OF ARCHITECTURE

To assist readers unfamiliar with the terminology employed in architecture, we describe below the most commonly used terms, which we hope will make their visits to ecclesiastical, military and civil buildings more interesting.

Ecclesiastical architecture

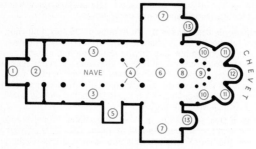

illustration I

Ground plan. – The more usual Catholic form is based on the outline of a cross with the two arms of the cross forming the transept: ① Porch – ② Narthex – ③ Side aisles (sometimes double) – ④ Bay (transverse section of the nave between 2 pillars) – ⑤ Side chapel (often predates the church) – ⑥ Transept crossing – ⑦ Arms of the transept, sometimes with a side doorway – ⑧ Chancel, nearly always facing east towards Jerusalem; the chancel often vast in size was reserved for the monks in abbatial churches – ⑨ High altar – ⑩ Ambulatory: in pilgrimage churches the aisles were extended round the chancel, forming the ambulatory, to allow the faithful to file past the relics – ⑪ Radiating or apsidal chapel – ⑫ Axial chapel. In churches which are not dedicated to the Virgin this chapel, in the main axis of the building is often consecrated to the Virgin (Lady Chapel) – ⑬ Transept chapel.

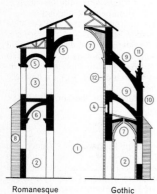

Romanesque   Gothic

◀ illustration II

Cross-section: ① Nave – ② Aisle – ③ Tribune or Gallery – ④ Triforium – ⑤ Barrel vault – ⑥ Half-barrel vault – ⑦ Pointed vault – ⑧ Buttress – ⑨ Flying buttress – ⑩ Pier of a flying buttress – ⑪ Pinnacle – ⑫ Clerestory window.

illustration III ▶

Gothic cathedral: ① Porch – ② Gallery – ③ Rose window – ④ Belfry (sometimes with a spire) – ⑤ Gargoyle acting as a waterspout for the roof gutter – ⑥ Buttress – ⑦ Pier of a flying buttress (abutment) – ⑧ Flight or span of flying buttress – ⑨ Double-course flying buttress – ⑩ Pinnacle – ⑪ Side chapel – ⑫ Radiating or apsidal chapel – ⑬ Clerestory windows – ⑭ Side doorway – ⑮ Gable – ⑯ Pinnacle – ⑰ Spire over the transept crossing.

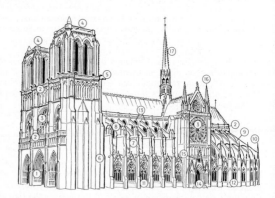

illustration IV

Groined vaulting:
① Main arch – ② Groin – ③ Transverse arch

illustration V

Oven vault:
termination of a barrel vaulted nave

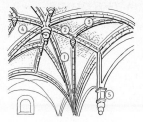

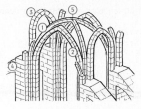

Lierne and tierceron vaulting:
① Diagonal – ② Lierne
③ Tierceron – ④ Pendant
⑤ Corbel

Quadripartite vaulting:
① Diagonal – ② Transverse
③ Stringer – ④ Flying buttress
⑤ Keystone

▼ illustration VI   illustration VII

▼ illustration VIII

Doorway: ① Archivolt. Depending on the architectural style of the building this can be rounded, pointed, basket-handled, ogee or even adorned by a gable – ② Arching, covings (with string courses, mouldings, carvings or adorned with statues). Recessed arches or orders form the archivolt – ③ Tympanum – ④ Lintel – ⑤ Archshafts – ⑥ Embrasures. Arch shafts, splaying sometimes adorned with statues or columns – ⑦ Pier (often adorned by a statue) – ⑧ Hinges and other ironwork.

illustration IX ▶

Arches and pillars: ① Ribs or ribbed vaulting – ② Abacus – ③ Capital – ④ Shaft – ⑤ Base – ⑥ Engaged column – ⑦ Pier of arch wall – ⑧ Lintel – ⑨ Discharging or relieving arch – ⑩ Frieze.

Military architecture

illustration X   illustration XI

Fortified enclosure: ① Hoarding (projecting timber gallery) – ② Machicolations (corbelled crenellations) – ③ Barbican – ④ Keep or donjon – ⑤ Covered watchpath – ⑥ Curtain wall – ⑦ Outer curtain wall – ⑧ Postern.

Towers and curtain walls: ① Hoarding – ② Crenellations – ③ Merlon – ④ Loophole or arrow slit – ⑤ Curtain wall – ⑥ Bridge or drawbridge.

◀ illustration XII

Fortified gatehouse: ① Machicolations – ② Watch turrets or bartizan – ③ Slots for the arms of the drawbridge – ④ Postern.

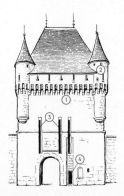

illustration XIII ▶

Star fortress: ① Entrance – ② Drawbridge – ③ Glacis – ④ Ravelin or half-moon – ⑤ Moat – ⑥ Bastion – ⑦ Watch turret – ⑧ Town – ⑨ Assembly area.

ARCHITECTURAL TERMS USED IN THE GUIDE

Acanthus: the leaves of this plant are used as a decorative motif especially for Corinthian capitals.

Aisle: illustration I.

Altarpiece or **retable:** illustration XX.

Ambulatory : illustration I.

Apse: illustration I.

Apsidal or **radiating chapel:** illustration I.

Arcade: succession of small arches; when attached to a wall they are known as blind arcades.

Archivolt: illustration VIII.

Arms of the transept: illustration I.

Baldachin or **baldaquin:** canopy supported by columns, usually over the high altar.

Barrel vaulting: illustration II.

Bartizan: illustration XII.

Bastion: illustration XIII.

Bay: illustration I.

Bond: an arrangement of stones or bricks.

Buttress: illustration II.

Capital: illustration IX.

Cheek-piece: illustration XVIII.

Chevet: French term for the east end of a church; illustration I.

Ciborium: canopy over the high altar or a receptacle for the Eucharist.

Coffered ceiling: vault or ceiling decorated with sunken panels.

Crypt: underground chamber or chapel.

Depressed arch: three centred arch sometimes called a basket handled arch.

Diagnonal arch: arch supporting a vault; illustrations VI and VII.

Discharging or **relieving arch:** illustration IX.

Dome or **cupola:** illustrations XIV and XV.

◀ illustration XIV

Dome on squinches:
① Octagonal dome –
② Squinch – ③ Arches of
transept crossing

illustration XV ▶

Dome on pendentives:
① Circular dome – ② Pendentive
– ③ Arches of transept crossing

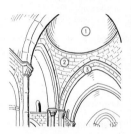

Elbow rest: illustration XVIII.

Entombment: painting or carved group depicting the burial of the crucified Christ.

Flamboyant: latest phase (15C) of French Gothic architecture; name taken from the undulating (flame-like) lines of the window tracery.

Foliated scrolls: sculptural or painted ornamentation depicting foliage, often in the form of a frieze.

Fresco: mural paintings executed on wet plaster.

Gable: triangular part of an end wall carrying a sloping roof; the term is also applied to the steeply pitched ornamental pediments of Gothic architecture; illustration III.

Gallery: illustration II.

Gargoyle: illustration III.

Glory: luminous nimbus surrounding the body; mandorla an almond shaped glory from the Italian *mandorla* meaning almond.

Groined vaulting: illustration IV.

Half-timbered: timber framed construction.

High relief: haut-relief.

Historiated: decorated with figures of people or animals.

Hoarding: illustration X.

Keep or **donjon:** illustration X.

Key or **fretwork:** geometrical pattern of straight lines intersecting at right angles.

Keystone: illustration VII.

Lancet window: narrow pointed-arched window.

Lierne: illustration VI.

Lintel: illustration VIII.

Loophole or **arrow slit:** illustration XI.

Low relief: bas-relief.

Machicolations: illustration X.

Misericord: illustration XVIII.

Moat: ditch, generally water-filled.

Modillion: small console supporting a cornice.

Mullion: a vertical post dividing a window.

Oculus: round window.
Organ: illustration XXI.
Organ case: illustration XXI.
Oven vaulting: illustration V.
Overhang or **jetty:** overhanging upper storey.

Panel: compartment or shutter of a wainscot, door or window, often sunken or raised.
Parclose screen: screen separating a chapel or the choir from the rest of the church.
Pepperpot roof: conical roof.
Peristyle: a range of columns surrounding or on the façade of a building.
Pier: illustration VIII.
Pietà: Italian term designating the Virgin Mary with the dead Christ on her knees.
Pilaster: engaged rectangular column.
Pinnacle: illustrations II and III.
Porch: covered approach to the entrance to a building.
Postern: illustrations X and XII.

◀ illustration XVI

Renaissance ornament

Frieze on the grand staircase at
Azay-le-Rideau

① shell – ② vase – ③ foliage
– ④ dragon – ⑤ nude child
– ⑥ cherub – ⑦ cornucopia –
⑧ satyr

Quadripartite vaulting: illustration VII.

Recessed arches or **orders:** illustration VIII.
Reliquary: casket to hold a relic or relics of a saint; it sometimes takes the form of the relic ie arm reliquary.
Retable: see altarpiece.
Roodbeam or **tref:** illustration XVII.
Rood screen: illustration XIX.
Rose or **wheel window:** illustration III.

Saddleback roof: usually of a tower where two gable ends are connected by a ridge roof.
Semicircular arch: roundheaded arch.
Spire: illustration III.
Stalls: illustration XVIII.

Tierceron: illustration VI.
Timber framed: see half-timbered.
Transept: illustration I.
Tracery: intersecting stone ribwork in the upper part of a window.
Triforium: illustration II.
Triforium gallery: shallow passage above the aisle vaults but below the clerestory.
Triptych: three panels hinged together, chiefly used as an altarpiece.
Twinned or **paired:** columns or pilasters grouped in twos.
Tympanum: illustration VIII.

Voussoir: one of the stones forming an arch.

Watchpath or **wall walk:** illustration X.

illustration XVII ▶

Rood-beam or tref: This supports the triumphal (chancel or rood) arch at the entrance to the chancel. The rood carries a Crucifix flanked by statues of the Virgin and St John and sometimes other personages from the Calvary.

illustration XIX

Rood-screen: This replaces the rood-beam in larger churches, and may be used for preaching and reading of the Epistles and Gospel. Many disappeared from the 17C onwards as they tended to hide the altar.

illustration XVIII

Stalls: ① high back – ② elbow rest – ③ cheek-piece – ④ misericord.

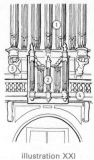

Romanesque, Gothic and Renaissance elevations

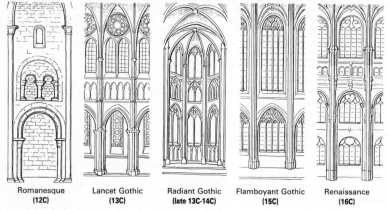

| Romanesque (12C) | Lancet Gothic (13C) | Radiant Gothic (late 13C-14C) | Flamboyant Gothic (15C) | Renaissance (16C) |

ART IN NORMANDY COTENTIN

The architecture of Normandy is as typical as its apple trees and green fields. The Norman loves stone and is never mean when it comes to building for God or himself.

Romanesque Art (11C-early 12C)

The Benedictines and Romanesque Design. – In the 11C, immediately after the period of the invasion, the Benedictines returned to their task of clearing the land and building churches and other monastic buildings. These monk architects employed the barrel vault – the same that the Romans had used for their bridges and their triumphal arches or, sometimes, as an alternative, erected domes, using, however, not the original Oriental but the more robust Carolingian methods of construction. Thus the Benedictines created a new architectural style named "Romanesque" by a 19C Norman archaeologist, Arcisse de Caumont, who, in 1840, outlined the theory of regional schools of architecture. Despite its apparent simplicity Romanesque architecture is wonderfully diverse. In England, the style has remained known as "Norman".

The Norman School and its abbey churches. – The Benedictines, supported by the dukes of Normandy, played an immensely important part in the whole life of the province; only their work as architects and creators of the Norman school is described below. The first religious buildings of importance in Normandy were the churches of the rich abbacies. Early monastic buildings may have disappeared or been modified, particularly after the Maurian Reform (p 26), but there remain, as evidence of the "Benedictine flowering", such fine abbey ruins as Jumièges (Normandy Seine Valley), and churches as St Stephen's and Holy Trinity at Caen, Mont St-Michel, Cerisy-la-Forêt and others.

The Norman school is characterised by pure lines, bold proportions, sober decoration and beautiful ashlared stonework. The style spread to England after the Norman Conquest (see the Michelin Green Guide Normandy Seine Valley) – it was in Durham Cathedral that quadripartite or rib vaulting officially first appeared, and certainly on such a scale, at the beginning of the 12C. Other fine examples include Westminster Abbey as rebuilt by Edward the Confessor, the two west front towers and square crossing tower at Canterbury and Southwell, Winchester and Ely.

Norman design also appeared in Sicily in the 11C in the wake of noble Norman adventurers (p 68) while, more widely, in France, it opened the way for the Gothic style. The abbeys are characterised by robust towers on either side of the west front, giving the west face an H-like appearance, and a square lantern tower above the transept crossing which also served to increase the light inside.

The towers, bare or decorated only with blind arcades below, get lighter with multiple pierced bays the higher they rise (many were crowned by spires quartered by pinnacles in the 13C). Romanesque belfries often surmount delightful country churches – their saddleback roofs rising like a circumflex accent or four sided wood or squat stone pyramid coverings, embryonic Gothic spires, marking them from afar.

The interior light and size of Norman abbeys is very striking. The naves are wide with an elevation consisting of two series of openings above great semicircular arches – an amazingly bold concept for a Romanesque construction. The explanation lies in the fact that the design was not intended to support a heavy barrel vault: the Norman monks deliberately rejected this style of covering in favour of a beamed roof over the nave and galleries, reserving groined stone vaulting (the crossing of two semicircular arches) for the aisles. The vast galleries on the first level open onto the wide bays of the nave and repeat the design of the aisles. Finally, on a level with the clerestory, a gallery or wall passage in the thickness of the wall circles the church. A dome over the transept crossing supports a magnificent lantern tower which lets in the daylight through tall windows.

Norman decoration. – The abbey churches, like all others of Romanesque design, were illuminated on a considerable scale with gilding and bright colours as were the manuscripts of the time. The main themes were those of Byzantine iconography.
Norman sculpture does not rival other Romanesque schools; the decoration is essentially geometric: different motifs stand out, of which the most common is the key or fret pattern (a pattern of straight lines intersecting at right angles to form crenellated or rectangular designs). The decorative motifs are sometimes accompanied by mouldings, human heads or animals masks emphasising recessed arches, archivolts, cornices and mouldings. Capitals are rare and where they exist they are carved with gadroons or stylised foliage.

Gothic Art (12C-15C)

The style, conceived in the Ile-de-France, apart from quadripartite or rib vaulting which was brought back from Norman England, was known as "French work" or "french style" until the 16C when the Italians of the Renaissance gave it the appellation of Gothic art. The French, elsewhere, for a time, copied the H-shaped façades and great galleries of the Norman abbeys (the west front of Notre-Dame in Paris is based on that of Holy Trinity in Caen and its galleries on those of St Stephen's).

The cathedrals. – Gothic is a style made for cathedrals, symbolising the sweeping religious fervour of the people, the growing prosperity of the towns. In an all-embracing enthusiasm, a whole city would participate in the construction of the house of God: some would make offerings, others lend their strength and skill. Under the enlightened guidance of bishops and master builders, city corporations contributed to the cathedral's embellishment: stained glass makers, painters, wood and stone carvers went to work. The doors became the illustrated pages of history.

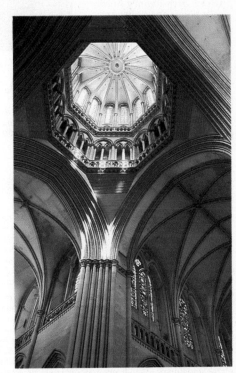

Lantern tower of Coutances Cathedral

Gothic architecture in Normandy. – In turn the national Gothic style seeped gradually back to Normandy, preceding the seizure of the province by Philippe-Auguste.
In the 13C the Gothic and traditional Norman styles fused: Coutances Cathedral is the best example of the result. There Norman pure proportions and tall bare outlines combine marvellously with Gothic sophistication, particularly in the lantern tower.
This was also the period of the superb belfries of the Caen and Bessin Plains, typified by their tall stone spires, often pierced to offer less resistance to the wind, and quartered with pinnacles.
The magnificent Merveille buildings of Mont-St-Michel give an idea of total Norman Gothic ornament. Sobriety provides the foundation over which foliated sculpture reigns supreme: plants of every variety decorate the round capitals, cover the cornerstones, garland the friezes. The three and four leafed clover in relief or hollowed out is a repeated motif but statuary is rare.

Feudal architecture. – In medieval Normandy permission to build a castle was granted to the barons by the ruling Duke, who, prudent as well as powerful, reserved the right to billet his own garrison inside and forbade all private wars.
Castles were sited so as to command the horizon and be invincible to surprise attack. Originally only the austere keeps were inhabited, but from the 14C a courtyard and more pleasing quarters were constructed within the fortifications. This evolution can be seen in the castle at Alençon.
A taste for comfort and adornment appeared in civil architecture: rich merchants and burgesses built tall houses where wide eaves protected half-timbered upper storeys which in turn overhung stone walled ground floors. The results were as capricious as they were picturesque: corner posts, corbels and beams were all vividly carved.

The Renaissance (16C)

Georges I d'Amboise, Archbishop of Rouen and patron of the arts, introduced Italian methods and taste to Normandy. The new motifs – arabesques, foliated scrollwork, medallions, shells, urns, etc. – were combined with Flamboyant art. Among the outstanding works of this period is the chevet of St Peter's Church in Caen, a masterpiece of exuberance.

Castles, manor houses and old mansions. – The Renaissance style reached its fullest grace in domestic architecture. At first older buildings were ornamented in the current taste or a new and delicately decorated wing was added (O Château and Fontaine-Henry Château); parks and gardens were laid out where fortifications once stood.

The Classicism rediscovered by humanists took hold so that, among others, Philibert Delorme, architect of Anet Château *(see the Michelin Green Guide Normandy Seine Valley)*, sought above all correct proportion and the imposition of the three Classical Orders of Antiquity.

Imperceptibly the search for symmetry and correctness mortified inspiration: pomposity drowned fantasy.

In Normandy, the Gothic spirit survived, appearing most successfully in small manor houses and innumerable country houses with sham feudal moats, turrets and battlements incorporated in either half-timbering or stone and brick.

Norman towns contain many large stone Renaissance mansions. The outer façade is always plain and one has to enter

O Château

the inner courtyard to see the architectural design and the rich decoration (Hôtel d'Escoville, Caen).

In the 16C decoration became richer and less impulsive, but the half-timbered architectural style remained the same. Many of these old houses have been carefully restored and Alençon, Bayeux, Caen and Domfront have some good examples.

Classical Art (17C-18C)

In this period, French architectural style, now a single concept and no longer an amalgam of individual techniques, imposed its rationalism on many countries beyond its borders.

Louis XIII and the so-called Jesuit Style. – The reign of Henri IV, following the Wars of Religion, marked an artistic rebirth. An economical method of construction was adopted in which bricks played an important part: it was a time of beautiful châteaux with plain rose and white façades and steep grey blue slate roofs.

The first decades of the 17C also coincided with a strong Catholic reaction. The Jesuits built many colleges and chapels – cold and formal edifices, their façades characterised by superimposed columns, a pediment and upturned consoles.

The "Grand Siècle" in Normandy. – The symmetrical façades of the classical style demanded space for their appreciation as can be seen in the château at Balleroy.

The Benedictine abbeys, which had adopted the **Maurian Reform,** rediscovered their former inspiration. At the beginning of the 18C, the monastery buildings of the Men's Abbey in Caen and at Le Bec-Hellouin *(Normandy Seine Valley)* were remodelled by a brother architect and sculptor, **Guillaume de la Tremblaye** *(p 57)*. The original plan was conserved but the design and decoration were given an austere nobility. Finally, towns were transformed by the addition of magnificent episcopal palaces, town halls with wide façades and large private houses.

Modern Art

Painting took first place among the arts in 19C France. Landscape totally eclipsed historical and stylised painting and Normandy was to become the cradle of Impressionism.

The open air. – While the Romantics were discovering inland Normandy, Eugène Isabey, a lover of seascapes, began to work on the still deserted coast. **Richard Bonington,** 1801-28, an English painter who went to France as a boy, trained there, and caught, in his watercolours, the wetness of sea beaches. A few years later a thoughtful young peasant, **J. F. Millet,** observed country life on the moors round La Hague. He became a painter and, retaining his realistic vision with deep feeling, drew or painted from memory, aided sometimes by a hasty sketch, scenes of work on the land.

In the second half of the 19C artistic activity was concentrated, round the Côte de Grâce in Honfleur *(Normandy Seine Valley)*.

Contemporary architecture. – Numerous Norman towns and villages have been greatly remodelled and rebuilt particularly after the large-scale destruction of the Second World War and also to meet the requirements of modern precepts of town planning.

A good example of a successful reconstruction is the town of Aunay-sur-Odon *(qv)* with its imposingly large church.

Of various more recent projects the new university at Caen is one of the more impressive ones.

Decorative Arts

Ceramics and pottery. – The glazed pavement in the chapter house of the 13C St-Pierre-sur-Dives demonstrates how far back ceramic art goes in Normandy. In the mid-16C Masséot Abaquesne was making decorated tiles in Rouen which were greatly prized and, simultaneously, potteries in Le Pré-d'Auge and Manerbe (near Lisieux) were also making "earthenware more beautiful than is made elsewhere". In 1644 **Rouen pottery** *(see the Michelin Green Guide Normandy Seine Valley)* made its name with blue decoration on a white ground and vice versa. By the end of the century production had so increased that when the royal plate had to be sacrificed to replenish the Treasury, "the Court", wrote Saint-Simon, "had changed to chinaware in a week".

Rouen faience plate

The Radiant style, reminiscent of wrought ironwork and embroidery for which the town was well known, was succeeded by Chinoiserie and, in the middle of the 18C by the Rococo with its "quiver" decoration and the famous "Rouen cornucopia" in which flowers, birds and insects flow from a horn of plenty. A trade treaty in 1786, allowing the entry of English chinaware to France, ruined the industry.

Norman domestic furniture. – Norman sideboards, grandfather clocks and wardrobes are the three most characteristic and traditional pieces of furniture in this region. This elegant, solid and sturdy furniture is sought after by both the antique dealer and the lover of rustic furniture.

In the 13C the wardrobe slowly replaced the medieval chest; the sideboard already existed by the beginning of the 17C and it was in the 18C that grandfather clocks were widely used. This was the golden age of furniture making in Normandy; the sideboard or kitchen dresser was well proportioned and delicately carved; the pedestal clock in the form of an upside down pyramid; the longcase clock characterised by carved baskets of fruit and flowers around the head; the tall pendulum clock with gilt bronze delicately chased, copper, pewter or enamel dials (in the Caen area the "waisted" ones are known as demoiselles); the majestic wardrobe in massive oak ornamented with finely worked brass or other metal fittings or medallions, as well as cornices carved with a cornucopia of birds nests, ears of corn, flowers, fruit, Cupidon's quiver, etc.

The wardrobe along with the trousseau was often part of a young girl's dowry. The wardrobe had a symbolic value and its transfer from the parents home to the bride's house was the occasion for traditional festivities.

Detail of a Norman wardrobe

MONASTICISM

Normandy, like Champagne and Burgundy, was one of the main centres of monasticism during the revival of religious life in the 11C.

Today the abbeys, even the fragmented ones, are symbols of the astonishing fervour and faith of the period and the important role played by the religious orders in the life of the time.

Monks. – From the very earliest times men or women have often retired to live a solitary or communal existence in search of God. The Holy Scriptures tell us how Jesus sometimes fled from the crowds to seek solitude in the mountains of Judea or the hills of Galilee and commune with God His Father. Monks have followed this example and the abbey constituted his wilderness, where he led a life of peace and silence and communed with his Maker.

The monk's day. – The day was divided between Divine Service, holy reading and manual labour.

Divine Service. – Known also as God's Work *(Opus Dei)* this consisted of 'listening' to God, of singing his praise and munificence. In company with his fellow monks, he worshipped and praised the Lord at various times of the day: matins, lauds and vespers.

Another important activity was the reading of a chapter from the Benedictine Law in the chapter house.

Holy reading. – After Divine Service taken together, each monk returned to his cell to commune with God, read the Bible or meditate.

Manual labour. – Intellectual work and manual labour were complementary activities in monastic life. The mind was improved by reading the Bible. Manual labour helped the monks to achieve a balanced existence and to earn their keep. The monks usually made their own bread, wove the cloth for their tunics and tended the vegetable garden.

Plan of a medieval abbey. – The monastic buildings were arranged around the cloisters as in the plan below.

Cloisters. – Generally four galleries surround a central garth or courtyard often laid out as a garden. Some monasteries made this central area their herb garden.

In the south gallery there was the lavatorium where the monks washed their hands before going for a meal.

The west gallery bordered the lay-brother's range or the cellars and gave access to the church via the lay-brothers door. The lay-brothers were those who did the manual and domestic work.

The north gallery also led to the church through the monk's doorway and opened on to the chapter house.

Chapter house. – The monks assembled daily for monastic business, where they prayed before they started the work of the day and where they listened to the reading of a chapter from the monastic rule. This was where the abbot imposed penance on those who had transgressed the rule.

Refectory. – With its often austere decoration, the refectory has quite astonishing accoustics *(see Mont-St-Michel)*. The reader from his elevated pulpit read from the Bible at mealtimes.

Dormitories. – There were generally two, one for the choir monks and another on the west side for the lay-brothers. In the Cistercian order seven hours were set aside for repose. The monks slept fully dressed in one communal dormitory.

The Maurists, Augustinians and Premonstratensians had individual cells which were later to become bedrooms.

Abbey Church. – The monks spent the better part of their day in the church for mass or other day or nightime services. The abbey church was characterised by a very long nave. In the Cistercian churches a screen or pulpitum separated the monks choir with the altar from the lay-brothers one.

Outbuildings. – These included the barns and the porter's lodge or gatehouse, often a monumental building. The gateway usually combined two entrances one for vehicles and the other for people.

The porter's lodge had living quarters on the first floor. It was here that alms were distributed and justice was dispensed to resolve conflicts and punish crime.

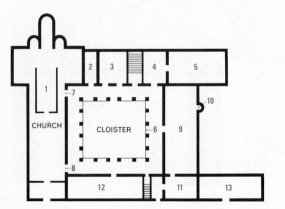

1 Monks Choir
2 Sacristy
3 Chapter House
4 Warming House
5 Day Room
6 Lavatorium
7 Monks Doorway
8 Lay-Brothers Doorway
9 Refectory
10 Reader's Pulpit
11 Kitchen
12 Lay-Brothers Range or Cellars
13 Guesthouse

LITERATURE

In the 12C the Anglo-Norman, **Robert Wace,** who was born in Jersey but brought up in Caen, wrote two notable verse chronicles. *Le Roman du Rou* (1160-74) was commissioned by Henry II of England and is a history of the Dukes of Normandy. Letters, like architecture, began as a monastic art. There is nothing surprising, therefore, in the fact that from the 13C onwards, Normandy, so rich in abbeys and one of the most prosperous civilised regions of France, should be the home of much French literature.

The 15C poet and political writer **Alain Chartier** (1385-1433) was born in Bayeux. His prose *Quadrilogue invectif* (1422) takes the form of a dialogue between France and the three estates of the realm (clergy, nobility and commoners) and recounts the suffering of the French peasantry at the time of English occupation. During the Hundred Years War, France's misery inspired **Olivier Basselin,** a clothworker from Vire *(qv),* to make up songs so full of spirit they passed from man to man.

The humorist and poet **Jean Vauquelin de la Fresnaye** was the author of *Satires* and *Art poétique.* **François de Malherbe** (1555-1628), imperious purist from Caen, not content with purifying the language also wished to put order into ideas and rationalise poetry! It was in Caen that he wrote his *Consolation à M. Du Perier.*

Manuscript from Mont-St-Michel

François le Metel de Boisrobert (1589-1622) a prolific dramatist and churchman, won Richelieu's favour with his wit and effrontery.

Father **Jean de Brébeuf** (1593-1649), who was born at Condé-sur-Vire, wrote several works on the New World. He was one of the Jesuit missionaries who tried to convert the Huron Indians to Christianity. He died a victim of the Iroquois in what is now Ontario.

The founder of Norman regionalism is **Barbey d'Aurevilly** (1808-99), a nobleman from Cotentin, who was born in St-Sauveur-le-Vicomte *(qv).* In a style, both warm and bright, illuminated with brilliant imagery and original phrases, he sought, like the Impressionists, to convey the atmosphere, the quality, the uniqueness of his region. Valognes, the town where he spent most of his adolescence is mentioned in several of his works *(Ce qui ne meurt pas; Chevalier des Touches* and *Les Diaboliques).*

Arcisse de Caumont (b 1802) from Bayeux was responsible for classifying French historic monuments and was the founder of the French Archaeological Society in 1834.

Although born in Paris, **Charles Alexis Clérel de Tocqueville** (1805-59), was from an old Norman family. It was during stays at the ancestral home, Tocqueville Château *(qv),* not far from Cherbourg, that he wrote many of the works which were to bring him fame. This political scientist, politician and historian was best known for his classic work *Democracy of America.*

Octave Feuillet (1821-90) was born at St-Lô and often portrayed his native Normandy in his novels.

Octave Mirbeau (1848-1917) from Trévières near Bayeux was an active participant in the literary and political quarrels of his time and even went so far as to defend anarchist ideas. As a novelist he was fiercely critical of the social conditions of the time and his work *Journal of a Lady's Maid (Le Journal d'une femme de chambre,* 1900) is typical of this attitude.

TRADITIONS

For the table of Principal Festivals (date and place) see the chapter Practical Information at the end of the guide.

The Brothers of Charity. – In rural Norman churches one often notices in the chancel lines of delicately finished *torchères* characteristic of the Brothers of Charity, whose essential mission was to provide the dead with a Christian burial. Their origins go back to the 12C when the plague ravaged the countryside and caused the death of many of the inhabitants. In the processions the Brothers, preceded by bell-ringers who rang their hand-bells with monotonous regularity, moved forward with banners and *torchères* and wearing the *chaperon,* a velvet scarf embroidered with silver or gold.

Each Brotherhood has its hierarchy. At the highest level stands the Master or Provost assisted by a magistrate. The Brotherhoods possess their own patron saint, emblems, crosses, banners and staffs.

Brothers of Charity Procession

Horse racing. – The Manche *département* has a tradition which dates from the 13C the Fair of the Holy Cross at Lessay. Horse breeders and buyers meet on the nearby moor for one of the biggest horse fairs. This annual fair is a popular event attracting large crowds and much merry-making. Both the studs at Le Pin and St-Lô organise colourful annual events where visitors can enjoy the daintily prancing antics of the thoroughbreds at racing, jumping or dressage events or the proudly powerful shire horses in the carriage driving.

Local markets. – Most Norman towns or small villages have a weekly market. Local farm produce is displayed for sale and villagers and country folk exchange their news in the local dialect. The men wear the traditional cloth cap and many foregather in the local cafes. The market in St-Hilaire-du-Harcouët is one of the more important ones.

The local agricultural markets put cattle, sheep, goats and pigs through the auction rings and are often every bit as lively as the produce markets.

Granville's Carnival. – This was originally a fisherman's celebration. The cod fishermen who spent many months at sea fishing the Newfoundland waters often spent their last savings celebrating, often in the street and dressed up for the occasion. Today the carnival takes place around Shrove Tuesday and includes a funfair. The celebrations last four days and cover a procession of decorated floats, bands and jaunty majorettes. On the last day the townspeople, disguised and masked, go on a round of visits to friends and relations and the Carnival man is burnt on the beach to mark the end of the celebrations.

Gastronomic fairs. – In the Orne *département* each autumn there is an international white pudding *(boudin blanc)* and national chitterlings *(andouillette)* fair. The judging committee consists of members of the Saints Goustiers Brotherhood of the Duchy of Alençon dressed in their blue and yellow ceremonial outfits. The prizes are awarded during a closing banquet.

Numerous villages organise a cider fair and it is the ideal occasion to taste, select and buy one's reserve of cider to accompany numerous local dishes. The day's proceedings are enlivened by folk dancing and exhibitions of local crafts.

Pardons and pilgrimages. – Pilgrimages are still popular in Normandy. A famous pardon takes place at the St Roch Chapel in Pont d'Ouilly. St Roch as one of the healing saints was invoked against the Black Death but today the saint is more commonly invoked for important agricultural work. The procession is led by men in long black smocks *(la blaude)* wearing a silk cap and ringing a hand-bell, followed by the cross and a statue of St Roch and then men and women in local costumes. Offerings are made of farm produce and then the priest pronounces a solemn benediction of farm work in front of a praying and chanting crowd.

In Granville the Pardon of the Corporations of the sea is centred on the harbour. The townspeople in local costumes carry the different guild banners and representations of saints, make for the harbour where the decorated boats await the bishop's blessing. In St-Christophe-le-Jajolet the feast day of the patron saint of travellers is a yearly event attracting people with a wide variety of methods of locomotion, from cars to those on horseback. In Pontmain there is an annual pilgrimage to the Virgin of the Apparition.

Local games. – One of the more common games of skill is trying to hit a target consisting of a cork with the bets (money) piled on top of it, with a small piece of wood or metal disc. In the Argentan region it is known as *la galoche* while in the Flers area it goes under the name of *le mê.*

HANDICRAFTS

A quality object which displays a local craftsman's skill is surely one of the best souvenirs of a visit to or a pleasant holiday spent in a town, village or region. The tourist will find a wide variety of original and quality craftwork in the more lively towns or even sometimes in a secluded hamlet.

Lace. – Touring Normandy and approaching **Alençon, Argentan** or **Bayeux** one immediately recalls the wonderful needlepoint lace of the past.

Certainly today no one thinks of lace as a key industry or point of high fashion as Colbert did in the 17C, and the people of Argentan no longer spend time in inventing a new design to outdo those of Alençon. Nevertheless one can still buy at the lace schools of Alençon and Bayeux, delightful samplers of lace, handkerchiefs, table mats and cloths which have taken hours and hours to work.

A visit to the Benedictine abbey at Argentan *(p 39)* enables the stranger to see all the detailed skill required in the Argentan stitch. The quality of the lace – and its price – leave machine made lace in the shade!

A lace workshop in Bayeux has displays of lace and many of the pieces are for sale. It also organises lace-making classes.

Pottery. – Noron-la-Poterie *(qv)* is one of the most famous centres in France for salt glaze ware, the manufacture of which dates back to the 11C.

All the traditional Norman utensils can be found there, including the dark brown or lustre coloured Saint-Gorgon cider pitcher, the *guichon* or small individual soup bowl, the *bobin* or small milk jug and the *machon* or pot in which eggs, meat, fish or vegetables were salted down. The unique character of Noron stoneware is due to the quality of the clay, which can be fired continuously until it is vitrified. In the past the vitrification process used to take three or four days at a temperature of 1200°C – 2192°F in a kiln burning beechwood. Today it can be done in ten to twenty-four hours. The salt-glazing is done at the end of the firing. The glaze gives the pottery a metallic lustre.

Valognes in the Cotentin has one of the rare workshops where the ware is still fired over a wood fire. The items produced include the *gohan* a large receptacle of English origin which was made at St-Jacques-de-Néhou and which was used to carry soup out to the farm workers in the field.

Wrought ironwork. – Ironwork in Normandy goes back to the time when smiths beat out the red hot metal into nails and horseshoes; this was followed by the period when wardrobes and other items of furniture were ornamented with elaborate iron locks and hinges. It is this adornment of furniture, both rustic and modern, that continues as a craft today and may be seen at **Chanu, Alençon, Tinchebray** and **Valframbert** in the Orne *département*.

Weaving. – Fine furnishing materials are to be found at Périers-sur-le-Dan and La Ferrière-Duval in Calvados. The workshops also produce original quality scarves and ties all in good taste.

Bell foundry in Villedieu-les-Poêles

Copperware. – Copper has been hammered at **Villedieu-les-Poêles** since the late 17C. A most varied range of beaten items (some, by the way, of considerable value) are offered to the tourist: magnificent Normandy milk cans *(p 124)* or *cannes,* ewers and old fashioned vases. In the same town is the interesting and picturesque bell foundry.

Basketwork. – The people of Remilly-sur-Lozon, a small village in the Manche *département,* have been weaving wicker baskets for bread, fruit and other items from time immemorial.

Miscellaneous. – Finally there are farms in Normandy where cider presses and calvados utensils, salt barrels and other items have been transformed into useful pieces of furniture with considerable decorative effect.

Local handicrafts museums
Alençon: Museum of Fine Arts and Lace
Argentan: the Argentan Lace Stitch
Bayeux: Baron-Gérard Museum
Caen: Normandy Museum
Villedieu-les-Poêles: Museum of Copperware and the Lacemaker's House.

FOOD AND DRINK

The people of Normandy have a reputation for being hearty eaters who appreciate good cooking. Most family celebrations and reunions are marked by leisurely meals for which the French are so famous. The variety and quality of Normandy's copious products have given rise to good cooking characterised by the widespread use of cream.

Cream and Normandy sauce. – Cream is the mainstay of the Normandy kitchen: ivory in colour, velvety in texture and mellow in taste, it goes as well with eggs and fish as with chicken, white meat, vegetables and even game. This delicious cream is at its best in the so-called Normandy Sauce *(Sauce Normande)*, which elsewhere is nothing but a plain white sauce, but in Normandy both looks and tastes quite different.

Local specialities. – Norman tradition has it that one eats tripe *(tripes)* in Caen, leg of lamb from the salt meadows of the Mont-St-Michel Bay, an omelette at Mont-St-Michel, chitterlings *(andouillette)* in Vire *(qv)* and white pudding *(boudin blanc)* in the Avranchin region.

The only problem for the lover of sea food is one of choice between the shrimps, cockles, mussels, lobsters and scallops from the Cotentin or Calvados coasts, the oysters of Courseulles and St-Vaast as well as the large Atlantic crabs, spider crabs, winkles, whelks, etc. Any selection of sea food should be accompanied by rye bread, slightly salted butter and a glass of dry cider.

The many different varieties of fish – sole, turbot and mackerel to mention only a few – are often served with a sauce of some sort.

Local pastries and cakes are all made with butter such as apple turnovers *(chaussons aux pommes)*, biscuits *(galettes)*, shortbread *(sablé)* and buns *(brioche)*. For those who have a sweet tooth there are the calvados-flavoured cream chocolates from Caen and Putanges as well as the caramels *(chiques)* and boiled sweets *(berlingots)* from Caen.

Cheeses. – If cream is the queen of Normandy cooking, cheese is the king of all fares. Pont l'Évêque has reigned since the 13C; Livarot is quoted in texts of the same period (this cheese is nicknamed the colonel because of the five decorative reeds round the cheese); and Neufchâtel which exists in a variety of different shapes.

The world renowned **Camembert** first appeared early in the 19C. It was Marie Harel, a farmer's wife, from the Auge region *(see the Michelin Green Guide Normandy Seine Valley)* who perfected the making of this soft cheese. Camembert is now made in factories all over France. The cheese-making process includes nine operations in all.

Standardisation. – The raw material is milk containing 30% fat, obtained from a mixture of whole fat and skimmed milk.

Coagulation. – The milk must coagulate in 100 litre – 22 gallon containers, helped by the curdling agent rennet. This operation lasts 1 1/2 hours and is delicate in that important factors intervene: the milk temperature (30 to 32°) and acidity (24 to 28°). The acidification rate will depend on atmospheric conditions and on the animals from which the milk is obtained.

Moulding. – A temperature of 20 to 30° is needed. Each mould receives 200cl poured with specially designed ladles. The average yield is 1500 litres - 330 gallons of milk in 8 hours.

Spreading. – The coagulated milk tends to settle towards the middle. In order to even out the surface this operation is repeated three times.

Turning. – After settling the cheese is turned over. By this time it occupies 1/3 of the mould. The operation takes place between 6.30 and 9.30pm. These five operations take up the whole of the first day.

Withdrawing. – The soft cheese is withdrawn from the moulds and placed on planks which are then wheeled to the drying room to finish the draining process at a temperature of 18 to 20°.

Salting. – The first stage is to salt one side of the cheese and its circumference. The aim of this operation is to obtain the characteristic Camembert flavour by developing the ferment penicillium candidum. The temperature is 14 to 15°. Around 6.30pm the cheeses are turned over and next morning the other side is salted. We are now in day three.

Drying. – On the fourth day the cheese is placed on a trellis and taken to the drying rooms where a system of ventilation ensures a temperature of 10 to 14°. Mold begins to form after the fifth day. On the fourteenth day of the manufacturing process (10 days in the drying room), some of the cheese is put aside to mature whereas the rest is sold as fresh Camembert. The latter needs one to two days' extra drying after leaving the drying room proper. This is achieved by leaving the cheese in a draught.

In the maturing process the cheese is left to rest on planks located in cellars where the humidity rate is constant. It is turned over every day.

The cheese is dispatched 1/3 mature after 20 days (the most common case), 1/2 mature after 25 days and mature after 30 days.

Packing. – The cheese is packed for dispatch when dry. Beforehand it is sorted according to quality.

CIDER

Cider has always been synonomous with Normandy and cider-making dates from the Middle Ages when it took second place to barley beer. Today most cider is manufactured in huge cider factories although it is still possible to discover a farmhouse brew.

Traditional cider-making method. – Apples were gathered in small baskets with handles or much larger ones carried by two people. The apples were then emptied into a crusher, a circular granite trough, and were crushed by a round wooden mill stone – or granite one – operated by a horse. The apples which rose up out of the trough were pushed back again by a spade to be ground the next time round. The next stage was pressing: once the apples had been mashed and the marc collected the juice was extracted

Apple crusher

by pressing using a lever operated press. The bottom of the press consisted of a shallow rectangular trough with a runnel right round to drain the juice via a spout. The pulpy marc is placed in layers, separated by rye straw mats *(glui),* on this bed.

Once the pressing process is finished, the straw mats are taken out, the marc then put in a vat to soak before being pressed for a second time. The first pressing produces the pure cider and subsequent pressings the brew which is for home consumption.

The cider is stored in vats or bottles in cool well-aired cellars.

PERRY

Perry is a drink resembling cider made from the juice of pears. It is common in the *bocage* and Domfront area.

CALVADOS

Calvados is to the apple what cognac is to the grape. Calvados, cider-brandy or applejack is distilled from locally grown apples. The first mention of cider-brandy goes back to the 16C to a small Cotentin village and a certain Gilles de Gouberville. The name calvados no doubt dates from the early 19C and is taken from the name of one of the cider-brandy producing *départements.*

In the middle of his copious meal, the Norman breathes deeply for a moment and then swallows a small glass of Calvados: this is the famous "Norman hole" or *trou Normand.* Sometimes in restaurants an apple sorbet liberally laced with calvados replaces the *trou Normand.*

Calvados is usually drunk at the end of the meal after the black coffee... Sometimes two rounds are the rule. For those who only wish to taste the applejack, dip a sugar cube into a glass of calvados; in French this is known as a *canard.*

POMMEAU

This drink consists of 1 part of apple juice and 2 parts of calvados. It has an alcoholic content of between 16° and 18° and should preferably be taken chilled.

Distilling Calvados

Key

Sights

★★★ **Worth a journey**
★★ **Worth a detour**
★ **Interesting**

Sightseeing route with departure point indicated
on the road   in town

⚔ ⁙	Castle, Château – Ruins	🏛 🏛 Ecclesiastical building: Catholic – Protestant
☩ ◎	Wayside cross or calvary – Fountain	Building with main entrance
☀ ♈	Panorama – View	Ramparts – Tower
⚑ ✳	Lighthouse – Windmill	Gateway
⌣ ✿	Dam – Factory or power station	Statue or small building
☆ ∪	Fort – Quarry	Gardens, parks, woods
▲	Miscellaneous sights	**B** Letters giving the location of a place on the town plan

Other symbols

═══	Motorway (unclassified)	⊡	Public building
◄► ► / ❶ ❷	Interchange complete, limited, number	✚ ✉	Hospital – Covered market
▬▬	Major through road	⊌ ⁙⁙	Police station – Barracks
═══	Dual carriageway	⁙⁙⁙⁙	Cemetery
⊏⊐---	Stepped street – Footpath	✡	Synagogue
⊨⊨	Pedestrian street	⊰ ⚑g	Racecourse – Golf course
⌇⌇	Unsuitable for traffic	≋ ⊠	Outdoor or indoor swimming pool
→1429←	Pass – Altitude	⊰ ⊤	Skating rink – Viewing table
⊞ ⊞	Station – Coach station	⚓	Pleasure boat harbour
	Ferry services:	⁘	Telecommunications tower or mast
⛴	Passengers and cars	⊙ ℝ	Stadium – Water tower
⊸	Passengers only	**B**	Ferry (river and lake crossings)
✈	Airport	⚠	Swing bridge
③	Reference number common to town plans and MICHELIN maps	⊠	Main post office (with poste restante)
		🛈	Tourist information centre
		⊡	Car park

MICHELIN maps and town plans are north orientated.

Main shopping streets are printed in a different colour in the list of streets.

Town plans: roads most used by traffic and those on which guide listed sights stand are fully drawn; the beginning only of lesser roads is indicated.
Local maps: only the primary and sightseeing routes are indicated.

Abbreviations

A	Local agricultural office (Chambre d'Agriculture)	J	Law Courts (Palais de Justice)	POL.	Police station
C	Chamber of Commerce (Chambre de Commerce)	M	Museum	T	Theatre
H	Town Hall (Hôtel de ville)	P	Préfecture Sous-préfecture	U	University

🕓 **Times and charges for admission are listed at the end of the guide**

Additional sign

⊓ Megalithic monument

34

Normandy
Cotentin

★ ALENÇON

Michelin map **60** fold 3 or **231** fold 43 – Local map p 95
Plan of the built-up-area in the current Michelin Red Guide France

Alençon, on the Upper Sarthe on the border of Maine, is the principal market town for a fertile agricultural region and also through horse dealing, has connections with the neighbouring Perche region.

Like numerous other local towns Alençon has been heavily restored and its old streets, lined with attractive houses, are a delight to visit. In the pedestrian zone near the Church of Notre-Dame there are several fine houses with attractive half-timbered or ashlar façades, especially in Grande-Rue and Rue du Bercail.

The taking of Alençon on 12 August 1944 by the French 2nd Division was part of the overall Battle of the Falaise-Mortain Pocket *(p 19)*.

Lace-making centre. – Alençon was already known for its fine needlewomen and lacemakers, when around 1650, there was a craze in the French court for Venetian lace. What had been used for underlinen became an article of the utmost luxury and vast sums were spent to procure this fabric. Colbert was keen that France itself should benefit from such a profitable commerce and he created a lace-making centre in Alençon in 1665.

Previous to Colbert's initiative, a certain local needlewoman, La Perrière, had created a new pattern *(point)* : a delicate symmetrical design upon a very intricately worked background. The Alençon pattern developed from this and by the end of the 17C it was the most popular one. With the 18C came the need to produce more quickly and local lace was characterised by bunches of tiny flowers upon a background of circular needlework stitches.

The town's School of Lace ensures the continuation of this centuries old tradition and the Alençon pattern. There is an exhibition of the school's work in the lace museum.

★ CHURCH OF OUR LADY (ÉGLISE NOTRE-DAME) (BZ) *time: 1/4 hour*

This beautiful 14-15C Flamboyant monument was begun during the Hundred Years War under the period of English domination, on the site of a Romanesque church, which belonged to the abbey at Lonlay. The tower, transept and chancel were rebuilt in the 18C. The most elegant three-sided **porch** was built by Jean Lemoine from 1490 to 1506 and is an example of the purest Flamboyant style. All the decoration is concentrated on the upper parts of the church. The Transfiguration of the central gable shows Christ with the Prophets Moses and Elijah. Below are the Apostles, Peter, James and John, who quite unusually, may be seen with his back to the street.

Inside, the sweeping lines of the nave converge on the lierne and tierceron **vaulting** with highly decorated ribs. The lines of the triforium merge successfully with those of the clerestory to form a unified whole. Note the admirable **stained glass★** by the master-glaziers of Alençon and the Maine region. The glass in the clerestory windows dates from 1530; north side going towards the chancel: Creation, Original Sin, the Sacrifice of Abraham, Crossing the Red Sea and Moses and the bronze serpent; south side: the Presentation in the Temple, Marriage of the Virgin, Deposition from the Cross, Annunciation and Visitation, and Dormition and Assumption.

The first chapel off the north aisle, with its attractive wrought iron screen adorned with symbolic roses, is where Thérèse Martin was baptised. She is better known as St Teresa of Lisieux. The stained glass portrays her baptism and above the baptismal font is her white embroidered christening robe.

In Place Lamagdelaine, to the left of the church, is the attractive 15C **Ozé House** (Maison d'Ozé) which now serves as Tourist Information Centre.

ALENÇON	Pont-Neuf (R. du) .... **BZ** 29	Lamagdelaine(Pl.) ..... **BZ** 18
	Sieurs (R. aux) ...... **ABZ**	Lattre-de-Tassigny
Bercail (R. du) .... **BZ** 4	Grandes Poteries	(R. du Mar.) ..... **ABZ** 19
Clemenceau	(R. des) .... **AZ** 14	Marguerite de
(cours) .... **ABZ**	Halle au Blé	Lorraine (Pl. de) .... **AZ** 25
Grande-Rue .... **ABZ** 15	(Pl. de la) .... **AZ** 17	Porte de la Barre (R.) . **AZ** 30
		Poterne (R. de la) ... **BZ** 33

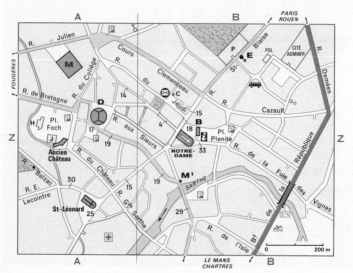

ADDITIONAL SIGHTS

★ **Museum of Fine Arts and Lace** (Musée des Beaux-Arts et de la Dentelle) (AZ M). – Located
in the former Jesuit college, the museum is of interest for its paintings and drawings
(in rotation) on the lower floors, and its displays of lace on the 2nd floor.
The French school (17-20C) is particularly well represented with works by Philippe de
Champaigne (*Assumption* and *the Trinity*), Jean Jouvenet *(Marriage of the Virgin)*,
Jean Restout the Younger *(St Bernard with the Duke of Aquitaine),* Aved, Mme Vigée-
Lebrun, Gericault, Courbet, Boudin and Fantin-Latour. In the drawing section note
those by Sébastien Bourdon, Watteau, Hubert Robert, Géricault as well as Girodet.
The presentation of the **lace collection★★** is especially interesting for the introduction it
provides to the principal lacemaking centres in Italy (Venice), Flanders (Brussels,
Malines), England and France (Chantilly, le Puy, Argentan, Bayeux), and for the
opportunity it offers to admire the elegant creations of the Alençon lacemakers from
the 17C to the present day.
In addition, there is a gallery devoted to Cambodian ethnography (ritual objects,
materials, hunting weapons, arms and musical instruments).

Alençon lace

Lace Museum (Musée de la Dentelle) (BZ M[1]). – Start your visit with the film which
explains the history and technique of Alençon needlepoint lace. Originally each
lacemaker specialised in one particular stage of lace making. Sixteen hours of work
were necessary to produce 3cm - 1inch and up to 10 years to finish one piece. Three
galleries contain a remarkable **lace collection★★** of daintily delicate masterpieces.
Specimens of lace for sale.

Former Castle (Ancien château) (AZ). – From Place Foch, the 14 and 15C towers of this
former castle, built by Jean le Beau, first Duke of Alençon, can be seen. The fortress,
which has been considerably restored, now serves as a prison.
The central tower, known as the 'crowned' tower has an unexpected outline: the main
tower with machicolations is itself crowned by a slimmer round tower. The other two
towers which defend the main gate, can be seen from Rue du Château.

Grain Market (Halle au blé) (AZ D). – This 19C circular building is crowned by a glass
dome.

St-Léonard (AZ). – The rebuilding of the present church was begun in 1489 by René,
second Duke of Alençon, and was completed in 1505 by his widow, Marguerite de
Lorraine.
Nearby at no 10 Rue Porte-de-la-Barre is a 15C house, Maison à l'étal, with a slate hung
façade.

St Teresa's Chapel (Chapelle Ste-Thérèse) (BZ E). – Opposite the Préfecture, a fine 17C
building and former military headquarters, a double staircase leads to the chapel
which adjoins the house where St Teresa of Lisieux (Thérèse Martin) was born on
2 January 1873 *(see the Michelin Green Guide Normandy Seine Valley).*

EXCURSIONS

★ **Perseigne Forest.** – *53km - 33 mile round tour. Description p 107.*

★ **Mancelles Alps.** – *82km - 51 mile round tour. Description p 95.*

Discover the other Normandy with its forests,
the manor houses of the Auge Region
and the colourful landscapes of the Bray Region.
These sights are described in the **Michelin Green Guide** *Normandy Seine Valley.*

ANGOTIÈRE Château

Michelin map 54 fold 13 or 231 fold 27 — 12km - 8 miles south of St-Lô

Set in the Lower Normandy *bocage* country, this château *(not open to the public)* comprises an ensemble of 15-19C buildings, including thatched outbuildings. The château stands in a picturesque **setting★** on a terrace, overlooking to the west the Vire and Javre Valleys, and at the far end of the park (25ha - 62 acres) beech, lime and cedar trees. The estate itself is bordered by woodland.

Michelin Green Tourist Guides

Scenery

Buildings

Scenic routes

Geography

History, Art

Touring programmes

Plans of towns and buildings

Guides for your holidays

ARGENTAN   Pop 18 002

Michelin map 60 folds 2 and 3 or 231 fold 43 — Local map p 40

Set in the heart of stock rearing country, the small town of Argentan from its hillside site overlooks the confluence of the rivers Orne and Ure.

Part of the English possessions in France, Argentan returned to French rule during the reign of the Valois kings. It was in this small town in the 12C that the papal legates assembled to settle the disagreement between the English King, Henry II Plantagenet and his once trusted Chancellor, Thomas Becket. Following a rash remark by the English king it was from Argentan that the assassins of the archbishop of Canterbury set out to accomplish their dire deed.

Although Colbert created a Lace Making Factory in Alençon he did not neglect the lacemakers of Argentan. It was with the rediscovery of lace patterns for the 'point d'Argentan' in 1874 that the characteristic Argentan pattern became popular again.

★CHURCH OF ST GERMANUS (ÉGLISE ST-GERMAIN)

time: 1/2 hour

Built from the 15-17C, this Flamboyant church was badly damaged by shelling in 1944. The best view of the church is from Place St-Germain. The belfry, on the left, was given its dome and lantern in 1631. The lantern tower over the transept crossing is Renaissance.

Go round the church to the right to view the unusual four-sided east end (16C) and the apsidal chapels terminating the transepts. At the base of the belfry a fine Flamboyant **porch** opens on to Rue St-Germain.

The interior is characteristic of Flamboyant Gothic (ornate triforium and elaborate rib vaulting) but begins to show the influence of the Renaissance (width of the clerestory windows, ambulatory with its profusion of ribs and hanging keystones).

ARGENTAN

Chaussée (R. de la)	8
Henri-IV (Pl.)	18
Panthou (R.E.)	20
St-Germain (R.)	28
Beigle (R. du)	2
Boschet (R. P.)	3
Briand (R. Aristide)	4
Carnot (Bd)	7
Collège (R. du)	9
Forêt-Normande (Av. de la)	13
Gaulle (Bd Général-de)	14
Griffon (R. du)	15
Leclerc (Pl. Général)	19
Paty (R. du)	23
Poterie (R. de la)	25
République (R. de la)	25
St-Martin (R.)	29
Victor-Hugo (Bd)	30
Vimal-du-Bouchet (Pl.)	33
Wolf (R. J.)	34
2°-D-B. (Av. de la)	35
104°-d'Infanterie (R. du)	38

North is at the top on all town plans.

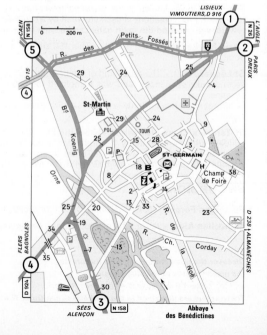

38

ADDITIONAL SIGHTS

Castle (Château) (J). – *(not open to the public)* The castle now serves as Law courts. This imposing rectangular castle, flanked by two square towers was built in 1370 by Pierre II, Count of Alençon. The smaller central tower has some small openings and a doorway with a tympanum resting on sculpted capitals and slender columns.

Ⓥ **Former Chapel of St Nicolas (Ancienne chapelle St-Nicolas) (B)**. – Built in 1773 this former chapel belonged to the castle. It was here that Marguerite de Lorraine, founder of the Monastery of Sainte-Claire, took her vows.
The Tourist Information Centre occupies the ground floor and the local library the first floor. On show in the library is a lovely carved 17C altarpiece.

Ⓥ **St-Martin**. – The war damaged church, dominated by an octagonal tower surmounted by a decapitated spire, is Flamboyant Gothic but having been built early in the Renaissance there are innovations, especially in the nave and chancel clerestories. Seven of the chancel windows are glazed with lovely 15 and 16C stained glass.

Ⓥ **The Argentan Lace Stitch (Le "point d'Argentan")**. – *Take Boulevard Général-de-Gaulle and then Rue de la Noë, following signs to the Abbaye des bénédictines.*
The nuns have exclusive rights to this stitch. The Argentan stitch is a needlepoint lace and comprises a variety of motifs on a background which resembles the pattern of a bees wax comb and looks more like tulle.
There are no workshops but one can ask to see specimens illustrating steps in the working of Argentan lace and old and modern needlepoint lace.

ARGENTAN Region

Michelin map 🉐 folds 2 and 3 or 🉑 folds 42 and 43

Argentan region is virtually a plain bordered to its south by the Écouves Forest massif and to the north by the Gouffern woodlands. The wide Dives Valley separates the Argentan region from that of Auge to the northeast. It played an important part in the final offensive of August 1944.

The closing stages of the Battle of Normandy. – Following the success of the American breakthrough at Avranches and the failure of the German counterattack of 7 August, the enemy forces began to realize the very real danger which was threatening their rear guard *(see map p 18)*. On 13 August the French 2nd Armoured Division at Écouché *(1)* together with the American 5th Armoured Division in the Argentan sector formed the southern arm of the 'pincer' action. When the Canadians took Falaise on the 17 August there was no other alternative for the German 7th Army than to retreat up the Dives Valley. Then began the infernal scramble. On the 19 August the allied troops met at Chambois and by night fall (6.30pm) on the 21 August the fall of Tournai-sur-Dives marked the final stage in the Battle of Normandy.

① **Round tour of 32km – 20 miles**. – *About 1 hour. Leave Argentan by ④ the D 924.*

Écouché. – Pop 1 494. A tank from the French 2nd Armoured Division stands at the crossroads entrance to the town in commemoration of the battles of liberation of 13 Ⓥ to 20 August 1944. The impressive 15 and 16C **church** was never completed and the ruined 13C nave never rebuilt.
Once inside note the lovely Renaissance triforium in the transepts and the chancel.
Take the Falaise road, the D 29 and then turn left.

★ **Ménil-Glaise**. The **view★** from the bridge takes in the rock escarpment crowned by a castle on the left bank of the Orne. At the top of a steep and narrow uphill road turn sharp right. Leave the car beyond the now overgrown tennis courts on the left. From the terrace one discovers a good view of the Orne winding on its way.
Turn round and continue straight ahead passing on the left the path coming from the bridge. Further on leave to the right the Batilly road to reach the D 924, turning left towards Argentan.

② **St-Christophe-le-Jajolet and Sassy Château**. – *Description p 111.*

③ **Le Vaudobin**. – *12km - 7 miles – plus 1/4 hour's walk Rtn along slippery paths. Michelin map* 🉐 *southwest of fold 13. Leave Argentan by* ① *the D 916. After 7km - 4 miles and beyond the Forest of Gouffern turn left and then drive through la Londe.*
Leave the car near the quarry. The footpath to the left of the quarry entrance leads to the Meillon Stream which you cross over a stepping stone near an open-air washing house. Continue left round a large rock and then uphill, past a rock bearing fossil imprints said locally to be those of oxen. Climb to the top of the grassy mound for a view of the Meillon Gorge and the Upper Dives Valley.

④ **Round tour of 52km - 32 miles**. – *About 3 1/2 hours. Leave Argentan by* ② *the N 26 and then turn left onto the D 113.*
The road leaves Argentan to approach and cross the heights of the Forest of Gouffern. The route then descends into the wide depression drained by the Dives.

Chambois. – Pop 520. A stele near a central crossroads recalls the joining up of Polish (1st Canadian Army) and American 3rd Army troops on 19 August 1944, cutting off the retreat of the German 7th Army.

---

(1) It was from his headquarters at the junction of the D 2 and D 219 (commemorative monument) that General Leclerc made the historic decision on the 21 August to send a detachment to participate in the Liberation of Paris.

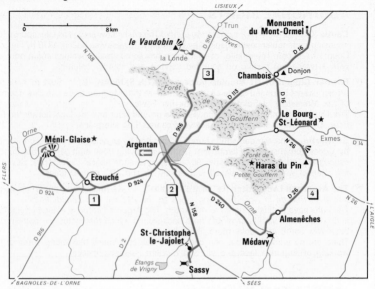

The huge rectangular **keep** (donjon) quartered by four towers which served as buttresses, is a good example of 12C military architecture.

The church has an 11C stone spire and a fine Deposition from the Cross.

Take the D 16 which winds uphill to reach to Mount Ormel.

War Memorial on Mount Ormel (Monument commémoratif du Mont-Ormel). – The monument to commemorate the fierce fighting in the sector during the Battle of Normandy, takes the form of a wrought iron sculpture standing against a long stone wall. The movements of the Polish 1st Armoured Division are depicted on an indicator table. From the American tank there is a wide view over the plain.

Return to Chambois and take the D 16 to the south.

★ **Le Bourg-St-Léonard.** – Pop 375. The Louis XV **château** was built by Jules David Cromot while he was top civil servant in the Treasury. The elegance of its lines and the harmony of its design make this a most attractive château. The interior is embellished with Louis XV panelling, tapestries, and splendid 18C pieces of furniture.

★ **Le Pin Stud.** – *Description p 107.*

Continuing in the direction of Almenêches, the Écouves Forest is visible to the south.

Almenêches. – Pop 600. The Renaissance **church** was formerly the church of a Benedictine abbey. The altars are adorned with statues or terracotta low reliefs representing on the left the canonization of St Opportune, a well known local abbess.

Médavy. – Pop 152. A fortified tower was built in the 11C to guard the Orne valley. In the 16C it was replaced by a powerful fortress quartered by four towers. The present day **château** is a sober 18C edifice comprising a central range flanked by two wings. The two free standing towers in front of the château are all that remain of the fortifications.

Return to Argentan by the D 240.

ARROMANCHES-LES-BAINS

Pop 395

Michelin map 54 fold 15 or 231 fold 17 – Local maps pp 51 and 77 – Facilities

Arromanches, a modest seaside resort, owes its fame to the fantastic "Mulberry" operation which was an integral part of the Allied Landing in Europe in June 1944. This artificial port was one of the most extraordinary industrial and maritime achievements of the whole war.

The artificial port. – "If we want to land, we must take our harbours with us" was the conclusion of a British officer even before it had been decided to use the Calvados Coast as the beachhead.

The first plans for an artificial port go back to 1942. The lessons learned from the raid on Dieppe *(see the Michelin Green Guide Normandy Seine Valley)* confirmed the impossibility of counting on the Channel ports: taken after severe fighting, their

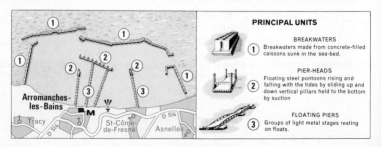

PRINCIPAL UNITS

BREAKWATERS
① Breakwaters made from concrete-filled caissons sunk in the sea-bed.

PIER-HEADS
② Floating steel pontoons rising and falling with the tides by sliding up and down vertical pillars held to the bottom by suction

FLOATING PIERS
③ Groups of light metal stages resting on floats.

installations would have been unusable by the Allies. But the Calvados coast, chosen as the beachhead for strategic reasons *(p 18),* offered no natural protection: bad weather could have catastrophic effects on the minutely planned landing operations. Thus from September 1943, a prefabricated port appeared to be the only solution.

The Mulberries. – Arromanches harbour was chosen as the landing point for Mulberry B for British troops, while Mulberry A for the Americans was taken to Omaha Beach *(qv).* The establishment of these artificial ports meant the laying of 146 Phoenix caissons, representing 500 000 tons of concrete (each one was 70m - 230ft long, 20m - 66ft high and 15m - 49ft wide); 33 jetties and 16km - 10 miles of floating "roads". All this was towed across the Channel at just over 4mph.

Mulberry A at Arromanches enabled 9 000 tons of material to be landed each day. This figure was equivalent to the tonnage handled by the port of Le Havre prior to the war. More than 500 000 tons had been so landed by the end of August when the return to service of Cherbourg and Antwerp and the rapid sanding up of the artificial port subsequently ended the harbour's part in the war.

⊙ **Invasion Museum (Musée du Débarquement) (M).** – This museum contains a collection of models, photographs, dioramas, arms and equipment of the Allied forces. A plan, facing the anchorage, makes it easier to understand the landing operations. Royal Navy films of the landing are shown. Outside the museum there is an exhibition of landing equipment and canon.

AUNAY-SUR-ODON   Pop 3 039

Michelin map 🗷 southwest of fold 15 or 🗷🗷🗷 fold 29

This township, whose position at an important crossroads brought the misfortune of being almost totally destroyed between the 11 and 14 June 1944, has since achieved happier fame for the rapidity of its reconstruction (November 1947 - August 1950). The most imposing building is undoubtedly the immense church with its façade adorned by a decorative course of stones laid out in a herring bone pattern.

EXCURSIONS

Villers-Bocage. – Pop 2 623. *7km - 4 miles to the north by the D 6.*
This little town, set at the gateway to the Normandy *bocage,* specialises in the butcher meat and meat processing industry. It possesses a number of interesting modern buildings, of which the stone and concrete Church of St-Martin, with its elegant interior decoration, and the covered market, with its huge flat roof are the most remarkable.

⊙ **Jurques Zoo (Parc zoologique de Jurques).** – *12km - 8 miles. Leave Aunay-sur-Odon to the west by the D 54 and after 8km - 5 miles turn left into the D 577.*
In this 10ha - 25 acre wooded park, also known by the name of La Cabosse Zoo, live a variety of big cats, monkeys, birds and other animals. Note in particular the four horned sheep from the Caucasus and Suzon, the white she-camel.

★ AVRANCHES   Pop 10 419

Michelin map 🗷 fold 8 or 🗷🗷🗷 fold 38 – Local map p 102 – Facilities

St Aubert, Bishop of Avranches in the 8C, founded Mont-St-Michel and the two centres are, therefore, linked not only geographically but also historically. The area around Avranches is known for the Avranchin breed of sheep. In more modern times, it was from Avranches on 31 July 1944 that General Patton began the terrific advance which smashed the German Panzer counter offensive from Mortain *(see map p 18).* This, the Avranches breakthrough, marked the beginning of the attack which was to take the American 3rd Army right through to Bastogne in Belgium.

HISTORICAL NOTES

A Norman Doubting Thomas (8C). – A dense forest covered Mont-St-Michel Bay when St Michael appeared twice before **Aubert** and commanded him to raise a chapel in his honour on the rock then called Mount Tombe. Although sanctuaries to St Michael were built by tradition upon high rocks, the Bishop of Avranches doubted his visions and vacillated. St Michael settled the matter by reappearing and digging an imperious finger into the doubting crown. Aubert could delay no longer – and his holed pate remains for all to see in the treasure of the St Gervase Basilica.

Murder in the Cathedral. – Relations between **Henry Plantagenet** and his Archbishop of Canterbury, **Thomas Becket,** having become particularly bitter, the King cried out one day, "Is there no one who will rid me of this insolent priest?" Four knights took the words as a command and, on 29 December 1170, Thomas Becket was murdered in Canterbury Cathedral. The Pope excommunicated Henry II, who pleaded innocence of the crime and begged absolution.

Robert of Torigni, Abbot of Mont-St-Michel, obtained permission to hold a council attended by the king at Avranches and so it was that at the cathedral entrance (collapsed in 1794), Henry II, barefoot and dressed only in a shirt, made public penance on his knees on 22 May 1172 for the death of his Archbishop.

The Barefoot Peasant's War. – The imposition of the Salt Tax in western France in 1639 brought about a revolt by the Avranches saltworkers which broke out on 7 July of the same year. Insurrection spread rapidly and armed bands led by Jean Quétil, known as John Barefoot, pillaged towns and countryside. Mortain and Pontorson were held to ransom. It took all the energy of Marshal Gassion to suppress the revolt.

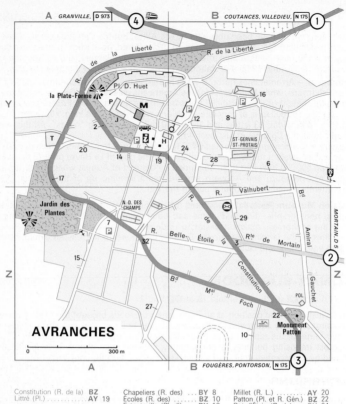

AVRANCHES

A GRANVILLE D 973   B COUTANCES, VILLEDIEU N 175

0 ————— 300 m

A   B FOUGÈRES, PONTORSON N 175

Constitution (R. de la)	**BZ**	Chapeliers (R. des) ... **BY** 8	Millet (R. L.) .... **AY** 20
Littré (Pl.) .... **AY** 19	Écoles (R. des) .... **BZ** 10	Patton (Pl. et R. Gén.) **BZ** 22
		Estouteville (Pl. d') ... **BY** 12	Pot-d'Étain (R. du) ... **BY** 24
Abrincates (Bd des) ... **AY** 2	Gaulle (R. Gén. de) ... **AY** 14	Puits-Hamel (R. du) .. **AZ** 27
Angot (Pl.) .... **BZ** 3	Gué-de-l'Épine (R. du) **AZ** 15	St-Gaudens (R.) ...... **BY** 28
Bremesnil (R.) .... **BY** 6	Halles (Pl. des) ...... **BY** 16	St-Gervais (R.) .... **BZ** 29
Carnot (Pl.) .... **AZ** 7	Jozeau-Marigné (Bd) . **AY** 17	Scelles (Pl. G.) .... **AZ** 32

SIGHTS

The Platform (La plate-forme) (AY). – On Place Daniel-Huet (named after the famous, erudite 17C Bishop who was one of the preceptors of the Grand Dauphin) is the Sous-Préfecture and its garden which you go past to reach the site of the former cathedral. On the little square which is locally called "the platform" (La Plate-forme), one can see the paving stone, now cordonned off, on which Henry II made public penance in 1172. From the terrace at the end of the square there is a **panorama**★ of Mont-St-Michel and the surrounding *bocage* countryside.

Museum (Musée) (AY M). – The museum is housed in the former episcopal palace built by Louis de Bourbon in the late 15C. The family coat of arms figures above the doorway.

The archaeological gallery regroups a certain number of fine works including a 15C alabaster sarcophagus from England decorated with the coats of arms of the Abbots of Mont-St-Michel and the Bishops of Avranches as well as 14C limestone low relief depicting the Martyrdom of St Apollonia.

Another gallery with beautifully restored vaulting contains the reliquary cross with the relics of Thomas Becket. In addition there is a collection of 8 to 15C **manuscripts**★★, largely from Mont-St-Michel Abbey, and precious incunabula or works dating from the origins of the printing press.

Avranches was known in the Middle Ages as a city of learning. Note in particular the Chronicle of Robert of Torigni on the foundation of Mont-St-Michel; Romanesque illuminated manuscripts (cartulary and missals) and a collection of 16, 17 and 18C bindings.

A spiral staircase leads upstairs to the first floor and the local ethnographic collection. Several workshops (basket weaver's, potter's, barrel-maker's and coppersmith's) have been recreated and the walls are hung with the works of a local artist, Jean de la Hougue. Go down by another staircase to see a 19C Norman interior with its box bed, kitchen dresser, linen cupboard and chest.

Botanical gardens (Jardin des Plantes) (AZ). – The garden, formerly belonging to a Capuchin monastery, is well situated on the gentle slope of the spur on which the town stands The pleasant fragrance of the purple or white sprays of the garden heliotrope, a shrubby perennial, pervades the garden. Of particular interest amongst the trees are, on the left going downhill, a monkey puzzle or *araucaria araucaria* and in the centre a magnificent copper beech. From the terrace with a viewing table, at the far end of the garden, there is a **panorma**★ of Mont-St-Michel Bay – particularly beautiful by moonlight. The doorway standing before the terrace came from the 11C Chapel of St-Georges de Bouillet, which was rebuilt on this site in 1843.

Patton Monument (Monument Patton) (BZ). – The monument stands on the exact spot where General Patton stayed before his decisive offensive known as the Avranches breakthrough (in July 1944 with the American 3rd Army). The square in which it stands is now American territory – the soil and trees were brought from the United States.

⊙ MONT-ST-MICHEL FROM THE AIR

Flights give visitors the chance to see Mont-St-Michel from the air. Take the D 456 going towards the southwest and then the D 556 to reach the aerodrome.

EXCURSION

⊙ **Second World War Museum** (Musée de la Seconde Guerre mondiale) in **Le Val St-Père.** – *5km - 3 miles to the south. Leave Avranches by ③ the N 175.*
Standing at the roadside this museum covers the Avranches breakthrough. Uniformed dummies all highly equipped (arms, motorcycles and transmitting equipment) recreate this historic campaign. The German exhibits are on the ground floor (note the bell that sounded the alarm on the morning of 6 June 1944 on Le Hoc Point) and the various Allied exhibits are upstairs.

★★ BAGNOLES-DE-L'ORNE   Pop 783

Michelin map **60** fold 1 or **231** fold 42 – Facilities

Bagnoles-de-l'Orne with Tessé-la-Madeleine is the largest spa in western France.
The town's attraction for the tourist, however, lies in its excellence as an excursion centre and in its original lakeside **setting**★. This is formed by the Vée, a tributary of the Mayenne, before it flows into a deep gorge cut through the massif covered by the Andaine Forest. The site can be seen best by walking from Tessé-la-Madeleine to the Roc au Chien.

HISTORICAL NOTES

Horse Medicine. – Hugues de Tessé, rather than kill his horse Rapide, when it became old, abandoned it in the forest. Some time later he was surprised to see Rapide return to the stables in fine fettle. He tracked the hoof marks to a spring where the horse had bathed, and bathed in it himself, with similar rejuvenating effect.
The local peasants flocked to see and a Capuchin, cured of his ills, fulfilled a vow by making a gigantic leap of 4m - 13ft between the rock spikes high above the spring. Since then, the spot has been known as the Capuchin's Leap.

The Heroic Bathers. – The first bathing establishment was rudimentary in the extreme. Wooden boards protected three pools through which the water passed successively first to the men, then the women and finally the poor. The desire for a cure made people brave the brigands and wolves of the Andaine Forest and the far from hygienic or comfortable conditions.

The Cure. – Situated in the Vée Gorge the establishment is supplied with water from the Great Spring (Grande Source) where water at a temperature of 25°C - 77°F gushes forth at the rate of 50 000 litres - 11 000 gallons an hour. It is the only hot spring in western France and its waters have a low mineral content although they are high in radio-activity. Bathing, the essential part of any treatment, can be accompanied by showers or localised showers, and pulverisations. The water may also be drunk and there is a drinking fountain in the entrance hall.
The waters are usually taken for circulatory disorders, in particular after phlebitis and as a preventive treatment against varicose veins. The treatment is also recommended for glandular disorders and the after-effects of bone fractures.

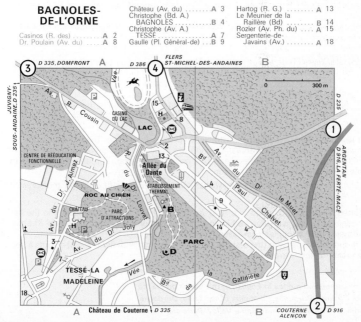

BAGNOLES-DE-L'ORNE

Casinos (R. des) .... A 2	Château (Av. du) .... A 3
Dr. Poulain (Av. du) .... A 8	Christophe (Bd. A.)
	BAGNOLES .... B 4
	Christophe (Av. A.)
	TESSE .... A 7
	Gaulle (Pl. Général-de) ..B 9

Hartog (R. G.) .... A 13	
Le Meunier de la	
Raillère (Bd) .... B 14	
Rozier (Av. Ph. du) .... A 15	
Sergenterie-de-	
Javains (Av.) .... A 18	

SIGHTS

★ **The Lake (Le Lac)** (A). — The white walls of the casino are reflected in the lake. The banks are now a public garden.

★ **The Park of the Spa Building (Parc de l'Établissement thermal)** (AB). — The undulating parkland is planted with pines, oaks and chestnut trees. The Allée du Dante on the east bank of the Vée and often crowded with bathers, leads from the lake to the spa building. Other alleys in the park wind towards the Capuchin's Leap (A B) and the former Janolin Shelter (A D).

Couterne Castle (Château de Couterne). — *(not open to the public) 1.5km - 1 mile. Leave Bagnoles to the south by the D 335.*
Park the car by the bridge. The massive brick and granite castle is reflected in the waters of the Vée.

TESSÉ-LA-MADELEINE

This locality is essentially one with Bagnoles and its hotels and villas are scattered in a verdant setting.

★ **Walk to the Roc au Chien (Promenade au Roc au Chien)** (A). — *3/4 hour on foot Rtn or in*
⊘ *the afternoon only, 1/2 hour Rtn by the small train which starts from the church.*
Start from the church and walk up the fine Avenue du Château; go through the main gateway which opens on to the avenue and enter the public park of Tessé *(children's playground and other amusements).*
Go to the château, now the town hall. Take the avenue on the right which overlooks the Bagnoles Gorge. After passing some fine trees, notably some hundred year old sequoias — young trees, as mature redwoods in the wild can reach 500 to 1 000 years old — you arrive at the rocky promontory, the Roc au Chien. From here there is a lovely **view**★ of Bagnoles with the lake on the left and the spa building and its park on the right.

EXCURSIONS

La Ferté-Macé. — Pop 7 391. *6km - 4 miles by* ① *the D 916.*
This small town is a market and industrial centre for the local area. It is known gastronomically for its tripe, which is cooked on skewers. The Thursday market is a colourful affair.
The modern church has an 11C Romanesque tower, now the sacristy, and a carillon of sixteen bells.

⊘ The **Municipal Museum,** in the town hall, contains works by the local artist Charles Léandre from the village of Champsecret, near Domfront. Note the group painting by Krug showing the 80-strong staff of La Pomme Company in 1890.

La Cour Valley. — *Round tour of 11km - 7 miles. Leave Bagnoles by* ① *the D 916 then turn right onto the D 387 and right again to the D 20 for 600m-656yds. Follow the signposts thereafter.*
The road through the forest leads to a pool, a popular beauty spot known for its good fishing.
Drive round the pool and then take the D 270 uphill. The forest road leads to the crossroads, Carrefour de l'Artoigny and return to Bagnoles via the D 387.

Andaines Forest (Forêt des Andaines). — *Round tour of 21km - 13 miles. Leave Bagnoles to the northwest by the D 235.*
This forest belongs to the Normandy-Maine Regional Nature Park which covers approximately 4 000ha - 9 884 acres. The trees are a mixture of oak, beech, birch and Scots pine.
The road runs through the forest. As it descends towards Juvigny take the road which branches off to the right at the end of an estate wall and ends at the farm with the tower.

Bonvouloir Tower (Tour de Bonvouloir). — This strange slender observation tower, referred to as a "beacon", is crowned by a bell-shaped roof and flanked by a more massive tower. The older farm buildings such as the dovecote and the remains of the well add a certain charm.
Return to the D 235. Before entering Juvigny-sous-Andaine, bear right and at the next crossroads, at Blutel, bear right again into a road going uphill to Les Andaines Forest.

Chapel of Ste-Geneviève (Chapelle Ste-Geneviève). — *Picnic site.* The chapel stands in a secluded site amidst pine trees. Through the grille of the doorway note the wooden statues (St Roch, St Genevieve and St Elizabeth) and altar. Through the gaps in the trees you can see the hilly horizon.
At the Étoile d'Andaines crossroads take the D 335, right, through the forest, to return to Bagnoles.

Rânes. — Pop 1 018. *13km - 8 miles by* ② *the D 916.* The castle, rebuilt in the 18C, conserves its 15C two-storeyed keep with crenellations and machicolations. The gendarmerie now occupies the castle.
The summit of the keep (the staircase walls are covered with fleur-de-lis) affords a good **panorama** of the surrounding countryside.

The companion guides in English in this series on France
are Brittany, Burgundy, Châteaux of the Loire, Dordogne,
French Riviera, Normandy Seine Valley, Paris and Provence.

★ BALLEROY Château

Michelin map 54 fold 14 or 231 fold 28 – Local maps pp 51 and 76

Balleroy was built between 1626 and 1636 by François Mansart for Jean de Choisy, Chancellor to Gaston d'Orléans. De Choisy's descendants the marquises de Balleroy have owned the château for three centuries. The present owner is Malcolm Forbes, the American publishing baron and aeronaut.

The plain but majestic brick and stone building provides the focal point for the village's main street. Symmetrical outbuildings behind formal flower beds designed by Le Nôtre, and a terrace flanked by twin pavilions complete the picture.

★ **Interior.** – The château's exterior gives no hint of its rich interior decoration. On the ground floor two of the salons have portraits of the comte Albert de Balleroy, the Louis XIII salon is hung with hunting scenes while the smoking room displays various portraits. The portrait on the easel by Paul Baudry is once again the comte. The dining room panelling is painted with scenes from the Fables of La Fontaine.

On the first floor the first bedroom is that of Émilie de Caumartin the first marquise de Balleroy and is furnished in the Louis XIII style. The next room, known as the bishop's room, was reserved for the priest. The Waterloo room has most appropriately portraits of Napoleon and the Duke of Wellington, facing one another across the fireplace. The silk wall hangings are identical to those in the Grand Trianon at Versailles. In the drawing room note the French style ceiling portraying the Four Seasons and the Signs of the Zodiac as well as a remarkable series of portraits by Juste d'Egmont depicting Louis XIII, the Great Condé, Louis XIII's niece La Grande Mademoiselle, Anne of Austria with the future Louis XIV and Philippe d'Orléans, and Marguerite de Lorraine, the second wife of Gaston d'Orléans, with her four children.

Hot-Air Balloon Museum (Musée des ballons). – A museum of hot-air balloons is housed in the stables. Dioramas tell the story of the first passenger flight in 1783, of Gambetta's flight on 7 October 1870 from Montmartre during the siege of Paris and the maiden flight of the balloon *Château de Balleroy* on 5 September 1973. Balloons, pilot's licences, baskets and equipment, trophies and models record the tale of these aerostats, so often used as a means of evasion but also in time of war, as anchored observation balloons and aerial barrages as during the Second World War.

Parish Church (Église paroissiale). – The former castle chapel stands at the entrance. It is attributed to Mansart and was built of local brown schist in 1651. The church can be pinpointed from afar by its octagonal belfry over the transept crossing. Inside, above the altar, is an Annunciation from the 18C Italian school.

BARFLEUR   Pop 630

Michelin map 54 fold 3 or 231 fold 3 – Local map p 71 – Facilities

This charming fishing port with its granite houses and its quays littered with lobster pots is also a pleasant seaside resort. Tradition has it that the boat that carried William the Duke of Normandy on his conquering trip to England was built in the shipyards of Barfleur. A bronze plaque placed in 1966 on a rock at the foot of the jetty commemorates his departure (1066) for the conquest of England and that a local man was at the helm. In 1194 Richard Lionheart also embarked from Barfleur on his way to be crowned King of England. The Cour Sainte-Catherine, quite near the harbour, is an attractive group of houses.

Church (Église). – This sombre and squat 17C church has a fortified air about it. Inside there are some interesting wood statues. In the south transept is a remarkable 16C *Pietà* while in the north transept above the baptismal font is a stained glass window of St Mary-Magdalen Postel. A roodbeam precedes the chancel with its timber ceiling from which is hung an ex-voto model of a boat.

Home of St Mary-Magdalen Postel (Maison de sainte Marie-Madeleine Postel). – *In the hamlet of La Bretonne, in the courtyard of a boarding school.* **Julie Postel** was born in Barfleur in 1756 where her father was a ropemaker. Sister Mary-Magdalen Postel founded the Sisters of the Christian Schools of Mercy (La congrégation des sœurs de la Miséricorde) and she died at their headquarters at Saint-Sauveur-le-Vicomte in 1846. She lived 30 years in this house. Note the small hiding hole under the stairs where she hid priests during the Revolution before their flight to England. In the kitchen she taught domestic science to the girls. From the dormitory window she awaited the signals from the fishermen who were to carry the priests to safety. In the nearby chapel the stained glass windows depict the different periods of her life.

EXCURSIONS

★★ **Barfleur Point Lighthouse (Phare de la pointe de Barfleur).** – *4km - 2 miles to the north by the D 116 and D 10.*

Gatteville-le-Phare. – Pop 532. The **church**, rebuilt in the 18C, still has its original 12C belfry. Inside, in a chapel to the right off the chancel, a 15C medallioned ciborium is surmounted by a 16C Trinity. The Mariners' Chapel (chapelle des Marins), in the square, is built over a Merovingian necropolis. The east end is Romanesque.

Beyond Gatteville the landscape is wilder and rough seas pound the low rocky coast.

★★ **Barfleur Point Lighthouse.** – This lighthouse standing on the northeasternmost tip of the Cotentin Peninsula, with a height of 71m - 233ft is one of the tallest in France. The light can be seen for 56km - 35 miles and, with its radio signal, serves to guide ships into Le Havre.

From the top (365 steps) there is a **panorama** stretching over the east coast of the Cotentin Peninsula, the St-Marcouf Islands, Veys Bay and, in clear weather, Grand-camp Cliffs. But the most astonishing sight is the granite tableland of the Saire as it gradually dips towards the sea and disappears in the foreground. The shallow waters and the swiftness of the currents have caused many ships to founder, including the historic *White Ship* in 1120, with Henry I's heir, William Atheling, one of his daughters and 300 members of the Anglo-Norman nobility on board.

Montfarville Church. – *2km - 1 mile to the south by the D 155.* This 18C granite building has a chapel and belfry dating from the 13C and a highly colourful **interior★**. The bare granite walls give it a special character. The paintings on the vaulting are by a local artist, Guillaume Fouace and they represent scenes from the Life of Christ. The colours are very rich. Note the 18C roodbeam and a 14 polychrome Virgin.

★ BARNEVILLE-CARTERET   Pop 2327

Michelin map **54** fold 1 or **231** fold 13 – Local map p 70 – Facilities

Carteret, Barneville and Barneville-Plage have joined to form a continuous settlement and are now a popular seaside resort.

★ CARTERET

A magnificent rocky headland to the north protects the Gerfleur estuary and the delightful small beach of Carteret *(beware of the coastal currents)*, making it one of the pleasantest seaside resorts on the Cotentin Peninsula. Carteret harbour is the nearest one to the Channel Islands *(qv)*.

★★**Walk around the Cape.** – *3/4 hour on foot Rtn.* Leave the car at a roundabout overlooking the beach. Take the Customs Officers' Path (Sentier des Douaniers) on the left which becomes very narrow as it follows the line of the headland. Care is required on the narrow section. The view changes continually on the way to Carteret's second beach, the extensive Plage de la Vieille-Église (the beach is not equipped).

Make for the road which leads down to this beach and return inland. For an overall view either bear right into the road going up to the **lighthouse** or take the road on the left, Avenue de la Roche-Biard, to a viewing table: **views★** of the coast, the Channel Islands and inland. *Allow a total of 2 hours for these two walks.*

Alternatively continue straight over the crossroads to return to the car.

CARTERET

Argenlieu (R. Amiral T.) . .	2
Barbey-d'Aurevilly (Av.) . .	3
Corniche (R. de la)	4
Dennemont (R.)	5
Deux-Plages (R. des)	6
Douits (Av. des)	8
France (Carrefour de)	9
Gaulle (Pl. Gén.-de)	12
Lebouteiller (Promenade Abbé)	13
Paris (R. de)	15
Port (R. du)	16
République (Av. de la)	17
Roche-Biard (Av. de la)	19
Vieille-Église (R. de la)	20

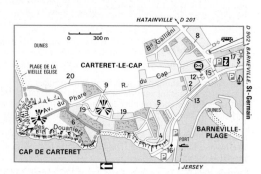

BARNEVILLE

Church (Église). – The 11C church was given a fortified tower in the 15C. Although the late 19C restoration disfigured the chancel which lost its original ceiling, the Romanesque nave is of interest with the delightful **decoration★** of the Romanesque arches and of the capitals carved with animals or oriental motifs.

The monument on the way out of Barneville commemorates the Cutting of the Cotentin Peninsula on 18 June 1944 *(see map p 18)*.

BARNEVILLE-PLAGE

The sea front boulevard bordered by villas leads to the beach which is usually very busy in summer. The area between Barneville beach and Carteret harbour is a favourite spot for water sports at high tide.

EXCURSIONS

★**Mount Castre (Mont Castre).** – *29km - 18 miles – about 2 1/4 hours. Leave Barneville-Carteret by the Coutances road. At La Picauderie, bear right into the D 50.*

Portbail. – *Description p 110.*

> Take the D 15 and then the D 903 to the right to reach La Haye-du-Puits, crossing the town to go in the direction of Carentan. Turn right after the first level crossing to take a road which climbs steeply uphill. Leave the car on the grassy area just before the houses at the road end.

★**Mount Castre** (Mont Castre). – Beyond the houses, take the path leading to the church ruins and an old cemetery, then go round a field before reaching the ruins of a Roman watchpost – still a strategic point in July 1944 *(see map p 18)* – from which the **view** extends right across the Cotentin Peninsula from Carteret to St-Côme-du-Mont.

The more agile may climb up to the ruins of the Roman watchpost by following the signposted route. There are one or two rocky areas to climb over.

★★ **Channel Islands.** – *Description p 127.*

Michelin map 54 folds 14, 15 or 231 fold 17 – Local maps pp 51 and 77

Bayeux, the former capital of the Bessin, was the first French town to be liberated (7 June 1944) and was fortunate not to have been damaged during the war. The cathedral still keeps watch over the town and the Bayeux Tapestry presents its unique record of the events of 1066 to the visitor.

The old houses which have been attractively restored and the pedestrian precinct are an added attraction.

HISTORICAL NOTES

The Cradle of the Dukes of Normandy. – Bayeux, the Gaulish capital of the Bajocasses people, became a large Roman town and an important episcopal city; it was successively captured by the Bretons, the Saxons and the Vikings.

Rollo, the famous Viking, married Popa, the daughter of Count Béranger who was Governor of the town. In 905, their son, the future William Longsword, was born in the town thus making it the cradle of the dynasty of the Norman Dukedom *(genealogical table p 16)*.

When Rouen became French, Bayeux remained a Scandinavian town where the people spoke Norse.

The Oath of Bayeux. – Edward the Confessor, King of England, had no children. As he had lived in Normandy for many years, it was assumed that he had chosen his cousin, William of Normandy, as his successor. He sent **Harold,** who was a favourite with the Saxon nobles, to break the news to the Duke of Normandy.

Harold set sail but was shipwrecked on the coast of Picardy in the territory of Count Guy of Ponthieu who detained him at his pleasure. He was set free by William and received with due solemnity at the Norman court where the Duke's daughter, Edwige, was presented to him as his wife to be. Eager to display his power, William took Harold with him to campaign in Brittany.

Harold was obliged to give official recognition to the Duke's right of accession to the English throne; against his will he swore on saintly relics that only death would prevent him from keeping his word. When, however, Edward died on 5 January 1066, Harold accepted the English crown.

This provoked the great Norman enterprise, which earned William his nickname 'the Conqueror' – the conquest of England. William set sail with the Norman fleet on 27 September 1066 from Dives-sur-Mer. On 28 the Normans set foot on English soil at Pevensey in Sussex and occupied Hastings. Harold dug in on a hill. On 14 October William advanced; in the evening by means of a stratagem the Normans emerged victorious. Harold fell in the fighting with an arrow in his eye.

The whole story is embroidered in detail on the Bayeux Tapestry *(p 48)*.

★★ CATHEDRAL OF OUR LADY (CATHÉDRALE NOTRE-DAME) (Z)

time: 1/2 hour

The cathedral is a fine Norman Gothic building. Only the towers and crypt remain from the original church which was completed in 1077 by Odo of Conteville, William's turbulent companion in arms whom he eventually had to restrain.

Exterior. – The east end is a graceful composition; flying buttresses support the chancel which is flanked by two bell turrets. The central tower dates from the 15C but it was recapped in the 19C with what is known as the "bonnet" in a most unfortunate style. The south transept is pure in style; the tympanum over the door shows the story of Thomas Becket, Archbishop of Canterbury, who was assassinated in his cathedral on the orders of Henry II *(p 41)*. The radiant tracery over the doorway is surmounted by a highly ornate gable.

The small porch further west on the south side is late 12C.

The two Romanesque towers on the west front must have been re-vamped in the 13C with massive buttresses to take the weight of the Gothic spires. The only points of interest are on the tympana over the two side doors: the Passion (left - reading from bottom to top); the Last Judgment (right - reading from top to bottom).

The recessed arches are decorated with angels and old men.

Interior. – The well-lit nave is a harmonious blend of Romanesque and Gothic. The clerestory and the vaulting date from the 13C but the wide arches are in the best 12C style. Their justly famous decoration is typical of Norman Romanesque sculpture *(p 25)*. Against an interlaced or knotted ground the spandrels are decorated with low reliefs which show an oriental influence transmitted by the illuminators of manuscripts. A row of fourleaf clovers and a band of foliage, running the length of the nave, mark the transition to the clerestory.

The transept crossing is supported on four huge pillars. The south transept contains two interesting pictures low on the right: the Life of St Nicholas and the Crucifixion (15C).

The three-storey chancel, which has an ambulatory and radiating chapels, is a magnificent example of Norman Gothic architecture. The great arches are separated by pierced rose windows. Above the highly ornate triforium the clerestory lets in plenty of light.

The stalls are the work of a late 16C artist from Caen.

The high altar is a majestic 18C piece: the six candelabras in chased bronze, the tabernacle and the cross are by Caffiéri the Elder.

The paintings (restored) on the chancel vault represent the first bishops of Bayeux. The ambulatory, like the transepts, is lower than the chancel and separated from it by handsome wrought iron screens. The third and fourth chapels on the south side contain 15C frescoes.

BAYEUX★★

Crypt. – Beneath the chancel is the crypt (11C) which is divided into three small chambers, each of which contains six bays of groined vaulting.
Above the decorative foliage of the capitals are 15C frescoes (restored) of angel musicians. A recess (left) contains the recumbent figure of a canon (15C).

Chapter House. – This is a beautiful late 12C Gothic construction. The vaulting, which was renewed in the 14C, is supported by consoles decorated with monsters or grotesque figures. A graceful blind arcade adorns the lower walls. The floor of 15C glazed bricks includes a labyrinthine design in the centre. There are several pictures and a crucifix which may have belonged to the Princesse de Lamballe. The tiles on the risers at the back of the room depict hunting scenes. The beatification of St Teresa of Lisieux was signed at the desk.

★★★ THE BAYEUX TAPESTRY (TAPISSERIE DE LA REINE MATHILDE) (Z) time: 1 hour

⊙The Bayeux Tapestry is displayed in the William the Conqueror Centre (Centre Guillaume le Conquérant) in an impressive 18C building which was a seminary until 1970.
The presentation of this jewel of Romanesque art is excellent and consists of five sections. First an audio-visual film relates the exploits of the Vikings (the screens are shaped like the sails of a Viking long ship) in the William Room. Then there is a strip cartoon explaining the Viking invasions and the contents of the tapestry. Another audio-visual film describing the Battle of Hastings is followed by a diaporama on the Conquest of England in the Odo Room. The tapestry itself is displayed under glass round the walls of the specially designed Harold Room.
The origin of the tapestry is not known. It was probably commissioned in England soon after the conquest from a group of Saxon embroiderers by Odo of Conteville, Count of Kent and Bishop of Bayeux, to adorn the cathedral he had just had built.
The tapestry appears in the cathedral Treasury inventory for 1476. In the 18C it was wrongly attributed to Queen Matilda. The embroidery is in coloured wool on a piece of linen, 0.5m - approx 19ins high by 70m - 230ft long.
The work is the most accurate and lively document to survive from the Middle Ages and provides detailed information on the clothes, ships, arms and general manners of the period.
The cartoon gives a very realistic account of the events of 1066. From the initial rivalry between Harold and William to the conquest and final Norman victory the story is told in 58 detailed scenes. In the first section a stylised tree marks the beginning and end of each sequence; in the second section the scenes follow one another in unbroken succession.
The English are distinguished by their moustaches and long hair, the Normans by their short hair styles, the clergy by their tonsures and the women (three in all) by their flowing garments and veiled heads. Latin captions written in the Saxon manner run above the pictures while the upper and lower edges are embroidered with fantastic animals or motifs relating to the principal events.
The outstanding scenes are Harold's embarkation and crossing (4-6), his audience with William (14), crossing the River Couesnon near the Mont-St-Michel (17), Harold's Oath (23), the death and burial of Edward the Confessor (26-28), the appearance of Halley's comet, an ill omen for Harold (32), the building of the fleet (36), the Channel crossing and the march to Hastings (38-40), cooking and messing (41-43), the battle and Harold's death (51-58).

ADDITIONAL SIGHTS

⏱ Hôtel du Doyen (Z B). – A huge 17C porch leads into the 18C mansion which houses the Bayeux lace workshop and the Diocesan Museum of religious art.

Bayeux lace workshop (Atelier de la dentelle). – This bobbin lace is characterised by floral motifs. The workshop, where the lace-makers are reviving the Bayeux pattern, has displays of lace specimens.

Museum of Religious Art (Musée d'Art Sacré). – The museum displays liturgical articles, gold and silver ware (ciboria, chalices, candlesticks) and old manuscripts. There is a reconstruction of the room where Teresa Martin (St Teresa of Lisieux), accompanied by her father, asked the Bishop of Bayeux for permission to enter the Carmelite Convent. A large gallery is hung with portraits of the Bishops of Bayeux.

⏱ Baron Gérard Museum (Musée Baron Gérard) (Z M). – A superb 200-year old plane tree stands in Place des Tribunaux. Among the exhibits on the ground floor are two recumbent figures in a handsome vaulted room, 17C and 18C apothecary jars (reconstruction of a pharmacy), a fine collection of Bayeux porcelain with oriental motifs and an interesting collection of Bayeux lace (ancient and modern point, bobbin lace). Fine marriage chest (late 18-early 19C).

The upstairs rooms are devoted to painting: 16C Italian and Flemish primitives, 17C to 19C French painters including Philippe de Champaigne *(Virgin Mary)*, Baron Gérard *(Hylas and the nymph, Doctor Souberville):* a self portrait and *Madame Lefèvre* by the local artist, Robert Lefèvre. A series of four tapestries bears the arms of Anne of Austria and Louis XIII.

A corridor contains drawings, prints and lithographs (Utrillo – *La Rue d'Orchampt* and Van Dongen – *Les Cheveux courts*).

Old Bayeux (Z). – It is pleasant to wander in the streets of old Bayeux among the old stone or timber-framed houses which have been splendidly restored.

Rue St-Malo. – No 4 is the Hôtel d'Argouges, a 15C-16C timber-framed house. No 6 is a 17C mansion with a sun-dial on the front. On the corner of Rue des Cuisiniers stands a very elegant **half-timbered house★** (D) with two overhanging upper storeys and a slate roof, which now houses the Tourist Information Centre.

Rue Franche. – Several private houses: no 5, Hôtel de Rubery, is a 15C-16C turreted manor house. No 7, Hôtel de la Crespellière, is set back behind a courtyard and dates from the mid-17C. No 13, Hôtel St-Manvieu, is 16C.

Rue du Bienvenu (3). – No 6 is decorated with wooden carvings inspired by religion or legend.

Rue Bourbesneur (6). – No 10, Hôtel du Gouverneur, with a corner turret, is 15C-16C.

Rue St-Jean. – East of Rue St-Martin, part of this street is within the pedestrian precinct which has been attractively restored. No 51-58 is the Hôtel du Croissant (16C-17C).

Rue des Teinturiers (32). – Two handsome half-timbered houses face a row of stone houses.

Quai de l'Aure (2). – On turning into this street from Rue des Teinturiers, one has a fine view of the river, the water mill in what was once the tanning district, the arched bridge, the old fish market and the towers of the cathedral in the background.

Place Charles-de-Gaulle (Z). – A column commemorates the speech he made on 14 June 1944.

BAYEUX

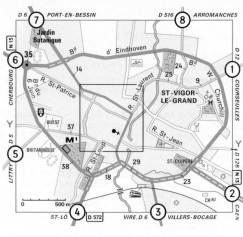

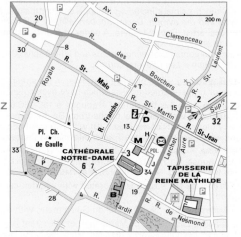

*All symbols
on the town plans
are explained
in the key p 34.*

Memorial Museum of the Battle of Normandy (Musée mémorial de la Bataille de Normandie) (Y M¹). – Tanks guard this very modern museum which traces the Battle of Normandy from 7 June to 22 August 1944 in 17 sections divided historically and geographically into two combat zones: the British Zone (left) and the American Zone (right).

Models in uniform, arms, military equipment, explanatory tables, photos, contemporary film of the various operations and dioramas give a vivid picture of the difficult period which followed the Normandy Landings.

Rond-point de Vaucelles (Y 35). – Monument commemorating the Liberation.

Botanical Gardens (Jardin botanique) (Y). – The pleasant sloping gardens include a huge weeping willow tree.

EXCURSIONS

★ **1 The Bessin Coast**. – *Round trip of 34km - 21 miles – About 1 3/4 hours – Local map p 51. Leave Bayeux by D 516, ⑧ on the plan.*
The road down to Arromanches gives good views of the remains of the artificial Mulberry harbour.

Arromanches-les-Bains. – *Description p 40.*

1km south of Arromanches turn right into D 514 towards Port-en-Bessin. In Longues-sur-Mer turn right into D 104 towards the sea.

Longues Battery (Batterie de Longues). – 1km down this road, a tarred road (left) leads to the site of a powerful German battery which was reduced to silence on 6 June 1944 by the guns of the British cruiser *Ajax* and the French cruisers *Montcalm* and *Georges-Leygues*. On the edge of the cliff in front of the guns (range: 20km - 12 miles) pointing out to sea from their four casemates is a small bunker, once an observation and command post.

The Chaos. – The track descends steeply and is liable to rockfalls; there is a view of the coast from Cape Manvieux in the east to La Percée Point in the west.
This part of the Bessin coast is composed of soft marl which has eroded into a chaotic jumble: entire sections have crumbled into heaps of fallen rocks, perched in the most extraordinary positions.

Take D 104 south towards Bayeux.

St Mary's Abbey (Abbaye Ste-Marie). – All that remain of the 12C abbey church are the main door and a few traces of the chancel and transept. In the refectory are the tombstones of the lords of Argouges and an attractive collection of glazed tiles from Le Pré d'Auge *(p 27).*

Return north and turn left at the War Memorial in Longues to Port-en-Bessin.

In Commes there is an attractive manor house.

★ **Port-en-Bessin.** – *Description p 110.*

Return to Bayeux by D 6.

From the bridge over the Aure there is a good view (right) of the 15-18C **Maisons Château** surrounded by a moat which is fed from the river.

2 **Round tour of 46km - 29 miles.** – *About 3 1/2 hours – Local map below. Leave Bayeux by D 572, ④ on the plan.*

St-Loup-Hors. – Pop 282. The 12-13C church has retained its Romanesque tower; there are many old tombs.

Noron-la-Poterie. – Pop 266. This is a well known centre producing salt glaze ware *(p 31)*; it has six workshops at present and several exhibition galleries; some of the workshops are open to the public.

In La Tuilerie turn left into D 73 which leads to Balleroy via Castillon.

Fine view of the château on arrival.

★ **Balleroy Château.** – *Description p 45.*

On leaving the château turn left into D 13. At the Embranchement crossroads take the D 13^E through Cerisy Forest and its continuation the D 8.

Cerisy-la-Forêt. – *Description p 63.*

Leave Cerisy by D 34 going northeast to Le Molay-Littry.

Le Molay-Littry. – *Description p 97.*

Return to Bayeux by the D 5.

⊙ **3** **Mondaye Abbey (Abbaye de Mondaye).** – *11km - 7 miles – about 3/4 hour – Local map below. Leave Bayeux by D 6, ③ on the plan. After 8km - 5 miles turn right into D 33; then follow the signs.*

St Martin's Abbey was founded in 1215 but rebuilt in the 18C and 19C.

The abbey church, which also serves the parish, is in the classical style (early 18C). Its uniformity of design is due to its architect and decorator, Eustache Restout, a canon in the Premonstratensian Order. The west front has pleasing proportions. The interior contains some fine pieces: high altar, woodwork in the chancel including a beautiful Crucifixion, the Assumption – a terracotta group in the Lady Chapel and the Parizot organ (restored).

The 18C **conventual buildings** round the cloister – refectory, sacristy (18C woodwork) and Library – are open to the public.

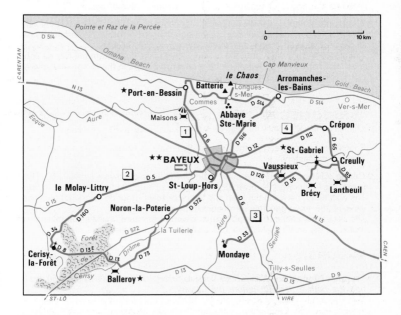

4 **Round tour of 34km - 20 miles.** – *2 hours – Local map above. Leave Bayeux by the D 12, ① on the plan; then take the D 112 towards Ver-sur-Mer.*

Crépon. – Pop 203. The Romanesque church with its 15C tower and the smart farms attract attention.

Turn right into the D 65.

Creully. – *Description p 75.*

Take the D 93 to Lantheuil.

⊙ **Lantheuil Château.** – This imposing château was built for a Turgot in the reign of Louis XIII and has remained in the same family ever since.

The rooms have retained their original décor: woodwork, furniture, sculptures and paintings including a remarkable collection of family portraits. Souvenirs and objets d'art concerning the Turgots and Marshal Mouton who was elevated to this rank by Louis-Philippe.

Return to Creully and turn left into the D 35. On entering St-Gabriel-Brécy turn right to the priory.

★ **St Gabriel's Priory.** – *Description p 111.*

Return to the D 35 going west towards Bayeux; then follow the signs south.

⊙ **Brécy Château.** – The château is approached through a magnificent great **gateway★** (17C). Within the entrance (right) stands an old press. The terraced **gardens★** – one is laid out with box hedges in arabesque designs – offer a beautiful perspective which terminates in a high wrought-iron grill ornately decorated. An old bread oven stands (right) beside the path down from the gardens.

Near the château stands an attractive 13C church and a cedar tree planted by the Queen Mother in 1967.

Take the D 158^C and just before the church turn right into a narrow road; after 2km - 1 mile turn left into the D 35; after 2km - 1mile turn right towards Esquay-sur-Seulles.

Vaussieux Château. –*(not open to the public)* In 1778 this beautiful 18C mansion played a part in the Franco-American alliance. Its American owner offered it to Marshal Broglie as his headquarters. Rochambeau took part in the grand manœuvres designed to intimidate England. It is an elegant building flanked by two small wings at right angles standing in a park; the outbuildings are half-timbered or of stone.

Continue into Esquay-sur-Seulles and return to Bayeux by the D 126.

★ BIVILLE   Pop 245

Michelin map 54 fold 1 or 231 north of fold 13 – Local map p 70

The village of Biville is a local pilgrimage centre, well situated on a plateau, overlooking the desolate shoreline of the Bay of Vauville.

Church (Église). – The 13C chancel, adorned with small 15C low reliefs, contains a marble sarcophagus enclosing the glass coffin of the Blessed Thomas Hélye (1187-1257), a native of Biville, who was priest and missionary in the diocese of Coutances (pilgrimage to the church for the midnight Mass of 18-19 October). To the right is the carved marble slab which covered the original tomb and in a chapel off the south side of the chancel is Blessed Thomas' chasuble.

The 19C bronze group, on the north side of the chancel, depicts Thomas Hélye with some of his followers.

In the nave a stained glass window (first one on the right, on entering) by Barillet (1944) recounts the arrival of the Allies and the liberation of the region.

★ **The Dunes Calvary (Calvaire des Dunes).** – *1/2 hour on foot Rtn. Take the street near the church and continue past fencing, go through the gate to follow the path which passes in front of a small chapel and then leads up to the Calvary.*

The **panorama** from the foot of the calvary includes the coast from the Nez de Jobourg round the barren Bay of Vauville to the Flamanville Cliffs in the foreground, and out to sea in clear weather, the Channel Islands.

BRICQUEBEC   Pop 3 750

Michelin map 54 fold 2 or 231 fold 14 – Local map p 70 – Facilities

Bricquebec, in the heart of the Cotentin Peninsula, is known for its old castle and its Trappist monastery.

⊙ **Castle (Château).** – Enter the inner courtyard with its defensive curtain wall. The 14C **keep★** is a fine polygonal tower 23m - 75ft high, although its four storeys have fallen in. The watchpath between the keep and the clock tower (tour de l'Horloge) commands a view of the town and the surrounding *bocage* countryside.

The **clock tower** contains a small local museum of furniture, medals and mineral specimens. In the south building, a 13C crypt has been restored.

EXCURSION

⊙ **Trappist Monastery (Abbaye Notre-Dame-de-Grâce).** – *2km - 1 mile by the D 50, the D 121 and the path to the left before the Calvary.*

This Trappist Monastery was founded in 1824 by Abbot Onfroy who was then priest of a small village near Cherbourg. Today the monastery houses a community of Cistercian monks.

The church and a **visitors centre** are open to the public.

Times and charges for admission to sights described in the guide are listed at the end of the guide.

The sights are listed alphabetically in this section either under the place – town, village or area – in which they are situated or under their proper name.

Every sight for which there are times and charges is indicated by the symbol ⊙ in the margin in the main part of the guide.

★★★ **CAEN**   Pop 117 119
Michelin map 54 fold 16 or 231 fold 30 — Local maps pp 60 and 77
Plan of conurbation in the current Michelin Red Guide France

Caen is the capital of Lower Normandy, the prefecture of the Calvados region, an industrial town and a cultural centre. Its houses in yellow Caen stone, its open spaces, its modern constructions and its lively pedestrian shopping precinct make it an attractive town. The yachts in St Peter's Dock (bassin St Pierre), a marina in the town centre, conjure up visions of the open sea, a few miles to the north.

Caen has several buildings of artistic interest: east and west of the castle, which stands in the centre of the town, are St Stephen's and Holy Trinity, built as the churches of the abbeys founded by William the Conqueror and Queen Matilda and altered at the time of the Renaissance.

⏱ 6 June 1988 was the inauguration day of the **Memorial to the Battle of Normandy**★★ which includes an information and research centre. The peace museum, which is unique in Europe, makes extensive use of audio-visual techniques in the presentation of contemporary historic events.

The 20C is divided into 5 periods: the inter-war period one of uneasy peace; France during the dark days of 1940 and the occupation; the World War; D-Day and the Battle of Normandy; and a message of hope for peace in the future.

HISTORICAL NOTES

William the Bastard and proud Matilda. — Caen was originally a settlement on an island at the confluence of the Orne and Odon. It was fortified by the Normans but achieved importance only in the 11C when it became Duke William's favourite town; it still bears his imprint.

After defeating the rebel barons of the Contentin and Bessin regions and thus confirming his possession of the duchy of Normandy, William asked for the hand of Matilda of Flanders who was a distant cousin. She did not welcome his proposal and replied that she would rather take the veil than be given in marriage to a bastard *(p 82: Beautiful Arlette)*. The duke swallowed the insult but one fine day, mad with love and anger, he rode headlong to Lille and burst into the palace of the Count of Flanders. According to the Chronicler of Tours, he seized Matilda by her plaits and dragged her round the room kicking her. Then he left her gasping for breath and galloped off. Proud Matilda was vanquished and consented to the marriage, which was celebrated in spite of the opposition of the Pope who objected to the cousins' distant kinship. In 1059 the excommunication, which weighed heavily on William, was lifted through the efforts of **Lanfranc** *(see Michelin Green Guide Normandy Seine Valley)*. As an act of penitence the Duke and his wife founded two abbeys. These two convents — the Abbey for Men and the Abbey for Women — made Caen a thoroughly Benedictine town; Bayeux remained the episcopal see.

When William departed on the conquest of England, faithful Matilda became regent of the Duchy; in 1068 she was crowned queen of England. She was buried in the Abbey for Women in 1083. William died in 1087 and, according to his wish, was buried in the church of the Abbey for Men.

The Battle of Caen. — The battle lasted for over two months. On 6 June 1944 there was a heavy bombing raid; fire raged for eleven days and the central area was burnt out. On 9 July the Canadians, who had taken Carpiquet Airfield, entered Caen from the west but the Germans, who had fallen back to the east bank of the Orne in Vaucelles, began to shell the town. The official liberation ceremony took place in Vaucelles on 20 July but another month went by before the last German shell was fired.

Under the Conqueror's protection. — On 6 June many of the people of Caen sought shelter in St Stephen's Church. During the battle over 1 500 refugees camped out in the abbey church. An operating theatre was contrived in the refectory of the Lycée Malherbe, which was housed in the monastery buildings of the Abbey for Men, and the dead were buried in the courtyard. 4 000 people found accommodation in the Hospice of the Good Saviour (Bon Sauveur) nearby. The Allies were warned by the Préfet and the Resistance and these buildings were spared.

The quarries at Fleury, 2km - 1 mile south of Caen, provided the largest refuge. The full thunder of the battle could not penetrate the underground galleries and, despite the cold and damp, whole families lived like troglodytes until the end of July.

THE GROWTH OF CAEN

A new town. — The town centre has been rebuilt: the churches of St Peter and St John and the Benedictine Abbeys (for men and women) have been restored and the castle cleared of unsightly accretions.

The University, which was founded in the 15C, has been rebuilt north of the castle together with an adjoining university hospital. New districts are continually being developed on the outskirts of the town. 600ha - 1 482 acres have been allocated for industrial development (pharmaceuticals, electronics and motor vehicles). Several modern institutes have been established to conduct research in the latest scientific fields (nuclear, biomedical). A Post and Telecommunications centre deals with the electronic transfer of money and mail. A Technology Park has been established in the Folie-Couvrechef district, northwest of the town, to encourage the diversification of the local economy and the transition away from traditional industries.

The Prairie, a huge area of parkland within the conurbation, provides a link between the town of Caen and the Normandy countryside.

The Caen steel industry. — In 1908 Baron Thyssen bought the mining concessions at Soumont and Ferrières, some 20km - 12 miles southeast of Caen. He wanted to extend the activities of his firm in the Ruhr and was having difficulty obtaining supplies of iron ore.

CAEN

Alliés (Bd des) .... BY 3
Écuyère (R.) .... AZ
Guillouard (Pl. L.) .... AZ 39
Leclerc (Bd du Mar.) .... BYZ
St-Jean (R.) .... BCZ
St-Pierre (R.) .... BYZ
Strasbourg (R. de) .... BZ 70
6-Juin (Av. du) .... BCYZ

Académie (R. de l') .... AY 2
Bagatelle (Av. de) .... AY 5
Barbey d'Aurevilly (R.) .... AY 6
Bayeux (R. de) .... AYZ 7
Bir-Hakeim (Pont de) .... BZ 9
Briand (Bd A.) .... BZ 10
Caponière (R.) .... AZ 13
Carrières St-Julien (R. des) .... ABY 14
Caumont (R. A. de) .... AZ 15
Chanoine X. de St-Paul (R.) .... AY 17
Chaussée-Ferrée (R. de la) .... BZ 18
Churchill (Pont) .... CZ 20
Courtonne (Pl.) .... BCY 21
Creully (Av. de) .... AY 22
Délivrande (R. de la) .... BY 24
Docteur Rayer (R. du) .... AY 25
Doumer (R. Paul) .... BZ 26
Edimbourg (Av. d') .... BY 27
Falaise (R. de) .... CZ 28
Foch (Pl. du Mar.) .... BZ 29
Fontette (Pl.) .... AZ 30
Froide (R.) .... BY 31
Fromages (R. aux) .... AYZ 32
Gambetta (Pl.) .... BZ 35
Gardin (R. R.) .... AZ 36
Guillaume-le-Conquérant (R.) .... AZ 38
Hâvre (R. du) .... CZ 41
Juifs (R. aux) .... AY 42
Lair (R. P.-A.) .... BZ 43
Lebisey (R. de) .... BY 46
Lebret (R. G.) .... BZ 48
Malherbe (Pl.) .... AZ 49
Manissier (R.) .... CY 50
Meslin (Quai E.) .... CZ 52
Miséricorde (R. de la) .... CZ 53
Montoir Poissonnerie (R.) .... BY 55
Petit-Vallerent (Bd du) .... AZ 56
Pont St-Jacques (R. du) .... BZ 57
Reine Mathilde (Pl. de la) .... CY 59
Sadi Carnot (R.) .... BZ 62
St-Gabriel (R.) .... AY 63
St-Manvieu (R.) .... AYZ 64
St-Michel (R.) .... CZ 66
St-Nicolas (R.) .... AY 67
St-Pierre (Pl.) .... BY 68
Sévigné (Prom. de) .... BCZ 69
Varende (R. J. de la) .... AZ 71
Vaucelles (R. de) .... CZ 73
Vaugueux (R. du) .... BY 74
11-Novembre (R. du) .... BCZ 76

Except where otherwise stated, all recommended itineraries in towns, are designed as walks.

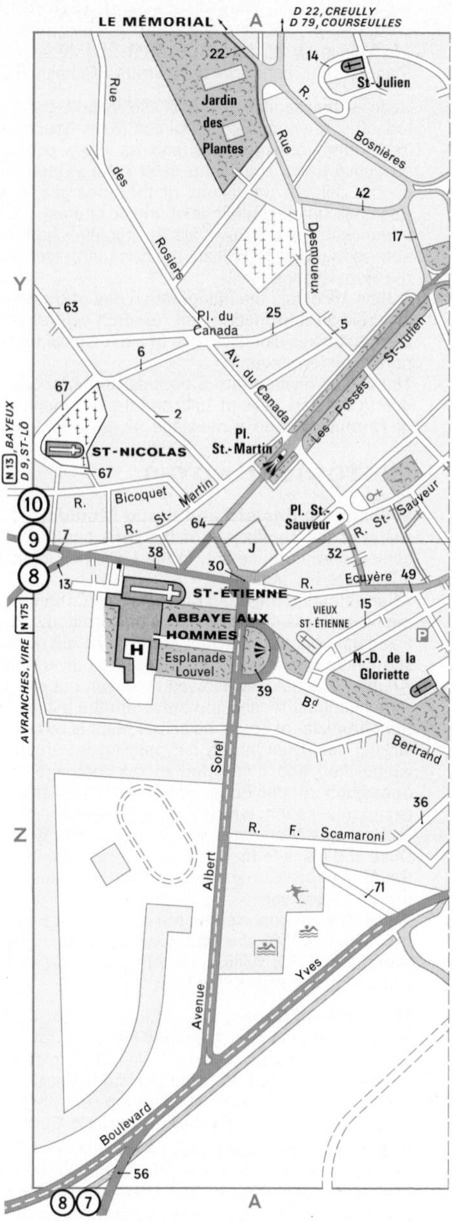

With the approval of the French government a French firm obtained a majority share in the new company that was being formed and persuaded it to engage in processing the raw material at the source. A steel processing plant began to be built on the banks of the Orne in the suburbs of Caen.
The work was interrupted by the outbreak of war in 1914 but was resumed in 1916 under a 100% French-owned company.
Its present day successor, S.M.N. (Société Métallurgique de Normandie) is the oldest industrial undertaking in the region; the company's first blast furnace was fired on 19 August 1917.
The foundation and development of the industry was based on the local supply of iron ore (Soumont mine) and on the ship canal from Caen to the sea. S.M.N. accounts for over half the goods shipped out of the port of Caen.

Port of Caen. – Although the River Orne has always enabled Caen to serve as a port, no major development took place until the middle of the 19C when Baron Cachin dug a canal parallel to the river.
The canal was 12km - 7 1/2 miles long, and was regulated by several locks and served by an outer basin at Ouistreham. Since then the increased output of the Caen steel works has required the creation of additional basins and the deepening and widening of the canal.
Caen is the largest port in Lower Normandy; it can receive ships of up to 19000 tonnes fully laden and of up to 30000 tonnes partially laden. Its diverse activities place it 12th among French ports.
On 6 June 1986 a daily car ferry service was started between Ouistreham and Portsmouth in England so that in summer Caen is also a busy passenger port for cross-Channel traffic.

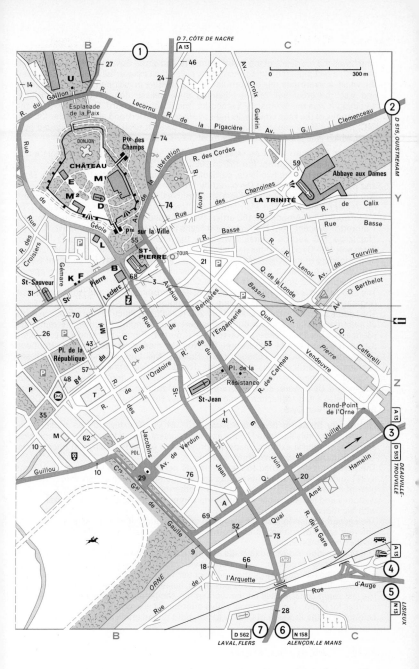

★ **CASTLE (CHÂTEAU) (BY)** *time: 1 1/4 hours including the museums*

The huge citadel on the mount was begun by William the Conqueror in 1060 and strengthened in 1123 by this son, Henry Beauclerk who added a mighty keep (demolished in 1793 by the Convention). During the 13C, 14C and 15C it was continually enlarged and reinforced.

Throughout the 19C it was used as soldiers' barracks and was severely damaged in the bombardment of Caen in 1944. Since then its massive walls have been restored to their early grandeur and a pleasant public garden has been laid out in the precincts.

The line of the ramparts has changed little since the days of William the Conqueror. In some places the walls date from the 12C but mostly they were built in the 15C. The two main entrances are protected by barbicans.

Enter the castle by the ramp which approaches the south gate opposite St Peter's Church.

After passing a round tower, a defensive outwork, one enters the citadel by the "town gate" **(Porte sur la ville).**

From the terrace (east) and the rampart sentry walk there are fine **views**★ of St Peter's Church and western Caen as far as the Abbey for Men. On the west side of the gate, behind the Normandy Museum, two canon from the fort on Gorée Island in Senegal are mounted on a platform which provides an interesting **view**★ over the southwest sector of the town and the belfries of the many churches.

The castle precinct encloses the modern **Fine Arts Museum** (east) near the Field Gate **(Porte des Champs)**, an interesting example of 14C military architecture; **St George's Chapel (D)**, a 12C building which was altered in the 15C; the **Normandy Museum** (west) in a building

55

which was the residence of the Bailiff in the 14C and of the Governor of Caen in the 17C and 18C; a rectangular building, incorrectly called the **Exchequer Hall** (Salle de l'Échiquier) (**E**), which is a rare example of Norman civil architecture in the reign of Henry Beauclerk and was the great hall of the adjoining ducal palace (foundations only visible); adjoining it was the Normandy Exchequer (the ducal law court). Further north lie the foundations of the keep which was built by Henry Beauclerk and altered in the 13C and 14C; it was a huge square structure, a round tower at each corner, surrounded by a moat which was joined to the castle moat.

★★ **Fine Arts Museum** (Musée des Beaux-Arts) (BY M¹). – A suite of rooms presents a rich ⊙ collection of paintings from the 15C to 20C.

In the entrance hall are two large, particularly savage, canvases by Paul de Vos: *Dogs and Bears Fighting; a Horse Devoured by Wolves.*

The 15C paintings (Italian and Flemish primitives) include works by Cosimo Tura – *(St James),* Perugino *(The Marriage of the Virgin)* and Roger van der Weyden *(The Virgin and Child).* Among the 16C artists (Venetian and Flemish schools) are Veronese, Tintoretto *(Descent from the Cross)* and Frans Floris *(Portrait of a woman).*

The large 17C section contains work by the Flemish Baroque painters (Rubens, Jordaens, Van Dyck), by Dutch landscape artists (Salomon van Ruysdael, Van Goyen), by the leaders of the schools of Bologna (Guerchino), of Naples (Giordano), of Genoa (Strozzi) and by French artists: Nicolas Poussin *(The Death of Adonis),* Philippe de Champaigne *(The Vow of Louis XIII)* and Charles le Brun *(Charity).*

The 18C section is devoted to French and Italian portrait painters and landscape artists (Rigaud, Tournières, Boucher, Lancret and Tiepolo).

The rooms devoted to the 19C and early 20C (basement) illustrate the various aspects of painting and its evolution during this period by bringing together the romantics (Géricault, Delacroix, Isabey), the realists (Courbet, Ribot), the landscape painters (Corot, Barbizon school with Dupré), the Norman masters (E. Boudin from Honfleur, Lépine from Caen and Lebourg from Rouen), the Impressionnists (Monet) and contemporary artists (Vuillard, Bonnard). The decorative arts are well representend: 16C and 17C enamels from Limoges, 18C French, German and Far Eastern porcelain, Rouen and Delft ware, contemporary works (Metzinger, Gleizes, Villon, Soulages). There is also a large collection of engravings (over 50 000) by Callot, Rembrandt, Dürer, Sadeler and Van Dyck.

★★ **Normandy Museum** (Musée de Normandie) (BY M²). – The history and traditions of ⊙ Normandy are ably illustrated by the excellent presentation of the many archaeological and ethnographical exhibits. Maps are provided to explain the different phenomena. The museum is divided into three sections.

The first section is devoted to the prehistoric period up to the arrival of the Vikings in 911 and concentrates on the culture and technology of the era: excavated artefacts, plan of a Gallo-Roman villa, statue of a mother-goddess found at St-Aubin-sur-Mer, weapons and jewellery found in medieval cemeteries (tomb of a metal-worker buried with his tools).

The second section follows the evolution of agriculture: land use (models comparing different types of cultivation and farms), agricultural techniques (display of ploughs, scythes and millstones).

The third section is devoted to crafts and industrial activities: stock breeding, ceramics (jugs, funerary ornaments and decorative ridge tiles), wood (beautifully carved marriage chests), metallurgy (iron and copper work: craftsman's tools, copper ware from Villedieu-les-Poêles), textiles (costumes, headdresses and bridalware in silk lace); the last room concentrates on the work of the candlemaker: interesting collection of candles for Easter, funerals and as votive offerings; it also contains ceremonial articles belonging to the Brothers of Charity *(p 30):* gold thread embroidery, tiny bells used in processions.

THE ABBEYS *time: 2 hours*

★★ **Abbey for Men** (Abbaye aux Hommes) (AZ)

Despite their different styles, St Stephen's Church and the monastery buildings constitute a historical and architectural unit.

★★ **St Stephen's Church** (St-Étienne). – This is the church belonging to the abbey founded by William the Conqueror *(p 53);* Lanfranc was the first abbot before being appointed Archbishop of Canterbury *(p 53)* and it was probably he who prepared the plans. The church was started in 1066 in the Romanesque style, consecrated in 1077 by the Archbishop of Avranches, in the presence of the King-Duke and Queen Matilda, and was completed in the 13C in the Gothic style (east end, chancel, spires). The building was damaged during the Wars of Religion in the 16C and very sensitively restored early in the 17C by Dom Jehan de Baillehache, the Prior (chancel vaulting, lantern tower).

Following the Maurist reforms (1663) the abbey enjoyed a period of prosperity until the French Revolution: the church was richly furnished (stalls, clock, organ) and the monastery was rebuilt. In the 19C St Stephen's became a parish church and the monastery was converted for use as a school. Fortunately the buildings were some of the few to survive the Battle of Caen unscathed.

For a good view of the west front go to the dead end of Impasse Lebailly.

Romanesque art has produced few more striking compositions than this plain **west front**. There are no ornate porches, no rose windows, only a gable end resting on four stout buttresses and pierced by two rows of round headed windows and three Romanesque doors. Lanfranc seems to have imported the artistic severity of Ravenna and Lombardy in his native country. The austerity of the west front is, however, mitigated by the magnificent soaring towers (11C) which rise, slim and tall, into the sky. The first storey is decorated with fluting, the second with single pierced bays and the third with paired bays. The octagonal spires with their turrets and lancets in the Norman Gothic style were added to the two towers in the 13C; the north tower is finer and more delicate in style.

The vast nave is almost bare of ornament except for the great round-headed arches. The construction of the sexpartite vaulting in the 12C altered the arrangement of the clerestory which is decorated with fretwork *(p 25)* typical of the Norman style. At the west end of the church is the organ (1747) flanked by two telamones.

The Halbout Chapel near the north door contains an Adoration of the Magi by Claude Vignon.

The lantern tower above the transept crossing was constructed in the 11C but rebuilt early in the 17C. The gallery in the north transept houses a large 18C clock in a carved wooden surround. In the 13C the Romanesque chancel was replaced by a Gothic construction, including an ambulatory and radiating chapels; it was the first of the Norman Gothic chancels and subsequently served as a model. With the Gothic style new decorative motifs were introduced: chevrons on the archivolts, rose windows in the spandrels of the lateral arches, trefoils piercing the tympana of the bays in the galleries, capitals ornamented with crochets and foliage. Note the spacious galleries above the ambulatory and the elegant central arches. The handsome stalls and pulpit are 17C.

In front of the altar is a stone inscribed with an epitaph. The sarcophagus containing the body of William the Conqueror was originally placed beneath the lantern but it was desecrated when the church was sacked by the Huguenots in the 16C and the Conqueror's remains were scattered on the wind; all that remains is a femur which is interred beneath the stone. A monumental 18C pascal candlestick stands on the north side of the altar. The chancel is enclosed by a beautiful 19C wrought-iron screen; the cartouches bear the names and arms of the former abbots, priors and other dignitaries of the abbey.

In the sacristy there hangs an unusual portrait of William the Conqueror, painted in 1708, in which he is made to resemble Henry VIII. In the south ambulatory there are two fine paintings, Caesar's Tribute, attributed to Rubens, and the Stoning of Stephen, attributed to Pierre Mellin (2nd chapel).

Leave the church by the chancel door and skirt the handsome **east end★★** of St Stephen's (13C-14C) to reach the continental style gardens in Esplanade Louvel which have been restored in accordance with the 18C plans.

★ Monastery Buildings (AZ H). – *Entrance in the Town Hall.*

Since 1965 the Town Hall has been housed in these fine buildings which were designed early in the 18C by Brother Guillaume de la Tremblaye, the great master builder of the Congregation of St Maur *(p 26)*; the **woodwork★★** is particularly beautiful.

The east wing comprises the monks' **warming room,** now a municipal exhibition hall; the **chapter house,** now a registry office, panelled in light oak and hung with 17C paintings (Sebastian Bourdon, Mignard); the chapel **sacristy,** panelled in oak, containing a painting (17C) by Lebrun *(Moses confronting an Egyptian shepherd)* and a collection of Norman headdresses. The hall, which contains the 18C night stairs with a wrought-iron banister, leads to the **cloisters** (18C) where the groined vaulting centres on octagonal coffers. From the southeast corner of the cloisters there is a very fine **view★★** of the towers of St Stephen's and the south side of the church. Fixed to the door into the church is a dark oak timetable of the offices said by the monks (1744). A doorway leads into the **parlour,** a large oval room with an unusual elliptical vault and beautiful Louis XV wooden doors. Beyond is the hall leading back into the cloisters for a view of the lantern tower of St Stephen's. The **refectory,** now used for meetings, is sumptuously decorated with late 18C oak panelling and broken barrel vaulting. Under the windows are cupboards for the liturgical vessels. Some of the paintings above the door and the blind apertures are by Lépicié, Restout and Ruysdael. The wrought-iron

Abbey for Men in Caen

banister of the **grand staircase** is decorated with floral motifs. The bold design has no central support. The remarkable Gothic hall in the courtyard, which is known as the **guard room★**, was built on the remains of a Gallo-Roman structure (3 000 year old female skeleton) and is now used for meetings. The panelled ceiling is shaped like an upturned hull. Originally there were two rooms as the two chimneys suggest.

★★ **View of the Abbey** (AZ). – Walk through the gardens in Esplanade Louvel to reach the east side of Place Louis-Guillouard near Old St Stephen's Church (Vieux St-Étienne), a charming ruin, with the Jesuit church of Notre Dame de la Gloriette *(p 62)* in the background. This is the best view of the 18C monastery buildings flanking the impressive east end of St Stephen's with its bristling bell turrets, flying buttresses, clustering chapels and steep roofs, topped by the lantern tower and the two soaring spires.

Abbey for Women (Abbaye aux Dames) (CY)

Entrance in Rue des Chanoines.

This abbey, which was founded in 1062 by Queen Matilda, is the sister house to the Abbey for Men; the towers of St Stephen's Church can be seen at the end of Rue des Chanoines from Place Reine-Mathilde.

★★ **Holy Trinity Church** (Église de la Trinité). – The old abbey church, which dates from the 11C, is a squat building in the Romanesque style. The spires were replaced early in the 18C by heavy balustrades.

The vast nave of nine bays is a fine example of Romanesque art; the archivolts of the round-headed arches are decorated with fretwork *(p 25)* and the triforium with blind arcades. The upper storey was altered in the 12C when the nave was re-roofed with pointed vaulting. A rounded arch marks the transition from the nave into the spacious transept. Adjoining the south transept is an attractive chapel, which is now used as the chapter house. It was built in the 13C replacing two Romanesque chapels similar to the two in the north transept. The late 11C groined vaulting in the chancel covers a magnificent span. In the centre of the chancel is Queen Matilda's tomb, a simple monument consisting of a single slab of black marble, which has survived unscathed despite the Wars of Religion and the Revolution.

The two-storey apse, which is later than the chancel, is separated from it by a broad transverse arch. The historiated capitals are high quality craftsmanship. In the 17C a fresco was painted on the oven vaulting.

The crypt *(access by steps in the chapel in the south transept)* is well preserved. The groined vaulting without transverse arches rests on sixteen columns, standing close together, which define five bays. An attempt at figurative decoration can be seen on some of the capitals. One is an illustration of the Last Judgment showing St Michael gathering up the dead as they rise from their graves.

⊘ **Conventual Buildings.** – The buildings house the Regional Council (Conseil régional). Extensive restoration work has enhanced the buildings' appearance in which the Caen stone plays a dominant role.

The tour depends on which rooms are in use but includes Holy Trinity Church.

From the French-style garden in the main **courtyard** one can admire the luminous golden façades. The cloister (only three sides were completed) is a replica of the one in the Men's Abbey. Leading off it is a small oval room, the washroom **(lavabo)**, decorated with stone pilasters and a carved frieze like those in Greek temples; it is furnished with four black marble basins set in recesses ornamented with a shell. The **refectory** (now a large reception room) contains the portraits of two abbesses, Anne de Montmorency and Marie-Aimée de Pontécoulant. Pilasters with Ionic capitals and two columns which flanked the abbess' chair have survived whereas the oak panelling which covered the lower walls has been removed. The **great hall,** which is the focal point of the whole abbey and leads into the church, is graced by two flights of stairs decorated at first floor level with a cartouche bearing a plant motif.

TOWN CENTRE

Starting in Place St Pierre.

★ **Hôtel d'Escoville** (BY B). – This mansion is now the Tourist Information Centre. This beautiful house was built between 1533 and 1538 by Nicolas Le Valois d'Escoville, a wealthy merchant. The bomb damage incurred in 1944 has been repaired. The building is one of the most typical of the early Renaissance in Caen, where Italian influence was most evident in ornamentation.

Behind the plain street façade there is a **courtyard** flanked by two wings at right angles; the harmonious proportions, the arrangement of the various elements and the majestic sculptures make en elegant composition. The main block facing the entrance is surmounted by a particularly unusual ornament, a large two-story dormer window supported by flying buttresses projecting from a steep pavilion roof. Seated at the base of each flying buttress support is a figure in high relief of Tubal Cain (a biblical character said to have invented the forge). A little to the right, above a loggia enclosing a handsome stairway, are two small lanterns in the form of small round temples; the larger is surmounted by a statue of Apollo with his lyre, the smaller by Marsyas flourishing his flute. The apertures in the right wing are disposed in an unusual but pleasing manner.

The niches on the ground floor contain statues of Judith with the head of Holophernes and David with the head of Goliath. Beneath the Escoville arms and supported by nymphs and spirits, are low reliefs representing Perseus releasing Andromeda (left) and the Abduction of Europa (right).

Climb up to the loggia for a view of the whole courtyard.

★ **St Peter's Church (Église St-Pierre)** (BY). — Although only a parish church, St Peter's has
ⓥ frequently received liberal endowments from the wealthy citizens of Caen and is richly
decorated. Construction started in the 13C, was continued during the 14C and 15C and
completed in the 16C in the Renaissance style. The impressive tower (78m - 256ft),
which dated from 1308, was destroyed during the Battle of Caen in 1944, "The king of
the Norman belfries" has, however, been rebuilt as well as the nave into which it fell (all
the vaulting has been reconstructed). The west front has been restored to its 14C
appearance; the Flamboyant porch is surmounted by a rose window.

The **east end★★**, which was built between 1518 and 1545, is remarkable for the richness of
its Renaissance décor in which shapely and graceful ornamentation (ornate pinnacles,
urns, richly scrolled balustrades, carved pilasters) has replaced the Gothic motifs. The
interior is heterogeneous. The first five bays (14C) of the nave have simple pointed
vaulting. Some of the **capitals★** (2nd and 3rd pillars on the left) are interesting for their
carvings which are taken from the Bestiaries of the period and chivalrous exploits. The
third pillar shows (from left to right) Aristotle on horseback threatened with a whip by
Campaspe, Alexander's mistress; The Phoenix rising from the flames (Resurrection);
Samson breaking the lion's jaw (Redemption); the Pelican in her Piety (Divine Love);
Lancelot crossing the Sword Bridge to rescue his Queen; Virgil suspended in his basket
by the daughter of the Roman emperor; the unicorn (Incarnation), pursued by hunters,
taking refuge with a young maiden; Gawain on his death bed with an arrow wound
(damaged).

The Renaissance vaulting in the second part of the nave, near the chancel, contrasts
with the vaulting in the first part: each arch is embellished with a hanging keystone,
finely carved. The most remarkable, in the fifth arch over the high altar, is 3m - 10ft high
and weighs 3 tonnes; it is a life-size figure of St Peter.

The chancel is enclosed by four arches (late 15C-early 16C) surmounted by a **frieze★★** in
the Flamboyant Gothic style with a delicate decoration of flowers and foliage.

The ambulatory leads to five chapels which were begun in 1518 and completed in the
Renaissance style. The Gothic style prevails up to 2.75m - 9ft from the ground but above
that level the Renaissance influence increases to predominate in the **vaulting★★** by
Hector Sohier. The vaulting in each chapel is highly ornate: the pendants look like
stalactites (particularly in the first chapel on the right).

Rue St Pierre (BYZ). — This is a lively shopping street. Nos 52 (Postal Museum) and
54, beautiful **half-timbered houses★** (K) with steep gables, date from the early 16C; very
few have survived in Caen. The profusion of carved decoration and the numerous
small statues of saints belong to the Gothic style but there are a few Renaissance
elements (balustrades and medallions).

ⓥ **Postal and Telecommunications Museum** (Musée de la Poste et des Techniques de Communication) (F). — The history of the postal service is illustrated through documents and old
equipment. The present and the future claim equal attention: minitels, demonstration of
telematic services.

ⓥ **St Saviour's Church (Église St-Sauveur)** (BY). — The church, which is also known by its
old name of Notre-Dame-de-Froide-Rue, is oriented north-south, its twin chevets facing
Rue St-Pierre: Gothic (15C) on the left and Renaissance (1546) on the right. The bell
tower is in the Norman Gothic style. Enter by the west door in Rue Froide, a pedestrian
street, lined with old houses. The church consists of two naves side by side covered by
pitched roofs: the western nave is 14C and the eastern nave 15C.

> *Return to Rue St-Pierre and continue westwards to Place Malherbe. Fork right into
> Rue Ecuyère and then turn right into Rue aux Fromages.*

The narrow pedestrian street, Rue aux Fromages, is lined with half-timbered houses and
ends in Place St-Sauveur.

Place St-Sauveur (AY). — A fine collection of 18C houses borders the square, where
until the 19C the pillory stood. At the centre is a statue of Louis XIV as a Roman emperor.
The northeast side of the square is the site of the old St Saviour's which was destroyed
in 1944.

> *Walk westwards down into Place Fontette.*

The impressive building on the north side — its peristyle is supported on Corinthian
columns — houses the Law Courts.

> *Bear right into Rue St-Manvieu.*

Place St-Martin (AY). — The dominant feature is the statue of Constable Bertrand du
Guesclin. Interesting view of the two towers of St Stephen's.

> *Continue northeast along Les Fosses St-Julien and turn right into Rue de Geôle.*

The 15C half-timbered house at no 31 is called **Maison des Quatrans** (BY L).

> *Return to Place St-Pierre.*

ADDITIONAL SIGHTS

★ **St Nicholas' Church and Cemetery** (AY). — The church *(not open to the public)*,
which is now deconsecrated, was built late in the 11C by the monks of the Men's Abbey
and has not been altered since. The west door is protected by a beautiful triple-arched
Romanesque porch, an exceptional feature in Normandy.

The church is surrounded by an old graveyard *(entrance left of the west front);* one may
stroll among the mossy tombstones under the shade of the trees and admire the
magnificent apse at the east end beneath its steep stone roof.

Rue du Vaugueux (BY 74). — This picturesque, pedestrian street has recaptured its
former atmosphere. Its old paving, its stone or half-timbered houses and its street
lamps make it an attractive place for a stroll; the frequent café and restaurant terraces
make it more inviting.

Place de la République (BZ). – The pedestrian precinct, between Place St-Pierre and Place de la République and bounded by Rue St-Pierre and Boulevard du Maréchal-Leclerc, is conducive to strolling or window-shopping. **Bld Maréchal-Leclerc** (BYZ), the meeting place of the young people of Caen, is particularly lively in the evening. A turning off the west side of Bld Maréchal-Leclerc, Rue Pierre-Aimé-Lair, leads into Place de la République, which is laid out as public gardens; it is bordered by beautiful Louis XIII houses (Hotel Daumesnil at nos 23-25) and the modern offices of the Préfecture. **Notre-Dame-de-la-Gloriette** (AZ) a former Jesuit church was built between 1684 and 1689.

⊘**St John's Church** (Église St-Jean) (BCZ). – This district was badly bombed during the war; most of it has been rebuilt but the church has been restored.

The fine Flamboyant Gothic building was begun in the 14C, and repaired in the 15C. The bell tower, of which the base and first storey are 14C, was inspired by the tower of St Peter's *(p 59)* but, owing to the instability of the marshy ground which had already caused some subsidence, the spire and the belfry were never built, nor was the central tower; the lower courses of its second storey were capped with a dome.

In the interior the same subsidence is visible in the pillars. The vast nave has a remarkable Flamboyant triforium and a highly ornate cylindrical **lantern tower★** over the transept crossing. The highly venerated statue of Our Lady of Protection dates from the 17C. In the south transept there is an old retable (17C) from the Carmes Convent depicting the Annunciation and bearing statues of St Joseph and St Teresa of Avila. In 1964 a statue of Joan of Arc was transferred from Oran to a site near the east end of the church in Place de la Résistance.

University (BY U). – The University, which was founded in 1432, numbers over 12 000 students. The spacious buildings are some of the most modern in France.

⊘**St Julian's Church** (Église St-Julien) (AY). – The old church which was destroyed in 1944 has been replaced by this modern building which dates from 1958. The sanctuary wall, which is elliptical in shape, forms a huge piece of latticework in which the openings resemble the coloured sections in a huge dark stained glass window.

Botanical Gardens (Jardin des plantes) (AY). – The garden is planted on a sloping site and shaded by beautiful trees; it is a pleasant place in which to relax.

EXCURSIONS

1 **Cintheaux.** – Pop 161. *15km - 9 miles. Leave Caen by N 158 to the south.*
The village, which is known for its late 12C church, stands on the southern edge of the Caen countryside, in an old mining area marked by solitary slagheaps.

The road from Caen to Falaise passes through the country which was laboriously recaptured between 8 and 17 August 1944 by the Canadian 1st Army (Gaumesnil cemetery) and its Polish units (Langannerie cemetery) – *p 19.*

2 **Troarn.** – Pop 3 044. *14km - 8 miles. Leave Caen by ④ on the plan going east and then take N 175. In the village take the Pont-l'Eveque road and then Rue de l'Abbaye (2nd turning on the right after the church).*
This little town, which was founded in 1048 by Roger de Montgomery, contains the remains of a 13C abbey.

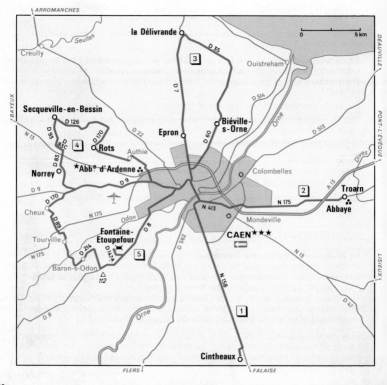

3 Round tour of 31km - 19 miles. – *About 1 hour – Local map p 60. Leave Caen by D 7, ① on the plan; at the top of the rise turn right into D 401 and then left into D 60.*

After a righthand bend there is a panoramic view of Caen and its spires. Further east the blast furnaces of Mondeville are visible.

Biéville-sur-Orne. – The blind arcades and oculi which decorate the west front of the church recall the architecture of Tuscany.

Further on, from the top of a hill, there is a broader view of the resorts on the coast, the towers of Ouistreham and the spires of Notre-Dame-de-la-Délivrande.

La Délivrande. – *Description p 76.*

Épron. – Pop 858. In 1944 the village was obliterated; it was rebuilt with the proceeds of a collection of old bank notes organised by French radio.

At sunset the view from the road down into Caen is very lovely.

4 Round tour of 35km - 22 miles. – *About 1 hour – Local map p 62. Leave Caen by D 9 going west in the direction of ⑨ on the plan, taking Rue de Bayeux and then Rue du Général Moulin. Halfway up a hill on the outskirts of the town turn right into the road to the Abbey.*

★ **Ardenne Abbey** (Abbaye d'Ardenne). – Leave the car at the main gate (12C - restored). The abbey, which was founded in the 12C by the Premonstratensians, fell into ruins during the 19C. The gatehouses have been restored and the remaining buildings belong to two distinct agricultural enterprises. In the first courtyard stands a huge 13C tithe barn (back left) with side aisles which is covered by a single asymmetrical wooden roof (restored). The 13C **abbey church** has been damaged on the outside but the nave is a very pure example of the Norman Gothic style.

Drive west to Rots via Authie.

⊘ **Rots.** – Pop 1 152. The church has an attractive Romanesque west front; the nave dates from the same period while the chancel is 15C.

Take D 170 north; in Rosel turn left into D 126.

Secqueville-en-Bessin. Pop 229. The 11C **church** has a fine three-story tower and a 13C spire. The nave and transept are decorated with blind arcading.

Take D 93 and D 83 south.

⊘ **Norrey.** – Pop 88. The little Gothic **church** boasts a great square lantern tower but no spire; the interior is richly carved; the **chancel** was built in the 13C.

Return to Caen by D 9.

5 Odon Valley. – *37km - 23 miles – about 1 hour – Local map p 60.* The name of this river recalls the hard-fought battles which took place between 26 June and 4 August 1944 southwest of Caen.

Leave Caen by ⑨ on the plan and then take D 9.

The road skirts the airfield which the 12th SS Panzers held for three days, from 4 to 7 July, against the Canadian 3rd Division.

After another 3km bear left into D 170; in Cheux turn left behind the church and take D 89; after crossing N 175, at the top of a slight rise, follow D 89 round to the right and straight through Tourville.

This is the line of the British advance, which began on 26 June in pouring rain at Tilly-sur-Seulles (NW); the objective was the River Orne to the southeast. A monument has been raised (right) to the men of the 15th Scottish Division who died in the **battle.**
Just when it seems that the road has reached the floor of the Odon Valley it drops into a rocky ravine, hitherto hidden by thickets; the river has created a second valley within the main valley. It is easy to see what a valuable line of defence this natural obstacle would be and to appreciate the difficulties of the British troops exposed to heavy fire from the Germans on the far side of the valley. In fact the British lost more men crossing the Odon than crossing the Rhine.
The road climbs the opposite slope to a crossroads. The road on the left (D 214) passes straight through Baron-sur-Odon and continues to a T-junction marked by a stone monument surmounted by an iron cross (right). The raised roadway to the right, an old Roman road also known as Duke William's Way, leads to another T-junction where a stele has been set up to commemorate the battles fought by the 43rd Wessex Division. To the south stands **Hill 112.**

Take D 8 to the left towards Caen.

The view extends over the countryside to the spires of the town and the chimneys of the blast furnaces and steel works at Colombelles. A monument at the junction with the D 36 recalls the operations which took place in July and were marked by some fierce duels between armoured vehicles. A night attack on 15 took place by the light of an artificial moon created by the reflection of searchlights on low cloud.

Turn left into D 147^A.

Near a farm on the right Fontaine-Etoupefour Castle comes into view.

⊘ **Fontaine-Etoupefour Castle.** – *Access by a track on the right beyond the farm.*
Nicholas d'Escoville, who built the Hotel d'Escoville in Caen *(p 58)*, was the owner of this castle. It is surrounded by a moat, spanned by a drawbridge, which leads to an elegant 15C gatehouse bristling with turrets and pinnacles. A sculpture of angels and warriors fighting separates the mullion windows which light the two storeys. The dining room is hung with three interesting paintings of hunting scenes. There are huge oak beams in the great chamber on the first floor. On the far side of the paved courtyard are the ruins of the main block which was built at the end of the 16C.

Return to D 8 to reach Caen.

CANON Château

Michelin map 🗺 folds 16 and 17 or 🗺 fold 31 – 25km - 16 miles southeast of Caen

🕐 **Gardens and park.** – Standing on the banks of the Laizon, the 18C Canon Château is embellished with remarkable gardens in the formal French and naturalistic English styles. Statuary and follies adorn the gardens which were planted under the direction of **J.B. Elie de Beaumont** (1732-86), a well known lawyer of the Paris Parliament and friend of Voltaire. He defended the Calas family and cleared the family's name, in the 18C Calas affair, essentially one of religious intolerance.

The principal points of interest to be seen from the promenade include the Temple of the Weeper which is in memory of Mme Elie de Beaumont who died in 1783, a pool of water, a rare Chinese kiosk and especially "les Chartreuses", parcels of land surrounded by walls where fruit and flowers grow sheltered from the wind.

In the outbuildings is the Room of the Good People which recalls the festival of the same name which was originated in 1775 by the mistress of the castle in honour of the Good Girl, the Good Old Man, the Good Mother and the Good Father. This celebration became well known and was often imitated.

CARENTAN   Pop 6 939

Michelin map 🗺 fold 13 or 🗺 fold 15 – Local maps pp 71 and 76

Situated in the low lying area of the Cotentin Peninsula *(qv)*, Carentan is an important cattle market town and one of the largest centres of the dairy industry of the Manche. A pleasure boat harbour was opened here in 1982.

SIGHTS

Our Lady Church (Église Notre-Dame). – This 12-15C church has elegant Flamboyant Gothic decoration on its southern side. The belfry dominates the whole region with its octagonal spire. Inside, the chancel is enclosed by a Renaissance screen.

The fine stone house at the corner of Rue de l'Eglise and Place Guillaume de Cerisay was the setting under the name of Hôtel de Dey, of Balzac's work *Le Réquisitionnaire.*

Place de la République. – The lovely arcades from a former covered market add an attractive note to this square. They date from the late 14C.

Town Hall (Hôtel de Ville). – The town hall occupies the elegant 17-19C buildings of a former convent for canonesses.

CAROLLES

Michelin map 🗺 fold 7 or 🗺 fold 26 – Local map p 102 – Facilities

The small village of Carolles with its sandy beach at the bottom of the cliff, lies on the last headland on the west coast of the Cotentin Peninsula before the great sandy expanses of the Mont-St-Michel Bay.

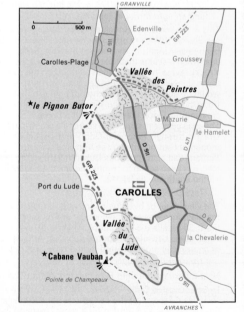

★**Le Pignon Butor.** – *1km - 1/2 mile or 1 hour on foot Rtn.* The **view** (viewing table) from the edge of the cliff extends north to Granville Rock and west to Grouin Point and Cancale in Brittany.

The Artists' Valley (Vallée des Peintres). – *Leave the car in the car park at Carolles-Plage. The path branches off from the D 911.*

This small green valley with rock strewn slopes is an attractive spot.

Le Lude Valley (Vallée du Lude). – *Follow the sign posts. Leave the car in the car park and continue on foot (1 hour Rtn).*

The path crosses a countryside of gorse and broom to reach the lonely cove, the Port du Lude.

★**View from Vauban Hut (Cabane Vauban).** – *On leaving Carolles to the south turn right after the small bridge. Park the car at the road end and then follow the path to the left going downhill. The path climbs again on the right towards the cliff.*

From this stone building, standing on a rocky mound, the **view** includes Mont-St-Michel Bay and the Mount itself. The path continues beyond the hut, skirting the cliff, to reach Le Pignon Butor and Carolles-Plage.

CARROUGES Pop 787

Michelin map 60 fold 2 or 231 fold 42

The village of Carrouges to the northwest of Écouves Forest, stands within the boundary of the **Normandy-Maine Regional Nature Park.** The park's visitors centre (la Maison du Parc) has been installed in the restored buildings of a former chapter of canons, an outbuilding of the château.

⊘ The **craft centre** has several workshops as well as displays of work for sale.

★**CHÂTEAU** *time: 1/2 hour*

Set in its park (7ha - 17 acres) this immense château belonged for almost five centuries until 1936, when it was bought by the nation, to the Le Veneur de Tillières, a famous Norman family. From the 12 to 15C the château was the seat of the Blosset and Carrouges families. During the Hundred Years War the lords of Carrouges remained loyal vassals of the King of France.

Park. – From the park with its fine trees and elegant flower beds there are good views of the château.

Exterior. – The 16C gatehouse is an elegant brick building with decorative geometric patterns. Slender towers, with pepperpot roofs and narrow dormer windows, flank the gatehouse. The château itself is austere but more imposing. Surrounded by a moat the buildings are arranged around an inner courtyard. The château was constructed largely during the reigns of Henri IV and Louis XIII to replace a fortress built on the hilltop above the village. The stables and domestic quarters occupy the ground floor while the apartments and state rooms are on the first floor.

⊘ **Interior.** – The **kitchen** has an imposing array of copper pans. The Renaissance and classical interior decoration of the apartments provides a gracious setting for the fine furniture. The **Louis XI Bedroom** was named after his visit of 11 August 1473 and retains a four poster bed embellished with velvet and Bargello work hangings. The panelling is adorned with delicate and decorative panels of foliage highlighted in a different colour.

In the principal **antechamber** the chimney breast is decorated with a hunting scene. The main or tie-beams are adorned with carved motifs. The remarkable fireplace in the **dining room** is flanked by two polished granite columns with Corinthian capitals. Some of the furniture is Louis XIV. The **portrait gallery** with its Regency chairs assembles past lords and owners. The **drawing room** or main reception room occupies part of one of the corner towers. The bluish-grey panelling dates from the late 17C or early 18C. The visit ends with the monumental great **staircase★** and its brickwork vaulting and round headed arches as they wind up and round the square stair well.

EXCURSION

Goult. – *13km - 8 miles. Leave Carrouges to the east by the D 908 and after 8.5km - 5 miles turn left into the D 204.*
Follow the path which runs between two farms to reach a Romanesque chapel. The doorway is decorated with six finely sculpted capitals portraying hunting scenes. Further on another path leads uphill to St Michael's Chapel (chapelle St-Michel). From beside the cross there is a view over Écouves Forest. The earthworks of a Roman camp are still visible.

Discover the Seine Valley, the Normandy Perche,
the Auge and Caux Regions
*with the **Michelin Green Guide** Normandy Seine Valley.*

CERISY-LA-FORÊT Pop 943

Michelin map 54 fold 14 or 231 fold 16 – 8.5km - 5 miles west of Balleroy – Local map p 51

The abbey at Cerisy is a remarkable example of Norman Romanesque architecture.

★**ABBEY CHURCH (ÉGLISE ABBATIALE)** *time: 1/4 hour*

The earliest mention of this abbey dates back to the 6C when Christianity was beginning to spread throughout Gaul. Around 510 Vigor the evangelist from Bessin *(qv)* had a monastery built at Cerisy and dedicated it to Sts Peter and Paul. In 1032 Robert I of Normandy, the father of William the Conqueror, founded a new monastery which he dedicated to Vigor the former bishop of Bayeux.

The nave, now reduced to only three bays of the original seven, is remarkable for its elevations. The great arcades are topped by a gallery and semicircular arches frame the clerestory windows.

The monks choir with its stalls dating from 1400 and the apse reproduce the three storey elevation of the nave and give a fine overall effect. The choir vaulting with its slim ribs is very graceful. The choir and especially the apse are a striking example of Romanesque architecture characterised by their delicacy and abundance of light, when most 11C buildings were often massive and sombre

On leaving note, embedded in the wall to the left, remains of the 13C nave giving some idea of its original length. Walk round the church to the east end to admire the **chevet★** with its tiered effect formed by the apse, the choir and the belfry

⊘ CONVENTUAL BUILDINGS (BÂTIMENTS CONVENTUELS) *time: 1/2 hour*

Dating back to the 13C, these buildings were bought by the nation during the Revolution. They were then quarried for building purposes or to pave the streets.

Archaeological Museum (Musée lapidaire). – A low chamber with pointed vaulting houses pieces of statues as well as 14 and 15C decorative floor tiles. At the far end of the chamber, on the left, are the remains of a dungeon with 15 and 16C graffiti.

Abbot's Chapel (Chapelle de l'Abbé). – The chapel built in the 13C following a gift from St Louis is a good example of Norman Gothic architecture. Note the double piscina beneath twin rounded arches, on the right, and the 15C frescoes above the altar. There is a good collection of vestments including stoles, chasubles and copes.

Judgment Room (Salle de justice). – The room contains furniture, documents and MSS.

★ CHAUSEY Islands

Michelin map **59** folds 6 and 7 or **231** fold 25
Access: see the current Michelin Red Guide France

The Chausey Islands, a day excursion popular with those staying in Granville, make up a small archipelago of granite islands, islets and reefs, which according to legend were once part of the ancient Scissy Forest submerged by the sea in 709.
Quarries which once supplied the brown granite for such edifices as Mont-St-Michel are no longer worked. Today, the islands are uninhabited with the exception of Great Island where the winter population of six rises to one hundred during the summer. The Chausey Archipelago is private property, except for 7ha - 17 acres around the lighthouse and fort.

★**The Great Island (La Grande Île).** – The island, 2km -1 mile long by 700m - 2 300ft at its widest point, is the largest
and the only one accessible
to visitors.

Lighthouse (Phare). – The lighthouse stands 37m - 121ft
above the sea. The beam
carries 45km - 38 miles.

Fort. – The fort was built
between 1860 and 1866
against British attack – but
has never been used as
such. It now serves as a
shelter for local fishermen.

*Go round the fort from
the left.*

The path goes by an old
cemetery with four tombs.

Old Fort (Vieux Fort). – It was rebuilt in 1923 by Louis Renault on the remains of another fort built in 1558. Its proud silhouette dominates all the coastline and especially the beach, Plage de Port Homard, where the tide goes far out at low tide. The tidal range is 14m - 46ft.

The Monks (Les Moines) **and the Elephant** (l'Éléphant). – These granite rocks with their highly evocative shapes and colour, can be reached at low tide.

⊘ **Church** (Église). – The fishermen's church is decorated with six modern stained glass windows of fishing scenes. To the left of the altar there is a model of a fishing boat. An aileron from an American plane shot down on 8 June 1944 stands as a memorial to the Liberation of Normandy.

CHERBOURG   Pop 89 858

Michelin map **54** fold 2 or **231** fold 2 – Local map p 70

Cherbourg, primarily a naval base, has also developed, because of its position, into a transaltantic passenger port for the liner Queen Elizabeth II and an important pleasure boat harbour. Cherbourg is also port of embarkation for the Channel Islands *(qv)*.

HISTORICAL NOTES

Titanic undertakings. – Vauban, in the 17C, was the first person to see the possibilities of Cherbourg as an Atlantic port. Work on the initial breakwater, proposed by a certain la Bretonnière began in 1776. This offshore barrier was to run between Querqueville Point and the island, Ile Pelée. La Bretonnière planned to submerged ninety huge timber cones filled with rubble and mortar at a depth of 20m - 66ft. Louis XVI was present at the installation of one of these cones. But the sea washed and swept away all the underwater constructions placed on its bed for three quarters of a century. An artificial island slowly began to grow with all the material accumulated over the years on the sea bed. The sea gave it its curve. Following this line a fortified breakwater was eventually built which withstood the force of the sea. Work was completed in 1853. The naval base planned by Napoleon I was eventually opened by Napoleon III in 1858.
The first transatlantic passenger ship – of the Hamburg Amerik Linie – did not berth there until 1869.

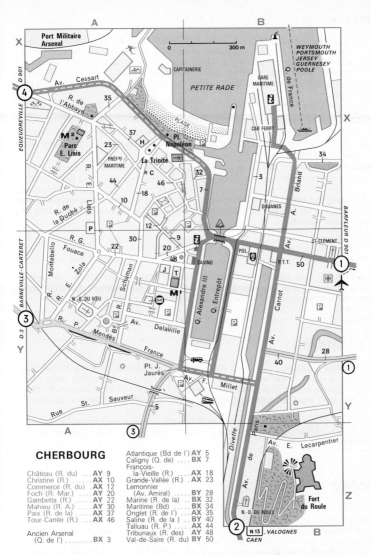

CHERBOURG

Château (R. du)	AY	9
Christine (R.)	AX	10
Commerce (R. du)	AX	12
Foch (R. Mar.)	AY	20
Gambetta (R.)	AY	22
Mahieu (R. A.)	AY	30
Paix (R. de la)	AX	37
Tour-Carrée (R.)	AX	46
Ancien Arsenal (Q. de l')	BX	3

Atlantique (Bd de l')	AY	5
Caligny (Q. de)	BX	7
François-la-Vieille (R.)	AX	18
Grande-Vallée (R.)	AX	23
Lemonnier (Av. Amiral)	BY	28
Marine (R. de la)	BX	32
Maritime (Bd)	BX	34
Onglet (R. de l')	AX	35
Saline (R. de la)	BY	40
Talluau (R. P.)	AX	44
Tribunaux (R. des)	AY	48
Val-de-Saire (R. du)	BY	50

Frogmen at work. – When the American 7th Corps took Cherbourg they found the harbour completely devastated and mined. In record time they got it back into working order, clearing it of mines and wrecks with the aid of frogmen, so that the Mulberry Harbour at Arromanches could be run down, and Cherbourg could supply the Allied armies. This role of single supply port was stepped up during the Ardennes offensive when Cherbourg was handling twice the tonnage a month that New York had been in 1939. The undersea pipeline **PLUTO** (**P**ipe **L**ine **U**nder **T**he **O**cean) from the Isle of Wight also emerged at Cherbourg, bringing petrol to the Allies from 12 August 1944.
The capture of Cherbourg on 26 and 27 June 1944 marked a decisive stage in the Battle of Normandy since it allowed for the landing of heavy equipment on a large scale.

SIGHTS

Roule Fort (Le fort du Roule) (BZ). – A road winds up to the fort with its mid-19C buildings on the top of Roule Hill (112m - 367ft), which was the main point of German resistance in 1944. The terrace on the ramparts, commands a good **panorama★** (viewing table) of the town, the harbour building, the arsenal, the vast harbour or roadstead (1 500ha - 6sq miles) sheltered from the sea by the breakwaters.

War and Liberation Museum (Musée de la Guerre et de la Libération). – Inside the museum there is a memorial commemorating World War II and the Liberation. The **map room,** on the left, illustrates the progress of the war from the Allied landings on 6 June 1944 to the final German capitulation on 7 May 1945. Three small galleries are devoted to certain episodes of the campaign such as the capture of Cherbourg on 27 June 1944. On the right another gallery regroups arms, flags and uniforms. Two more galleries are devoted to both German and Allied propaganda: posters, newspapers and pamphlets. The basement regroups French exhibits: photographs of famous war leaders, medals, the Free French Force and the underground army in France.

Thomas Henry Museum (Musée Thomas-Henry) (AY M¹). – This fine arts museum is now housed in the custom-built cultural centre. The first floor is reserved for temporary exhibitions. The first gallery, on the second floor, is devoted to paintings with Cherbourg and the sea as themes. The 15 to 19C paintings are on display in the other galleries. Do not miss Fra Angelico's altarpiece panel, *The Conversion of St Augustine* nor Filippo Lippi's *Entombment*. The 17 to 19C collection has works by Murillo *Christ on Calvary,* Vernet *An Italian Scene* and Chardin *(still life)* as well as canvases by

Poussin, Largillère and Rigaud. The local artist Jean-François Millet (1814-75) is represented by a good collection comprising numerous portraits, especially canvases of his two wives Pauline Orno and Catherine Lemarre. The last gallery has several works by another local artist from Réville, Guillaume Fouace (b 1837): still-lifes, portraits *(self-portrait holding a palette)* and *The Hopeful Fisherman.*
Bronzes by the sculptor Armand Le Veel (1821-1905) another Cotentin artist are dispersed throughout the various galleries. Note his medallion self-portrait.

Emmanuel Liais Park (Parc Emmanuel Liais) (AX). – The park, created by the naturalist and astronomer Emmanuel Liais (1826-1900) is famous for its tropical plants which flourish under the influence of the Gulf Stream.

⏱ **Museum** (Musée) (AX **M²**). – The ethnographic, natural history and archaeological sections include on the ground floor a shell collection, mammals and birds. Upstairs Egypt, Asia, Africa, Oceania and the Americas are represented by collections of mineral specimens, statuettes, musical instruments as well as arms. One showcase has exhibits illustrating the life of the Inuit (Eskimos): harpoons, seal-skin kayaks and dogsleds with whale bone runners.

Place Napoléon (ABX). – A bronze statue of the emperor by Armand Le Veel dominates this square with its attractive flowerbeds.
Nearby is **Trinity Church** (Église de la Trinité) (AX) a Flamboyant Gothic building.

⏱ **Naval Base (Port militaire)** (AX). – Only French nationals are allowed to visit the Naval Base and the Arsenal. The Arsenal as the headquarters for shipbuilding and naval armament specialises in the building of traditional and nuclear submarines.
Most of the naval vessels are berthed in the Charles X and Napoléon III Docks.

EXCURSION

Tourlaville Château. – *5km - 3 miles to the east. Leave Cherbourg to the south-east by Avenue Amiral-Lemonnier. In Tourlaville, at the crossroads prior to the Hôtel Terminus, turn right into Rue des Alliés. 800m - 875yds further on at the junction with the D 63 turn right again into the D 32. Park the car and continue on foot.*
⏱ The **park★** of this lovely Renaissance château with its crenellated windows flanked by Corinthian pilasters, is quite surprising for its tropical plants, lovely stretches of water and fine beech trees.

★ CLÉCY

Pop 1 197

Michelin map 55 fold 11 or 231 fold 29 – Local map opposite – Facilities

This township, tourist centre of the Suisse Normande, is within reach of some of the most picturesque beauty spots of the Orne Valley. The river sweeps round in a majestic curve, at the foot of steep wooded slopes topped by fine rocky escarpments which overshadow the river banks emphasising the bend. Clécy is, above all, an excellent starting point for outings.
Fishing, canoeing, climbing, hang-gliding and riding enthusiasts will find everything here to help them enjoy their favourite sports.

SIGHTS

⏱ **Model Railway Museum (Musée du chemin de fer miniature)** (**M**). – Locomotives and wagons speed round a vast layout with landscapes from the Suisse Normande or Flanders. The layout becomes a fairyland in the dark with châteaux, houses, factories and trains themselves lit up.
Outside a miniature train goes round the estate.

Vey Bridge (Pont du Vey). – The banks of the Orne with their open-air cafés, make a charming scene. A path follows the river bank to reach La Lande Viaduct (1km - 1/2 mile) passing on the way the Rochers des Parcs, a popular spot with climbers.

EXCURSIONS

★ **La Faverie Cross (Croix de la Faverie).** – *3/4 hour on foot Rtn.*
From the car park between the post office and the church drive in the direction of La Faverie Cross. At the stop sign turn right, then make a quick left and continue to climb.

At a junction turn left, at the next junction bear left again and continue to the crossroads where the cross stands.

Make a sharp left at the end of two fields to reach a group of pine trees from which there is a very pretty **view** *(picnic site)*, one of the most characteristic of the Suisse Normande: the Rochers des Parcs, seen from the side, overlook the river which passes under the La Lande Viaduct, which blends perfectly with the countryside.
It is also possible to drive up to the cross by following the sign posts. As you follow the surfaced road you come to a grassy area at a corner, off which branches a rough track leading to the cross.

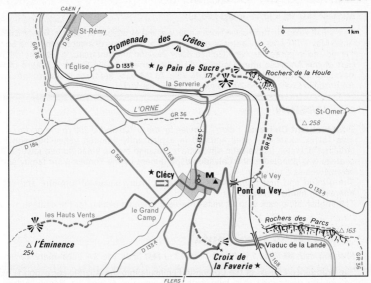

★ **Sugar Loaf (Le Pain de Sucre).** – *2 hours on foot Rtn. Leave Clécy by the La Serverie road. Cross the bridge over the Orne and the level crossing, and 100m further on, turn right. A sign on the left shows the start of the path to the Sugar Loaf.*

This path *(blazed with red and white markers)* climbs up the side of a valley on the right bank of a stream. Cross the stream. Entering the copse, keep to the right for a trail that rises quickly and obliquely to the right, and leads to the foot of a hillock which you climb. From the top of the Sugar Loaf, the sweep of the Orne is the outstanding feature in the **panorama.** On the way down, on reaching the foot of the hillock, keep to the right along the slope opposite that by which you came, and follow a winding path *(blazed with red and white markers of the Long Distance Footpaths)* which, passing below the Rochers de la Houle, comes out at the little rustic Church of Vey.

L'Éminence. – *2 hours on foot Rtn. Leave Clécy by the D 168.* 300m – about 1/4 mile outside of town turn left towards the valley, pass in front of the police station and cross the D 562 in the direction of Grand Camp. Bear right into this hamlet and turn left to Les Hauts Vents; then the road rises along the north slope of l'Éminence. Without trying to reach the top of the hill 254m – 833ft, which is covered with thorny bushes, you can have a pleasant stroll across the fields looking out over a wide panorama of the Normandy *bocage* and the Orne Valley.

The Crests' Road (Promenade des Crêtes). – *8km – 5 miles – about 3/4 hour. Leave Clécy starting near the church and take the D 133C in the direction of La Serverie. Cross the bridge over the Orne, then turn left to St-Rémy; after 1 500m – about 3/4 mile turn right into a hairpin bend and follow the Crests' Road.*

The road overlooks the valley and all along the drive offers beautiful viewpoints of the lazy wanderings of the Orne and its surroundings especially by the Pain de Sucre and the Rochers de la Houle. Follow the wooded banks and bear left on the road (sharp bend) which returns to St-Omer by the south.

CLERMONT Abbey

Michelin map 🅖🅖 north of fold 9 or 🄰🄰🄰 fold 6 – 15km - 9 miles west of Laval

This former Cistercian abbey, a daughter-house of Clairvaux, was founded in 1152 by St Bernard with the encouragement of Guy V, Count of Laval.

The ruins of what was once a thriving abbey until the Revolution stand in a rural setting. An association of volunteers is undertaking the restoration of the abbey buildings.

⊘ **TOUR** *time: 1/2 hour*

Choir monks range (Bâtiment des pères). – At the entrance stands the 17C choir monks building with its row of dormer windows so typical of Mansart.

Church (Église). – We first see the flat east end before coming to the plain west front with its sober Romanesque doorway and round headed recessed arches and four staged buttresses. The aisles have been partly destroyed but the size of the building is impressive, emphasised by the purity of line and large windows which flood the wide transept with light. The east end of the chancel is pierced by six windows on three different levels while six rectangular chapels open off the arms of the transept.

Cloisters courtyard (Cour du cloître). – The south arches of the nave open onto the courtyard of the former wooden cloisters which have now disappeared. The cloisters led to the various other abbatial buildings: in the north the church; in the south to the refectory, library, kitchen and warming house; in the east to the choir monks range and in the west to the lay-brothers range.

Lay-brothers range (Bâtiment des convers). – Two lovely vaulted chambers remain on this side. The storeroom with groined vaulting supported by four central pillars and the refectory with vaulting of schist slabs on edge, resting on three central pillars.

CONDÉ-SUR-NOIREAU Pop 7 257

Michelin map 55 fold 11 or 231 fold 29

This small village in the Suisse Normande, was the birthplace of Admiral **Dumont d'Urville** on 23 May 1790. This navigator was famous for his voyages of exploration to the South Pacific and in particular, New Guinea, New Zealand and Antarctic. In 1840 he named part of the Antarctic after Madame d'Urville namely Adélie Coast. A statue of the navigator stands in Place de l'Hôtel de Ville. At the base are three rocks brought back from Adélie Coast by the 20C explorer Paul-Émile Victor.

EXCURSION

Pontécoulant Château. – *8km - 5 miles by the D 105 and D 298 to the north.*
This 16-18C château is well situated in a pleasantly wooded valley between two stretches of water. Its majestic silhouette is crowned by two small domed towers. The château was donated to the Calvados département by the Pontécoulant family and it now serves as a museum.
The ground and first floor rooms have some lovely pieces of furniture and some interesting family portraits.
The English style park with its vistas makes a splendid setting for the château.

★★ COTENTIN Peninsula

Michelin map 54 folds 1 to 3 and 11 to 13 or 231 folds 1 to 3 – Local maps pp 70-71

The pronounced thrust of the Contentin Peninsula into the Atlantic corresponds with an equally uncharacteristic landscape: the austerity around La Hague is less a reminder of Normandy than a foretaste of Brittany.
The wooded *bocage* hinterland, the cradle of a race who for a time controlled the fortunes of the different countries of the central Mediterranean, deserves to be better known.

GEOGRAPHICAL NOTES

In addition to the typical Norman woodlands *(p 12)*, there are three distinct geographical areas in the peninsula.

The Contentin "Pass". – The lower plain, watered by the converging Vire, Taute and Douve Rivers, resembles an open parkland where cows, whose dairy products are sold in the wholesale market at Carentan, graze placidly.
Towns and villages crown the lowest hills or stand upon the alluvial plateau of Ste-Mère-Église, the horse and cattle breeding area for which Normandy is famous *(p 14)*.
This low-lying area includes marshlands which extend to the centre of the peninsula: if the sea were to rise by 10m - 30ft the Contentin Peninsula would once again become an offshore island.
It was one of Napoleon's more ambitious projects to build a canal linking the Bay of Veys to the west coast.
Since 1952 the working of peat has brought new life to Baupte – the 70 000 tons cut annually being used as fuel to produce steam or for thermal electric power as well as the manufacture of fertilisers. Peat is also used by a large seaweed factory which extracts the industrial colloids required by the food, pharmaceutical and cosmetic industries.
The marshes are also grazed and attract wildfowlers.

The Val de Saire. – The name applies not only to the delightful Saire Valley but to the whole of the northeast of the peninsula.
From the top of the Gatteville Lighthouse you can clearly see the granite plateau which gradually dips beneath the sea, the dense woods inland and the busily picturesque small harbour towns of St-Vaast and Barfleur, which make the area so attractive. The mild climate enables cattle to be left out of doors for nine months of the year and early vegetables to be grown along the coast, which has become the golden fringe of this green mantle.

Cape of La Hague. – This granite spine becomes more and more rugged and wild the closer you get to Auderville and Jobourg – grandiose end of the world places. On the far side of the Alderney Race, where the current often runs at more than 8 knots, lie the Channel Islands which, only a short time ago geologically speaking, were part of the mainland *(local map p 128)*.

HISTORICAL NOTES

The Normans as Kings of Sicily (11 and 12C). – Many Cotentin Normans decided at the beginning of the 11C to escape the heavy authority of the then Duke. They took to the roads leading to the Holy Places, their devotion to St Michael leading some to Mount Gargano in southern Italy, where the feudal barons were in a perpetual state of war.
A system of troop raising was thereupon instituted – the Cotentin was both poor and overpopulated – for the benefit of such as the Lord of Apulia when he sought to rebel against Byzantium.
The exploits of three sons of **Tancrède de Hauteville,** a minor baron from the Coutances area, aroused great enthusiasm. The eldest William, known as Iron Arm, profited from the local imbroglio to chase away those who had summoned him and became William of Apulia in 1102. His two brothers, however, were the true founders of Norman power in the Mediterranean: Robert Guiscard de Hauteville and, even more, his younger

brother Roger, who became one of the strongest Christian monarchs. The reign of Roger II from 1101 to 1154 surpassed that of all others in brilliance and display. The last Norman King of Sicily was Manfred who was killed at Benevento in 1265 by Charles of Anjou, brother of St Louis, and whose tragic fate was sung by Dante, Byron and Schumann.

The Naval Battle of La Hougue (1692). – James II of England when deposed by William of Orange in 1688 sought refuge in France where Louis XIV supported his dreams of restoration.

In 1692 a plan was formulated to invade England with the aid of Irish troops gathered at St-Vaast. The French Admiral of the Fleet **Tourville** was commanded to proceed to La Hougue with forty-four ships to protect the operation. But at dawn off Barfleur the French met the combined Anglo-Dutch fleet of ninety-nine vessels under Admirals Russell, Rooke and Van Allemonde. After a terrific battle which lasted all day the French broke away to escape encirclement; the plan by which the undamaged ships were to run for Brest and those damaged were to use the Alderney Race to speed them to St-Malo miscarried.

Then disaster struck. As the damaged ships rounded Cape of La Hague the fierce current changed directions and thirteen ships were carried away northwards like mere corks.

Still in command Tourville decided to beach the ships which had taken refuge in St-Vaast roadstead. This desperate measure, however, proved fatal. Tourville had no authority over the Irish troops, who did nothing to save the grounded ships lying off La Hougue *(p 116)* and Tatihou. The English then set fire, with little difficulty, to the pride of the French Navy (2-5 June 1692) and James's last hopes of restoration went up in the flames.

The War of the Hedgerows. – For the American soldiers of 1944 the Cotentin campaign – the advance to Cherbourg and the Battle of St-Lô – is summed up in the description "the war of the hedgerows".

Leafy hedges and sunken lanes such as those that divide the Normandy *bocage* are unknown in America and came as an unpleasant surprise for the troops. But as a place for defensive warfare or guerrilla tactics the countryside was ideal offering unending opportunities.

Modern arms were not much help: 4-inch shells scarcely shook the tree covered embankments which constituted natural anti-tank barriers; armoured vehicles moved with difficulty along the roads; only the foot soldier could fight successfully in this "hell of hedges".

The effort of fighting against an invisible enemy was exhausting; every field and orchard crossed was a victory in its self; progress was slow and was often estimated by number of hedges passed. The terrain had to be declared clear before the tanks moved into action. So that the tanks could operate with a maximum of efficacy an American sergeant devised a system whereby a sharp steel device, not unlike a ploughshare, was attached to the front of each tank.

★ THE UTAH BEACH SECTOR

① From Carentan to Barfleur
75km - 47 miles – about 2 3/4 hours – Local map p 71

Carentan. – *Description p 62.*

> *Leave Carentan by the N 13 in the direction of Ste-Mère-Église. Shortly before St-Côme-du-Mont, turn right into the D 913.*

The road between St-Côme and Ste-Marie-du-Mont crosses the *bocage* country of Ste-Mère-Église.

Ste-Marie-du-Mont. – Pop 770. One's first sight of the impressive Church of St Mary is of its square 14C tower of which the top storey is a Renaissance addition (restored in 1843 after a storm). The nave is early 12C, the transept and chancel 14C, also the nave's windows and vaulting. Inside, are a late 16C figured pulpit and in the chancel, on the left, a funerary statue of Henri Robert aux Espaulles carved in the early 17C.

A roadside monument commemorates the 800 Danish sailors who took part in the D-Day Landing.

Utah Beach. – *Description p 122.*

Dunes-de-Varreville. – 100m from the Route des Alliés, in an opening in the dunes, a rose granite monument in the form of a ship's prow and bearing the cross of Lorraine commemorates the landing of the 2nd French Armoured Division under General Leclerc on 1 August 1944.

The coastal road is separated from the sea by a line of dunes which successfully hide it from sight; however in some places, between Les Gougins and Quinéville, the view extends along the coast from the Grandcamp Cliffs to the La Hougue Fort and Saire Point.

The low granite houses with their slate roofs typify the Saire Valley.

Quinéville. – Pop 192. Good view of the St-Vaast roadstead from the square near the church.

Quettehou. – Pop 1336. The 13C granite **church** on a height is flanked by a tall 15C belfry.

From the cemetery there is a view of Morsalines Bay, La Hougue Fort and Saire Point.

★ Saire Valley (Val de Saire). – The tour starting from Quettehou crosses a pleasantly green countryside and affords good views of the east coast of the Cotentin Peninsula.

> *Leave Quettehou to the north by the D 902 the Barfleur road, turning left into the D 26 which climbs through apple orchards to the village of Le Vast where you turn right.*

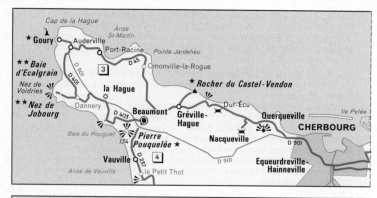

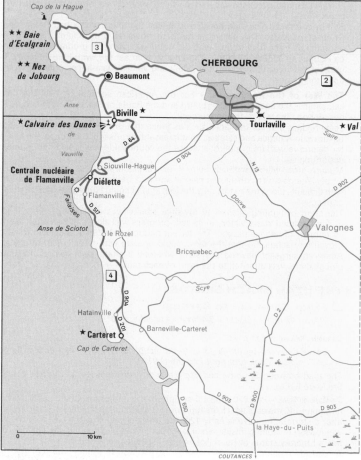

The countryside with its rolling woodlands and pastures in the valleys has the appearance, in places, of a park.

At Valcanville turn right into the D 125. At the D 328 crossroads turn left into the road to La Pernelle, from which you turn off right after 300m following the sign post église, panorama.

Beyond the rebuilt church of **La Pernelle** is a former German blockhouse, once an observatory, which commands a **panorama**★★ (viewing table) extending from the Gatteville Lighthouse to the Grandcamp Cliffs and, in clear weather, Percée Point, by way of Saire Point, Réville Bay, Tatihou Island, La Hougue Fort and the St-Marcouf Islands.

Return to the D 902 following the direction Pernelle Bourg.

St-Vaast-la-Hougue. – *Description p 116.*

The D 1 to the north skirts the harbour and coast for 3km - 2 miles.

Beyond Réville the road passes La Crasvillerie, a delightful 16C manor house. This is market gardening country where they specialise in cabbages. As you approach Barfleur, the countryside becomes more Armorican in character with granite houses, rocky bays and gnarled trees bent by the wind. Gatteville Lighthouse stands to the north.

Barfleur and excursions. – *Description p 45.*

★★ THE NORTH COAST

② From Barfleur to Cherbourg

38km - 24 miles — about 1 1/2 hours

Barfleur. — *Description p 45.*

Between Barfleur and St-Pierre-Église, the road crosses the pastureland of the Saire Valley *(qv).*

Tocqueville. — Pop 291. This was the family seat of Alexis de Tocqueville (1805-59) the historian of *Democracy in the United States* and the *Ancien Régime and the Revolution.*

St-Pierre-Église. — Pop 1 582. The 17C church has a 12C Romanesque doorway. The 18C **château** was the family home of the Abbé de St-Pierre, the 17C author of a plan for peace entitled *Projet de Paix perpétuelle.*

There are several good **viewpoints★** from the Fermanville-Bretteville corniche, notably those at Brulay Point (Pointe du Brulay) and Brick Bay.

Shortly after Brick Bay turn left when you reach the Auberge Maison Rouge, to climb uphill towards Maupertus-sur-Mer. A track on the right leads to the television relay station.

★ **Belvedere.** — There is a magnificent view of the coast and Cherbourg in the distance.

Return to the D 116 and in Bretteville take the D 320 towards Le Theil.

Gallery grave (Allée couverte). — Dating back 4 000 years, this collective burial chamber consists of a double row of upright stones supporting flat slabs laid horizontally.

Return to Bretteville.

As you approach Cherbourg you can see the roadstead and Pelée Island which serves as an anchor for the mole which, with the great breakwater, divides the harbour from the sea. To the left is the sandstone bank crowned by Roule fort.

Cherbourg. — *Description p 64.*

③ From Cherbourg to Beaumont

47km - 29 miles — about 2 hours — Local map opposite

Cherbourg. — *Description p 64.*

Leave Cherbourg by ④ the D 901.

Equeurdreville-Hainneville. — Op 13 546. The hall, stairway and first floor council room of ⊙ the **town hall**, are the setting for some thirty 19C paintings by Chrétien, Campain, Jaron, Mar'Avoy, Faucon and Leroux.

The road then runs along the roadstead and past some beaches.

Querqueville. — Pop 5 224. Left of the parish church stands the Chapel of St-Germain (10C) the oldest religious building of the Cotentin area and perhaps of western France; note the trefoil plan and the fishbone motif on the walls. Go between the chapel and the parish church, from the chevet there is an interesting view over the Cherbourg Roadstead, its forts and its jetties. The panorama stretches to the east as far as Cape Lévy and to the west to Jardeheu Point.

Leave Querqueville in the direction of Urville-Nacqueville and turn left just before the hamlet of La Rivière.

A château soon appears on the left side of the road.

⊙ **Nacqueville Château.** — This beautiful 16C edifice, its postern and towers covered with ivy, makes a romantic sight, standing as it does in its **park★** of oak trees and rhododendrons *(visit in May-June when the rhododendrons are in bloom)* around a limpid pool. Only the great hall with its beautiful Renaissance chimney is open to the public.

At the entrance to Landemer, on the left side of the road, note the oddly grouped towers of the old **Dur-Écu Manor** restored in the 16C but resting on 9C foundations. After Landemer the road rises in the Habilland Ravine, soon to the right a beautiful perspective opens from the Cape Lévy Lighthouse to Jardeheu Point.

Gréville-Hague. — Pop 432. The small squat church served as a model for Millet *(qv)* in his works of Norman landscapes. His bust can be seen on a rock at the crossroads.

★ **Castel-Vendon Rock** (Rocher du Castel-Vendon). – *1 hour on foot Rtn.* Leave the car by a public wash house on the left and continue straight ahead on foot by a sunken road which then becomes a footpath: certain parts of this itinerary are difficult. The path winds through bracken as it follows the right hand side of the valley. From a rocky promontory, there is soon a **view** of the coast from Cape Lévy to Jardeheu Point. In the foreground stands the granite rock spine surrounded by deep ravines, known as the Castel-Vendon Rock.

The sea reappears during the long hydrangea bordered descent to Omonville-la-Rogue. After Omonville the road skirts St-Martin Bay before rising to St-Germain-des-Vaux from where the minute **Port-Racine** can be seen. The landscape is now moorland broken by rock spikes.

At the entrance to **Auderville** (Pop 218) a road down to Goury enables you to explore the north end of Cape La Hague. Beyond the foam lined shore at the island lighthouse of La Hague and, in the distance, the steep cliffs of Alderney.

★ **Goury**. – The small harbour, only refuge for fishermen caught in the Alderney Race *(p 68)*, is an important coast guard and life boat station. Two slipways enable the lifeboat to be launched from its octagonal station at either high or low tide.

★★ **Écalgrain Bay** (Baie d'Écalgrain). – This desolate beach, backed by heathland, is one of the area's wild but imposing beauty spots. To the left of Alderney one can make out Guernsey and Sark *(qv)* and on the horizon the west coast of the Cotentin Peninsula.

Écalgrain Bay

From Dannery follow the D 202 to the headland, Nez de Jobourg.

★★ **Nez de Jobourg**. – *Description p 89.*

⊙ **La Hague Atomic Centre** (Usine atomique de La Hague). – The roadside **information centre** explains the workings of the centre which produces plutonium. The viewing terrace gives visitors some idea of the various installations involved.

Take the D 403, a steep downhill road, opposite the power station.

The road is particularly difficult between Herqueville and Beaumont. Leave the car in a lay-by in a bend beyond **Herqueville** to look at the **vista★★** across Vauville Bay and over the Flamanville Cliffs. The descent continues with Houguet Bay on the right.

Beaumont. – Pop 1 381. This was the home town of the 17C smuggling family, the Jallot de Beaumont. Many of the staff from the atomic power station stay in this town.

★★ THE WEST COAST

④ From Beaumont to Carteret

45km - 28 miles – about 1 1/2 hours – Local map p 70.

Beaumont. – *Description above.*

Between Beaumont and Biville, the road goes down towards the shore and then climbs up again to the plateau.

★ **Pierre-Pouquelée**. – *3/4 hour walk Rtn starting from the D 318.* Leave the car 200m before the first houses of Vauville and walk inland up a steep path on the right. When it reaches the plateau turn left to reach the almost totally ruined Pierre-Pouquelée gallery grave. Continue right to a small rise from which there is a magnificent **panorama** of the coast from the Nez de Jobourg to the Flamanville Cliffs. In clear weather you can also see Alderney *(qv)* and, inland, Jobourg village and the Beaumont belfry. This is now a popular spot for hang gliding.

Vauville. – Pop 343. The country church and Renaissance manor house, nestling in a hollow of the wild bay to which the village gave its name, are most attractive. Standing upon a height is the recently built Priory of St-Hermel, originally erected by a companion in arms of William the Conqueror, Richard de Vauville, an ancestor of Field Marshal Lord Wavel (1883-1950).

From a steep hill after the village of Petit-Thot, there is a grand **view**★ of the barren countryside around Vauville Bay. Gliding enthusiasts have used Camp Maneyrol since 1923.

★ **Biville.** – *Description p 52.*

At **Siouville-Hague** the road runs once again beside the dunes and the sea. On the way down to Diélette there is a lovely view of this small port.

Diélette. – The small port of Diélette, at the foot of the dark cliffs, is the only refuge between Goury and Carteret. As the tide goes out, a beach of fine sand appears between its two breakwaters.

⊙ **Flamanville Nuclear Power Station** (Centrale nucléaire de Flamanville). – This nuclear power station, occupying 120ha - 300 acres, stands in part on the granite bedrock, and in part on an artificial platform that juts into the ocean. Two production units are planned with an installed capacity of 1 300 million kW each. The first was completed in 1985 and the second a year later. Each unit produces 9 000 million kWh.

The plant uses enriched uranium to fuel the reactor and water as the cooling agent and for the production of steam to activate the turbines.

Between Flamanville and Le Rozel the road overlooks **Sciotot Bay** (Anse de Sciotot); Cape Flamanville and, to the south, Le Rozel Point are visible. The cliffs become lower, giving way to dunes.

Between Hatainville and Carteret the road runs along the dunes, the highest on the Norman coast. The grass covered hollows between the dunes are known locally as *mielles*.

★ **Carteret.** – *Description p 46.*

★★ COUTANCES   Pop 13 439

Michelin map 54 fold 12 or 231 fold 26 – Facilities

Coutances, the religious and judicial centre of the Cotentin Peninsula, is perched on a hillock crowned by the town's magnificent cathedral.

In the 3C the town changed its name from that of Cosedia to Constantia after the Roman Emperor Constantins-Chlorus (293-306) who had abandoned Rome in favour of Trier (Trèves in French). The name Cotentin itself is derived from the fact that this was the diocese of Constantinus.

In the 14C Coutances acquired an aqueduct (ancien aqueduc). Today only three arches remain standing to the northwest of the town on the Coutainville road.

★★★ CATHEDRAL (CATHÉDRALE) (YZ) *time: 1/2 hour*

This cathedral, through the felicity of its proportions and the purity of its lines, is one of the most successful of Norman Gothic buildings *(p 25).*

Geoffroy de Montbray – one of those great prelate knights Duke William gathered round him before he went to England – completed the first nave in 1056. Then, thanks to the generosity of the sons of Tancrède de Hauteville whose amazing Mediterranean adventure had just begun *(p 68),* he built the chancel, transept, central tower and the façade with its twin octagonal towers reminiscent of those at Jumièges.

In 1218, after the town had been burnt down, a new Gothic cathedral was literally mounted on the remains of the 11C church, involving prodigious adaptations of style as can be seen from the way the Romanesque towers of the old façade were incorporated in a new rectangular front and surmounted by spires.

Exterior. – Above the great window a beautiful gallery crowns the façade while on either side rise the towers, quartered at their highest, octagonal level, by graceful elongated pierced turrets. The profusion of ascending lines, so remarkable in their detail, culminates in the flight of the spires which rise to 78m - 256ft. The bold turreted lantern tower at the transept crossing is noteworthy for its slender ribbing and fine, narrow windows.

At the east end, the double series of flying buttresses are supported by the same vertical buttresses; the lower series receives the thrust from the vault and the ambulatory and the upper series the thrust from the vault of the choir at the same level as the pointed arches.

Interior. – Pause at the beginning of the nave for a remarkable general view of this singular building with its upswept lines: to right and left wide arcades are lined above by galleries where the lower windows, surmounted by blind rose windows, have been blocked up; above again, along the bottom of the clerestory windows, a second balustrade of a different design, lines the walls.

In the transept, two massive pillars which formed part of the original Romanesque building were ornamented in the Gothic period with graceful upsweeping columns. Dominating the transept crossing is the octagonal **lantern tower**★★★ *(photograph p 25).* It is 41m - 135ft high at its apex and the best example of its type in Normandy. On the first level of the lantern is a balustrade and twin arches; at mid-height the columns of a second gallery support the ribs of the pointed vaulting and flank the tall windows illuminating the eight sided cupola.

The north transept contains the oldest, 13C stained glass windows; the south, a 14C window, in sombre tones, of the Last Judgment.

The chancel, with the same architectural simplicity as the nave, is later in date and wider. As you walk round the two ambulatories, note the false triforium formed from two arches each covering twin bays. The radiating chapels are shallow and the ribs of their vaulting combine with the corresponding ambulatory bay rib to form a single arch. The central apsidal chapel, known as the Circata, which was rebuilt and enlarged in the second half of the 14C, contains the beautiful and deeply venerated 14C statue of Our Lady of Coutances. Miraculously the statue survived the 1944 bombing.

COUTANCES

*All
town plans
are
north orientated.*

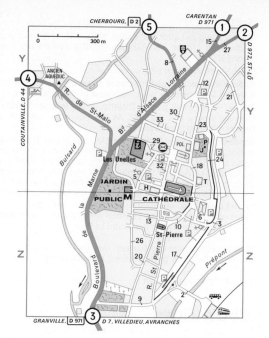

ADDITIONAL SIGHTS

★ **Public Gardens (Jardin public)** (YZ). – The entrance is flanked by an old cider press on
one side and the Quesnel-Morinière Museum on the other. The terraced promenade
traverses the sloping gardens with its many flowerbeds and pine trees. The obelisk in
the centre commemorates a former mayor Jean-Jacques Quesnel-Morinière.

Quesnel-Morinière Museum (Musée Quesnel-Morinière) (YZ **M**). – The museum is installed
in the former Hôtel Poupinel, which was bought in 1675 by the king's counsellor of the
same name. The collections are mainly local: regional pottery, paintings by local artists
(portrait of Marianne Delanoy by Blaisot, one of David's pupils as well as a St Luke and
a St Augustine by Robert Bichue).

Outstanding, however, is Ruben's *Lions and Dogs Fighting*. The popular arts and
traditions section includes 18-20C costumes from the Coutances area, 18 and 19C
regional pottery (jugs, fountains and ceramic finials used to decorate roof crestings),
headdresses, furniture and kitchen utensils.

Les Unelles (Y). – A new steel frame and glass-walled building adjoins the former
seminary buildings which have been transformed to house a cultural centre, the tourist
information centre and the local authority offices. The name is derived from the Unelli
whose capital was Cosedia, present day Coutances.

St Peter's Church (Église St-Pierre) (Z). – This fine 15 and 16C church built by Bishop
Geoffroy Herbert, was given a lantern tower over the transept crossing. In accordance
with Renaissance custom, it was decorated ever more richly as the height increased.

EXCURSION

Excursion to the coast. – *Round tour of 35km - 22 miles. Leave Coutances by ④, the
D 44 and then turn right onto the D 244.*
On the way you pass the overgrown remains of the aqueduct.

★ **Gratot Château.** – *Description p 88.*

*In St-Malo-de-la-Lande take the D 68 towards Tourville-sur-Sienne and then the
D 272 to the right to Agon-Coutainville.*

Coutainville. – Pop 2372. Facilities. Coutainville is one of the more popular resorts on the
west coast of the Cotentin Peninsula. Its long beach of fine sand is bounded by the
Channel to the west and the Sienne estuary to the east. At low tide these great wet
sandy stretches are popular for those looking for shrimps, cockles and clams.

Take the road leading to Agon Point.

This stretch of countryside has an unreal look about it with its unusual vegetation
associated with the sandy habitat.

Agon Point (Pointe d'Agon). – The line of stones on the right hand side of the road is a
memorial to the author **Fernand Lechanteur** (1710-70) who wrote in the Norman dialect.
From the headland there is a good view of this part of the Channel coast and especially
of the port of Regnéville on the other side of the estuary.

Return to Agon-Coutainville and then follow the road to the hamlet, Rue d'Agon.

The D 72 soon overlooks the silted up port of Regnéville.

Tourville-sur-Sienne. – Pop 542. The roadside statue is of Admiral de Tourville who lost the
Battle of La Hougue *(qv)*. From the terraced cemetery (road from the statue) there is
a good view of Regnéville harbour "closed off" by the sandy headland, Montmarin
belfry, Granville Rock, and in clear weather, the Chausey Islands.

Return to Coutances via the D 44.

In the final descent there is a view of Coutances dominated by its towers.

CREULLY

Michelin map 54 fold 15 or 231 fold 17 – Local map p 60

This small town, overlooking Seulles Valley, is well situated at the centre of a limestone plateau, a region rich in fine buildings.

⊘ **Castle (Château).** – The castle is built on the foundations of an 11C building. The main 12C range adjoins a round 16C tower, a square keep and Louis XIII stables.
The chambers have pointed vaulting. The inscription "BBC Be silent - No entry" on the door of the 12C building reminds us that in 1944 this was a BBC studio. There is an exhibition of photographs and equipment used by the English, Canadian and French journalists who worked here.
From the castle terrace there is a view of **Creullet Château** standing in a loop of the Arromanches road. It was in the park of this château in June 1944 that General Montgomery set up his famous caravan headquarters, camouflaged as hay stacks. On the 12 June 1944 Montgomery received King George VI and Sir Winston Churchill in the château.

Tithe Barn (Grange aux dîmes). – *On the Bayeux road.* This powerfully buttressed building was where the tithes in custom or kind were collected.

★ D-DAY BEACHES (PLAGES DU DÉBARQUEMENT)

Michelin map 54 folds 3, 4 and 13 to 17 or 231 folds 15 to 18

The beaches described here, which were chosen for the invasion of France in June 1944 and have entered history in this connection, are those on the **Calvados Coast** between the mouths of the River Orne and the River Vire, also known as the **Mother-of-Pearl Coast** (Côte de Nacre).
The Calvados region owes its name to the underwater rocks which lie offshore near Arromanches. After the defeat of the Spanish Armada in 1588 one of the Spanish ships which was running for home sank off the Normandy coast and over the years its name, *Salvador,* has been distorted into Calvados.
The variety of the Calvados coast reflects its hinterland; the open farmlands of the Caen countryside produce a perfectly flat shoreline.
The more indented coast west of Asnelles consists of low and often crumbling cliffs, which correspond to the undulating Bessin pastures *(p 13)*.

THE D-DAY LANDINGS

The Dawn of D-Day. – The formidable armada, which consisted of 4 266 barges and landing craft together with hundreds of warships and naval escorts, set sail from the south coast of England on the night of 5 June 1944 *(for further details see "The Battle of Normandy", p 18);* it was preceded by flotillas of minesweepers to clear a passage through the mine fields in the English Channel.
As the crossing proceeded airborne troops were flown out and landed in two detachments at either end of the invasion front. The British 6th Division, charged with guarding the left flank of the operation, quickly took possession of the Bénouville-Ranville bridge, since named Pegasus Bridge *(p 76)* after the airborne insignia, and stirred up trouble in the enemy positions between the River Orne and the River Dives to prevent reinforcements arriving from the east or south. West of the River Vire the American 101st and 82nd Divisions mounted an attack on key positions such as Ste-Mère-Eglise *(p 116)* or opened up the exits from Utah Beach.

The British Sector. – Although preliminary bombing and shelling had not destroyed Hitler's Atlantic Wall, it did have the desired effect of disorganising the German defence. The land forces, usually preceded by commandos charged with destroying the most dangerous pockets of resistance, were therefore able to make contact with their objectives, divided into three beachheads, each assigned to a pre-determined force.
The hastily organised attempts to counter-attack by German tanks were crushed under naval bombardment. The destruction of enemy strongpoints – Douvres held out until 17 June – was the major objective immediately following the landing.

Sword Beach. – The Franco-British commandos landed at Colleville-Plage, Lion-sur-Mer and St-Aubin. They captured Riva-Bella and the other more obdurate strongpoints at Lion and Langrune (which resisted until 7 June) and then linked up with the airborne troops at Pegasus Bridge. The main strength of the British 3rd Division then landed. This area, which was completely exposed to the Germans' long range guns in Le Havre, became the crucial point in the battle. The Allies did not launch a major offensive against the east bank of the River Orne until 18 July.

Juno Beach. – The Canadian 3rd Division landed at Bernières and Courseulles and reached Creully by 5pm. Almost a month later they were the first troops to enter Caen on 9 July 1944.

Gold Beach. – The British 50th Division landed at Ver-sur-Mer and Asnelles; by the afternoon a flanking movement had made them masters of Arromanches and the artificial Mulberry harbour could be brought into position. The 47th Commandos advanced 20km - 12 miles through enemy territory and captured Port-en-Bessin during the night of 7 June.
On 9 June the British sector joined up with the Americans from Omaha Beach. On 12, after the capture of Carentan had enabled the troops from Omaha and Utah Beaches to join forces, a single beachhead was established.

The American Sector. – The events involved in the landing of American troops at **Omaha Beach** and **Utah Beach** are described on pp 105 and 122 respectively.

★THE BEACHES: Sword Beach – Juno Beach – Gold Beach

① Caen to Bayeux *71km - 44 miles – about 1 1/4 hours – Local map p 77*

★★★ Caen. – *Description p 53.*

Leave Caen by D 515, ② on the plan.

On the outskirts of Caen the Colombelles steel works can be seen on the east bank of the river. The road to Riva-Bella runs down the lower Orne Valley west of the ship canal.

Bénouville. – Pop 931. The Town Hall, which stands alone in a fork in the road near Pegasus Bridge, was occupied by the British 5th Parachute Brigade at 11.45 pm on 5 June.

Pegasus Bridge. – The two Bénouville-Ranville bridges were captured after a brief engagement during the night of 5-6 June by the British 5th Parachute Brigade; Pegasus was their emblem and the canal bridge was named Pegasus Bridge in memory of their achievement. The **6 June 1944 D-Day Museum** recalls the exploits of the British 6th Airborne Division in the Orne estuary. Uniforms and weapons are on display; a model explains the dropping zones; photos show the men training in England.

Near the bridge, between the canal and the River Orne, stands a commemorative monument. From there one can see the peristyle façade of the imposing 18C Bénouville Château.

★ Ouistreham-Riva-Bella. – *Description p 106.*

From Riva-Bella to Asnelles, the road (D 514) follows the line of a section of the Mother-of-Pearl Coast, through summer resorts where houses and blocks of flats are proliferating.

Colleville-Montgomery. – Pop 1 430. At dawn on 6 June the 4th Anglo-French commandos landed here under the command of Captain Kieffer. In gratitude the local commune of Colleville-sur-Orne added to its name that of the Victor of El Alamein (monument) and commander of the British forces.

La Brèche d'Hermanville. – An old French battleship, the *Courbet,* was scuttled off the coast to act as a **blockship** and provide Sword Beach with an artificial sea wall during the 1944 landing.

Lion-sur-Mer. – Pop 1 824. Facilities. This family seaside resort has a 16C-17C **château,** in Haut-Lion, set in a park. The church has retained its 11C Romanesque tower and handsome capitals.

Luc-sur-Mer. – Pop 2 609. Facilities. Luc is a seaside resort known for its bracing air; at low tide the rocks are covered with seaweed. The spa offers hydro sodium iodate cures; there is a marine zoology laboratory. The **municipal park★** *(35 Rue de la Mer),* a beautiful garden with trees and flowers, provides an oasis of greenery. The local curiosity is the skeleton of a whale which was washed up on the beach in January 1885; beside it are two Gallo-Roman sarcophagi.

Langrune-sur-Mer. – Pop 1 349. The name of this resort on the Mother-of-Pearl Coast is Scandinavian in origin and means 'green land'; it should probably be attributed to the abundant seaweed which fills the air with iodine. The 13C **church** has a very handsome bell tower similar to the tower of St Peter's in Caen.

Take the D 7 going inland.

La Délivrande. – The tall spires of the basilica in La Délivrande, which is the oldest Marian sanctuary in Normandy, are visible for miles across the Caen countryside and far out to sea. The present **basilica** of Our Lady of La Délivrande is a neo-Gothic 19C building housing a greatly venerated statue of the Virgin (late 16C); it replaces the earlier Romanesque chapel. There is a steady flow of pilgrims throughout the year.

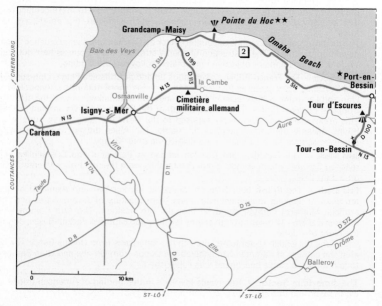

At the Convent of Our Lady of Fidelity (**N.-D.-de-Fidélité**), the last house on the Cresserons road, the chapel chancel is lit by three stained glass windows, made of crystal and chrome, by René Lalique (1931) who was also responsible for the door of the tabernacle. There is more glasswork by this specialist in moulded glass at Millbrook in Jersey *(qv)*. Note the Stations of the Cross in lacquer (1946) and a crucifix in the side chapel.

St-Aubin-sur-Mer. – Pop 1 446. Facilities. Bracing seaside resort with an offshore reef for shrimping and crab catching.

Bernières-sur-Mer. – Pop 1 549. The French Canadian 'Chaudière' Regiment landed on this beach and it was here that the press and radio reporters came ashore and the first reports of the Landings were dictated.

The church has a justly famous 13C **bell tower★**; the three storeys and the stone spire together measure 67m - 220ft. The nave and aisles are Romanesque; the vaulting has been reconstructed. The raised chancel dates from the 14C. Note the great stone altarpiece in the Louis XIV style, which was altered during Louis XVI's reign, and in the north chapel a Crucifixion painted on wood in 1570.

Courseulles-sur-Mer. – Pop 2 992. Facilities. Courseulles is a seaside resort, which is famous for its oysters and has a large marina. In 1944 it was included in the Juno Beach sector.

The port, which is sheltered in the Seulles estuary, was very useful to the British and Canadian troups until the Mulberry harbour was established at Arromanches *(qv)*.

A succession of famous visitors landed on the West Beach: Winston Churchill on 12 June; General de Gaulle on 14 June on his way to Bayeux; King George VI on 16 June on a visit to the troops.

Oysters from St-Vaast-la-Hougue are matured in the **oyster beds.**

Ver-sur-Mer. – Pop 966. On 6 June 1944 this tiny resort was the main British bridgehead in the Gold Beach sector.

A monument commemorating the landing was erected at the junction where the D 514 meets the road from the village (Avenue du Colonel-Harper). The **tower★** of St Martin's church is the original robust 11C Romanesque structure of four storeys.

The **lighthouse,** which is equipped with a radio beacon with a range of 46km - 28 miles, works in conjunction with the lights of Portland and St Catherine's Point in England and at Antifer, Le Havre and Gatteville in France to guide the shipping in the Channel. Extensive view from the lantern.

West of Ver-sur-Mer the view is more extensive; the cliffs of Arromanches come into view.

Asnelles. – Pop 336. This little resort with its sandy beach lies at the eastern end of the artificial harbour established at Arromanches *(diagram p 40)*. From the mole there is a good view of the cliffs and the roads of Arromanches (traces of the Mulberry harbour still exist).

On the beach stands a monument raised to the memory of the British 231st Infantry Brigade.

Between Asnelles and Arromanches the road climbs to the eastern edge of the Bessin plateau; the Romanesque church in St-Côme comes into view. West of St-Côme, beside a statue of the Virgin, is a belvedere (right - viewing table) with a beautiful **view** down over the cliffs and harbour of Arromanches.

Arromanches-les-Bains. – *Description p 40.*

From Arromanches the road (D 516) runs south through the Bessin pastures towards the towers of Bayeux.

★★ **Bayeux.** – *Description p 47.*

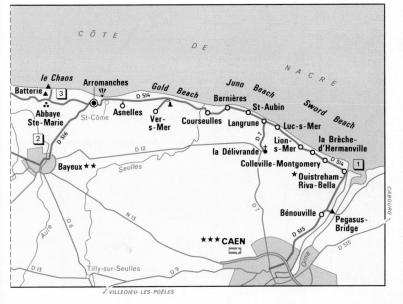

★ OMAHA BEACH SECTOR

② Bayeux to Carentan

60km - 38 miles – about 2 1/4 miles – Local map p 76

★★ Bayeux. – *Description p 47.*

Leave Bayeux by N 13 going west, ⑥ on the plan.

Tour-en-Bessin. – Pop 421. The church has a 12C doorway and an early 13C tower surmounted by a spire over the transept crossing. The uncluttered Romanesque nave has been renovated. The Gothic chancel (early 15C) is very graceful; so too are the apsidal chapels with their slim columns round the central stained-glass window. The slim columns of the arcades (right) are carved with 12 small scenes of the months.

The road north to Port-en-Bessin (D 100) crosses the Aure Valley at the point where at low tide the river disappears below ground into the Soucy swallowhole **(Fosses de Soucy).**

Escures Tower (Tour d'Escures). – *1/4 hour on foot Rtn. Leave the car beside the D 100 and take the private path uphill.*
External steps lead to the top of the round tower which provides an extensive view of the rolling Bessin countryside.

★ Port-en-Bessin. – *Description p 110.*

West of Port-en-Bessin to Grandcamp-Maisy the road (D 514) passes through the Bessin meadows, bounded by hedges and screens of trees.

Omaha Beach. – *Description p 105.*

★ Le Hoc Point (Pointe du Hoc). – *Description p 89.*

As the road approaches Grandcamp-Maisy the view embraces Les Veys Bay and the east coast of the Contentin Peninsula.

Grandcamp-Maisy. – Pop 1 845. Small fishing port and marina. Extensive offshore rocks.

Take D 199 inland to Poix; turn left into D 113.

La Cambe German Military Cemetery. – This impressive war grave, which is covered by a rectangular lawn (2ha - 5 acres), contains the bodies of the 21 500 German soldiers who fell in the fighting in 1944. For an overall view of the units of five black crosses climb the central mound to the great cross flanked by two life-size, figures.

Isigny-sur-Mer. – Pop 3 159. The town has been famous since the 17C for the production of milk and butter.

Carentan. – *Description p 62.*

★ BESSIN COAST

③ Arromanches to Port-en-Bessin

Follow the route described on pp 50 and 51.

★ DOMFRONT
Pop 4 553

Michelin map 59 fold 10 or 231 fold 41 – Facilities

Domfront lies spread along a rocky ridge of Armorican sandstone commanding from some 70m - 200ft the gorge through which the Varenne River pierces the last line of hills of Lower Normandy. The town commands a panorama of the Passais *bocage* country, a pear-growing area which produces a pear cider or perry *(qv).* Domfront is capital of the Passais.
In addition to its strategic **site★** the small town has some interesting historic ruins and a well restored town centre to offer the visitor.

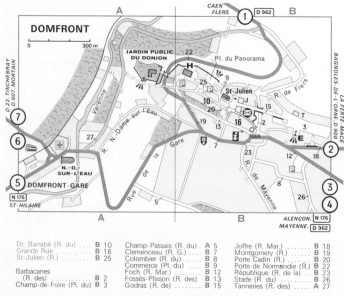

Dr. Barrabé (R. du)	B 10	Champ-Passais (R. du) .	A 5	Joffre (R. Mar.)	B 18
Grande Rue	B 16	Clemenceau (R. G.)	B 7	Montgomery (R.)	B 19
St-Julien (R.)	B 25	Colombier (R. du)	B 8	Porte Cadin (R.)	B 20
		Commerce (Pl. du)	B 9	Porte de Normandie (R.)	B 22
Barbacanes		Foch (R. Mar.)	B 12	République (R. de la) ..	B 23
(R. des)	B 2	Fossés-Plisson (R. des)	B 13	Stade (R. du)	B 26
Champ-de-Foire (Pl. du)	B 3	Godras (R. de)	B 15	Tanneries (R. des)	A 27

HISTORICAL NOTES

In the mid-6C St Front founded a hermitage in the Forest of Passais. At the beginning of the 11C Guillaume Talvas, duc de Bellême later comte d'Alençon built a fortress around which the town developed. In 1092 the townspeople of Domfront rose up against their overlord Roger de Montgomery and sought the protection of Henry Beauclerk, the son of William the Conqueror. In 1100 Henry became King of England and Domfront an English possession.

In the 12C Domfront was often visited by Henry II Plantagenet and his Queen Eleanor of Aquitaine with their brilliant court of troubadours and poets. It was here in Domfront in August 1170 that the papal legates attempted to achieve a reconciliation between Henry II and his estranged Archbishop of Canterbury, Thomas Becket.

Domfront passed from English to French hands and it was often under siege during the Hundred Years War. In 1356 the town surrendered to the English who ruled for 10 years and only left once a ransom had been paid. The town once again passed to the English in 1418 who relinquished it for good in 1450, only three years before the English rule in Aquitaine ended with the Battle of Castillon (Calais 1558).

Matignon's siege. – The town's most important siege took place in 1574. Gabriel, comte de Montgomery (1530-74), a former captain in the Scottish guard, who had mortally wounded the French King Henri II in a tournament, defended Domfront against the royal or Catholic forces under the comte de Matignon. Despite a promise to save his life, Montgomery was executed on the orders of Henri's widow, Catherine dei Medici.

★ OLD TOWN CENTRE *time: 1/2 hour*

The old town is delimited by ramparts with 13 of the original 24 towers still standing. Those on the southern side are the best conserved. The tower at the bottom of Grande-Rue has machicolations. A good view of this can be had from Rue des Fossés Plisson. Numerous houses now sport attractive timber-framed façades since the removal of layers of plasterwork. Renovation has included some of the fine 16C mansions or hôtels which belonged to the noble and bourgeois families.

Grande-Rue (B 16). – This busy shopping street, now a pedestrian zone, has its original paving.

Rue du Docteur-Barrabé (B 10). – There are some lovely timber-framed houses, notably at no 40 and at the corner of Ruelle Porte-Cadin.

St Julien (B). – This modern church (1924) in a neo-Byzantine style, is dominated by a tall cement belfry. The interior plan consists of an octagonal dome resting on four great round headed arches intersecting to form a square. An immense mosaic depicts Christ in Majesty.

The area around the church, in particular Rue St-Julien and Place du Commerce, has been well restored, and is a pleasant area for a stroll.

North terrace on the ramparts (Terre-plein Nord des remparts) (B). – From the terrace there is a restricted but interesting view of the deep Valley of the Varenne, known locally as the Valley of the Rocks.

⊙**Town Hall** (Hôtel de Ville) (B H). – In the **Salle Charles-Léandre** there are several paintings and drawings by the local artist Charles Léandre *(qv)* who had a very caustic talent.

ADDITIONAL SIGHTS

★ **Public Gardens** (Jardin public du donjon) (A). – Cross the bridge over the old moat to the garden laid out on the site of the fortress which was razed in 1068 on the orders of Sully. Nothing remains of the early 11C timber fortress built by Guillaume Talvas. Of Henry Beauclerk's 1092 fortress there remain two imposing sections of the keep's walls and two towers from the flattened curtain wall. The eastern section of the fortress's wall was strengthened in 1205 by a system of blockhouses. Inside the curtain walls stand the ruins of the late 11C Chapel of Symphorien. Eleanor of Aquitaine's daughter was born in Domfront and christened in this chapel. The chapel belonged to a priory which in turn was dependent on Lonlay Abbey.

Go round the ruins of the keep to reach the terrace (viewing table) which affords an extensive and pleasant **panorama★** of the Passais countryside and its three rivers, the Mayenne, Varenne and Egrenne. To the southeast Mount Margantin is recognizable by its conical silhouette. In the foreground to the right is the Ste-Anne hillock.

★ **Church of Our Lady on the Water** (Église Notre-Dame-sur-L'Eau) (A). – This charming Romanesque church (late 11C) was badly mutilated last century when five of the seven nave bays were destroyed to make way for a road. Following damage in 1944 the church was restored. The bridge over the Varenne or the side of the road climbing up to the town centre, provide the best overall views of the church with its squat belfry pierced by twin openings and its chevet with radiating chapels.

During his exile in France, Thomas Becket, Henry II's estranged Archbishop of Canterbury celebrated Christmas mass in this church in 1166.

In the middle of the chancel with its lovely arcades is the altar composed of a granite slab supported by three squat pillars.

12C frescoes have been uncovered in the south transept representing the Doctors of the Church (theologians who taught the dogma of Christianism). Note the Gothic canopy over the recumbent figure with a lion at its feet.

Croix du Faubourg (B E). – From the foot of the Calvary, there is a **panorama★** similar to the one from the public gardens, but it stretches further east towards Andaine Forest.

EXCURSIONS

Excursion to the northwest. – *Round tour of 35km - 22 miles – about 2 hours. Leave Domfront by ⑦, the D 22.*

The roads recommended, particularly those from Lonlay-l'Abbaye to the D 907, are narrow but beautiful especially in spring.

Lonlay-l'Abbaye. – Pop 1 345. The church, once part of an 11C abbey, has a pleasant country setting. Unfortunately it was damaged in 1944. The 15C porch opens directly on to the transept with a typically Romanesque south arm. The Gothic chancel, with its granite pillars has been enhanced by restoration.

⊘ Before leaving Lonlay-l'Abbaye you may visit the biscuit factory, **biscuiterie de l'Abbaye**, which makes a kind of shortbread according to an old recipe.

Once 5km - 3 miles out of the village turn left on to the D 134.

La Fosse-Arthour. – The most interesting part of the drive is between two bridges. From a rock height on the left there is a view of the setting in which La Fosse-Arthour lies with the Sonce running swiftly between two steep sandstone banks and opening out into a pool before continuing on its way in a series of small cascades. Fishing and canoeing enthusiasts are able to practise their sport on the 3ha - 7 acres stretch of water.

The area has many rocky outcrops which, for the more agile, provide good viewpoints of the *bocage* countryside.

Return by way of the D 134 towards St-Georges-de-Rouelley and, at the first junction, turn left into the Rouellé road and continue until you reach the D 907. Turn left to Domfront. After 1.5km - 1 mile a narrow road, unsurfaced towards the end, leads right to La Saucerie Manor set amidst farm buildings.

La Saucerie Manor House (Manoir de la Saucerie). – The entrance pavilion flanked by two round towers with loopholes, is all that remains of this 16C manor house. Originally a double drawbridge led to the round headed passage on the ground floor. The manor has a certain charm combining as it does several different building materials: stone, brick and timber.

Return to the D 907 which leads to Domfront.

St-Fraimbault. – Pop 828. *15km - 9 miles to the southwest. Leave Domfront by ④ take the D 962 then the D 223 to the right.*

This attractive village is colourfully bedecked with flowers. On the stretch of water beside the Bagnoles-de-l'Orne road there are rowing boats and pedalos for hire.

*The **Michelin Maps**, **Red Guides** and **Green Guides** are complementary publications. Use them together.*

★★ ÉCOUVES Forest

Michelin map 60 folds 2 and 3 or 231 fold 43

This forest with its deep glades of oak, beech, Norman and woodland pine as well as spruce, extends for some 14 000ha - 37 000 acres covering the eastern promontory of the hills of Lower Normandy. There is a continual process of reafforestation.

The highest of the hills is the **Écouves Signal Station** (signal d'Écouves), which with that of the Avaloirs *(qv)* reaches an altitude of 417m - 1 368ft making it the joint highest point in western France. The Écouves Signal Station rises to the left of the Croix de Médavy Crossroads.

Deer and roebuck are hunted. The hunting season is from October to late March, usually on Tuesdays and Saturdays.

FROM SÉES TO ALENÇON *29km - 18 miles – about 2 1/4 hours*

This itinerary allows you to admire the diversity of woodlands in the forest and the layout of the various forest tracks converging on certain junctions.

★ **Sées.** – *Description p 118.*

Beyond Sées the D 908 enters the forest at Les Choux. At the top of a rise, at the La Rangée crossroads, bear left into the D 226 from which glimpses of the Argentan region and a 4km - 2 1/2 miles stretch of Douglas pines can be seen.

Croix de Médavy Crossroads (Carrefour de la Croix de Médavy). – This important view-point is marked by an old octagonal milestone carved with old road names. The tank Valois commemorates the part played by the French 2nd Armoured Division commanded by General Leclerc in clearing the forest of Germans on 12-13 August 1944 *(details p 18).*

Croix-Madame Crossroads (Carrefour de la Croix-Madame). – This crossroads is marked with an ancient milestone.

Several attractive walks can be made from the crossroads including that along Sapaie Pichon path on the left. Follow the yellow marks on the trees. *Time: 1 1/2 hours.*

Parts of the forest here are being replanted and firs are being replaced by seedlings. It is hilly country and there are some good glimpses over the wooded countryside.

Return to the car and then take the D 204.

During the descent there is a beautiful view. Beyond the Chêne-au-Verdier Crossroads there are some splendid oaks, beeches and firs.

At the Vignage Rocks Crossroads bear right into the D 26 and again right into a forest road where you park the car.

★ **Vignage Rocks** (Rochers du Vignage). – *1 3/4 hours on foot Rtn.* The path marked with yellow blazes, leaves the forest road to turn back, right, to a low rock crest from which there are outstanding views over the forest. The path reaches the Chêne-au-Verdier, then parallels the Aubert forest road for 300m - 330yds, then forks right. The path crosses a fitness trail to go downhill again to pick up the forest road where the car is parked.

Follow the D 26 to Alençon.

On the edge of the forest at the junction with a forest road, is a monument to the French 2nd Armoured Division. There is a cemetery 200m - 220yds to the south. From the road there are views of the conical Chaumont Mound, Mount Souprat in the distance and later of the Alençon countryside pinpointed by the Perseigne Forest.

★ **Alençon.** – *Description p 36.*

★ ÉVRON
Pop 6 774

Michelin map 🟦 fold 11 or 🟦 fold 8

Évron, a small town at the foot of the Coëvrons, possesses one of the finest churches in the Mayenne *département*. In the 19C the town flourished from its linen mills; now it is more generally industrialised (cheese making, clothing industry, a foundry and large-scale slaughtering facilities).

★ BASILICA OF OUR LADY (BASILIQUE NOTRE-DAME) *time: 1/2 hour*

A massive square 11C tower, embellished with corner buttresses and turrets, links the Romanesque part of the nave to the abbey buildings which are a reminder that Évron was the seat of an abbey a very long time ago – the present buildings date mostly from the 18C.

The nave's four original bays are Romanesque in contrast to the remainder of the building which was rebuilt to an enlarged plan in the 14C in the Flamboyant Gothic style. Note the very fine 16C organ case and in the trefoil the fragments of a fresco depicting the Nursing Virgin.

The bare Romanesque nave heightens the sense of space, soaring height, luminosity and contrasts with the Gothic decoration elsewhere (restored 1979). At the transept crossing the pointed arches rest on attractively carved corbels.

Note, two polychrome stone statues, one a 14C *Pietà* at the end of the north transept and the second, a Virgin and Child, at the entrance to the ambulatory.

Chancel. – Slender columns, pure lines and subtle decoration give the chancel considerable elegance. The overall effect is embellished by five windows with 14C stained glass, which was restored in 1901. During repair work to the chancel paving, a crypt and several sarcophagi were discovered. One of the sarcophagi dates from the 10C.

★★ **Chapel of Our Lady of the Thorn** (Chapelle Notre-Dame-de-l'Épine). – The 12C chapel opens off the north side of the ambulatory. Above is plain broken barrel vaulting supported by transverse arches.

Christ is shown in a mandorla surrounded by the symbols of the Evangelists. The chapel contains many works of art. Four lovely Aubusson tapestries represent the Sacrifice of Abraham, Hagar and Ishmael in the desert, Lot and his daughters leaving Sodom and Jacob's Dream. Three 17C terracotta statues depict Sts Benedict, Placide and Maur.

At the altar is a large 13C statue of Our Lady of the Thorn in wood plated with silver and two reliquary busts of Sts Hadouin and Leon. Beneath a remarkable 13C Crucifix, a **cabinet** contains two outstanding pieces of metalwork: a delightful 15C silver Virgin and a 16C reliquary.

EXCURSIONS

Round tour of 35km - 22 miles. – *About 1 3/4 hours. Leave Évron to the north by the D 20.*

As the road starts to climb there are views to the west over woods and lakes.

Beyond Ste-Gemmes-le-Robert take the Mount Rochard road to the right. It is sometimes in poor repair.

Le Gros Roc. – From this rocky escarpment surrounded by vegetation there is an extensive view over the *bocage* countryside.

After skirting Mount Rochard (357m - 1 171ft), with its television relay station, the road crosses undergrowth, before joining the D 20 and then begins to descend to Bais.

Turn left into the D 241 just before a bridge.

The itinerary passes **Montesson Château** with its curious convex roofs.

Turn left, opposite the church, in Hambers, into the D 236. 2.5km - 1 1/2 miles from Hambers turn left again into the narrow road leading to the Montaigu Mound.

★ **Montaigu Mound** (Butte de Montaigu). – *1/4 hour on foot Rtn from the car park.* The mound crowned by on old chapel, is only 290m - 925ft high but, because of its isolation, makes an excellent **viewpoint** from which to see the Coëvrons rising to the southeast, Évron, Ste-Suzanne on its rock spike, to the south, Mayenne and its forest, to the northwest and the Forests of Andaines and Pail to the north and northeast.

Return to the D 236 and bear left and continue through Chellé to the D 7 where you turn left again and at the entrance to Mézangers village you turn right to the Le Rocher Château.

★ **Le Rocher Château.** – *1/2 hour on foot Rtn.* A gallery of five low rounded arches runs the
⊙ length of the Renaissance façade. Stand at the entrance to the courtyard to admire the
delicate sculptures adorning the courtyard ranges. The 15C front, which is reflected in
the lake, is more austere although harmonious, with a granite façade pierced by tall
windows and three towers with pepperpot roofs.

Return to the D 7 and bear right for Évron.

Round tour of 36km - 22 miles. – *About 1 hour. Leave Évron by the D 32, going west.
Just after Brée turn right into the D 557 and continue to the entrance of St-Ouen-des-
Vallons where a road on the right leads to la Roche-Pichemer Château.*

⊙ **La Roche-Pichemer Château.** – *Enter the park but don't cross the moat.* The château
consists of two main Renaissance wings built at right angles and covered with tall slate
roofs. Massive square pavilions project from each corner adding considerable dignity to
the building which is preceded by formal gardens.

*Make for the D 129 towards Montsûrs and from there, the D 24 for 5km - 3 miles to
la Chapelle-Rainsouin.*

La Chapelle-Rainsouin. – Pop 250. A room off the church chancel contains a beautiful 16C
polychrome stone **Entombment★**. The church itself has an unusual rood beam and two
tombstones with dogs supporting coats of arms.

*At Châtres-la-Forêt you take the D 562 on the right. Further on, a road on the right
brings you to Monteclerc Château.*

Monteclerc Château. – *(not open to the public) Leave the car at the beginning of the
avenue.* The château, built at the very beginning of the 17C, stands in sober dignity at the
far end of a vast courtyard. The remaining sides of the court are framed by plain
outbuildings and an attractive turret. But, in fact, the château's most eye catching
building is the drawbridge lodge with a rounded roof crowned by a lantern turret.

Return to the D 20 and Évron.

★ FALAISE   Pop 8 820

Michelin map 🮲🮲 fold 12 or 🮲🮲🮲 fold 30 – Local map opposite – Facilities

The small town of Falaise is the proud birthplace of William the Conqueror. Falaise
suffered cruelly in the war since it lay in the direct path of the Germans as they tried to
escape, via the narrow passage between Falaise and Argentan, the pincer action of the
Allied advance on Chambois of 19 August 1944 *(map p 18)*.
The town's setting in the Ante Valley, a ravine marked by scattered rock spurs, is quite
rugged and made even more medieval by being dominated by the enormous fortress
haunted by the memory of Arlette and her victorious son William the Bastard.

HISTORICAL NOTES

The Beautiful Arlette (1027). – One evening on returning from the hunt, Robert,
younger son of King Richard II, Duke of Normandy, was struck by the beauty of a girl,
her skirts drawn high as she worked with her companions washing clothes at the
stream. He was seventeen, watched for her daily and desired her. Arlette's father, a rich
tanner, let her decide for herself and she, refusing all secrecy, entered the castle over
the drawbridge on horseback and finely apparelled.
Then, as the chroniclers of the time wrote, "When Nature had reached her term, Arlette
bore a son who was named William."

Guibray Fair. – For nine centuries the suburb of Guibray to the southeast of Falaise was
famous for its fair. Already in the 11C the horse fair was attended by thousands, from all
over Europe, and was the occasion for much popular merry-making. The streets,
vennels and alleys of Falaise with their many inns and taverns, were alive with minstrels
and dancers. The fair declined in the 19C and was later abandoned.

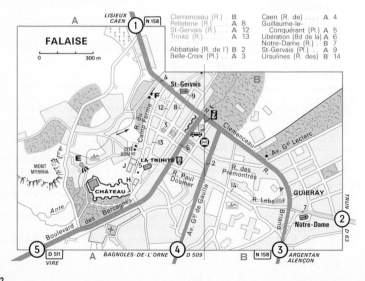

★ CASTLE (CHÂTEAU) (A) *time: 1/2 hour*

It was in this castle on 8 July 1199 that John Lackland, King of England and Duke of Aquitaine signed a charter founding the *Jurade de St-Émilion* a body responsible for controlling the quality of the famous St Émilion wines.

Keep (Donjon). — This square building, standing on a rock and dating from the 12C, is an amazing size and still appears redoubtable with great flat buttresses indicating where the walls stood.

Inside one sees a water cistern, storerooms and the window through which Robert is said to have watched Arlette. From the window it is possible to see the basins of the former tanning works with the fountain in front. Next door is a very small chamber which is said to have been the room in which William the Conqueror was born. In the St Prix Chapel, the former garrison chapel, a memorial bears the name of 315 of William's companions in arms at the Battle of Hastings.

A smaller keep guards the main one from an eventual attack from the rock platform. The smaller one was built by Henry I Beauclerk in the 12C.

See how the loopholes have been transformed for gun fire.

Talbot Tower (Tour "de Talbot"). — This impressive round tower 35m - 115ft tall with walls 4m - 12ft thick was built in the 13C by Philippe-Auguste and linked to the smaller keep by means of a curtain wall.

ADDITIONAL SIGHTS

★ **Trinity Church (Église de la Trinité)** (A). — The west front has a triangular Gothic porch. On the south side note the gargoyles and small carved figures. At the east end the Renaissance flying buttresses are highly ornate.

Enter through the Renaissance porch with a coffered vault. The 15C pillars in the nave are quartered by slender engaged columns.

Arlette's Fountain (Fontaine d'Arlette) (A E). — The fountain in the Ante Valley stands quite near the swimming pool. A high relief (1957) recalls the meeting of Robert and Arlette. From this spot there is an impressive view of the castle towering above.

St-Gervais (A). — Building continued from the 11 to the 16C; the lantern tower is 12C. Inside, the contrast between the two architectural styles is striking: the south side is Romanesque, the north Gothic. The capitals are carved with military subjects, monstrous animals and hunting scenes. The modern stained glass windows are by Le Chevallier.

Cordeliers Gate (Porte des Cordeliers) (A F). — This lovely stone built gateway was part of the town wall. It is flanked by a round tower and has a pointed arched 14-15C porch.

Church of Our-Lady of Guibray (Église Notre-Dame-de-Guibray) (B). — Already under construction during William the Conqueror's lifetime, this monument to the past has managed to outlive the fairs which once made Guibray famous. The interior has undergone extensive alterations over the years, in particular during the 18C and 19C, nevertheless the apse and radiating chapels have retained their pure Romanesque style. Later additions, such as the spectacular high altar sculpture group of The Assumption by Daru, make few concessions to stylistic harmony with the original church. The magnificent organ-chest is the work of Claude Parizot in 1746.

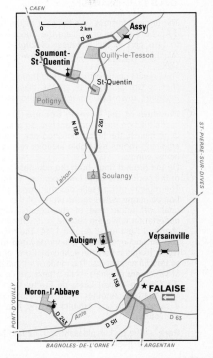

EXCURSIONS

Round tour of 25km - 15 1/2 miles — about 1 hour. Leave Falaise by ①, the N 158.

Aubigny. — Pop 266. At the entrance to the village, on the left, stands a late 16C château and its annexes.

In the parish **church** statues of six lords of Aubigny may be seen kneeling in the chancel in the sequence in which they lived, providing interesting details of contemporary dress.

Continue up the N 158, leaving the tall 13C belfry of **Soulangy** on your left.

Turn right into the D 261, then right at Ouilly-le-Tesson and at the next crossroads, right again.

Assy. — A magnificent avenue on the left leads straight to the Château d'Assy, a beautiful 18C mansion, considerably enhanced by a portico with tall and elegant Corinthian columns. The lovely chapel dates from the 15C.

Return to the road junction and turn right and later left into the D 91.

Soumont-St-Quentin. — Pop 578. The church is 13 and 14C; the belfry Romanesque below, Gothic above.

2km - 1 mile from Soumont, St-Quentin Farm (follow the signposts) contains a small museum in the farm buildings. There are numerous old tools and machines: straw cutter, threshing machine, butter churn, potato riddle, veterinary instruments, black smiths' tools, etc. Note the 16C cider and perry press.

Return to Falaise by the N 158.

Versainville. — Pop 274. *2.5km - 1 1/2 miles — Local map p 83. Leave Falaise to the north by Rue Victor Hugo.* After the bridge over the Ante, turn right into the approach road to Versainville Château.

The **château** *(not open to the public),* completed in the 18C, has a porticoed central wing linked by a gallery to a monumental pavilion.

Noron-l'Abbaye. — Pop 184. *4km - 2 miles — Local map p 83. Leave Falaise by ⑤, the D 511. Bear right into the D 243.*

The village has a 13C church with a two storey Romanesque belfry.

Michelin Green Tourist Guides

Scenery

Buildings

Scenic routes

Geography

History, Art

Touring programmes

Plans of towns and buildings

Guides for your holidays

FLERS

Pop 19 405

Michelin map 🗟🗟 fold 1 or 🗟🗟🗟 fold 41
Town plan in the current Michelin Red Guide France

Flers has managed both to modernise itself and remain true to the Normandy *bocage* industrial tradition.

Linen and hemp-making flourished until the Revolution and they were finally superseded by cotton manufacturing in the 19C. The clothing industry then grew up alongside the cotton mills. The industrial sector of Flers has been diversified and strengthened with the introduction of two new industries: mechanical engineering and electrical appliances.

CASTLE (CHÂTEAU) *time: 1 hour*

The original fortress was the seat of the barons of Aunou, the lords of Flers. Foulque d'Aunou was one of William the Conqueror's companions and he equipped 40 ships to take part in the conquest of England. During the Revolution, the castle was a rallying point for the Chouans, however, the Republicans recaptured it in January 1800.

The present castle with a moat on three sides, has a 16C main building by the alchemist, Nicolas Grosparmy, with an 18C classical main front. The building now houses the museum, town hall, library and other municipal offices.

Museum of the Norman Bocage (Musée du Bocage normand). — In the basement the castle kitchen has been transformed into a typical Norman kitchen: the spit over the large hearth, the highly polished oak dresser, an old clock and kitchen utensils; Two adjoining rooms assemble exhibits relating to weaving: looms, spinning wheels and hemp combs.

On the ground floor, both the countess's salon and bedroom still have their panelling of the period while the bedroom has retained its 18C decoration and original furniture. The registry office (salle des mariages) and the council chamber are hung with some fine paintings including the works of the artist Charles Léandre *(qv).* Two small rooms open off either end of the council chamber, the first has exhibits concerning deportation while the second is devoted to the British 11th Armoured Division which liberated Flers on 16 August 1944. The first floor rooms are given over to local history and art sections. In the gallery devoted to the regional schools of the 19C there are works from the Bartizon school by Corot and Daubigny and the pre-Impressionists such as Boudin and Lépine. The modern art gallery contains ceramics by Jean Cocteau some of which are originals while others are copies after cartoons. The Frotte Room recalls the Chouan leader, Louis de Frotte, who frequently used the castle in Flers as his headquarters. Another room has materials taken from 3 to 7C Abyssinian tombs; a second regroups exhibits on the two World Wars, while a third is devoted to prehistory.

Park. — The park is pleasant with its fine beech trees, shaded avenues and pools with boats and pedal-boats for hire.

EXCURSION

Round tour of 24km - 15 miles. – *About 1 hour. Leave Flers to the west by the D 924.*

La Lande-Patry. – Note the two giant yews in the old cemetery.

Turn left into the D 18 in the direction of Cerisi-Belle-Étoile.

★ **Mount Cerisi** (Mont de Cerisi). – A road *(right of access)* bordered by rhododendrons *(in ⊙ flower: May to June)*, climbs up the slopes of Mount Cerisi, affording ever more extensive views over the *bocage*. Finally you reach the ruined castle which commands a **view★** of the last foothills of the Suisse Normande. The plateau and its immediate surrounds is the venue for the Rhododendron Festival on the last Sunday in May.

Return to the D 18 which you continue to follow.

Les Vaux. – Turn left immediately after a bridge over the Noireau and a dairy farm, into a narrow road. This follows the left bank of the river becoming ever more enclosed with Mount Cerisi on the left and the St-Pierre Rocks on the right. The road ends at the old hamlet of St-Pierre where a small Roman bridge crosses the river.

Return to Flers by St-Pierre-d'Entremont and Caligny.

★ FONTAINE-HENRY   Pop 348

Michelin map **54** fold 15 or **231** folds 17 and 18

This small village is pleasantly situated in the Mue Valley not far from the Mother of Pearl Coast (Côte de Nacre) and the coast of the D-Day Beaches of June 1944 *(qv)*. In the 13C the village took the name of its former overlord, Henry de Tilly.

★★ **Château.** – This gracious château is a fine example of Renaissance architecture. A ⊙ member of the Harcourt family built this 15-16C edifice over the dungeons, cellars and foundations of the original 11 and 12C fortress.

An immense steeply sloping slate roof, deeper than the building is tall, covers the 16C pavilion on the left. It is quartered by a polygonal tower with a slender conical roof and a smaller attractively decorated turret. The 15-16C main building to the right of the pavilion stands on the site of the earlier fortress. This part is a wonder of delicately worked stonework: lace-like balustrades; finely patterned friezes, triple mouldings and ogee arches to the windows, and crocketed finials in abundance. Inside there is a similar richness of stonework and the François I staircase is quite outstanding.

Furnished throughout, the château has some fine paintings by Mignard, Rigaud and Hubert Robert and regroups many mementoes of former owners. In the medieval basement there is an audiovisual display on William the Conqueror. The chapel built by Henry de Tilly is 13C. The nave was altered in the 16C.

Church (Église). – The 13C chancel has some fine arcading.

Fontaine-Henry Château

FRESNAY-SUR-SARTHE   Pop 2 692

Michelin map **60** folds 12 and 13 or **232** fold 9 – Facilities

To get a good view of Fresnay's picturesque **setting**, perched high above a meander in the Sarthe, stop near the bridge over the Sarthe on the N 805 coming from Sillé-le-Guillaume. Fresnay is a favourite place with anglers and a good centre for those wishing to explore the Mancelles Alps *(qv)* and the Sillé Forest.

In 1063 the town revolted against its overlord, the Duke of Normandy. It was William the Conqueror in person who repressed the revolts of 1068 and 1078. Following continual unrest and fighting in the area, Henry I of England abandoned Maine in 1100, which then allied itself with Anjou. Fresnay knew a period of peace until the Hundred Years War (14C) which once again brought continual strife to the area. It was during this period that the young Ambroise de Loré made a name for himself as an ardent opponent of the English. He was recognised as a local hero in 1418.

Fresnay has a rich heritage of narrow streets and alleyways bordered by old houses from the time when it was one of Maine's strategic outliers.

SIGHTS

⊘ **Church of Our Lady** (**Église Notre-Dame**). – In the transitional Romanesque style the church is built of local stone. Its rust colour is due to a high iron content. The church is dominated by a remarkable octagonal belfry pierced with twin windows and adorned with openwork pinnacles.

The round headed doorway frames the oak door with its carved panels (1528) depicting, on the left, the Tree of Jesse and on the right, Christ Crucified, flanked by the two thieves, as well as the Twelve Apostles.

⊘ **Headdress Museum** (**Musée des coiffes**). – The museum is installed in the fortified gatehouse of the former castle. The gatehouse is flanked by two round towers, while the central part houses the portcullis and machinery for the drawbridge.

The right hand tower has a selection of French headdresses from various regions (Vendée, Brittany, Pas-de-Calais...) but particularly from the Sarthe. Some are full size while others are miniature versions. Note the lovely English lace christening shawl. The walls of the dungeons still carry inscriptions made by the Chouan prisoners.

The left hand tower is devoted to natural history. Beyond the oubliettes a spiral staircase leads up to the rooms containing stuffed animals, mineral specimens and tribal arms from Africa. Other interesting items include the letters of patent signed by Louis XIV and the bistoury or surgical instrument used for embalming Victor Hugo.

Town Hall Terrace (**Terrasse de l'hôtel de ville**). – A public garden has been laid out in the castles' former precincts. From the terrace there is a pleasant view down over the Sarthe with its attractive bridge and old houses.

⊘ **Lion Cellar** (**Cave du Lion**). – This underground celler opens off Ruelle du Lion, on the far side of the stone-built covered market. The chamber has an octagonal central pillar supporting ribbed vaulting. The capitals are sculpted with leaf shapes and crockets. The cellar is now used for exhibitions of works by local artists.

★ GRANVILLE   Pop 15 015

Michelin map **59** fold 7 or **231** fold 26 – Local map p 102 – Facilities

Granville, set on its rocky promontory, is often called the "Monaco of the north". This lively seaside resort is known for its carnival, but is also a busy port with an active fishing fleet and a pleasure boat harbour. With its invigorating climate it made an ideal choice for a thalassotherapy centre. Military installations continue to occupy the point of the rocky headland, while the Upper Town, still encircled by its ramparts retains the rather severe appearance and all the atmosphere of a fortified town. The Lower Town, partly built on reclaimed land, is the business and bustling resort area.

Granville is the departure point for ferry services to the Chausey Islands *(qv)* and the Channel Islands *(qv)*.

HISTORICAL NOTES

The town developed in the 15C when the English fortified the rocky promontory as a base from which to attack Mont St-Michel, then occupied by the Normans. The town was recaptured by the knights of Mont-St-Michel in 1442 and remained French from then on. Prosperity came with deep sea fishing for cod in the 18C and it was during the same century that several Granville sailors were known for their heroic privateering: Beaubriand-Lévèque and Pléville-Lepelley who was to become Minister for the Navy during the Directory.

The 1793 siege of the town resulted in the defeat of the Chouan army led by Henri de la Rochejaquelein. With the growing popularity of sea bathing in the 19C Granville became a famous seaside resort. Distinguished regular visitors included Stendhal, Michelet and Victor Hugo.

UPPER TOWN (**HAUTE-VILLE**) (Z) *time: 2 hours*

The Main Gate (Grand'Porte) with its drawbridge was and remains the principal entrance to the fortified town. A plaque commemorates the 1793 siege *(see above)*. The fortified town with its old houses, built of granite from the Chausey Islands, concentrates all Granville's military and religious past within its ramparts.

Church of Our Lady (**Église Notre-Dame**) (Z). – The oldest parts of this austere granite edifice with a fine tower over the transept crossing, go back to the 15C. The nave itself and west front, adorned with monolithic columns, were erected in the 17C and 18C. Inside, there are only a few carved capitals round the chancel which has interesting modern stained glass windows by Le Chevallier. On the north side note David, Isaac and Ezekiel and, on the south, Jacob and Eli. The 14C statue, in the north chapel, of Our Lady of Cape Lihou – the traditional name for the tip of Roc Point – is greatly venerated locally. The statue is particularly honoured in the Great Pardon of the Corporations and of the sea *(see the table of Principal Festivals at the end of the guide)*.

From the promenade beside the church there is a plunging view of the harbour area, where the boats stand high and dry at low tide.

Roc Point (**Pointe du Roc**) (Y). – This is an exceptional **site★**. The point which marks the northern limit of Mont-St-Michel Bay is linked to the mainland only by a narrow rocky isthmus. In the 15C the English dug a trench, known as Tranchée aux Anglais, as part of their fortifications. Shortly afterwards it was the Governor of Mont-St-Michel, Louis d'Estouteville who recaptured Granville. The walk (the path starts from the harbour) to the lighthouse (Y **A**) offers a fine view of the sea and the rocks. The granite monument shortly before the lighthouse, commemorates those lost at sea.

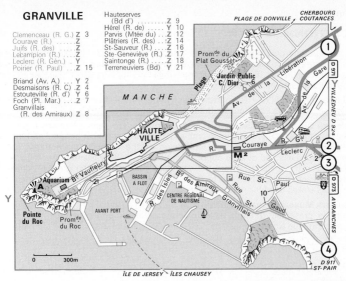

GRANVILLE

Clemenceau (R. G.)	Z 3	Hauteserves (Bd d')	Z 9	
Couraye (R.)	Z	Hérel (R. de)	Y 10	
Juifs (R. des)	Z	Parvis (Mtée du)	Z 12	
Lecampion (R.)	Z	Plâtriers (R. des)	Z 14	
Leclerc (R. Gén.)	Y	St-Sauveur (R.)	Z 16	
Poirier (R. Paul)	Z 15	Ste-Geneviève (R.)	Z 17	
		Saintonge (R.)	Z 18	
Briand (Av. A.)	Y 2	Terreneuviers (Bd)	Y 21	
Desmaisons (R. C)	Z 4			
Estouteville (R. d')	Y 6			
Foch (Pl. Mar.)	Z 7			
Granvillais (R. des Amiraux)	Z 8			

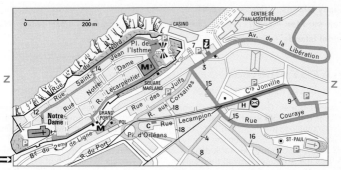

○ **Aquarium** (Y). – Enter from Boulevard Vaufleury. Granville's maritime past is evoked by tableaux and models of sailing ships, as well as one of the transatlantic liner *France*. The tanks contain fish from local waters – note the sea perch with its powerful jaw and specially adapted conical teeth for feeding off shellfish – exotic and freshwater species. Nounours, the sea lion amuses all with his antics.

○ **Shell Wonderland** (Féerie du coquillage). – Spotlights highlight the many delightful shell compositions: Egyptian minarets, the Angkor Temple, a dream gown for a princess and a coral cave.

○ **Mineral Palace** (Palais minéral). – Astonishingly coloured minerals are used to make attractive mosaics: flowers, butterflies, Egyptian frescoes, and fabulous trees.

★ **Tour of the ramparts.** – *Leave the car on the parvis of Notre-Dame Church and go through the Grand'Porte and over the drawbridge, into the Upper Town. Turn right up the steps of Rue Lecarpentier to follow the south rampart to the Place de l'Isthme.*
The view★ from the enormous square extends, on a clear day, to the coast of Brittany (viewing table). Below the square, is the trench dug by the English which separated Le Roc from the mainland.

Continue along the inside of the ramparts by Rue du Nord.

At this point the town and the landscape are at their most severe but the view is spectacular in stormy weather. The Chausey Islands lie to the northwest.

Take the short Rue des Platriers on your left to reach Rue St-Jean, then turn right.

Note at no 7 Rue St-Jean, an old house with a ground floor shop and then at no 3, a house dating from 1612, with carved figures of Adam and Eve.

The street opposite, Montée du Parvis, leads back to the starting point.

Do not miss the large half-timbered house with a two storey turret.

○ **Museum of Old Granville** (Musée du Vieux Granville) (Z M). – In the fortified gatehouse, Grand'Porte.
Various documents recount the history of Granville and its seafaring past. A collection of local furniture and other domestic items help to recreate domestic interiors of the past: cupboards, chests, dressers and copperware.
On the staircase up to the 2nd floor are lovely examples of illustrated glazed earthenware known as Jersey ware. Upstairs there is a particularly attractive collection of Norman costumes and headdresses as well as a section on Hambye cloth, which was commonly used to decorate box beds. Hambye cloth was made by using canvas or grain sacks, covered with a layer of paint which served as background for a stylised decoration.

○ **Richard Anacréon Museum** (Musée Richard Anacréon) (Z M^1). – This is the setting for temporary exhibitions of works (paintings, drawings or books) by contemporary artists.

ADDITIONAL SIGHTS

The old quarters now merge with later housing forming a continuous built-up-area centred on a main crossroads known as the Pont. From the Pont, Rue Lecampion runs over land reclaimed in 1835, to the harbour while the shopping street, Rue Paul-Poirier leads to the Casino and the beach.

The Beach (La plage) (Y). – The narrow beach at the foot of shale cliffs backing the bay is overlooked by the Plat-Gousset Breakwater promenade.

Christian Dior Garden (Jardin public Christian-Dior) (Y). – The garden formerly belonged to the couturier's family. The garden with all its greenery is a most peaceful and restful spot. From the upper terrace you look down on the Granville promontory, north towards Regnéville and directly opposite, out to the Chausey Islands.
Follow the cliff path and beyond the cemetery you come to the great expanse of Donville beach, the complement to Granville's. At low tide it is possible to see the numerous stakes used for mussel growing.

⊙ **Waxwork Museum** (Historial granvillais) (Y M²). – With the help of wax figures Granville's history is presented through tableaux representing important events: scenes of privateering, Rue Notre-Dame in the 19C, the 1793 siege of Granville, the old harbour' and Quai d'Angoulême in the 18C. Every tableau has an accompanying recorded commentary.

EXCURSIONS

★ **Chausey Islands.** – *Description p 64.*

St-Pair-sur-Mer. – *3.5km - 2 miles. Leave Granville by ④, the D 911. Description p 113.*

★★ **Channel Islands.** – *Description p 127.*

★ GRATOT Château

Michelin map 54 fold 12 or 231 fold 26 – 4km - 2 1/2 miles northwest of Coutances

For five centuries Gratot Château belonged to the Argouges family, ever since Guillaume d'Argouges married Jeanne de Gratot. It was Jean d'Argouges who sold the port of Granville to the English in 1439, thus giving them control of the Mont-St-Michel. This act brought dishonour on the family.
In the following century several judicious marriages did much to redeem the family name and the Argouges proved themselves faithful vassals of the King of France. Up until recent years the château served as farm buildings.
Since 1968 a local association of volunteers has undertaken the restoration of the château which now serves as a cultural centre and venue for various artistic events each year.

⊙ **TOUR** *time: 1/2 hour*

A small three-arched bridge over the moat leads to the entrance gatehouse and then the inner courtyard.
The gatehouse with its typically tall Norman roof and two entrances retains the four slots for the arms of the drawbridges. On either side are the bare walls of the service buildings with on the far left the ruins of a square tower standing obliquely at the corner.
Once inside the courtyard from left to right there is the 18C pavilion, the 17C main building flanked by the Round Tower, Fairy's Tower and behind the North Tower.

18C Pavilion (Pavillon du 18ᵉ s.). – This three-storeyed wing with its Mansard roof has fifteen or so rooms.

Main building (Maison seigneuriale). – Two flights of steps lead up to the entrance of this now roofless range. The tall ground floor windows are surmounted by pedimented windows above.

Round Tower (Tour ronde). – This early 15C tower is quite medieval in appearance. The intentional narrowing of the staircase as it moved upwards was devised to hinder an attack as only one person could pass at a time.
The entrance to the basement is at the foot of this tower.

Cellars (Caves). – The groined vaulting of these fine chambers, is supported by stout piers. The masonry is composed of stones placed edgewise.

Fairy's Tower (Tour à la Fée). – According to legend, one of the lords of Gratot fell hopelessly in love with a beautiful young maiden, he had met at the fountain. In reply to his proposal of marriage the damsel avowed she was a fairy and that she could only marry him on the condition that he never pronounced the word death. The lord promised and all went well until one day during a reception at the château, the lord impatient at not seeing her ladyship come downstairs, went up to fetch her and pronounced the ill-fated word. The fairy gave a heart rendering cry then clambered onto the window sill and was seen no more.
The late 15C tower is strengthened by a powerful buttress. Octagonal below it becomes square at the top and is crowned by a saddle back roof. The wallhead is decorated with gargoyles and a balustrade.

Corner Tower (Tour d'angle). – This is the only part of the medieval castle which remains. With its walled up doorway it probably dates from the late 13C or early 14C.

Service buildings (Communs). – In one of the rooms of this 16C range there is an exhibition on the château, its construction and restoration.

★★ HAMBYE Abbey

Michelin map 59 north of fold 8 or 231 fold 27 – 4km - 2 1/2 miles south of Hambye

Hambye Abbey whose plainly majestic and serene ruins punctuate the green Sienne Valley was founded in about 1145 by the local lord, Guillaume Paynel.
The approach, off the D 258, passes beneath a monumental gateway into the monastery.

★★ **Abbey Church.** – The abbey's very disposition makes it impressive even though it ⊙ lacks its west front, the first bay of the nave and its roof. The 13C nave is narrow and only the last bay has aisles. Three further bays were added to the nave in the 14C.
The appearance is severe but for the romantic and decorative note given by the slender lancet windows.
Above the transept crossing, once covered by vaulting with eight ribs, is a square two storey belfry. The upper stage is pierced by twin round headed openings on each side. The Gothic chancel, with sharply pointed arches, an ambulatory and radiating chapels is exceptionally large. In the centre, two 15C tombstones mark the sepulchre of the last member of the founder's family, Jeanne Paynel and her husband, Louis d'Estouteville.

⊙ **Lay brothers building.** – The former refectory is hung with 17C Rouen tapestries and has some older pieces of furniture. The dormitory, upstairs is the repository for the liturgical objects.

⊙ **Other conventual buildings.** – A visit includes rooms off the cloisters: the sacristy, the most remarkable, with cradle vaulting where a 16C polychrome *Pietà* is to be seen; the typical Norman Gothic chapter house; the small frescoed Hall of the Dead; the warming room containing a beautiful 14C Christ in wood; and the kitchen with its monumental fireplace. The stables have a collection of paintings of Hambye Abbey.

★★ Le HOC Point

Michelin map 52 fold 4 or 231 fold 16 – Local map 76

The road to Le Hoc Point (**Pointe du Hoc**) branches off the D 514 on the right coming from Bayeux, after a manor.

Leave the car in the car park and continue on foot. Visit: allow 1 hour.

The natural site. – The limestone plateau ends in a cliff more than 30m - 98ft high, which commands the lower, rocky coast of Grandcamp.

The historic site. – Le Hoc Point, heavily fortified by the Germans, served as an observation post for that area along the coast where, during the early hours of 6 June 1944, the American fleet and troops appeared. To reduce a German battery which would have been particularly dangerous to troops landing on Omaha Beach *(qv)*, the American commander ordered a naval bombardment from the American warship *Texas*. After 600 salvoes of 14-inch shells the 2nd Rangers Battalion climbed the cliffs with rope ladders and took the position by assault at dawn on 6 June; but not without heavy losses: 135 of 225 rangers were either killed or wounded. Groups of German soldiers were still in the area and it was only with assistance from the 116th Regiment, U.S. Infantry, and tank support, that the enemy was finally overwhelmed. The Point is one of the few places in Normandy which still gives the impression of having been a battlefield. Arriving in the area completely shattered by bombardment, go on to the edge of the cliff to the granite stele from which there is a good **view** of the east coast of the Cotentin Peninsula.

★★ JOBOURG, Nez de

Michelin map 54 fold 1 or 231 fold 1 – Local map p 70

The Nez de Jobourg, a long, rocky and barren promontory surrounded by reefs, is the most impressive cape of the wild La Hague coast. It is now a bird sanctuary (sea gulls). The walk described below along the **Nez de Voidries** allows you to see the Nez de Jobourg from the most imposing angle.
From the Auberge des Grottes, a first viewpoint is revealed overlooking Écalgrain Bay, the lighthouse and the Cape of La Hague with the Channel Islands – Alderney close by, then Sark, Guernsey and Jersey. Walk to the left and the Nez de Jobourg appears, separated from the Nez de Voidries by the small but steep sided Sennival Bay. The setting is spectacular especially when the sea is rough with Vauville Bay curving round in the distance to the Flamanville Cliffs.

★ JUBLAINS Roman Ruins (Ruines romaines de JUBLAINS)

Michelin map 60 fold 11 or 232 fold 8 – 14km - 9 miles to the northwest of Evron

Excavations in the village and its vicinity, have uncovered the ruins of an ancient settlement.
Following Julius Caesar's conquest of Gaul the Romans divided the country into a number of circumscriptions or cities and then built capital or administrative centres. The city of Aulerques Diablentes named after the local Gallic tribe and the town of Noviodunum were thus created at the intersection of two Roman ways.
The baths, uncovered during the restoration of the church, and the Roman fort of Jublains, to the south of the village along the Montsûrs Road, are the best local evidence of the Gallo-Roman period.

More than a citadel, the fortified camp of Jublains was in all probability one of the staging posts which were built all along the Roman ways during the Early Empire. Judging by the number of Roman roads in the area – at least nine converge on Noviodunum – the town was of the utmost strategic importance as an overnight stopping place for travellers and messengers, but also as an urban centre providing various judicial, commercial and civil services.

ⓒ **Baths (Thermes)** – These are located to the left of the church. The baths dating from the 1C were rebuilt in the 3C AD and then transformed into a paleo-Christian church towards the end of the Gallo-Roman period. A peristyle opened onto the gymnasium or palestra where the baths were located, overlooked on the north side by shops and libraries. On the west or church side was the underground furnace *(hypocaust)* providing the hot air for the warm and hot rooms.

An audiovisual presentation evokes life as it would have been at Jublains during the Gallic and Gallo-Roman periods. A plan shows the layout of the baths: cold bath with its blue schist paving, the warm and then the hot baths *(caldarium)*. Alongside the righthand wall are sarcophagi (skeletons of men and children) which came from a Merovingian necropolis which was uncovered on the spot.

ⓒ **Gallo-Roman fortifications.** – Coins, statuettes, vases and jewellery found during the excavations are on exhibition near the entrance.

Originally an earthenwork wall or vallum carrying a wooden palisade was preceded by a wide ditch which encircled the camp. Today it is possible to make out a rectangular earthwork 126m - 413ft by 115m - 377ft with a wide stone wall including several areas of brick and guarded by nine towers. The large central building is rectangular with an earth floor and is quartered by four towers. The paved central court the impluvium was used to collect the rainwater. Brick canalisations drew off the overflow.

The basement and one of the doors were of ashlared granite.

★ LASSAY Castle

Michelin map **60** fold 1 or **231** fold 41 – 16km – 10 miles southwest of Bagnoles-de-l'Orne

Lassay Castle with its pepperpot roofed towers dominating the village, was built in 1458 in place of an older building which had been dismantled in 1417 during the Hundred Years War. The castle is a prime example of military architecture of the reign of Charles VII.

ⓒ **TOUR** *time: 1/2 hour*

One enters the inner courtyard, surrounded by high walls, through the barbican, a fortified construction protecting the true entrance to the castle over the drawbridge. The two towers guarding the bridge were linked by living quarters which now contain 16 and 17C furniture and arms. A curious "Chinese oven" in which porcelain was fired, is to be seen in one of the towers. The duc de Brancas Lauraguais produced the first porcelain objects to be made from Alençon kaolin in this oven in the 18C.

The casemates can be seen at the foot of the barbican.

For a good overall view of the castle take the road downhill which goes under a stone bridge before skirting the foot of the towers and a pool.

Each year during the summer season there is a *son et lumière* performance in the vicinity of the castle *(see the table of Principal Festivals at the end of the guide)*.

★ LAVAL   Pop 53 766

Michelin map **63** fold 10 or **232** fold 7

Laval stands on a picturesque site on the River Mayenne: the old town clusters round the castle on the sloping west bank while the modern town, which was built in the 19C on formerly marshy ground, extends north of the old walls and over onto the east bank. The huge square named after Marshal Foch, which is the hub of the town's road network, is a fairly modern creation from which the main shopping streets radiate.

When linen was the main product of the region, **Laval linen** (toiles de Laval) was famous; it has now been replaced by cotton and synthetic textiles and other industries have been introduced. Cattle rearing remains an important element in the economy.

HISTORICAL NOTES

The 'Chouans'. – In 1793 the Whites (Royalists) occupied the town and beneath its very walls on the low ground at La Croix-Bataille defeated the Republican army of General Lechelle whose sole military precept was to march majestically and in large numbers. The Vendéan cavalry was commanded by La Trémoille, Prince de Talmont. Some time later, however, La Rochejaquelein had to evacuate Laval and the Blues captured the Prince de Talmont whom they guillotined at the gate of his own castle. It was in the Laval countryside that the name **Chouans** was first applied to the royalist troops; they were led by Jean Cottereau, called Jean Chouan, who gave his name to the movement; their rallying cry was the hoot of the tawny owl *(chat-huant)*.

Famous citizens of Laval. – Laval is the birthplace of many exceptional men. **Ambroise Paré** (1517-1590) aroused the anger of the traditionalists by the boldness of his methods in the treatment of wounds: he was the first to practise the ligature of arteries during amputations; he developed the first instruments used in trepanning and deserves to be known as the father of surgery. He was modest about his success: "I dress their wounds, God cures them".

Henri Rousseau (1844-1910), whose nickname was "Le Douanier" (the excise man), was a tax collector in Paris. He was the forerunner of the naive school of painters and was know for the honest, fresh and scrupulous approach which he brought to his work and his life. Before painting a portrait he measured his sitter with a tape like a tailor. Marie Laurencin and Jarry were among the long-suffering subjects of this meticulous artist.
Alfred Jarry (1873-1907) was the inventor of "pataphysics", the science of imaginary solutions, and the forerunner of the surrealists; he created the character of Père Ubu, king of Poland. He allied pitiless logic and great erudition with an extravagant life-style. He liked to let off his gun on any pretext and attract the attention of his table companions by eating his meals in reverse order, beginning with the coffee.
Alain Gerbault (1893-1941) was not only the favourite tennis partner of King Gustave V of Sweden and Jean Borotra, who was the Wimbledon Men's Singles Champion in 1924 and 1926, but also sailed singled-handed in his cutter (in 1923 he made the transatlantic crossing); he died in the Polynesian islands.

★ OLD CASTLE (VIEUX CHÂTEAU) (Z) *time: 1 hour*

⊙ To the right of the railings in front of the Law Courts stands a noble 17C porch decorated with pilasters and simulated masonry joints, next to an early 16C half-timbered house. Through the porch is the courtyard of the Old Castle enclosed by ramparts (from the top of the walls there is a picturesque **view★** of the roofs of the old town). On the terrace to the left of the castle, overlooking the Mayenne, stands a statue of Beatrix de Gavre, Baroness of Laval in the 14C, who promoted the development of weaving in Laval. In its present state the bulk of the castle dates from the 13C and 15C; the windows and dormers in white tufa, carved with scrolls in the Italian style, were added in the 16C. The crypt and the keep are the oldest parts (12C and 13C). The rooms are decorated with French and foreign paintings as well as handsome fire backs.

Keep. – Originally separated from the courtyard by a moat, the keep was later incorporated between the two wings of the castle. It has retained its original roof and hoarding, a projecting wooden gallery, clearly visible from the river, from which the castle troops could defend the bridge and the base of the walls. Within the keep is a display of the old tools used by the journeymen carpenters and their ribbons which varied in shape and colour according to the status, guild and craft of the journeyman; another room contains the trepanning instruments invented by Ambroise Paré and some paintings and watercolours of Laval by Jean-Baptiste Messager, a local artist. The most interesting feature is the extraordinary **timber roof★★** which was built c1100 to an ingenious circular design. Great beams, radiating from the centre like the spokes of a wheel, project beyond the walls (which are over 2m - 6ft thick) to support the hoarding.

★ **Museum of Naive Painting** (Musée d'art naïf). – The museum, which can be visited
⊙ separately from the castle and the keep, displays a number of canvases by painters from France, Yugoslavia, Germany, Brazil, etc. A reconstruction of Douanier Rousseau's studio contains his easel, violin, piano, paint box, family records etc.

★ OLD TOWN (YZ) *time: 1 hour*

Place de la Trémoille (Z 28). – The square is named after the last of the local lords. On the east side stands the Renaissance façade of the **Nouveau Château** (J); the 'new castle' was built in the 16C as the residence of the Count of Laval; it was enlarged in the 19C and now houses the Law Courts.

Rue des Orfèvres (Z 36). – The narrow street which runs south into the Grande-Rue is lined with beautiful 16C overhanging houses and 18C mansions.
At the T-junction stands the Renaissance house of the Master of the Royal Hunt (Grand Veneur); the façade and the windows in carved tufa are similar to those at the castle.

Grande-Rue (Z 19). – This was the main street of the medieval city; it descends to the River Mayenne between rows of old houses, some half-timbered with projecting upper storeys, others in stone with Renaissance decoration.

Turn right into Rue de Chapelle.

The street climbs between medieval and Renaissance houses to a charming statue of St René in a niche (right) at the top.

Go straight on into Rue des Serruriers.

Just south of the Beucheresse Gate are two slightly askew half-timbered houses.

Beucheresse Gate (Porte Beucheresse)(Z B). – In former days this gate, then called Porte des Bûcherons, opened directly into the forest. It was built in the 14C with a pointed entrance arch and is flanked by two round towers, topped with machicolations, which were once part of the town walls of Laval. Henri Rousseau was born in the south tower where his father exercised his trade as a tinsmith.

⊙ **Cathedral** (Cathédrale) (Z). – The building has been altered many times but the nave and the transept crossing are covered with Angevin vaulting: the Angevin or Plantagenet style is characterised by curved rib vaulting in which the keystones are at different heights. The walls are hung with Aubusson tapestries (early 17C) depicting the story of Judith and Holophernes in six panels. On the left pillar near the chancel is a very beautiful triptych painted by the Antwerp Mannerist school in the 16C; it presents the Martyrdom of St John the Apostle when closed and three scenes from the life of John the Baptist when open. In the north transept there is an imposing revolving door carved in the 18C. On leaving the cathedral walk round the east end to admire the northeast door (facing the Law Courts) which is decorated with 17C terracotta statues.

Rue de la Trinité (Z 55). – This is a street of old houses, one of which dates from the 16C and is adorned with statues of the Virgin and the Saints.

Turn left into Rue du Pin-Doré which ends in Place de la Trémoille.

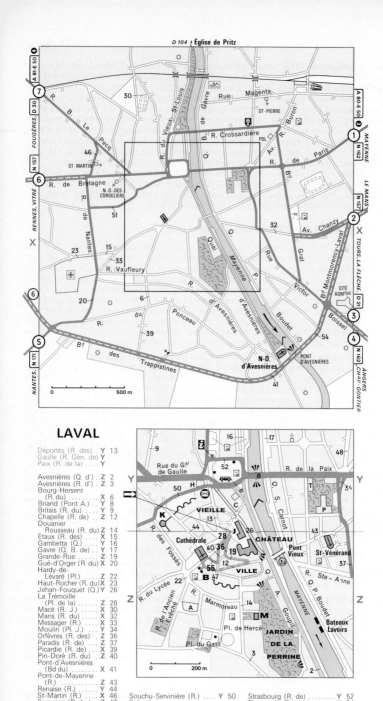

LAVAL

ADDITIONAL SIGHTS

★ **Quays** (YZ). – The quays on the east bank provide the best overall **views**★ of Laval across the still waters of the River Mayenne which was canalized in the 19C. From Aristide-Briand Bridge the eye travels from the Old Bridge to the old town and then step by step up to the dark bulk of the old castle and the lighter mass of the new one. From the **Old Bridge** (Pont Vieux – Z), a 13C hump-backed bridge, which was originally fortified, there is a more detailed view of the old town, the slate roofs, the narrow streets of half-timbered houses and the keep of the old castle with its hoarding

The last public **washing stages** (Bateaux Lavoirs – Z) in Laval are moored along Quai Paul-Boudet. They first appeared in 1880 and the last of them were in use until 1960; they resembled landing stages surrounded by washboards where the housewives came to beat their linen and rinse it in the running water; in the centre were enormous vats for boiling and drying the laundry. The **St Julien stage** has been restored; it also comprised a lodging for the owner.

★ **La Perrine Garden** (Z). – From the terraces there are very attractive views of the River Mayenne, the lower town and the castle keep.

As well as a rose garden there are many tall trees: palms, limes, chestnuts, larches and cedars of Lebanon. Ponds and waterfalls alternate with lawns and flowerbeds.

🕐 **Science Museum** (Musée des Sciences) (Z M). – The museum is housed in an imposing building; flanking the stone steps are two bronze animal groups by the sculptor Gardet. The bust in the square is of Alain Gerbault, the navigator.
The archaeological exhibits are the result of excavations carried out in the Laval region. There are also temporary exhibitions on a particular theme: botany, geology, zoology etc. The 19C astronomical clock in its carved wooden case is a fine example.

Basilica of Our Lady of Avesnières (Notre Dame d'Avesnières) (X). – This ancient sanctuary, which is dedicated to the Virgin Mary, was made into a basilica in 1898. The Romanesque **east end★** is best seen from Avesnières Bridge: the chancel, the ambulatory and the five radiating chapels. The attractive Gothic-Renaissance spire is an identical copy, made in 1871, of the original which was erected in 1538.
The 19C restoration, which is quite visible on the west front, has not spoiled the uniformity of the Romanesque basilica nor the atmosphere of meditation with which this place of pilgrimage is imbued.
Inside, flanking the entrance, are two colossal painted wooden statues. One (16C) is of St Christopher carrying the infant Jesus. The other (15C) represents the Holy Saviour: Christ, dressed in a long stiff robe and crowned with a tiara, is standing on tip toe about to ascend into heaven. The fine Romanesque chancel consists of three storeys of arches and bays; among the capitals note a 15C painted wooden figure of Christ and, at the level of the triforium, a miraculous statue of Our Lady. The modern stained glass is by Max Ingrand. In the axial chapel there is a 16C Breton *Pietà* in terracotta. The south chapel is hung with a 17C Aubusson tapestry.

🕐 **St Vénérand's Church** (Z). – The nave is flanked by double aisles. The north front, facing the street, has a Flamboyant door decorated with an attractive 17C terracotta figure of the Virgin and carved canopies and surmounted by a pediment supported on an arch with Renaissance motifs.

Renaise Tower (Y K). – This 15C round machicolated tower belongs to the old walls.

Pritz Church (X). – *2km - 1 1/2 miles north. Leave Laval by Rue du Vieux-St-Louis and D 104.*
This simple church stands on the right of the road in the hamlet called Pritz and is surrounded by a garden. It dates from about the year 1000 and was altered and enlarged in the Romanesque period. In the nave there is a large stone statue (left) of St Christopher and a 17C terracotta of Christ bearing the cross. The wooden convent screen, which was restored in 1776, dates from the Renaissance. The altarpiece (1677) is signed by Lemesle. The most interesting feature of the church is the series of **mural paintings**. The very beautiful 11C frescoes above the chancel show scenes from the life of the Virgin: the Visitation, Mary suckling her child (the only one from the Romanesque period), her Son's triumph over evil and the Nativity. The 13C frescoes on the chancel arch show the calendar of the months. The frescoes in the chancel show the old men of the Apocalypse and those on the double arch three signs of the zodiac. The nave was painted in the 14C with the Virgin and child and the Good News being delivered to the shepherds; in the 15C a huge figure of St Christopher was painted (8m - 26ft high) which was partially covered by another one in the 16C.

EXCURSIONS

Clermont Abbey. – *15km - 9 miles west. Leave Laval by N 157, ⑥ on the plan. Description p 67.*

Round tour of 30km - 19 miles. – *About 1 hour. Leave Laval by D 1 going south.* The road follows the west bank of the River Mayenne and then climbs towards l'Huisserie providing attractive views of the valley.

Bear left into D 112 towards Entrammes; after 1km - 1/2 mile turn left into a narrow road to l'Enclos et Bonne (Lock).

The road descends to the bank of the River Mayenne: very attractive **view★** of the river, the lock, a mill and a castle.

Return to D 112 and later bear left into D 103.

Port-du-Salut Trappist Monastery. – Until 1959 the famous Port-Salut cheese was made here by the monks. They still make cheese today but not under that name and the electricity which they produce from a dam on the Mayenne is sold to the national grid.
🕐 The **large and small chapels** are open to the public. Craftwork is sold in the gatehouse.

Parné-sur-Roc. – Pop 770. The church belonging to the village on the rock was built in the 11C and contains some interesting **mural paintings** (late 15C - early 16C). On the left one sees the silhouette of the resurrected Christ against a background of red stars and a Madonna Dolorosa; on the right, Cosmas and Damian, two brothers, who practised medecine and were popular in the Middle Ages.

Return to Laval by D 21.

★ LESSAY   Pop 1 397

Michelin map **54** fold 12 or **231** fold 14

Lessay, a small town, on the edge of moorland country whose harsh beauty was sung by the poet Barbey d'Aurevilly, who came from St-Sauveur-le-Vicomte. The town comes to life in September at the Holy Cross Fair *(see the table of Principal Festivals at the end of the guide)* which dates back to the 13C.
Lessay grew up around the Benedictine abbey founded in 1056 by the local Norman baron, Turstin Haldup of La Haye-au-Puits, his wife Emma and their son Eudes au Capel. The first monks and their abbot Roger came from Le Bec-Helloin Abbey *(see the Michelin Green Guide Normandy Seine Valley).* The conventual buildings are 18C.

Lessay Abbey Church

★★ABBEY CHURCH (ABBATIALE) *time: 1/2 hour*

The magnificent Romanesque church was rebuilt between 1945 and 1957 using the original building materials wherever possible. Originally built by Eudes au Capel it remains one of the most perfect examples of Romanesque architecture in Normandy. There were two different building periods. The first on the death of Eudes au Capel in 1098 included the apse, chancel transept and two bays of the nave with their vaulting. It was several years later before the nave was completed.

Exterior. – The full beauty of the lines of the apse abutting on a flat gable, can best be seen from the War Memorial Square. The rather squat square belfry with its La Hague schist slates is also worth noting.

Interior. – The overall plan, the tones of the stone, the pure lines of the nave and chancel, are immediately apparent as you enter through the south door.
The nave, with seven wide arched bays has pointed vaulting, as has the transept, while the aisles are groined. A gallery encircles the entire building, passing through the thickness of the walls below the clerestory.
In the oven vaulted apse the windows are divided into two tiers. The furnishings are plain: the high altar, a monolithic slab upon two massive supports, the white font, another monolith stands on the cobbled floor of the 15C baptistery chapel to the right of the chancel. The font cover is of incised bronze.
Barbey d'Aurevilly deplored the abbey's plain glass in 1864; the new glass is coloured, the design inspired by Irish Celtic manuscripts as are the motifs to be seen on the capitals.

EXCURSION

Pirou Castle. – *10km - 6 miles to the south by the D 2 and then the D 94 to the right. Description p 109.*

Avoid visiting a church during a service.

LUCERNE Abbey

Michelin map 59 folds 7 and 8 or 231 fold 25 – 12km - 8 miles southeast of Granville

The important ruins of Lucerne Abbey stand in an isolated spot in the pleasantly green Thar valley. It was founded in 1143 by two Premonstratensian monks following a donation by Hasculfe de Subligny, the great nephew of William the Conqueror. However, it was 1164 before any building work started. The Abbey is enhanced by a fine parkland setting.

Abbey Church. – The façade with the Romanesque doorway ornamented with figures in relief on the archivolts is 12C. The south arches and one north arch are the most interesting parts of the nave. The transept crossing supports a fine Gothic **bell tower**★ which is late 12C and is pierced on each of its four square walls by three pointed bays adorned with lancet windows.

The windows in the chancel rise to a surprising height. In the south arm of the transept is an 18C organ.

Cloisters and conventual buildings. – There remain ten arches of the cloisters in the northwest corner, the 12C lavatorium with four lovely small Romanesque arches in the southwest corner near the doorway to the former refectory, and the arches at the entrance to the chapter house.

To the south and slightly to the left are the remains of an aqueduct built in 1803 to carry water to the spinning mill set up within the abbey precincts. The abbot's lodging *(private)* with a classical façade, stands apart on the far side of the expanse of water. The judgment rooms above the 12-15C entrance porch, known as the almonry door, are used for temporary exhibitions.

Return towards the porter's lodge, passing the tithe barn, to see the dovecote, a great round tower with 1 500 pigeon holes.

★ MANCELLES Alps

Michelin map 60 folds 2, 3, 12 and 13 or 231 folds 42 and 43

The designation Alps may seem a little exaggerated for this region, nevertheless the Sarthe Valley has considerable charm, albeit wild, with its steep, heather and broom clad slopes.

The Mancelles Alps are part of the Normandy-Maine Regional Nature Park *(qv)* and there is a wide variety of leisure activities (walking trails, fishing, canoeing and cycling) on offer to the visitor.

ROUND TOUR STARTING FROM ALENÇON

82km - 51 miles – about 3 hours – local map below

★ **Alençon.** – *Description p 36.*

> *Leave Alençon to the west by the N 12 to St-Denis-sur-Sarthon. 6.5km - 4 miles further on at Lentillère turn left towards Champfrémont.*

For 600m – about 1/3 mile the road offers wide views of Multonne Forest.

> *Turn right into the road leading to Mount Avaloirs.*

Mount Avaloirs (Mont des Avaloirs). – A metal belvedere marks the summit which at 417m - 1 368ft makes it, with the Écouves Forest Signal Station *(qv),* the highest point in western France.

Unfortunately the panorama is screened by vegetation but it is possible to make out the bare, rounded summit of Mount Souprat to the east. The Mancelles Alps are away to the southeast.

> *Cross the D 144 to take the D 204 on the left, and after 1 400m - 1 500yds the D 255 to the right.*

The road then goes downhill into the St-Julien-des-Églantiers basin.

> *Beyond follow the D 245 uphill, then the D 218 to the D 20 which you take to the right.*

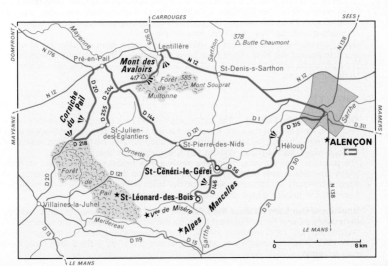

Le Pail Corniche (Corniche du Pail). – On a clear day and when the vegetation permits, the road which cuts across the hillsides, affords wide views over the upper Mayenne basin and, against the background of Adaines forest the squat belfry of Domfront's church and the conical outline of Mount Margantin.

> *At Pré-en-Pail take the N 12 in the direction of Alençon, then the D 144 to the right towards St-Pierre-des-Nids.*

St-Cénéri-le-Gérei. – Pop 136. This small picturesque village with its hilltop church, its bridge over the Sarthe and its attractive stone houses has inspired many an artist. In the chancel of the Romanesque church there are frescoes portraying Christ in Majesty and the Virgin gathering the Blessed under her mantel.

From behind the chevet there is a view down over the Sarthe, with its stone bridge, and lined by old houses.

> *Beyond St-Cénéri-le-Gérei turn right into the D 146.*

As the road climbs, a view opens out to the north of the Sarthe Valley and higher crests of the Multonne Forest.

Bare valley slopes contrast with lush river banks as you descend to St-Léonard-des-Bois.

★ **St-Léonard-des-Bois and the Misère Valley.** – *Description p 112.*

Returning along the D 146 you get a last glimpse of the picturesque St-Céneri-le-Gérei before joining the D 56. Beyond **Héloup,** a town well sited on top of a long ridge which overlooks the Sarthe Valley, the view includes Multonne Forest with Mount Avaloirs on the left and Mount Souprat slighlty to the right. Further right the Chaumont Hillock and Écouves Forest come into view again, and as you drop down, the Perseigne Forest Massif, to the east.

> *The D 315 takes you back to Alençon.*

MAYENNE   Pop 14 298

Michelin map 𝟓𝟗 fold 20 or 𝟮𝟯𝟮 fold 7
Town plan in the current Michelin Red Guide France

Mayenne is a bridgehead town whose strategic importance in the past was underlined by the existence of a powerful fortress. Its strategic importance was proved once again during the Second World War. As from the 8 June the town was partly destroyed but the bridge remained and, thanks to the heroism of an American sergeant, Mack Racken, fell intact into the hands of the Allies. The path was then clear over the bridge across the Mayenne to Maine.

The town has been spaciously rebuilt over the hillsides running down on either side to the Mayenne River.

HISTORICAL NOTES

War and diplomacy. – In 1573 the marquisate of Mayenne was raised to the status of a dukedom for the benefit of Charles of Lorraine, second son of François de Guise, the young duke, aged fifteen, had already seen battle in the struggle against the Huguenots. He next went to offer his services to the Venetian Republic in their war against the Turks. On his return he took part in the siege of La Rochelle and was subsequently appointed Commander of the royal army.

On the assassination of Henry III, Mayenne resisted pressure from the Guises to ascend the throne of France: instead he undertook a war against the State of Béarn, controlled by the House of Navarre. In the six years which followed, fighting was interspersed with religious and political embroilments and diplomatic intrigue. After the conversion of Henry IV to Catholicism, Mayenne signed a treaty ending the civil war and retired from political life.

The Mayenne as a waterway. – Cardinal Mazarin had no sooner acquired the Duchy of Mayenne in 1654 than he undertook to make the Mayenne River navigable from Laval to Mayenne. After 150 000 *livres* had been spent, construction materials could be brought up as far as the town by barge. However, the course and installations were not maintained and the river again fell into disuse.

New projects were studied and in 1852 forty-five locks were constructed to enable boats to ascend the 54m - 177ft from Laval to Mayenne. By 1874 barges were calling regularly at the recently completed quays, but with the coming of the railway the river traffic finally died.

SIGHTS

Old Castle (Ancien Château). – The castle, abutting on rock escarpments, stands on the hill on the west bank of the river. It was built in the 11C by Juhel I, lord of Mayenne, and was one of the major local strongpoints and as such suffered frequent siege. It was only through sheer cunning that William the Conqueror took the castle.

The perimeter wall remains, giving the castle a truly feudal appearance. An attractive shady promenade runs between the curtain walls and the town gardens. The promenade commands an attractive **view★** of the town with the river flowing through it between the granite quays and under the two bridges.

⊙ **Basilica of Our Lady (Basilique Notre-Dame).** – This church in a composite style has been remodelled several times. The west front like the pillars and arches in the nave are 12C, the transept walls and windows are 16C. The windows throughout are modern, dating from 1962. When the church was rebuilt at the end of the 19C in the Gothic style, it was also enlarged.

⏱ **Church of St Martin** (Église St-Martin). – *Well up the hillside on the opposite bank from the castle.*
This church is built of a rust coloured granite with a lovely glowing patina. In the 11C the church belonged to Marmoutiers Abbey in Tours, and both the apse and transept date from this period. The modern stained glass like that in the Basilica of Our Lady, is by the master glazier Maurice Rocher. The wooden statue of St Martin portrays him as a soldier sharing his cloak with a poor man.

EXCURSIONS

★ **Jublains Roman Ruins.** – *10km - 6 miles. Leave Mayenne to the southeast by the D 35. Description p 89.*

Ernée. – *Pop 6 132. 24km - 15 miles to the west by the N 12.*
Standing on the outskirts of this town, to the right of the road, is **Charné Chapel** (chapelle de Charné) sheltered by plane trees. The chapel is all that remains of the former village of Charné, which slowly dwindled over the centuries to the advantage of its neighbour Ernée. The chapel comprises a Gothic chancel and transept. The crossing is crowned by a Romanesque tower. The polychrome wood statue of the Virgin is 15C. Ernée and the surrounding region was the setting for Balzac's novel *Les Chouans*.

Mayenne Forest (Forêt de Mayenne). – *Round tour of 50km - 31 miles – about 1 hour. Leave Mayenne to the southwest by the D 104.*

Fontaine-Daniel. – The sight at Fontaine-Daniel of a lovely pool overlooked by an attractive chapel, flower-decked houses and an old Cistercian abbey makes the drive a popular one. A cloth and ticking mill continues the linen weaving tradition that flourished during the *Ancien Régime* (18C).
⏱ On the outskirts of the village but still in the forest there is an **exhibition centre** with displays of Mayenne linen and other furnishing materials. There is a remarkable stand of oaks with a carpet of ferns below.

Take the D 104 and the D 123 to reach St-Germain-le-Guillaume, then Chailland by the D 165.

Chailland. – Pop 1 151. This small town is dominated by a rocky escarpment with a tall statue of the Virgin towering high above.

Turn right just before the church.

The road avoids the rocky spur, then passes between the Château de la Touche and a pool before entering **Mayenne Forest.** Gradually the dense stands of oak and elm give way to thick coppice.

Take the N 12 to the right back to Mayenne.

Le MOLAY-LITTRY   Pop 2 522

Michelin map 🔢 fold 14 or 🔢 fold 16 – 14km - 9 miles to the southwest of Bayeux – Local map p 51

This small Calvados village, standing on the outskirts of Cerisy Forest, was once a busy coal mining centre.

The mine at Littry. – The marquis de Balleroy was the owner of an important ironworks and he was forever looking for an alternative fuel, as coal was becoming rarer and more expensive. One November morning in 1741 one of his workers, who had gone to the vicinity of the hamlet of Littry in search of peat, discovered quite by chance, a very hard black rock. He had in fact stumbled on an outcrop of coal. The marquis lost no time in exploiting the coal seam and in 1743 the mine was opened. In 1744 Louis XV accorded the marquis the life concession of a parcel of land 60km - 37 miles long by 23km -14 miles wide. Due to poor financial results the marquis was obliged to sell his mining concession to a group of Parisian financiers, who founded the Littry Mining Company in 1747. The mine at Littry flourished until the late 19C when it could no longer compete with the arrival on the market of English coal nor deal with flooding in the galleries. Mining ceased until the Second World War when the mine once again became productive and remained so until its closure in 1950. The remaining unexploited seam of coal represents 3 million tons.

★ **Mining Museum** (Musée de la mine). – The first room has an audiovisual presentation
⏱ on mining and the life of the miners. The next room has a historical presentation of miner's work through a range of tools: sledgehammers and pickaxes to break the coal from the coal face, shovels or spades, oil lamps, helmets of boiled leather, trucks pulled by small boys and a combustion pump (1795) used to raise the coal and evacuate seeping water. Note the coins specially minted in the 18C by the Littry Mining Company – they were valid only within the concession. A 70m - 230ft long gallery has been recreated to show the different processes and extraction machinery used from the 18C to the present day: extraction, transportation and the filling in of excavated galleries. A third room contains a 1:10 **scale model** of pithead no 5 at Bruay-en-Artois in the north of France. This fascinating working model was made in 1890 by the pupils of the Douai Mining School.

Discover the other Normandy of the meandering Seine, the green countryside and apple orchards of the Auge Region and the spectacular cliff scenery of the Caux Region.
These sights are described in the Michelin Green Guide Normandy Seine Valley.

Michelin map 🔢 fold 7 or 🔢 fold 38 – Local map p 102

The Mont-St-Michel has been called "the Marvel of the Western World" owing to its island setting, its rich history and the beauty of its architecture; at any season of the year it leaves an indelible impression.

When the crowds have gone its more elusive charm is evident particularly at dawn and dusk.

The Feast of the Archangel Michael *(see the table of Principal Festivals at the end of the guide)* early in the autumn is celebrated as a religious and popular festival and attracts large crowds.

Like its counterpart St Michael's Mount off the south coast of Cornwall *(see the Michelin Green Guide England - The West Country)*, the Mont-St-Michel is a granite island about 900m - 984yds round and 80m - 262ft high.

As the bay is already partially silted up the Mount is usually to be seen surrounded by huge sand banks which shift with the tides and often reshape the mouths of the neighbouring rivers.

The course of the Cousenon, which used to threaten the dykes and polders with its wandering, has been canalised and the river now flows straight out to sea to the west of the Mount. Its former course, northwest from Pontorson, used to mark the frontier between the Duchy of Normandy and Brittany.

The movement of the tides in the bay is very great and the difference in sea level between high and low water can be over 40ft, the highest in France. As the sea bed is flat the sea retreats a long way leaving 15km - 9 miles of sand exposed. The tide comes in very rapidly, not quite at the speed of a galloping horse, as has been said, but of a person walking at a brisk pace. This phenomenon, which is aggravated by numerous currents, can spell danger to the unwary. Over the last few years the sea has deposited about $1\,000\,000\text{m}^3$ - $35\,315\,000\text{ft}^3$ of sediment in the bay and great projects have been put in hand, especially in the Couesnon basin, to prevent the silting up. They are described in the Maritime Museum *(p 101)*.

HISTORICAL NOTES

An amazing achievement. – The abbey's origin goes back to the early 8C when the Archangel Michael appeared to Aubert, Bishop of Avranches, who founded an oratory on the island, then known as Mount Tombe. In the Carolingian era the oratory was replaced by an abbey and from then until the 16C a series of increasingly splendid buildings, in the Romanesque and then the Gothic style, succeeded one another on the Mount which was dedicated to the Archangel.

The abbey was well fortified and was never captured.

The construction is an amazing achievement. The blocks of granite were transported from the Chausey Islands or from Brittany and hoisted up to the foot of the building. As the crest of the hill was very narrow the foundations had to be built up from the lower slopes.

Pilgrimages. – Even during the Hundred Years War pilgrims came flocking to the Mount; the English who had possession of the area, granted safe conduct to the faithful in return for payment. People of all sorts made the journey: nobles, rich citizens and beggars who lived on alms and were given free lodging by the monks.

Hotels and souvenir shops flourished. The pilgrims bought medals bearing the effigy of St Michael and lead amulets which they filled with sand from the beach.

Of the many thousands of people crossing the bay some were drowned, others were lost in the quicksands; the dedication was lengthened to St Michael in Peril from the Sea.

Mont-St-Michel

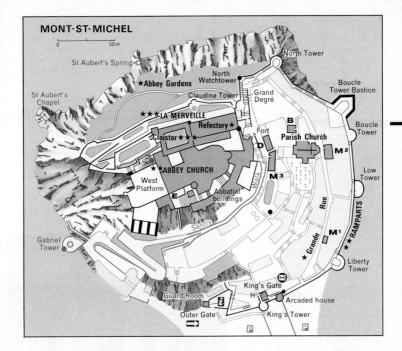

MONT-ST-MICHEL

St Aubert's Spring
North Tower
St Aubert's Chapel
★Abbey Gardens
North Watchtower
Boucle Tower Bastion
Claudine Tower
Grand Degré
★★★LA MERVEILLE
B
Boucle Tower
Refectory ★
Fort
Parish Church
Cloister ★★★
D
M²
★ ABBEY CHURCH
M³
Low Tower
West Platform
E
Abbatial buildings
M
Sentry Walk
Gabriel Tower
M¹
RAMPARTS
Rue
Grande
Liberty Tower
King's Gate
Guard Room
H
Arcaded house
Outer Gate
King's Tower
P
P

Decline. – The abbey came to be held in commendam (by lay abbots who received the revenue without exercising the duties) and discipline among the monks grew lax. In the 17C the Maurists, monks from St Maur, were made responsible for reforming the monastery but they only made some deceptive architectural changes, tinkering with the stonework. More dilapidation ensued when the abbey became a prison. From being the local Bastille, before the Revolution, it was converted in 1811 into a national prison where political prisoners such as Barbès, Blanqui and Raspail were detained. In 1874 the abbey and the ramparts passed into the care of the Historic Monuments Department (Service des Monuments Historiques). Since 1966 a few monks have again been in residence conducting the services in the abbey church.

Stages in the Abbey's Construction. – The buildings date from the 11C to 16C.

Romanesque Abbey. – 11C-12C. Between 1017 and 1144 a church was built on the top of the Mount. The previous Carolingian building was incorporated as a crypt – Our Lady Underground (Notre-Dame-sous-Terre) – to support the platform on which the last three bays of the Romanesque nave were built. Other crypts were constructed to support the transepts and the chancel which projected beyond the natural rock.
The convent buildings were constructed on the west face and on either side of the nave. The entrance to the abbey faced west.

Gothic Abbey. – 13C-16C. This period saw the construction of:
– the magnificent Merveille buildings (1211-1228) on the north side of the church, used by the monks and pilgrims and for the reception of important guests;
– the abbatial buildings (13C-15C) on the south side comprising the administrative offices, the Abbot's lodging and the garrison's quarters;
– the main gatehouse and the outer defences (14C) on the east side, which protected the entrance which was moved to this side of the Mount.
The chancel of the Romanesque church had collapsed and was rebuilt more mangificently in the Flamboyant Gothic style (1446-1521) above a new crypt.

Alterations. – 18C-19C. In 1780 the last three bays of the nave and the Romanesque façade were demolished.
The present bell tower (1897) is surmounted by a beautiful spire which rises to 157m - 515ft and terminates in a statue of St Michael (1879) by Emmanuel Frémiet. The 4.5m-15ft tall archangel, in position for over 100 years, was recently removed for restoration. St Michael once again proudly wields his sword, struck off by lightning.

★★★THE ABBEY

⏱ The tour does not go from building to building nor from period to period but from floor to floor through a maze of corridors and stairs.

Outer Defences of the Abbey. – A flight of steps, the Grand Degré, once cut off by a swing door, leads up to the Abbey. At the top on the right is the entrance to the gardens; more steps lead up to the ramparts.
Through the arch of an old door is a fortified courtyard overlooked by the Fort, which consists of two tall towers shaped like mortars standing on their breeches and linked by machicolations. Even this military structure shows the builder's artistic sense: the wall is attractively constructed of alternate courses of pink and grey granite. Beneath a flattened barrel vault a steep and ill-lit staircase, known as the Pit Steps (Escalier du Gouffre), leads down to the beautiful door which opens into the Guard Room, also called the Gatehouse (Porterie).

Guard Room or Gatehouse. – This hall was the focal point of the abbey. Poor pilgrims passed through on their way from the Merveille Court to the Almonry. The Abbot's visitors and the faithful making for the church used the Abbey Steps.

Abbey Steps. – An impressive flight of 90 steps rises between the abbatial buildings (left) and the abbey church (right); it is spanned by a fortified bridge (15C).
The stairs stop outside the south door of the church on a terrace called the Gautier Leap (Saut Gautier – **E**) after a prisoner who is supposed to have hurled himself over the edge. The tour starts here.

West Platform. – This spacious terrace, which was created by the demolition of the last three bays of the church, provides an extensive view of the Bay of Mont-St-Michel.

★★ **Church.** – The exterior of the church, particularly the east end with its buttresses, flying buttresses, bell turrets and balustrades, is a masterpiece of light and graceful architecture. The interior reveals the marked contrast between the severe and sombre Romanesque nave and the elegant and luminous Gothic chancel.
The church is built on three crypts which are visited during the tour.

★★★ **La Merveille.** – The name, which means the Marvel, applies to the superb Gothic buildings on the north face of the Mount. The eastern block, the first to be built between 1211 and 1218, comprises from top to bottom, the Refectory, the Guest Hall and the Almonry; the west-

ern block, built between 1218 and 1228, consists of the Cloisters, the Knights' Hall and the cellar.
From the outside the buildings look like a fortress although their religious connections are indicated by the simple nobility of the design. The interior is a perfect example of the evolution of the Gothic style, from a simplicity, which is almost Romanesque, in the lower halls, through the elegance of the Guests' Hall, the majesty of the Knights' Hall and the mysterious luminosity of the Refectory, to the cloister which is a masterpiece of delicacy and line. The top floor comprises the Cloisters and the Refectory.

★★★ **Cloisters.** – The cloisters seem to be suspended between the sea and the sky. The gallery arcades display heavily undercut sculpture of foliage ornamented with the occasional animal or human figure (particularly human heads); there are also a few religious symbols. The double row of arches rests

Cloisters of Mont-St-Michel Abbey

on delightfully slim single columns arranged in quincunx to enhance the impression of lightness. The different colours of the various materials add to the overall charm. The lavatorium (lavabo) on the right of the entrance recalls the ceremonial "washing of the feet" which took place every Thursday.

★ **Refectory.** – The effect is mysterious; the chamber is full of light although it appears to have only two windows in the end wall. To admit so much light without weakening the solid side walls which support the wooden roof and are lined with a row of slim niches, the architect introduced a very narrow aperture high up in each recess. The vaulted ceiling is panelled with wood and the acoustics are excellent.

Old Romanesque Abbey. – The rib vaulting marks the transition from the Romanesque to the Gothic. The tour includes the Monks' Walk and part of the dormitory.

Great Wheel. – The wheel belongs to the period when the abbey was a prison. It was used to bring up provisions and was operated by five or six men turning the wheel from within as if on a treadmill.

Crypts. – The transepts and chancel of the church are supported by three undercrofts or crypts; the most impressive is the 15C **Great Pillared Crypt★** which has ten pillars, 5m -16ft round, made of granite from the Chausey Islands.
The second floor consists of the Guests' Hall and the Knights' Hall.

★ **Guests' Hall.** – Here the Abbot received royalty (Louis IX, Louis XI, François I) and other important visitors. The hall, which is 35m - 115ft long, has a Gothic ceiling supported on a central row of slim columns; the effect is graceful and elegant.
At one time it was divided down the middle by a huge curtain of tapestries; on one side was the kitchen quarters (two chimneys) and on the other the great dining hall (one chimney).

★ **Knights' Hall.** – The name of this hall may refer to the military order of St Michael which was founded in 1469 by Louis XI with the abbey as its seat.
The hall is vast and majestic (26m × 18m – 85ft × 58ft) and divided into four sections by three rows of stout columns.

It was the monks' work room, where they illuminated manuscripts, and was heated by two great chimneys. The rooms on the lower floor are the Almonry and the Cellar.

Cellar. – This was the storeroom; it was divided into three by two rows of square pillars supporting the groined vaulting.

Almonry. – This is a Gothic room with a Romanesque vault supported on a row of columns.

Abbatial buildings. – Only the Guard Room is open.

★★ THE VILLAGE

Outer Defences of the Village. The Outer Gate is the only breach in the ramparts and opens into the first fortified courtyard. On the left stands the Citizens' Guard Room (16C); on the right are the "Michelettes", English mortars captured in a sortie during the Hundred Years War.

A second gate leads into a second courtyard. The third gate (15C), complete with machicolations and portcullis, is called the King's Gate because it was the lodging of the token contingent maintained on the Mount by the king in assertion of his rights; it opens into the Grande-Rue where the Abbot's soldiers lodged in the fine arcaded house (right).

★ **Grande-Rue.** – This picturesque narrow street clims steeply between old (15C-16C) houses and ends in a flight of steps. In summer it is lively and crowded with the stalls of souvenir merchants even as it was in the Middle Ages at the height of the most fervent pilgrimages.

★★ **Ramparts.** – These are 13C-15C. The sentry walk offers fine views of the bay; from the North Tower the Tombelaine Rock, which Philippe Auguste had fortified, is clearly visible.

★ **Abbey Gardens.** – A pleasant place for a stroll with a view of the west side of the Mount and St Aubert's Chapel.

⊙ **Maritime Museum (Musée de la Mer) (M¹).** – The museum concentrates on the maritime environment of the Mount. Video-cassettes are used to explain the tides, the silting up and the measures being taken to prevent it. A film recounts the history of the Mount. There is also a large collection of model boats, votive offerings and a collection of entries in the America Cup.

⊙ **Archéoscope (M²).** – This multi-media performance takes you on a journey through time with the Archangel Michael as guide to discover the history of the Mount and its site. All the sophisticated special effects – laser beams, light effects, film projections, accompanying music and automated models – of the Mont-St-Michel experience are coordinated by a computer.

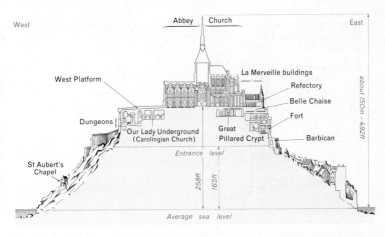

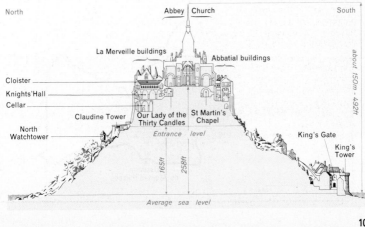

St Peter's Parish Church (Église paroissiale St-Pierre). – The building which dates from the 11C has been much altered. The apse spans a narrow street. The church contains a Crucifix and other furnishings from the Abbey; the chapel in the south aisle contains a statue of St Michael covered in silver; in the chapel to the right of the altar there is a 15C statue of the Virgin and from the gallery hang numerous pilgrim banners.

⊙ **Tiphaine's House** (Logis Tiphaine) **(B)**. – When Du Guesclin was captain of the Mount, he had this house built (1365) for his wife, Tiphaine Raguenel, an attractive and educated woman from Dinan, while he went off to the wars in Spain: the Constable's room (tester bed, chest), dining room (six-doored sideboard, chimney bearing the arms of Du Guesclin, 17C copper work) and Tiphaine's room (cupboard, tester bed, wax figures).

Maison de la Truie-qui-file (D). – The name means the House of the Spinning Sow and the building used to be an inn; the arches along the front have been restored.

⊙ **Grévin Museum** (Musée Grévin) **(M³)**. – A *son et lumière* performance brings to life a sequence of tableaux presenting the gaily costumed figures of people associated with the Mount (the Archangel Michael, Du Guesclin and his wife Tiphaine and the Mount's most ardent defender Louis d'Estouteville), with parts of the abbey as the background setting. Also included in this historical survey are the life and work of the monks and the Mount's role as a fortress and prison.

★★ MONT-ST-MICHEL Bay

Michelin map **59** folds 7 and 8 or **231** folds 26 and 38

This coastal drive affords some spectacular views of the Mont-St-Michel

FROM GRANVILLE TO THE MONT-ST-MICHEL
40km - 25 miles – about 2 1/2 hours

★ **Granville**. – *Description p 86.*

Between Granville and Carolles there are far reaching views over the bay and the Mount.

St-Pair-sur-Mer. – *Description p 113.*

Jullouville. – Pop 1 928. Facilities. The houses are scattered among pine trees.

Carolles. – *Description p 62.*

Between Carolles and St-Jean-le-Thomas there is a splendid **view★★** of the Mount.

St-Jean-le-Thomas. – Pop 442. Facilities. Popular seaside resort in summer.

Turn right as you enter the village of Genêts

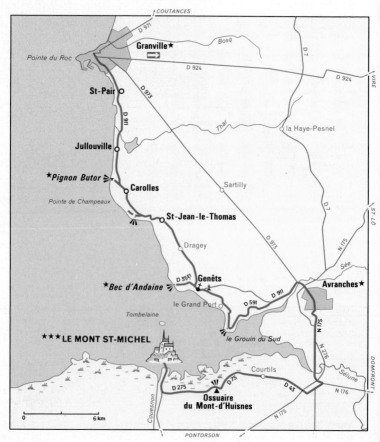

★ **Bec d'Andaine.** – From this beach of fine sand backed by dunes there is a good **view** of the Mont-St-Michel near at hand.

Genêts. – Pop 524. The solid granite 12 to 14C **church** is preceded by an attractive porch with a wooden roof. Inside, the transept crossing leaves an impression of considerable strength, as it rises from four square granite piers with animal and foliage decorated capitals. The high altar is crowned by a canopy resting on gently swelling columns. Note the 13C stained glass window at the east end and some lovely statues.

On leaving Genêts turn right before the calvary.

The coastal road goes through Le Grand Port and offers good views, at very close quarters, of the Mont-St-Michel, especially from **Grouin du Sud Point** (pointe du Grouin du Sud). The famous salt marshes can also be seen from this stretch of the drive.

The D 591 and then the D 911 lead to Avranches.

★ **Avranches.** – *Description p 41.*

At Bas-Courtils, turn left into the D 75 and 2km - 1 mile further on right into the D 107.

Mount Huisnes German Ossuary (Ossuaire allemand du Mont-d'Huisnes). – This circular construction with its 68 compartments contains the remains of 11 887 German soldiers. From the belvedere there is a good view of the Mont-St-Michel.

Continue along the D 275.

The coastal road skirts the salt marshes where flocks of sheep are put out to graze. Again there are fine views of the Mont-St-Michel as you come ever closer.

★★★ **Mont-St-Michel.** – *Description p 98.*

★ MORTAIN
Pop 3 036

Michelin map **59** fold 9 or **231** fold 40 – Facilities

This small pleasantly well kept town is built halfway up a hillside in an attractive **setting**★ where the Cance River, cutting through the last of Lower Normandy's southern hills, emerges on to the vast wooded Sélune Basin, leaving in its wake a rock strewn countryside.

The name of the town is derived from the word Maurus and could refer to the Moors who served in the Roman army.

During the Middle Ages Mortain was the capital of the county held by Robert, the step-brother of William the Conqueror. The town has been rebuilt over the ruins of August 1944 *(p 19).*

The Great Waterfall at Mortain

SIGHTS

★ **Great Waterfall (Grande Cascade).** – Leave the car in Avenue de l'Abbaye-Blanche at the parking space in a bend in the road. A path branches off downhill to this waterfall cascading down 25m - 82ft in a woodland setting. One can also reach the waterfall from Rue du Bassin (signposted) having parked the car there. The path follows a bend in the river Cance and makes a pleasant walk.

⊙ **Blanche Abbey (Abbaye Blanche).** – This former monastery in a landscape of rock outcrops was founded in the 12C by Adeline and her brother Vital, chaplain to Count Robert. The abbey now serves as a retreat.

Chapter House. – There is an audiovisual presentation on the abbey's history. The chapter house is composed of two bays with pointed vaulting. The sisters usually sit by order of seniority on the white stone benches which run round the walls. The side opposite the cloisters was for the dignitaries.

Cloister gallery. – Contrary to other Romanesque cloisters in the region which have twinned columns or clusters as at Mont-St-Michel, the gallery here consists of a simple row of single columns. The vaulting is of timberwork.

Abbey Church. – The church displays the usual features of the Cistercian plan: flat east end with its oculus and transept chapels. The diagonal ribs are a precursor of the Gothic style.
The nave is lit by a series of six lancet windows which increase in size as you near the west end.

Lay sisters refectory. – The groined vaulting is supported by two central columns.

Storeroom. – There are two barrel vaults of four bays each. The capitals are carved with foliage and scrolls.

St-Évroult. – This old collegiate church which was reconstructed in the 13C is built of sandstone in a somewhat severe Gothic style. The gabled façade is lightened by three pointed windows and, below, by the main door. The 13C belfry, pierced on three sides by two single lancets, is attractively plain and simple. The fine door in the second bay shows all the decorative elements known to Norman Romanesque. The single arch relies neither on columns nor capitals.

In the chancel, the stalls have carved misericords representing satyr-like figures. The altar is of Maine marble, the baptismal font is 15C while the organ dates from the 18C.

The **treasury** contains the Chrismale an exceptional 7C casket of Anglo-Irish origin. The casket or portable reliquary consists of a beechwood casket, lined with copper and engraved with runic inscriptions and images of sacred personages.

MORTAIN

Grande-Rue	7
Rocher (R. du)	8
Bassin (R. du)	3
Bourg-Lopin (R. du)	4
Château (Pl. du)	6

★ **Small Waterfall (Petite Cascade).** – *3/4 hour on foot Rtn.* Take the downhill path on the left from the Place du Château. Follow the path along the wall of the Caisse d'Épargne (signpost). Cross the Cance River and take to the right the narrow footpath which goes past the Aiguille Rock. Cross the Cançon over the stepping stones and follow the stream to a rock amphitheatre where the waters fall 35m - 121ft.

★ **View from the chapel.** – *Leave Mortain to the south in the direction of Rancoudray then turn left in front of the Gendarmerie. Leave the car in the car park at the top of the hill beside an avenue of fir trees on the right. Walk up the avenue of fir trees.*
Just before the chapel, on the left, there is a small monument commemorating the American soldiers who fell on nearby Hill 314.
Pass the chapel to reach the belvedere (viewing table) which affords a good **view**★ of the forested massifs of Mortain and Lande-Pourrie. In clear weather one can see Mont-St-Michel and the Breton coast on the horizon.

EXCURSIONS

Round tour of 58km - 36 miles. – *About 3 hours. Leave Mortain by ①, the D 977 in the direction of Vire.* As you make the winding descent beyond La Tournerie you will see the vast Sourdeval Basin, through which runs the Upper Sée. Turn left in Sourdeval into the D 911 which wanders along the narrow **Sée Valley**★ following the curves in the river's course for more than 8km - 5 miles and offering a new view at each bend.
Go through Chérencé-le-Roussel and, after the church, turn right into the D 33.

St-Pois. – Pop 568. Fine views on the left extending to the Sée Valley.
Turn right at St-Pois and right again into the uphill D 39.

The road at this point is bordered by fine trees.

St-Michel-de-Montjoie. – *Description p 113.*
Return to the D 39 and make for Gathemo where you turn right.

There is another view of the Sée Valley before you enter Perriers-en-Beauficel and, as you leave, further extensive views from the winding road to Chérencé-le-Roussel.
At Chérencé-le-Roussel turn left into the D 33.

The Enchanted Village of Bellefontaine. – This is a dream village for children with its tableaux representing fairy tales, its model villages from all over the world, its feudal fortress and leisure park (miniature railway and adventure playground). It also works a charm on adults – bringing back childhood memories.
Double back and in La Hardière turn left into the D 179.

The road follows a narrow and wooded valley and runs almost level with the stream.
Not far from Bellevue, return to the D 977 which takes you back to Mortain.

Barenton. – Pop 1 696. *9km - 6 miles to the southeast. Leave Mortain by ③ the Domfront road.*

In the town of Barenton, within the Normandy-Maine Regional Nature Park, is the **Apple and Pear House** (Maison de la pomme et de la poire) presenting the activities and techniques involved in the production of cider, perry and calvados. Two buildings regroup a collection of paintings, drawings, photographs, prints and various other documents. Discover the difference between an orchard of standard trees (apple harvest after 6 or 8 years) or half-standard trees (apple harvest after only 3 years). Tasting sessions at the end of the visit.

★ O Château

Michelin map 🔲 fold 3 or 🔲 fold 43

The composite but graceful outline of this château, reflected in the calm waters of the moat, displays in an original way through its best known parts, the imagination used in Normandy by architects of the early Renaissance. The château *(photograph p 26)* belonged to the O family for quite some time. The most famous members included Jean I d'O, counsellor and chamberlain to Charles VIII, his son Charles d'O and his grandson Jean II captain of the Scottish Guard during François I's reign and finally François d'O, finance minister and favourite of Henri III.

TOUR *time: 1/2 h*

The château consists of three ranges around a courtyard.

East wing. – This, the oldest part of the château, dates from the late 15C. The new motifs of the French Renaissance have been applied to a basically Gothic building. Large windows open onto the surrounding countryside. The decoration of the inner courtyard is amazing for its delicacy. The whole, with its variety of sloping roofs, graceful turrets and walls of brick and stone is altogether charming.

South wing. – The wing which was added in the 16C consists of one storey with large windows above an arcade, in which the arches rest upon slender columns decorated with ermines – the emblem of the house of O.

West wing. – The exterior with its brick and stonework decorated with medallions is typical of the Henri IV period. The interior was redecorated in the 18C.

OMAHA BEACH

Michelin map 🔲 folds 4 and 14 or 🔲 fold 16 – Local maps pp 76 and below

The name Omaha Beach, which until 6 June 1944 existed only as an operational code name, has continued jointly for the beaches of St-Laurent, Colleville and Vierville-sur-Mer in memory of the American soldiers of the 1st (5th Corps of the 1st Army) Division who landed east and west of Colleville and suffered great casualties in the most costly of the D-Day battles.

A dramatic clash. – Here nature, in the form of a strong coastal current which swept landing craft off course, and shingle, which proved at first insurmountable to heavy armour, combined to strengthen an extremely well organised defence by the Germans. Companies at first baulked, later rallied and by evening certain companies of the 116th Regiment had taken the Port-en-Bessin-Grandcamp road enabling the motorised units to gain the plateau. Some parts of the road had been built during the afternoon under the fire of enemy snipers. The Mulberry A harbour *(details p 40)* installed for the American troops lasted only until a storm broke it up on 19 June. Never in 40 years had this part of the coast seen such a wild storm.
The austere and desolate appearance, at least in its eastern part along the narrow beach backing on barren cliffs, makes the invasion scene easy to imagine even today.

FROM COLLEVILLE-SUR-MER TO VIERVILLE

9km - 6 miles – about 1 hour – Local map below.

Colleville-sur-Mer. – Pop 169. The last Germans did not leave the area around the village church until 10am on 7 June. The church has been entirely rebuilt.

American Military Cemetery (St-Laurent). – The 9 385 Carrara marble crosses stand aligned in an impressive site. A memorial, inscribed with a map of the operations, and preceded by a pool stands in the central alley and is surrounded by trees. The commemorative list includes 1 557 names.
Make for the belvedere (viewing table showing the landing operation) overlooking the sea. A path goes down to the beach *(1/2 hour Rtn)* passing halfway down a second viewing table.
A monument has also been erected just outside the cemetery to the 1st Division. Lower down is a second memorial this time to the 5th Brigade.

Monument to the 5th Engineer Special Brigade. – The monument, built on the remains of a blockhouse, commemorates those who lost their lives while protecting all movements between the landing craft and the beach, as well as the setting up of beach installations and organising beach-exits when traffic became heavy. This is the best belvedere on Omaha Beach.

Return to the car and take the D 514 to St-Laurent-sur-Mer.

St-Laurent-sur-Mer. – Pop 188. This village was not liberated until 7 June after heavy combat.

Follow the D 517 down to the beach: the road runs through a valley to another memorial.

For the Allies, this was a "beach exit" they were unable to use on D-Day.

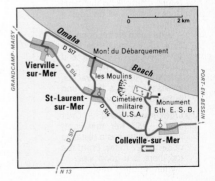

Les Moulins. – This site is marked by the **Monument to the D-Day Landing**. Turn right into the road that runs along the beach and follow it to the end; there, at the foot of the American cemetery, you can look out on to the Ruquet Valley and the road opened by the Engineers unit after the blockhouse was destroyed around 11.30am. It was by following this road – the first road opened – that heavy equipment, motorised units and the infantry were able to reach the plateau and then advance to the town of St-Laurent.

Today, a plaque on the blockhouse is a reminder that it served as the first headquarters for the movement of traffic between the beach and the interior. In front of the blockhouse stands a monument commemorating the 7 June landing of the 2nd Infantry Division, "Indian Head".

Return to the Monument to the D-Day Landing.

It was here that the first units found shelter at dawn on 6 June 1944. A platform has been erected for the Omaha Beach Monument; from the platform there is a view of the cliffs the infantry had to scale in order to reach the plateau.

Vierville-sur-Mer. – Pop 292. Facilities. Follow the Boulevard Maritime west several hundred metres towards Vierville, to arrive at a stele which marks the spot where the first to fall in the Battle of the Beaches were temporarily buried (the first American cemetery on French soil of the Second World War).

The road leaves the coast by another beach exit. A monument has been erected on one of the most redoubtable of the German blockhouses to the American National Guard who served in France in both World Wars. The village was invested on 6 June when the church was severely damaged as the belfry fell.

Today the restored church stands proudly with its new belfry.

⊙ Bordering the D 514 there is a small **museum** devoted to the German occupation and the 1944 landing in the Omaha Beach zone. Items on display include uniforms, arms, posters and newspaper articles.

★ OUISTREHAM-RIVA-BELLA   Pop 6313

Michelin map 54 fold 16 or 231 fold 18 – Local maps pp 60 and 77 – Facilities

At the mouth of the Orne and astride the canal from Caen, the combined facilities of the town of Ouistreham and Riva Bella's beach make this an excellent seaside resort with especially good amenities for water sports.

As the seaport for Caen the harbour is a busy one providing berths for a fishing fleet, mainly trawlers, pleasure craft and the cross-Channel ferries plying between Ouistreham and Portsmouth.

OUISTREHAM

The town is well known as an international yachting centre

★**St-Samson.** – This ancient 12C fortress church was built on the site of an earlier wooden church destroyed by the Norsemen in the 9C. The gabled west front with three superimposed tiers of blind arcades above the recessed doorway is particularly remarkable. Step back to get a good view of the late 12C belfry supported by buttresses. To the right of the doorway a buttress is decorated with a pinnacle crowned by a pyramid-shaped roof.

In the nave note the round piers with gadrooned capitals and the lovely clerestory windows.

The narrow chancel's elevation comprises three superimposed tiers of arches.

Pleasure boat harbour (Port de plaisance). – Leave the car on Place du Général-de-Gaulle overlooking the canal from Caen (Canal de Caen à la Mer).

A large basin on the opposite bank of the canal has been equipped as a marina and provides berths for a considerable number of yachts. In season it is a lively and quite colourful spot.

⊙ **Lighthouse (Phare).** – Over 30m - 98ft tall the lighthouse's beam has a distance of 35km - 22 miles. From the top there is a good view of the harbour and marina.

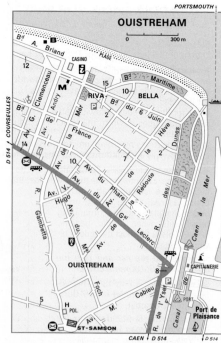

Boivin-Champeaux (Bd P.) . . 2	Guillaume
Charcot (Quai Jean) 4	le Conquérant (Av.) 10
Colleville (R. de) 5	Joffre (Bd du Mar.) 12
Dr. Charles-Poulain (Bd du) 7	Lion (Route de) 14
Gaulle (Pl. Gén.-de) 8	Thomas (Pl. A.) 15

RIVA-BELLA

The seaside resort of Riva-Bella has arisen from the ruins produced by German occupation and evacuation at the Allied invasion. The magnificent fine sandy beach bustles with life. The memorial (**B**) on the shore was inaugurated during the 40th anniversary celebrations of D-Day on 6 June 1984. The 4th Anglo-French Commando under the command of Kieffer reduced the enemy strongpoints on the morning of 6 June.

⊙ **Landing Museum: 4th Anglo-French Commando** (Musée du Débarquement "n° 4 commando"). – Models, documents, uniforms, badges, arms and other items belonging to the French, English and German armies. The collection of uniforms is quite good.

★ PERSEIGNE Forest

Michelin map **60** folds 3, 4, 13 and 14 or **231** folds 43 and 44

The forest, which lies between the Perche and Mancelle Champagne, covers a well defined crest deeply cut by picturesque valleys.

ROUND TOUR STARTING FROM ALENÇON

53km - 33 miles – about 3 hours.

★ **Alençon**. – *Description p 36.*

> *Leave Alençon to the south by the D 311, the Chartres road. The road skirts the forest northwards before entering it by the D 236.*
> *On leaving Le Buisson, bear left onto the D 236; 4km - 2 miles further on make a sharp right turn towards Aillières-Beauvoir, then right again towards the Rond de Croix-Pergeline. From this crossroads turn left in the direction of Gros Houx.*

The road goes down and enters the valley, offering a scenic drive through a forest of fine oaks, beeches and firs. At the Trois-Ponts crossroads, the road on the left, goes up through the picturesque **Hell Valley** (Vallée d'Enfer) with a stream twisting at the bottom. A belvedere (30m - 90ft high tower) has been built, on the right, on the summit of the Sarthe's highest point (349m - 1 145ft – picnic area – 8km - 5 miles of marked paths enable walkers to circle the belvedere and penetrate deep into the valley).

Continue into the D 234 towards the twin villages of Aillières-Beauvoir. The road leaves the forest, skirts it southwards, offering fine views of the massif. At the crossroads with the D 3 bear right into the D 116, which affords remarkable views of the Perseigne Forest between Villaines-la-Carelle and the D 311 intersection.

> *Take the D 310 towards St-Rémy-du-Val.*

Notre-Dame-de-Toutes-Aides. – This graceful pilgrim chapel has a doorway with a sculpted representation of the Virgin and Child above. Inside the 17C altarpiece is surmounted by an Assumption and above is a picture of the Annunciation. .

> *At St-Rémy-du-Val, turn right, before the church, towards Neufchâtel-en-Saosnois.*

Between Neufchâtel and the village of Ancinnes, the road (D 165) runs along the pleasant Vaubezon Pool (Étang de Vaubezon). Beyond Ancinnes there are glimpses of the Écouves and Multonne Forests.

> *Take the D 19 back to Alençon.*

★ Le PIN Stud (Haras du PIN)

Michelin map **60** fold 3 or **231** fold 43 – Local map p 40

The sumptuous Le Pin Stud is a most appropriate setting for one of France's most famous breeding centres. The stud stands on the borders of Auge country in a countryside of woodland and lush pastures. The stud's other activities include racing, jumping and schooling. The National Stud School trains future staff (grooms, blacksmiths, managers and technicians) for other French stud farms.

By royal approval. – The statesman Colbert had Louis XVI's firm approval when he founded the stud in 1665 to promote French horse breeding. The plans for the stud and its grounds were entrusted to Jules Hardouin-Mansart and Le Nôtre and the work was realized between 1715 and 1730.
The king's riding master, François Gédéon de Garsault, was appointed head of Le Pin, which became known as "the horses Versailles". The stud system was abolished at the Revolution, however by the 19C Le Pin had regained its former glory, especially during Napoleon III's stay in August 1865.

Carriage driving at Le Pin Stud

⏱**TOUR** *time: 3/4 hour*

It is only between mid-July and mid-August that the full complement of stallions is at the stud.

Three magnificent woodland rides converge on the main courtyard known as Colbert's Court. The château contains the manager's apartments and the reception rooms. The brick and stone stable wings accommodate the eighty or more stallions grouped according to their breed (English thoroughbreds, French trotters, hacks, Anglo-Arabs, Norman cobs and Percherons), coat, colour and size. Other outbuildings house the collection of 19C carriages used for official events. The visit ends with the harness room: ceremonial harness, saddles and two horses' skeletons.

There is always plenty of activity around the stud farm with the daily exercising of the stallions and training sessions for the carriage teams.

The annual equestrian events organised by the stud at the Le Pin racecourse are always very popular local events *(see the table of Principal Festivals at the end of the guide).*

EXCURSIONS

Round tour of 23km - 14 miles. – *About 1 1/2 hours. Take the N 26 eastwards, and at La Tête-au-Loup turn left into the D 26, skirting the forest.* 1.5km - 1 mile before Exmes the road goes uphill, offering an open view of the Haute-Dive depression to the left.

Exmes. – Pop 341. Exmes, former historic capital of the Argentan region and then known as Hiémois has a church with a Romanesque nave and a 15C chancel.

From Exmes take the D 26, northwards, and then left to Omméel where you bear left into the D 305 to Villebadin; these roads offer lovely views of the basins, wooded valleys, verdant plains and orchards often grazed by the famous Norman cattle and horses from neighbouring stud farms: Loges, Omméel and La Grelue.

As you leave Villebadin, bear left into the narrow road leading through lovely countryside to Argentelles Manor House, isolated in a large field to the right.

⏱**Argentelles Manor House** (Manoir d'Argentelles). – A sturdy 15C house with corner and watch turrets, and embellished with 17C dormer windows. A dovecote, also 17C, stands on a feudal mound.

At the first crossroads, bear right to the D 305 and turn left into it. Cross over the D 14.

The D 305 begins its descent towards the N 24 bis which offers views towards the Church of Exmes to the left and a château to the right, then through the woods glimpses of the valley below. Return to the small village of La Tête-au-Loup and Le Pin Stud.

St-Germain-de-Clairefeuille. – Pop 150. *10km - 6 miles. Leave Le Pin Stud by the N 26 bis towards Le Merlerault, after Nonant-le-Pin, turn left and take the St-Germain-de-Clairefeuille road.*

⏱The **church** is known for its magnificent woodwork including thirteen **painted panels★**, by the early 16C Flemish school, of the Life of Our Lord.

Times and charges for admission to sights described in the guide are listed at the end of the guide.

The sights are listed alphabetically in this section either under the place – town, village or area – in which they are situated or under their proper name.

Every sight for which there are times and charges is indicated by the symbol ⏱ in the margin in the main part of the guide.

PIROU Castle

Michelin map 54 fold 12 or 231 fold 26 – 10km - 6 miles south of Lessay

Located at one time beside an anchorage on the coast, this fortress served as an outpost for the defence of Coutances. Constructed originally of wood, it was later in the 12C, rebuilt in stone by the lords of Pirou who were related to the Hauteville family, several members of which played an important role in establishing the Norman Kingdom in Sicily. The castle passed to other noble families until the late 18C when it was used as a farm and finally a hideout by smugglers dealing in tobacco from Jersey.

The legendary geese of Pirou. – When the Norse invaders failed to take the fortress they decided to lay siege to it. After several days of waiting they realised that there was no longer any activity within the castle. Suspicious, however, they decided to delay a little longer before making the final assault. Imagine their surprise when they found, that the only remaining occupant was a bedridden old man, who informed them that the lord, his wife and other occupants of the castle had transformed themselves into geese, to escape from the hands of their attackers. Indeed the Norsemen recollected having seen a flock of geese flying over the castle walls, the previous evening. According to Norse traditions the human form could only be reassumed once the magic words had been recited backwards. The geese came back to look for their book of magic spells but alas the Norsemen had set fire to the castle. Legend has it that the geese come back every year in the hope of finding their book of spells which explains why there are so many skeins of geese in the vicinity of the castle.

⊙ **TOUR** *time: 1/2 hour*

Three fortified gatehouses – there were originally five – lead to the old sheepfold (tickets and souvenirs), the outer bailey and then to the castle itself, a massive structure encircled by a moat. The towers are built directly on top of the ramparts.

Outer bailey. – The service buildings on the left include the bake-house with its great fireplace and oven, the press-house and chapel. Inside, in the room where justice was dispensed, there is (July and August) a **tapestry** on display similar in style to the Bayeux tapestry, recounting the conquest of southern Italy and Sicily by the Cotentin Normans. Outwith the given period visitors will see a copy and not the original.

Castle. – A stone bridge replaces the drawbridge. To the right of the entrance is the guard room which also served as a bake-house (note the two ovens). In the living area the kitchens are on the ground floor with the two dining halls above. A staircase leads up to the wall head.
From the top of the square tower there are views of the surrounding countryside.

PONTMAIN   Pop 945

Michelin map 59 fold 19 or 231 fold 39 – 6km - 4 miles southwest of Landivy

Large pilgrimages to the Virgin make their way to this village on the borders of Normandy and Brittany especially on 17 January. In 1871, during the Franco-Prussian War, when the Germans had outflanked Paris and were overrunning the west, the Virgin appeared before two of the village children, Eugène and Joseph Barbedette, with a message of prayer and hope. The visitation was on 17 January; eleven days later an Armistice was declared.

SIGHTS

The Virgin's Apparition. – It was from this thatched barn that the two children, and then the other villagers, saw the Virgin in the sky above the house of Augustin Guidecoq on the far side of the square. The barn has been transformed into a chapel and there are documents retracing the historic apparition.

Basilica (Basilique). – The vast Neo-Gothic basilica with its twin granite spires was built at the end of the 19C. It dwarfs the other buildings of this humble village. The statue on the parvis is of the Virgin.
Inside, the chancel's ten stained glass windows depict the Virgin's Apparition in Pontmain as well as scenes from the life of Christ. A gallery goes right round the nave with its pointed vaulting. The granite baptismal font is carved with Gothic arches.

Parish Church (Église paroissiale). – Standing alongside the basilica, the church appears quite modest. The interior is colourful. Note the statues of the church's patron saints Simon and Jude on either side of the altar.

Chapel of the Oblate Fathers (Chapelle des Pères Oblats). – Behind the basilica are the park and Mission of the Oblate Fathers. An oblate is a lay person or member of a congregation, devoted to a specific work. The 1953 chapel has a heavy appearance from outside, but is surprisingly pleasing within, illuminated by a golden light diffused by the lower stained glass windows and an enormous stained glass window of Christ in Majesty above the chancel.
⊙ Alongside, the small **Mission Museum** displays handicrafts from various foreign countries and describes the Mission's work throughout the world.

EXCURSION

Art exhibition (L'expo d'art). – *6.5km - 4 miles to the east by the D 290. At St-Mars-sur-la-Futaie turn left onto the D 31 to reach Belle Place.*
⊙ Models and small illuminated tableaux recount the D-Day landing and the Chouan revolts amongst other events. The 5 ton model of the Columbia space shuttle is an amazing 12m - 39ft long and 8m - 26ft wide.

PONTORSON

Pop 3 358

Michelin map 59 fold 7 or 231 fold 38
Town plan in the current Michelin Red Guide France

Pontorson, the last Norman village before you enter Brittany, is a favourite stopping place for visitors on their way to Mont-St-Michel.

The town is named after a local baron, Orson, who in 1031 built a bridge (*pont* in French) over the Couesnon to allow his army to cross the river on its way back from an expedition in Brittany.

Notre-Dame. – The church is said to have been founded in the 11C by William the Conqueror in gratitude to the Virgin for having saved his army from the Couesnon quicksands. The episode is portrayed on one of the chancel's stained glass windows and also on the Bayeux tapestry in scene 17.

The church was given pointed vaulting at a later date and has been remodelled several times. The massive rough granite west front has kept its original Romanesque appearance. It is decorated with a great arch, only slightly pointed, and a south doorway with a carved tympanum representing a man and a bird.

Inside, a chapel opens off the north side of the chancel, through a Gothic arch. Dedicated to St Sauveur, it has a fine white stone altarpiece known as the "Broken Saints", dating from the 15C. The Life of Christ is retraced in twenty-four compartments. Despite the fact it was mutilated during the Wars of Religion and the Revolution, it is a work of great richness. Note the large 18C polychrome wood statue of Christ, opposite.

EXCURSION

St-James. – *15km - 9 miles to the east by the D 30.* **The Brittany Cemetery** (cimetière de Bretagne) is the last resting place of 4 410 American soldiers who fell in the region. From the top of the chapel there is an extended view of the Mont-St-Michel and the Breton coast. Inside the chapel is a collection of standards and maps of the military operations.

PORTBAIL

Pop 1 727

Michelin map 54 fold 1 or 231 fold 13 – Facilities

With its tidal dock transformed into a marina, its two beaches of fine sand and a sailing school quite near, Portbail is today one of Cotentin's most highly rated seaside resorts.

Notre-Dame. – Although now secularised this church with its ancient aspect and stonework dates back to the earliest Romanesque period. The church was built in the 11C on the site of a 6C abbey from the reign of Childebert. The tower was a 15C addition.

The most interesting features of the interior are the columns and capitals carved with interlacing and animals. To the left of the altar is a 16C polychrome statue of St James. Once outside, notice on your right, the thirteen arched bridge which links the town to the harbour and the beaches.

Baptistry (Baptistère). – *Behind the town hall.* Excavations which started in 1956 have brought to light the remains of a former baptistry. Only the footings of the outer walls of this hexagonal building remain. Other finds include some fragments of blue schist paving and the baptismal piscina with its inflow and outflow pipes.

★ PORT-EN-BESSIN

Pop 2 074

Michelin map 54 fold 14 or 231 fold 17 – Local map p 51

"Port" as the town is known locally, lies hidden in a hollow in the marl cliffs of the D-Day beaches sector on the Calvados Coast. It is a lively and picturesque fishing port. The beach is the southern part of the outer-harbour and is only uncovered when the tide is halfway out. The eastern harbour is used by pleasure craft. The large fishing fleet brings in a regular catch of gade, whiting, skate, mullet, shellfish and molluscs. Fishing is the town's main activity and the fleet fishes off the coast of Devon and Cornwall and in the Bay of the Seine for scallops.

Harbour. – The outer-harbour is protected by two semicircular granite jetties. At low tide one can see at the far end of Quai Letourner the resurgent springs of the Aure as they pour into the outer-harbour. The jetties are favourite stances for rod fishermen. From the jetties, you can see the crumbling cliffs of the Bessin coast from Cape Manvieux to Percée Point. The outer-harbour to the east is dominated by one of Vauban's towers, a 17C structure towering above the cliff.

It is possible to go up to the clifftop blockhouse from where there is a good **view** of the harbour and outer-harbour.

The Michelin Guide France

revises annually its selection of establishments offering

- *a good but moderately priced meal*
- *prices with service included or net prices*
- *a plain menu for a modest price*
- *free overnight parking*

ST-CHRISTOPHE-LE-JAJOLET

Michelin map 🖾 folds 2 and 3 or 🖾 fold 43 – Local map p 40

The village church has become a pilgrim centre to St Christopher, the patron saint of motorists, aviators, sportsmen and wayfarers.

The pilgrimage. – On the day of a pilgrimage a procession of cars usually files past the monumental statue of St Christopher beside the church *(see the table of Principal Festivals at the end of the guide).*

Church. – On either side of the entrance note the rather naïve depictions of St Christopher watching over a car and plane and their passengers.

⊙ **Sassy Château.** – The 18C château overlooks three terraces and a beautiful formal garden with its intricate boxwood patterns.
Building started in 1760 but was interrupted during the Revolution. The marquis d'Ommy continued the building operations in 1817. In 1850 the château became the property of Étienne-Denis Pasquier (1767-1862) a former Chancellor of France who played an important role under the Empire and during the reign of Louis-Philippe. At the beginning of the 20C a long wing was added at right angles thus separating the main courtyard from the stables block.
The fountain and the balustrades in the courtyard came from the Château de Vrigny which was destroyed at the Revolution.

Interior. – The two well-lit salons have fine pieces of furniture as well as 17C tapestries. In the small salon is a tapestry after le Brun, which belongs to the Month or the Royal Mansion series and shows Louis XVI and his queen surrounded by courtiers. The main salon has several tapestries, mementoes of chancellor Pasquier and a lock of Louis XVI's hair. The latter was given by the king in person while in the Bastille Prison to the chancellor's father who was counsel for the defence during the king's trial. The library has an important collection of classics and modern works as well as a letter and telegram from Queen Elisabeth II after her 1967 visit.

Chapel. – The chapel stands a short distance from the courtyard partly hidden by a clump of trees. Inside there is a 15C Flemish oak altarpiece carved with scenes from the Passion. It originally belonged to St Bavon Abbey in Ghent.

★ ST-GABRIEL, Former Priory of

Michelin map 🖾 fold 15 or 🖾 fold 17 – 2km - 1 mile west of Creully – Local map p 51

⊙ The former Priory of St Gabriel, founded in the 11C, was a dependency of Fecamp Abbey and is still a fine building. It is at present occupied by a horticultural training college.
The buildings are arranged around a central courtyard with a monumental entrance gateway.

Main Building. – Above the pointed arched doorway of the porch is the Fécamp coat of arms comprising a mitre and a crosier. A spiral staircase leads to the **prior's lodging** dating from 1615. Both the ceiling beams and the Louis XIII style stone chimneypiece are impressive.

Church. – Only the magnificently designed and decorated chancel and chevet (11 and 12C) remain. The chancel was altered in the 14C when a large window was pierced. The altar is a Merovingian sarcophagus cover slab which came from the Pierrepont cemetery at Lantheuil.
On the apse vaulting are the remains of a 16C fresco. The side aisles end in oven vaulted niches.

Garden. – Visit the garden, behind the church, with its fruit trees, colourful flowerbeds and a fine basin.

Justice Tower (Tour de Justice). – St Gabriel was the seat of a priory court. This square 15C tower with its corner buttresses is divided into three storeys. The ground floor served as prison, while the upper one was a lookout place.

ST-HILAIRE-DU-HARCOUËT

Michelin map 🖾 fold 9 or 🖾 fold 39

This large market town, on the borders of Brittany and Normandy, is dominated by its imposing 19C church with two spires. On the square near the tourist information centre stands a tower with a pointed arched doorway which is all that remains of the old church.

EXCURSION

⊙ **Wildlife Park** (Parc animalier) **at St-Symphorien-des-Monts.** – *8km - 5 miles to the southeast by the N 176. Picnic areas and adventure playgrounds.*
The grounds of a château, which was destroyed by fire in 1916 (the remains of a flight of steps and a balustrade are to be found beside the refreshment stand), are now home to about 60 different species. The visitor can see at close quarters bison, yak, 4 horned Caucasian mouflons, white boars and the amazing red pigs, a rare breed from Tamworth in Great Britain. Pink flamingoes, swans and ducks share the pool. An ecological exhibition has as its theme "nature counter attacks".
It is pleasant to stroll through the park with its fine trees (oak, cedar, elm and sequoia) and colourful flowerbeds.

★ ST-LÉONARD-DES-BOIS

Pop 512

Michelin map 🔟 fold 12 or 🔟 fold 43 – Local map p 95 – Facilities

This small town, in an enclosed bend in the Sarthe beneath steep heath covered hills, is the best situated touring centre for the Mancelles Alps *(many marked trails),* in the heart of the Normandy-Maine Regional Nature Park *(qv).*

⊙ The 9-10C **church** was built on the site of an oratory to St Leonard. Inside is a 17C group of fourteen terracotta figures portraying the Entombment of the Virgin.

★ MISÈRE VALLEY (VALLÉE DE MISÈRE) *time: 1 1/2 hours Rtn on foot*

Start from the church square in St-Léonard and take the path from the corner by the Bon Laboureur Hotel. This passes in front of the town hall and continues straight uphill at the crossroads marked by a stone cross.

Go right through the hamlet of Le Champ-des-Pasfore turning left and continuing to a crossroads from which a path marked in white and red bears off to the right. **Views★** appear of the wild Misère Valley, St-Léonard, and a little apart, downstream, Linthe Manor.

On the left is the Multonne Forest. Turn around to skirt the fenced field and take a downhill path on the right to the crossroads marked by a stone cross and, finally, reach the car.

ST-LÔ
Pop 24 792

Michelin map 🔢 fold 13 or 🔟 fold 27

St-Lô, the ancient Briovère of Gaul took the name of its local lord, the Bishop of Coutances in the 6C.

St-Lô, the Préfecture of the Manche *département,* has the sad privilege of having earned the title of Capital of the Ruins. By 19 July 1944, the day the town was liberated, only the battered towers of the Collegiate Church of Our Lady and a few outlying houses remained standing. The town is, therefore, a modern one.

The statue of the Norman milkmaid (La laitière normande) on Place Général-de-Gaulle is by Pierre Derbré.

HISTORICAL NOTES

The Key Town. – St-Lô was a vital communications centre in the Battle of Normandy; it was bombed regularly from 6 June onwards. Early in July the battle for St-Lô proper began, prior to the capture of the Lessay-St-Lô road, the base for Operation Cobra *(p 19).*

The town, principal pivot of German resistance, fell on the 19th. A monument (**B B**) raised in memory of Major Howie of the American Army recalls a moving episode during the advance. The Major had been killed on the 18th but so great had been his anxiety to be among the first to enter the town, the first column to invest the town brought his coffin and deposited it on the ruins of the belfry of the Holy Cross Church. A week later, after an unprecedented air raid in which 5 000 tons of bombs were dropped over an area of 11km^2 - 4sq miles the enemy front to the west broke, and the Avranches breakthrough could be launched.

Reconstruction. – From the ruins, a new town has arisen, planned so that one can now see clearly outlined the rocky spur, ringed by ramparts and towers, which gives the town its individual character. The oldest quarter, the Enclos, in the upper part of the town includes the Préfecture and administrative buildings, which make an interesting postwar architectural group. The extremely modern tower on the Place Général-de-Gaulle is an amazing contrast to the old prison porch nearby.

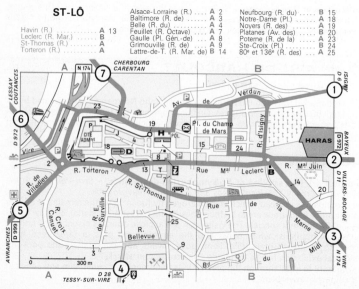

ST-LÔ	Alsace-Lorraine (R.) .... A 2	Neufbourg (R. du) ..... B 15
	Baltimore (R. de) ...... A 3	Notre-Dame (Pl.) ...... A 18
	Belle (R. du) .... A 4	Noyers (R. des) .... A 19
Havin (R.) .... A 13	Feuillet (R. Octave) .... A 7	Platanes (Av. des) .... B 20
Leclerc (R. Mar.) ...... B	Gaulle (Pl. Gén.-de) ... A 8	Poterne (R. de la) .... A 23
St-Thomas (R.) .... A	Grimouville (R. de) .... A 9	Ste-Croix (Pl.) .... B 24
Torteron (R.) .... A	Lattre-de-T. (R. Mar. de) B 14	80e et 136e (R. des) ... A 25

112

SIGHTS

Notre-Dame (A D). – The 13-17C church's west front with the two towers, strengthened but otherwise left exactly as they were, indicate the violence of the 1944 attacks. The building has a remarkable plan with two pillars in the centre of the nave supporting the 18C roodbeam. Amidst the stained glass of the nave note the Royal Window dating from the 15C.

In St Thomas Becket's Chapel, off the south aisle, is a large window by Max Ingrand. Displayed in the north aisle is a collection of varied items (statues and sculptures) found amidst the ruins of the church.

There is an outside pulpit against the north wall, level with the chancel.

Belvedere. – From the tower overlooking the spur on which the town stands there is a view of the Vire Valley and the *bocage*.

Fine Arts Museum (Musée des Beaux-Arts) (A H). – *In the town hall.* The three galleries display the late 16C series of tapestries, *The Loves of Gombaut and Macée,* 19C French paintings (Corot, Boudin, Millet and Moreau), a collection of miniatures and snuff-boxes, portraits of the Matignon-Grimaldi princes, and modern tapestries by Jean Picart le Doux and Lurçat.

★ **Stud (Haras)** (B). – The full complement of stallions, which numbers 135, comprises mostly English and French thoroughbreds selected for the breeding of racehorses, French trotters, Norman cobs and Percherons. The harness-room is also open to the public.

French-American Memorial Hospital (Hôpital-mémorial France-États-Unis). – *Villedieu road by* ⑤. The hospital was built jointly by the two nations and has a Fernand Léger mosaic on one of its façades.

EXCURSION

Vire Valley. – *20km - 12 miles. Leave St-Lô by* ③, *the N 174. Description p 125.*

ST-MICHEL-DE-MONTJOIE   Pop 504

Michelin map 59 fold 9 or 231 fold 27

At the entrance to the village, when coming from St-Pois, there is a terrace which affords an attractive view (viewing table) westwards, which on a clear day, extends as far as the Mont-St-Michel.

This village is known for its granite quarry (off the D 282 in the direction of Gast) and its mineral water, l'eau de Montjoie.

Granite Museum (Musée du granit). – A park with lovely trees is the setting for a series of granite objects: capitals, pediments, sarcophagus, balusters, millstones... Photographs and explanatory boards describe the history of granite quarrying, working and the use of this stone in different domains (art, crafts, funerary, agriculture and architecture).

The exhibition hall has modern works of carved and polished granite ranging from statues of animals to bracelets and rings.

ST-PAIR-SUR-MER   Pop 2 541

Michelin map 59 fold 7 or 231 fold 26 – Local map p 102 – Facilities

St-Pair has a perfect children's beach, safe with plenty golden sand bordered by a breakwater promenade.

Church (Église). – The origins of this church are said to be a monastery founded in the 6C by two local evangelists, St Pair and St Scubilien. The remains of the earliest church include a bay beneath the Romanesque belfry and the 14C chancel. A Neo-Gothic nave and transepts were added in the 19C.

Inside, there is a large 14C Christ in wood in the south transept chapel and in the baptistry on the opposite side of the nave an old stone font with a wooden cover. The nearby chapel has a canopied tabernacle flanked by two gilded wood statues (18C) of St Lô and St Senier.

Go behind the high altar.

In the old chancel there are 6C sarcophagi and the 15C recumbent figures of St Pair and St Scubilien; at the entrance to the north chapel is a 16C Virgin while the chapel itself has the reliquary of St Gaud, Bishop of Evreux (early 7C) in all his finery. There are several other wood statues.

*Join us in our never ending task
of keeping up to date.*

*Send us your comments
and suggestions, please.*

Michelin Tyre Public Limited Company
Tourism Department
Davy House – Lyon Road – HARROW – Middlesex HA 1 2DQ

Michelin map **54** fold 17 or **231** fold 31

St-Pierre-sur-Dives which developed round a rich Benedictine abbey founded in the 11C, still possesses the remarkable old abbey church. Most of the boxes that contain Norman cheeses are made in this small town.

★ **Church.** – *Time: 1/2 hour.* The original church was burnt down during the wars between William the Conqueror's sons. An examination of the west front reveals several periods of reconstruction: the Romanesque south tower dates back to the 12C; the west front itself and the north tower are 14C reconstructions.

Inside, the nave is light and harmonious, the upper parts including the triforium bays surmounting each wide arch, date back only to the 15C. The fine lantern tower above the transept is 13C as is the chancel encircled by wide pointed arches. The bases of the columns dividing the chancel from the ambulatory and south tower once formed part of the old 12C church. Look on the floor of the nave for a copper strip which starts in the south aisle, crosses the nave passing near the baptismal font and finishes beside the organ. Known as "the Meridian" it is not in fact the French O grad Paris meridian, which passes slightly to the east. The line shows the position of the rays of the noon-tide sun, as they pass through a small bronze plaque in one of the windows.

The founder of the abbey, comtesse Lesceline, is buried in the apsidal chapel. The history of St-Pierre-sur-Dives is illustrated in the modern chancel windows.

Chapter House. – *Entrance 23 Rue Saint-Benoît.* The early 13C chamber has a 13C glazed brick pavement, which formerly came from the sanctuary.

Timberwork of the covered market in St-Pierre-sur-Dives

★ **Covered Market** (Halles). – The 11-12C market, which was burnt down in 1944, has been faithfully rebuilt in the original style, even to the use of 290 000 chestnut pegs in its **timberwork**. Not a nail or a screw has been used. The roof tiles are also fixed by pegs. If the tiles were piled one on top of the other the pile would be as high as the Massif Central's Puy-de-Dôme (1 465m - 4 806ft).

EXCURSION

★ **Vendeuvre Château.** – *6km - 4 miles to the southwest by the D 271. Description p 123.*

Michelin map **54** fold 2 or **231** fold 14

St-Sauveur-le-Vicomte, standing on the banks of the Douve in the heart of Cotentin is closely associated with the 19C writer **Jules Barbey d'Aurevilly** and St Mary-Magdalen Postel who founded the Sisters of the Christian Schools of Mercy in the 19C. Today the congregation bears the saint's name.

SIGHTS

Castle (Château) – The bust at the entrance is of Barbey d'Aurevilly by Rodin. This 12C castle was the ancestral home of two Norman families the Néels and the Harcourts. The castle has suffered many a siege notably the English in 1356 and the French in 1375. Louis XIV had the castle transformed into a hospice in 1691.

Remaining parts of the original castle are the two entrance towers and the square keep with its flat buttresses. Go into the castle (now an old people's home) and up the stairs on the left beyond the covered passageway.

Barbey d'Aurevilly Museum (Musée Barbey d'Aurevilly). – The museum is to be transferred to the Barbey d'Aurevilly family home. It contains mementoes (portraits, statues including a bronze by Rodin, caricatures, manuscripts and beautifully bound books) of the great writer and influential critic Barbey d'Aurevilly (1809-89) who was born in the town and was known as the Lord High Constable of Literature *(Connétable des Lettres)*.

Go round the château to the left, along the curtain walls paralleled by the moat, across the large courtyard to reach the cemetery where Barbey d'Aurevilly is buried.

Church (Église). – Only the transept dates from the 13C, the rest of the church was rebuilt in the 15C. The interesting works of art include two works at the entrance to the chancel on the left a 16C *Ecce Homo* and on the right, a 15C statue of St James of Compostela.

Abbey. – This is the mother house of the congregation of Sisters of St Mary-Magdalen Postel with its co-educational college. The abbey was founded in the 10C by Néel de Néhon, vicomte de St-Sauveur. The Hundred Years War brought ruin on the abbey and forced the monks into exile. Dismantled at the Revolution the ruined abbey was bought by Mother Mary-Magdalen Postel to serve as the mother house of the order, which she founded in Cherbourg in 1807. The local architect and sculptor, François Halley was responsible for the restoration work. Although damaged again during the Second World War the abbey was repaired between 1945 and 1950.

Abbey Church (Abbatiale). – Dating from the Romanesque period the church's south aisle has some plain round headed arches. Under the pointed vaulting of the nave the arches of the blind triforium rest on slender columns. Each transverse arch springs from a column with a foliated capital. On entering to the left is a stone pulpit, the unfinished work of François Halley. The sculptor has portrayed himself on the north pillar of the second bay. In the apse the lovely 15C carved wood altar portrays scenes from the childhood of Christ. The tomb of St Mary-Magdalen Postel standing in the north transept is also the work of François Halley.

Park (Parc). – The well tended park with its fine trees and colourful flowerbeds is a pleasant place for a stroll. The well restored conventual buildings add an elegant note to this setting.

ST-SEVER-CALVADOS
Pop 1 507

Michelin map **59** fold 9 or **231** fold 27

This large market town in the Normandy *bocage* grew up around an abbey founded in the 6C of which there still exist the church and a conventual building, now occupied by the town hall and local schools.

The nearby St-Sever Forest provides an attractive setting.

Church. – The old abbey church, a severe 13 and 14C granite building, is preceded by the free standing 17C belfry of the former parish church. At the entrance to the choir there is a roodbeam. A graceful lantern tower on pendentives rises above the transept crossing; tall lancet windows, two with 13C glass, light the chancel and in the south aisle a 15C window portrays the monastery's early abbots.

ST-SEVER FOREST

Round tour starting from St-Sever. – *17 km - 11 miles – about 1 1/4 hours.*
The 1 528 ha - 3 776 acre forest to the south of St-Sever, has a variety of different trees: oak, beech, pine and plantations of young firs and larches.

Leave St-Sever to the south by the St-Pois road. Once out of the village take the forest road to the left.

The road then enters the forest and passes at a crossroads a small oratory to the Virgin.

Wildlife Park (Parc animalier). – *Picnic area.* In an enclosed part of the forest deer, wild boar and goats roam at liberty.

Further on the **pool** of the old château is a favourite spot with fishermen. Skirt the pool to reach a second stretch of water which is at a higher level.

Once beyond the pools the road climbs slightly (a path leads off to the right to the ruins of the old château), then crosses a clearing before reaching a crossroads.

Take the D 299 to the right, and when you come to the D 81 turn left.

Hermitage (L'Ermitage). – A small colony of Camaldulian hermits established a retreat in this spot in the first half of the 17C. All that remains of the monastery are the front door, dated 1776, and **Notre-Dame des Anges Chapel**. The floor of the latter is almost entirely covered with granite tombstones.

Return to the road then bear right to the D 302 and again to the right. 1km - 1/2 mile beyond the crossroads, stop on the left where it is signposted La Pierre coupée, in front of a stone house.

La Pierre coupée. – *1/4 hour on foot Rtn.* This curiously shaped dolmen has a clean break - the other half lies several metres lower down. It is perched on an uneven surface and set amidst other rocks on a wooded hill which is very popular in summer.

Return to St-Sever via Le Gast and the D 81.

MICHELIN GREEN TOURIST GUIDES

Picturesque scenery, buildings
Attractive routes
Touring programmes
Plans of towns and buildings.

ST-VAAST-LA-HOUGUE

Pop 2 359

Michelin map 54 fold 3 or 231 fold 15 – Local map p 71 – Facilities

On the coast of the Val de Saire region *(qv)*, St-Vaast-la-Hougue, is a picturesque fishing port and pleasure boat harbour. The town is famous for its oysters and popular as a seaside resort due to its mild climate. The fortifications which protect the harbour date back to Vauban (17C). They were rebuilt following the tragic defeat at the naval battle of La Hougue *(qv)*. Offshore lie Tatihou Island and the Ilet Fort, which can be reached at low tide.

Lighthouse. – The lighthouse stands at the far end of the granite jetty. A mariner's chapel (la Chapelle des Marins), with a white apse, served as a navigational landmark for those at sea. Beside the apse there is a small terrace overlooking the sea.
Réville Bay opens out to the north. To the south, on a clear day, one can make out beyond the St-Marcouf Islands, the cliffs of Port-en-Bessin, Grandcamp, les Veys Bay, the flat coast of the Cotentin and finally the Fort of La Hougue attached to the coast by a narrow isthmus.

Fort. – *Take the road to La Hougue.* **Grande-Plage** 1.5km - 1 mile in length is bordered by tamarisk. The breakwater occupies the full width of the isthmus which links the former island of La Hougue to St-Vaast. The fort's keep *(military property)* at the southern end of the beach, is still an impressive structure.

EXCURSION

Saire Point (Pointe de Saire). – *5.5km - 3 miles. Leave St-Vaast by the Réville road.*
The road follows the coast and leads to the bridge over the Saire, after which you turn right. Pass through the hamlet of Jonville before coming to the sea. From an old blockhouse there is a good all round **view★** of Saire Point and its attractive beaches scattered with rocks and Tatihou Island with St-Vaast in the background.

STE-MÈRE-ÉGLISE

Pop 1 481

Michelin map 54 folds 2 and 3 or 231 fold 15

This town at the centre of the traditional Normandy livestock breeding area *(p 14)* entered the news headlines brutally on the night of 5-6 June 1944 when troops from the American 82nd Airborne Division landed to assist the 101st Division clear the Utah Beach exits *(p 122)*. The action is commemorated by a monument in the square.
Ste-Mère-Église was liberated on 6 June but fighting continued all around until tanks advanced into the town from Utah Beach the following day.

SIGHTS

Church. – The solid 11-13C church was damaged particularly during the dislodging of German snipers from the belfry. The American parachute drop can be seen in the modern glass of the main door.
In the square is a Roman milestone.

Milestone O on Liberty Way (Borne O de la voie de la Liberté). – *In front of the town hall.*
This is the first symbolic milestone planted along the road followed by the American forces to Metz and Bastogne. From Avranches onwards they recall the rapid advance of the 20th Corps of the American 3rd Army (General Patton).

⊘**Airborne Troops' Museum (Musée des troupes aéroportées).** – A parachute-shaped building houses the mementoes (uniforms, military equipment and a Douglas C 147) of the first fighting on D-Day.

⊘**Cotentin Farm-Museum (Ferme-musée du Cotentin).** – The agricultural implements and tools, furnishings and domestic items displayed in the gardens and buildings of the Beauvais farm (16C), recreate rural life of the early years of this century.

STE-SUZANNE

Pop 925

Michelin map 60 fold 11 or 232 fold 8

This peaceful village occupies a picturesque **setting★** on the summit of a rock promontory commanding the right bank of the Erve. In the 11C the viscounts of Beaumont built on the site one of the most important Maine strongpoints.
Ste-Suzanne, girt with ramparts, stoutly resisted the attacks of William the Conqueror. William's troops had made their camp at Beugy on the Assé-le-Béranger road. After a siege of three years (1083-86) William abandoned his efforts and, out of respect for his opponent, Hubert II de Beaumont, he returned his lands of Fresnay and Beaumont. During the Hundred Years War the English took possession of Ste-Suzanne (1425) and remained its overlords for fourteen years.

SIGHTS

Viewing Tower (Tour d'orientation). – *Via Rue du Grenier-à-Sel.* Viewing table. From the top you look down on the small town grouped round its stalwart 11C keep, the ramparts, the new town beyond the ramparts and the surrounding countryside.

Postern or rampart walk (Promenade de la poterne). – This path circling the fortifications, starts at the watch tower (Tour du Guet), skirts the Henri IV castle, then passes another gateway (Porte de Fer) and affords at intervals fine views of the river below with its water mill overlooked by the Tertre Gane, the plain and Grande Charnie Forest. The gateway, Porte de Fer, has pointed windows and two doorways, the lower of which

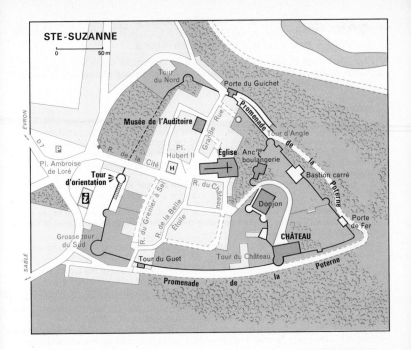

had a portcullis, of which only the arm-slots remain. The square bastion was designed to be defended by artillery. This part of the walk as far as the Wicket Gate (Porte du Guichet) with its 16C cannon balls, affords far reaching views of the Coëvron Hills with the white scar of the Kabylie Quarry. The quarry was given the name, Kabylia, after the home region of most of its workers during the First World War. To the left Mount Richard is recognizable by its television relay mast and Montaigu Hummock with a Chapel to St Michael on top.

⊘ **Audience Chamber Museum (Musée de l'Auditoire).** – The court room is now the setting for an exhibition on weights and measures. Some of the machines are still in working order. The more unusual machines and apparatus include a 19C one for measuring the strength of paper, a brass grain balance, an opium scales with unusual weights in the form of elephants, the high precision weighing scales of a diamond dealer, the instrument used to measure the regulation mesh size of fishing nets, a sabot maker's patterns for different sizes and forms and wooden soles.
Several workshops (ropemaker, blacksmith) and a typical Mayenne interior have been recreated.

Church (Église). – There are several interesting statues especially the one at the far end of the chancel, a gracious St Suzanne, a 16C polychrome wood statue and in the north transept a 14C stone Virgin and Child. At the north entrance to the sacristy the bust of the Virgin carrying the Infant Jesus is a lovely example of Renaissance religious art.

⊘ **Château.** – The château was built in 1608 by Fouquet de la Varenne, the first French Controller General of the postal services.
On entering the courtyard, note on the left, the former bake house. The château itself, on the far right has dormer windows with triangular pediments, mullioned windows and a flight of stairs under a slate covered dome.
The rooms on the second floor have an astonishing **timberwork roof** in the form of an upturned keel.

EXCURSION

La Grande Charnie Forest (Forêt de la Grande Charnie). – *Round tour of 26km - 16 miles – about 1 1/2 hours. Leave Ste-Suzanne to the northeast by the D 9. At 1km - 1/2 mile turn right by a small uphill road. 700m - 766yds further on leave the car when you come to the group of houses.*

Tertre Gane Viewpoint. – Having crossed the woodland picnic area you come to the platform which affords a picturesque view of Ste-Suzanne and the surrounding plain.
Return to the car and drive down as far as the Fousillère, old people's home, then bear right. After crossing the D 210, turn right into an uphill road.

Viviers Signal Station (Signal de Viviers). – The road ends at the edge of a wooded precipice from which you can see the dense Grande Charnie Forest. A path on the left leads to a rock crowned with a statue of the Sacred-Heart, from which you will get a view between the trees of the Coëvrons Range.
A long downhill road leads to Torcé-Viviers-en-Charnie. At the bottom of the hill turn left, go through the village and then turn left into the D 210.

The road crosses a pleasant forest.
After 5.5km - 3 miles, turn right into the D 156 and then the D 7.

Before crossing the Erve River the D 7 offers a fine view of Ste-Suzanne.

SAULGES

Michelin map **60** south of fold 11 or **232** south of fold 8

The calm village of Saulges overlooks the fresh landscapes of the Erve Valley. In the 7C the local evangelist was St Celerinus or Serenious and his name was given to several sanctuaries.

SIGHTS

St Peter's Church (Église St-Pierre). – St Peter's stands opposite the parish church on the village square. The church is preceded by a simple **Chapel of St Serenious** (Chapelle St-Sérènède) dating from the 16C. The chapel enshrines the saint's relics. On the chapel's south wall is a fresco portraying St Serenious on the left, with to the right St Anne teaching the Virgin to read.
Go down several steps into the small **St Peter's Chapel** (Chapelle St-Pierre) built by St Serenious in the mid-7C. It is a rare example of a Merovingian building.

⊙ **Caves (Grottes).** – The Saulges caves are to be found in an attractive site to the north of the village. They have some interesting geological formations and traces of human habitation: bones and flint tools.

Margot Cave (Grotte à Margot). – This cave has some interesting fissures and erosion features.

Rochefort Cave (Grotte de Rochefort). – The cave is hollowed out of the west bank of the Erve. A corridor and ladder lead to a small underground lake at the same level as the river.

St Serenious' Oratory (Oratoire St-Cénéré). – *1km - 1/2 mile. On leaving Saulges in the direction of Vaiges, turn left into a downhill road leading to a car park.*
Take the footbridge to cross the river and reach this hermitage in a secluded site at the foot of a rocky slope. Nearby the Erve widens out to form a small lake which is popular with fishermen.

★ SÉES

Michelin map **60** fold 3 or **231** fold 43

In 400 St Latuin evangelised the country and became the first bishop of Sées and ever since that day Sées has been the seat of an episcopal see. This quiet old cathedral town with its numerous monasteries, religious institutions and seminaries has a special charm.
Set in the heart of the Norman countryside and not far from Écouves Forest, Sées many visitors may now appreciate the results of an important programme of restoration work.

★CATHEDRAL (CATHÉDRALE) time: 1/4 hour

⊙ The edifice, which has known many vicissitudes, remains nevertheless one of the finest examples of 13 and 14 Norman Gothic.

Exterior. – The west front is pierced by a large porch. When the west front was seen to be leaning dangerously due to subsidence in the 16C, massive buttresses were set against the porch, disfiguring it considerably.

Interior. – Above the great arches of the nave which are separated by cornerstones adorned with fretted roses, is a triforium and above that a delicate frieze. The organ is by Cavaillé Coll.
The pierced triforium of the chancel★★ and transepts★★ is of a different design. This part of the church is an interesting example of Norman Gothic with an immense clerestory section, lit in the transept by magnificent 13C stained glass★★ and rose windows.
The double Louis XVI high altar was the work of the episcopal architect Brousseau. The gilt bronze low relief facing the nave represents the Entombment and, on the chancel side, a marble low relief of the discovery of the bodies of St Gervase and St Protase.
In the south transept the marble figure of Christ is 18C and the Virgin, Our Lady of Sées, facing the altar, 14C.

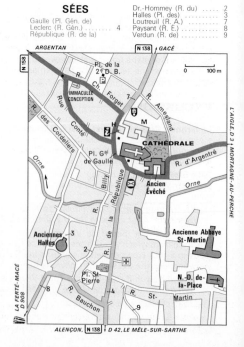

SÉES

Gaulle (Pl. Gén. de)	
Leclerc (R. Gén.) 4	
République (R. de la)	
Dr.-Hommey (R. du) 2	
Halles (Pl. des) 3	
Loutreuil (R. A.) 7	
Paysant (R. É.) 8	
Verdun (R. de) 9	

ADDITIONAL SIGHTS

ⓥ **Notre-Dame-de-la-Place.** — The organ loft is Renaissance and the twelve low reliefs, in groups of three illustrating scenes from the New Testament, are 16C.

Former Abbey of St Martin (Ancienne abbaye St-Martin). — *(not open to the public)* Now a children's home. Through the great main door with its classical entablature you can see the gracious 18C abbot's lodging.

Old Bishop's Palace (Ancien évêché). — This majestic group of buildings was built for Bishop Argentré in 1778, hence its name Argentré Palace. The court opens through a beautiful wrought iron gate complete with escutcheon and foliated scrolls.

Old Covered Market (Anciennes halles). — This unusual building, a rotunda with a peristyle, dates from the 19C. The timberwork roof is supported by columns of stone.

SÉLUNE Dams (Barrages de la SÉLUNE)

Michelin map 🔢 fold 8 or 🔢 fold 39

Where the Sélune is hemmed in by the great granite cliffs of the Armorican Massif dams have been built to control the river's flow. These barrages now retain attractive reservoirs which are popular with anglers and water sports enthusiasts alike.

FROM DUCEY TO ST-HILAIRE-DU-HARCOUËT

30km - 19 miles — about 1 1/2 hours

No road runs along the shores of the Vézins and Roche qui Boit reservoirs, but one gets good views of these artificial stretches of water from the route suggested below.

Ducey. — Pop 2 165. The old bridge over the Sélune stands upstream from the more modern one used by the main road.

Follow the D 78.

La Roche qui Boit Dam. — *(not open to the public)* This small dam, built between 1915 and 1919, is the French prototype of the multi-arch straight dam.

At the junction with the D 582 turn left to take the road signposted "le Rocher accès au lac".

After 2km - 1 mile the road skirts a holiday village and then a long downhill stretch leads to the lake, in its pleasant setting.

Return to the D 582 then turn left.

The road brings you within view of the valley. After the bridge over the river a narrow road leads right and uphill to the inn, Auberge du Lac, on the crest of the Vézins Dam.

ⓥ **Vézins Dam** (Barrage de Vézins). — This curved multi-arched dam which is 36m - 118ft high and 278m - 304yds long was completed in 1931. The dam holds back an artificial lake which is 16km - 10 miles long. The **setting★** is extremely pleasant.

From the Auberge du Lac, rejoin the D 85 which crosses the Vézins reservoir via the Biards Bridge. At St-Martin-de-Landelles turn left onto the D 36.

St-Hilaire-du-Harcouët. — *Description p 111.*

SILLÉ-LE-GUILLAUME   Pop 3 016

Michelin map 🔢 fold 12 or 🔢 fold 9

Ths small town of Sillé-le-Guillaume, built in a semicircle on the southern slope of the Coëvrons, had a rich and eventful past since it was one of the strongpoints, like Ste-Suzanne and Mayenne, which protected northern Maine from Norman invasion.

Castle. — At the end of the Hundred Years War, the English sacked the fortress which had been built in the 11C at Sillé. In the 15C Antoine de Beauvau built the castle we see today on the ancient ruins. Although considerably restored, the keep built into the living rock and the round towers linked by 16C and 17C buildings, give the old castle a proud air.

Notre-Dame. — The church stands upon the site of a former Romanesque church of which the **crypt** and the south transept gable remain. A beautiful 13C door restored in the 15C is decorated with a statue of the Virgin and Child under a decorative canopy. Numerous rebuildings have occurred since, but the most recent in 1977 has restored the 15C nave to its original aspect with its timber ceiling.

EXCURSION

Sillé Forest (Forêt de Sillé). — *Round tour of 42km - 26 miles — about 1 hour. Leave Sillé-le-Guillaume to the northeast by the D 310.*
The road rises before entering the forest. Sillé Forest covers the eastern crest of the Coëvrons chain of hills and is well organised for walkers (shelters, signposted footpaths and special riding paths). The forest was over exploited at the turn of the century and today it is composed of copses, copses under tall stands or plantations of conifers on the poorer soils.

Take the forest road on the left and after 800m - 1/2 mile bear left again into a road which comes out at the Defais Pool which it skirts along the north shore.

Defais Pool (Étang du Defais). — This stretch of water, also known as Lake Sillé, with its attractive surroundings, is a favourite spot with the local townspeople. There is a good bathing area with facilities for yachting, canoeing, swimming, camping, etc.

Go round the pool and take the forest road La Grande Ligne to the junction with the D 5. Turn right again.

As you reach the edge of the forest there is a good view north of the Norman *bocage.*

Turn left at La Boissière and at St-Pierre-sur-Orthe take the D 143 in the direction of Vimarcé.

Foulletorte Castle (Château de Foulletorte). – The Erve Valley makes a charming setting for this granite castle.

Leave the car on the D 143 and take the avenue which leads up to the castle.

This proud looking castle was built by Antoine de Vassé at the end of the 16C. The moat is supplied with water from the Erve. The staircase with the loggia above, is the main feature of the entrance front. The projecting cornice with its console table runs right along the wings standing at right angles. The mullioned windows and tall chimneys provided a decorative note to this plain ensemble.

Return to St-Pierre-sur-Orthe then turn right onto the D 35.

The road goes over the wooded Coëvrons crest. As you descend towards Sillé you will get an attractive view of the La Mare Cross (La Croix de la Mare), 290m - 951ft.

★★ The SUISSE NORMANDE

Michelin maps **55** fold 11 and 12 and **60** fold 1 or **231** folds 29, 30 and 42

This extraordinary name denotes an area in Normandy which has neither mountains nor lakes in the Swiss sense, and does not even include Normandy's highest rises *(map p 12),* but is nevertheless an attractive tourist area particularly enjoyed by walkers, canoeists, anglers, hang gliders and trekking enthousiasts.

The Orne River as it cuts its way through the ancient rocks of the Armorican Massif produces a kind of hollow relief of which the most typical elements are a pleasantly winding river course bordered by steep banks surmounted by rock escarpments. An occasional isolated "peak" rises up from which one can view the rolling, wooded countryside.

★★ THE ORNE VALLEY

From Thury-Harcourt to Putanges

99km - 61 miles – about 3 hours – Local map opposite.

Thury-Harcourt. – *Description p 122.*

Leave Thury-Harcourt to the south by the D 562.

The road drops down into the valley. On the way you will see the small Bonne Nouvelle Chapel perched on a hillock, followed immediately afterwards by Caumont with its abandoned sandstone quarry on the left, and St-Rémy and its mining installations.

St-Rémy. – Pop 969. The St-Rémy iron mines, where the richest ore in Normandy was mined, were worked from 1875 to 1967. From the burial ground of the small church about 1/2 mile from the D 562, there is a good view of the Orne Valley.

★ **Clécy.** – *Description p 66.*

Leave Clécy by the D 562, southwards.

La Houle Rocks can be seen on the left. Towards the top of the climb of the D 562 after a right bend there is a bird's eye view of the valley and Clécy, and, on the horizon, the Eminence and Mount Ancre (331m - 1 086ft).

After Le Fresne leave the D 562 to join the D 1.

Leave the D 562 after Le Fresne, the road follows the crest of the ridge separating the Orne and Noireau Valleys. It is later joined by the Béron Crest. 500m - 1/3 mile after the Rendez-Vous des Chasseurs you will get a brief view to the north of the Orne Valley and, above, of the Parcs Rocks. As you drop down, before you reach the St-Roch Chapel, you can see the cliff-like promontory of the Oëtre Rock.

St-Roch Chapel (Chapelle St-Roch). – This 16C pilgrimage chapel with modern frescoes is the scene of a *pardon* held on the Sunday after 15 August in full local Norman costume.

Pont-d'Ouilly. – Pop 1 049. Facilities. The village which is located at the confluence of the Orne and Noireau Rivers, is a busy tourist centre.

Take the D 167.

The D 167, as it leaves Pont-d'Ouilly, passes at the foot of the rock which in its upper part resembles a lion's head. The road runs beside the Orne to Pont-des-Vers.

Take the D 43 to the right.

The D 43 then climbs, enabling you to get a look at the Rouvre with its almost geometrically enclosed curves – the most outstanding being the Rouvrou Meander.

At Rouvrou, take the road signposted "Site de Saint-Jean", then turn right after the cemetery.

Rouvrou Meander (Méandre de Rouvrou). – *1/4 hour on foot Rtn.* To see this stretch of the river at its best, leave the car by the war memorial which stands at the neck of the meander where it is only a few feet wide and where it is most confined by the rocky crest above it. The surroundings are pleasantly shaded by pine trees.

Retrace your steps and follow the signposts

★★ **Oëtre Rock** (Roche d'Oëtre). – *Time: 1/4 hour.* The belvedere belongs to a café but the tourist *is not obliged to buy a drink or souvenirs.* The rock, in its grandiose **setting** dominating the wild and winding Rouvre Gorges with its steep escarpment, is the most mountainous feature to be found in the Suisse Normande.

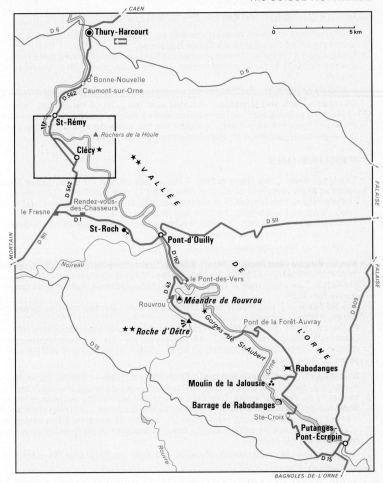

Go from the café to a viewing table from where the view of the precipice is quite astonishing. To the right of the viewing table, below the first belvedere note a ridge of rock with an almost human profile.

Beyond the Oêtre Rock, the road runs along the hillside affording views once more of the Orne Valley, where the north slope is particularly wild. At La Forêt-Auvray Bridge you get your last glimpse of the Orne Valley.

After crossing the Argentan region, the Orne traverses the ancient lands of the Suisse Normande in a series of gorges, **St-Aubert Gorges★**, which can only be reached on foot.

Rabodanges. – Pop 168. The 17C castle is set in a park overlooking the Orne Valley.

Take the road to the dam and then turn right once through the village.

La Jalousie Mill (Moulin de la Jalousie). – *1/2 hour on foot Rtn by a descending sunken path.* The mill ruins stand isolated facing the remains of the ancient Devil's Bridge. This stretch of the Orne is popular with anglers.

Return to Rabodanges.

Rabodanges Dam (Barrage de Rabodanges). – The dam is of the multi-arch type. The east bank has a belvedere, cafés and a motor boat club. There are fine views of the reservoir lake, known as Rabodanges Lake, from the road and also from the Ste-Croix Bridge.

In Ste-Croix take the C 1 to the left just before the war memorial.

Putanges-Pont-Écrepin. – Pop 967. Facilities. This little town on the banks of the Orne makes a good starting point for visiting the St-Aubert Gorges.

★ THAON, Old Church of (Ancienne église de THAON)

Michelin map 🄼🄼 fold 15 or 🄼🄼🄼 folds 17 and 18 – 20km - 12 miles northwest of Caen

⊙ 1/4 hour Rtn by a downhill path off the D 170. 500m - 1/3 mile beyond Thaon Parish Church. The path leads down into the valley and ends at the house where one must obtain permission to visit the church.

Exterior. – This small 12C Romanesque church (secularised) is enhanced by its attractive setting in an isolated valley. Blind arcades decorate the flat east end and a modillioned cornice runs right round the building. The belfry, with a pyramid roof and deeply recessed twin openings, is one of the most original in Normandy.

Interior. – Inside, the nave and chancel, have great purity of style. The only decoration in the aisleless nave are the capitals of the main arches which are now bricked up, while in the chancel it is the blind arcades.

THURY-HARCOURT

Pop 1 615

Michelin map **54** fold 15 or **231** fold 29 – Local map p 121

Thury-Harcourt has been pleasantly rebuilt on the banks of the Orne and is now a tourist centre on the edge of the Suisse Normande.

Thury adopted the name of Harcourt when the family of the same name came from the town of Harcourt in the county of Évreux. The Harcourts made it their ancestral seat in 1700.

The church retains its 13C west front.

★ **Château's Park and Gardens.** – Located near the ruins of the château (burnt in 1944) of the Dukes of Harcourt, the park has 4km - 2 miles of walks which stretch along the Orne. Trees and early flowering shrubs line the walkways and, on the town side, there are lovely gardens with flowerbeds lining grassy alleys.

EXCURSIONS

★ **The Hom River Loop** (Boucle du Hom). – *Round tour of 5km - 3 miles. Leave Thury-Harcourt to the northwest by the D 6. After 1.5km - 1 mile take the D 212 to the right. The road follows the west bank of the Orne, skirting the loop's steep bank, and offers good viewpoints overlooking the Orne and its green banks.*

Turn right at Le Hom, where the road, leaving the Orne, enters a deep cutting through the rock at the end of the curve's promontory.

Return to Thury-Harcourt by the D 6.

★ **Mount Pinçon** (Mont Pinçon). – *14km - 9 miles. Leave Thury-Harcourt to the northwest by the D 6. In the Hamars Valley turn left into the D 36 and, after a crossroads, right into the D 108. Turn sharp right at the entrance to Plessis-Grimoult into the D 54 towards Aunay-sur-Odon.*

The **Pré Bocage** is a picturesque rural countryside which borders the Caen plain, the Bessin and the *bocage.*

At the top of the climb of 365m - 1 201ft near a television transmitter, turn left and continue for 600m – about 1/3 mile. On leaving the car *(the rough stony path can be difficult in winter, care is required)* to walk over the heathland you will get a vast **panorama** of the *bocage.*

St-Joseph Chapel (Chapelle St-Joseph). – *Round tour of 17km - 11 miles. Leave Thury-Harcourt by the D 6, the Bayeux road, then turn left beyond a bridge into the D 166. The road goes up the Orne Valley. Turn right at Mesnil-Roger into the picturesque road to St-Martin-de-Sallen where you turn right again into a narrow uphill road from which a minor road (one lane only) leads off to the right to St Joseph's. From behind the chapel (circular viewing table) there is a beautiful* **panorma**★ *of the Orne Valley and the Suisse Normande heights.*

Return to St-Martin-de-Sallen where you turn right into the D 6 for Thury-Harcourt.

TINCHEBRAY

Pop 3 369

Michelin map **59** fold 10 or **231** fold 28

It was in the vicinity of this market town in the heart of the Norman *bocage* that there was a battle between two of William the Conqueror's sons, the elder Robert Curthose Duke of Normandy and Henry Beauclerk then Henry I of England, on 28 September 1106. The defeat meant that Henry took Normandy from his brother, as he had done for the kingship of England six years previously while his brother was on a Crusade. Tinchebray specialises in ironmongery, the working of wrought iron and chocolate making. The fortified belfry of its former 12C Church of St-Rémy and its royal prison are reminders of Tinchebray's past.

Royal Prison (Prison royale). – *Rue de la Geôle.* This former prison houses an ethnographic museum. Two of the ground floor cells have an exhibition of tools including those of a sabot maker. A typical Norman interior with local furniture and kitchen utensils. The headdress room has a variety of headdresses, bonnets and shirt fronts showing all the art and finesse of the seamstresses.

Two of the first floor cells have fireplaces, as certain privileged prisoners had the means to buy firewood. The walls and wooden doors with impressive locks still have graffiti, some dating from 1793. The chapel has certain liturgical items and statues from the 17C Church of Les Montiers which was built on the site of a leper-house.

UTAH BEACH

Michelin map **54** south of fold 3 or **231** fold 15 – Local map p 71

This beach, located northeast of Carentan on the Channel, was one of the five Normandy beachheads (Omaha Beach, *qv*; Calvados Coast, *qv*) and landing place for the Allied invasion on 6 June 1944.

Although subjected to a murderous fire from the German coastal batteries, the men of the American 4th Division (7th Corps) landed on 6 June on the shore near La Madeleine and the Dunes-de-Varreville and managed to make contact with the airborne troops of the 82nd and 101st Divisions, dropped in the region of Ste-Mère-Église. Three weeks later, the Cotentin Peninsula had been completely freed of the enemy.

La Madeleine. – At this place stand a liberty way milestone and a monument to the American 4th Division. To the left, a former German blockhouse has been transformed into a monument to the Americans of the 1st Engineer Special Brigade. The American 90th Division is commemorated by a stele and a memorial crypt.

The village of Ste-Marie du Mont made the symbolic gesture of giving a piece of land, amidst the dunes, to the American nation. On this the Americans erected a memorial in the form of a stele which was inaugurated in 1984 on the 40th anniversary of the D-Day landing to commemorate all those who lost their lives during the landing operations on Utah Beach.

From the above spot there is a view of the coast, while to the north the blockships sunk off the Calvados Coast may still be seen at low tide.

⊙ **Landing Museum** (Musée du Débarquement). The museum presents military equipment, arms, a documentary film, models and a diorama with recorded commentaries.

Monument to General Leclerc. – The monument at Dunes-de-Varreville marks the site where the General disembarked with his famous armoured division.

VALOGNES   Pop 6 963

Michelin map **54** fold 2 or **231** fold 14 – Local map 70

In the heart of the Cotentin, Valognes is an important road jucntion and market town for the surrounding agricultural area.

A modern city has replaced the town destroyed in June 1944. A few large old houses do, however, remain recalling the descriptions of Barbey d'Aurevilly *(qv)* and the 18C, when local high society made Valognes the Versailles of Normandy.

SIGHTS

⊙ **Hôtel de Beaumont.** – This particularly remarkable 18C mansion has a noble entrance front 50m - 164ft long. The centrepiece is a monumental staircase leading up to a perron and the main entrance. The terraced formal French gardens complete this classical composition.

⊙ **Hôtel de Granvol-Caligny.** – *32 Rue des Religieuses.* Barbey d'Aurevilly *(qv)* once lived in this handsome 17-18C mansion. Inside, the staircase with its wrought iron banister, the Empire ceramic stove in the dining room, the 18C drawing room and alcoved bedrooms are all noteworthy.

⊙ **Regional Cider Museum** (Musée régional du cidre). – The different stages of cider making are explained in this museum located in the 15C Logis du Grand Quartier. The exhibits include old Cotentin pottery, 16 to 20C apple presses and mills, crushers and stone grinders. Tableaux present traditional scenes of life in Normandy, illustrating the local costumes and solid Cotentin furniture.

⊙ **Hôtel de Thieuville.** – This 17-19C mansion houses two museums. The first is a **museum of brandy** (musée de l'eau-de-vie) with a still, a liqueur maker's workshop and the history of brandy making. The second is a **leather museum** (musée des métiers du cuir) and deals with the various trades and crafts associated with leather working: tanner, tawer and saddler. The exhibits include costumes of the period and old tools.

★ VENDEUVRE Château

Michelin map **54** fold 17 or **231** fold 31 – 5km - 3 miles southwest of St-Pierre-sur-Dives

The château standing on the banks of the Dives is situated on the borders of the Auge and Falaise regions. In 1750 Alexandre le Forestier d'Osseville, Count of Vendeuvre, commissioned the architect Jacques-François Blondel to build him a summer residence. The château still fulfills this role today.

Alleys on either side of a French style formal garden, lead up to the plain entrance front with a pedimented projecting centrepiece.

★★ **Museum of miniature furniture** (Musée du mobilier miniature). – The lovely vaulted
⊙ rooms of the orangery are the setting for an exceptional collection of miniature furniture, models and masterpieces of skilled craftsmen. These small pieces (11cm to 75cm - 4in to 30in tall) are all made of the same wood as the full-size originals. Some were made as a hobby in the craftsman's free time or during his retirement but they are all proof of great skill and craftsmanship. When guilds or associations of craftsmen were common the compagnons (*cum + panis* = the one with whom we share our bread) had to submit a full-size or reduced model as masterpiece before becoming master craftsmen. About a hundred pieces from all over the world and dating from the 16C to the present are exhibited in the showcases of the three rooms. Meticulous care and attention to detail has been lavished on these jewels of perfection with their ivory inlays, chased bronze and miniature paintings and embroideries. Note in particular a staircase with twelve flights of stairs (19C) the dimensions of which are all a multiple of three; a master craftsman's submitted work (19C): a cupboard containing the carver's tools; the Empress Sissi's 19C gaming table with paintings on alabaster on the door; a 19C revolving library in mahogany; a darkened pearwood cabinet decorated with panels of tinted ivory engraved with hunting scenes; an 18C canopied bed for the cat of Madame Adélaïde, Louis XV's daughter and a 16C Spanish swing, four poster bed. Tiny pieces of cutlery and porcelain complete this miniature world.

★ **Château.** – The rooms are attractively furnished. In the dining room, looking out on
⊙ the evening sunset as was the custom, the table is laid with an armorial linen cloth portraying the château also. The reception room has some lovely carved panelling. Two of the more popular 18C games are on display: tric trac table and loto. Note the special chair for women with a crinoline dress. Note in the main bedroom the toiletry set, the pastels in the salon, the study with the collection of goose feathers and the smoking room with all the paraphenalia of an 18C smoker.

VILLEDIEU-LES-POÊLES

Pop 4 971

Michelin map **59** fold 8 or **231** fold 27

Standing in a loop of the Sienne, Villedieu-les-Poêles is an important road junction with roads going to Brittany and the Mont-St-Michel. The making of pots and pans was a local activity as early as the 12C and the town took its name (*poêles* means frying pan or pot) from this activity. For a long time the great round bellied copper milk flagons (*cannes*) to be found on every Norman farm came from Villedieu; today the craftsmen make copper or aluminium boilers for household and industrial use as well as souvenirs. Other local industries include a bell foundry and leather tawing.

The town has retained its medieval aspect with many attractive inner courtyards (Cour des Trois Rois, Cour aux Lys...), its stepped streets, abbeys and old houses.

Villa dei, City of the Knights of Malta. – The procession which has been held in the town every four years since 1655, is known as the Grand Sacre or Great Coronation *(see the table of Principal Festivals at the end of the guide)* recalls the town's early history. It was in Siennêtre as the town was then known, that the first Commandery of the Knights of St John of Jerusalem was established in the 12C by Henry Beauclerk or I of England, the younger son but successor to William the Conqueror. In 1530 the knights changed their name to Knights of Malta and they renamed the town *Villa dei* or Villedieu in French. The town was granted trading and tax privileges and numerous craftsmen, especially ironmongers, were drawn to the town. These privileges were abolished during the reigns of Louis XIII and Louis XIV, who required public monies to finance their wars.

VILLEDIEU-LES-POÊLES

République (Pl. de la) . 18

Bourg-l'Abbesse (R. du) 2
Carnot (R.) 3
Chignon (R. du Pont) . 4
Costils (Pl des) 5
Dr-Havard (R. du) 6
Ferry (R. Jules) 8
Flandres Dunkerque
 (R.) 9
Gasté (R. Jean) 10
Gaulle (R. Gén. de) . . . 13
Leclerc (Bd Mar.) 15
Perrière (Pl. de la) . . . 16
Tetrel (R. Jules) 20

*The main
throughroutes
are clearly
indicated
on all
town plans.*

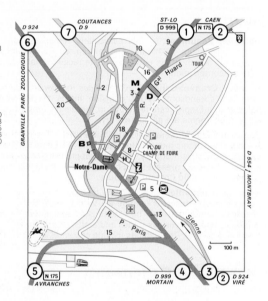

SIGHTS

⊙ **Bell Foundry (Fonderie de cloches) (B)**. – The foundry was established by the Knights of St John of Jerusalem and this unique workshop *(photograph p 31)* has retained a certain charm. The foundry still produces bells for belfries, ships and other public buildings, and they are exported world-wide. The visitor during a guided tour, accompanied by a skilled craftsman, discovers the furnaces, moulds made of a refractory substance (mixture of clay, goats' hair and horses' dung) and the deep pits where the moulds are filled with the molten substance and left to cool. The tonality of the bells depends on their weight and diameter.

Notre-Dame. – This 15C church in the Flamboyant Gothic style was built on the site of a 12C church erected by the Knights of St John of Jerusalem. The square transept tower over the crossing is emblasoned with various heraldic emblems.

When you enter the eye is drawn immediately to the chancel with an 18C gilt wooden tabernacle flanked by Villedieu copper vases and supporting an 18C painting representing the Adoration of the Holy Sacrament.

Of the various statues in the church note in particular the late 15C group with Our Lady of Mercy (the figures are somewhat out of proportion) in the north aisle; in the south transept chapel the 17C St Elizabeth of Hungary; St Barbe and St Joachim; and a 17C one of the Virgin Mary's father shown wearing a turban, all polychrome wood.

⊙ **Copper Workshop (Atelier du cuivre) (D)**. – This illustrates the history of copper making in Villedieu: the copper deposits, various techniques of copper working (audiovisual presentation) and finally a tour of the workshop to see the skilled craftsmen at work embossing, galvanizing, hammering, burnishing or polishing. An explanatory board describes the making of a ewer from the raw material to the finished product, describing the art of the coppersmith.

⊙ **Museum of Copperware and the Lacemaker's House (Musée du cuivre et maison de la dentellière) (M)**. – This mansion, now restored to its original appearance, contains an old workshop illustrating the copper-making process in the past and an exhibition of old copperware. The lacemaker's house displays specimens of the Villedieu pattern very popular in the 18C, old-lace making frames, bobbins as well as a collection of lace.

EXCURSIONS

★★ **Hambye Abbey.** – *12km - 8 miles to the north. Leave Villedieu by* ⑦, *the D 9.*

 ★ **Mount Robin (Mont Robin).** – *13km - 8 miles to the northeast by* ①, *the D 999. 2km -1 mile beyond Percy turn right in the direction of Tessy-sur-Vire and then right again almost immediately to Mount Robin. Leave the car beside the gate on the left and then walk across the grass field, to reach the calvary beside the television relay mast.*

From this point (276m - 905ft) there is an expansive **view** towards the east in the direction of the Suisse Normande. By climbing the rocky mound to the right of the calvary there is another viewpoint from which it is possible to see the spires of Coutances Cathedral. On a clear day it is sometimes possible to see the Channel Islands. Follow the road to the end to see more views of this *bocage* countryside.

⊘ **Champrepus Zoo (Parc zoologique de Champrepus).** – *8km - 5 miles to the west by* ⑥, *the D 924 to Granville. Picnic area and adventure playground.*
The zoo comprises two parks one on either side of the road and are linked by a footbridge. Over 80 species are presented in this pleasantly green setting. They include panthers, tigers, ocelots, bears, lama, kangaroos, deer, monkeys and emus.

VIRE   Pop 13 827

Michelin map 🐨 folds 9 and 10 or 🐨 fold 28

Vire, well placed on a hillock, from which one can look out over the rolling Normandy *bocage*, the town grew up around its castle in the 8C. In the 12C Henry Beauclerk or I of England, strengthened the castle's fortifications and built the keep.
In the 13C the population increased, trade flourished and Vire developed apace. The Wars of Religion were detrimental to the city and it lost its military significance in 1630 when Richelieu dismantled the castle. The 17 and 18C was once again a period of prosperity for Vire when both agriculture and trade flourished.
Vire is an important road junction and as such it was almost annihilated in 1944.

Vire chitterlings. – This well-known local speciality is prepared to a traditional recipe and includes the smaller intestines of the pig. Carefully cleaned, chopped, salted and then marinated and put into a skin of larger intestine. It is then smoked over a beechwood fire for several weeks. The black colour after this process is proof of its authenticity. The sausage-like chitterlings are then soaked in water and tied off.

SIGHTS

⊘ **Clock Tower (Tour de l'Horloge) (AB).** – The 15C belfry crowning a former 13C gateway was spared and now forms the centrepiece of the main square.
The gateway, the former main entrance to the fortified city, is flanked by twin towers. It took its present name of clock tower in 1480 when the belfry was added. The stone dome was to house a public clock and serve as a watchtower. The town's coat

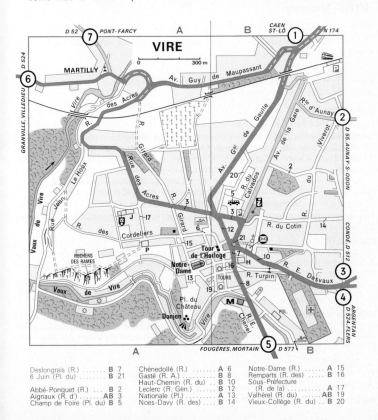

of arms above the doorway depicts two crenellated towers separated by an arrow pointing downwards. A spiral staircase leads to the summit from where there is a lovely **view** of the surrounding *bocage* countryside, the Vaux and Mount Pinçon with its television relay mast.

Rue des Remparts to the south of the Clock Tower has two 13C towers, Tour St-Sauveur and Tour aux Raines, which were originally part of the town's fortifications.

Notre-Dame (A). – This 13-15C church was erected on the site of a Romanesque chapel built by Henry Beauclerk or I of England. The 13C doorway is flanked by a square turret with a slate roof. The belfry is a square tower with mullioned windows and is crowned by a balustrade.

The five bay nave has octagonal capitals on its main arches while the triforium has two windows per bay. The chancel, with its slender columns is decorated with a Flamboyant frieze of interlacing. The south transept has a gilt baroque altarpiece and a *Pietà*, a wood sculpture by a 19C artist from Lisieux.

Keep (Donjon) (A). – The square keep on the spur of Place du Château is all that remains of the 12C castle. From here there is a view of the Vaux de Vire and the waters held back by the lock. Fireplaces and windows are still visible at different levels on the remaining walls.

⊙ **Museum (Musée) (B M).** – The museum installed in the medieval hospital (Hôtel Dieu) is devoted to the arts and traditions of the local *bocage*. The ground floor has a series of workshops: sabot-maker, basket maker, saddler, cooper, blacksmith and wheelwright. The history of the town is illustrated by documents, drawings and photographs. On the first floor there is a collection of Norman furniture (cupboards, dressers and a baby's walking frame) headdresses and costumes. On the second floor are drawings, paintings and sculpture note the drawings and caricatures by **Charles Léandre** (1862-1934) a native of Orne, who illustrated the works of Flaubert and Courteline. There are modern sculptures of birds by Anne-Marie Profillet (1898-1939).

The Vaux de Vire (A). – *Access via Rue du Valhérel.* The Vaux de Vire is the name given to the steeply enclosed Vire and Virenne Valleys close to where they meet. Towards the end of the 14C, cloth-workers from Coutances came to live and work in the Vaux. The area became an industrial zone with the many fulling mills. *Vaux de Vire* is also the name of the collection of songs of a textile worker, Olivier Basselin, who lived in these parts in the 15C and from which the word *vaudeville* was later derived.

EXCURSION

La Dathée Reservoir (Plan d'eau de la Dathée). – *7km - 4 miles by ⑤ then the D 76 on the right.*

The dam to the east provides a good general view of this 43 ha - 106 acre lake. A water sports centre, bird reserve and picnic area make this stretch of water a popular area for an outing.

VIRE Valley

Michelin map **54** folds 13 and 14 or **231** folds 27 and 28

The Vire Valley runs through attractive *bocage* countryside where the green valley slopes are crowned by escarpments.

FROM ST-LÔ TO ANGOTIÈRE CHÂTEAU

20km - 12 miles – about 1 hour

St-Lô. – *Description p 112.*

Leave St-Lô by ④, the N 174.

⊙ **Torigni-sur-Vire.** – Pop 2 967. Of the former **Château** des Matignon only a 19C west wing remains and that has been restored. The main staircase leads to reception rooms furnished with a lovely collection of 17C Brussels and 17 and 18C Aubusson tapestries, Louis XIII, Louis XV and Louis XVI period furniture as well as works by the local sculptor, Arthur Le Duc. The great gallery is used for temporary exhibitions.

The château is set in a shady park with two pools, an ideal place for a walk.

Return to the intersection with the D 286 and turn left.

The road skirts the large cooperative dairy farm at Condé-sur-Vire then winds up to the car park at Ham Rocks.

★★ **Ham Rocks (Roches de Ham).** – From the first platform on this magnificent escarpment you can look down 80m - 260ft on to a deep bend carved by the slowly moving river through the ancient schist rock, while from the second, 150m further on, there is a much wider **view** along the valley.

Return to the D 551 and turn right, then right again in Cretteville.

The road climbs towards **Troisgots** then descends towards La Chapelle-sur-Vire.

La Chapelle-sur-Vire. – This small village has been a pilgrimage centre since the 12C. A 15C statue of Our Lady of Vire stands to the left of the chancel arch and to the right is a low relief of St Anne and the Virgin and Child. Other 15C low reliefs adorn the high altar; those of the tabernacle are of alabaster.

Follow the D 159

The road crosses the river Vire then follows its shaded valley.

At the D 551 crossroads turn right.

Angotière Château. – *Description p 38.*

The Channel Islands

THE CHANNEL ISLANDS

Area: 197km² - 76sq miles. Population 129 272

For many people the name of the Channel Islands conjures up a mini northern paradise providing a tax-free haven for the very rich or sun and sand for the holidaymaker. A visit to the islands will reveal not only the mild climate, long sandy beaches, spring flowers and exotic semi-tropical plants but also wild cliffs and seascapes, quiet country lanes and traditional granite houses, excellent seafood and a fascinating history.

Although the Channel Islands have been attached to the English crown since 1066 and all that, they lie much nearer to the French coast and were largely French-speaking until this century. Under their apparent Englishness lie a thousand years of Norman tradition and sturdy independence.

THREATS OF INVASION

Early invaders of the Channel Islands left impressive Neolithic remains: **menhirs** and **dolmens**. The megalithic tombs consisting of one or several chambers were built of huge blocks of stone, sometimes with an entrance passage and heaped over with earth. Their excavation has contributed greatly to archaeological knowledge of the period.

In 933 the islands were annexed by the Normans and attached to the English crown by William the Conqueror. The loss of Normandy in 1204 did not break the link with England but over the centuries the French made repeated attempts to capture the islands *(p 137)*.

In 1483 a Papal Bull of Neutrality was issued which remained in force until 1689.

In the English Civil War Jersey was Royalist while Guernsey supported Cromwell; this is supposed to be the basis of the traditional rivalry between the two major islands. The rise of Napoleon brought the threat of invasion and defensive towers, similar to the later Martello towers, were built along the coasts. In the mid-19C fresh fears of French invasion brought more fortifications, particularly in Alderney.

German Occupation. – The Channel Islands were finally invaded in 1940 and occupied by the Germans for five years; they were the only British territory to fall to the enemy. The occupation brought hardships: lack of news except by clandestine radios, deportations to Germany, shortages of food and clothing; in 1945, when the islands were isolated, starvation threatened.

The massive concrete fortifications, built by the slave labour of the Todt organisation as part of Hitler's impregnable Atlantic Wall, can still be seen in places; they were never tested, simply by-passed by the Normandy landings.

CONSTITUTION

The Channel Islands are divided into the Bailiwick of Jersey, which includes two rocky islets – the Minquiers and the Ecrehous – and the Bailiwick of Guernsey, which includes Alderney, Sark and Brecqhou, Herm and Jethou. The original Norman laws and systems enshrined in the first charters granted by King John in the 13C have been renewed by subsequent monarchs, although modifications were introduced this century to separate the judiciary and legislature. Each main island has its own parliament; tax is levied locally; no VAT is payable; coins and banknotes are issued locally but are not legal tender elsewhere; the islands print their own postage stamps.

Clameur de Haro. – This is an ancient legal remedy which is still in force and is thought to invoke Rollo, a 10C Norse chieftain. A victim of wrongdoing must kneel down in the presence of two witnesses and say "Haro, haro, haro, à l'aide, mon Prince, on me fait tort" (Help, my Prince, someone is doing me wrong). This must be followed by the recital of the Lord's Prayer in French. The wrong-doer must then desist until a court ruling has been obtained.

RELIGION

Christianity seems to have been introduced in the 6C by Celtic saints from Brittany, Cornwall and Wales. Originally the parishes were attached to the diocese of Coutances *(qv)* in Normandy and so remained until Elizabeth I transferred them to the see of Winchester in 1568.

The form of worship adopted at the Reformation was Calvinism owing to the many Huguenot refugees who had fled to the Channel Islands and to the linguistic links with France.

Anglicanism was eventually introduced at the Restoration in 1660 but the English language was not used for church services until this century.

Methodism was preached in the islands by John Wesley himself and has always had a strong influence, particularly in Guernsey.

LANGUAGE

Although English is now universal in the islands, the native tongue, a dialect of Norman-French, the language of William the Conqueror, is still spoken. In Jersey and Guernsey societies for its preservation exist which trace the parochial variations in vocabulary and pronunciation.

LIVELIHOOD

The Channel Islands, which lie west of the Cherbourg peninsula and south of the main shipping lanes in the English Channel, are composed of fertile granite plateaux sloping to open sand dunes. The Gulf Stream and the southerly latitude assure a mild climate. Until the 18C fishing and agriculture were the main activities. Large quantities of cod and conger eel dried in the remote areas (eperqueries) were exported until the New-foundland fisheries were established in the 16C. Seaweed (vraic-pronounced "rack") was used as fertiliser and also as fuel. Large flocks of sheep were kept on the rough ground and the words Jersey and Guernsey have entered the language to mean woollen cloth or garments; in the 17C so many people were engaged in knitting that the harvest was neglected.

In the 18C huge fortunes were made from privateering under Letters of Marque; ship building and repairing flourished. In the 19C granite was exported in vast quantities for road-making and construction work. Cattle too, usually known as Alderneys, were in great demand owing to the high butter fat content of their milk; now only Jerseys and Guernseys are pure bred.

The Channel Islands' economy still relies on agriculture; the accent is on early vegetables — potatoes, tomatoes, grapes — and flowers. Tourism which began in the early 19C is an important source of revenue. In recent years many banks, insurance companies and finance houses have been attracted to the Channel Islands by their special tax status.

WRECKS AND LIGHTHOUSES

The Channel Islands are surrounded by extensive offshore reefs and rocky islets which are impressive at low tide or in rough seas. Together with the strong tides, treacherous currents and fog, they make these seas some of the most hazardous. Among the ships which have gone aground or foundered are a Roman galley, which sank off St Peter Port; the *White Ship,* carrying the heir to the English throne, which was caught on the Casquets in 1119; HMS *Victory,* which went down on the Casquets in 1774 with the loss of 1 000 men; the *Liverpool,* the largest sailing ship wrecked in the Channel Islands, which ran aground off Corblets Bay in a fog in 1902 *(p 146);* the *Briseis,* which struck a reef off Vazon Bay in 1937 with 7 000 casks of wine on board; the *Orion,* an oil rig mounted on an ocean-going barge, which ran aground off Grand Rocques in Guernsey in 1978. There are now four lighthouses owned by Trinity House in the Channel Islands. The earliest to be built was the Casquets (1723). Originally there were three towers, known as St Peter, St Thomas and Donjon, standing 30ft high and lit by coal fires. Oil lamps were introduced in 1770 and revolving lights in 1818 which had to be wound every two hours. There is now only one light, 120ft above sea level, with a range of 17 miles in clear weather. The story of the lightkeeper's daughter, who found life on Alderney too noisy, is beautifully told by Swinburne in his poem *Les Casquettes.*

The Hanois Lighthouse was built in 1862 on the terrible Hanois reef *(p 142).* The tower of Cornish granite is 32ft in diameter at the base, rising to 117ft above sea level.

Quesnard Light (1912) on Alderney and Point Robert (1913) on Sark are sited on land and can be visited. Point Robert is most unusual in that the light is mounted above the buildings for stores and accommodation which cling to the cliff face.

★★ JERSEY Pop 72 970

Michelin map 𝟧𝟦 folds 4 and 5 or 𝟸𝟥𝟷 folds 6 and 7 — Local map pp 134-135
Access: see Michelin Red Guides France or Great Britain and Ireland

Jersey is the largest of the Channel Islands (116km² - 45sq miles); it measures 20km - 12 1/2 miles by 9km - 5 1/2 miles and lies only 15 miles from the coast of France. The visitor is greeted by a charming combination of Norman French tradition with English overtones. Local features echo not only Normandy but also Cornwall.

Owing to the Gulf Stream, Jersey enjoys an exceptionally mild climate and is thick with flowers in spring and summer. Victor Hugo, who spent 3 years in Jersey before moving to Guernsey, was enchanted: "It possesses a unique and exquisite beauty. It is a garden of flowers cradled by the sea. Woods, meadows and gardens seem to mingle with the rocks and reefs in the sea". The island is ringed by defensive towers, built in the 18C and 19C and similar to the Martello towers on the south coast of England.

GEOGRAPHICAL NOTES

Jersey is roughly rectangular in shape. The sparsely populated north coast is formed of steep pink granite cliffs opening here and there into a sandy bay; along the rest of the shoreline the retreating tide reveals great sandy bays (St Aubin, St Brelade, St Ouen, St Catherine, Grouville, St Clement) ideal for a little relaxation.

The mild climate favours the growth of flowers and early vegetables: cabbages, broccoli, potatoes, tomatoes, orchids, camelias, mimosa, daffodils and carnations; the latter appear on every restaurant table. Some crops are grown in the open fields, others under glass. The pasture is grazed by the little Jersey cows, which are protected from the winter cold by a sacking blanket and produce the delicious thick Jersey cream. Unique to Jersey is the giant cabbage which grows up to 3m - 10ft tall.

Fishing catches bring in crustaceans and other marine delicacies.

HISTORICAL NOTES

The tombs and prehistoric monuments found on the island indicate human habitation between 7500 and 2500 BC. The Roman presence was brief but in 6C St Helier arrived and established Christianity. The dominant influence is that of the Normans who invaded in the 10C. Customs and traditions dating from this time survive even today. From 1204 when the French captured Normandy they made repeated attempts over the centuries to invade the Channel Islands. The last attempt occurred in 1781 when Baron de Rullecourt, a soldier of fortune, landed in the southeast corner of Jersey *(p 137)* by night. Taken by surprise the Lt. Governor surrendered but under Major Peirson, a young man of 24, the militia and British forces engaged the enemy, who numbered barely 1000, and defeated them in the main square in what came to be known as the Battle of Jersey; both leaders were mortally wounded.

Constitution. – Jersey is divided into 12 parishes, which together with the Minquiers and the Ecrehous, two groups of islets, make up the Bailiwick of Jersey; it is attached to the English crown but has its own Parliament, the States of Jersey. The Parliament, which is elected, consists of deputies, senators and 12 Parish constables. The Bailiff, who is appointed by the Crown, is the senior judge and President of the States. The Lt. Governor, also appointed by the Crown, a high-ranking military man, the Dean of Jersey, an Anglican clergyman, the Attorney-General and the Solicitor-General contribute to the debates in Parliament but in a consultative capacity only.

Famous Sons and Daughters. – The most famous name connected with Jersey is surely **Lillie Langtry**, who became an actress and a close friend of Edward VII *(p 133)*. The fashionable 19C painter, Sir John Everett Millais (1829-96), grew up in Jersey and belonged to an old island family. So too did Elinor Glyn (1864-1943), who became a novelist and Hollywood scriptwriter. The well-known French firm which makes Martell brandy was started by Jean Martell from St Brelade; the trade mark is the old family seal. The de Carterets not only achieved importance locally but were granted land in the new world by Charles II which they named New Jersey.

GOREY Local map p 135

This charming little port at the northern end of Grouville Bay is dominated by the proud walls of Mont Orgueil Castle set on its rocky promontory. Attractive old houses line the quay where yachts add colour to the scene in summer. In the days of the Jersey Eastern Railway there was a steamship service from Gorey to Normandy.

★MONT ORGUEIL CASTLE *time: 3/4 hour*

⏱ Gorey Castle received its present name in 1468; Henry V's brother, Thomas, Duke of Clarence, was so impressed by the castle's position and its defensive strength that he called it Mount Pride Castle. Over the centuries the castle has been the residence of the Lords and Governors of the island, including Sir Walter Raleigh (1600-3). The earliest buildings date back to the 13C although new fortifications have been added over the years. The castle is built on a concentric plan, each system of defence being independent of the others. The solid walls founded on the granite rocks are a formidable obstacle. It is like threading a maze to walk up the complex network of passages and steps to the summit.
The **view★★** from the top is extensive and varied: down into Port Gorey, south over Grouville Bay, north to the rocks of Petit Portelet and west to the French coast.
A series of waxwork tableaux in the rooms of the castle illustrates significant events in the history of Mont Orgueil: Charles II during his exile in Jersey as the guest of the Governor George de Carteret, to whom he granted land in Virginia *(see above)*.

Mount Orgueil Castle

ADDITIONAL SIGHTS

★ **Jersey Pottery.** – A magnificent garden, hung with baskets of flowers and refreshed
by fountains, surrounds the workshops where the distinctive pottery is produced. Each
stage in the process is explained on large panels and the visitor can stand and watch
the craftsmen at work at their various skills. The show room displays the full range of
products for sale.

Faldouet Dolmen. – A tree-lined path leads to this dolmen, which is 49ft long and
dates from 2 500 BC. The funeral chamber, which is 20ft wide, is covered by a block of
granite weighing 25 tonnes. Vases, stone pendants and polished stone axes were
found when the site was excavated.

La HOUGUE BIE Local map p 135

Tall trees surround the tiny park, 1/2 mile from St Helier, which is dominated by a high
circular mound. The word Hougue, which is probably of Viking origin, means a barrow,
while Bie may come from Hambye; in the Middle Ages the Lords of Hambye *(qv)* in
Normandy owned land in this part of Jersey.

MUSEUMS *time: 1 hour*

To the left of the entrance gate stands a **wooden railway guard's van** from the Jersey Eastern
Railway which ran from St Helier to Gorey between 1873 and 1929; within are photos,
posters, notices, name plates and lamps etc. connected with the railway.

Agricultural Museum. – The museum illustrates country life in the 19C through a
variety of agricultural and other implements used by different craftsmen: blacksmith,
basket weaver, cooper, cobbler etc. Cider-making, which was an important activity
until this century, required a circular granite trough for crushing the apples *(photograph p 33)*, a press, pulp shovels and barrels. Ploughs, scythes and threshing
machines were used in the planting and harvesting of cereals and butter churns in the
dairy.

Archaeology and Geology Museum. – Excavations have produced the many items
on display: remains of mammoths, polished stone axes, flint tools, stone querns for
grinding corn (belonging to Neolithic settlers who were farmers), pottery, ornaments,
metal objects (from the Bronze Age) found in St Lawrence etc. The section on geology
presents samples of the various rocks and minerals found on the island.

★ **Neolithic Tomb.** – The cruciform passage grave dates from 3 000 BC. Similar tombs
have been discovered in England and Brittany. The grave is covered by a 12m - 40ft
mound of earth and rubble. A passage, 10m - 33ft long, roofed with granite slabs, leads
to the funeral chamber, which measures 3m - 10ft by 9 m - 30ft and is covered with
huge capstones (the heaviest weighs 25 tonnes); it opens into three smaller chambers.

★ **Chapels.** – The mound is surmounted by two medieval chapels. The **Chapel of Our Lady
of the Dawn** dates from the 12C; the altar (late medieval) comes from Mont Orgueil
Castle. The abutting Jerusalem Chapel was built in 1520 by Dean Richard Mabon on
his return from a pilgrimage to Jerusalem. The interior is decorated by frescoes of two
archangels.

★ **German Occupation Museum.** – A German bunker, built in 1942 as a communications centre, houses radio equipment, weapons, medals, original documents (orders
and propaganda) and photographs of the period.

ST BRELADE Local map p 134

This seaside resort is situated in a sheltered bay which is perfect for water skiing. A
waterfall tumbles over the rocks on the wooded slopes of the **Winston Churchill Memorial
Park** which backs the bay.
At the western end of the beach, behind a screen of trees, the parish church and
detached medieval chapel are surrounded by gravestones.

Parish Church. – The church is built of granite from the cliffs of La Moye headland.
The earliest parts of the structure – choir, nave and belfry – date from the 11C. The
church became cruciform in the 12C with the addition of a transept; the aisles were
added in the 13C. The altar is a solid slab of stone, marked with five crosses
representing the five wounds of the crucifixion. The 14C font is made of granite from
the Chausey Islands *(qv)*, which lie south of Jersey and belong to France.

Fishermen's Chapel. – The chapel, which is built of the same granite as the church,
is decorated in the interior with some delicate medieval **frescoes★**: The Annunciation
(east end) is 14C; Adam and Eve *(right of the choir)*, the Birth of Christ *(right of the
nave)*, the Scenes from the Passion *(left of the nave and choir)* and the Last Judgment
(choir) are 15C.
Behind the chapel there is a short flight of steps from the churchyard to the beach; this
is the only surviving example of a **perquage**. As well as the right of sanctuary, which was
widespread in medieval Europe, all the churches of Jersey had a sanctuary path
(perquage) leading to the shore by which fugitives could leave the island.

The Michelin Maps, Red Guides and Green Guides
are complementary publications
Use them together.

ST HELIER Local map p 135

Pop 29 941

St Helier, the capital of the island, is named after the saint who landed on the island in the 6C and lived as a hermit for 15 years.

St Helier is a lively town, the main commercial centre on the island and the seat of government. Although the first market was established by 1299, the town hardly grew until the 19C when many new houses were built and the harbour was greatly extended. Many of the evocative Norman street names have been replaced by more sober English titles; thus Church Street was formerly called Rue Trousse Cotillon where women had to tuck up their skirts out of the mire. The shops in the pedestrian precinct formed by **King and Queen Streets** (Z) are a great attraction to tourists.

SIGHTS

⊙ **Elizabeth Castle** (Z). – *Access on foot across a causeway at low tide (1/2 hour); otherwise by amphibious vehicle.*

The castle was built on an island, called St Helier's Isle after the hermit saint. In the 12C William Fitz-Hamon, one of Henry II's courtiers, founded an abbey on the site. The castle buildings were begun in the mid-16C and reinforced during the Civil War to withstand the repeated assaults of the Parliamentary forces; after a 50 day siege the Royalists surrendered.

During the Second World War the Germans made their own additions to the fortifications: roving search light, bunkers and gun batteries. The various stages in the construction of the castle are shown in the guard room.

The **Militia Museum** contains mementoes of the Royal Jersey Regiment: uniforms, weapons, flags and silver including an unusual snuff box in the shape of a ram's head. The former Governor's House contains waxwork tableaux of events in the history of the castle.

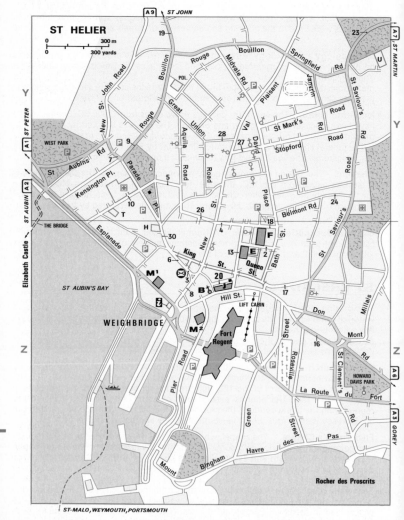

The Upper Ward encloses the keep, known as the Mount, where the Germans built a concrete fire control tower surmounted by an anti-aircraft position. There is a fine **view**★ of the castle itself and also of St Aubin's Fort across the bay.

South of the castle a breakwater extends past the chapel on the rock where St Helier lived as a hermit *(procession on or about 16 July, St Helier's Day)*.

★ **Jersey Museum** (Z M²). — The new building incorporates both the merchant's house at 9 Pier Road, home to the old museum, and the 18C warehouse in Ordnance Yard, which is where the main collections of the new museum are on display. On entering the concourse on the ground floor visitors see a collection of historic maps of Jersey and, in the lobby, a showcase of Lillie Langtry memorabilia. There is a short introduction to the Island's heritage in the Audio-Visual Theatre. The Treadmill represents crime and punishment in the 19C.

The main exhibition is the Story of Jersey on the first floor. Visitors can explore the history of the island from prehistory to the modern day using a variety of media. The exhibition radiates from a central point where visitors use interactive video screens to select areas of particular interest to them, which they can then follow up in the surrounding exhibitions. A 1686 Jersey granite arch introduces a study of local geology. Studies of island industry from farming and fishing (there is a model of the inshore fishing boat *Volunteer*) to modern tourism and finance are on show.

The second floor houses the Barreau-Le Maistre art gallery which contains largely paintings, prints and drawings on local subjects or by local artists. These include P J Ouless, John Le Capelain, Sir John Everett Millais and the illustrator Edmund Blampied. There is also a collection of 18C and 19C silverwork and furniture, a display of artists' tools and materials with the various effects these produce, and a collection of Chinese snuff bottles from the Eric Young bequest. The third floor gives access to a bedroom in the merchant's home which has been restored to its 1861 state to illustrate life in Victorian St Helier. In the classical-style garden there are many indigenous plants chosen specially to represent the island.

St Helier Parish Church (Z B). — The pink granite church with its square tower dates from the 11C. In the south transept hangs a plan of the seating in 1868 showing the names of the pew-holders: the higher the rent the nearer the altar.

Royal Square (Z 20). — A statue of George II, dressed as a Roman emperor, looks down on this charming small square with its spreading chestnut trees. It was formerly the Market Place where malefactors were exposed in the pillory during market hours. Bordering the south side are the granite buildings of the **Royal Court House** (Z J). The public entrance bears the arms of George II, the Bailiff's entrance the arms of George VI. A plaque records the birth of the 12C Norman poet, Robert Wace *(qv)*. At the east end of the range of buildings are the States Chambers *(entrance round the corner)* where the Jersey parliament sits in session.

Central Market (Z E). — The granite building is decorated with cast iron grills at the windows and entrances and covered with a glass roof supported on iron columns. A circular fountain stands at the centre of this lively and colourful scene. Round the corner in Beresford Street is the **fish market** (Z F), an appetising sight.

Fort Regent (Z). — *Access by cable car in Hill Street or by escalators in Pier Road.* Within the massive fortifications of Fort Regent, built to protect Jersey from invasion by Napoleon, and topped by a shallow white dome is a modern leisure centre providing a huge variety of sports and entertainments for adults and children; swimming pool, badminton, squash, table-tennis, snooker, play-area for children, puppet theatre, exhibitions, spectacles, restaurants and audio-visual shows (time: 1/2 hour) during the summer season.

The rampart walk provides splendid **views**★ of the town and St Aubin's Bay to the west.

Island Fortress Occupation Museum (Z M¹). — Waxwork models in uniform, weapons and military equipment evoke this period in the island's history. Video of the occupation and liberation of Jersey (1940-45).

Le Rocher des Proscrits (Z). — *Take Pier Road going south, skirt Mount Bingham and continue along Havre des Pas to Dicq Corner (2km - 1 1/4 miles).*
The road follows the shoreline along the south coast. On the east side of the White Horse Inn, a slipway descends to the beach and a group of rocks. Le Rocher des Proscrits (The Rock of the Exiles) where Victor Hugo *(p 139)* loved to meditate, is marked by a very small plaque *(facing the road)*.

EXCURSIONS

German Underground Hospital. — *5km - 3 miles west. Leave St Helier by A 1 towards St Aubin; at Bel Royal turn right into A 11 and right again into B 89.*
The first men to work on excavating the underground hospital were Spanish republican prisoners captured in France. In 1942 hundreds of Russian prisoners arrived to swell the number of forced labourers. Only half the projected hospital was finished and used for only six weeks. In a granite labyrinth of tunnels, bordered by the unfinished sections, are the machine room, the officers' mess, a hospital ward, the telephone exchange, the Commandant's office, the operating theatre, the doctors' quarters etc. The occupation and liberation of the island are recorded on video films; display of weapons, photographs and posters.

Quetivel Mill. — *5km - 3 miles northwest. Leave St Helier by A 1 towards St Aubin; at Bel Royal turn right into A 11. Park by the mill pond; walk down through the wood; the tour begins on the top floor of the mill.*
The mill, which is charmingly situated between a herb garden and a shrubbery, on a bend in St Peter's Valley, is one of eight mills once operated by this stream. From the mill pond the water is channelled by the mill leat down through the wood (red squirrels and woodpeckers) to the mill wheel and the pitch-back overshot wheel.

Quetivel Mill dates from pre-1309 and worked continuously for six hundred years until made obsolete by steam power. It has been brought back into service twice this century, once during the German Occupation and again more recently. In 1969 plans were being made for its restoration when all but the walls was destroyed by fire; nonetheless re-equipped with parts from other disused Jersey Mills, by 1979 Quetivel was fully operational, grinding locally-grown grain and producing stone-ground flour. The tour shows each stage of the process from the arrival of the grain by hoist in the loft to the production of stone-ground flour for sale on the ground floor. Most of the grinding stones are made of French burr, quarried near Orly Airport south of Paris; they are composed of segments set with plaster of Paris and will last a hundred years. A pair of stones will produce 25 tons of flour before needing to be dressed, when the grooves are recut to the required depth using a tool called a "bill" which has to be resharpened frequently owing to the hardness of the stone.

⊙ **Jersey Motor Museum.** – In **St Peter's Village.** *6km - 4 miles northwest. Leave St Helier by A 1; at Beaumont turn right into A 12.* This collection of historic motor vehicles, all in working order, includes the 1936 Rolls-Royce Phantom III used by General Montgomery in 1944 during D-Day preparations, the 1964 Hillman Husky which belonged to Sir Winston Churchill. Cars by Ford, Austin, Talbot, Bentley and Jaguar contrast with allied and German military vehicles and motorbicycles. The museum also recalls the days of the Jersey steam railways.

SAMARÈS MANOR Local map below opposite

The name Samarès is probably derived from the Norman "salse marais" meaning a salt marsh. In the past the local salt production provided the lord of the manor with a significant part of his revenue.

The history of the estate began in the 11C when William Rufus granted the Samarès fief to his faithful servant Rodolph of St Hilaire. In the 17C Philippe Dumaresq decided to give the estate a new look; he drained the marsh by building a canal to St Helier and imported trees and vines from France; The gardens were created by Sir James Knott early in the 20C.

⊙ **Tour.** – *A plan of the estate is provided at the entrance.*
The estate comprises a herb garden where various plants used in cookery, dyeing, medicine and perfumery are grown, an 11C dovecote, a Norman crypt, the manor house including the dining room panelled in walnut, a farm with Jacob sheep, a walled garden, Japanese garden and water rock garden.

TOUR OF THE ISLAND

SOUTH COAST

☐ From St Helier to Corbière Point *18km - 11 miles – about 2 hours*

St Helier. – *Description p 132.*

Leave St Helier by A 1 going west.

⊙ **Millbrook.** – **St Matthew's Church,** also known as the **Glass Church,** was unexceptional until 1934 when René Lalique (1860-1945), the French specialist in moulded glass, was invited to decorate the interior. He designed and made all the **glasswork★:** door panels, windows, lighting, font, altar reredos in the Lady Chapel, cross and pillars behind the high altar and the screens which are decorated with a lily motif. The luminescent and ethereal quality of the glasswork is most impressive when the lights are put on at dusk. The work was commissioned by the widow of Lord Trent, who founded Boots the chemists; he lived at Villa Millbrook.

St Aubin. – The little town, which faces east across St Aubin's Bay, is popular in summer for its sandy beach and marina.

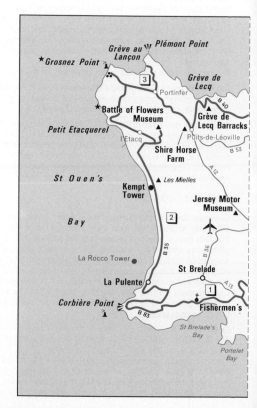

The fort on the island *(access at low tide)* was built in the reign of Henry VIII to protect the town. The steep, narrow streets and old houses cling to the cliffs along the shore. The **Railway Walk** to Corbière follows the line of the old Jersey Railway which opened in 1870 from St Helier to St Aubin.

Leave St Aubin by A 13; bear left into B 57.

★ **Noirmont Point.** – The headland is still marked by the remains of German fortifications. The most advanced bastion gives a fine **view** of the rocks immediately below and round westwards to the Ile au Guerdain, surmounted by a defensive tower, in the centre of Portelet Bay.

Return to A 13; bear left into B 66.

Soon the road dips to St Brelade's Bay with its granite church among the pine trees.

St Brelade. – *Description p 131.*

Leave St Brelade by minor road west of the church; in La Moye bear left into B 83.

Corbière Point. – As the roads descends, a magnificent **view** is steadily revealed of the rock-strewn point and the white lighthouse rising from its islet. The rock formation is dramatic with many reefs offshore; in rough weather the sea breaking on the shore is particularly impressive.

The lighthouse *(access on foot at low tide)* was built in 1874; in clear weather its beam carries 27km - 17 miles.

WEST COAST

② From Corbière Point to Petit Etacquerel

13km - 8 miles – 1 hour – Local map below

The major part of this coastline is taken up with St Ouen's Bay, a five mile stretch of sand backed by sand dunes. The landscape is wild and uncultivated, the vegetation sparse. A nature reserve, called **Les Mielles** (the Jersey dialect word for sand dunes), has been created to study and protect the local flora and fauna.

La Pulente. – This small village is the main centre for gathering seaweed *(vraic)* which is used as fertilizer. Inland on the dunes is La Moye Golf Course.

Offshore on a reef stands La Rocco Tower, built in 1880 *(accessible at low tide)*.

St Ouen's Bay. – The breakers which roll into the bay make it a favourite spot for windsurfers. The firm sand attracts motor and motor cycle racing fans.

🕐 **Kempt Tower.** – This defensive tower has been converted into an Interpretation Centre with maps, photographs and pamphlets about the region: geological features, archaeological remains, flora and fauna.

Near L'Etacq bear east into B 64 and left into C 114.

★ **Battle of Flowers Museum.** – A unique collection of floats, which over the years have been
🕐 entered in the wild flower category in the Battle of Flowers, is here presented by their creator. The tableaux are made up of different grasses and concentrate on animal

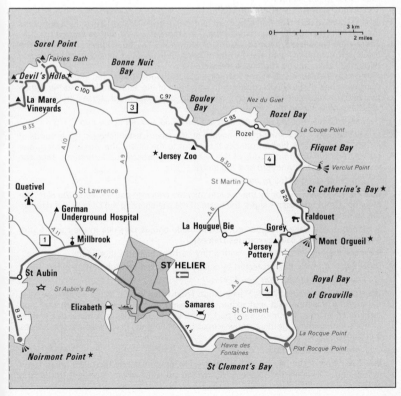

subjects: the 101 dalmatians are all there, the result of 1 400 hours of work; also Arctic, African and pastoral scenes. The **Battle of Flowers,** which is held on the second Thursday in August along Victoria Avenue, was started in 1902 to celebrate the coronation of Edward VII; originally after the parade, the floats were broken up and the crowd pelted one another with the flowers, then mostly hydrangeas.

Return to L'Etacq and continue north along B 35.

Petit Etacquerel. – A defensive tower guards the point which marks the northern end of St Ouen's Bay. Here in 1651 Admiral Blake landed with the Parliamentary forces which forced the Royalists to surrender.

Continue north by B 55 to Grosnez.

NORTH COAST

③ From Grosnez Point to Rozel Bay

28km - 17 miles – 2 1/2 hours – Local map pp 134-135

The north coast of the island is the least densely populated and consists of high rocky cliffs with an occasional small sandy bay. The cliff paths provide spectacular **views** of the uneven coastline. Early crop potatoes are grown on the steeply sloping hillsides *(cotils)*.

★ **Grosnez Point.** – An area of desolate heathland, covered with gorse and heather and known as Les Landes, extends from Etaquerel to Grosnez Point. Beyond the racecourse are the ruins of a medieval stronghold (*c* 1373-1540); the high cliffs, the stout curtain wall with ditch, gateway and drawbridge, provided a place of temporary refuge against invasion.
Magnificent **view** out to sea of Sark and the other islands.

Return to B 55; in Portinfer turn left into C 105.

The road skirts the holiday village to end in a car park.

Plémont Point. – The rocky promontory projects into the sea providing a fine view of the cliffs.

From the car park a path descends to Grève au Lançon.

Grève au Lançon. – Steep cliffs containing caves shelter this attractive small bay which has a sandy beach at low tide.

Return to B 55; in Puits de Leoville turn right into C 115 and right again into B 34.

☉ **Shire Horse Farm.** – A circular stone trough for crushing cider apples stands in the centre of the farmyard. Not only shire horses but many other smaller animals and birds are bred here.
A great variety of horse-drawn vehicles is on display and some are used to give rides in the neighbouring lanes.

Return to Puis de Leoville. Take B 65.

Grève de Lecq. – This charming sandy bay with its stream and mill was defended against invasion most recently by the Germans in the Second World War and earlier against the French in the 18-19C.
The defensive tower was built in 1780.

☉ **Grève de Lecq Barracks.** – The barracks were built between 1810 and 1815 to accommodate the 150 British soldiers who manned the gun batteries on the slopes around the bay. There were two blocks, each consisting of four rooms for the soldiers and two for the NCOs; the central building was for the officers. Behind stood the ablutions block and two prison cells; to the south was the stabling.
Three rooms are on display: one barrack room as it would have been at the time of the Boer War; one of the NCO's rooms with souvenirs of the Jersey militia and the British garrison; a second barrack room containing a collection of Jersey horse-drawn vehicles and wheelwright's tools.

Leave Grève de Lecq by B 40, turn left into B 33 and left again into C 103.

☉ **La Mare Vineyards.** – This is the only vineyard on the island, established in the grounds of an 18C farmhouse. A film introduces the visitor to the estate, the vineyard, the grape harvest and the different stages of the wine-making process up to bottling; then the visitor may tour the vineyard and the vintry.

Continue along C 103 to the inn.

★ **Devil's Hole.** – *Leave the car by the inn and take the concrete path down to the cliff.* The blow hole is an impressive sight; the noise of the sea entering the cave below rises up the chimney.

Sorel Point. – When the tide goes out a man-made pool is revealed in the rocks *(right)* known as the **Fairies' Bath** (Lavoir des Dames).

Bonne Nuit Bay. – An attractive bay with a tiny harbour behind a stone jetty.

Bouley Bay. – A sandy bay protected by a jetty and backed by high granite cliffs.

Leave by C 102; turn left into B 31.

★ **Jersey Zoo.** – The Jersey Wildlife Preservation Trust, often known as the Jersey Zoo, was
☉ founded by the naturalist and writer, **Gerald Durrell,** to preserve and breed rare and threatened species. The undulating park round Les Augres Manor is home to a variety of birds and animals: gorillas, snow leopards, flamingoes, Przewalski horses, snakes and lizards.

Take C 93 to Rozel Bay.

Rozel Bay. – Part of the bay is taken up with a fishing port where the boats go aground at low tide. It is sheltered to the north by Nez du Guet where there are traces of a rampart built in 500 BC.

EAST AND SOUTH COAST

④ From Rozel Bay to St Helier *21km - 13 miles – 1 1/2 hours*

Rozel Bay. – *Description opposite.*

The road turns inland before returning to the coast above Fliquet Bay.

Fliquet Bay. – This is a rocky bay between La Coupe and Verclut Points.

★ **St Catherine's Bay.** – The long breakwater (1/2m) which protects the bay to the north, was part of a British government scheme (1847-55) to create a huge naval harbour.

From the lighthouse at the end there is a magnificent **view★★** of sandy bays alternating with rocky promontories along the coast southwards.

Gorey. – *Description p 130.*

From Gorey to St Helier the coast road passes several defensive towers *(p 128)* which together with two 18C forts – Fort William and Fort Henry – seem to keep watch at regular intervals along the shore. This corner of the island is very popular in summer for its sandy beaches.

Royal Bay of Grouville. – The prefix royal was bestowed by Queen Victoria who was greatly impressed by the magnificent crescent of sand stretching to La Rocque Point.

St Clement's Bay. – This sandy bay stretches for 3km - 2 miles from Plat Rocque Point, past Le Hocq Point, marked by a defensive tower, to Le Nez Point. In 1 781 600 French troops landed at the eastern end of the bay in the last French attempt to capture Jersey.

St Helier. – *Description p 132.*

★ GUERNSEY (GUERNESEY)   Pop 53 637

Michelin map **54** folds 4 and 5 or **231** fold 5 – Local map pp 140-141
Access: see Michelin Red Guides France or Great Britain and Ireland

Guernsey is the second largest of the Channel Islands (65km² - 24sq miles). Less sophisticated than its larger neighbour, Jersey, it has its own particular charm: a slower tempo, the Regency elegance of the capital St Peter Port, the proximity of other islands - Sark, Herm and Jethou. Since the Second World War its main sources of income have been tourism, tomatoes and offshore finance and insurance.

GEOGRAPHICAL NOTES

Guernsey is shaped like a right-angled triangle; the west coast forms the hypotenuse, the south coast the base and the east coast the perpendicular. There is little open country; from the air the whole island seems to be covered with glasshouses, small fields and dwellings, linked by a network of narrow lanes. The only wild country is to be found along the southern cliffs, where flowers abound in spring, while the sandy beaches and rocky promontories of the west and north coast are excellent for bathing, surfing and exploring rock pools. The water lane, where a stream runs in a channel in the middle of the road, is a special feature of Guernsey: Moulin Huet Valley, Petit Bot Valley.

As the island slopes from south to north away from the sun, most of the crops are grown under glass. The most famous export, the Guernsey tomato, was first grown in 1893 among the grapes in the greenhouses, hence the name vinery for a tomato farm. Grapes are still grown as well as melons, peas, potatoes and, of course, flowers. The pure bred Guernsey cattle, famous for the rich cream content of their milk, are larger and hardier than the Jersey breed.

Fishing is still an important activity; in the past the ormer (sea ear - *oreille de mer*) was a local delicacy prepared by stewing or pickling after being well beaten to make it tender. The shell is lined with mother-of-pearl and sometimes contains pearls. This mollusc is now rare and fishing is severely restricted in all the islands.

The abundant and varied supply of local granite, particularly from the Clos du Valle, has provided the islanders with an excellent and attractive building stone, although it is hard to shape or carve: pink or brownish-red from Cobo and Albecq, golden-yellow from L'Ancresse and grey, blue and black from other northern quarries.

HISTORICAL NOTES

Like its neighbours, Guernsey was inhabited in prehistoric times and is rich in Bronze and Iron Age monuments: dolmens. Traces of the Romans' presence are slight; a Roman boat and amphora have been raised from the sea off St Peter Port.

In the 6C St Sampson arrived from South Wales with his nephew St Magloire although Christianity may have been introduced earlier; the ten island parishes may date from this period or be based on earlier agricultural units.

In 933 Guernsey was annexed by the Duke of Normandy and after 1066 was attached to the English Crown; all the charters granted to the island since 1394 are housed in the Greffe in the Royal Court House in St Peter Port. Despite the loss of Normandy to the French in 1204, the link with the crown was not severed until the Civil War when Guernseymen, angered by the exacting behaviour of the previous English Governor, declared for Parliament, although under the Constitution they had no right to do so. At the Restoration a petition was presented to Charles II humbly begging a Royal Pardon, which was granted.

Although the Channel Islanders are not obliged to fight except to defend their islands and the monarch, many have served with the British forces; the Royal Guernsey Light Infantry suffered heavy casualties at Cambrai in 1917. Since 1939 201 Squadron of the RAF has been affiliated to the island, confirming the link establised in the 1920s when it operated flying boats from Calshot.

Famous Guernseymen. – Despite its size, Guernsey has nurtured several famous men: two Lord Mayors of London – Paul Le Mesurier (1793-4) and Peter Perchard of Hatton Garden (1804-5); Admiral Lord James de Saumarez (1757-1836) who fought against the French in the Napoleonic Wars; Major General Sir Isaac Brock (1769-1812) who fought under Nelson and died in the defence of Canada against the Americans at Queenstown Heights; Thomas de la Rue (1873-1866) who made his fortune in London printing playing cards, postage stamps and currency notes.

La Chevauchée de St Michel. – Until 1837 this medieval ceremony, which probably originated in pagan Normandy, took place every three years just before the feast of Corpus Christi with its procession of the blessed sacrament.

The cavalcade *(chevauchée)* consisted of the crown officers and the officials of the feudal court of St Michel du Valle who made a tour of inspection of the island highways; they were dressed in costume and mounted on horseback, armed with a sword and attended by one or two footmen *(pions)*. The pions were usually handsome bachelors as it was their privilege to kiss any young women they met. They lunched at the Table des Pions *(qv)* dinner was provided out of the fines levied on the owners of any obstructions.

Constitution. – The Bailiwick of Guernsey comprises the islands of Guernsey, Alderney, Sark, Herm and Jethou; Guernsey is wholly or partially responsible for the other four. The local parliament, known as the States of Deliberation, consists of 33 deputies, elected by public suffrage for three years, 10 Douzeniers, nominated by the Parish Councils for one year, 12 Conseillers, elected for 6 years by the States of Election the Attorney-General and the Solicitor-General, and is presided over by the Bailiff. He is also president of the Royal Court which consists of 12 Jurats, appointed by the States of Election, and the Crown Officers. Proceedings are in English although French is still used for the formalities.

★★ ST PETER PORT Local map p 141   Pop 15 587

The island capital is built on a most attractive site on a hillside on the east coast overlooking a safe anchorage protected from high seas by the islands of Herm and Sark. The medieval town by the shore was rebuilt after bombardment during the Civil War.

Another building boom, financed by the profits earned from privateering in the late 18C, produced a delightful Regency town built in a variety of local granite embellished by elegant garden railings. The steep and narrow streets are often linked by flights of steps.

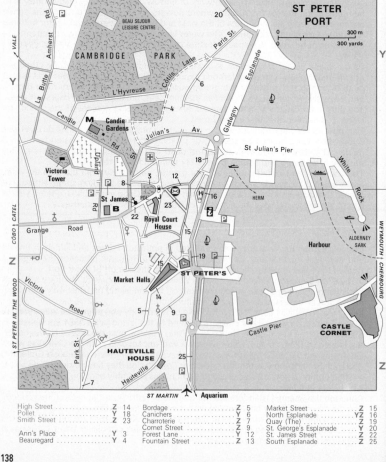

SIGHTS

★ **Castle Cornet** (Z). – The castle suffered its greatest misfortune not in war but in a storm when a lightning strike ignited the gunpowder store in the old tower keep. The explosion decapitated the castle, destroying not only the tower but the medieval banqueting hall and the Governor's house, and killed his wife and daughter. The original castle (c 1206) was reinforced under Elizabeth I and again under Victoria. The Prisoners' Walk is the original barbican, an unusual and most effective piece of defence work. The castle was twice captured by the French – from 1338 to 1345 and briefly in 1356.

In the Civil War the island sided with Parliament while the Castle was loyal to the king and held out for eight years, being the last of the Royalists strongholds to surrender. During those years the Castle fired 10 000 cannon balls into St Peter Port; young boys would gather them up and sell them back to the Castle.

On the Saluting Platform in the outer bailey the ceremony of the **noonday gun** is performed by two men dressed in the Guernsey Militia uniform; one trains a telescope on the town clock and the other fires the cannon.

From the Citadel there is a fine **view**★ of the harbour and town, St Sampson, Vale Castle and Alderney to the North, Herm, Sark and the French coast to the east and Jersey to the south.

Maritime and Military Museum. – *Main Guard Building.* Among the model ships, pictures, medals, trophies and RNLI exhibits is a series of watercolours of Guernsey life by Peter de Lievre (1812-1878), a local artist.

Militia Museum. – Housed in the Hospital Building (1746) are two collections: the Spencer Collection *(lower floor)* of uniforms and insignia of the Channel Islands militas; *(upper floor)* regimental silver, musical instruments and mementoes of the Royal Guernsey Militia which was disbanded in 1939.

Armoury. – Collection of weapons used by the Militia and other regiments connected with Guernsey; Civil War arms and armour.

Harbour (YZ). – The large modern harbour is a scene of constant activity: car and passenger ferries to the mainland and neighbouring islands, fishing boats and private yachts. The north pier was added in the 18C to the original 13C pier to form the Old Harbour. The Castle Pier and St Julian's Pier out to White Rock were built between 1835 and 1909 and the Jetty was added in 1920s. The North Marina is destined to accommodate more private craft. It is worth strolling out to White Rock or visiting the Castle for a fine **view** of the town, the harbour and the neighbouring islands.

★ **St Peter's Church** (Z). – The Town Church, as it is known, was begun by William the Conqueror in 1048. The nave and west door are part of the original Norman structure. In those days it doubled as a fort and in the past it has housed the guns of the artillery, the fire engine and the flower market on wet days.

The interior is furnished with an interesting range of stained glass and a handsome collection of memorials and monuments commemorating famous Guernseymen.

★ **Hauteville House** (Victor Hugo's House (Z). – Victor Hugo was exiled from his native France for political reasons in 1851. After a year in Brussels and three in Jersey, from which he was expelled for disparaging remarks about Queen Victoria, he came to Guernsey. He bought this supposedly haunted house in 1856 for a derisory sum. During his fourteen years' residence he re-decorated the interior, doing much of the work himself. The plain façade gives no hint of the incongruous and eccentric décor which reveals an unknown aspect of Hugo's genius – interior design.

Every inch of wall and ceiling is covered with wood carvings or tiles (from Delft or Rouen), tapestries or silk fabric. In the dining room a soup tureen serves as a finger bowl and iron stands are incorporated into the "ancestors' armchair" to give it a Gothic look; in the Red Drawing Room the torches of liberty held by the negro slaves are simply upturned candlesticks supporting copper scale pans. Mottoes and inscriptions abound and mirrors are placed so as to enhance the effect of various features.

Hugo used to work on his poems and novels standing at a small table in "the Glass Room" on the third floor overlooking the sea. From "the Look Out" where he sometimes slept he could see the house of his mistress, Juliette Drouot.

Guernsey Museum and Art Gallery (Y M). – A cluster of modern octagonal structures, inspired by the adjoining Victorian band stand *(refreshments),* houses the Lukis archaeological collection and the Wilfred Carey collection of paintings, prints and ceramics. An excellent display traces the history of Guernsey, supplemented by videos of the island history and the "Clameur de Haro" *(qv).*

Candie Gardens. – The beautiful gardens, descending from the Museum and the Priaulx Library (formerly Candie House), were laid out in 1898 with exotic plants (maidenhair tree) and contain the first two experimental glasshouses built in 1792. A dramatic statue of Victor Hugo *(see above)* dominates the sloping lawn.

Victoria Tower (Y). – The 30m - 100ft tower was designed by William Collings in 1848 to celebrate the royal visit in 1846.

Elizabeth College (Z B). – The public school for boys was founded as a grammar school in 1563 by Elizabeth I to foster a supply of local English-speaking clergymen. The present building in pseudo-Tudor style by John Wilson dates from 1826-9.

St James' (Z). – This elegant neo-Classical building, now converted into a concert hall, was formerly a church designed by John Wilson in 1818; the services were held in English for the British garrison.

Royal Court House (Z). – The law courts and the States of Deliberation hold their sittings in this elegant building which was started in 1792. The island archives go back 400 years.

Market Halls (Z). – Both the architecture and the produce are a delight to the eye. On the right is the first covered market, Les Halles, with Assembly Rooms over, completed in 1782; opposite is the single-storey Doric style meat market (1822); "Les Arcades, 1830" *(left)* is very handsome despite the loss of the final bay; next came the Fish Market, 1877, with its row of round windows like great portholes and finally the Vegetable Market in 1879. All stand on the site of the Rectory Garden.

⊘ **Aquarium.** – A tank of writhing conger eels vies in fascination with brilliant tropical fish and local specimens from both fresh and salt water habitats. The tunnel housing them was excavated in 1860 to carry a tramway south along the coast but was abandoned after a rock fall. The Germans extended it in 1940-5.

EXCURSIONS

★ **Saumarez Park.** – *3.5km - 2 miles by the road to Cobo.*
The trees and shrubs of this beautiful park are matched by the formal rose gardens; the pond is alive with wild fowl. The Battle of Flowers is held here every year on the fourth Thursday in August; most of the floats which compete in the different classes are made of real flowers locally grown.

⊘ The house, now an old people's home, dates from 1721 and was the home of Admiral Lord James de Saumarez *(p 138).*

⊘ **Guernsey Folk Museum.** – Housed in the outbuildings of Saumarez House, the museum is formed round an early 19C island kitchen and a Victorian bedroom: domestic utensils, cider apple crusher, farm implements, ploughs, carts and wagons.

Catel Church. – The church of St Mary of the Castle (Ste Marie du Catel) was built in 12C on the site of a Viking castle. Outside the church entrance stands a granite statue menhir found inside the church in 1878. It represents a female figure, probably the mother-goddess of the Neolithic and Bronze Age cults.
Inside *(north aisle)* are 13C frescoes of the Last Supper and the fable of the three living and the three dead.

⊘ **German Underground Hospital.** – *5km - 3 miles west of St Peter Port.*
This complex of tunnels is kept as a memorial to the many forced labourers who worked on its construction for 3 1/2 years. It consists of an ammunition store and a hospital comprising an operating theatre, five 100-bed wards, X-ray room, mortuary, stores, kitchen, staff quarters etc. It was used briefly for D-day German casualties.

★ **The Little Chapel.** – The unique miniature chapel, nestling in a shrubbery, sparkles in the sunshine; its clinker walls are faced both within and without with a brilliant mosaic of shells and fragments of glass and china. This unusual model of the grotto and shrine at Lourdes was built by Brother Deodat, a Salesian monk from Les Vauxbelets College, earlier this century.

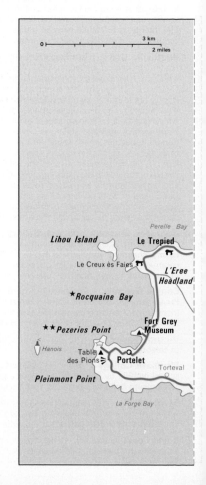

ST SAMPSON

Local map opposite

Guernsey's second port, which has taken all bulk cargoes since 1964, lies at the eastern end of the Braye du Valle *(see opposite).* Shipbuilding in the 18C was eclipsed in the 19C by the export of granite for road building; the first of the handsome granite quays was built in 1820.

The Bridge. – Originally there was a bridge here across the Braye du Valle *(see opposite)* but when it was blocked in 1806 it was faced with stone to form a mooring. The reclaimed land west of the bridge is below sea level at high tide.

St Sampson's Church. – The oldest church in Guernsey was built where St Sampson came ashore in the 6C from Llantwit Major in South Wales. The oldest part of the church is the early Norman saddle-back tower at the end of the nave.
The attractive churchyard overlooks the disused Longue Hougue quarry.

EXCURSIONS

⊘**Oatlands Craft Centre.** – *1.5km - 1 mile west by Braye Road.* A set of old farm buildings with thatched roofs round a courtyard now houses a craft centre where individual artists and craftsmen exercise their skills in pottery, glass making and engraving, jewellery, patchwork, herbal cosmetics and bee-keeping. The two distinctive kilns produced bricks from 1800 to 1930s for fortifications, chimneys and boiler pits for heating glasshouses and clay pots for tomatoes.

Château des Marais (Castle in the Marshes). – *2km - 1 mile south by the coast road; turn right in Belle Greve Bay into Grand Bouet and then second right.*
The ruined medieval castle crowns a low knoll which was first used in the Bronze Age and was protected by the surrounding marshy ground. It consists of an outer wall enclosing a ditch and inner fortification. Excavations in 1975-7 produced 13C coins found in a chapel dedicated to Our Lady of the Marshes. The castle was refortified in the 18C and was later known as Ivy Castle owing to the creeper which covered it.

TOUR OF THE ISLAND

CLOS DU VALLE

1 **From St Peter Port to Vale Church**
8km - 5 miles – about 1/2 day – Local map below

Until the early 19C the northern part of Guernsey, known as **Clos du Valle,** was cut off by a tidal channel, the Braye du Valle, from St Sampson to Grand Havre. It was crossed by a bridge in St Sampson and by a causeway at low water near Vale Church. For reasons of military security it was filled in and the 300 acres of reclaimed salt pans and mud flats are now covered in glasshouses. The Clos du Valle is densely populated owing to the many quarries which were worked in the area in the 19C.

★★ **St Peter Port.** – *Description p 138.*
Leave St Peter Port by the coast road to the north.

St Sampson. – *Description opposite.*

★ **Vale Castle.** – The medieval castle, now in ruins, was built on the site of an Iron Age hillfort (c 600 BC) on the only high point in Clos du Valle, overlooking St Sampson harbour. There is a fine **view** inland, along the east coast and out to sea to the Casquets reef, Alderney, Herm and Sark and Jersey.

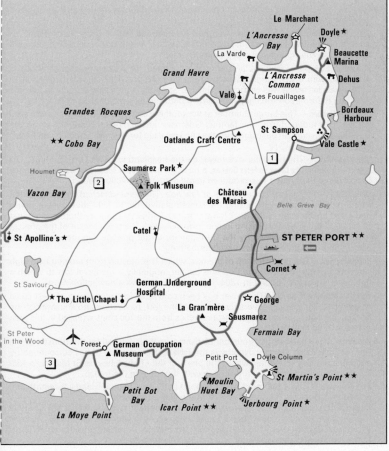

Bordeaux Harbour. – The little bay provides mooring for fishing boats and the only safe swimming in the area. It was the setting for Victor Hugo's novel *The Toilers of the Sea*.

Dehus Dolmen. – *Light switch on left inside the entrance.* This, the second largest passage grave in Guernsey, has four side chambers and is covered by 7 capstones; one of them bears the figure of an archer on its under side *(switch for spotlight)*. It was first excavated in 1837 by Frederic Lukis whose finds are in the museum.

Beaucette Marina. – A breach was blasted in the side of this old diorite quarry to turn it into a perfect sheltered marina. Even at high tide only the tops of the masts can be seen.

★ **Fort Doyle.** – From the fort there is an excellent **view** of the Casquets reef and Alderney to the north, the French coast, Herm and Sark to the west.

Fort Le Marchant. – This promontory is the most northerly point in Guernsey. The fort is named after the founder of the Royal Military College at Sandhurst. Fine view, particularly of L'Ancresse Bay and L'Ancresse Common.

L'Ancresse Bay. – The bay is very popular for bathing and surfing particularly at the western end near Fort Pembroke.

L'Ancresse Common. – This is the only extensive open space on the island and is well used for walking, horse racing, cattle grazing, kite flying and as a golf course. The coastline is well defended by forts and 7 defensive towers. The area is rich in archaeological sites. **Les Fouaillages** burial ground is 7 000 years old. Excavations in 1978-81 produced very interesting material. **La Varde Dolmen** is the largest passage grave in Guernsey; human bones and limpet shells were found beneath the 6 capstones.

Vale Church. – St Michel du Valle was consecrated in 1117 on the site of an earlier chapel to St Magloire who brought Christianity to Guernsey in the 6C with St Sampson. The church is very irregular in alignment, suggesting that it was built by the monks who lived in the neighbouring priory which was in ruins by 1406 and finally demolished in 1928. Outside stands a 7C monument unearthed in 1949 near the west door.
From the southeast corner of the Vale churchyard the Military Road, the first to be built by Sir John Doyle, runs straight across the island to the east coast north of St Peter Port.

WEST COAST

② From Grand Havre to Pezeries Point

15km - 9 1/2 miles – about 1/2 day – Local map pp 140-141

Grand Havre. – This ample inlet at the west end of the Braye du Valle *(p 141)* is best admired from the Rousse headland with its tower and pier.

Grandes Rocques. – From the German gun battery on the granite headland there is a fine view of the many sandy bays which scallop the west coast in both directions.

★★ **Cobo Bay.** – The bay is a charming combination of sand for swimming and surfing and rocks for exploring marine life.

Vazon Bay. – The huge beach between Fort Houmet and Fort le Crocq is excellent for swimming, sunbathing, surfing, horse riding and car and motor cycle racing. Beneath the sands lie the remains of a submerged forest.

★ **St Apolline's Chapel.** – In 1394 a charter was granted for a chantry chapel which is decorated with a **fresco** *(light switch)* of the Last Supper. The original dedication to St Marie de la Perelle was changed in 1452 to St Apolline then very popular in Europe. After the Reformation the chapel became a barn but was restored in 1978.

La Trepied Dolmen. – This burial chamber at the southern end of Perelle Bay was excavated in 1840 by Frederic Lukis, the famous Guernsey archaeologist. His finds are in the Guernsey Museum. In past centuries the site was used for witches' Sabbaths on Friday nights.

L'Eree Headland. – The tall defensive tower on the headland is called Fort Saumarez. To the south stands **Le Creux ès Faies Dolmen,** a passage grave said locally to be the entrance to Fairyland. Excavation has produced items dating from 2000-1800 BC.

Lihou Island. – *Accessible by causeway at low tide.* The semi-detached character of the island is inviting to those seeking the contemplative life. In 1114 there was a priory dedicated to Our Lady of the Rock (now in ruins). Earlier this century there was a burst of activity from a factory making iodine from seaweed. The predecessor of the present lonely farmhouse was used by the Germans for target practice. On the west coast a 30m - 100ft rock pool provides excellent bathing.

★ **Rocquaine Bay.** – The grand sweep of the bay, which is protected from erosion by a high sea wall, is interrupted by the Cup and Saucer, originally a medieval fort to which a defensive tower was added in 1804. It is painted white as a navigation mark.

⊘ **Fort Grey Maritime Museum.** – The tower has been converted into a museum of west coast shipwrecks. The display covers the history of the fort, navigation and shipwrecks, the Hanois reef and lighthouse; *(downstairs)* relics from the 100 ships wrecked in this area between 1750 and 1978.

Portelet. – The charming harbour full of fishing boats is backed by the houses of the Hanois Lighthouse keepers. Nearby is the **Table des Pions,** a circle of turf surrounded by a ditch and a ring of stones, where the pions of the Chevauchée de St Michel *(p 138)* eat their lunch sitting at the grass table with their feet in the trench.

★★ **Pezeries Point.** – This is the most westerly point in all the Channel Islands, a remote and unfrequented place. The fort was built in the Napoleonic era.
Pezeries is a corruption of *eperquerie,* a fairly frequent place name in the Channel Islands. It denotes an area where in the Middle Ages fish were split and dried on small sticks *(perches)* for export to England and Normandy, to be eaten on the many days in the medieval church calendar when meat was forbidden.

SOUTHERN CLIFFS

③ From Pleinmont Point to St Peter Port
26km - 16 miles – about 1/2 day – Local map pp 140-141

These cliffs which extend along the south coast round to St Peter Port provide some of the most wild and dramatic scenery in the island. The cliff face itself is often unstable and dangerous to climb. A footpath, steep where it climbs in and out of the valleys and bays, runs from the western end to the town.

Pleinmont Point. – The headland which is crowned by TV masts provides an extensive **view:** along the southern cliffs, out to the Hanois lighthouse and its surrounding reefs and across Rocquaine Bay to Lihou Island.

From here to La Moye Point the cliffs are bare and rugged, indented by small bays and inlets and pierced by many caves; one in La Forge Bay has formed a **blow-hole** *(souffleur);* the best time to see and hear it in action is about 2 hours after low tide.

La Moye Point. – The smallest of the three promontories on the south coast is wild and beautiful. Le Gouffre, a charming steep valley flanks it on the west. On the east precipitous steps lead down to a three-tiered mooring for fishing boats in the shelter of the headland.

⊙ **German Occupation Museum.** – In the village of **Forest,** to the south of the church. This museum has grown out of a private collection of relics of the Nazi occupation of the Channel Islands: military and communications equipment, field kitchen, mementoes of German soldiers and forced labourers, newspapers and posters, food shortages and substitutes; video of the occupation and the liberation.

Petit Bôt Bay. – This attractive bay which has good bathing and sand at low water lies at the foot of a green valley guarded by a defensive tower (1780). The stream used to turn a corn and a paper mill but they and two hotels were destroyed by the Germans after a British Commando raid in July 1940.

★★ **Icart Point.** – This is the highest and most southerly headland with very fine **views** of the coast. The view west reveals a string of quiet sandy beaches, some difficult of access, curving round to La Moye Point. On the east side is Saint's Bay *(see below),* a favourite mooring for fishermen.

Saint's Bay

★ **Moulin Huet Bay.** – A water lane runs down the valley, one of the most beautiful in Guernsey, to the bay where the stream plunges down the cliff face to the sea. Both this bay and its eastern neighbour are good for bathing but the sandy beach at **Petit Port** is superior.

★ **La Gran'mere du Chimquiere.** – At the gate into St Martin's churchyard stands a Stone Age menhir carved to represent a female figure; her facial features were chiselled later. Known as the Grandmother of the Cemetery, she is supposed to guarantee fertility and receives gifts of coins and flowers. The statue was broken in two in the 19C by an over zealous churchwarden but re-erected by the parishioners.

Return to the main road; turn right to Jerbourg.

The road passes the **Doyle Column,** which commemorates Sir John Doyle, Lt. Governor (1803-15); plaque showing distances to other islands.

The ramparts of a Bronze Age hillfort still crown the headland *(beyond the car park)* together with the remains of 20C German gun batteries.

★★ **St Martin's Point.** – There is magnificent **view** down to the lighthouse on the point, north up the coast to St Peter Port and seawards to the other islands.

★ **Jerbourg Point.** – From the Pea Stacks rising from the sea just off the point the view swings northwest into the broad sweep of Moulin Huet Bay.

⊙ **Sausmarez Manor.** – The elegant Queen Anne house was built in 1714-18 by Sir Edmund Andros, one time Governor of New York and the then Seigneur of Sausmarez. The roof-top "window's walk" may be an original Guernsey feature, re-imported from

America where it became popular; it provided a view far out to sea. The later Regency additions at the rear were largely rebuilt in the 1870s by General George de Sausmarez who served with the East India Company.

The attractive interior displays portraits and souvenirs of the Seigneurs of Sausmarez's 750 years of occupation: the log of the round-the-world voyage of HMS *Centurion* in which Philip de Sausmarez served; the Inca silver from a captured Spanish treasure ship which was turned into coin of the realm; James II's wedding suit.

The extensive grounds contain some rare and exotic plants; the park gates, with sculptures by Sir Henry Cheere, celebrate the return of the Manor to the de Sausmarez branch of the family in 1748.

Fermain Bay. – *Access on foot from car park or by boat (summer only) from St Peter Port.* This charming bay, backed by densely wooded cliffs and an 18C defensive tower, offers a sandy beach and good bathing at low tide. The pepperpot tower is a Napoleonic sentry box.

Fort George. – This modern housing estate occupies the site of the British garrison, Fort George, built from 1782 to 1812 and destroyed by allied bombers the day before D-Day. The garrison troops used to bathe in the sea below, hence the name Soldiers' Bay.

★★ **St Peter Port.** – *Description p 138.*

ALDERNEY (AURIGNY) Pop 2 068

Michelin map **54** fold 5 or **231** folds 4 and 5 – Local map p 146
Access: see Michelin Red Guides France or Great Britain and Ireland

Alderney is ideal for a quiet holiday, enjoying the natural beauty which is unspoilt by more sophisticated attractions. It is the most northerly of the Channel Islands and lies 13km - 8 miles west of the tip of the Contentin Peninsula in Normandy. Three and a half miles long by no more than one and a half miles wide, the island slopes gently from a plateau (90m - 296ft) of farm land skirted by high cliffs in the southwest to a tongue of low-lying land in the northeast, fringed by rocky spits and sandy bays, and bristling with ruined fortifications.

In spring and early summer the wild flowers are a delight: broom, thrift, sea campion and ox-eye daisies. There is plenty of interest for the bird-watcher: hoopoes and golden orioles, the occasional white stork or purple heron and several birds of prey; the main attraction, however, is the sea birds, especially the colonies of gannets and puffins. At low tide the rock pools reveal a variety of marine life; anemones, corals and ormers.

HISTORICAL NOTES

Island Fortress. –– Owing to its key position, nearest to England, France and the Channel shipping lanes, Alderney has frequently been fortified. The Romans seem to have used it as a naval base; there are traces of a late Roman fort at the Nunnery. The first English fortifications date from the reign of Henry VIII who started to construct a fort on the hill south of Longis Bay. Faced with the threat of invasion in the Napoleonic period, the British Government strengthened the existing defences and sent a garrison of 300 to assist the local militia.

The most impressive fortifications were built between 1847 and 1858. Alarmed by the development of a French naval base at Cherbourg, the British Government decided to create a safe harbour at Braye by constructing a huge breakwater and to defend the island by building a chain of 10 forts from Clonque in the west along the north coast and round to Longis Bay in the east. There was also a plan to build another harbour at Longis and link it to Braye with a canal, thus strengthening the defence of the northeastern sector and providing a safe harbour whatever the wind. The forts were constructed of local stone with white quoins and dressings; several stood offshore and were reached by causeways at low tide.

In June 1940 almost all the population left the island and the livestock was evacuated to Guernsey. During their five year occupation the Germans re-fortified most of the Victorian forts and built ugly concrete fortifications. When the islanders began to return late in 1945 they found their possessions gone and the houses derelict or destroyed. It took ten years and substantial government aid to make good the damage.

Constitution. – Alderney is part of the Bailiwick of Guernsey. Since the introduction of the new constitution on 1 January 1949, the budget and other financial matters have to be approved by the States of Guernsey. Otherwise all island business is decided by the Committees of the States of Alderney, which consists of 12 elected members and an elected President, who serve for three years. The Court consists of six Jurats under a Chairman, who are appointed by the Home Office.

The pre-1949 constitution which had evolved down the centuries included two other bodies, the Douzaine, an assembly of 12 heads of families, and the Court of Chief Pleas. All offices were then elective. The feudal system under a seigneur was never established in Alderney and the later Governors, appointed by the Crown from the 16C to the 19C, often met with opposition from the independent-minded islanders.

Earning a Living. – Two constants in the economy of Alderney are fishing and farming. Today the visitor can enjoy a delicious variety of fresh fish and crustaceans and the products of the local herd of Guernsey cows. Before the Second World War cattle and granite and gravel were important exports.

Tourism, which began after the defeat of Napoleon, when people came to visit the many retired military personnel, who settled in the island, was given a boost when Queen Victoria visited the fortifications in 1854. Since the building of the airport in 1935 the number of visitors has not diminished.

ST ANNE Local map p 146

The charm of St Anne lies in its cobbled streets and smart granite houses and is reminiscent of villages in Cornwall and Normandy. The Town, as it is called by the islanders, lies about 1km - 1/2 mile from the north coast on the edge of the best agricultural land, known as the Blaye.

The original settlement of farm-houses was centred on **Marais Square,** then unpaved with a stream running through it where the washing was done, and **Le Huret,** where the people gathered to decide when to gather seaweed *(vraic)* to fertilise the fields. In the 15C more houses were built to the east of the square to accommodate settlers from Guernsey and the Blaye was extended to support a population of 700. In the 18C the huge profits made from privateering led to a building boom; thatch was replaced by tiles, the first Court House was built and the Governor spent money on improving the communal buildings as well as his own residence. The northern part of the town – **Queen Elizabeth II Street, Victoria Street** and **Ollivier Street** – developed in the early Victorian era when the population of the island trebled with the introduction of a military garrison and many immigrant labourers. Workmen's cottages were built at Newtown and elsewhere. Many attractive houses and gardens line the green lanes, such as La Vallée, that run from St Anne down to the north coast.

SIGHTS

St Anne's Church. – Consecrated in 1850, the church was designed by Sir Gilbert Scott in the transitional style from Norman to Early English cruciform and built in local granite dressed with white Caen stone. The cost was borne by Revd Canon John Le Mesurier, son of the last hereditary governor of Alderney, in memory of his parents. The church is unexpectedly large as it was intended to hold not only the local population, then swollen by immigrant labourers, but also the military garrison.

English was then replacing Norman French as the local language; the lectern holds two Bibles and the texts in the apse and near the door appear in both languages. Below the west window, which shows children of all races, are six brass plaques commemorating the Le Mesurier family which governed the island from 1721 to 1825. Queen Elizabeth II's visit to Alderney in 1957 is recalled in the window in the Lady Chapel. During the war the church was damaged by being used as a store and the bells were removed; two were recovered on the island and the other four were found in Cherbourg. The churchyard gates in Victoria Street, erected as a memorial to Prince Albert, were removed by the Germans but replaced by a local resident.

Museum. – The Alderney Society's Museum presents a comprehensive view of the island: geology; flora and fauna; archaeology, particularly finds from the Iron Age Settlement at Les Hughettes; domestic and military history, including the Victorian fortifications and the German Occupation.

The collections are displayed in the **old school** which was endowed in 1790 by the Governor *(inscription over the gate).*

The **Clock Tower** (1767), standing nearby, is all that remains of the old church which was pulled down when the present one was built. The original dedication to St Mary, and the name of the town too, was changed to St Anne early in the 17C.

Royal Connaught Square. – This elegant square, which was renamed in 1905 on the occasion of a visit by the Duke of Connaught, was the centre of the town in the 18C. **Island Hall** *(north side),* a handsome granite building, which is now a community centre and library, was enlarged in 1763 by John Le Mesurier to become Government House. The first house on the site was built by Captain Nicholas Ling, who was appointed Lt. Governor in 1657 and lived there until his death in 1679.

Mouriaux House was completed in 1779 by the Governor as his private residence.

Court House. – The present building in Queen Elizabeth II Street (formerly New Street) dates from 1850. Both the Court and the States of Alderney hold their sessions in the first floor Court Room which was restored after war damage in 1955.

Victoria Street. – This, the main shopping street, runs north past the church gates and the war memorial, which records the dead of both world wars. Its name was changed from Rue du Grosnez to celebrate Queen Victoria's visit in 1854.

Butes. – The recreation ground, formerly the Butts, provides fine views of Braye Bay to the northeast and across Crabby Bay and the Swinge to the Casquets and the Channel to the northwest.

TOUR OF THE ISLAND 15km - 9 miles – 1 day

It is possible to walk round the island using the cliff-top footpath or to drive round making detours on foot to places of interest.

In summer there are boat trips round the island from Braye Harbour; tours of the fortifications are organised once a week.

Braye. – The harbour is protected by Fort Grosnez (1853) and the massive **breakwater** (914m - 1 000yds) which was begun in 1847 and was originally even longer. Although very exposed to Atlantic storms, it makes a pleasant promenade in fair weather. The first quay, the Old Jetty, was built in 1736 by the Governor; the concrete jetty dates from the turn of the century.

Alderney Railway. – Formed in 1978, the Alderney Railway Society operates the only standard gauge railway to survive in the Channel Islands. The line was opened in 1847 to carry stone to the harbour; now steam and diesel trains run from Braye Road to Mannez Quarry.

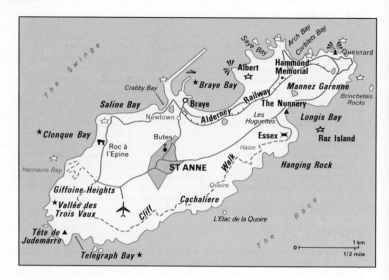

★ Braye Bay. — The largest bay on the island offers a sandy beach with good bathing and a fine view of the ferries, yachts and fishing boats in the harbour. Skirting the beach is a strip of grass, Le Banquage, where the seaweed *(vraic)* was left to dry.

Fort Albert. — Mount Touraille, at the east end of Braye Bay, is crowned by Fort Albert (1853), the main element in the Victorian chain of forts and the German fortifications. From the seaward side there is a fine **view** inland to St Anne, westwards across Braye Bay to Fort Grosnez and the breakwater with Fort Tourgis in the background and eastwards over the northern end of the island.

Hammond Memorial. – *At the fork in the road east of Fort Albert.*
The forced labourers of the Todt Organisation, who worked on the fortifications during the Nazi Occupation, are commemorated in a series of plaques inscribed in the languages of the prisoners. There were three camps on Alderney, each holding 1 500 men.

North Coast Bays. — Three excellent sandy bathing bays cluster round the most northerly headland beneath the walls of Fort Chateau à l'Etoc (1854), now converted into private flats: **Saye Bay,** nearly symmetrical in shape; **Arch Bay,** named after the tunnel through which the carts collecting seaweed reached the shore; **Corblets Bay,** overlooked by Fort Corblets (1855), now a private house with a splendid view.

Mannez Garenne. — The low-lying northern end of the island, known as Mannez Garenne (warren) is dominated by the remains of a German Observation Tower on the edge of the quarry.

Quesnard Lighthouse (1912) stands 121ft high and casts its beam nearly 27km - 17m. From the lantern platform there is a magnificent **view★** of the coast and the Race and, on a clear day, of the atomic power station on the French coast. Many ships have come to grief on this rocky coast where the strong currents of the Swinge and the race (Raz) meet. The most famous was the *Liverpool*, which ran aground in a fog in February 1902.
Three forts command the coastline; Les Homeaux Florains (1858), now in ruins, was approached by a causeway; Fort Quesnard, on the east side of Cats Bay, and Fort Houmet Herbé, another offshore fort reached by a causeway, were built in 1853.

Raz Island. — A causeway, which is covered at high tide, runs out to the island in the centre of Longis Bay. The fort *(private property)* dates from 1853 and has been partially restored. There is a fine **view** of Essex Castle and Hanging Rock.

Longis Bay. — The retreating tide reveals a broad stretch of sand, backed by a German tank trap which provides excellent shelter for sunbathing. The bay was the island's natural harbour from prehistoric times until it silted up early in the 18C.
Traces of an Iron Age settlement were discovered at **Les Huguettes** in 1968 when the golf course was being laid out on Longis common; the finds are displayed in the museum. Various relics (coins, tiles, pottery and brickwork) suggest the existence of a Roman naval base protected by a fort (*c*2C-4C AD).

The Nunnery. – This building, which is thought to be the oldest on the island, stands on a rectangular site enclosed within a 5m - 16ft high wall. John Chamberlain converted it to his use when he became Governor in 1584. Its name was supplied by the British soldiers who were garrisoned there in the late 18C. It is now private dwellings owned by the States of Alderney.

Essex Castle. — The first fort on Essex Hill overlooking Longis Bay was begun in 1546 by Henry VIII but abandoned in 1553. It consisted of an outer bailey, to hold the islanders and their flocks, around a central fort divided into four donjons. All but the north and west sides of the outer wall were razed in 1840 when the present structure was built, to be used first as a barracks and then as a military hospital; now it is private property. The pepperpot gazebo was added by the Governor, John Le Mesurier, who started a farm to feed the garrison at the Nunnery and called it Essex Farm; the name ascended the hill to the castle.

Hanging Rock. – The 16m - 50ft column of rock leaning out from the cliff face is said to have been caused by the people of Guernsey hitching a rope to it and trying to tow Alderney away.

Cliff Walk. – From Haize round to Giffoine there is a magnificent cliff walk served by frequent paths running inland back to St Anne. The cliff edge is indented by a series of small valleys sloping seawards and a few narrow bays, difficult or impossible of access; bathing is not advisable owing to the swiftly-flowing currents in the Race. The view of the steep cliffs plunging into the rock-strewn sea is magnificent.

Cachaliere. – A path leads down past the old quarry to a pier which was built early this century for loading granite but abandoned owing to the difficulties of navigation offshore. From here the rocks of **L'Etac de la Quoire** can be reached at low water.

★ **Telegraph Bay.** – *Access by path and steps; beware of being cut off from the base of the steps by the rising tide.* The Telegraph Tower (1811), which provided communication with Jersey and Guernsey via a repeating telegraph signal on Sark, has given its name to the bay below. Except at high tide there is excellent bathing, sheltered from all but a south wind, and a fine view of La Nache and Fourquie rocks.

Tête de Judemarre. – The headland provides a fine view of the rock-bound coast and of the islands of Guernsey, Herm and Sark.

★ **Vallée des Troix Vaux.** – This deep cleft is in fact three valleys meeting on a shingle beach.

Giffoine Heights. – From the cliff it is possible to see the birds on their nests in the gannet colony on Les Etacs. The remains of a German coastal battery crown the headland above Hannaine Bay, where sandy spits between the rocks provide reasonable bathing. Fine view of Burhou, Ortac and the Casquets to the north.

★ **Clonque Bay.** – A zig-zag path descends the gorse and heather-clad slope above the attractive sweep of the bay. A causeway runs out to Fort Clonque (1855) which has been converted into self-service flats for visitors. Seaweed from Clonque was highly-prized as fertilizer and two causeways enabled the "vraicing" carts to descend to the beds of seaweed.
Just south of Fort Tourgis (1855), now largely derelict, at the northern end of the bay, is the best preserved burial chamber on the island, **Roc à l'Epine,** which consists of a capstone supported on two upright stones.

Saline Bay. – The shore, which is exposed to heavy seas so that bathing can be hazardous, is commanded by a gun battery and Fort Doyle, now a youth centre; beyond lies **Crabby Bay** in the lee of Fort Grosnez.

⊘ **Burhou Island.** – The island, which lies about 2km - 1 1/2 miles across The Swinge, supports large colonies of puffins and stormy petrels as well as other sea birds. A hut provides simple accommodation for an overnight stay for birdwatching.

★★ SARK (SERCQ)   Pop 560

Michelin map **54** fold 5 or **231** fold 5 – Local map p 149
Access: see the Practical Information at the end of the guide

The island of Sark is a haven of rural and maritime peace. No cars or aircraft pollute the air; the only approach is by sea. The island is 4.8km - 3 miles long by 2km - 1 1/2 wide, barely two square miles in area. It is divided into two parts, Great Sark and Little Sark, linked by La Coupée, a high narrow neck of land, which inspired Turner and Swinburne and figures in the climax of Mervyn Peake's novel, *Mr. Pye.* Just off the west coast lies the island of Brecqhou across the Gouliot Passage.
Sark is the last feudal fief in Europe and also the smallest independent state in the Commonwealth; its traditions date from the reign of Elizabeth I. The inhabitants number 560, half of whom are descended from the settlers who colonised the island 400 years ago.

GEOGRAPHICAL NOTES

The island of Sark is a green plateau bounded by high granite cliffs dropping sheer into the sea. The boat from St Peter Port passes south of Herm and Jethou before skirting the impressive cliffs at the north end of the island.
Among the farms are small houses with carefully tended gardens full of flowers; the pastureland, where the sheep graze, is bordered by uncultivated land along the cliffs; in spring and summer the granite plateau is clothed in wild flowers.

HISTORICAL NOTES

It seems that St Magloire from Brittany landed in Sark in the middle of the 6C with 62 companions and founded a monastery. In the 9C the island was prey to Viking raids but little is known of the island's history before it became part of the Duchy of Normandy. In 1042 Sark was given to the Abbey of Mont-St-Michel by William the Conqueror, the Duke of Normandy. A few years later the island was attached to the diocese of Coutances. In 1336 Sark was invaded by a party of Scotsmen under David Bruce, a king in exile. Two years later Sark was attacked by Frenchmen. In 1349 the monks abandoned the island and for several years it was a lawless place, the haunt of pirates. The French regained it in 1549 but were thrown out by an Anglo-Dutch force which returned it to England.
In 1565 Elizabeth I granted Sark to Helier de Carteret, Lord of the Manor of St Ouen in Jersey, on condition that he established a colony of 40 settlers prepared to defend the island. This Helier became the first Lord of Sark.

He divided the land into 40 holdings and attributed them one to each of the 40 families who had accompanied him from Jersey; each tenant had to build and maintain a house and provide an armed man to defend the island. The number of holdings has not changed since then nor hardly has the constitution.

At its head is the hereditary Lord (seigneur) who holds the fief of Sark; the present holder is Michael Beaumont, grandson of Sybil Hathaway, the Dame of Sark, whose long reign from 1927 to 1974 saw the island through difficult and changing times. The Seigneur of Sark has retained a number of privileges from the feudal period: the right to keep pigeons and to own a bitch. He also receives one thirteenth of the sale price of all island property.

Sark has its own parliament, the Chief Pleas, composed of the 40 tenants and 12 deputies elected for three years. The Seneschal is responsible for justice together with the Clerk of the Court (Greffier) and the Sheriff (Prévôt). Law and order are upheld by the Constable assisted by the Vingtenier. A person under arrest is held in the tiny prison (2 cells) for 48 hours. In summer the local force is reinforced by a policeman from Guernsey. Serious cases are heard by the Guernsey courts.

TOUR OF THE ISLAND *1 day*

One of the charms of Sark is the absence of cars. The only motor vehicles allowed are the farmer's tractors, one per landholding. In summer horse-drawn carriages and waggonettes provide transport for the visitors. There are also bicycles for hire or one can set out on foot to explore the roads and tracks, the cliffs and bays and headlands with their stunning views.

Visiting Sark

GREAT SARK
(GRAND SERCQ)

Maseline Harbour. – After passing below the lighthouse (1912) which appears to grow out of the cliffs on Pointe Robert, the boat docks inside the modern concrete jetty which was inaugurated in 1949 by the Duke of Edinburgh when he and the then Princess Elizabeth visited Sark. A human chain passes up the baggage from hand to hand and arranges it on the tractor-drawn trailers. A short tunnel leads to where the local "bus" waits to take passengers up Harbour Hill (1/2m) to the crossroads at La Collinette.

★**Creux Harbour.** – Opposite the tunnel to Maseline harbour is a second tunnel to Creux Harbour, an older and picturesque little harbour, which is dry at low tide and is now used only by the hovercraft from Jersey or when Maseline is inaccessible.

La Collinette. – The crossroads at the top of Harbour Hill is called La Collinette. Straight ahead stretches The Avenue, once the drive to the original manor house and lined with trees but now the main street and lined with shops. The small barrel-roofed building on the left at the far end is the island prison built in 1856.

St Peter's Church. – The building dates from the 19C. The embroidered hassocks are the work of the island women; the designs incorporate the motifs and some of the names of the landholdings with which the seats are traditionally associated.

★**La Seigneurie.** – The present manor house, the residence of the Seigneur of Sark, stands on the site of St Magloire's 6C monastery; all that remains of the former buildings is the name La Moinerie. The house was begun in 1565 and considerably enlarged in 1730 by the Le Pelley family who then held the fief of Sark. The square tower, which provides a splendid view of the island, was built as a signalling tower in 1860 by the Revd William Collings, then Seigneur of Sark. The beautiful stone and granite house is sheltered from the wind by a screen of trees and high walls. The dovecote in the garden behind the house is built of alternate bands of brick and stone.

⊘ The gardens, on which the Dame of Sark lavished so much attention, are luxuriant with flowers and shrubs, some brought from foreign parts, and maintained with undiminished care.

★★**Port du Moulin.** – A road along the northside of the Seigneurie grounds soon turns into a path following the windings of the clifftop. The sign "Window and Bay" marks the way to the **Window in the Rock,** which the Revd William Collings had made in the 1850s to provide an impressive **view** of Port du Moulin.

Return to the fork in the path and bear left to Port du Moulin.

The bay, which is popular with bathers in summer, is flanked by stark rocks in strange shapes; at low tide huge arches in the rock appear. On the right rise Les Autelets, three granite columns accessible as the sea retreats.

★ Pilcher Monument. – This granite column was raised in memory of a London merchant, F. Pilcher, who died at sea in 1868 with three companions while returning to Guernsey. From the plinth there is a fine **view** of the west coast and of Brecqhou, Herm, Jethou and Guernsey. A path runs down to Havre Gosselin where yachts moor in the summer months.

Derrible Bay. – At Petit Dixcart turn left into a stony path, then right into a path beside a field. A left fork leads down through the trees to Derrible Bay. Part way down a turning to the right leads to the Creux Derrible, an enormous hole in the granite cliffs. The retreating tide reveals a large sandy beach in Derrible Bay.

Return to the first fork and bear left.

★ Hog's Back. – At the seaward end of this high ridge stands an ancient cannon. The view is magnificent: to the left Derrible Bay and Point; to the right Dixcart Bay with La Coupée and Little Sark in the background.

★★★ La Coupée. – The narrow isthmus joining the two parts of Sark is a unique and impressive spectacle. On either side steep cliffs drop over 260ft into the sea. The view is magnificent: to the right lie Brecqhou, Jethou, Herm and Guernsey: to the left one can make out the coast of Jersey; further left and more distant is the coast of France. Grande Grève Bay is a good place for bathing in summer *(steps down to the beach).* The concrete roadway and the guard rails were constructed in 1945 by German prisoners of war working under the direction of the Royal Engineers.

LITTLE SARK (PETIT SERCQ)

On the southern headland are the chimneys of the old silver mines, now overgrown, which were started in the 19C but had to close because of the infiltration of water.

Venus Pool. – A footpath to the left of the old mine chimney runs down to a pool which is visible at low tide and was formed by the action of the sea.

Port Gorey. – At low tide one can walk from the Venus Pool westward round the headland to Port Gorey which served the silver mines. On the way one passes **Jupiter's Pool** and several caves, walks round Plat Rue Bay and scrambles over rocks; it is necessary to judge the tides and have plenty of time.
The clifftop path is always open and provides a fine view down into Port Gorey.

Grande Grève Bay seen from La Coupée

149

Michelin map **54** fold 5 or **231** folds 5 and 6 – Local map below
Access: see the Practical Information at the end of the guide

Herm, which is only 2.5km - 1 1/2 m long by 1km - 1/2m wide, lies halfway between Guernsey and Sark. The broad sandy beaches on its north coast contrast with the steep cliffs at the southern end of the island. Herm is a haven of tranquillity having neither roads nor cars; there are however many footpaths across the dunes, through the woods and along the cliffs. The deep fringe of rocks which lies offshore is very impressive at low tide. Southwest of Herm, across a narrow channel, the islet of Jethou *(private property)* rises like a hillock in the sea, the home of many sea birds.

HISTORICAL NOTES

The prehistoric tombs made of granite slabs found in the north of the island are evidence of human settlement in 2000 BC. The Romans left a few traces of their passage: coins, pottery.

In the 6C Christianity was introduced by St Magloire who founded monasteries in Sark and Jersey. The monks of Sark built a small chapel on a reef between Herm and Jethou: it was engulfed in the 8C during a violent storm which separated the two islands. In the 17C pirates used the island as a base from which to prey on the many shipwrecks in the area. For a period the island was deserted but in the 19C the quarrying and export of granite brought prosperity. The population reached 400. As crown property the island was let to various tenants: in 1890, a German prince, Blucher von Wahlstatt, built the manor house and planted the pine and eucalyptus trees; in 1920 Herm was leased to Sir Compton Mackenzie, who wrote several novels on the island, including *Fairy Gold* which is set on Herm, before finally settling on Jethou. During the Second World War the island was occasionally occupied by German troops and appeared in a German propaganda film called *The Invasion of the Isle of Wight;* the British mounted a commando raid in February 1943; the island suffered chiefly from neglect. In 1947 Herm was sold by the Crown to the States of Guernsey and since 1949 the tenant has been Major Peter Wood, who has introduced basic services such as running water and electricity and a limited amount of commercialisation consistent with the obligation to preserve Herm's natural attractions and peacefulness. There is a small permanent community of ten families living and working on Herm.

TOUR OF THE ISLAND *3 hours*

At high tide the boat docks at the jetty in the only harbour where an ancient crane is still in service; at low tide the boat docks by the landing steps at Rosiere.

A footpath running right round the island leads to the sandy bays, the rocky coast and the outlying reefs, and the high cliffs. From Herm the other islands are visible: Jethou and Guernsey to the west, Alderney to the north, Sark to the east. Jersey lies twenty miles south and the French coast is usually in view to the east.

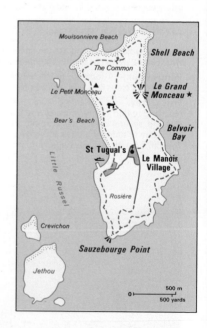

Le Manoir Village. – A surfaced road climbs up to the farm and the handful of cottages which make up the hamlet next to the 18C manor house with its square tower.

St Tugual's Chapel. – The chapel was built of island granite in the 11C when Robert the Magnificent was Duke of Normandy. There is a handsome stained glass window depicting Christ stilling the Tempest.

The Common. – The northern end of the island is composed of sand dunes, known as the Common, covered by prickly vegetation and fringed by sandy beaches which are very popular in summer (Bear's Beach, Mouisonniere Beach, Shell Beach). Halfway along the north coast stands a stone obelisk; it replaces a menhir known as La Longue Pierre, which mariners used as a landmark.

★ **Le Grand Monceau.** – From this hillock there is a splendid panoramic **view** of the sands, the rocks and the islands. North on the horizon lies Alderney, east the French coast.

Le Petit Monceau. – This is a smaller hillock, overlooking the Bear's Beach.

Shell Beach. – The beach is composed of millions of shells deposited by the tides.

The Cliffs. – In contrast with the low land in the north, the southern end of the island is composed of steep granite cliffs dropping sheer into the sea.

Belvoir Bay. – A small sheltered sandy bay, good for bathing.

Sauzebourge Point. – The southern headland provides a view of Jethou to the southwest with Guernsey in the background and Sark to the southeast.

Practical
Information

NORMANDY COTENTIN

The French Government Tourist Offices at 178 Piccadilly, London WIV OAL, ☎ (01) 49 76 22 and 610 and 628 Fifth Avenue, New York, ☎ (212) 757-1125 will provide information and literature.

How to get there. – You can go directly by scheduled national airlines, by commercial and package tour flights, possibly with a rail or coach link-up or you can go by cross-Channel ferry or hovercraft and on by car or train. Remember if you are going during the holiday season or at Christmas, Easter or Whitsun, to book well in advance.
The following companies operate cross-Channel services direct to Normandy:
Brittany Ferries, Wharf Road, Portsmouth P02 8RU ☎ 0705 82770,
P & O European Ferries, Channel House, Channel View Road, Dover CT17 9T ☎ 0304 203388,
Sealink, Charter House, Park Street, Ashford, Kent TN24 8EX ☎ 0233 47047.

CUSTOMS AND OTHER FORMALITIES

Visa for U.S. citizens. – An **entry visa** is required for all U.S. citizens visiting France in accordance with a French security measure.
Apply at the French Consulate (visa issued same day; delay if submitted by mail).

Papers and other documents. – A valid national **passport** (or in the case of the British, a Visitor's Passport) is all that is required.
For the car a valid **driving licence, international driving permit, car registration papers** (log-book) and a **nationality plate** of the approved size. Insurance cover is compulsory and although the Green Card is no longer a legal requirement for France, it is the most effective form of proof of insurance cover and is internationally recognized by the police. There are no customs formalities for holidaymakers importing their caravans into France for a stay of less than 6 months. No customs document is necessary for pleasure boats or outboard motors for a stay of less than 6 months but you should have the registration certificate on board.

Motoring regulations. – The minimum driving age is 18 years old. Certain motoring organizations run accident insurance and breakdown service schemes for their members. Enquire before leaving. A **red warning triangle** or hazard warning lights are obligatory in case of a breakdown. In France it is compulsory for the front passengers to wear **seat belts.** Children under ten should be on the back seat.
The **speed limits,** although liable to modification, are: motorways 130kph - 80mph (110kph when raining); national trunk roads 110kph - 68mph; other roads 90kph - 56mph (80kph - 50mph when raining) and in towns 60kph - 37mph. The regulations on speeding and drinking and driving are strictly interpreted – usually by an on the spot fine and/or confiscation of the vehicle. Remember to **cede priority** to vehicles joining from the right. There are tolls on the motorways.

Medical Treatment. – For EEC countries it is necessary to have Form E III which testifies to your entitlement to medical benefits from the Department of Health and Social Security. With this you can obtain medical treatment in an emergency and after the necessary steps, a refund of part of the costs of treatment from the local Social Security offices (Caisse Primaire d'Assurance Maladie). It is, however, still advisable to take out comprehensive insurance cover.
Nationals of non-EEC countries should make enquiries before leaving.

Currency. – There are no restrictions on what you can take into France in the way of currency. To facilitate export of foreign notes in excess of the given allocation, visitors are advised to complete a currency declaration form on arrival.
Your passport is necessary as identification when cashing cheques in banks. Commission charges vary with hotels charging more highly than banks when "obliging" non-residents on holidays or at weekends.

DULY ARRIVED

Consulates: British – 15 Cours de Verdun, Bordeaux 33081; ☎ 56 52 28 35
American – 22 Cours du Maréchal Foch, Bordeaux 33080; ☎ 56 52 65 95 for direct inquiries to the:
Embassy: British – 35 Rue du Faubourg-St-Honoré, 75008 Paris; ☎ 42 66 91 42.
American – 2 Avenue Gabriel, 75008 Paris; ☎ 42 96 12 02.

Tourist Information Centres or *Syndicats d'Initiative* 🅸 are to be found in most large towns and many tourist resorts. They can supply large scale town plans, timetables and information on entertainment facilities, sports and sightseeing.

Poste Restante. – Name, Poste Restante, Poste Centrale, *département's* postal code number, followed by the town's name, France. The Michelin Red Guide France gives local postal code numbers.
Postage via air mail to: UK letter 2.20F; postcard 2F.
US aerogramme 4.20F; letter (20g) 6F; postcard 3.40F.

Where to stay. – In the Michelin Red Guide France you will find a selection of hotels at various prices in all areas. It will also list local restaurants again with prices. If camping or caravaning consult the Michelin Guide Camping Caravaning France.

Electric Current. – The electric current is 220 volts. European circular two pin plugs are the rule – remember an electrical adaptor.

Public holidays in France. – National museums and art galleries are closed on Tuesdays. The following are days when museums and other monuments may be closed or may vary their hours of admission:

New Year's Day	Ascension Day	The Assumption **(15 August)**
Easter Sunday and Monday	Whit Sunday and Monday	All Saints' Day **(1 November)**
May Day **(1 May)**	France's National Day **(14 July)**	Armistice Day **(11 November)**
Fête de la Libération **(8 May)**		Christmas Day

In addition to the usual school holidays at Christmas, Easter and in the summer, there are week long breaks in February and late October-early November.

OUTDOOR ACTIVITIES

Sailing. – Further information from the Fédération française de Voile, 55 Avenue Kléber, 75084 Paris Cedex 16, ☎ 45 53 68 00.

Windsurfing. – Some beaches impose restrictions on windsurfing: apply to local sailing clubs. Several country parks *(bases de plein air)*, reservoirs and lakes are equipped for windsurfing.

Freshwater Fishing. – Whatever the place or type of fishing chosen it is important to observe the local and national regulations and obtain particulars from the local angling associations, tourist offices or water and forest authorities. The chief governing body (Conseil Supérieur de la pêche, 10 Rue Péclet, 75015 Paris, ☎ 48 42 20 00) publishes a leaflet in French, *Pêche en France,* with details on fishing in France.

Riding and trekking. – The following organisations provide information on these activities: Fédération des Randonneurs Équestres, 16 Rue des Apennins, 75017 Paris, ☎ 42 26 23 23; Fédération Équestre Française Ligue de Normandie, 235 Rue Capenière, 14063 Caen Cedex, ☎ 31 73 31 35; and Comité Départemental de Tourisme Équestre, 4 Promenade Mme de Sévigné, 14300 Caen.

Rambling. – There are topo guides for the Long Distance (GR), regional, usually circular, (GR de Pays), and local footpaths (PR) and they should be obtained from the following address 64 Rue de Gergovie, 75014 Paris, ☎ 45 45 31 02.

Cycling. – The Fédération française de cyclotourisme, 8 Rue Jean-Marie Jégo, 75013 Paris, ☎ 45 80 30 21 edits itinerary cards which indicate the mileage, obstacles and difficulties as well as the tourist sights encountered along the route (in French only). These cards cover a large part of France. Bicycles may be hired at a number of railway stations (SNCF) for periods ranging from one day or half a day to several days.

Rural accommodation. – Apply to the Fédération française des gîtes ruraux, 35 Rue Godot-de-Mauroy, 75009 Paris, ☎ 47 42 25 43, which will supply the local addresses.

Tourism for the Handicapped. – Some of the sights described in this guide are accessible to handicapped people. They are listed in the publication 'Touristes quand même! Promenades en France pour les voyageurs handicapés' produced by the Comité National Français de Liaison pour la Réadaptation des Handicapés (38 Boulevard Raspail, 75007 Paris). This booklet covers nearly 90 towns in France and provides a wealth of practical information for people who suffer from reduced mobility or visual impairment or are hard of hearing. The **Michelin Red Guide France** and the **Michelin Camping Caravaning France** indicate rooms and facilities suitable for physically handicapped people.

THE CHANNEL ISLANDS

British subjects do not need passports. There are no quarantine restrictions for animals from the UK.

Currency. – The local currency is not legal tender outside the islands.

Travel. – By air: direct to Jersey, Guernsey and Alderney from most airports in the UK by Air UK, Aurigny Air Services Ltd, British Air Ferries, British Airways, British Midland, Brymon, Dan Air, Guernsey Airlines and Jersey European Airways.
By sea: see Michelin Red Guides Great Britain and Ireland or France.

Transport. – Hire cars are available in Jersey, Guernsey and Alderney. No cars are allowed on Sark and Herm. Speed limits are 40mph in Jersey, 35mph in Guernsey; 20mph in the towns. Bicycle hire is available on all the islands except Herm.

Accommodation. – There is a wide range of **hotels and guesthouses:** see Michelin Red Guide Great Britain and Ireland. There are no **caravan sites** and caravans are forbidden. There are **camping sites** in Jersey at St Aubin and St Brelade; in Guernsey in Torteval, Vale, Castel, St Sampson's and St Peter Port; on Alderney at Saye Bay; on Herm at the Mermaid Hotel and the Little Seagull Camp Site.

Useful addresses

Jersey Tourism Office, 35 Albemarle Street, London W1; ☎ 01 493 5278.
Jersey Tourist Information Office, Weighbridge, St Helier, Jersey; ☎ 0534 78000.
Guernsey Tourist Board, P.O. Box 23, White Rock, St Peter Port, Guernsey; ☎ 0481 23552.
Alderney Tourist Board, St Anne, Alderney; ☎ 0481 82 2994.
Sark Tourist Board, Sark; ☎ 0481 83 2345.

Normandy Cotentin

From the Saturday prior to Shrove Tuesday
Granville .... Carnival

May
Mont-St-Michel .... Spring Festival of St Michael: folklore events

Last Sunday in May
Mount Cerisi .... Rhododendron Fair

Early June to mid-September
Sées .... *Son et lumière* performance in the cathedral

Saturday before or after Ascension
Coutances .... Jazz Festival

Late May-early September
Lassay .... Evening performance at the château, the tragic and
enchanting evenings at Lassay: five centuries of his-
tory, 11 tableaux, 420 actors in period costume
*(Fridays, Saturdays and Tuesdays May to June). For
further information and reservations tourist information centre (syndicat d'initiative)* ☎ *43 04 72 33*

2nd or 3rd Sunday in June *(next event in 1991)*
Villedieu-les-Poêles .... Great Rite *(Grand Sacre)* Procession with members of
the Order of Malta *(every 4 years)*

6 June
Ste-Mère-Église and
Ste-Marie-du-Mont .... Commemoration of the airborne landing of 5 and
6 June 1944 . At Utah Beach commemoration of D-Day
6 June 1944

Mid-June
Balleroy Château .... International hot-air balloon meeting

July
Mont-St-Michel .... Pilgrimage grom Genêts across the sands and mud-
flats at low tide

Mid-July to mid-August
Pirou Castle .... *Son et lumière* performance. A millenium at Pirou this
evening

Last Sunday in July and first Sunday in October
St-Christopher-le-Jajolet .. Pilgrimage to St Christopher: procession of cars followed by a benediction

3rd Sunday in July
Pontmain .... Prayer and benediction for motorists and their vehicles

Last Sunday in July
Granville .... Pardon of the Corporations of the Sea: procession of
guilds with their banners. Open-air mass. Torchlight
procession

July and August
Mont-St-Michel .... The musical hours of Mont-St-Michel: programme of
16-20C music. *Further information and reservations
from the tourist information centre in Avranches.*

Late July to early August
St-Laurent-de-Terregatte
59 fold 8 .... Tableaux and fireworks display on the Lake of La
Roche-qui-Boit

Late July to early September
St-Lô .... Parade of the stallions and the carriage teams

Early August
Jobourg .... Sheep fair

2nd Sunday in August
Barfleur .... Regattas

15 August
Pontmain .... Pilgrimage to the Virgin

1st Sunday after 15 August
La Délivrande .... Feast Day of the Coronation of the Virgin: procession
of the Black Virgin

Mid-August
Carteret .... Festival of the Sea

1st Sunday after 15 August
Pont-d'Ouilly .... Pardon to the Chapel of St Roch

First and last Sunday in September and 2nd Sunday in October
Le Pin Stud .... Horse racing: eventing; procession of carriages and stallions

First Sunday in September
Pontmain .... Pilgrimage for the sick

Second weekend in September
Lessay .... Holy Cross Fair *(Foire de la Ste-Croix):* the biggest and most typical fair in Normandy: amusements and horse and dog fair on the moor.

Sunday nearest to 29 September
Mont-St-Michel .... Feast of the Archangel Michael: mass in the abbey church served by many prelates.

Late September
Alençon .... Stock Raising Festival

Autumn
Essay 60 fold 3 .... White pudding *(boudin blanc)* fair

18-19 October
Biville .... Pilgrimage to the tomb of Thomas Hélye

Mid-December
Sées .... Turkey Fair

20 to 25 December
St-Hilaire-du-Harcouët .... Nativity Play

The Channel Islands

March
Jersey .... Jazz Festival

May
Jersey .... Gastronomic Fair

July
Guernsey .... Round Table Harbour Carnival; Rocquaine regattas

Between the 1st and 2nd Saturdays in August
Alderney .... Carnival Week

2nd Thursday in August
Jersey .... Flower Festival

Between the 3rd and 4th Thursday in August
Guernsey .... Battle of the Flowers in Saumarez Park

Mid-August
Sark .... Water Carnival

Early September
Jersey .... International Folk Festival: numerous concerts and folklore events

From 14 to 19 September
Guernsey and **Jersey** ...... Commemoration of the Battle of England.

(1) The Michelin map and fold numbers are given for places not described in the guide.

BOOKS TO READ

Original editions of works mentioned below may be obtained through public libraries.
Normandy by Nesta Roberts *(Collins, 1986)*
Overlord (D-Day and the Battle for Normandy, 1944) by Max Hastings *(Michael Joseph)*
Brightly Shone the Dawn (Some Experiences of the Invasion of Normandy) by G. Johnson and C. Dunphie *(Frederick Warne Ltd, 1980)*
Six Armies in Normandy by Keegan *(Penguin)*
The Bayeux Tapestry by D.M. Wilson *(Thames and Hudson, 1985)*
Normandy, Brittany and the Loire Valley: Blue Guide *(A. C Black and W.W. Norton, 1978)*
Norman Achievement by R. Cassady *(Sidgwick & Jackson)*
The Archaeology of Brittany, Normandy and the Channel Islands by Bender *(Faber & Faber)*
The Normans and the Norman Conquest by R. Allen Brown *(Boydell & Brewer, 1986)*
Access in the Channel Ports and **Access in Jersey** (Holiday guides for the disabled). Obtainable from Pauline Hephaistos Survey Projects, 39 Bradley Gardens, West Ealing, London WI38HE
The Channel Islands Blue Guide *(A. C Black and W.W. Norton, 1981)*
The Channel Islands: three books on Buildings and Memorials; Customs, Ceremonies and Traditions; and History by Raoul Lemprière *(Robert Hale)*

Times and charges for admission

As times and charges for admission are liable to alteration, the information below is given for guidance only.

The information applies to individual adults. However, special conditions regarding times and charges for parties are common and arrangements should be made in advance. In some cases admission is free on certain days, eg Wednesdays, Sundays or public holidays.

Churches do not admit visitors during services and are usually closed from 1200 to 1400. Tourists should refrain from visits when services are being held. Admission times are indicated if the interior is of special interest. Visitors to chapels are accompanied by the person who keeps the keys. A donation is welcome.

Lecture tours are regularly organised during the tourist season in Alençon, Bagnoles-de-l'Orne, Bayeux, Caen, Ste-Suzanne and Sées. Apply to the Tourist Office (syndicat d'initiative).

When guided tours are indicated, the departure time of the last tour of the morning or afternoon will be up to an hour before the actual closing time. Most tours are conducted by French speaking guides but in some cases the term "guided tours" may cover group visiting with recorded commentaries. Some of the larger and more frequented sights may offer guided tours in other languages. Enquire at the ticket office or book stall. Other aids for the foreign tourist are notes, pamphlets or audio guides.

Enquire at the Tourist Office for local religious holidays, market days etc.

Every sight for which there are times and charges is indicated by the sumbol ⊙ in the margin in the main part of the guide.

A

ALENÇON
🛈 Maison d'Ozé, 61000 ☎ 33 26 11 36.

Museum of Fine Arts and Lace. – Open from 1000 to 1200 and from 1400 to 1800; closed Mondays, 1 January, 1 May and 25 December; 12F; ☎ 33 32 40 07.

Lace Museum.– Guided tours (time: 45 min) early April to 15 September from 1000 to 1130 and from 1400 to 1730; the rest of the year by appointment only; closed Sundays and public holidays; 12F; ☎ 33 26 27 26.

St-Léonard. – Open for services only.

St Teresa's Chapel. – Open from 0800 to 1900 (October to May from 0900 to 1700); closed Tuesdays October to May; no admission charge but donations welcome; ☎ 33 26 09 87.

ALMENÊCHES

Church. – Closed in winter.

ARGENTAN
🛈 Chapelle St Nicholas, place du Marché, 61200. ☎ 33 67 12 48.

Church of St Germanus. – Open mid-June to mid-September from 0930 to 1200 and from 1400 to 1800.

Former Chapel of St Nicholas: library and Tourist Office. – Open from 1000 to 1200 and from 1400 to 1800 (Saturdays from 1000 to 1230 and from 1330 to 1700); closed Sundays, Mondays and public holidays.

St-Martin. – Visit by appointment only, apply to the Tourist Office (syndicat d'initiative).

The Argentan Lace Stitch (abbey). – Guided tours (time: 1 hour) from 1430 to 1600; closed Sundays and public holidays; 6F; groups should book in advance: ☎ 33 67 12 01.

ARGENTELLES

Manor House. – Guided tours (time: 30 min) May to end October Sundays only from 1600 to 1900; ☎ 33 36 59 52.

ARROMANCHES
🛈 rue du Maréchal-Joffre, 14117. ☎ 31 21 47 56.

Invasion Museum. – Open (also guided tours, time: 1 hour 15 min) 15 May to 15 September from 0900 to 1830; the rest of the year from 0900 to 1130 and from 1400 to 1730; closed first three weeks of January for maintenance work; 25F; ☎ 31 22 34 31.

Times and charges

AUBIGNY

Church. – Open to visitors daily (except Wednesdays) from 0900 to 1900; closed during snowy weather; for further information apply to Mme Roger Lambiné, next door to the church; ☎ 31 90 21 29.

AVRANCHES
🛈 rue du Général-de-Gaulle, 50300. ☎ 33 58 00 22.

Museum. – Open Easter to 31 October from 0930 to 1200 and from 1400 to 1800; closed Tuesdays, 1 May; 12F; ☎ 33 58 25 15.

Mont-St-Michel from the air. – Weekends only; apply to the Aéro-club des Grèves du Mont-St-Michel, at the Val St-Père aerodrome; ☎ 33 58 02 91.

B

BALLEROY

Château. – Guided tours (time: 30 min) 15 April to 31 October from 0900 to 1200 and from 1400 to 1800; closed Wednesdays and 1 May; 25F; combined ticket available for Château and Museum; ☎ 31 21 60 61.

Hot-Air Balloon Museum. – Same times and charges as for Château.

BARENTON

Apple and Pear House. – Open daily 1 April to 30 September from 1030 to 1200 and from 1430 to 1830; the rest of the year open to groups by appointment only; 17F; ☎ 33 59 56 22.

BARFLEUR
🛈 rondpoint du Guillaume-le-Conquérant, 50760. ☎ 33 54 02 48.

Church. – Closed Sunday afternoons and holidays.

Home of St Mary-Magdalen Postel. – Open from 1000 to 1900 daily and from 1100 to 1900 Sundays and public holidays; guided tours of chapel and house on request; ☎ 33 54 02 17.

Barfleur Point Lighthouse. – Open June to September from 0900 to 1200 and from 1400 to 1900; the rest of the year weekends and school holidays only from 0900 to 1200 and from 1400 until an hour before the lamp is lit; closed to visitors during high winds and maintenance work; groups should contact the lighthouse keeper in advance, M. François Mangon, ☎ 33 23 10 56.

BAYEUX
🛈 1, rue Cuisiniers, 14400. ☎ 31 92 16 26.

A combined ticket for the four museums (Bayeux Tapestry, Memorial Museum of the Battle of Normandy, Baron Gérard Museum and the Hôtel du Doyen) is available at a cost of 50F.

The Bayeux Tapestry. – Open daily from mid-May to mid-September from 0900 to 1900, also Easter weekend, Ascension and 1 and 8 May; otherwise, daily from 0930 to 1230 and from 1400 to 1830 (1800 from mid-October to mid-March); closed 25 December and 1 January; 25F; ☎ 31 92 05 48.

Memorial Museum of the Battle of Normandy. – Same visiting times as for the Bayeux Tapestry; 20F; ☎ 31 92 93 41.

Hôtel du Doyen. – Open from 1000 to 1230 and from 1400 to 1800 (1900 July and August); closed 25 December and 1 January; 10F for entry to both the Lace Workshop and the Museum of Religious Art except during the summer, when there is a supplement; ☎ 31 92 73 80.

Baron Gérard Museum. – Open July and August from 0900 to 1900; the rest of the year from 0900 to 1230 and from 1400 to 1800; closed 25 December and 1 January; 15F; ☎ 31 92 14 21.

BELLEFONTAINE

The Enchanted Village. – Open daily Easter to end October from 1000 to 1800; 30F, children: 20F; ☎ 33 59 01 93.

Le BOURG-ST-LÉONARD

Château. – Guided tours (time: 30 min) 1 July to 15 August from 1000 to 1200 and from 1400 to 1800; 15 to 30 June and 16 August to 10 September from 1400 to 1800 only; closed Wednesdays; 8F; ☎ 33 67 32 98.

BRÉCY

Château. – Open 15 April to 15 September Tuesdays, Thursdays and Sundays only from 1400 to 1830; 15F; ☎ 31 80 11 48.

BRICQUEBEC

Castle. – Guided tours (time: 30 min) 1 July to 31 August from 1000 to 1200 and from 1400 to 1830; closed on Tuesdays and the last weekend in July; 6F; ☎ 33 52 21 65.

Trappist Monastery. – Guided visit (with audio-visual support) daily at 1530 (except Sundays); groups should book in advance; no admission charge, donations welcome; ☎ 33 52 20 01.

C

CAEN 🅱 place St-Pierre, 14000. ☎ 31 86 27 65.

Memorial to the Battle of Normandy. – *Place du Général-Eisenhower, near the north ring road.* Open June to August from 0900 to 2200, otherwise from 0900 to 1900; closed during first two weeks of January, 25 December and 20 March; 48F; ☎ 31 06 06 44.

Fine Arts Museum. – Closed for restoration work; reopening scheduled for 1994; for further information, telephone ☎ 31 85 28 63.

Normandy Museum. – Open 1 April to 30 September Wednesdays to Fridays from 1000 to 1230 and from 1330 to 1800; also weekends and public holidays during this period and daily from 1 October to 31 March open from 0930 to 1230 and from 1400 to 1800; closed Tuesdays and public holidays; 10F; ☎ 31 86 06 24.

Abbey for Men: Monastery Buildings. – Guided tours (time: 1 hour) daily at 0930, 1100, 1430 and 1600; closed on all public holidays; 10F; ☎ 31 30 42 81.

Abbey for Women: Conventual Buildings. – Guided tours (time: 1 hour) daily at 1430 and 1600; ☎ 31 06 98 98.

St Peter's. – Open from 0800 to 1900, Sundays from 0930 to 1700; ☎ 31 93 46 13.

Postal and Telecommunications Museum. – Open Tuesdays to Saturdays from 1000 to 1200 and from 1400 to 1800; 8F; ☎ 31 50 12 20.

St-Saviour's. – Closed Sunday afternoons.

St John's. – Closed Sunday afternoons.

St Julian's. – Open for services only.

CANON

Château. – Open 1 July to 30 September from 1400 to 1900 (except Tuesdays); Easter to 30 June only at weekends and on public holidays from 1400 to 1900; 20F; ☎ 31 20 02 70.

CARROUGES

Craft Centre. – Open weekends from 1000 to 1200 and from 1400 to 1700, otherwise open only during exhibitions from 1430 to 1830; ☎ 33 27 21 15.

Château. – Guided tours (time: 30 min) 16 June to 31 August from 0930 to 1130 and from 1400 to 1800; 1 April to 15 June and in September from 1000 to 1130 and from 1400 to 1730; otherwise from 1000 to 1130 and from 1400 to 1600; closed 1 January, 1 May, 1 and 11 November and 25 December; 25F; ☎ 33 27 20 32.

CARTERET 🅱 ☎ 33 04 94 54.

Lighthouse. – Open July and August from 1000 to 1900; for visits (time: 10 min) apply at least 48 hours in advance to the lighthouse keeper; ☎ 33 53 81 26.

CERISI

Mount Cerisi. – Admission fee per car.

CERISY-LA-FORÊT

Church: Lower Normandy exhibition. – Open 15 March to 11 November daily (weekends only in October) from 0900 to 1800; 6F.

Conventual Buildings. – Same opening times as for church; guided visits (time: 30 min) from 1030 to 1230 and from 1430 to 1800; 15F; ☎ 33 57 34 63 and 33 56 12 15.

CHAMPREPUS

Zoo. – Open daily from 15 March to 11 November from 1000 to 1830; 38F; ☎ 33 61 30 74.

CHAUSEY Islands

Church on Great Island. – Open in July and August for services only.

CHERBOURG 🅱 2, quai Alexandre-III, 50100. ☎ 33 93 52 02.

War and Liberation Museum. – Open daily 1 April to 30 September from 0900 to 1200 and from 1400 to 1800; otherwise from 0930 to 1200 and from 1400 to 1730; closed on Tuesdays; 10F; ☎ 33 20 14 12.

Thomas Henry Museum. – Open daily from 0900 (1000 on Sundays) to 1200 and from 1400 to 1800; closed Mondays and public holidays; 10F; ☎ 33 23 02 00.

Museum. – Open 1 May to 14 September from 1000 to 1145 and from 1400 to 1645; the rest of the year from 1400 to 1645 only; closed Tuesdays, Sunday mornings and public holidays; 10F; ☎ 33 53 51 61.

Naval Base (Arsenal). – Only French nationals are allowed to visit the base (an identity card is necessary). Entrance: Porte du Midi on Place Bruat. Open early July to early September for visits at 1000, 1100, 1400, 1500 and 1600 (also 1700 at weekends); the rest of the year apply in writing at least a month in advance to the Préfet Maritime. No cameras are allowed. One of the smaller naval vessels may be visited at weekends and on public holidays from early July to mid-September.

CLÉCY

Model Railway Museum. – Guided tours (time: 1 hour 15 min) from Easter to 1 October from 1000 to 1200 and from 1415 to 1800; the rest of the year Sundays only from 1415 to 1800; group visits by appointment please; 17F, children: 14F; ☎ 31 69 07 13.

CLERMONT

Abbey. – Open daily 1 May to 30 September from 0900 to 1800; otherwise from 0930 to 1630; 20F; ☎ 43 02 11 96.

COURSEULLES-SUR-MER   🛈 Rue Mer, 14470. ☎ 31 37 46 80.

Oyster beds. – Open daily mornings and afternoons.

COUTANCES   🛈 place Georges-Leclerc, 50200. ☎ 33 45 17 79.

Public Gardens. – Open April to October from 0900 to 2000 (1 July to mid-September to 2330 with floodlighting and music every evening except Tuesdays); October to March from 0900 to 1700; ☎ 33 45 04 44.

Quesnel-Morinière Museum. – 1 July to 15 September open from 1000 to 1200 and from 1400 to 1800; otherwise open from 1000 to 1700; closed Wednesdays and public holidays; 10F; ☎ 33 45 11 92.

CREULLY

Castle. – Guided tours (time: 20 min) in July and August from 1030 to 1230 and from 1500 to 1830; 10F; ☎ 31 80 18 65.

D

DOMFRONT   🛈 52, rue du Dr-Barrabé, 61700. ☎ 33 38 53 97.

Town Hall (Léandre). – Guided tours (time: 30 min) daily, from 0900 to 1200 (except Mondays) and from 1400 to 1600 (except Saturdays); closed Sundays and public holidays; admission free; ☎ 33 38 65 36.

E

ÉCOUCHÉ

Church. – Open for services only.

EQUEURDREVILLE

Town Hall. – Open from 0830 to 1200 and from 1400 to 1700 (1800 Thursdays); closed Sundays; ☎ 33 53 96 00.

F

FALAISE   🛈 32, rue Georges-Clemenceau, 14700. ☎ 31 90 17 26.

Castle. – Closed until 1994 for restoration work (castle grounds are open to visitors); ☎ 31 90 17 26.

Our Lady of Guibray. – Open all day every day.

La FERTÉ-MACÉ   🛈 13, rue Victoire, 61600. ☎ 33 37 10 97.

Municipal Museum. – Open 1 July to 31 August from 1500 to 1800 (Wednesdays to Sundays only); otherwise Saturdays only from 1500 to 1800; ☎ 33 37 47 00 (or Mlle Warnier on ☎ 33 37 04 08).

FLAMANVILLE

Nuclear Power Station. – Guided tours (time: 2 hours 30 min); apply a fortnight in advance: ☎ 33 04 12 99; closed Sundays and public holidays.
Information Centre open from 0900 to 1230 and from 1400 to 1830.

FLERS   🛈 place Général-de-Gaulle, 61100. ☎ 33 65 06 75.

Museum of the Norman Bocage. – Guided tours (time: 1 hour) Easter to 30 September from 1400 to 1800; closed Tuesdays; 8F; ☎ 33 64 01 02.

FONTAINE-DANIEL

Exhibition Centre. – Open from 0830 to 1200 and from 1400 to 1800; closed Sundays and public holidays; ☎ 43 00 34 80.

FONTAINE-ÉTOUPEFOUR

Castle. – Guided tours (time: 45 min) July and August from 1430 to 1900 every day except Fridays; May, June and September at weekends and on public holidays only; for further information, contact ☎ 31 26 73 40 (Town Hall) or Mme Dagorne ☎ 31 26 73 05.

FONTAINE-HENRY

Château. – Guided tours (time: 1 hour 15 min) 16 June to 15 September from 1430 to 1830 (except Tuesdays); also 16 September to 2 November and Easter to 15 June from 1430 to 1830 on Saturdays, Sundays and public holidays; 25F; ☎ 31 80 00 42.

FRESNAY-SUR-SARTHE

🅱 place de Bassum, 72130. ☎ 43 33 28 04.

Church of Our Lady. – Open for services only. From late June to early September it is possible to visit Sundays between 1530 and 1800; the rest of the year apply to Mme Roullé, 34, rue Aristide-Briand, ☎ 43 97 24 98.

Headdress Museum. – Open 1 July to 31 August from 1100 to 1200 and from 1430 to 1800; during September and from Easter to 30 June open Sundays only from 1100 to 1200 and from 1430 to 1800; otherwise by appointment only; 9F; ☎ 43 97 22 20.

Lion Cellar. – Contact the Town Hall for opening times and charges; ☎ 43 97 23 75.

G

GATTEVILLE-LE-PHARE

Church. – Guided tours (time: 30 min) apply at the presbytery; ☎ 33 54 04 07.

GRANVILLE

It is possible to buy a combined ticket for the Aquarium, Shell Wonderland, Mineral Palace and Butterfly Garden for 60F.

Aquarium. – Open 20 March to 11 November from 0900 to 1200 and from 1400 to 1830; during the winter open on Sundays only from 1400 to 1800; 30F; ☎ 33 50 19 10.

Shell Wonderland. – Same opening times as the Aquarium; 20F; ☎ 33 50 03 13.

Mineral Palace and Butterfly Garden. – Same opening times as the Aquarium; 25F; ☎ 33 50 19 83.

Museum of Old Granville. – Open 1 April to 30 September from 1000 to 1200 and from 1400 to 1800; the rest of the year Wednesdays, Saturdays and Sundays only from 1400 to 1800; closed Mondays (between 1 April and 30 June), Tuesdays, 1 and 8 May, 1 and 11 November, 25 December and 1 January; 6F; ☎ 33 50 44 10.

Richard-Anacréon Museum. – Open early June to end September daily (except Tuesdays), from 1000 to 1200 and from 1400 to 1800; for information on winter opening hours and exhibitions contact the museum directly; 10F; ☎ 33 51 02 94.

Waxwork Museum. – Guided tours (time: 1 hour) 15 June to 15 September from 0930 to 1130 and from 1430 to 1730; otherwise on request, contact Mme Couraye; 25F; ☎ 33 50 03 74.

GRATOT

Château. – Open all day, year round; 10F; ☎ 31 85 25 93.

H

La HAGUE

Atomic Centre. – Guided tours (time: 2 hours 30 min); apply in writing at least 2 months in advance to M. Roger, COGEMA (Service Communications), Établissement de la Hague, 50444 Beaumont Hague Cedex; closed weekends and public holidays; no children under 14 please; further information: ☎ 33 03 61 04.
Information Centre open 1 April to 30 September from 1000 to 1800.

HAMBYE Abbey

Abbey Church and Lay-Brothers Range. – Open early February to 20 December from 1000 to 1200 and from 1400 to 1900 (to nightfall in winter); closed Tuesdays and Wednesday mornings out of season; 17F; ☎ 33 61 76 92.

Other Conventual Buildings. – Guided tours (time: 1 hour) from mid-July to early September, afternoons only; closed Tuesdays, 10F; ☎ 33 61 42 27.

J

JUBLAINS Roman Ruins

Baths. – Open every day (except Monday) from 0900 to 1200 and from 1430 to 1800; closed February; 15F (ticket valid also for the Gallo-Roman Fortifications); ☎ 43 04 30 33.

Gallo-Roman Fortifications. – Same times and charges as for the Baths; ☎ 43 04 30 16.

JURQUES

Zoo. – Open 1 April to 30 September from 1000 to 1800; otherwise from 1100 to 1630; closed 15 December to 15 January; 38F, children: 22F; ☎ 31 77 80 58.

L

LANTHEUIL

Château. – Guided tours (time: 1 hour) all year round by appointment; 15F; ☎ 31 80 13 80.

LASSAY   ☷ ☎ 43 04 74 33.

Castle. – Guided tours (time: 45 min) mid-May to late September from 1430 to 1830; from Easter to 15 May weekends only from 1430 to 1830; 15F; ☎ 43 04 71 22 mornings only.

LAVAL   ☷ Place du 11-Novembre, 53000. ☎ 43 53 09 39.

Old Castle. – Open (also hourly guided tours, time: 45 min) from 1000 to 1200 and from 1400 to 1800; closed Mondays and public holidays; 10F (ticket also valid for the Museum of Naive Painting); ☎ 43 53 39 89.

Museum of Naive Painting. – Same opening times and charges as for Old Castle (no guided tours); 10F (ticket also valid for the Old Castle); ☎ 43 53 39 89.

Cathedral. – Closed Sunday afternoons.

St Julien stage. – Guided tours (time: 30 min) July and August from 1400 to 1800; closed Mondays and public holidays; ☎ 43 53 39 89.

Science Museum. – Open Tuesdays to Saturdays from 1000 to 1200 and from 1415 to 1730; Sundays from 1415 to 1715; closed Mondays and public holidays; admission free; ☎ 43 56 91 17.

St-Vénérand. – Restoration work in progress; open for services only.

LONLAY-L'ABBAYE

Biscuiterie de l'Abbaye. – Open from 0800 to 1200 and from 1330 to 1800; closed weekends; ☎ 33 38 68 32.

LUCERNE Abbey

Abbey Church. – Open Easter to 1 November from 0900 to 1200 and from 1400 to 1830; otherwise open at these times Saturdays, Sundays and school holidays only; closed January; 15F; ☎ 33 48 83 56.

M

MAYENNE   ☷ quai de Waiblingen, 53100. ☎ 43 04 19 37.

Basilica of Our Lady. – Open daily from 0800 to 1200 and from 1400 to 1900.

St Martin. – Easter to mid-October from 1000 to 1800; ☎ 43 04 14 41.

MÉDAVY

Château. – Guided tours (time: 30 min) from 14 July to 15 September from 1000 to 1200 and from 1400 to 1830; 15F; ☎ 33 35 34 54.

Le MOLAY-LITTRY

Mining Museum. – Open 1 April to 30 September (except Wednesdays) from 1000 to 1200 and from 1400 to 1800; 1 November to 31 March Thursdays and Saturdays from 1400 to 1800 and Sundays from 1000 to 1200 and from 1400 to 1900; 17F (ticket includes entry to the mill also); ☎ 31 22 89 10.

MONDAYE

Abbey. – Open daily from 0900 to 1200 and from 1400 to 1800; guided tours can be arranged in advance (usually for Sunday afternoons); ☎ 31 92 58 11.

MONT-ST-MICHEL
🛈 Corps de Garde Bourgeois, 50116. ☎ 33 60 14 30.

Abbey. – Guided tours (time: 1 hour) 15 May to 15 September daily from 0930 to 1800; the rest of the year from 0930 to 1145 and from 1345 to 1700 (1615 from 1 January to 14 February and from 12 November to 31 December); closed 1 January, 1 May, 1 and 11 November and 25 December; 32F; ☎ 33 60 14 14.

Archéoscope. – Open 15 February to 11 November and Christmas school holidays from 0900 to 1800; July and August from 0830 to 1845; 60F; combined ticket for the Archéoscope, Maritime and Grévin Museums: 90F; ☎ 33 60 14 36.

Maritime Museum. – Same opening times and charges as for the Archéoscope; ☎ 33 66 14 09.

Tiphaine's House. – Open daily from 0900 to 1800; closed January; guided tours (time: 30 min) can be arranged in advance; 20F; ☎ 33 60 23 34.

Grévin Museum. – Same opening times and charges as for the Archéoscope; ☎ 33 60 07 01.

MORTAIN

Blanche Abbey. – Open from 0900 to 1130 and from 1430 to 1700; closed Sunday mornings and Tuesdays; ☎ 33 59 00 21.

St-Évroult: treasury. – Guided tours (time: 30 min) available on request; apply to the Town Hall; ☎ 33 59 00 51.

N

NACQUEVILLE

Château. – Guided tours (time: 1 hour) from Easter to 30 September at 1400, 1500, 1600 and 1700; closed Tuesdays and Fridays except when they are public holidays; 20F; ☎ 33 03 27 89.

NORREY

Church. – Open July and August from 0800 to 1900; evening floodlighting all year round.

O

O

Château. – Guided tours (time: 30 min) 15 June to September from 1430 to 1800; otherwise from 1430 to 1700; closed Tuesdays, 1 January, 25 December and February; group tours can be arranged in the mornings and on Tuesdays; 20F; ☎ 33 35 34 69.

OUISTREHAM-RIVA-BELLA
🛈 Jardins de Casino, 14150. ☎ 31 97 18 63

Lighthouse. – Guided tours (time: 20 min) in July and August only from 1500 onwards; from early April to late June open same times on public holidays only; ☎ 31 96 39 45.

Landing Museum: 4th Anglo-French Commando. – Open 1 June to 30 September daily from 0930 to 1800; in October, during the autumn school half-term holidays, and Palm Sunday to 31 May at weekends only from 0930 to 1730; 12F; ☎ 31 97 00 39.

P

PEGASUS BRIDGE

D-Day Museum (9 June 1944). – Guided tours (time: 30 min) daily in July and August from 0900 to 1900; 1 September to mid-October and 25 March to 30 June from 0930 to 1230 and from 1400 to 1800; 12F; ☎ 31 44 62 54.

Le PIN

Stud Farm. – Guided tours (time: 1 hour 30 min; by the Association Cheval et Patrimoine) 10 July to 10 October from 0900 to 1200 and from 1400 to 1800; stallions on show daily (except Thursdays, Saturday afternoons and Sundays); Saturday afternoons and Sundays exhibition hall and guided tours only; 25F; ☎ 33 39 92 01 (Haras du Pin) or ☎ 44 58 02 93 (Cheval et Patrimoine).

PIROU

Castle. – Open daily 1 April to 30 September from 1000 to 1200 and from 1400 to 1800; closed Tuesdays (1 October to 31 March); 15F; ☎ 33 46 34 71. Son et lumière performances late July to early August.

PONTÉCOULANT

Château. – Guided tours (time: 30 min) 16 April to 30 September from 1000 to 1200 and from 1430 to 1800; 2 to 15 November from 1000 to 1200 and from 1430 to 1630; otherwise from 1400 to 1630; closed Mondays from 16 November to 15 April, Tuesdays and all October; 8F; ☎ 31 69 62 54.

PONTMAIN

Mission Museum. – Guided tours (time: 20 min) on Wednesdays and Sundays from 1430 to 1800; ☏ 43 05 07 59.

Art Exhibition. – Guided tours (time: 45 min) daily; closed Monday and Friday mornings; 6F.

PORTBAIL

Notre-Dame. – Open July and August from 1500 to 1900; guided tours can be arranged during this period on request any day (except Sunday) between 1030 and 1730; ☏ 33 04 88 30 (Town Hall) or ☏ 33 04 03 07 (Tourist Office).

Baptistry. – Same opening times as Notre-Dame in July and August; otherwise contact the Town Hall; ☏ 33 04 88 30.

PORT-DU-SALUT Trappist Monastery

Large and Small Chapels. – Open mornings and afternoons; ☏ 43 98 30 15.

Q - R

QUETTEHOU   🛈 Place de la Mairie, 50630. ☏ 33 43 63 21.
Church. – Open during services only.

La ROCHE-PICHEMER

Château. – The grounds only can be visited 1 July to 15 August from 1400 to 1800.

Le ROCHER

Château. – The grounds only can be visited 15 June to 15 October from 1000 to 1200 and from 1400 to 1800; closed Fridays.

ROTS

Church. – When closed apply at the presbytery, Rue de l'Église.

S

ST-CHRISTOPHE-LE-JAJOLET

Sassy Château. – Guided tours (time: 20 min) from Easter to 1 November from 1500 to 1800; 18F; ☏ 33 35 32 66.

ST-GABRIEL

Former Priory. – Guided tours (time: 45 min) from 1 July to 30 September from 1000 to 1200 and from 1400 to 1900; 20F; the rest of the year visitors are free to visit at will; ☏ 31 80 10 20 (School of Horticulture).

ST-GERMAIN-DE-CLAIREFEUILLE

Church. – Guided tours; apply to either Mme Garnier, bourg St Germain, or to the Merlerault presbytery; ☏ 33 35 41 41.

ST-LÉONARD-DES-BOIS   🛈 Mairie ☏ 43 33 28 10.
Church. – Open afternoons only; ☏ 43 97 28 10.

ST-LÔ   🛈 2, rue Havin, 50000. ☏ 33 05 02 09.
Fine Arts Museum. – Open from 1000 to 1200 and from 1400 to 1800; closed Tuesdays, 1 January, Easter, 1 May, Ascension day, 1 November and 25 December; 7F (there is a supplement during exhibitions); ☏ 33 57 43 80.

Stud farm. – Guided tours (time: 30 min) 15 July to 15 February daily from 1000 to 1200 and from 1400 to 1700 (every half hour). It is only during this period that the full complement of stallions is present at the stud. There is a parade of the stallions and carriage driving teams at 1000 on Thursdays from the last Thursday in July to the first Thursday in September; ☏ 33 57 14 13.

ST-MICHEL-DE-MONTJOIE

Granite Museum. – Open (guided tours of the buildings) from 15 June to 15 September from 1100 to 1200 and from 1400 to 1800; 16 September to 15 October and Easter to 14 June open weekends and public holidays only from 1400 to 1800; 15F; ☏ 33 59 84 94.

ST-PIERRE-SUR-DIVES   🛈 ☏ 31 20 81 68.
Covered Market. – Open from 1000 to 1900; main weekly market on Monday; ☏ 31 20 81 68.

ST-SAUVEUR-LE-VICOMTE

Barbey-d'Aurevilly Museum. – Open 15 June to 15 September from 1000 to 1200 and from 1500 to 1800; otherwise weekends only from 1500 to 1800; closed Tuesdays; 15F; ☎ 33 41 63 17.

Abbey. – Open (guided tours, time: 1 hour, include St Mary Magdalene's room and the monks' library) from 0900 to 1200 and from 1430 to 1700; ☎ 33 41 60 37.

ST-SEVER-CALVADOS

Wildlife Park. – For further information contact the Town Hall; ☎ 31 68 82 63.

ST-SYMPHORIEN-DES-MONTS

Wildlife Park. – Open Easter to 1 November daily from 0900 to 1900; 35F, children: 20F; ☎ 33 49 02 41.

STE-MARIE

Abbey. – Open Thursdays from 1400 to 1800; otherwise on request; ☎ 31 21 78 41.

STE-MÈRE-ÉGLISE

Airborne Troops' Museum. – Open 1 June to 15 September from 0900 to 1900; 1 April to 31 May and 16 to 30 September from 0900 to 1200 and from 1400 to 1900; 1 February to 31 March and 1 October to 15 November from 1000 to 1200 and from 1400 to 1800; 16 November to 15 December at weekends only from 1000 to 1200 and from 1400 to 1800; closed 16 December to 31 January; 16F; ☎ 33 41 41 35.

Cotentin Farm-Museum. – Open July and August from 1000 to 1200 and from 1400 to 1900; Easter to 30 June and in September daily (except Tuesdays) at the same times; in October weekends only from 1400 to 1900; 15F, children: 10F (under-12s free); ☎ 33 05 98 82.

STE-SUZANNE

Audience Chamber Museum. – Open 15 June to 15 September from 1400 to 1900; Easter to 14 June and 16 September to 31 October from 1400 to 1800; closed Mondays; 15F; combined ticket for Château also: 24F; ☎ 43 01 42 65.

Château. – Guided tours (time: 1 hour) July and August from 1000 to 1900; September to 3 November and Easter to 30 June from 1400 to 1800; otherwise groups by appointment only; 15F, combined ticket for Audience Chamber Museum also: 24F; ☎ 43 01 40 77.

SAULGES

Caves. – Guided tours (time: 1 hour) daily from 0900 to 1900; 15F; ☎ 43 90 52 29.

SÉES

🛈 Place de Gaulle, 61500. ☎ 33 28 74 79.

Cathedral. – Guided tours (with recorded commentary) 10 July to 30 August every day (except Monday) from 1100 to 1230 (not weekends) and from 1430 to 1830; visits with an English guide can be arranged in advance; 10F; evening "Musique, Image et Lumière" shows (floodlighting from inside the cathedral, accompanied by music, time: 45 min) take place at weekends between early July and mid-September; 60F; for further information contact: ☎ 33 28 74 79.

Notre-Dame-de-la-Place. – Apply to Mme Douet, 6, rue Allard.

SOUMONT-ST-QUENTIN

Museum. – Open 1st Sunday in April to 31 October daily from 0900 to 1200 and from 1400 to 1800; otherwise visits by appointment only; 18F, children: 10F; annual exhibition of cider- and calvados-making and local crafts 2nd Sunday in October; ☎ 31 90 88 18.

T

TESSÉ-LA-MADELEINE

Small Train to the Roc au Chien. – This service now operates by appointment only for groups of 15 or more; for further information contact the Town Hall: ☎ 33 37 93 03.

THAON

Old Church. – Apply to the owner of the house next door to the church for the key.

THURY-HARCOURT

Château: park and gardens. – Open 1 July to 15 September from 1430 to 1830; 20F; 1 April to 30 June and 15 September to 1 November Sundays and public holidays only from 1430 to 1830; 16F; ☎ 31 79 65 41.

TINCHEBRAY

Royal Prison. – Open 1 May to 15 October Sundays only from 1500 to 1700.

TORIGNI-SUR-VIRE

Château. – Guided tours (time: 1 hour) 1 July to 31 August daily from 1400 to 1800, also during Easter school holidays, 15 to 30 June and 1 to 15 September weekends only from 1400 to 1800; 10F (15F during exhibitions); ☎ 33 56 71 44.

TOURLAVILLE Château

Park. – Open May to September from 0800 to 1930 (1900 in May and September); otherwise open until between 1700 and 1830 daily, depending on season; no admission charge; ☎ 33 94 55 20.

U - V

UTAH BEACH

Landing Museum. – Open July to September from 0930 to 1830; 20 March to 30 June and 1 October to 11 November from 1000 to 1200 and from 1400 to 1800; 11 November to 20 March Sundays only from 1000 to 1200 and from 1400 to 1700; closed January; 13F; ☎ 33 71 53 35 (museum) or ☎ 33 71 58 00 (Town Hall).

VALOGNES
🛈 place Château, 50700. ☎ 33 40 11 55.

Hôtel de Beaumont. – Guided tours (time: 45 min) Easter weekend and 1 July to 15 September from 1430 to 1830; 22F, children: 15F; group visits out of season should be arranged in advance; ☎ 33 40 12 30.

Hôtel de Granval-Caligny. – Guided tours (time: 45 min) from 15 June to 15 September on Wednesdays, Thursdays, Fridays and Saturdays at 1100 and between 1430 and 1800; otherwise by appointment only; 20F; ☎ 33 40 01 75.

Regional Cider Museum. – Open 1 June to 30 September from 1000 to 1200 and from 1400 to 1800; closed Sunday mornings and Wednesdays; 20F; ☎ 33 40 22 73.

Hôtel de Thieuville. – Same visiting times as the Regional Cider Museum above; ☎ 33 40 26 25.

Le VAL ST-PÈRE

Second World War Museum. – Open 1 April to 12 November from 0900 to 1830; the rest of the year Sundays only from 1000 to 1800; 30F; ☎ 33 68 35 83.

VENDEUVRE Château

Château and Museum of Miniature Furniture. – Open 1 June to 15 September from 1400 to 1900 daily with special entertainment for children; 15 March to 31 May and 16 September to 2 November open weekends and public holidays only from 1400 to 1900; group visits during the week may be arranged in advance; 36F (ticket includes the museum, château, kitchens and gardens), 25F (kitchen and gardens only); ☎ 31 40 93 83.

VER-SUR-MER

Lighthouse. – Closed for maintenance work; for further information, contact the lighthouse keeper; ☎ 31 22 20 21.

VÉZINS

Dam. – Guided tours (time: 1 hour 30 min) July and August daily (except Mondays) at 1530 and 1630; otherwise open Mondays to Thursdays from 0730 to 1200 and from 1330 to 1730 and Fridays from 0800 to 1200; no admission charge; ☎ 33 48 51 41.

VIERVILLE-SUR-MER
🛈 place de l'Hôtel-de-Ville, 14710. ☎ 48 75 20 03.

Museum. – Open in July and August daily from 1000 to 1900; in April, May, June and September from 1000 to 1230 and from 1430 to 1800; 15F.

VILLEDIEU-LES-POÊLES
🛈 place des Costils, 50800. ☎ 33 61 05 69.

Bell Foundry. – Open daily from 0800 to 1200 and from 1330 to 1800 (1700 between 10 September and 15 June); closed Sundays and Mondays between 10 September and 15 June; also closed between 25 December and 15 January; 10F, children: 8F; ☎ 33 61 00 56.

Copper Workshop. – Open July and August from 0900 (1000 Sundays) to 1200 and from 1400 (1430 Sundays) to 1800 (1730 weekends); otherwise open Tuesday to Saturday from 0900 to 1200 and from 1400 to 1800 (1730 Saturdays); 15F (combined ticket with Pewter Museum: 25F, same opening times); ☎ 33 51 31 85.

Museum of Copperware and the Lacemaker's House. – Open Easter to 1 November daily from 1000 to 1200 and from 1400 to 1830; otherwise by appointment only; closed Tuesday mornings; 15F; ☎ 33 90 20 92.

VIRE
🛈 square de la Résistance, 14500. ☎ 31 68 00 05.

Clock Tower. – Open 1 July to 15 September from 1430 to 1830; closed Sundays and public holidays and during winter period; 5F; ☎ 31 68 00 05.

Museum. – Open 1 May to 30 September from 1000 to 1200 and from 1400 to 1800; otherwise from 1400 to 1700 only; closed Tuesdays, 1 January, 1 and 11 November and 25 December; 17F; ☎ 31 68 10 49.

THE CHANNEL ISLANDS

The prices are given in £ sterling.

ALDERNEY

BRAYE

Boat trips round the island. – For details of sailing times and charges, contact the Tourist Office: ☎ 82 29 94.

Alderney Railway. – Departure from Braye Road; Easter to late September at 1400, 1500 and 1600 on Saturdays, Sundays and public holidays; £1.50 (return), children: 70p.

BURHOU Island

For sailings to the island apply to the Harbour Office; ☎ 82 26 20; overnight accommodation costs £2 (take own provisions, or replace those used).

QUESNARD

Lighthouse. – Open daily from 1400 to 1600 (except in foggy conditions), apply in advance; ☎ 82 25 22.

ST ANNE

Museum. – Open Easter to late September from 1000 to 1200 and on Tuesdays and Sundays from 1400 to 1600; £1, children free.

Court House. – Open Mondays to Wednesdays only from 0900 to 1230 and from 1400 to 1700, apply to the Clerk of the Court; visitors may attend court sessions on Thursdays at 1000 and 1430 (no admittance once session has started); parliamentary sessions the first Wednesday of the month at 1730.

Butes. – Contact the Tourist Office for details; ☎ 82 29 94.

GUERNSEY

FOREST

German Occupation Museum. – Open early April to late October daily from 1000 to 1700; the rest of the year Thursdays and Sundays only from 1400 to 1700; £2; ☎ 38 205.

FORT GREY

Maritime Museum. – Open mid-April to mid-October from 1030 to 1230 and from 1330 to 1730; £1.50; ☎ 65 036.

GERMAN UNDERGROUND MILITARY HOSPITAL

Open July and August daily from 1000 to 1200 and from 1400 to 1700; May, June and September from 1000 to 1200 and from 1400 to 1600; April and October from 1400 to 1600; March and November Thursdays and Sundays only from 1400 to 1500; £2; ☎ 39 100.

ST PETER PORT

Castle Cornet. – Open Easter to 31 October daily from 1030 to 1730; £4, children: £1.50; ☎ 72 16 57.

Victor Hugo's House (Hauteville House). – Guided tours (maximum number per group: 15) 1 April to 30 September from 1000 to 1130 and from 1400 to 1630; closed on Sundays and local holidays (Good Friday, Easter Monday, first and last Mondays in May, 9 May and last Monday in August); £3.50; ☎ 21 911.

Guernsey Museum and Art Gallery. – Open daily from 1030 to 1730 (1630 during winter); closed Christmas week; £2, children: 75p; ☎ 26 518.

St James'. – Closed at weekends.

Royal Court House. – Open during court sessions on the last Wednesday of the month, except in August; ☎ 72 52 77.

Aquarium. – Open daily from 1000 to 1800 (1700 in winter); closed 25 and 26 December and 1 January; £1.80, children: 90p; ☎ 72 33 01.

ST SAMPSON

Oatlands Craft Centre. – Open daily from 1000 to 1730; closed on Sundays between end October and Easter; no admission charge; ☎ 49 478.

SAUMAREZ

Park. – Open daily.

Guernsey Folk Museum. – Open 16 March to 31 October daily from 1000 to 1730; £2; ☎ 55 384.

SAUSMAREZ

Manor. – Guided tours (time: 1 hour) from Whitsun to late September Tuesdays to Thursdays and Bank Holiday Mondays at 1030 and 1430; £1.50; ☎ 35 611.

JERSEY

BATTLE OF FLOWERS MUSEUM

Open 1 March to 30 November daily from 1000 to 1700; £1.50; ☎ 82 408.

GERMAN UNDERGROUND HOSPITAL

Open early March to November daily from 0930 to 1730 (last admission 1645); early February to early March and early November to 24 December open Thursdays from 1200 to 1730 and Sundays from 1400 to 1730; closed from 25 December to early February; £3.50; ☎ 63 442.

GOREY

Mount Orgueil Castle. – Open 1 April to 31 October daily from 0930 to 1800 (last admission 1630); £2; ☎ 53 292.

Jersey Pottery. – Open daily from 0900 to 1730; closed weekends and bank holidays; no admission charge; ☎ 51 119.

GRÈVE DE LECQ

Barracks. – Closed for renovation work; restricted opening during summer, contact the National Trust for details: ☎ 48 31 93.

La HOUGUE BIE

Museums. – Open 30 March to 31 October daily from 1000 to 1700; closed Good Friday; £1.50; ☎ 53 823.

JERSEY Zoo

Open daily from 1000 to 1800 (dusk in winter); closed 25 December; £4.20, children: £2.20; ☎ 64 666.

KEMPT Tower

Interpretation Centre. – Open early May to late September Tuesdays to Sundays from 1400 to 1700; in April and October Thursday and Sunday afternoons only; nature walks (time: 1 hour) Thursdays at 1500 from early April to late September; no admission charge; ☎ 83 651.

La MARE

Vineyard. – Open Easter to 10 October daily from 1000 to 1730; closed Sundays; £2.50; ☎ 81 178.

MILLBROOK

St Matthew's. – Open week days from 0900 to 1800 (dusk in winter); as well as Saturdays from 0900 to 1200; Sundays open for services only.

QUETIVEL

Mill. – Open May to mid-October Tuesdays to Thursdays from 1000 to 1600, closed public holidays; £1; ☎ 48 31 93 (National Trust).

ST HELIER

Elizabeth Castle. – Open 1 April to 31 October daily from 0930 to 1800 (last admission 1700); £2; ☎ 23 971.

Jersey Museum. – Open daily from 1000 (1400 Sundays) to 1800 (1700 or dusk in winter); £2; ☎ 30 511.

Royal Court House. – Open during court sessions on Tuesday mornings; please send written applications for visits.

Fort Regent. – Open daily from 0900 to 2200; closed 24-26 December; £3, £2 on Saturdays, £1.25 after 1700; ☎ 73 000.

Island Fortress Occupation Museum. – Open mid-March to November daily from 0900 to 2230; otherwise from 1000 to 1600; £1.80; ☎ 34 306.

ST PETER'S VILLAGE

Jersey Motor Museum. – Open 29 March to 1 November daily from 1000 to 1700 (last admission 1640); £1.40, children: 70p; ☎ 82 966.

SAMARES

Manor. – Map of the estate available at the entrance. Open 6 April to 31 October daily from 1000 to 1700; £2.50; guided tours (£1.50) at 1030, 1115 and 1200 daily except Sundays; ☎ 70 551.

SHIRE HORSE FARM

Open 25 March to 31 October daily from 1000 to 1730; closed Saturdays; £2.50, children: £1; ☎ 82 372.

SARK

La Seigneurie. – Gardens open from Easter to October Wednesdays and Fridays from 1000 to 1700; also Tuesdays and Thursdays (weather permitting) from 1100 to 1500; 60p; ☎ 83 20 17.

Index

Cotentin Manche . . . . . Towns, sights and tourist regions followed by the name of the
département.

William the Conqueror People, historical events and subjects.
Isolated sights (caves, castles, châteaux, abbeys, dams...) are
listed under their proper name.
The Channel Islands have a separate index p 169 and 170.

167

THE CHANNEL ISLANDS

Acknowledgments of photographs and drawings : **EXPLORER** : M. Cambazard, *p 33* / C C. Delu, *p 98* / D. Dorval, *p 108* / Hug. *p 37* / F. Jalain, *p 11*, *p 31* / Loirat, *p 25* / P. Lorne, *p 57* – GIRAUDON : Avranches Museum, Lauros, *p 29* / Bibliothèque Nationale, Lauros, *p 29* – JACANA : Ferrero, *p 14* – MARCO POLO : after photograph by F. Bouillot, *p 15* / F. Bouillot, *p 35* – MUSÉES NATIONAUX (NATIONAL MUSEUMS) : Art et Traditions Populaires, *p 27* – PIX : Arthaud, *p 26* / De Laubière, *p 26* / Moes, *p 103* – SCOPE : J. Guillard, *p 30*, *p 114* – TOP : R. Mazin, *p 24*, *p 101* / R. Tixador, *p 127*, *p 130*, *p 143*, *p 148*, *p 149* – VLOO : J.-P. Tesson, *p 72* – J. VERROUST, *p 33* – Photo X, *p 87* – With the kind permission of the town of Bayeux, *p 48* and *49*.

MANUFACTURE FRANÇAISE DES PNEUMATIQUES MICHELIN

Société en commandite par actions au capital de 875 000 000 de francs
Place des Carmes-Déchaux - 63 Clermont-Ferrand (France)
R.C.S. Clermont-Fd B 855 200 507

© Michelin et Cie, Propriétaires-Éditeurs 1989
Dépôt légal 89/3-1ᵉʳ trim. - ISBN 2.06.013.491-9 - ISSN 0763-1383

Printed in France 01-89-20
Photocomposition : COUPÉ S.A., Sautron - Impression : I.M.E., Baume-les-Dames n° 7117